19..23 Nachkonstruktion von Theorien
27   partielle potentielle Modelle
28   intendierte Anwendungen   34, 47! 58.., 78
30   "
33   „theoretische Terme", T-theoretisch, 37, 61 allgemein!!
40   Theoriendurchtränktheit von Beobachtungen
43   RAMSEY
44   partielle Modelle!
46   Theorie, 1. Definition
47..   Modelle, Anwendungen
52   statement / non statement view, Unterschiede! 66
73   Theorienvergleich
128   präexplikativ – explikativ

311..   TARSKIs Korrespondenztheorie
338   Evolutionstheorie nicht falsifizierbar, aber sehr fruchtbar!!

Wolfgang Stegmüller

Probleme und Resultate der Wissenschaftstheorie
und Analytischen Philosophie
Band II

Theorie und Erfahrung

Dritter Teilband

Die Entwicklung des neuen Strukturalismus
seit 1973

Springer-Verlag
Berlin Heidelberg New York Tokyo

Professor Dr. Dr. Wolfgang Stegmüller
Hügelstraße 4
D-8032 Gräfelfing

ISBN 3-540-15707-7 gebundene Gesamtausgabe
Springer-Verlag Berlin Heidelberg New York Tokyo
ISBN 0-387-15707-7 hard cover
Springer-Verlag New York Heidelberg Berlin Tokyo

ISBN 3-540-15743-3 broschierte Studienausgabe Teil F Springer-Verlag Berlin Heidelberg New York Tokyo
ISBN 0-387-15743-3 soft cover (Student edition) Part F Springer-Verlag New York Heidelberg Berlin Tokyo
ISBN 3-540-15744-1 broschierte Studienausgabe Teil G Springer-Verlag Berlin Heidelberg New York Tokyo
ISBN 0-387-15744-1 soft cover (Student edition) Part G Springer-Verlag New York Heidelberg Berlin Tokyo
ISBN 3-540-15745-X broschierte Studienausgabe Teil H Springer-Verlag Berlin Heidelberg New York Tokyo
ISBN 0-387-15745-X soft cover (Student edition) Part H Springer-Verlag New York Heidelberg Berlin Tokyo

CIP-Kurztitelaufnahme der Deutschen Bibliothek
Stegmüller, Wolfgang: Probleme und Resultate der Wissenschaftstheorie und analytischen Philosophie / Wolfgang Stegmüller. – Berlin; Heidelberg; New York; Tokyo: Springer
Teilw. verf. von Wolfgang Stegmüller; Matthias Varga von Kibéd. –
Teilw. mit den Erscheinungsorten Berlin, Heidelberg, New York
NE: Varga von Kibéd, Matthias:
Bd. 2. Theorie und Erfahrung. Teilbd. 3. Die Entwicklung des neuen Strukturalismus seit 1973. – 1986
ISBN 3-540-15707-7 (Berlin . . .)
ISBN 0-387-15707-7 (New York . . .)

Das Werk ist urheberrechtlich geschützt. Die dadurch begründeten Rechte, insbesondere die der Übersetzung, des Nachdruckes, der Entnahme von Abbildungen, der Funksendung, der Wiedergabe auf photomechanischem oder ähnlichem Wege und der Speicherung in Datenverarbeitungsanlagen bleiben, auch bei nur auszugsweiser Verwertung, vorbehalten. Die Vergütungsansprüche des § 54, Abs. 2 UrhG werden durch die „Verwertungsgesellschaft Wort", München, wahrgenommen.
© Springer-Verlag Berlin Heidelberg 1986
Printed in Germany
Herstellung: Brühlsche Universitätsdruckerei, Gießen
2142/3140-543210

Zum Gedenken an
Yehoshua Bar-Hillel
den Freund und Vermittler
8.9.1915–22.9.1975

Vorwort

Zwei technische Anmerkungen seien vorausgeschickt. Erstens: Die drei Teilbände dieses Bandes II der vorliegenden wissenschaftstheoretischen Reihe, *Theorie und Erfahrung*, sollen durchgehend II/1, II/2 und II/3 genannt werden; insbesondere wird also der gegenwärtige Band mit II/3 abgekürzt. Zweitens: Bezüglich der Verwendung von Anführungszeichen soll wieder die frühere, ab Bd. IV, der vor II/2 erschien, eingeführte Konvention gelten, daß normale Anführungszeichen jeweils durch zwei Striche, metaphorische Anführungszeichen dagegen durch jeweils einen Strich wiedergegeben werden. (Im Logik-Band III mußte wegen des Zwanges zur Anpassung an die Konvention englischsprachiger Autoren genau die umgekehrte Festsetzung getroffen werden.)

Dieses Buch ist als ein *Zwischenbericht* gedacht. Zum einen ist nämlich seit über zehn Jahren keine größere Veröffentlichung erschienen, in der über neue und neueste Entwicklungen des strukturalistischen Theorienkonzeptes berichtet wird. Wer über diese sowie über die dadurch angeregten Diskussionen nicht aufgrund von Spezialarbeiten, hauptsächlich in Fachzeitschriften, informiert ist, könnte leicht den Eindruck gewinnen, das strukturalistische Projekt habe zu stagnieren begonnen oder verlaufe im Sande. Genau das Gegenteil ist der Fall. Der vorliegende Band soll daher einen möglichst umfassenden Einblick in die Fülle von Neuerungen gewähren, zu denen es seit 1973 gekommen ist. Auf der anderen Seite bereiten die drei Herren W. BALZER, C. U. MOULINES und J. D. SNEED ein größeres Buch über diese Materie vor (vgl. dazu das erste Literaturverzeichnis am Ende der Einleitung). Aus prinzipiellen Erwägungen haben sich diese drei Autoren entschlossen, für ihre Darstellung nicht mehr, wie dies bislang üblich war, die Sprache der informellen Mengenlehre und Modelltheorie, sondern die Sprache der mathematischen Kategorientheorie zu benützen. Dies wird für manche potentielle Leser eine Erhöhung des Schwierigkeitsgrades bedeuten. Auch aus diesem Grund erschien es als zweckmäßig, den gegenwärtigen Zwischenbericht anzufertigen, in dem viele der in jenem in Vorbereitung befindlichen Band behandelten Themen aufgegriffen werden, ohne jedoch von Kategorientheorie Gebrauch zu machen. Die entsprechenden Teile können als eine elementare Einführung in die dortigen Darstellungen aufgefaßt werden, welche allerdings in manchen Hinsichten genauer als auch mathematisch eleganter sein werden als die hier gegebenen.

Die mir bekannten fundierten Kritiken, zum Teil aber auch solche, die auf Mißverständnissen beruhen, sind im Text dieses Buches berücksichtigt worden. Leider war es im allgemeinen nicht möglich, explizite Diskussionen mit diesen

Kritiken an bestimmten Aspekten des neuen Konzeptes einzubeziehen; denn der Umfang dieses Buches wäre dadurch explosionsartig aufgebläht worden. Daher sollen hier wenigstens die wichtigsten Einwendungen, denen durch Einverarbeitung in den Text Rechnung getragen wurde, erwähnt und in Klammern die Namen von Kritikern angeführt werden, die diese Einwendungen vorbrachten: das Problem der *Identitätskriterien für Theorien* (T. S. KUHN und K. HÜBNER); die *Ingredientien des Kernes* eines Theorie-Elementes (K. HÜBNER); die *Natur der Theoretizität* (K. HÜBNER und P. HUCKLENBROICH); die bislang vernachlässigte Analyse *intertheoretischer Relationen* (P. HUCKLENBROICH); die Unterscheidung zwischen *Gesetzen und Querverbindungen* (R. TUOMELA); die Vernachlässigung des Zusammenhanges von *Theorienverdrängung und Überzeugungswandel* (K. HÜBNER, I. NIINILUOTO); der zu vage Umgang mit dem mengentheoretischen Apparat, der sich insbesondere im Fehlen eines präzisen Begriffs der *Strukturspecies* äußert (V. RANTALA, E. SCHEIBE); die unbefriedigende Behandlung des Problems der *Inkommensurabilität* (P. FEYERABEND, D. PEARCE); das *Fehlen beweisbarer Lehrsätze* (P. FEYERABEND); die fehlende Gegenüberstellung von präsystematisch und systematisch gebrauchten Begriffen und die ungenügende Abgrenzung vom „statement view" (die meisten Kritiker); technisch unbefriedigende Explikationsvorschläge, wie z.B. beim Begriff der *empirischen Behauptung eines Theoriennetzes* (H. ZANDVOORT).

Wie bereits diese – übrigens unvollständige – Liste zeigt, verteilen sich die Bedenken über ein außerordentlich breites Spektrum. Ihre ausführliche Diskussion würde in fast jedem Fall wegen der meist recht komplizierten Verzahnung der einzelnen Aspekte des strukturalistischen Projektes sehr umfangreich ausfallen müssen und könnte überdies nur durch Inkaufnahme häufiger Wiederholungen erfolgen. Hinzu kommt eine weitere Überlegung: Die ursprüngliche Fassung, nämlich sowohl Sneeds Buch als auch II/2, war ein Versuch, einen neuen Weg für die systematische Wissenschaftsphilosophie aufzuzeigen. Man könnte ihn als eine Wiederaufnahme des Carnapschen Projektes der rationalen Nachkonstruktion mit völlig andersartigen als formalsprachlichen Mitteln bezeichnen. Und wie jeder erste Versuch war auch dieser, selbst in den relativ ausgearbeiteten Teilen, unfertig und bruchstückhaft, bisweilen unnötig umständlich und in vielen Hinsichten lückenhaft. Soweit die inzwischen erzielten Verbesserungen diese Mängel behoben haben oder zumindest mit deren Behebung begannen, erübrigt sich eine ausdrückliche Stellungnahme zu den berechtigten Kritiken, die diese Dinge betreffen. Es muß jedem selbst überlassen bleiben, sich ein Bild davon zu machen, ob hier wirklich allen diesen Bedenken in befriedigender Weise Rechnung getragen worden ist.

Zwei Ausnahmen von der eben formulierten Regel sind die folgenden: Eingehend diskutiert werden sollen die Einwendungen K. HÜBNER gegen das Sneedsche Theoretizitätskonzept sowie die Kritik von D. PEARCE an meinem Lösungsvorschlag zum Inkommensurabilitätsproblem. Die Kritik von HÜBNER betrifft einen der zentralsten Punkte des strukturalistischen Ansatzes. Die Auseinandersetzung mit dieser Kritik bietet zum einen Gelegenheit, die Ausführungen von Abschn. 1.3 zusätzlich zu veranschaulichen und damit nachträglich etwas lebendiger zu gestalten. Zum anderen kann sie als paradigmatisches Beispiel für dasjenige dienen, was oben die Verzahnung verschiedener Aspekte des neuen Ansatzes genannt worden ist: Um auf eine Kritik, die einen so zentralen Begriff wie den der T-Theoretizität betrifft, eine auch nur einigermaßen vollständige Antwort zu geben, müssen zahlreiche andere Punkte zur Sprache kommen. Da die Kritik HÜBNERS keine technischen Details betrifft, wurde diese Diskussion als Abschn. 1.8 am Ende des ersten Kapitels eingefügt, in dessen vorangehenden Abschnitten bereits eine ausführliche, intuitive Gesamtübersicht über das neue Projekt gegeben wurde. Darüber hinaus bot sich hier die Gelegenheit, eine kurze Erwiderung auf eine Kritik von P. HUCKLENBROICH an der strukturalistischen Behandlung des Themas „Messung und Theoretizität" einzufügen.

Die Aufnahme einer expliziten Diskussion der Kritik von D. PEARCE hat einen ganz anderen Grund. Sein Einwand war als Polemik gegen meinen Vorschlag intendiert. Im Verlauf der Beschäftigung mit dem von PEARCE vorgebrachten Argument stellte sich heraus, daß diese Kritik äußerst konstruktiv ist. Denn sie ermöglichte es erstmals, den Begriff der Inkommensurabilität exakt zu fassen. Mittels dieser Präzisierung habe ich, unter Heranziehung einer Arbeit von W. BALZER, versucht, eine adäquate Erwiderung zu geben. Diese Diskussion findet sich in Kap. 10. Dafür, daß sie an eine späte Stelle gerückt worden ist, gibt es zwei Gründe. Erstens kommen darin technische Einzelheiten zur Sprache, die eine gewisse Vertrautheit mit den in den vorangehenden Kapiteln gegebenen Explikationen als ratsam erscheinen lassen. Zweitens bildet das Inkommensurabilitätsproblem kein zentrales Thema des strukturalistischen Konzeptes. Es wäre höchstens ein begrüßenswerter Nebeneffekt, wenn sich herausstellen sollte, daß man innerhalb dieses Rahmens mit gewissen Schwierigkeiten fertig werden kann, die T. S. KUHN und P. FEYERABEND hervorgekehrt haben. Ich hoffe, daß der Inhalt von Kap. 10 diesen Nebeneffekt zustande bringt.

Anmerkung. Nach Beendigung der Drucklegung wurde ich bezüglich des auf S. 308 vorkommenden Ausdrucks „Inkommensurabilitätsleute" mit folgendem Einwand konfrontiert: „Wenn darunter solche Philosophen zu verstehen sind, die den Begriff der Inkommensurabilität für genau explizierbar halten und überdies die Auffassung vertreten, daß es inkommensurable Theorien gibt, dann gehörst du ja selbst zu den Leuten!" Meine Erwiderung lautet: Diese ironische Bezeichnung soll nicht bereits dann zutreffen, wenn die beiden genannten Bedingungen erfüllt sind. Vielmehr ist sie auf solche Personen gemünzt, die *überdies* die Auffassung vertreten, von der Inkommensurabilität auf die Unvergleichbarkeit, insbesondere auf die Nichtreduzierbarkeit der einen auf die andere Theorie, schließen zu müssen.

Allen Kollegen und Studierenden, die mir durch Diskussionsbeiträge, Kritiken und zusätzliche Informationen bei der Fertigstellung des Manuskriptes zum vorliegenden Band geholfen haben, spreche ich an dieser Stelle meinen besten Dank aus. Einige Namen möchte ich hier ausdrücklich hervorheben.

Ein besonders herzlicher Dank gilt meinem Kollegen Wolfgang Balzer. Ohne seine tatkräftige und unermüdliche Hilfe wäre dieses Buch sowohl in bezug auf den Umfang als auch hinsichtlich seines Inhaltes wesentlich dürftiger ausgefallen. Herr Balzer hat mich auch stets über den gegenwärtigen Stand der Zusammenarbeit mit den Herren Moulines und Sneed auf dem laufenden gehalten. Seine kritischen Betrachtungen zu den Überlegungen von D. Pearce über Inkommensurabilität, Reduktion und Übersetzung lieferten die Anregung für die Gestaltung von Kap. 10. Auch bezüglich der Auswahl und die Behandlung der in das letzte Kapitel aufgenommenen Beispiele war sein Rat für mich von großem Nutzen. Er hat verschiedene Versionen des Manuskriptes zu diesem Buch gelesen und durch seine kritischen Bemerkungen, Ergänzungs- sowie Verbesserungsvorschläge die endgültige Fassung entscheidend mitbestimmt.

Auch J. D. Sneed, der dieses neue Konzept überhaupt ins Leben gerufen hat, und C.-U. Moulines, der es ähnlich wie Balzer durch viele Arbeiten bereicherte, verdanke ich eine Fülle von Anregungen. Die viel zu selten gewordenen Begegnungen in den letzten Jahren haben leider keine hinreichend ausführlichen Gespräche über spezielle Themen ermöglicht. Trotzdem hat mir jedes Treffen mit Sneed und mit Moulines neue innere Kraft gegeben und dazu beigetragen, mich zu ermutigen, die hier versuchte Zwischenbilanz zu ziehen.

Ich danke ferner Herrn Dr. U. Gähde für viele anregende Gespräche zu den beiden Themenkreisen „T-Theoretizität" und „Holismus". Vieles davon hat hier seinen Niederschlag gefunden in den beiden Kapiteln 6 und 7. Nachdem Herr Gähde seinen Plan, das auf intuitiver, präsystematischer Ebene anzuwendende Theoretizitätskriterium von Sneed in ein innersystematisches, formales Kriterium überzuführen, in seiner Dissertation erfolgreich zu Ende geführt hatte, bin ich zu der Überzeugung gelangt, daß damit eine wichtige wissenschaftstheoretische Problemdiskussion dieses Jahrhunderts zu einem relativen Abschluß gekommen ist. Auch zur Klärung und Präzisierung der Duhem-Quine-These hat Herr Gähde mit Hilfe seiner ‚realistischen Miniaturtheorie', die in Kap. 7 eingehend behandelt wird, entscheidend beigetragen. Von großem Nutzen ist für mich bezüglich dieses Punktes auch die Zusammenarbeit bei der Abfassung des gemeinsamen Artikels zum Thema „Holismus" für den im Erscheinen befindlichen Schilpp-Band über die Philosophie von W. V. Quine gewesen.

Last not least möchte ich auch Herrn Dr. Hermann Schmitz, Professor für Philosophie an der Universität Kiel, meinen Dank aussprechen. Aus einer Anfrage von ihm zu einem speziellen Problem und meinem Versuch, diese zu beantworten, entwickelte sich eine längere briefliche Diskussion. Herr Schmitz hat sich die Mühe genommen, die ursprünglichen Fassungen der hier veröffentlichten Kapitel 2 bis 7 und 9 bis 13 zu lesen. Viele Umformulierungen, Verbesserungen und Ergänzungen, die ich im Anschluß an diese Diskussion vorgenommen habe, sind durch seine stets auf den Kern der Sache bezogenen, scharfsinnigen Bemerkungen und Fragen sowie kritischen Kommentare angeregt worden. Ich weiß die Mühe von Kollegen Schmitz um so mehr zu schätzen, als mir natürlich bekannt war, daß er zu Beginn unserer Diskussion gerade ein eigenes Riesenprojekt zum Abschluß gebracht und ein neues begonnen hatte.

Ich hoffe, daß diese sicherlich unzureichenden Versuche, meinen Dank abzustatten, nicht dahingehend mißverstanden werden, in ‚kritischen Fällen' die Schuld abwälzen zu wollen. Für alle Unzulänglichkeiten, die der Text dieses Buches aufweist, übernehme ich selbstverständlich ganz allein die Verantwortung. Dies gilt für die Gliederung der Materie, für die Art ihrer Behandlung sowie für den Inhalt aller Aussagen.

Gewidmet ist dieses Buch dem Andenken an YEHOSHUA BAR-HILLEL, mit dem mich durch viele Jahre hindurch eine tiefe, persönliche und philosophische Freundschaft verband. Er war einer der ersten, der die Bedeutung des neuen Konzeptes erkannte und sich dafür begeisterte. Auf ihn geht auch der Vorschlag zurück, als Alternative zu der negativen und überdies ins Deutsche unübersetzbaren Bezeichnung „non-statement view" die positive Charakterisierung „strukturalistische Theorienauffassung" zu wählen. Meine anfänglichen und, wie ich gestehe, erheblichen Bedenken gegen diese Benennung – bedingt durch andere Standardverwendungen von „strukturalistisch", vor allem in der Linguistik oder zur Charakterisierung des sog. „französischen Strukturalismus" – vermochte er bald zu zerstreuen, da selbst bei nur oberflächlicher Kenntnis dieser Auffassung eine Verwechslung ausgeschlossen ist und außerdem diese Bezeichnung die sachlich angemessenste Kurzformel liefern dürfte. Inzwischen hat sich die Wendung „strukturalistisches Theorienkonzept" nebst der Abkürzung „Strukturalismus" eingebürgert und soll daher auch im folgenden unbedenklich verwendet werden.

Herzlich danke ich Herrn Dr. U. GÄHDE und Frau E. MOLZ für ihre wichtige und gewissenhafte Hilfe bei der Herstellung des Manuskriptes. Für die wertvolle Unterstützung bei den Korrekturarbeiten spreche ich den Herren Prof. Dr. W. BALZER und Dr. F. MÜHLHÖLZER meinen besten Dank aus.

Herrn Professor Dr. WOLFGANG BALZER und Herrn Dr. FELIX MÜHLHÖLZER danke ich bestens für ihre wertvolle Hilfe bei der mühevollen Arbeit des Korrekturlesens.

Beim Springer-Verlag möchte ich mich dafür bedanken, daß er auch diesmal sehr darum bemüht war, meinen Vorstellungen bezüglich Art und Gliederung der Ausgabe zu entsprechen sowie die Ausstattung der Bände optimal zu gestalten.

Gräfelfing, den 19. August 1985   WOLFGANG STEGMÜLLER

Inhaltsverzeichnis

Einleitung und Übersicht 1
Literatur 15

Kapitel 1. Intuitiver Zugang zum strukturalistischen Theorienkonzept . . 19

1.1	Ein neues Verfahren der rationalen Nachkonstruktion	19
1.1.1	Das Dilemma der heutigen Wissenschaftsphilosophie	19
1.1.2	Ein möglicher Ausweg	20
1.2	Ein neuartiger Zugang zu den intendierten Anwendungen einer Theorie	26
1.3	Ein neues Theoretizitätskonzept	31
1.3.1	Die ‚Feuertaufe': Sneeds Kriterium für T-Theoretizität . . .	31
1.3.2	Das Problem der theoretischen Terme, erläutert am Beispiel der Miniaturtheorie. Imaginärer Dialog mit einem empiristischen Opponenten	33
1.3.3	Die Ramsey-Lösung des Problems der theoretischen Terme. ‚Indirekte' Axiomatisierung	42
1.3.4	Vorläufige Charakterisierung des Begriffs der Theorie . . .	46
1.3.5	Zusammenfassung und Ausblick	53
1.4	Querverbindungen (Constraints)	56
1.4.1	Natur und Leistungen von Querverbindungen	56
1.4.2	Vorläufige Explikation von „Theorie" und „empirische Behauptung einer Theorie"	61
1.5	Fundamentalgesetz und Spezialgesetze. Theorie-Elemente und Theoriennetze	67
1.5.1	Spezialgesetze als Prädikatverschärfungen	67
1.5.2	Spezialgesetze als Theorie-Elemente und der Übergang zu Netzen von Theorie-Elementen	70
1.6	Folgerungen und weitere Neuerungen. Zum Begriff der Theorie	72
1.6.1	Ein neues Paradigma von Theorie	72
1.6.2	Zum präsystematischen Begriff der Theorie und seinen systematischen Entsprechungen	74
1.7	Einige philosophische Ausblicke	79
1.8	Bemerkungen zur Kritik von K. Hübner am strukturalistischen Theorienkonzept und insbesondere am Begriff der T-Theoretizität	82

Literatur 95

**Kapitel 2. Theorie-Elemente, Theoriennetze und deren empirische
Behauptungen** 97

Literatur 108

**Kapitel 3. Pragmatisch bereicherte Theoriennetze und die Evolution
von Theorien** 109

3.1   Gründe für die Einführung weiterer pragmatischer Begriffe ... 109
3.2   Pragmatisch bereicherte Theoriennetze, Theorienveränderungen
      und Theorienevolutionen 112
3.3   „Paradigma" und „Normale Wissenschaft" im Sinne von
      T. S. Kuhn 115
3.4   Zur Popper-Kuhn- und zur Kuhn-Lakatos-Feyerabend-
      Kontroverse. Ein Rückblick in Stichworten 118
3.5   Ein möglicher Ausblick: Theorien als Komponenten
      ‚geschichtlicher Regelsysteme' im Sinn von K. Hübner 124
Literatur 126

Kapitel 4. Reduktion 128

4.1   Intuitiver Hintergrund. Adäquatheitsbedingungen 128
4.2   Starke und schwache Reduktion für Theorie-Elemente.
      Das Induktionstheorem für Reduktionen 130
4.3   Reduktion zwischen Theoriennetzen 134
Literatur 136

**Kapitel 5. Leitermengen, Strukturspecies und Präzisierung
der Rahmenbegriffe** 137

5.1   Zwei grundlagentheoretische Kritiken am strukturalistischen
      Theorienkonzept 137
      (I) Die Kritik erster Art (Kritik an der fehlenden Typisierung) 137
      (II) Die Kritik zweiter Art (Antinomie-Kritik) 139
5.2   Leitermengen 141
5.3   Mengentheoretische Strukturen, kanonische Transformationen
      und Strukturspecies 143
5.4   Potentielle Modelle und Modelle als Strukturspecies 150
Literatur 154

**Kapitel 6. Theoriegeleitete Messung und innersystematische Präzisierung
des Kriteriums für T-Theoretizität** 155

6.1   T-abhängige Messung durch Meßmodelle 155
6.2   Verallgemeinerte Kerne und partielle Modelle. Verallgemeinerte
      empirische Theorie-Elemente 159

6.3	Meßmethoden und Meßmodelle (ohne und mit Skaleninvarianz)	161
6.4	Das formale Kriterium für T-Theoretizität von U. Gähde	164
	(I) Intuitiv-heuristische Skizze des Gähdeschen Kriteriums	167
	(II) Das Kriterium von Sneed in der Sprache der i-determinierenden Modelle	172
	(III) Das formale Kriterium von Gähde in der Sprache der Meßmodelle	173
6.5	Die Modifikation des Gähdeschen Kriteriums durch W. Balzer	177
6.6	Diskussion	181
	(I) Die Nichtdefinierbarkeitsforderung	183
	(II) Die Rolle der Spezialgesetze	187
Literatur		189

Kapitel 7. T-Theoretizität und Holismus. Eine Präzisierung und Begründung der Duhem-Quine-These 190

7.1	Begründung für die Wiederaufnahme der Fragestellung	190
7.2	Die realistische Miniaturtheorie T*	192
7.3	Ein simulierter Konflikt mit den Meßdaten	197
7.4	Theorienimmunität und empirischer Gehalt des Ramsey-Sneed-Satzes	200
7.5	Alternative Revisionsmöglichkeiten und ‚Kuhn-Loss-Eigenschaft'	205
	(I) Abschwächung der Forderung einer speziellen Querverbindung	205
	(II) Preisgabe einer allgemeinen Querverbindung	207
	(III) Preisgabe eines speziellen Gesetzes	208
7.6	Holismus und die Rangordnung zwischen den Revisionsalternativen	212
7.7	Technischer Anhang	218
Literatur		226

Kapitel 8. Approximation 227

8.1	Prinzipielles	227
8.2	Der formale Rahmen	229
	(I) Unschärfemengen, Uniforme Strukturen und ‚Immunisierung'	229
	(II) Approximation auf theoretischer und nicht-theoretischer Stufe. Das Induktionstheorem	232
8.3	‚Verschmierungen', zulässige Unschärfemengen und approximative Anwendung einer Theorie	236
8.4	Intertheoretische Approximation	239
	(I) U-Nachbarschaften	240
	(II) Das Schema für intertheoretische Approximation	240
	(III) Approximative Reduktion	244

(IV) Der Kepler-Newton-Fall 246
8.5 Ein Alternativverfahren der Behandlung intertheoretischer
 Approximationen 253
 (I) Uniforme Hausdorff-Räume 255
 (II) Approximative Reduktion der klassischen Partikelmechanik
  auf die speziell relativistische Mechanik 260
 (III) Bemerkung zu einer Kritik Quines am Begriff des
  Grenzwertes für Theorien von C. S. Peirce 265
Literatur 267

Kapitel 9. Isolierte Theorie-Elemente und verallgemeinerte intertheoretische Verknüpfungen oder Bänder („Links") 269

9.1 Isolierte Theorie-Elemente 269
9.2 Bänder („Links") 271
9.3 Die explizite Definierbarkeit von Querverbindungen durch Bänder 275
9.4 Eine Formulierung des Sneedschen Theoretizitätskriteriums mit
 Hilfe von Bändern 276
9.5 Empirische Theorienkomplexe 277
9.6 Abstrakte Netze und gerichtete Graphen 282
9.7 Versuch einer systematischen Klassifikation von Bändern . . . 285
9.8 Philosophische Ausblicke 288
9.9 Philosophisch-historische Anmerkung 293
Literatur 297

Kapitel 10. Inkommensurabilität, Reduktion und Übersetzung 298

10.1 Das Argument von D. Pearce 298
10.2 Philosophische Diskussion des Argumentes von Pearce 302
Literatur 309

Kapitel 11. Wissenschaftlicher Realismus und Strukturalismus 311

11.1 Was hier nicht zur Diskussion stehen soll: Der ‚metaphysische
 Realismus' im Sinn von H. Putnam 311
11.2 Eine Sackgasse: Der Strukturalismus als angeblicher
 ‚Instrumentalismus' 314
11.3 Sneeds Analyse zum Thema „Strukturalismus und
 wissenschaftlicher Realismus" 316
 (I) Wissenschaftlicher Realismus 316
 (II) Strukturalismus 320
11.4 Echter oder scheinbarer Konflikt? 327
11.5 Theoretische Individuen und theoretische Eigenschaften . . . 329
Literatur 331

Kapitel 12. Überlegungsgleichgewicht (reflective equilibrium). Reflexionen über das Verhältnis von Kuhns Ideen über Paradigmen und Paradigmenwechsel und dem Theorienkonzept von J. D. Sneed 333

12.1 Bemühungen um ein Überlegungsgleichgewicht in Ethik, Logik, Philosophie der Mathematik, Theorie des induktiven Räsonierens und Methodologie der empirischen Wissenschaften 333
12.2 Überlegungsgleichgewicht zwischen historischen und systematischen Betrachtungen der Wissenschaften, illustriert am Beispiel von T. S. Kuhn und J. D. Sneed 339
Literatur 346

Kapitel 13. Kuhns dritte epistemologische Herausforderung 347
Literatur 358

Kapitel 14. Anwendungsbeispiele außerhalb der Physik 360
14.1 Die Literaturtheorie nach R. Jakobson 362
14.1.0 Der inhaltliche Rahmen 362
14.1.1 Potentielle Modelle und Modelle von LT 364
14.1.2 Theoretizität und partielle Modelle von LT 367
14.1.3 Querverbindungen, Kerne und intendierte Anwendungen ... 369
14.1.4 Die empirische Behauptung 373
14.1.5 Spezialisierungen und empirischer Gehalt 374
Literatur 376
14.2 Die Theorie der Tauschwirtschaft 376
14.2.0 Das Thema 376
14.2.1 Potentielle Modelle und Modelle von ÖKO 377
14.2.2 Erste Form der Spezialisierung: Die Markträumungsforderung . 384
14.2.3 Markträumung und Gleichgewicht 385
14.2.4 Grenznutzen und Formen der Nutzenfunktion 388
14.2.5 Theoretizität, partielle Tauschwirtschaften, Querverbindungen und Kerne 391
14.2.6 Intendierte Anwendungen und empirische Behauptung 393
Literatur 395
14.3 Die Bayessche Entscheidungstheorie nach R. Jeffrey 395
14.3.0 Das Thema 395
14.3.1 Die nicht-theoretischen Strukturen und intendierten Anwendungen 396
14.3.2 Potentielle Modelle als Wahrscheinlichkeits-Nutzen-Strukturen . 399
14.3.3 Fundamentalgesetze, Modelle und zugeordnete Behauptung . . 400
14.3.4 Querverbindungen 402
14.3.5 Kern und Basiselement 404
14.3.6 Das Eindeutigkeitsproblem. Gödel-Bolker- Transformationen . . 404
14.3.7 Spezialisierungen 406
14.3.8 Die Theoretizität der Funktionen P und Nu 409

14.3.9	Übergang zur Tauschwirtschaft	412
Literatur		413
14.4	Die Theorie der Neurose von S. Freud. Eine Skizze	413
14.4.0	Die Aufgabenstellung	413
14.4.1	Inhaltliche und terminologische Vorbemerkungen	415
14.4.2	Die Grundbegriffe	419
14.4.3	Potentielle Modelle und Modelle	421
14.4.4	Spezialisierungen. Neurose und Sublimierung	424
14.4.5	Theoretizität	425
14.4.6	Zur Frage der Querverbindungen	427
14.4.7	Intendierte Anwendungen, empirischer Gehalt und empirische Behauptung	429
Literatur		432
14.5	Die Kapital- und Mehrwerttheorie von K. Marx. Ein Schema	432
14.5.0	Vorbemerkungen zur Problemstellung	432
14.5.1	Die Grundbegriffe	434
14.5.2	Potentielle Modelle, partielle Modelle und Modelle	436
14.5.3	Querverbindungen	438
14.5.4	Intendierte Anwendungen und empirische Behauptung	439
14.5.5	Erste Spezialisierung: Einführung der Ware Geld	440
14.5.6	Zweite Spezialisierung: Einführung der Ware Arbeitskraft	441
14.5.7	Grundzüge der Kapital- und Mehrwerttheorie	442
14.5.8	Zur kritischen Diskussion der Kapital- und Mehrwerttheorie	444
14.5.9	Zur Frage der prognostischen Leistungsfähigkeit der Theorie von Marx	446
14.5.10	Rekonstruktionsalternativen	448
Literatur		449

Autorenregister 451

Sachverzeichnis 453

Einleitung und Übersicht

Ziel dieses Buches ist es, über die Entwicklungen des strukturalistischen Konzeptes seit 1973 zu berichten. Es ist aber so abgefaßt, daß eine Kenntnis anderer Veröffentlichungen über dieses Thema nicht vorausgesetzt wird.

Zum Unterschied von den übrigen Bänden dieser Reihe werden diesmal intuitive Motivationen einerseits, speziellere Analysen andererseits nicht in Form ständiger Verflechtung vorgetragen. Vielmehr wird der methodische Versuch unternommen, beides im Prinzip zu trennen. Das relativ umfangreiche erste Kapitel dient allein dazu, das inhaltliche Verständnis des neuen Konzeptes zu fördern. Die dementsprechend knapper gehaltenen folgenden zwölf Kapitel sind jeweils besonderen Themen gewidmet, wobei in den Kapiteln 2 bis 9 etwas stärker der ‚technische‘, in den Kapiteln 10 bis 13 dagegen mehr der ‚philosophische‘ Aspekt überwiegt. Das letzte Kapitel berichtet über fünf Arten von Versuchen, den strukturalistischen Ansatz für die Zwecke rationaler Nachkonstruktionen in nichtphysikalischen Bereichen zu benützen.

Wer glaubt, mit den Grundzügen des strukturalistischen Ansatzes bereits hinreichend vertraut zu sein, kann das erste Kapitel rasch überfliegen. Allerdings wird empfohlen, die Abschnitte 1.3 und 1.6 genauer zu lesen. Nach Kenntnisnahme des Inhaltes von Kapitel 2, das die grundlegenden Verbesserungen und Neuerungen gegenüber dem ursprünglichen Ansatz enthält, kann man zur Lektüre eines beliebigen anderen Kapitels übergehen. Eine Präzisierung des Begriffs der Strukturspecies, der in späteren Kapiteln verwendet wird, findet sich in Kap. 5. Wer an den Details dieser Präzisierung nicht interessiert ist, kann das Kapitel 5 überspringen und sich mit dem Gedanken beruhigen, daß die dortigen Ausführungen nur dem Zweck dienen, berechtigten ‚formalistischen‘ Bedenken gegen die bisherige Handhabung des mengentheoretischen Begriffsgerüstes Rechnung zu tragen.

Kapitel 1 beginnt mit der Schilderung eines grundsätzlichen Dilemmas, mit dem die systematische Wissenschaftsphilosophie heute konfrontiert ist. Als Lösung des Dilemmas wird eine möglichst weitgehende Ersetzung formalsprachlicher Methoden durch Methoden der *informellen Mathematik* vorgeschlagen. Dieser Vorschlag beruht auf der Überzeugung, daß für die genaue Behandlung wissenschaftstheoretischer Themen in der Regel der Präzisionsgrad der informellen Mathematik genügt. (Daß als die einschlägige mathematische Disziplin, welche auch in diesem Buch benützt wird, die informelle Mengenlehre dient, während z. B. SNEED gegenwärtig die mathematische Kategorientheorie bevorzugt, sollte demgegenüber als zufälliges historisches Faktum angesehen werden, welches das Bemühen widerspiegelt, den jeweils erreichten Wissensstand adäquat zu präsentieren.) Insbesondere kann die mathematische Grundstruktur einer präexplikativ vorgegebenen Theorie durch ein *diese Theorie ausdrückendes Prädikat* wiedergegeben werden. Zur Veranschaulichung dieses Gedankens dient das Beispiel einer sehr elementaren und allgemein bekannten Miniaturtheorie, nämlich der archimedischen Statik. Auch später wird für Erläuterungszwecke im ersten Kapitel auf dieses Beispiel zurückgegriffen. Mit seiner Schilderung ist die Beschreibung eines bestimmten Aspektes des neuen Konzeptes bereits beendet. Ein zweiter Aspekt betrifft die neue Behandlung der *intendierten Anwendungen* einer Theorie. Auch diese beruht auf einer bestimmten Überzeugung, nämlich daß man es in der Regel als ein hoffnungsloses Unterfangen betrachten muß, notwendige und hinreichende Bedingungen für die Zugehörigkeit zur Anwendungsmenge einer Theorie anzugeben. An die Stelle dieser illusionären Überzeugung tritt ein rein pragmatisches Vorgehen, das von den typischen Anwendungsbeispielen ausgeht. Dies hat drei bedeutsame Konsequenzen, nämlich daß erstens jeder Theoretiker prinzipiell ‚zweigleisig' verfahren muß, daß zweitens die Menge intendierter Anwendungen gewöhnlich für jeden Zeitpunkt der Entwicklung einer Theorie eine offene Menge darstellt und daß drittens die intendierten Anwendungen einer Theorie nicht disjunkt zu sein brauchen, sondern sich teilweise überschneiden können. (Die Methode der paradigmatischen Beispiele geht dagegen in den neuen Ansatz nicht als wesentliches Merkmal ein. Immerhin konnte mit ihrer Hilfe in II/2 erstens gezeigt werden, daß das, was Wittgenstein zum Thema „Spiel" sagt, auf die intendierten Anwendungen der klassischen Partikelmechanik übertragbar ist; und es konnte zweitens Klarheit darüber gewonnen werden, in welcher Weise T. S. Kuhn bei seiner Verwendung von „Paradigma" dabei auf Wittgenstein zurückgreift.)

Ein dritter Aspekt besteht in der neuartigen Charakterisierung der sogenannten *theoretischen Terme*. Diese werden nicht auf rein sprachlicher Ebene durch Abgrenzung von ‚Beobachtungsbegriffen' sozusagen negativ (als das Nichtbeobachtbare) charakterisiert, sondern positiv durch die Rolle, die sie in der Theorie T spielen, in die sie eingeführt werden, weshalb man nicht von theoretischen Termen schlechthin, sondern nur von *T-theoretischen Termen* sprechen kann. Diese Rolle ist verquickt mit einer Schwierigkeit, die Sneed das Problem der theoretischen Terme nennt. Die Schwierigkeit hat die Größenordnung einer Antinomie, unterscheidet sich von einer solchen jedoch dadurch, daß ihr Verständnis den Vollzug eines epistemologischen Schrittes voraussetzt. Für die Gewinnung eines adäquaten Verständnisses des neuen Theoretizitätskonzeptes empfiehlt es sich, nicht mit der Definition von „T-theoretisch", sondern mit der Schilderung der erwähnten Schwierigkeit zu beginnen. Dabei wird hier die Tatsache benützt, daß sich das Problem unter einer geeigneten Annahme für die archimedische Statik reproduzieren und damit elementar veranschaulichen läßt. Die Messung einer T-theoretischen Größe erweist sich in dem Sinn als *theoriegeleitet*, daß jedes Meßmodell für diese Größe bereits ein Modell der Theorie ist. Das Problem kann bewältigt werden durch Übergang zum Ramsey-

Satz, der allerdings wegen der verschiedenen anderen neuen Aspekte in mehrfacher Hinsicht zu modifizieren ist. Nachdem das Problem der theoretischen Terme zunächst ‚dramatisiert' worden ist, wird es am Ende wieder ‚verniedlicht'. Denn wer glaubt, dieses Problem nicht akzeptieren zu müssen, braucht deshalb diesen neuen Ansatz nicht zu verwerfen. Insbesondere ist der Gedanke, die spezifische Rolle, welche T-theoretische Terme in der Theorie T spielen, über die theoriegeleitete Messung zu erfassen, von diesem Problem logisch abtrennbar.

Eine vierte Neuerung stellt der Begriff der *Querverbindung* (engl. „*Constraint*") dar. Man könnte die Querverbindungen auch als ‚Gesetze höherer Stufe' bezeichnen, da durch sie nicht einzelne mögliche Kandidaten aus den Anwendungen einer Theorie ausgeschlossen werden, sondern stets Kombinationen von solchen möglichen Kandidaten. Die Existenz derartiger Querverbindungen ist dafür verantwortlich, daß ‚das, was eine Theorie zu sagen hat', nicht in so viele Aussagen zerfällt, als es intendierte Anwendungen gibt, sondern durch eine einzige unzerlegbare Aussage wiedergegeben werden muß. Auch die Leistung der Querverbindungen wird am Beispiel der archimedischen Statik in sehr elementarer Weise veranschaulicht.

Der fünfte und letzte neue Aspekt betrifft die Unterscheidung zwischen *Fundamentalgesetz* und *Spezialgesetzen*. Was man gewöhnlich eine globale Theorie nennt, ist, wie z. B. W. HEISENBERG mit Nachdruck betonte, nicht mehr als ein Rahmen, der erst ausgefüllt werden muß. Dieser Grundgedanke wird in der Weise präzisiert, *daß die Rahmentheorie nur das Fundamentalgesetz enthält*, nicht jedoch die Spezialgesetze, die erst später aufgrund von speziellen Entdeckungen hinzukommen. Analog wie die mathematische Struktur der Rahmentheorie, also des Fundamentalgesetzes, durch ein mengentheoretisches Prädikat ausdrückbar ist, können die Spezialgesetze durch geeignete Verschärfungen des die Theorie ausdrückenden Prädikates repräsentiert werden. Zum Unterschied vom Fundamentalgesetz gelten die Spezialgesetze nicht in allen, sondern nur in gewissen intendierten Anwendungen.

Wegen der logischen Unabhängigkeit der erwähnten fünf Aspekte kann die Wendung „strukturalistisches Theorienkonzept" zunächst als eine Sammelbezeichnung für diese Neuerungen aufgefaßt werden. Wie sie zusammenhängen und was sich aus diesen Zusammenhängen für Folgerungen ableiten lassen, kann größtenteils erst in späteren Kapiteln gezeigt werden. Nur das Zusammenspiel von theoretischen Termen, sich überschneidenden intendierten Anwendungen und Querverbindungen wird in 1.4.1 anhand der Miniaturtheorie im Vorblick auf spätere ‚wirkliche' Theorien elementar veranschaulicht. Und zwar wird dort gezeigt, daß die theoretischen Terme über die Querverbindungen der Theorie eine prognostische Leistungsfähigkeit auf der nicht-theoretischen Ebene verleihen.

Gemäß dem Quineschen Slogan „Explikation ist Elimination" verschwindet der präsystematische Begriff der Theorie aus dem systematischen Sprachgebrauch. Wie in 1.4.2 und 1.6.2 genauer geschildert wird, treten an seine Stelle nicht weniger als sechs neue Begriffe, nämlich erstens die drei Begriffe des

Theorie-Elementes, Theoriennetzes und *Theorienkomplexes* als nicht-linguistische Entitäten und zweitens die ihnen jeweils eindeutig zugeordneten *empirischen Behauptungen* als linguistische Gebilde. Mit diesem Begriffsapparat lassen sich wesentlich differenziertere und aufschlußreichere Analysen durchführen als innerhalb derjenigen Verfahren, die mit einem uniformen Begriff der Theorie arbeiten (und die außerdem gewöhnlich darunter, in Imitation der Metamathematik, nur ein linguistisches Gebilde oder eine Klasse von solchen Gebilden verstehen). Für den einfachsten dieser Fälle, nämlich den eines einzelnen Theorie-Elementes, werden die begrifflichen Zusammenhänge unter der Bezeichnung „kleines Einmaleins des Strukturalismus" zusammengefaßt und in Fig. 2–1 durch ein dreidimensionales Bild veranschaulicht.

Kapitel 2 beinhaltet eine Darstellung des neu konzipierten Begriffsgerüstes, welches auf Arbeiten von Balzer und Sneed zurückgeht. Grundlegend ist der Begriff des *Theorie-Elementes* $T = \langle K, I \rangle$, mit K als dem Kern und I als der Menge der intendierten Anwendungen. Der Kern $K = \langle M_p, M, M_{pp}, Q \rangle$ erfaßt die mathematische Grundstruktur sowie alle nicht die Menge I betreffenden neuen Aspekte wie folgt: M drückt das für dieses Theorie-Element charakteristische Gesetz aus. Wenn es sich also z. B. bei T um die ‚Rahmentheorie' oder ‚Basistheorie' handelt, so ist M die Extension des diese Rahmentheorie ausdrückenden Prädikates, genannt die Klasse der *Modelle* von T. M_p, auch als Klasse der *potentiellen Modelle* von T bezeichnet, repräsentiert das für M benötigte Begriffsgerüst, d. h. genau das, was übrig bleibt, wenn man aus M das ‚eigentliche Gesetz' wegstreicht. (Die Frage, welche Bestimmungen zur Beschreibung des ‚bloßen Begriffsgerüstes' zu rechnen sind und welche Gesetze ausdrücken, wird in Kap. 5 durch Angabe eines scharfen Kriteriums beantwortet.) Die Dichotomie zwischen den T-theoretischen und T-nicht-theoretischen Termen spiegelt sich im Unterschied der beiden Mengen M_p und M_{pp} wider; denn die Klasse M_{pp} der *partiellen potentiellen Modelle* (oder kurz: der *partiellen Modelle*) entsteht aus M_p dadurch, daß man alle theoretischen Terme wegläßt, also auf die begriffliche Charakterisierung des ‚theoretischen Überbaues' verzichtet. Q repräsentiert die für dieses Theorie-Element charakteristische Querverbindung, im Fall der ‚Rahmentheorie' also den Durchschnitt aller allgemeinen Querverbindungen oder Constraints. Vom Zweitglied I von T wird verlangt, daß es mit dem Erstglied durch die Forderung $I \subseteq M_{pp}$ verknüpft ist. Dadurch wird garantiert, daß alle Elemente von I bereits mit den nicht-theoretischen Strukturen versehen sind.

Die *empirische Behauptung von* T besagt, daß der Kern K von T im folgenden Sinn erfolgreich auf I anwendbar ist: Die Elemente von I lassen sich auf solche Weise ‚theoretisch ergänzen', daß die Resultate dieser Ergänzung Modelle sind und die gesamte, aus diesen Ergänzungen resultierende Klasse sämtliche Querverbindungen aus Q erfüllt.

Eine wesentliche Neuerung gegenüber den ursprünglichen Formulierungen besteht darin, daß nicht nur die ‚Rahmentheorie' als Theorie-Element im skizzierten Sinn konzipiert wird, sondern daß jetzt *auch sämtliche Spezialgesetze* ‚in die Form von Theorie-Elementen gegossen' werden. (Bei SNEED und in II/2 waren demgegenüber die Spezialgesetze summarisch zusammengefaßt und zur Bildung des sogenannten erweiterten Strukturkernes benützt worden.) Dieses Konstruktionsverfahren steht mit dem fachwissenschaftlichen Sprachgebrauch im Einklang, wie z.B. die physikalische Synonymität der Bezeichnungen „Gravitations*theorie*" und „Gravitations*gesetz*" zeigt. Die Spezialgesetze repräsentierenden Theorie-Elemente gehen aus dem die Rahmentheorie darstellenden Theorie-Element durch die Relation der *Spezialisierung* hervor. Diese bildet die einfachste intertheoretische Relation und kann definitorisch auf die mengentheoretische Einschlußrelation zurückgeführt werden. Eine Menge von Theorie-Elementen, die durch die Relation der Spezialisierung miteinander verknüpft sind, wird *Theoriennetz* genannt. Die Spezialisierungsrelation erzeugt auf der Menge der Theorie-Elemente eine partielle Ordnung. Diejenigen Theorie-Elemente eines Netzes, die nicht durch Spezialisierung aus anderen hervorgehen, bilden die *Basis* des Netzes. Es wird nicht verlangt, daß diese Basis in jedem Fall eindeutig ist, d.h. daß sie nur ein einziges Element enthält. Dadurch wird die Möglichkeit offengelassen, Theorien ‚mit zwei oder mehreren Eingängen' zu rekonstruieren, wie es z.B. bei der Quantenphysik der Fall sein könnte. Primitive Theorien, aber auch nur solche, wie z.B. die Keplersche Theorie, ‚degenerieren' zu einem einzigen Theorie-Element. Alle modernen ‚globalen Theorien' hingegen können in jedem Stadium ihrer Entwicklung nur durch ein Theoriennetz repräsentiert werden.

Auch jedem Theoriennetz entspricht eindeutig dessen empirische Behauptung. In den bisherigen Formulierungen ist diese als Konjunktion der empirischen Behauptungen der zum Netz gehörigen Theorie-Elemente gedeutet worden. Diese Fassung ist, wie ZANDVOORT gezeigt hat, insofern nicht korrekt, als sie nicht den allgemeinen Fall deckt. Die Korrektur erfolgt mittels des Hilfsbegriffs des zulässigen theoretischen Bereiches für ein Theorie-Element. Dadurch wird auch für Theoriennetze der einheitliche Ramsey-Charakter ihrer empirischen Behauptungen wiederhergestellt.

Im **Kapitel 3** werden in Anknüpfung an einen Vorschlag von MOULINES Theoriennetze betrachtet, die drei zusätzliche pragmatische Komponenten enthalten, nämlich historische Zeiten, Forschergemeinschaften und von diesen Gemeinschaften akzeptierte epistemische Standards. Derartige ‚pragmatisch bereicherte' Theoriennetze können dazu verwendet werden, um die Begriffe des *Theorienwandels* und der *Theorienevolution* einzuführen, die sich für bestimmte historische Studien als nützlich erweisen. Dabei können drei Arten von Fortschritten unterschieden werden: empirische, theoretische und epistemische. Falls man außerdem scharf unterscheidet zwischen den epistemischen Standards der Objektebene und denen der Metaebene, so kann man diese Begriffe dafür benützen, um ein deutlicheres Bild von dem zu bekommen, was LAKATOS unter einem *fortschrittlichen Forschungsprogramm* verstand. Ebenso eignet sich dieses Begriffsinventarium dafür, KUHNS Begriff der Normalwissenschaft zu ‚entirrationalisieren': Falls man ein Paradigma im Sinn von KUHN mit einem geeigneten Theorie-Element $\langle K_0, I_0 \rangle$ identifiziert, kann man in vielen Fällen einen normalwissenschaftlichen Prozeß identifizieren mit einer Theorienevolution, für die ein Paradigma existiert. Ob und wie häufig so etwas vorkommt, ist keine philosophische, sondern eine historische Frage.

Im **Kapitel 4** wird auf der Grundlage des neuen Begriffsapparates eine weitere wichtige intertheoretische Relation, nämlich die *Reduktionsrelation* eingeführt. Um den Sachverhalt durchsichtiger zu machen, werden dafür vier minimale Adäquatheitsbedingungen formuliert. Die zunächst für Theorie-Elemente eingeführten Begriffe der *schwachen* und der *starken* Reduktion werden später auf Theoriennetze übertragen. In zwei Induktionstheoremen wird festgehalten, wie jeweils eine bestehende starke Reduktion eine schwache Reduktion auf der nicht-theoretischen Ebene erzeugt. Die epistemologische Wichtigkeit der schwachen Reduktion besteht darin, daß sie selbst bei ‚Inkommensurabilität' der beiden theoretischen Superstrukturen vorliegen kann. Die in diesem Kapitel allein betrachteten Fälle von *strenger Reduktion* bilden in vielen Situationen aus dem ‚wirklichen wissenschaftlichen Leben' nur ideale Grenzfälle, die durch liberalere Begriffe der bloß *approximativen Einbettung* zu ersetzen sind. Diese Verallgemeinerung wird systematisch erst in Kap. 8, im Zusammenhang mit einem Studium der Approximationsproblematik, aufgegriffen.

Kapitel 5 stellt die Mittel bereit, um gewissen formalen Bedenken gegen die in Kap. 2 eingeführten Begriffe Rechnung zu tragen. Darin wurde vor allem bemängelt, daß verschiedene, als Elemente von M_p und M vorkommende mengentheoretische Strukturen nicht ‚dieselbe Ordnung' zu besitzen brauchen sowie daß keine Gewähr dafür geschaffen ist, die in mengentheoretischen Strukturen vorkommenden Objekte ausschließlich durch die in diesem Strukturen vorkommenden Relationen zu charakterisieren. Den Ausgangspunkt für die gewünschte Präzisierung, die aus einer Kooperation von BALZER, MOULINES und SNEED hervorging, bildet der Begriff der *Leitermenge* von BOURBAKI, d.h. einer Menge, die aus endlich vielen gegebenen Mengen durch endlich oftmalige Anwendung der kartesischen Produktbildung sowie der Potenzmengenoperation hervorgeht. Durch die Forderung, in einer mengentheoretischen Struktur nur solche Relationen zuzulassen, die Teilmengen von Leitermengen sind, erhält man *typisierte* Klassen von mengentheoretischen Strukturen. Mit Hilfe des Begriffs der kanonischen Transformationen läßt sich auch die weitere Aufgabe bewältigen, die Objekte mengentheoretischer Strukturen *nur* durch die in diesen Strukturen vorkommenden Relationen charakterisieren zu lassen. Eine typisierte Klasse von mengentheoretischen Strukturen, die invariant ist unter kanonischen Transformationen, wird eine *Strukturspecies* genannt. Die erwähnten Bedenken kann man dann durch die Forderung ausräumen, daß die Klassen M_p und M Strukturspecies sein müssen. Dabei ist es wichtig, festzuhalten, daß diese Präzisierungen ohne Rückgriff auf formalsprachliche Methoden erfolgt sind. Als Nebenresultat kann man ein scharfes Kriterium für ‚echte Gesetze' und damit für die Abgrenzung von M_p und M gewinnen.

Mit der Einführung typisierter Begriffe werden die nichttypisierten Begriffe von Kap. 2 nicht entwertet. Vielmehr werden im folgenden beide Begriffskategorien benützt und es wird je nach Bedarf auf die *allgemeinen* oder auf die *typisierten* Klassen mengentheoretischer Strukturen zurückgegriffen.

Im **Kapitel 6** werden neuere Untersuchungen zum Begriff der *T-Theoretizität* behandelt. Das Kriterium von Sneed hat zwei Nachteile, nämlich daß es erstens auf präsystematischer Ebene angewendet werden muß und daß es zweitens zwei intuitive Allquantifikationen (eine über die Darstellungen einer Theorie und eine über die existierenden Meßverfahren bestimmter Größen) enthält. Auf der Grundlage dieses Kriteriums ist daher eine Aussage von der Gestalt „Term *t* ist *T*-theoretisch" *prinzipiell hypothetisch*. Gähde hat den erfolgreichen Versuch unternommen, dieses Kriterium durch ein ‚innersystematisches Kriterium' zu ersetzen, welches es gestattet, für eine vorliegende Theorie *T* die *T*-Theoretizität von Größentermen zu beweisen. Für die Originalfassung seiner Arbeit, die technisch etwas aufwendig ist, wird hier nur eine inhaltliche Skizze gegeben. Die präzise Formulierung wird dagegen mit Hilfe eines von Balzer entwickelten Formalismus der Meßmodelle vorgenommen.

Dazu muß zunächst der begriffliche Rahmen so stark verallgemeinert werden, daß noch kein Gebrauch gemacht wird vom Unterschied zwischen M_p und M_{pp}, was offenbar unzulässig wäre. Und für die Formulierung des Theoretizitätskriteriums (D6–9) wird vom Gedanken der theoriegeleiteten Messung Gebrauch gemacht. Dabei ergeben sich einige inhaltliche Unterschiede gegenüber dem ursprünglichen Kriterium von Sneed, darunter die folgenden drei: Erstens geht es nicht mehr darum, die Theoretizität isolierter Terme herauszubekommen, sondern die korrekte theoretisch – nicht-theoretisch – Dichotomie zu ermitteln. Zweitens genügt es für eine theoriegeleitete Messung nicht, auf die Rahmentheorie allein zurückzugreifen; vielmehr muß noch mindestens ein echtes Spezialgesetz herangezogen werden. Und drittens sind sowohl bezüglich der zu messenden Funktionen als auch bezüglich der einschlägigen Gesetze die entsprechenden Invarianzen zu berücksichtigen. In bezug auf die Theorie *KPM* kann dann bewiesen werden, daß die Funktionen *m* (*Masse*) und *f* (*Kraft*) *KPM-theoretisch* sind, während *s* (*Ort*) eine *KPM* – nicht-theoretische Funktion darstellt.

Im weiteren Verlauf wird zunächst eine Modifikation des Gähdeschen Kriteriums durch Balzer geschildert (D6–14) und abschließend die philosophische Frage der Adäquatheit von Kriterien für *T*-Theoretizität grundsätzlich erörtert. Obwohl die dabei bislang gewonnenen Resultate nicht in allen Hinsichten eindeutig sind, kann dennoch behauptet werden, daß die Diskussionen über die Natur theoretischer Begriffe durch die Überlegung von Gähde zu einem relativen Abschluß gelangt sind.

Kapitel 7 behandelt die *holistischen Konsequenzen* des Begriffs der *T*-Theoretizität. Und zwar geschieht dies unter Zugrundelegung eines von Gähde entwickelten Kunstgriffs. Dieser besteht darin, eine ‚realistische Miniaturtheorie' *T** zu entwerfen und die Untersuchungen zunächst nur auf diese zu beziehen. Die Theorie ist in dem Sinn ‚aus dem wirklichen wissenschaftlichen Leben gegriffen', daß der Kern echte physikalische Gesetzmäßigkeiten enthält. Der ‚Miniaturcharakter' kommt nur dadurch hinein, daß die Menge der intendierten Anwendungen künstlich auf fünf Anwendungen eingeengt wird. (Die Möglichkeit, Theorien von solcher Eigenart überhaupt konzipierbar zu machen, bildet einen weiteren großen wissenschaftsphilosophischen Vorteil des Sneed-Formalismus.) *T** besteht aus der Rahmentheorie *KPM* sowie zwei Spezialgesetzen, nämlich dem actio-reactio-Prinzip und dem Gesetz von HOOKE. Das erste dieser beiden Spezialgesetze wird zusammen mit der Rahmentheorie dafür benützt, um inelastische Stoßprozesse zu erklären, die in zwei der fünf Anwendungen vorliegen, während das zweite Gesetz in analoger Weise für die Erklärung der Prozesse in den drei übrigen Anwendungen dient, bei denen es sich um harmonische Oszillatoren handelt. Neben den formalen Details wird auch der Ramsey-Sneed-Satz *RS** dieser Miniaturtheorie explizit angeschrieben.

Es wird nun fingiert, daß auf Grund eines Konfliktes mit den Meßdaten die Aussage *RS** empirisch falsifiziert worden sei. Im Widerspruch zum primafacie-Eindruck, wonach der Ort für diesen Konflikt eindeutig lokalisierbar zu sein scheint, ergibt die genauere Analyse, daß drei voneinander völlig verschiedene Revisionsalternativen existieren. Zwischen diesen läßt sich allerdings eine klare Rangordnung herstellen. Insgesamt gewinnt man auf diese Weise sowohl eine gute Illustration und exemplarische Bestätigung als auch eine Verschärfung der *Duhem-Quine-These*. Zu den erzielten Nebenresultaten gehören insbesondere neue und genauere Einsichten in die Natur der Theorienimmunität.

In **Kapitel 8** wird an den Gedanken von G. LUDWIG angeknüpft, daß der Begriff der *Approximation* für ein volles Verständnis physikalischer Theorienbildung unerläßlich sei. Entsprechend seinem Vorschlag wird für die Klärung dieses Begriffs auf die uniformen Strukturen im Sinn der Topologie zurückgegriffen. Zwei Alternativverfahren werden erörtert. Im ersten Verfahren, das auf MOULINES zurückgeht, wird kein expliziter Gebrauch vom Begriff des topologischen Raumes gemacht. Die Elemente einer Uniformität werden darin als ‚Unschärfemengen' aufgefaßt, die für ‚vernünftige Immunisierungen' benützbar sind. (Diesmal geht es tatsächlich um eine Aktivität der *Immunisierung* und nicht um *Immunität*!) Die ‚Immunisierungssprechweise' liefert zugleich ein anschauliches Verfahren zur Verdeutlichung der für eine uniforme Struktur geltenden Prinzipien. Es wird eine doppelte Unterscheidung getroffen, erstens zwischen Approximation auf *theoretischer* und auf *nicht-theoretischer* Stufe und zweitens zwischen *innertheoretischer* und *intertheoretischer Approximation*. Im ersten Fall wird mittels zweier Induktionstheoreme ein Zusammenhang zwischen den beiden Stufen hergestellt. Die beiden Unterfälle der zweiten Unterscheidung werden gesondert behandelt. Beim ersten geht es darum, die exakten Anwendungen einer Theorie durch ‚verschmierte' Anwendungen zu ersetzen. Im zweiten Fall werden intertheoretische Relationen, darunter insbesondere die Reduktionsrelation, durch deren approximative Gegenstücke ersetzt. Zur Illustration wird die von MOULINES gegebene ‚strukturalistische Übersetzung' der detaillierten Behandlung des KEPLER-NEWTON-Falles durch E. SCHEIBE geschildert.

In 8.5 wird ein zweites, von D. MAYR benütztes Verfahren dargestellt. Hier wird explizit etwas postuliert, das durch den Gedanken der Approximation nahegelegt wird, nämlich die Existenz ‚idealer Objekte', die sich approximieren lassen. Bei diesem zweiten Verfahren ist es notwendig, von der topologischen Methode der Vervollständigung von Räumen Gebrauch zu machen. Um auch diesen Abschnitt für sich lesbar zu gestalten, wird die Theorie der uniformen Hausdorff-Räume und ihrer Vervollständigungen skizziert. Auch für dieses zweite Verfahren wird eine konkrete Illustration gegeben, nämlich durch den Nachweis der approximativen Reduktion der klassischen Partikelmechanik auf die speziell relativistische Mechanik.

Das Kapitel schließt mit einer Bemerkung zu einer Kritik QUINES an PEIRCE. PEIRCE hatte den Grenzwertbegriff auf Theorien angewendet, was QUINE zu der Kritik herausforderte, daß dieser Begriff nur für Zahlen definiert sei. In den vorangehenden Überlegungen war jedoch tatsächlich der Grenzwertbegriff auf ‚Theorienartiges' angewendet worden: Über den beiden Klassen M_p und M als Trägermengen wurden uniforme Räume konstruiert, für die sich der Begriff des Cauchy-Filters sowie der Konvergenz solcher Filter definieren (und im HAUSDORFF-Fall sogar die Eindeutigkeit der Konvergenz dieser Filter beweisen) läßt. Es könnte sich, wie dort angedeutet wird, herausstellen, daß diese Bemerkung für die gegenwärtige Realismusdebatte von Relevanz ist; denn die ‚internen Realisten' greifen gern auf die PEIRCEsche Idee der ‚idealen Grenze der wissenschaftlichen Forschung' zurück.

Kapitel 9 enthält einen erstmaligen Bericht über den gegenwärtigen Stand der Untersuchungen von BALZER, MOULINES und SNEED zum verallgemeinerten Begriff der intertheoretischen Relation oder des *Bandes*. (Das Wort „Band" wurde als Übersetzung des englischen Ausdrucks „Link" gewählt.) Bänder setzen gewöhnlich bei den Klassen potentieller Modelle M_p' und M_p zweier Theorie-Elemente an und charakterisieren darüber hinaus einen ‚Datenfluß' von M_p' nach M_p. Der Begriff ist so allgemein gehalten, daß diese beiden Klassen auch identisch sein können, was zu *internen* Bändern führt. Nur die *externen* Bänder bilden daher echte intertheoretische Relationen. Neben einer systematischen Klassifikation von Bändern ist das Studium der Gesamtheiten von Theorie-Elementen von Interesse, die durch Bänder verknüpft sind. Als besonders wichtig erweist sich dabei der Begriff des *empirischen Theorienkomplexes*, der eine starke Verallgemeinerung des in Kap. 2 eingeführten Begriffs des Theoriennetzes darstellt. In den meisten Fällen, wo im präsystematischen Sprachgebrauch von einer physikalischen Theorie gesprochen wird, dürfte es sich bei adäquater Rekonstruktion um solche Theorienkomplexe handeln.

Die zum Teil überraschende Leistungsfähigkeit von Bändern zeigt sich u.a. darin, daß mit ihrer Hilfe die Querverbindungen explizit definierbar werden und sich das SNEEDsche Theoretizitätskriterium einfach formulieren läßt. Einen Ausblick auf künftige Forschungen liefert der Begriff des abstrakten Netzes verbundener Theorie-Elemente, zusammen mit dem Nachweis, daß derartige Netze endliche gerichtete Graphen sind.

Der abstrakte Netzbegriff gestattet es darüber hinaus, Typen globaler intertheoretischer Zusammenhänge zu unterscheiden, etwa zwischen hierarchischen Netzen und Netzen mit Schleifen. In einem philosophischen Ausblick werden drei diesbezügliche Möglichkeiten diskutiert. Die Annahme, daß die

Wissenschaften ‚hierarchisch aufgebaut' sein müßten, wie der *Fundamentalismus* behauptet, könnte sich als philosophisches Vorurteil erweisen. Als Rekonstruktionsalternativen, die sich vielleicht bewähren, bieten sich *Anti-Fundamentalismus* und *Kohärentismus* an.

Kapitel 10 ist dem Inkommensurabilitätsproblem gewidmet. Den Ausgangspunkt bildet eine Arbeit von D. Pearce, in der dieser zu zeigen versucht, daß die vom gegenwärtigen Verfasser früher geäußerte These, die Inkommensurabilität zweier Theorien sei mit der Reduzierbarkeit der einen auf die andere verträglich, unhaltbar ist. Die Reduzierbarkeit hat nämlich, wie er zeigt, unter gewissen plausiblen Annahmen die Übersetzbarkeit im Gefolge. Inkommensurabilität ist jedoch mit Übersetzbarkeit sicherlich unverträglich. Die Analyse von Pearce ist sehr detailliert und benützt neuere Resultate der Modelltheorie. Der Grundgedanke für die hier vorgeschlagene Lösung des Problems läßt sich intuitiv etwa so formulieren: Die Vertreter der Inkommensurabilitätsthese hatten keinen so allgemeinen Übersetzungsbegriff im Auge wie Pearce, sondern dachten an spezielle Arten ‚bedeutungserhaltender' Übersetzungen. Nur für diese speziellen Fälle gilt die erwähnte Unverträglichkeit. Der allgemeine Übersetzungsbegriff ist dagegen mit Inkommensurabilität verträglich. Die Analyse von Pearce hat sich als eine außerordentlich konstruktive Kritik erwiesen, da sie es ermöglichte, erstmals eine formale Präzisierung des Inkommensurabilitätsbegriffs selbst zu liefern. Auch diese auf W. Balzer zurückgehende Präzisierung wird eingehend geschildert.

Kapitel 11 befaßt sich mit Sneeds Diskussion der Frage, ob der strukturalistische Ansatz mit dem *wissenschaftlichen Realismus* verträglich sei. Zunächst wird darauf hingewiesen, daß die Auffassung, der Strukturalismus sei eine Variante des ‚Instrumentalismus', unzutreffend ist. Das ‚Aussagenkonzept' ist in dem Sinn neutral, als es offen steht sowohl für eine instrumentalistische als auch für eine nicht-instrumentalistische Deutung. Mit dem strukturalistischen Ansatz muß es sich dann ebenso verhalten. Denn dieser nimmt am Assagenkonzept weder Umdeutungen noch Streichungen vor, sondern nur Ergänzungen. Sneed hat die Gründe dafür, warum trotzdem verschiedene prima-facie-Konflikte zwischen wissenschaftlichem Realismus und Strukturalismus bestehen, in einer Reihe von Thesen und Gegenthesen festzuhalten versucht, die ausführlich diskutiert werden. Sie betreffen zum Teil die logische Form der empirischen Aussagen, zum Teil die Referenz der in diesen Aussagen vorkommenden Terme und zum Teil den ontologischen Status von Individuen und Eigenschaften. Die Thesen sind so abgefaßt, daß die Unterschiede in den Auffassungen möglichst stark akzentuiert werden. Eine der Wurzeln für die Meinungsdifferenzen kann darin erblickt werden, daß nach realistischer Auffassung die logische Form der von Naturwissenschaftlern benützten Aussagen auf der Hand liegt, ‚*weil die Wissenschaftler das, was sie sagen, stets auch meinen*'. Nach strukturalistischer Auffassung hat diese vom Realismus als mehr oder weniger selbstverständlich unterstellte Annahme den Charakter eines *Dogmas*, das in dieser Form nicht haltbar ist. Daraus erklärt sich dann auch der zum Teil viel größere rekonstruktive Aufwand innerhalb des strukturalistischen Ansatzes. Weitere Differenzen ergeben sich daraus, daß in vielen Fällen, wo der Realist eine *Bedeutungskonstanz* annimmt, vom strukturalistischen Standpunkt aus von *Bedeutungsänderung* gesprochen werden muß, z.B. wegen einer Verkleinerung oder Vergrößerung der Menge *I* oder wegen Hinzufügung neuer bzw. Preisgabe alter Querverbindungen. Wie die genauere Analyse zeigt, können in der Auseinandersetzung zwischen wissenschaftlichem Realismus und Strukturalismus keine pauschalen Argumente vorgebracht werden; vielmehr hat die Diskussion einen typischen ‚Detailcharakter'. Zu solchen Details gehören auch die Überlegungen darüber, wie ‚theoretische Individuen' zu behandeln sind.

Im **Kapitel 12** wird das „Überlegungsgleichgewicht" betitelte methodologische Prinzip von J. Rawls aufgegriffen, welches als ein neuartiger Versuch gewertet werden kann, die Adäquatheit von Begriffsexplikationen und der mit ihnen verbundenen Theorien zu beurteilen. Nachdem die Wirksamkeit dieses Prinzips in fünf anderen Gebieten (Ethik, Logik, Philosophie der Mathematik, Induktionstheorie, Methodologie) aufgezeigt worden ist, wird der Versuch unternommen, auch von einem *Überlegungsgleichgewicht im Verhältnis von systematischer Wissenschaftsphilosophie und Wissenschaftsgeschichte* zu sprechen und diesen Gedanken insbesondere zur Klärung des Verhältnisses zwischen den Betrachtungen von T. S. Kuhn und J. D. Sneed zu benützen. Es wird damit die Hoffnung verbunden, ein differenzierteres und adäquateres Bild der Beziehung zwischen diesen beiden Ideenwelten zu liefern als in früheren Veröffentlichungen.

In Ergänzung zu den beiden, durch die Schlagworte „Theorienimmunität" und „Inkommensurabilität" bezeichneten Kuhnschen Herausforderungen gibt es eine dritte, welche die *Induktionsproblematik* betrifft. Sie ist erst in den letzten Jahren mit größerer Deutlichkeit zutage getreten. Im **Kapitel 13** wird versucht, in knapper Form das Augenmerk auf diesen Punkt zu lenken. Wenn man dieses Thema auf Kuhns vordringliches Problem zuschneidet, so transformiert es sich in die Frage nach den Kriterien für rationale Theorienwahl. Dieses Problem ist nach Kuhn lösbar, aber nicht aufgrund allgemeiner Regeln, sondern aufgrund von Fachwissen in konkreten historischen Umständen. Da keine Regeln ins Spiel kommen, hat auch die Philosophie hier nichts zu suchen. Diese Auffassung, die man *Kuhns These über Induktion* nennen könnte, ist verblüffend einfach formulierbar und trotzdem von unüberbietbarer philosophischer Radikalität (und daher vermutlich ohne historisches Vorbild). Denn danach wird die Lösung des Induktionsproblems der Kompetenz des Philosophen völlig entzogen und der alleinigen Kompetenz von Fachleuten anheimgestellt. Wie angedeutet wird, läßt sich diese These sogar für den ‚normalwissenschaftlichen Fall' parallelisieren. Zugleich wird aber darauf hingewiesen, daß man mit der Annahme dieser These über Induktion Gefahr läuft, die empirischen Wissenschaften als *arationale Unternehmungen* bezeichnen zu müssen. Gegen Ende des Kapitels werden daher die Umrisse eines Forschungsprojektes skizziert, dessen Realisierung uns aus diesem Dilemma herausführen und überdies das sogenannte ‚Problem der Induktion' in einem ganz neuen Licht erscheinen lassen würde.

Im **Kapitel 14** werden fünf Versuche geschildert, den strukturalistischen Ansatz auf nichtphysikalische Theorien anzuwenden. Für die Auswahl der Beispiele waren zwei Gesichtspunkte bestimmend. Erstens wurden nur solche Theorien gewählt, die der Physik möglichst fernstehen. Und zweitens wurden solche bevorzugt, bei denen die fachspezifischen Präliminarien möglichst kurz und der technische Aufwand möglichst gering gehalten werden können.

Als erstes wird in 14.1 die *Literaturtheorie nach R. Jakobson* in der Rekonstruktion von Balzer und Göttner behandelt. Dieses Beispiel wurde nicht nur wegen seiner Anschaulichkeit und relativen Einfachheit vorangestellt, sondern auch deshalb, weil die gewählte Reihenfolge der in 14.1.1 bis 14.1.5 vollzogenen Rekonstruktionsschritte für andere Fälle paradigmatisch sein könnte.

Eine Abweichung von diesem ‚Paradigma' wird allerdings bereits durch das zweite, in 14.2 behandelte Beispiel der *tauschwirtschaftlichen Theorie* illustriert. Denn hier werden z.B. Spezialisierungen bereits vor der Beantwortung des Theoretizitätsproblems und der Charakterisierung der intendierten Anwendungen eingefügt. Die tauschwirtschaftliche Theorie wird als ein ‚2-Phasen-Modell' gedeutet, bei dem die beteiligten Personen als rationale Wirtschaftssubjekte ihren Nutzen zu maximieren suchen. In Abweichung von üblichen Darstellungen werden die Nachfragefunktion sowie der Tauschwert als Funktionale (d.h. als Funktionenfunktionen) eingeführt. Ein potentieller Konflikt zwischen Fachleuten einerseits und Wissenschaftsphilosphen andererseits über die Identitätskriterien einer Rahmentheorie und die Art seiner Lösung werden durch eine Analogiebetrachtung zwischen der Rolle der Markträumungsforderung in der gegenwärtigen Theorie und dem dritten Axiom von Newton in der klassischen Partikelmechanik geschildert. Die Frage, wie die tauschwirtschaftliche Theorie adäquat zu rekonstruieren sei, ist zwischen Balzer und Haslinger lebhaft diskutiert worden. In der hier gegebenen Darstellung wird diese Diskussion und ihr Ergebnis bereits einbezogen.

14.3 beinhaltet die von Sneed gegebene strukturalistische Rekonstruktion einer auf R. Jeffrey zurückgehenden, besonders eleganten modernen Variante der *rationalen Entscheidungstheorie*. Da diese Jeffreysche Theorie im Bd. IV/1 der vorliegenden Reihe ausführlich behandelt wurde, kann bezüglich verschiedener technischer Details auf die dortigen Ausführungen zurückgegriffen werden. Erstmals handelt es sich um eine Theorie, die nicht nur als deskriptive Theorie interpretiert werden kann, sondern deren bevorzugte Deutung die *normative* ist. Über den Präferenzstrukturen als partiellen Modellen erheben sich die Wahrscheinlichkeits-Nutzen-Strukturen als potentielle Modelle. Diejenigen unter den letzteren, welche überdies die Axiome des rationalen Entscheidungskalküls erfüllen, bilden die Modelle oder Jeffrey-Strukturen; eine mögliche Querverbindung verlangt die Konstanz der Präferenzen. Als intendierte Anwendungen kann man diejenigen Präferenzstrukturen einer bestimmten Person in bestimmten Entscheidungssituationen einführen, welche die Resultate eines als Frage-Antwort-Spieles konstruierten Experimentes bilden. Und wie bei empirischen Theorien sind auch hier die intendierten Anwendungen vom Typus ‚kleine Welt'. Legt man die bevorzugte Deutung zugrunde, so kann der Ramsey-

Sneed-Satz dieser Theorie natürlich nicht die zugeordnete empirische Behauptung heißen, sondern muß die ihr zugeordnete *Forderung* genannt werden. Eine Besonderheit des gegenwärtigen Beispieles liegt in einer Eigentümlichkeit der metrischen Skala: Für sogenannte reichhaltige Präferenzstrukturen sind Nützlichkeiten und Wahrscheinlichkeiten nur bis auf Gödel-Bolker-Transformationen eindeutig festgelegt.

Im Unterschied zu dem in 14.1 behandelten Beispiel sind die Fallstudien von 14.2 und 14.3 bereits in einem hinlänglichen Grad an Präzision formuliert, um über die Theoretizität in diesen Theorien vorkommender Funktionen keine bloßen Vermutungen aufstellen zu müssen; vielmehr läßt sich beide Male die T-Theoretizität bestimmter Funktionen relativ auf die jeweilige Theorie T mittels eines formalen Kriteriums *beweisen*.

In 14.4 wird der Versuch unternommen, die Grundzüge der *Neurosentheorie* von S. FREUD im strukturalistischen Rahmen zu rekonstruieren. Da es sich hierbei zum ersten Mal um eine Theorie handelt, bei der nicht nur die korrekte Deutung, sondern darüber hinaus die Wissenschaftlichkeit selbst strittig ist, soll der Rekonstruktionsversuch auch zur Beantwortung dieser grundsätzlicheren Frage einen Beitrag leisten. Die etwas längeren inhaltlichen Vorbetrachtungen dienen dazu, die Gefahr von Mißverständnissen zu mindern, deren Hauptquelle einerseits das ‚naiv-realistische' Reden über das Unbewußte und andererseits die völlig abweichende Terminologie in bestimmten Philosophenschulen bildet. Von der bloßen *Skizze* einer Rekonstruktion wird hier deshalb gesprochen, weil der mutmaßlich statistische Charakter des Fundamentalgesetzes ebenso unberücksichtigt bleibt wie die explizite Relativierung dieses Gesetzes auf ein soziokulturelles Umfeld. Der Modellbegriff wird in solcher Weise konzipiert, daß nur Lebensabschnitte *gesunder* Personen Modelle der Theorie sein können, d.h. die Rahmentheorie von FREUD wird als ‚Theorie des Gesunden' aufgefaßt. Die Neurosentheorie als eine Theorie *psychischer Erkrankungen* wird dagegen erst durch eine Modell*spezialisierung* eingeführt.

14.5 befaßt sich in Anknüpfung an DIEDERICH und FULDA mit der *Kapital- und Mehrwerttheorie* von K. MARX. Von einem bloßen *Schema* wird deshalb gesprochen, weil die Gesetzmäßigkeiten nur ihrer allgemeinen Form nach, nicht hingegen in ihrer detaillierten Gestalt angegeben werden. Im Gegensatz zu DIEDERICH und FULDA wird die Auffassung vertreten, daß die ökonomischen Theorien von MARX nicht ohne Heranziehung zweier MARXscher soziologischer Grundthesen zu vervollständigen sind. Dagegen dürfte eine Abspaltung von seiner Globaltheorie, ferner von seiner Humanismus-Philosophie sowie von seiner Erlösungsreligion möglich sein.

Es folgen fünf Bibliographien. Die erste enthält einführende und grundlegende Literatur, einschließlich solcher, die sich noch in Vorbereitung befindet.

In der zweiten werden einige weitere, im folgenden Text nicht berücksichtigte Anwendungen angeführt. Die an Wirtschaftswissenschaften interessierten Leser seien hier vor allem auf die Arbeiten von E. W. HÄNDLER hingewiesen. Leider enthalten diese starke fachspezifische Voraussetzungen, so daß sie nicht in den Abschnitt 14.2 des vorliegenden Buches einbezogen werden konnten.

An dritter Stelle wird eine Liste von kritischen Diskussionen angeführt. Allerdings werden hier nur solche Publikationen berücksichtigt, die einen substanziellen kritischen Beitrag zu mindestens einem der für den strukturalistischen Ansatz charakteristischen Aspekte enthalten.

Im vierten Verzeichnis wird Literatur zu dem Projekt von D. Pearce und V. Rantala angeführt, welches mit dem strukturalistischen verwandt ist, aber wesentlich stärkeren Gebrauch von formalen Methoden macht. Die hier noch bestehenden Differenzen sollten nicht übertrieben werden. Denn die Vertreter des strukturalistischen Ansatzes nehmen in der Frage der Benützung formaler Methoden im engeren Sinn des Wortes eine flexible Haltung ein: Wo immer es als nicht notwendig erscheint, formale Methoden anzuwenden, genügt der Rückgriff auf den Apparat der informellen Mathematik. Wo hingegen die Benützung formaler Methoden unerläßlich zu sein scheint (wie etwa bei der Frage der Ramsey-Eliminierbarkeit) oder zusätzliche Resultate zu liefern verspricht, sollte man von solchen Methoden unbedenklich Gebrauch machen.

Der letzten dieser Bibliographien sei eine kurze Bemerkung vorangeschickt. Mit Nachdruck ist von Vertretern des strukturalistischen Ansatzes immer wieder der Unterschied der Philosophie der empirischen Wissenschaften zur Metamathematik betont worden. In *einer* Hinsicht besteht jedoch eine Analogie, nämlich darin, daß man mit ‚möglichst Einfachem' beginnen muß und nicht den heutigen Forschungsstand einer entwickelten erfahrungswissenschaftlichen Disziplin zum Ausgangspunkt wählen kann. Wenn also z.B. gelegentlich die Forderung zu hören ist, die systematische Wissenschaftsphilosophie solle doch endlich die Quantenphysik zum Untersuchungsgegenstand für ihre logischen Rekonstruktionen machen, so könnte man versuchen, eine Analogie in der Weise zu ziehen, daß man fragt, was wohl Hilbert gesagt hätte, wenn jemand in den Zwanziger Jahren dieses Jhd. mit folgendem Ansinnen an ihn herangetreten wäre: „Du sollst dich in deinen beweistheoretischen Bemühungen nicht nur mit einer so ‚trivialen' Disziplin wie der elementaren Zahlentheorie beschäftigen. Beziehe doch endlich auch so etwas wie die Theorie der differenzierbaren Mannigfaltigkeiten in deine Beweistheorie ein!" Hilbert hätte nach seinem damaligen Wissensstand dem Betreffenden vermutlich erwidert, daß dieser offenbar die Gegenwart mit dem 21. oder 22. Jahrhundert verwechsle.

Ganz so schlimm verhält es sich nun allerdings in unserem Fall auch wieder nicht. Die Axiomatisierung von Theorien mit Hilfe informeller Prädikate z.B. gestattet es, ungeachtet ‚fundamentalistischer Skrupel' direkt bei Theorien von ‚relativ hohem Abstraktionsgrad' einzusetzen, ohne die ‚zugrunde liegenden' Theorien explizit mit einbeziehen zu müssen. Doch selbst von solchen Punkten aus beträgt die Entfernung zu Theorien, die den Forschungsstand der Gegenwart widerspiegeln, gewöhnlich noch viele Lichtjahre.

Ungeachtet dieser Tatsache sollte jeder Wissenschaftsphilosoph das Bemühen von Fachleuten um möglichst genaue begriffliche Durchdringung ihrer Disziplin begrüßen, sei es als Quelle der Anregung seiner Phantasie, sei es als potentielle Vorarbeit für seine und seiner Nachfolger spätere Bemühungen. Im Fall der Physik ist ein hervorstechender Fachmann dieser Art G. Ludwig, ein in vorderster Front der heutigen Forschung arbeitender Quantenphysiker, dessen Untersuchungen viele interessante und wertvolle wissenschaftstheoretische Implikationen beinhalten. Eine Reihe von Berührungen zwischen seinem Projekt und dem strukturalistischen Konzept haben unabhängig voneinander E. SCHEIBE und C. U. MOULINES festgestellt. Um hier nur ein Beispiel für die ‚Integration LUDWIGscher Gedanken in den strukturalistischen Ansatz' zu erwähnen: Ohne seine prinzipiellen Überlegungen und Bemühungen wären die im Kap. 8 geschilderten strukturalistischen Erörterungen der Approximationsproblematik nicht möglich gewesen.

Das letzte der hier angefügten Literaturverzeichnisse enthält daher Arbeiten zum LUDWIGschen Projekt, darunter vor allem die wichtigsten Arbeiten von LUDWIG selbst sowie die Publikationen von E. SCHEIBE über das Verhältnis seines Projektes zum strukturalistischen Ansatz.

Für die späteren bibliographischen Angaben gilt folgendes: In Kap. 1 bis Kap. 13 wird die einschlägige Literatur jeweils am Ende des betreffenden Kapitels und in Kap. 14 am Ende jedes Abschnittes angeführt. Diese Aufspaltung der einheitlichen Bibliographie in 23 spezielle, sich zwangsläufig überschneidende Literaturverzeichnisse soll eine rasche und zielorientierte Information des Lesers ermöglichen. In allen Fällen mußte eine solche Auswahl getroffen werden, daß stets nur Veröffentlichungen einbezogen wurden, die unmittelbar auf das behandelte Thema Bezug nehmen.

Einführende und grundlegende Literatur

BALZER, W., *Empirische Theorien: Modelle – Strukturen – Beispiele*, Braunschweig 1982.
BALZER, W. und SNEED, J.D., „Generalized Net Stuctures of Empirical Theories", *Studia Logica* Bd. 36 (1977) und Bd. 37 (1978). Deutsche Übersetzung: „Verallgemeinerte Netz-Strukturen empirischer Theorien", in: W. BALZER und M. HEIDELBERGER (Hrsg.), *Zur Logik empirischer Theorien*, Berlin-New York 1983, S. 117–168.
BALZER, W., MOULINES, C.U. und SNEED, J.D., *Basic Structures in Scientific Theories*, in Vorbereitung, erster Entwurf Juli 1982.
BALZER, W., MOULINES, C.U. und SNEED, J.D., „The Structure of Empirical Science: Local and Global", erscheint in: *Proceedings of the 7th International Congress of Logic, Methodology and Philosophy of Science*, Salzburg 1983, North-Holland.
DIEDERICH, W., *Strukturalistische Rekonstruktionen*, Braunschweig 1981.
GÄHDE, U., *T-Theoretizität und Holismus*, Frankfurt a. M.-Bern 1983.
SNEED, J.D., *The Logical Structure of Mathematical Physics*, 2. Aufl. Dordrecht 1979.
SNEED, J.D., „Philosophical Problems in the Empirical Science of Science: A Formal Approach", *Erkenntnis* Bd. 10 (1976), S. 115–146.
STEGMÜLLER, W., II/2 *Theorie und Erfahrung*, Zweiter Halbband: *Theorienstrukturen und Theoriendynamik*, Berlin-Heidelberg-New York 1973, 2. verbesserte Aufl. 1985.
STEGMÜLLER, W., *The Structuralist View of Theories*, Berlin-Heidelberg-New York 1979.
STEGMÜLLER, W., *Neue Wege der Wissenschaftsphilosophie*, Berlin-Heidelberg-New York 1980.

Literatur über weitere Anwendungen

BALZER, W., *Empirische Geometrie und Raum-Zeit-Theorie in mengentheoretischer Darstellung*, Kronberg 1978.

BALZER, W., „Empirical Claims in Exchange Economics", in : W. STEGMÜLLER et al. (Hrsg.), *Philosophy of Economics*, Berlin-Heidelberg-New York 1982, S. 16–40.

BALZER, W. und KAMLAH, A., „Geometry by Ropes and Rods", *Erkenntnis* Bd. 15 (1980), S. 245–267.

BALZER, W. und MOULINES, C.U., „Die Grundstruktur der klassischen Partikelmechanik und ihre Spezialisierungen", *Zeitschr. Naturforsch.* Bd. 36a (1981), S. 600–608.

BALZER, W. und MÜHLHÖLZER, F., „Klassische Stoßmechanik", *Zeitschrift für allgemeine Wissenschaftstheorie* Bd. 13 (1982), S. 22–39.

HÄNDLER, E.W., *Logische Struktur und Referenz von mathematischen ökonomischen Theorien*, Dissertation, München 1979.

HÄNDLER, E.W., „The Logical Structure of Modern Neoclassical Static Microeconomic Equilibrium Theory", *Erkenntnis* Bd. 15 (1980), S. 35–53.

HÄNDLER, E.W., „The Role of Utility and of Statistical Concepts in Empirical Economic Theories", *Erkenntnis* Bd. 15 (1980), S. 129–157.

HÄNDLER, E.W., „The Evolution of Economic Theories: A Formal Approach", *Erkenntnis* Bd. 18 (1982), S. 65–96.

HÄNDLER, E.W., „Ramsey-Elimination of Utility in Utility Maximizing Regression Approaches", in: W. STEGMÜLLER et al. (Hrsg.), *Philosophy of Economics*, Berlin-Heidelberg-New York 1982, S. 41–62.

HÄNDLER, E.W., „Measurement of Preference and Utility", *Erkenntnis* Bd. 21 (1984), S. 319–347.

KOSTER, J. und SCHOTEN, E., „The Logical Structure of Rhythmics", *Erkenntnis* Bd. 18 (1982), S. 269–281.

MIESBACH, B., *Strukturalistische Handlungstheorie*, Opladen 1984.

MOULINES, C.U., *Zur Logischen Rekonstruktion der Thermodynamik*, Dissertation, München 1975.

MOULINES, C.U., „A Logical Reconstruction of Simple Equilibrium Thermodynamics", *Erkenntnis* Bd. 9 (1975), S. 101–130.

MOULINES, C.U., „An Example of a Theory Frame: Equilibrium Thermodynamics", in: J. HINTIKKA et al. (Hrsg.), *Proceedings of the 1978 Pisa Conference on the History and Philosophy of Science, Vol. II*, Dordrecht 1981, S. 211–238.

THAGARD, P., „Hegel, Science and Set Theory", *Erkenntnis* Bd. 18 (1982), S. 397–410.

WESTMEYER, H., FRIEDHELM, E., WINKELMANN, K. und NELL, V., „A Theory of Behavior Interaction in Dyads: A Structuralist Account", *Metamedicine* Bd. 3 (1982), S. 209–231.

Kritische Diskussionen des strukturalistischen Konzeptes

DIEDERICH, W., „Stegmüller on the Structuralist Approach in the Philosophy of Science", *Erkenntnis* Bd. 17 (1982), S. 377–397.

FEYERABEND, P., „Changing Patterns of Reconstruction" (Besprechung von W. STEGMÜLLER, *II/2*, 1973), *The British Journal for the Philosophy of Science* Bd. 28 (1977), S. 351–359.

GLYMOUR, C., *Theory and Evidence*, Princeton, N. J., 1980.

HARRIS, J.H., „A Semantical Alternative to the Sneed-Stegmüller-Kuhn Conception of Scientific Theories", *Acta Philosophica Fennica* Bd. 30 (1979), S. 184–204.

HUCKLENBROICH, P., „Epistemological Reflections on the Structuralist Philosophy of Science", *Metamedicine* Bd. 3 (1982), S. 279–296.

KOCKELMANS, J.L., Besprechung von W. STEGMÜLLER, *II/2*, 1973, *Philosophy of Science* Bd. 43 (1976), S. 293–297.

KUHN, T.S., „Theory as Structure-Change: Comments on the Sneed Formalism", *Erkenntnis* Bd. 10 (1976), S. 179–199.

NIINILUOTO, I., "The Growth of Theories: Comments on the Structuralist Approach", in: J. HINTIKKA et al. (Hrsg.), *Proceedings of the 1978 Pisa Conference on the History and Philosophy of Science*, Vol. I, Dordrecht 1981, S. 3–47.
PEARCE, D., "Is There any Theoretical Justification for a Nonstatement View of Theories?", *Synthese* Bd. 46 (1981), S. 1–39.
PEARCE, D., "Comments on a Criterion of Theoreticity", *Synthese* Bd. 48 (1981), S. 77–86.
PEARCE, D., Besprechung von W. STEGMÜLLER, *II/2*, 1973, und *The Structuralist View of Theories*, 1979, *The Journal of Symbolic Logic* Bd. 47 (1982), S. 464–470.
PEARCE, D., "STEGMÜLLER on KUHN and Incommensurability", *The British Journal for the Philosophy of Science* Bd. 33 (1982), S. 389–396.
PRZELECKI, M., "A Set-Theoretic versus a Model-Theoretic Approach", *Studia Logica* Bd. 33 (1974), S. 91–105.
RANTALA, V., "On the Logical Basis of the Structuralist Philosophy of Science", *Erkenntnis* Bd. 15 (1980), S. 269–286.
TUOMELA, R., "On the Structuralist Approach to the Dynamics of Theories", *Synthese* Bd. 39 (1978), S. 211–231.

Literatur zum Projekt von D. Pearce und V. Rantala

Vergleiche zu beiden Autoren auch die Angaben im Verzeichnis über kritische Diskussionen des strukturalistischen Konzeptes.

PEARCE, D., "Some Relations between Empirical Theories", *Epistemologia* Bd. 4 (1981), S. 363–379.
PEARCE, D., "Logical Properties of the Structuralist Concept of Reduction", *Erkenntnis* Bd. 18 (1982), S. 307–333.
PEARCE, D. und RANTALA, V., "New Foundations for Metascience", *Synthese* Bd. 56 (1983), S. 1–26.
PEARCE, D. und RANTALA, V., "Limiting Case Correspondence between Physical Theories", in: W. BALZER et al. (Hrsg.), *Reduction in Science*, Dordrecht 1984, S. 153–185.
RANTALA, V., *Aspects of Definability*, Acta Philosophica Fennica Bd. 29, Amsterdam 1977.
RANTALA, V., "The Old and the New Logic of Metascience", *Synthese* Bd. 39 (1978), S. 233–247.
RANTALA, V., "Correspondence and Non-Standard Models: A Case Study", in: I. NIINILUOTO und R. TUOMELA (Hrsg.), *The Logic and Epistemology of Scientific Change*, Acta Philosophica Fennica Bd. 30, Amsterdam 1979, S. 366–378.

Literatur zum Projekt von G. Ludwig und zum Vergleich dieses Projektes mit dem strukturalistischen Ansatz

BALZER, W., "Günther Ludwigs Grundstrukturen einer physikalischen Theorie", *Erkenntnis* Bd. 15 (1980), S. 391–408.
LUDWIG, G., *Deutung des Begriffs ‚Physikalische Theorie' und axiomatische Grundlegung der Hilbertraumstruktur der Quantenmechanik durch Hauptsätze des Messens*, Berlin-Heidelberg-New York 1970.
LUDWIG, G., *Die Grundstrukturen einer physikalischen Theorie*, Berlin-Heidelberg-New York 1978.
LUDWIG, G., "Axiomatische Basis einer physikalischen Theorie und theoretische Begriffe", *Zeitschrift für allgemeine Wissenschaftstheorie* Bd. 12 (1981), S. 55–74.
LUDWIG, G., *Foundations of Quantum Mechanics I*, New York-Heidelberg-Berlin 1983.
LUDWIG, G., "Restriction and Embedding", in: W. BALZER et al. (Hrsg.), *Reduction in Science*, Dordrecht 1984, S. 17–31.
LUDWIG, G., *An Axiomatic Basis for Quantum Mechanics*, zwei Bände, Berlin-Heidelberg-New York-Tokyo, erscheint voraussichtlich 1985.

SCHEIBE, E., „A Comparison of two Recent Views on Theories", *Metamedicine* Bd. 3 (1982), S. 234–253.

SCHEIBE, E., „Two Types of Successor Relations between Theories", *Zeitschrift für allgemeine Wissenschaftstheorie* Bd. 14 (1983), S. 68–80.

SCHEIBE, E., „Ein Vergleich der Theoriebegriffe von Sneed und Ludwig", in: E. LEINFELLNER et al. (Hrsg.), *Erkenntnis- und Wissenschaftstheorie, Akten des 7. Internationalen Wittgenstein Symposiums*, Wien 1983, S. 371–383.

SCHEIBE, E., „Explanation of Theories and the Problem of Progress in Physics", in: W. BALZER et al. (Hrsg.), *Reduction in Science*, Dordrecht 1984, S. 71–94.

WERNER, R., *The Concept of Embeddings in Statistical Mechanics*, Dissertation, Marburg 1982.

Kapitel 1
Intuitiver Zugang zum strukturalistischen Theorienkonzept

1.1 Ein neues Verfahren der rationalen Nachkonstruktion

1.1.1 Das Dilemma der heutigen Wissenschaftsphilosophie. Rationale Nachkonstruktion oder rationale Rekonstruktion ist ein zentraler Gedanke der systematisch orientierten Wissenschaftsphilosophie. In Anwendung auf Theorien – das Wort „Theorie" stets im später charakterisierten globalen Sinn verstanden – beinhaltet er die Aufgabe, Klarheit über den inneren Aufbau von Theorien, über ihre Anwendungen sowie gegebenenfalls über die zwischen ihnen bestehenden Beziehungen zu gewinnen.

In der heutigen philosophischen Landschaft stößt die Idee der präzisen Rekonstruktion von Theorien in zunehmendem Maße auf Skepsis. Diese wird hauptsächlich aus zwei verschiedenen Quellen gespeist. Einige Skeptiker – wir nennen sie im folgenden die Skeptiker der ersten Klasse – vertreten die Auffassung, daß rationale Nachkonstruktion überhaupt *nicht notwendig* sei. Es genüge völlig, sich am tatsächlichen Wissenschaftsbetrieb und den Publikationen der Fachleute zu orientieren. Zur Stützung dieser Auffassung wird bisweilen darauf hingewiesen, die *historisch-pragmatische Wende* in der neuzeitlichen Philosophie der Wissenschaften habe das Bewußtsein dafür geschärft, daß mit jedem Präzisierungsversuch Auslassungen mehr oder weniger wichtiger Details, nicht zu rechtfertigende Vereinfachungen und Schablonisierungen, insgesamt Verstümmelungen der untersuchten Theorien, verbunden seien, welche die dadurch erzielten Vorteile überkompensieren.

So plausibel dieser Einwand prima facie erscheinen mag, erzeugt er doch unmittelbar ein großes Dilemma. Sollen wir uns, wenn wir über bestimmte Theorien sprechen wollen, einfach auf ‚die üblichen lehrbucharigen Darstellungen' beziehen? Hier stellt man leicht fest, daß diese Darstellungen selbst in den exaktesten Disziplinen häufig stark voneinander abweichen sowie daß sie in gewissen Hinsichten mehrdeutig und in anderen Hinsichten vage sind, so daß man mit vielen Unklarheiten konfrontiert bleibt. In anderen Disziplinen ist die Situation noch ungünstiger. Angenommen, es geht darum, sich mit der Neurosentheorie auseinanderzusetzen. Um nicht ins Uferlose zu gelangen, werde von den Interessenten der Beschluß gefaßt, sich nur mit der Neurosentheorie Sigmund FREUDS zu befassen. Wo aber finden wir diese Theorie? Vermutlich in FREUDS gesammelten Werken. Verschiedene Interpreten werden aus dem, was dort zu lesen ist, sehr verschiedenartige Theorien herauslesen. Aller Voraussicht nach wird es zu endlosen Diskussionen darüber kommen, ‚was Freud eigentlich gemeint hat', wie tatsächliche oder vermeintliche Inkonsistenzen in seinen Behauptungen zu beheben sind, welche seiner Aussagen wichtiger sind als andere und welche für die Zwecke genauerer Untersuchungen vernachlässigt werden können. Ein solches Einmünden in Streitigkeiten um die korrekte Textexegese oder Ähnliches dürfte paradigmatisch sein für die Konsequenzen der Haltung von Skeptikern der ersten Klasse.

Diese bekommen allerdings Schützenhilfe von den Skeptikern einer zweiten Klasse. Die Skeptiker der zweiten Art behaupten, daß die angestrebten Rekonstruktionen, so wünschenswert sie auch sein mögen, gar *nicht möglich* seien. Die Methoden der Formalisierung, welche die moderne Logik zur Verfügung stelle, seien viel zu kompliziert und schwer zu handhaben, um wirklich interessante Theorien unter Benützung dieser Instrumente zum Gegensatz der Untersuchung machen zu können. Was dabei am Ende herauskomme, sei eine Beschäftigung mit solchen fiktiven und äußerst primitiven Analogiemodellen zu echten Theorien, die sich in der Sprache der Logik erster Stufe mit ein- oder höchstens zweistelligen Prädikaten formulieren lassen.

Damit ist das fundamentale Dilemma der heutigen Wissenschaftsphilosophie lokalisiert: *Rationale Rekonstruktion ist* außerordentlich wünschenswert, ja für viele Zwecke sogar dringend *notwendig, aber* sie ist *nicht möglich*.

Um aus dieser Schwierigkeit herauszukommen, müßten neue Wege aufgezeigt werden, die so etwas wie rationale Rekonstruktion möglich machen, ohne in die Sackgasse des formalsprachlichen Vorgehens hineinzugeraten. Eine Befreiung von dem Dilemma ist erst in Sicht, wenn die Frage beantwortet wird: *Wie ist rationale Nachkonstruktion in der Wissenschaftsphilosophie möglich?*

1.1.2 Ein möglicher Ausweg. Den Ansatz für eine Lösung bildet eine vor über 20 Jahren gegebene programmatische Erklärung von P. SUPPES, in welcher er den Wissenschaftsphilosophen empfiehlt, sich inskünftig *nicht metamathematischer*, sondern *mathematischer* Methoden zu bedienen. Damit war folgendes gemeint: Metamathematische Methoden – den Ausdruck „metamathematisch" im weitesten Sinne des Wortes genommen[1] – machen ausnahmslos von formalen Sprachen Gebrauch, d.h. die in metamathematischen Untersuchungen studierten Theorien sind stets im Symbolismus formaler Sprachen abgefaßt. Nur dadurch kann der dort angestrebte Präzisionsgrad erreicht werden.

Auch die moderne Mathematik strebt ein hohes Maß an Präzision an. Wie sich herausgestellt hat, ist dafür jedoch keine Vollformalisierung mathematischer Theorien notwendig. Es genügt, die *informelle Mengenlehre* als Grundlage

---

[1] In einer wesentlich engeren Bedeutung von „Metamathematik" versteht man darunter dasselbe wie „Beweistheorie" im Hilbertschen Sinn. Hier hingegen wird der weite Sinn dieser Bezeichnung zugrunde gelegt, wonach alle metatheoretischen Untersuchungen darunter fallen, die sich auf Theorien beziehen, welche *in einer formalen Kunstsprache formuliert* sind.

für den Aufbau der mathematischen Spezialdisziplinen zu wählen. (Diese informelle Mengenlehre ist allerdings selbst im Hinblick auf die Resultate der axiomatischen Mengenlehre zu formulieren; vgl. dazu die diesbezüglichen Bemerkungen in Kap. 5.) Als paradigmatisches Beispiel für präzises mathematisches Arbeiten kann das Werk von BOURBAKI dienen, oder, um noch eine andere Alternative zu nennen, das Werk von DIEUDONNÉ.

Der Ratschlag von SUPPES ist nun leicht zu verstehen. Er möchte damit sagen, daß der Präzisionsstandard der modernen Mathematik für das Studium empirischer Theorien durchaus hinreichend ist. Konkreter gesprochen: Die Wissenschaftstheoretiker sollten sich auch dann, wenn es ihnen um exakte Resultate geht, an BOURBAKI, nicht jedoch am Werk eines Metamathematikers über mathematische Logik, wie z. B. SHOENFIELD, orientieren. Auch die *Begründung*, die SUPPES für seinen Ratschlag gibt, leuchtet prinzipiell ein: Könnten sich die Wissenschaftsphilosophen entschließen, den von ihnen erstrebten Präzisionsstandard von der metamathematischen auf die mathematische Ebene zurückzuschrauben, so würden sie damit einen außerordentlichen Vorteil erkaufen. Sie könnten dann nämlich endlich daran gehen, sich mit ‚wirklichen‘ Theorien, insbesondere mit ‚wirklichen‘ physikalischen Theorien zu beschäftigen, statt sich mit fiktiven Analogiemodellen zufriedengeben zu müssen.

SUPPES dachte dabei vor allem an die erste große Aufgabe jeder wissenschaftsphilosophischen Beschäftigung mit einer Theorie, nämlich: die mathematische Grundstruktur dieser Theorie genau anzugeben. Dies geschieht im Rahmen des axiomatischen Aufbaues der fraglichen Theorie. Die einfachste und eleganteste Methode der Axiomatisierung einer Theorie besteht darin, diese Theorie durch ein *mengentheoretisches Prädikat* zu charakterisieren. Diese Methode ist mit großem Erfolg in der Mathematik angewendet worden. Die Axiomatisierung der Gruppentheorie oder der Theorie der Vektorräume erfolgt dadurch, daß man das Prädikat „x ist eine Gruppe" bzw. „x ist ein Vektorraum (über einem Körper)" definiert. SUPPES schlägt nun vor, auch die Axiomatisierung physikalischer Theorien, etwa der klassischen Partikelmechanik oder der Quantenmechanik, in der Weise vorzunehmen, daß man die entsprechenden mengentheoretischen Prädikate „x ist eine klassische Partikelmechanik" oder „x ist eine Quantenmechanik" definiert. (Für die verschiedenen Bedeutungen der Wendung „Axiomatisierung einer Theorie" vgl. II/2, S. 34–42.)

Die dabei benützte Methode könnte man *informelle Formalisierung* nennen. Diese nur scheinbar widersprüchliche Bezeichnung ist so zu verstehen: Die Wendung „Formalisierung" soll kein formalsprachliches Vorgehen andeuten, sondern allein darauf hinweisen, daß dieses axiomatische Vorgehen dem Präzisionsstandard der heutigen Mathematik genügt. Und das Attribut „informell" beinhaltet, daß als mengentheoretisches Grundsymbol das Zeichen „$\in$" für die Elementschaftsrelation gewählt wird und die logischen Ausdrücke in ihrer üblichen umgangssprachlichen Bedeutung zu verstehen sind, allerdings ausgestattet mit den bekannten Normierungen im Falle des „wenn ... dann---". Insbesondere sind Junktoren und Quantoren keine Zeichen einer formalen Sprache, sondern bloße Abkürzungen.

Zum Zwecke der Illustration dieser Methode wählen wir eine Miniaturtheorie, nämlich die *archimedische Statik* oder *archimedische Gleichgewichtstheorie*. Wir schreiben das diese Theorie ausdrückende Prädikat explizit an, zum einen deshalb, um die Methode an einem sehr einfachen Fall zu veranschaulichen, und zum anderen aus dem Grunde, weil wir dadurch in späteren Abschnitten dieses einführenden Kapitels verschiedene andere wichtige Aspekte der strukturalistischen Theorienauffassung ebenfalls an diesem sehr elementaren Beispiel erläutern werden.

Der Objektbereich der durch diese Theorie beschriebenen Gleichgewichtssysteme besteht aus n Gegenständen $a_1, \ldots, a_n$, die sich um einen Drehpunkt im Gleichgewicht befinden. Die Theorie benützt außerdem zwei Funktionen d (Distanz) und g (Gewicht), wobei d den Abstand der n Objekte vom Drehpunkt mißt, während g das Gewicht dieser Objekte angibt. Die beiden Größen d und g genügen den Forderungen, daß erstens der g-Wert stets positiv ist und daß zweitens die Summe der Produkte $d(a_i) \cdot g(a_i)$ für diejenigen Gegenstände, die sich auf der einen Seite des Drehpunktes befinden, stets dieselbe ist wie die analoge Summe für die Objekte auf der anderen Seite des Drehpunktes. Dieses Prinzip wird auch *die goldene Regel der Statik* genannt. Wir werden diese Regel so formulieren, daß wir alle Summanden auf eine Seite bringen und damit eine Summe von Produkten erhalten, die den Gesamtwert 0 hat.

Nach diesen Vorbetrachtungen können wir unser Prädikat wie folgt definieren:

x ist ein AS (eine *archimedische Statik*) gdw es ein $A, d,$ und g gibt, so daß gilt:

(1) $x = \langle A, d, g \rangle$;
(2) A ist eine endliche, nichtleere Menge, z.B. $A = \{a_1, \ldots, a_n\}$;
(3) (a) $d: A \to \mathbb{R}$;
    (b) $g: A \to \mathbb{R}$;
    d.h. d und g sind Funktionen von A in $\mathbb{R}$;
(4) für alle Objekte $a \in A$ gilt: $g(a) > 0$;
(5) $\sum_{i=1}^{n} d(a_i) \cdot g(a_i) = 0$ (goldene Regel der Statik).

Die ersten vier Bestimmungen charakterisieren das *Begriffsgerüst* der Theorie. Entitäten, welche diese Bestimmungen (1) bis (4) erfüllen, nennen wir daher auch *mögliche* oder *potentielle Modelle* unserer Theorie. Denn in bezug auf solche Entitäten ist die Frage sinnvoll, ob sie archimedische Gleichgewichtssysteme sind, eine Frage, die dann und nur dann bejahend zu beantworten ist, wenn eine solche Entität auch die Bestimmung (5) erfüllt. Wir nennen hier (5) das *eigentliche* Axiom unserer Theorie. Alle Entitäten, die sämtliche angeführten Bedingungen erfüllen, also auch das eigentliche Axiom, heißen *Modelle* unserer Theorie. Wenn wir „AS" das unsere Theorie ausdrückende Prädikat nennen, so sind die Modelle genau die Wahrheitsfälle des die Theorie ausdrückenden Prädikates.

Potentielle Modelle und Modelle können daher auch als Extensionen geeigneter Prädikate eingeführt werden. Die Modelle bilden die Extension des Prädikates „AS". Unter „AS_p" verstehen wir das Prädikat, welches aus „AS" dadurch entsteht, daß man die Bestimmung (5) wegläßt. Dann ist die Klasse der potentiellen Modelle die Gesamtheit aller x, die das Prädikat „AS_p" erfüllen, was dasselbe ist wie die Klasse

$$\{x|x \text{ ist ein } AS_p\},$$

während die Klasse der Modelle identifiziert werden kann mit der folgenden Klasse:

$$\{x|x \text{ ist ein } AS\}.$$

Wir benützten für unsere Unterteilung eine Unterscheidung zwischen denjenigen Bestimmungen, die das ‚bloße Begriffsgerüst' ausmachen, und solchen, welche die ‚eigentlichen' Axiome bilden, da nur die letzteren echte Gesetze zum Inhalt haben. Daß wir mit der Bestimmung (5) in unserem speziellen Fall nur ein einziges derartiges Gesetz formulierten, hat natürlich nichts zu besagen; es könnte durchaus mehrere Gesetze dieser Art geben. Andererseits darf man darin nicht bloß ein Symptom für die außerordentliche Primitivität unserer Theorie erblicken. Denn z. B. auch im Fall der klassischen Partikelmechanik haben wir es nur mit einem Fundamentalgesetz zu tun, wie die Bestimmung (2) aus D3 in II/2, S. 109 (bzw. hier: (2) aus D8–17) zeigt.

Vorläufig müssen wir allerdings zugeben, daß die Unterscheidung zwischen denjenigen Bestimmungen, die das Begriffsgerüst einer Theorie mathematisch charakterisieren, und denjenigen, die echte Gesetze ausdrücken, vage ist. Dies bedeutet jedoch nicht, daß die Grenze willkürlich gezogen wird. Würde man z. B. im gegenwärtigen Fall die Bestimmung (4) in die Gesetze mit einbeziehen, oder analog im Fall der klassischen Partikelmechanik die Bestimmung (6) aus D2 in II/2, S. 108 (bzw. aus D8–16 in diesem Buch), so würde ein Naturwissenschafter dem mit Recht entgegenhalten, daß es sich bei diesen Bestimmungen ‚bloß um Beschreibungen der formalen Struktur physikalischer Größen' handle, im gegenwärtigen Fall um die der Gewichtsfunktion und in jenem interessanteren Fall um die der Kraftfunktion. In Kap. 5 soll versucht werden, ein präzises Kriterium für diese Unterscheidung zu formulieren. Dabei wird uns die intuitive Idee leiten, daß echte Gesetze stets *Verknüpfungsgesetze* sind, in denen mehrere in der Theorie vorkommende Größen miteinander verknüpft werden. Wie eine kurze Betrachtung der jeweiligen Bestimmungen lehrt, drückt im Fall von AS nur die letzte Bestimmung ein solches Verknüpfungsgesetz aus und im Fall KPM nur das zweite Axiom von Newton, also die Bestimmung (2) aus D3, II/2, S. 109 (bzw. hier: D8–17, (2)).

Diejenige Theorie, um deren Rekonstruktion es geht, soll *die präsystematisch vorgegebene Theorie* heißen. Im Augenblick ist dies die archimedische Gleichgewichtstheorie; an der angegebenen Stelle in II/2 war es die klassische Partikelmechanik. Das Ergebnis des ersten Rekonstruktionsschrittes, nämlich das durch explizite Definition eingeführte mengentheoretische Prädikat, nennen wir das die präsystematisch vorgegebene Theorie ausdrückende Prädikat oder einfach, wie bereits im obigen Beispiel, *das die Theorie ausdrückende Prädikat*. In den beiden erwähnten Fällen sind dies die Prädikate „AS" bzw. „KPM".

Wir werden sehr häufig in die Lage kommen, über die Extensionen von Prädikaten zu sprechen, die eine Theorie ausdrücken. In solchen Fällen wäre es lästig, stets von dem die Theorie ausdrückenden Prädikat Gebrauch zu machen. Zweckmäßiger ist es, von vornherein einheitliche Symbole zu benützen. Die Klasse der Modelle einer Theorie nennen wir M und die entsprechende Klasse der potentiellen Modelle M_p. Dieser vereinfachende Symbolismus ist natürlich nur dann zulässig, wenn entweder aus dem Kontext eindeutig hervorgeht, welche Theorie gemeint ist, oder wenn diese Symbole als Variablen benützt werden. Bei der ersten Gebrauchsweise fügen wir im Zweifelsfall vorsorglich das die Theorie ausdrückende Prädikat in Klammern hinzu, schreiben also z.B. $M(AS)$ für die Menge der Modelle der archimedischen Statik und $M_p(AS)$ für die Menge der potentiellen Modelle dieser Theorie. $M(AS)$ ist somit identisch mit der obigen Klasse $\{x|x \text{ ist ein } AS\}$, während $M_p(AS)$ identisch ist mit $\{x|x \text{ ist ein } AS_p\}$. Am zweiten Beispiel zeigt sich übrigens ein weiterer Vorteil des neuen Symbolismus: Um die Menge M_p zu charakterisieren, ist es nicht erforderlich, zusätzlich zum Grundprädikat „AS" noch das spezielle Prädikat „AS_p" einzuführen. Vorausgesetzt wird nur, daß wir genau darüber Bescheid wissen, welche Bestimmungen nur den begrifflichen Aufbau schildern und welche die ‚eigentlichen' Gesetze zum Inhalt haben.

Sobald der erste Rekonstruktionsschritt vollzogen, das die Theorie ausdrückende Prädikat also definiert worden ist, werden wir uns zwecks abkürzender Sprechweise über dieses Prädikat auf die Theorie selbst beziehen und statt von der archimedischen Gleichgewichtstheorie von der Theorie AS bzw. statt von der klassischen Partikelmechanik von der Theorie KPM sprechen.

Wenn wir Gebrauch machen von mengentheoretischen Prädikaten, welche Theorien ausdrücken, werden wir dies gelegentlich die *quasi-linguistische Sprechweise* nennen. Wenn wir uns dagegen direkt, d.h. ohne Umweg über Prädikate, auf mengentheoretische Entitäten beziehen, so nennen wir dies die *modelltheoretische Sprechweise*. Die letztere wird immer dann in den Vordergrund treten, wenn wir von konkreten Beispielen abstrahieren und Theorien bzw. Theoriennetze allgemein charakterisieren, sowie dann, wenn intertheoretische Relationen den Untersuchungsgegenstand bilden. (In II/2 sind beide Sprechweisen ausgiebig benützt worden. Die quasi-linguistische Sprechweise überwiegt dort bei der Analyse der mit Theorien verbundenen empirischen Behauptungen bis einschließlich S. 102. Die modelltheoretische Sprechweise tritt dagegen in den Vordergrund bei der abstrakten Beschreibung von Theorien auf S. 120 ff. und S. 218 ff.) Es wird sich später herausstellen, daß die modelltheoretische Sprechweise der quasi-linguistischen oft erheblich überlegen ist, wie z.B. beim Studium intertheoretischer Relationen.

Wir beschließen diesen Abschnitt mit einem nochmaligen Hinweis auf zwei praktisch wichtige Punkte. Erstens sollte nicht vergessen werden, daß und warum wir *keine formalen Sprachen* benützen. Insbesondere sind die von uns neu eingeführten linguistischen Gebilde stets *informelle* mengentheoretische Prädikate, in deren Definiens logische und mengentheoretische Zeichen nur als *intuitive Zeichen* im früher geschilderten Sinn verwendet werden. So etwa haben wir das Prädikat „*AS*" für alle unsere Zwecke – und dies bedeutet, wie sich zeigen wird, *für alle wissenschaftstheoretisch relevanten Zwecke* – hinlänglich präzisiert, ohne in seinem Definiens eine formale Sprache zu benützen. Hätten wir dies getan, so wären wir mit keiner ganz einfachen Sprache ausgekommen. Denn das Begriffsinventar der Theorie *AS* enthält die beiden reellen Funktionen d und g. In einer der Formalisierung von *AS* dienenden formalen Sprache müßten daher Terme vorkommen, die diese Funktionen designieren. Die Sprache müßte insbesondere reich genug sein, um darin die Menge $\mathbb{R}$ einzuführen. (Im Fall der Theorie *KPM* verhielte es sich wesentlich komplizierter, wie ein Blick auf D2, S. 109, von II/2 zeigt. Zum Zweck der formalen Charakterisierung der Kraftfunktion hätte man z. B. in einer geeigneten formalen Sprache den mathematisch strukturierten Raum $\mathbb{R}^3$ zu beschreiben und man müßte außerdem die Möglichkeit haben, Funktionsbezeichnungen einzuführen, deren Designate auf dem dreifachen kartesischen Produkt $P \times T \times \mathbb{N}$, mit dem mathematisch strukturierten Raum $\mathbb{N}$ als letztem Glied, definiert sind und deren Werte in $\mathbb{R}^3$ liegen.)

Zweitens ist nochmals daran zu erinnern, daß dieses Vorgehen *rein praktisch motiviert* worden ist. Es sind, kurz und bündig formuliert, *keine theoretischen Vorzüge, sondern menschliche Unzulänglichkeiten*, die uns veranlassen, den Weg einzuschlagen, dessen erstes Teilstück wir soeben vage skizziert haben. Auch an diese Tatsache sollte sich der Leser später immer wieder erinnern. Denn einige Kritiker haben zwischen dem strukturalistischen Vorgehen und anderen Methoden gleichsam metaphysische Wälle aufgebaut, die nicht existieren. Auch der innerhalb des strukturalistischen Ansatzes vertretene sogenannte ‚non-statement view' von Theorien enthält, wie wir erkennen werden, keine Verwerfung herkömmlicher Denkweisen. Vielmehr besteht er seinem Wesen nach in *wichtigen Ergänzungen* zu diesen Denkweisen und Denkmodellen, nämlich solchen Ergänzungen, die es ermöglichen, viel differenziertere, subtilere und präzisere Aussagen zu machen als diejenigen Auffassungen, in denen von vornherein Theorien mit Satzklassen identifiziert werden.

Und eben deshalb, weil das Vorgehen nur praktische Motive hat, wäre es auch sinnlos, daran *unbedingt* festzuhalten. Ohne Zweifel gibt es Spezialfragen, die sich nur mit formalen Methoden im engeren Sinn des Wortes behandeln lassen. In solchen Fällen ist der Rückgriff auf derartige Verfahren unerläßlich. Ein Problem dieser Art, auf welches wir hier nicht mehr zurückkommen werden, ist vermutlich das Problem der Ramsey-Eliminierbarkeit. (Vgl. dazu II/2, S. 90. Zur Vermeidung von Mißverständnissen sei der Leser hierbei daran erinnert, daß dieses Problem nichts zu tun hat mit der Wiedergabe empirischer Behauptungen von Theorien durch Ramsey-Sätze.) Insgesamt empfehlen wir also, eine flexible Haltung einzunehmen und in der Frage der Anwendung formalsprachlicher Methoden eine pragmatische Stellung zu beziehen.

Außerdem sollte nicht übersehen werden, daß es ein ganzes Spektrum von informellen Verfahren gibt, die alle den Präzisionsgrad der modernen Mathematik erfüllen und für unsere Zwecke nutzbar gemacht werden können. Neben den beiden bereits genannten Methoden hat sich in letzter Zeit vor allem das Arbeiten mit der mathematischen Kategorientheorie als sehr fruchtbar erwiesen. Denn die mit naturwissenschaftlichen Theorien verknüpften grundlegenden Invarianzen können hier besonders mühelos und elegant in den Formalismus eingebaut werden.

Unser eigentliches Ziel ist die Beschäftigung mit *empirischen* Theorien. Bislang ist nichts anderes zur Sprache gekommen als das mathematische Gerüst einer solchen Theorie. Die Erfahrung kann in eine so charakterisierte Theorie nur dadurch Eingang finden, daß man das mathematische Gerüst auf empirische Phänomene anwendet. Im folgenden Abschnitt wenden wir uns daher den intendierten Anwendungen einer Theorie zu.

1.2 Ein neuartiger Zugang zu den intendierten Anwendungen einer Theorie

Überlegen wir uns zunächst, wie in Fortsetzung der bisher entwickelten Gedanken eine Festlegung der intendierten Anwendungen einer Theorie prima facie zu erwarten wäre. *Erstens* scheint es sich dabei um mögliche oder potentielle Modelle handeln zu müssen. Denn um das die Theorie ausdrückende Prädikat auf ‚empirisch gegebene', ‚reale' Entitäten anwenden zu können, müssen diese Entitäten mittels des Begriffsgerüstes erfaßbar sein, das den ‚eigentlichen' Axiomen, welche die fundamentalen Gesetze der Theorie zum Inhalt haben, zugrundeliegt. Und wie die vorangehenden Überlegungen zeigten, ist die Extension desjenigen Teilprädikates (des die Theorie ausdrückenden Prädikates), welches dieses Begriffsgerüst festlegt, genau die Menge der potentiellen Modelle. Für unser Miniaturbeispiel wäre dies die Extension des Prädikates „AS_p", also die Menge $M_p(AS)$.

Diese prima-facie-Erwartung müßte nicht unbedingt mit der Vermutung verbunden werden, daß die Deutung intendierter Anwendungen als potentieller Modelle *ohne weiteres* möglich ist. Vielmehr wäre von vornherein anzunehmen, daß ein erhebliches Maß an Konzeptualisierung, Idealisierung und sonstiger vorbereitender rekonstruktiver Tätigkeit erforderlich ist, um dasjenige, was als Anwendung der Theorie intendiert ist, als potentielles Modell zu deuten. Dies umso mehr, als es die Methode der Axiomatisierung über mengentheoretische Prädikate gestattet, sich mit Theorien von relativ hohem Abstraktionsgrad zu beschäftigen. Diejenigen Bereiche der ‚Realität', auf die sich eine derartige Theorie anwenden läßt, müssen dann bereits als durch die ‚zugrunde liegenden' Theorien, die vielleicht gar nicht oder nur fragmentarisch in den Aufbau der vorliegenden Theorie eingehen, erfaßt und gedeutet angesehen werden.

Zweitens aber scheint die Aussage, daß die intendierten Anwendungen mögliche Modelle sein müssen, viel zu schwach zu sein. Denn sicherlich kommt *nicht jedes* potentielle Modell auch als intendierte Anwendung in Frage. Nur für mathematische Theorien sind alle überhaupt denkmöglichen Modelle prinzipiell gleichberechtigt. Die Gleichsetzung von M_p, der Klasse der möglichen Modelle, mit der Menge der intendierten Anwendungen liefe auf nichts geringeres hinaus als auf eine Gleichsetzung oder Verwechslung empirischer Theorien mit mathematischen.

Sofern man auch auf die Frage nach den intendierten Anwendungen eine *genaue* Antwort sucht, scheint somit nur *der* Weg offen zu bleiben, erstens die Menge I der intendierten Anwendungen als Teilmenge von M_p zu wählen und zweitens die Wahl dieser Teilmenge dadurch zu präzisieren, daß man notwendige und hinreichende Bedingungen für die Zugehörigkeit zu I formuliert.

Leider erweisen sich *beide* Überlegungen, die zu diesem Resultat führten, als unhaltbar. Bezüglich der ersten Überlegung, wonach die intendierten Anwendungen mögliche Modelle der Theorien sein sollten, sind es die *theoretischen Begriffe* oder die *theoretischen Terme*, die uns einen Strich durch die Rechnung machen. Mit jedem derartigen Deutungsversuch der intendierten Anwendungen würden wir uns, wie der nächste Abschnitt zeigen wird, hoffnungslos in einen epistemologischen Zirkel verstricken. Dem Zirkel entgehen wir nur dadurch, daß wir die theoretischen Größen wegschneiden und uns mit den übrigbleibenden Restfragmenten begnügen, die dann *partielle* potentielle Modelle heißen werden.

Doch im Augenblick wollen wir uns gar keine weiteren Gedanken darüber machen, warum die erste obige Überlegung scheitert. Wir werden noch genügend Gelegenheit haben, darüber zu sprechen. Vielmehr konzentrieren wir uns gegenwärtig darauf, uns klarzumachen, warum auch das auf der zweiten Überlegung beruhende Projekt ein gänzlich hoffnungsloses Unterfangen wäre, sowie uns zu überlegen, was für ein tatsächlich realisierbares Verfahren seine Stelle einnehmen kann.

Wir beginnen gleich mit dem letzten und greifen zurück auf Sneeds Vorschlag, die folgende Parallele herzustellen zwischen dem späteren Wittgenstein und Newton: Der Begriff des *Spieles* wird nach Wittgenstein am besten in der Weise eingeführt, daß man in einem ersten Schritt paradigmatische Beispiele von Spielen angibt und in einem zweiten Schritt erklärt, daß all das als Spiel zu gelten habe, was mit den als Paradigmen gewählten Spielen ‚hinreichend ähnlich' ist, wobei man die unbehebbare Vagheit von „hinreichend ähnlich" bewußt in Kauf nimmt. Im Fall von Newton besteht der einzige Unterschied darin, daß Wittgenstein einen von ihm *vorgefundenen* Gebrauch erläutert, während Newton die Menge der intendierten Anwendungen seiner Theorie erst *kreiert*. Im übrigen ist das Vorgehen vollkommen analog. In einem ersten Schritt werden die paradigmatischen Beispiele für Anwendungen der klassischen Partikelmechanik angeführt: die Planetenbewegungen (einschließlich der Bewegungen der Kometen) sowie Teilsysteme des Planetensystems, z.B. Sonne – Erde, Erde – Mond und Jupiter – Jupitermonde; der freie Fall von Körpern in der Nähe der

Erdoberfläche; Pendelbewegungen; die Gezeiten. Und den zweiten Schritt hat man sich so zu denken, daß alles, was mit diesen paradigmatischen Beispielen ‚hinreichend ähnlich' ist, ebenfalls als Anwendung dieser Theorie zu zählen hat, wobei auch diesmal die unbehebbare Vagheit dieser Wendung hinzunehmen ist. Nennen wir die Menge der paradigmatischen Beispiele intendierter Anwendungen I_0 und die jeweils gewählte Menge solcher Anwendungen I, so muß also stets gelten: $I_0 \subseteq I$.

Wir haben diese Analogie hier sehr knapp geschildert. Diejenigen Leser, welche sich die Details dieser Analogie genauer vor Augen führen wollen, finden diese in Kap. IX, Abschn. 4 von II/2, insbesondere auf S. 195–202. Es ist dies die einzige Stelle, wo wir dem mit diesem Aspekt noch nicht vertrauten Leser zumuten, im zweiten Teilband nachzublättern. Denn die dortige Beschreibung des Sachverhaltes ist zwar sehr ausführlich gehalten; doch ist sie bei der damaligen Anordnung der Materie an viel zu später Stelle eingeführt worden, so daß sie von vielen Lesern übersehen worden sein dürfte.

Es soll keineswegs behauptet werden, daß die Menge der intendierten Anwendungen *immer* so gegeben sei, wie soeben skizziert. Vor allem bei nichtphysikalischen Theorien dürften noch andere Verfahren zur Festlegung einer geeigneten Ausgangsmenge üblich sein. Entscheidend sind für uns bloß die folgenden Punkte:

(1) Die intendierten Anwendungen einer Theorie werden mit der Spezifikation des theoretischen Apparates nicht mitgeliefert, sondern müssen *davon unabhängig* gegeben werden. Der Wissenschaftsphilosoph muß sich unbedingt mit dem Gedanken vertraut machen, daß erst in den vom Forscher diskutierten Beispielen (und Übungsaufgaben) dasjenige, worauf die Theorie angewendet werden soll, allmählich sichtbar wird.

(2) Die Auffassung, diese Menge durch die Angabe von notwendigen *und hinreichenden* Bedingungen für die Zugehörigkeit zu ihr charakterisieren zu können, muß als illusorisch fallengelassen werden.

(3) Die Menge I der intendierten Anwendungen einer Theorie ist keine fest umrissene platonische Entität, sondern bleibt auch in den späteren Entwicklungsstadien der Theorie stets eine *offene* Menge. Sie kann bei hartnäckigem Versagen der Theorie in gewissen, ursprünglich ins Auge gefaßten Bereichen jederzeit wieder verkleinert werden.

Einige Opponenten werden bereits (1) ablehnen und z. B. darauf hinweisen, daß die klassische Partikelmechanik gemäß der Intention Newtons auf alle Systeme von Massenpunkten anwendbar sein sollte. Doch wenn jemand darin mehr erblickt als einen Beschluß, einen gemeinsamen *Namen* für die Objekte der einzelnen Anwendungen einzuführen, und insbesondere die inhaltlichen Erläuterungen zur Bedeutung von „Massenpunkt" ernst nimmt, so wird er bereits bei der ersten Art von Anwendung dieser Theorie in einen Zustand geistiger Verwirrtheit geraten, nämlich sobald er erfährt, daß hier auch der Mond und die Erde, ja sogar die Sonne mit ihrem riesigen Durchmesser (ca. 750 000 km) als solche Massenpunkte aufgefaßt werden.

Wer dennoch in dieser Richtung weiterzudenken versucht, muß (2) leugnen und die Aufgabe ernstnehmen, notwendige und hinreichende Bedingungen für die Zugehörigkeit zur Anwendungsmenge zu formulieren. Bereits ein Blick auf die oben angegebenen paradigmatischen Anwendungsarten der klassischen Partikelmechanik lehrt, wie außerordentlich schwierig es sein dürfte, Merkmale oder Merkmalskombinationen zu finden, die auf alle diese Arten von Beispielen zutreffen, aber nicht darüber hinaus auch auf vieles andere, was keine intendierte Anwendung ist. Sicherlich liegen in all diesen Fällen sich bewegende Körper vor, denen man zu jeder Zeit einen Ort, eine Geschwindigkeit und eine Beschleunigung zuschreiben kann. Daher sind diese Merkmale auch notwendige Bedingungen. Sind sie außerdem hinreichend? Dann müßte auch ein über die Heide fliegender Vogelschwarm, ein Löwenrudel in einer afrikanischen Wüste oder ein Fischschwarm im Nordatlantik zu den intendierten Anwendungen der Theorie zählen; und Tierverhaltensforscher fänden sich plötzlich in die Lage versetzt, eine der bedeutendsten physikalischen Theorien in der Geschichte der Naturwissenschaft ohne jegliche Mühe zu widerlegen. Um solche Gegenbeispiele auszuschließen, müßten Bewegungen von Lebewesen ausdrücklich ausgenommen werden. Damit aber gerät der an hinreichende Bedingungen Glaubende in die Zwangslage, zunächst den Begriff des Lebens explizieren zu müssen. Es klingt nicht sehr überzeugend, daß man zur Charakterisierung der Anwendungen einer grundlegenden physikalischen Theorie, wie der klassischen Partikelmechanik, vorher eine Aufgabe bewältigt haben muß, zu deren Lösung anscheinend noch nicht einmal die heutigen Molekularbiologen in der Lage sind.

Derlei Gedankenspiele, wie wir sie eben anstellten, haben nur den Zweck, die ironische Komponente im obigen „außerordentlich schwierig" bewußt zu machen und das dahinterstehende „hoffnungslos" zur Einsicht zu bringen.

Der letzte Punkt (3) schließlich ist eine Folge des vorangehenden sowie der bereits erwähnten unbehebbaren Vagheit von „hinreichend ähnlich". Diese Vagheit kann jedoch erheblich verringert werden aufgrund der Wirksamkeit eines Prinzips, welches in II/2, S. 225, als *Regel der Autodetermination* bezeichnet worden ist. Danach läßt man, wenn eine mögliche Erweiterung der Menge *I* zur Diskussion steht, den mathematischen Teil der Theorie selbst – kurz also: die Theorie selbst – darüber entscheiden, ob die Erweiterung erfolgen soll oder nicht. Um das genaue Funktionieren dieser Regel zu verstehen, muß man den mathematischen Teil einer Theorie, von dem wir bislang nur die beiden Bruchstücke M und M_p kennengelernt haben, in allen Einzelheiten überblicken, und außerdem den Begriff der erfolgreichen Anwendung dieser mathematischen Komponente verstanden haben. Wir kommen an geeigneter Stelle darauf zurück.

Eine unmittelbare Konsequenz der hier vorgetragenen Auffassung über die intendierten Anwendungen ist das *zweigleisige* Arbeiten jedes Forschers, der eine globale Theorie entwirft oder weiterentwickelt. Er muß sich auf der einen Seite genaue Gedanken über das *mathematische Grundgerüst* machen; und er muß sich unabhängig davon überlegen, was er als *typische Anwendungsbeispiele* für dieses

Gerüst betrachten will. Die Unabhängigkeit des Arbeitens auf der ‚theoretischen Ebene' und auf der ‚empirischen Ebene', wie man es schlagwortartig kennzeichnen könnte, ist natürlich nur eine logische, keine psychologische. Diese Unterscheidung verbessert nicht nur, wie sich herausstellen wird, unseren Einblick in physikalische Theorien. Wie FULDA und DIEDERICH zeigen konnten, trägt es auch wesentlich zu einem besseren Verständnis sozialwissenschaftlicher Theorien bei, selbst so umstrittener und vieldiskutierter Theorien wie der Wert- und Kapital-Theorie von K. MARX (vgl. dazu Kap. 14, Abschn. 4).

Gewöhnlich hat eine Theorie *mehrere*, häufig sogar *zahlreiche* Anwendungen. Hierbei wird sich als besonders wichtig die Tatsache erweisen, daß verschiedene intendierte Anwendungen nicht disjunkt zu sein brauchen, sondern sich *teilweise überschneiden* können. Dies läßt sich bereits im Rahmen der ersten Art von intendierten Anwendungen der klassischen Partikelmechanik erläutern: Die Erde kommt sowohl innerhalb des durch diese Theorie erfaßten Systems *Erde – Mond* als auch innerhalb des Systems *Sonne – Erde* vor; und analog kommt der Planet Jupiter sowohl im System *Sonne – Jupiter* als auch im System *Jupiter – Jupitermonde* vor. Die spätere Unterscheidung zwischen Gesetzen einerseits und Querverbindungen (Constraints) andererseits beruht ganz wesentlich darauf, daß eine Theorie gewöhnlich mehrere einander überschneidende Anwendungen besitzt.

Der Ausdruck „intendierte Anwendungen" ist in der folgenden Hinsicht äquivok: Man kann darunter entweder *individuelle* Anwendungen oder Anwendungs*arten* verstehen. Im ersten Sinn werden durch die Bezeichnung „Pendelbewegung" zahllose Anwendungen der klassischen Partikelmechanik getroffen, im zweiten Sinn hingegen designiert dieser Ausdruck nur eine Anwendung. Wir werden uns nicht ein für allemal für eine Verwendungsweise entscheiden, da je nach Kontext der eine oder der andere Sprachgebrauch zweckmäßiger ist. Als grobe Faustregel wird uns die folgende dienen: Für das Studium konkreter Theorien ist es häufig ratsamer, unter den Anwendungen tatsächlich die individuellen Anwendungen zu verstehen, während es sich im Rahmen allgemeiner Analysen von Theorien bisweilen als einfacher erweist, wenn man die individuellen Anwendungen artmäßig zusammenfaßt.

Wie steht es hinsichtlich der Frage intendierter Anwendungen mit dem speziellen Fall unserer Miniaturtheorie, der archimedischen Statik? Wir brauchen uns hier keine weiteren Gedanken über das zu wählende I_0 und I zu machen. Denn für alle unsere Zwecke wird es genügen, zwei solche Anwendungsbeispiele zu betrachten, nämlich erstens im Gleichgewicht befindliche Wippschaukeln für Kinder und zweitens im Gleichgewicht befindliche Balkenwaagen. Selbstverständlich setzen wir nicht voraus, daß *nur* Kinder miteinander schaukeln und daß *nur* andere Gegenstände auf Balkenwaagen gewogen werden. Insbesondere kann sich auf einer Balkenwaage ein Kind im Gleichgewichtszustand mit einem als Gewichtsmaß dienenden Eisenobjekt befinden.

1.3 Ein neues Theoretizitätskonzept

1.3.1 Die ‚Feuertaufe': Sneeds Kriterium für T-Theoretizität. Bisher wurden zwei neue Aspekte des strukturalistischen Vorgehens skizziert. Beide Aspekte sind voneinander *vollkommen unabhängig*. Zum ersten Aspekt, der axiomatischen Beschreibung der Grundstruktur einer Theorie mit Hilfe eines informellen mengentheoretischen Prädikates, gibt es im Prinzip zwei Alternativen: die Orientierung an den fachwissenschaftlichen Originalarbeiten, verbunden mit jeglichem Verzicht auf Formalisierung, und die radikale Formalisierung oder das formalsprachliche Vorgehen. Vom Standpunkt einer nicht-historischen, systematischen Wissenschaftstheorie erwies sich die erste dieser beiden Alternativen als unzulänglich und die zweite als – vorläufig wenigstens – menschlich unvollziehbar. Das Argument zugunsten des von SUPPES gezeigten Ausweges ist ein Argument, das sich nicht auf theoretische Vorzüge stützt, sondern auf Praktikabilität oder praktische Effizienz.

Zum zweiten Aspekt dagegen, der Methode der paradigmatischen Beispiele, gibt es eigentlich überhaupt keine ernsthafte Alternative; die scheinbaren Alternativen bestehen in Dunkelheit und Ausweichen. Denn der Glaube an die Methode der notwendigen und hinreichenden Bedingungen ist und bleibt ein Wunschtraum. Und die Berücksichtigung *aller* möglichen Modelle einer Theorie als prinzipiell gleichberechtigt läuft auf nicht geringeres hinaus als auf eine Kapitulation vor der Aufgabe, empirische Theorien gegenüber rein mathematischen Theorien auszuzeichnen.

Wir kommen jetzt auf einen *dritten Punkt* zu sprechen, der seinerseits wieder vollkommen unabhängig ist von den beiden bisher behandelten Aspekten. Er betrifft die Natur der *theoretischen Begriffe* oder der *theoretischen Terme*. Zu der im folgenden vorgetragenen Auffassung gibt es zahlreiche Alternativen, vor allem im Rahmen der empiristischen Tradition, die man aber alle dadurch summarisch zusammenfassen kann, daß man sagt: sie sind erstens *linguistisch* und zweitens *epistemologisch* orientiert. Das erste manifestiert sich in der Konzentration auf die Wissenschaftssprache. Wenn diese Sprache als formale Sprache aufgebaut wird, so besteht die erste Aufgabe nach Einführung der Zeichentabelle darin, die Zeichenmenge erschöpfend in die beiden disjunkten Mengen der logischen und der deskriptiven Zeichen zu zerlegen. Und die zweite Aufgabe besteht in der Konstruktion einer Dichotomie in der Menge der deskriptiven Zeichen, welche zur Unterscheidung zwischen den Beobachtungstermen und denjenigen Termen führt, die keine Beobachtungsterme, sondern theoretische Terme sind. Dafür, wo der ‚Schnitt in das Kontinuum', das vom Beobachtbaren zum Theoretischen reicht, zu machen ist, sind zum Teil epistemologische, zum Teil semantische, teils auch rein pragmatische Gesichtspunkte maßgebend, wie die Art der Bestätigung von Aussagen, welche derartige Terme enthalten, die Übersetzbarkeit oder Nichtübersetzbarkeit dieser Aussagen in solche, die sich unzweifelhaft auf Beobachtbares zu beziehen scheinen, ihre Handhabung durch den Wissenschaftler usw. Was dabei am Ende herauskommt, ist eine Unterteilung der Wissenschaftssprache in die Beobachtungssprache und eine sich darüber aufbauende, nur partiell deutbare theoretische Sprache.

Gegen diese hier nur ganz grob skizzierte Charakterisierung des Theoretischen, die in II/1 viel ausführlicher geschildert wurde, sind viele, zum Teil berechtigte Einwendungen erhoben worden. Der schärfste Einwand stammt von PUTNAM. Er besagt, daß es in allen Diskussionen völlig unklar geblieben sei, was für eine *Rolle* die theoretischen Terme in der Theorie spielen, in welcher sie vorkommen.

Das Sneedsche Konzept von Theoretizität ist so verschieden von der herkömmlichen empiristischen Auffassung, daß man überhaupt nicht von einer anderen *Alternative* zur Einführung des Begriffs der theoretischen Terme reden sollte, sondern eigentlich von einer *Inkommensurabilität* der beiden Deutungen von Theoretizität sprechen müßte. Dies wird sich vor allem darin zeigen, daß SNEEDs Vorgehen eine unmittelbare und wie es scheint: adäquate Antwort auf die Putnamsche Herausforderung darstellt, während im Rahmen der herkömmlichen Denkweise jeder Versuch, auf diese Herausforderung angemessen zu reagieren, von vornherein zum Scheitern verurteilt ist.

Machen wir uns das letztere kurz klar. Dazu gehen wir von der idealisierenden Annahme aus, es sei wirklich geglückt, eine formale Wissenschaftssprache L aufzubauen, in der eine naturwissenschaftliche Theorie T formulierbar ist. Die Entscheidung darüber, welche Terme von L als theoretisch auszuzeichnen sind, wurde beim Aufbau der Wissenschaftssprache gefällt, also vor der Formulierung der Theorie T in L. Dann aber kann selbstverständlich die Frage, welche Rolle diese Terme in T spielen oder, um mit PUTNAM zu sprechen, ‚in welcher Weise diese Terme von der Theorie her kommen', nicht beantwortet werden. Diese Theorie ist ja bei ihrer Auszeichnung überhaupt nicht berücksichtigt worden!

Die logische Situation wird noch anschaulicher, wenn man davon ausgeht, daß in L nicht *eine* Theorie, sondern *mindestens zwei* Theorien T_1 und T_2 formuliert worden sind, in denen teilweise dieselben Terme, darunter auch der Term t, vorkommen. Dieser Term t könnte in T_1 eine ganz andere Rolle spielen als in Term T_2. Wenn wir diese unterschiedliche Rolle als (teilweise oder ganz) ausschlaggebend dafür halten, um t als theoretischen oder als nicht-theoretischen Term zu bezeichnen, könnten wir dann nicht aufgrund einer Analyse dieser Rollen zu dem Resultat gelangen, daß t *theoretisch in bezug auf* T_1, jedoch *nicht-theoretisch in bezug auf* T_2 ist? Es genügt, dies als eine *prinzipielle Möglichkeit* ins Auge zu fassen, um die Unzulänglichkeit der herkömmlichen Methode zur Charakterisierung theoretischer Terme zu erkennen. Danach wird über die Theoretizität ja bereits auf sprachlicher Ebene entschieden, so daß man sich einen logischen Widerspruch aufhalsen würde, wenn man ein und denselben Term einmal als *theoretischen* und einmal als einen *nicht-theoretischen* Term auffassen wollte.

SNEEDs Vorgehen ist nun dadurch charakterisiert, daß er genau auf die PUTNAMsche Herausforderung eine Antwort zu geben versucht. Gegeben eine Theorie T, in der Terme für metrische Begriffe, also Größenbezeichnungen vorkommen. Die Terme sollen also Funktionen ausdrücken. (Die Verallgemeinerung auf andere Terme wird keine Schwierigkeiten bereiten. Wir werden sie später mühelos vornehmen). Einige dieser Funktionen werden sich in dem Sinn als harmlos erweisen, daß man in konkreten Anwendungen ihre Werte ermitteln kann, ohne dabei auf die Theorie T selbst zurückgreifen zu müssen. Bei gewissen Funktionen werden wir jedoch mit dem merkwürdigen Sachverhalt konfrontiert, daß eine Bestimmung der Meßwerte nicht möglich ist, *ohne die Gültigkeit der Theorie bereits vorauszusetzen.*

Damit sind wir bereits beim Kern des SNEEDschen Theoretizitätskriteriums angelangt. In diesem, jeweils auf eine Theorie T zu relativierenden Kriterium, werden die theoretischen Größen nicht negativ ausgezeichnet, z.B. als die nichtbeobachtbaren etc., sondern positiv: Eine Größe ist T-*theoretisch*, wenn ihre Messung stets die Gültigkeit eben dieser Theorie T voraussetzt.

Zur Vorbeugung gegen mögliche Mißverständnisse fügen wir gleich eine Erläuterung an. Das Wort „Theorie" wird hier im präsystematischen Sinn verwendet. Gleichzeitig setzen wir jedoch voraus, daß die Theorie in hinlänglich präziser Gestalt vorliegt, um in eine axiomatische Gußform gebracht werden zu können. Nun haben wir uns bereits in 1.1 dazu entschlossen, eine Theorie in axiomatischer Gestalt so ‚umzuschreiben', daß die Axiomatisierung die Form der Definition eines mengentheoretischen Prädikates annimmt. Von diesem Prädikat sagten wir, daß es die Theorie ausdrückt. Im vorliegenden Fall sei S das die Theorie T ausdrückende Prädikat. Die eben gebrauchte Wendung „die Gültigkeit von T voraussetzen" besagt dann dasselbe wie: „voraussetzen, daß es Wahrheitsfälle des (T ausdrückenden) Prädikates S gibt". Was die dabei benützte Wendung „voraussetzen" betrifft, so ist sie im streng logischen Sinn zu verstehen, d.h. im Sinn der logischen Folgebeziehung. (Für eine Detaildiskussion dieses Punktes vgl. II/2, S. 45 ff.) Wenn t ein T-theoretischer Term ist, so beinhaltet dies: Aus der Annahme, wir hätten einen Meßwert für t erhalten, folgt logisch, daß es wahre Anwendungsfälle des Prädikates S gibt.

Nach dieser – natürlich nur provisorischen – Begriffsbestimmung sind wir sofort mit den beiden Fragen konfrontiert: Gibt es überhaupt T-theoretische Terme für bestimmte Theorien T? Und wenn es sie gibt, führen sie uns nicht in Schwierigkeiten? Die zunächst rein dogmatische Antwort auf die erste Frage lautet: Ja; in allen, oder fast allen modernen globalen Theorien kommen theoretische Terme vor. Und dies ist die Antwort auf die zweite Frage: In der Tat gelangen wir aufgrund dieser Terme in die größten Schwierigkeiten, nämlich in nichts geringeres als in einen epistemologischen Zirkel.

1.3.2 Das Problem der theoretischen Terme, erläutert am Beispiel der Miniaturtheorie. Imaginärer Dialog mit einem empiristischen Opponenten. Für ein genaues Verständnis des weiteren strukturalistischen Vorgehens ist es unerläßlich, den eben skizzierten Begriff der T-Theoretizität nicht nur korrekt erfaßt, sondern sich außerdem davon überzeugt zu haben, daß T-theoretische Größen bzw., wenn wir von den Größen zu den sie designierenden Termen zurückgehen, T-theoretische Terme in Theorien tatsächlich auftreten können.

Da die Erfahrung gelehrt hat, daß hier besonders große Verständnisschwierigkeiten auftreten, verweilen wir etwas länger bei diesem Punkt und versuchen überdies, den entscheidenden Aspekt mittels unserer Miniaturtheorie zu verdeutlichen. Und zwar gehen wir gleich dazu über, *das Problem der theoretischen Terme* im Sinn von SNEED aufzuzeigen.

Streng genommen tritt dieses Problem allerdings nur in globalen Theorien auf. Wir können es aber auch für unsere Miniaturtheorie *AS* gewissermaßen dadurch ‚künstlich ins Leben rufen', daß wir die nur für unsere Erläuterungszwecke dienende ad-hoc-Annahme machen:

(α) Die einzigen bekannten Methoden zum Wiegen von Dingen benützen Balkenwaagen (bzw. Laufgewichtswaagen).

Um das Problem in möglichst bündiger und einfacher Gestalt formulieren zu können, soll überdies die folgende Annahme gelten:

(β) Es gibt nur endlich viele derartige Waagen.

Von dieser zweiten Annahme werden wir uns später wieder befreien und uns klarmachen, daß dadurch das Problem als solches bestehen bleibt und nur eine etwas kompliziertere Gestalt annimmt.

Wir gehen von der grundlegenden Frage aus, die sich der Leser vermutlich bereits am Ende von 1.1.2 gestellt hat:

Wie kann ein mengentheoretisches Prädikat, welches eine Theorie ausdrückt, dazu benützt werden, um empirische Behauptungen aufzustellen?

Da das mengentheoretische Prädikat zwar nur die *mathematische* Struktur der Theorie beschreibt, wir aber an *empirischen* Theorien interessiert sind, muß diese Frage offensichtlich beantwortbar sein. In der Tat hatten die in Abschn. 2 angestellten Betrachtungen keinen anderen Zweck als den, diese Antwort vorzubereiten. Die intendierten Anwendungen, um welche es dort ging, sind gerade solche Entitäten, zu denen wir erstens einen empirischen Zugang haben und von denen es zweitens sinnvoll zu sein scheint, das die Theorie ausdrückende Prädikat auf sie anzuwenden.

Wir wollen also annehmen, daß wir es mit einer Kinderwippschaukel und einer Balkenwaage zu tun haben und daß n Objekte teils Kinder sind und teils Gewichte aus Metall, die man zum Wiegen benützen kann. Darauf, wie die intendierten Anwendungen *genau* zu beschreiben sind, brauchen wir uns für unsere Zwecke nicht einzulassen. (Der Leser, der daran interessiert ist, kann diese Aufgabe am Ende, nämlich nach Einführung des Begriffs M_{pp}, leicht bewältigen. Er sollte sie auch als Übungsaufgabe selbständig lösen, da dies ein gewisses Indiz für zutreffendes Verständnis bildet.) Vielmehr gehen wir unmittelbar dazu über, die obige Frage zu beantworten. Das mengentheoretische Prädikat *AS* steht bereits zu unserer Verfügung; es wurde in 1.1.2 explizit definiert.

Wir sehen eine Kinderwippschaukel, auf der beiderseitig in gewissem Abstand vom Drehpunkt Kinder sitzen. Und tatsächlich befinde sich diese Wippschaukel im Gleichgewicht. „*a*" sei die Objektbezeichnung, welche diese im Gleichgewicht befindliche Schaukel, zusammen mit den darauf sitzenden Kindern, bezeichnet. Die Vermutung liegt nahe, daß wir es hier mit einer archimedischen Statik zu tun haben. Nach Übersetzung in die informelle mengentheoretische Sprechweise gelangen wir somit zu der Behauptung:

(*I*) *a* ist ein *AS*.

Dies ist nicht nur offensichtlich eine empirische Behauptung, sondern überdies eine empirische Behauptung der *elementarsten* Art, die man mit dem mengentheoretischen Prädikat bilden kann. Denn (I) enthält keine logischen Konstanten und ist somit ein Atomsatz.

Eben sagten wir, daß (I) ‚offensichtlich‘ eine empirische Aussage sei. Leider war diese Annahme falsch: (I) ist *keine* empirische Aussage.

Diese soeben über (I) ausgesprochene Behauptung ist nun nicht etwa eine Art von ‚Gegenhypothese‘ zur obigen Annahme, sondern eine *beweisbare* Behauptung. Den Beweis werden wir erbringen.

Zuvor aber ist vielleicht eine Bemerkung angebracht, damit im Leser nicht der Eindruck entsteht, in ein immer undurchsichtiger werdendes Verwirrspiel hineinzugeraten. Haben wir uns nicht bereits widersprochen? Zunächst wurde behauptet, daß (I) empirisch sei, und jetzt wird plötzlich angekündigt, das Gegenteil davon lasse sich beweisen. Tatsächlich war folgendes gemeint: Die Aussage (I) *scheint* eine empirische Aussage von elementarster Art zu sein, die man mit Hilfe des Prädikats *AS* machen kann. Sie ist, so könnte man sagen, als elementare empirische Aussage *intendiert*. Der angekündigte Beweis wird zeigen, daß dieser Schein trügt, daß also dasjenige, was als empirische Aussage intendiert war, keine empirische Aussage sein kann. Dieses Beispiel ist paradigmatisch für analoge Situationen bei globalen physikalischen Theorien. Wenn wir z. B. annehmen, daß die klassische Partikelmechanik in die Gußform eines mengentheoretischen Prädikates gebracht worden ist (etwa in die des Prädikates *KPM*, wie dieses in II/2, S. 112 definiert worden ist), so würde die zu unserer jetzigen Behauptung analoge Behauptung lauten, daß der Satz: „Unser Planetensystem ist eine klassische Partikelmechanik", obwohl als elementare empirische Aussage dieser Theorie *intendiert*, dennoch *keine* empirische Aussage ist.

Wäre nämlich (I) eine empirische Aussage, so müßte (I) *empirisch nachprüfbar* sein. Ohne die Möglichkeit, diese Aussage prinzipiell empirisch nachprüfen zu können, hätten wir kein Recht mehr, (I) empirisch zu nennen. Überlegen wir uns, wie eine solche empirische Nachprüfung auszusehen hätte. Da in der Definition von *AS* die beiden Größenterme *d* (Abstand) und *g* (Gewicht) vorkommen und die letzte Bestimmung (5) von *AS* (‚goldene Regel der Statik‘) überdies eine Behauptung bezüglich der im Gleichgewicht befindlichen Objekte enthält, welche diese beiden Größen benützt, müßten wir die *d*- und *g*-Werte der auf der Schaukel sitzenden Kinder ermitteln. In bezug auf *d* bildet dies kein Problem. Wir können für unseren augenblicklichen Zweck selbstverständlich voraussetzen, daß der Prüfer über ein Längenmaß verfügt. Unter Benützung dieses Längenmaßes kann er den Abstand der Kinder von der in der Mitte befindlichen Stütze der Wippschaukel, also vom Drehpunkt, bestimmen.

Anders verhält es sich mit dem Gewicht *g*. Gemäß unserer Annahme (α) muß dazu eine Balkenwaage benützt werden. Wir beginnen mit einem der Kinder und verwenden zum Wiegen einige Metallgewichte. Diese Metallgegenstände seien so gewählt worden, daß tatsächlich eine Gewichtsgleichheit herauskommt. Wenn wir diese ganze, im Gleichgewicht befindliche Entität, nämlich die Balkenwaage zusammen mit dem Kind auf der einen Seite und den dieses Kind aufwiegenden Gewichten auf der anderen Seite, b nennen, so stützt sich unser Meßergebnis auf die folgende, als richtig unterstellte Behauptung:

(*II*) b ist ein *AS*.

Damit sind wir mit unserer Überlegung bereits am Ende. Wir sind in einen *epistemologischen Zirkel* hineingeraten. Unser Ziel war, auf empirischem Wege herauszubekommen, ob (I) eine wahre Aussage ist. Wie sich gezeigt hat, können wir dieses Ziel nicht erreichen, *ohne eine andere Aussage bereits als wahr vorauszusetzen*, die *genau dieselbe Gestalt hat wie* (*I*), nämlich die Aussage (II). Der Atomsatz (II) unterscheidet sich vom Atomsatz (I) nur durch die Objektbezeichnung; das Prädikat ist dasselbe.

Wenn wir (II) in Frage stellen, so wiederholt sich das Spiel von neuem: Um die Wahrheit von (II) auf empirischem Wege festzustellen, müssen wir die Wahrheit einer Aussage (III) *von genau derselben Gestalt* wie (II) bereits voraussetzen usw. und gemäß unserer Annahme (β) werden wir bei Fortsetzung dieses Verfahrens nach endlich vielen Überprüfungsschritten wieder bei einer früheren Aussage angelangt sein. Es sei dies etwa die Aussage (z). Der epistemologische Zirkel läßt sich dann so ausdrücken: Um die Wahrheit von (z) empirisch zu überprüfen, muß man die Wahrheit von (z) bereits voraussetzen.

Wir entgehen dem Zirkel nur dadurch, daß wir die Annahme preisgeben, von der wir ausgingen, nämlich daß (I) eine empirische Aussage ist. (I) ist also *keine empirische Aussage*. Damit ist der Beweis beendet.

Anmerkung. Um dem vorgetragenen Argument den Charakter einer zwingenden Begründung zu verleihen, müssen wir streng genommen noch eine Qualifikation hinzufügen. Man könnte nämlich gegen die bisherige Fassung einwenden, daß darin nicht die vollständige Liste der zugelassenen Meßverfahren berücksichtigt worden sei, da man stets auch das triviale Verfahren der ‚Zuschreibung' einer Einheit der fraglichen Quantität einbeziehen müsse. Im vorliegenden Fall könnte diese Zuschreibung etwa lauten:

„Das Objekt a_1 hat den g-Wert 1."

Diesem Einwand entgeht man, *wenn man im* Sneed*schen Theoretizitätskriterium von vornherein die Wahl einer Einheit bzw. allgemeiner: jegliche Art von sogenannter ‚definitorischer Festsetzung', als Meßmethode für Größenwerte ausschließt*. Wir haben diesen Ausschluß oben stillschweigend vorausgesetzt und den hier beschriebenen Einwand nur vorgetragen, um dadurch diese Voraussetzung explizit zu machen.

Der Leser möge genau beachten, daß sich dieser potentielle Einwand *nur* auf den g-Wert des Objektes a_1 bezieht, das für die Wahl der Einheit ausgezeichnet worden ist. Zwar können von da aus in jeweils endlich vielen Schritten die g-Werte der übrigen Objekte $a_2, \ldots, a_n$ mittels der goldenen Regel bestimmt werden. Doch die Berufung auf die goldene Regel der Statik bedeutet nichts anderes, als daß man für diese weiteren Größenmessungen eine *korrekt funktionierende* Waage benötigt. Und bei dem Versuch, dieses korrekte Funktionieren empirisch zu überprüfen, verstrickt man sich genau in den oben beschriebenen epistemologischen Zirkel.

Die beschriebene Zirkularität beinhaltet eine bestimmte Art und Weise, das Problem der theoretischen Terme im Sinn von Sneed aufzuzeigen. Wir haben dieses Problem für unsere Miniaturtheorie so formuliert, daß es zugleich einen intuitiven Nachweis dafür liefert, daß die Größe g eine AS-theoretische Größe darstellt. Denn genau dann liegt ja eine *in bezug auf eine Theorie T* theoretische Größe vor, wenn wir, um diese Größe zu messen, die Gültigkeit der Theorie (im oben präzisierten Sinn) voraussetzen müssen.

Bei der Formulierung des epistemologischen Zirkels, in den wir hineingeraten, können wir statt dessen auch unmittelbar auf den Begriff des Gewichtes Bezug nehmen und unser Beispiel als Begründung für die folgende Aussage verwenden: *Einerseits können wir das Gewicht eines Objektes nicht bestimmen, solange wir nicht mindestens eine erfolgreiche Anwendung der Theorie AS gefunden haben. Andererseits können wir nicht entscheiden, ob wir auf eine erfolgreiche Anwendung der Theorie AS gestoßen sind, solange wir nicht die Gewichte der in dieser Anwendung vorkommenden, miteinander aufgewogenen Objekte bestimmt haben.*

Der Begriff der Theoretizität von Sneed, der stets auf eine bestimmte Theorie T zu relativieren ist, dürfte damit – wenn auch nur vorläufig – für unsere einleitenden Erläuterungszwecke hinreichend klargestellt worden sein. Die T-theoretischen Terme werden durch ihre spezielle *Rolle* innerhalb der Theorie T ausgezeichnet: sie können nur gemessen werden, sofern man bereits gültige Anwendungen von T kennt.

Der Nachweis der AS-Theoretizität von g (relativ auf unsere Annahme (α)) hat allerdings zugleich eine fatale Konsequenz des Sneedschen Theoretizitätsmerkmals aufgezeigt: Diejenigen Aussagen, welche als die elementarsten Aussagen intendiert sind, die man mit Hilfe des mathematischen Gerüstes einer Theorie machen kann, sind nachweislich nicht empirisch. Dies zeigt, daß man für das Problem der theoretischen Terme eine Lösung suchen muß.

Hier sei eine kurze Bemerkung über die obige Annahme (β) eingeschoben. Wir haben diese Annahme nur deshalb gemacht, um das Problem der theoretischen Terme so einfach wie möglich formulieren zu können. Nur unter dieser Annahme konnten wir oben behaupten, daß wir in einen Zirkel geraten. Sneed machte bei seiner Formulierung des Problems keine derartige Zusatzannahme, d.h. er ließ es offen, ob es für das eine Theorie ausdrückende Prädikat endlich viele *oder unendlich viele* Anwendungsfälle gibt. Würden auch wir zulassen, daß es unendlich viele Balkenwaagen gibt, würden wir also nicht (β) als gültig voraussetzen, so bestünde das Problem der theoretischen Terme noch immer, aber es müßte in einer etwas komplizierteren Weise formuliert werden. Bei dem oben beschriebenen Überprüfungsprozeß könnten wir jetzt auf immer neue derartige Waagen zurückgreifen. Da wir aber bei keiner davon endgültig haltmachen dürften, sondern uns immer wieder fragen müßten: „ist nun *dies* eine archimedische Statik?", würden wir in einen *epistemologischen unendlichen Regreß* hineingeraten. Statt wie oben zu sagen, daß wir uns in einen Zirkel verstricken, müßten wir das Dilemma als Alternative formulieren und sagen: Wenn wir Aussagen, in denen T-theoretische Begriffe vorkommen und die als empirische Aussagen von elementarster Gestalt intendiert sind, empirisch nachzuprüfen versuchen, *so gelangen wir entweder in einen vitiösen Zirkel oder in einen unendlichen Regreß.*

Die einfachste Lösung dieses Problems bestünde in dem Nachweis, daß bei der Konstruktion des Problems der theoretischen Terme an irgendeiner Stelle ein Fehler begangen wurde oder daß sie auf anfechtbaren Annahmen beruhe. Tatsächlich ist bisweilen der Verdacht geäußert worden, SNEED stelle an den Begriff der empirischen Nachprüfung zu hohe Anforderungen. Doch derartige Überlegungen gehen in die Irre. SNEED macht implizit nur zwei Annahmen, die man nicht verwerfen kann, ohne den Begriff der empirischen Nachprüfung überhaupt preiszugeben; nämlich erstens, daß eine empirische Aussage, die wesentlich Größenterme enthält, nur dadurch nachgeprüft werden kann, daß man diese Größen mißt, und zweitens, daß man bei dieser Messung nicht in einen Zirkel oder in einen unendlichen Regreß hineingeraten darf. Keine darüber hinausgehenden Voraussetzungen über empirische Nachprüfung gehen ein. Insbesondere ist die oben skizzierte Überlegung *epistemologisch völlig neutral*, also vollkommen neutral gegenüber gegensätzlichen Vorstellungen über Nachprüfung bei ‚Induktivisten‘, ‚Deduktivisten‘, ‚Kohärentisten‘ etc.

Bevor wir uns der wirklichen Lösung zuwenden, kommen wir auf zwei empiristische Einwendungen zu sprechen, die ebenfalls der Verdeutlichung dienen sollen. Bisweilen ist eingewendet worden, daß Überlegungen der oben skizzierten Art darauf hinauslaufen, die Nichtmeßbarkeit T-theoretischer Größen zu behaupten. Doch diese Unterstellung beruht auf einem Irrtum. Innerhalb des obigen Beweisganges haben wir an keiner einzigen Stelle behauptet, daß das Gewicht keine meßbare Größe ist, sondern nur, daß es *nicht unabhängig von der Theorie AS gemessen* werden kann. Und dies ist natürlich eine viel schwächere Behauptung als die der Nichtmeßbarkeit. Wir *haben* ja angegeben, wie die Messung vorzunehmen ist: Mit Hilfe von b wird das Gewicht bestimmt und die auf diese Weise ermittelten Gewichte werden für die Überprüfung von (I) eingesetzt. Wir haben lediglich die Gültigkeit der Theorie für b vorausgesetzt.

Nun, so wird der Empirist sagen, erweist sich die Angelegenheit doch als recht harmlos. Es sei etwa g_1 das Gewicht des zu wiegenden Kindes und g_2 das Gewicht des dieses Kind aufwiegenden Eisengegenstandes. Die Abstände dieser beiden Objekte vom Drehpunkt im Gleichgewichtszustand seien d_1 und d_2. Wir erhalten: $d_2/d_1 = g_1/g_2$. Das Abstandsverhältnis d_2/d_1 ist also konstant; und dies ist empirisch nachprüfbar. Um dem Kind ein Gewicht zuzuschreiben, brauchen wir nur noch, falls dies noch nicht geschehen sein sollte, eine Konvention, also eine zu treffende Festsetzung darüber, welche die Gewichtseinheit festlegt. Wir scheinen somit nicht mehr zu benötigen als Erfahrungen und Konventionen.

Der Einwand gegen diese Überlegung lautet: Woher wissen wir denn, daß dasjenige, was da auf angeblich ‚rein empirischem Wege‘ gemessen wurde, das Gewicht im Sinn der archimedischen Statik ist, oder kürzer: Woher wissen wir denn, daß wir ein *korrektes* Meßergebnis erhalten haben? Die bloße Operation, die im vorigen Absatz beschrieben worden ist, stellt dies nicht sicher. Es könnten bei der Messung ja allerlei *Fehler* aufgetreten sein. Ein Symptom für einen derartigen Fehler bestünde in der Beobachtung verdächtiger Rostflecken am Drehpunkt. Vielleicht ist die Waage dadurch vor Erreichung des wirklichen

Gleichgewichtes zum Stehen gekommen. Oder, um ein noch drastischeres Beispiel zu erwähnen: Wir stellen fest, daß sich oberhalb des zur Gewichtsbestimmung dienenden Metallgegenstandes ein Magnet befindet. Vermutlich würde bei seiner Entfernung die Balkenwaage aufhören, sich in der Gleichgewichtslage zu befinden.

Der Empirist wird es vielleicht als ärgerlich empfinden, daß wir im Verlauf der Behandlung des Themas „theoretische Begriffe" plötzlich *in eine Detaildiskussion über das korrekte Funktionieren von Meßgeräten* hineingeraten sind und wird versuchen, diese Frage von unserem eigentlichen Thema abzuspalten. Wir wollen ihm bei diesem Versuch keinerlei Hindernisse in den Weg stellen, sondern ihn vielmehr so weit wie möglich darin unterstützen. Angenommen also, selbst bei genauester Untersuchung treten keinerlei Verdachtgründe dafür auf, daß die Meßresultate durch inkorrekte Messung gewonnen wurden und daher unbrauchbar sind. Ist man dann berechtigt, ‚die Meßresultate einfach so hinzunehmen, wie sie ausfallen?'

Statt diesen Schluß zu bestreiten, wollen wir das Prinzip, welches er dabei implizit heranzieht, explizit anführen. Man könnte es bezeichnen als „das Prinzip vom fehlenden zureichenden Grunde, die Korrektheit des Funktionierens des Meßgerätes anzuzweifeln". Es ist nicht anzunehmen, daß allzuviele Wissenschaftsphilosophen dieses Prinzip für annehmbar oder gar für begründbar halten. Doch wir wollen nicht kleinlich sein, sondern abermals dem Opponenten so weit wie möglich entgegenkommen *und die Gültigkeit dieses Prinzips unterstellen.* Wir stellen lediglich eine einzige Frage: *Was* ist es denn, das unter Heranziehung dieses Prinzips bei Vorliegen der angenommenen Umstände (‚Fehlen jeglicher Verdachtsgründe') für nicht bezweifelbar gehalten werden soll?

Dies ist die Antwort: *Daß* die oben beschriebene, im Gleichgewicht befindliche Waage mit den darauf liegenden Gegenständen, also *b*, *eine archimedische Statik ist.*

Man kann es auch so ausdrücken: *Nur wenn b* eine archimedische Statik ist, kann der gewonnene Meßwert *als korrekter* Wert des Gewichtes in (I) eingesetzt und dafür verwendet werden, den Wahrheitswert der Aussage (I) zu ermitteln.

Bei dem empiristischen Versuch, der prima facie katastrophalen Konsequenz des ‚Problems der *T*-theoretischen Terme' zu entrinnen, haben wir uns also nur im Kreis gedreht und sind wieder bei der Feststellung angelangt, daß man zum Zwecke der empirischen Überprüfung der Aussage (I) *mindestens eine Aussage von ebenderselben Gestalt,* also etwa die Aussage (II), als richtig unterstellen muß.

Unsere Miniaturtheorie *AS* hat es uns ermöglicht, an einem anschaulichen Beispiel die Eigenart der Messung von Größen zu demonstrieren, die relativ auf eine Theorie *T* theoretisch sind. Diese Messungen sind in dem Sinn *theoriegeleitete* Messungen, als für jede korrekte Messung die Gültigkeit der Theorie, aus der die Größe stammt, vorausgesetzt wird. W. BALZER hat das Phänomen der theoriegeleiteten Messung auf eine einfache Formel gebracht. Da sie für das Verständnis des Sneedschen Begriffs der *T*-Theoretizität hilfreich sein dürfte, sei sie kurz erwähnt. (In Kap. 6 werden wir die dafür einschlägigen begrifflichen Bestimmungen sehr genau formulieren.) Der allgemeine Begriff, mit dem BALZER arbeitet, ist der Begriff des *Meßmodells*. In unserem Beispiel wäre die der Gewichtsbestimmung dienende Entität b ein derartiges Meßmodell. Unter Verwendung dieses Begriffs können wir eine Größe t genau dann als *T-theoretisch im Sinn von* SNEED bezeichnen, *wenn jedes Meßmodell für t bereits ein Modell von T ist*. In diesem Sinn ist, unter der Annahme (α), entweder b ein Meßmodell für g, das zugleich ein Modell von AS ist; *oder b ist kein Modell von AS*, dann ist es auch kein Meßmodell für g (da die erhaltenen Werte uninteressant und unbrauchbar sind).

Unsere Diskussion mit einem imaginären empiristischen Opponenten hatte nicht nur den didaktischen Zweck, Einwendungen gegen das Konzept der T-Theoretizität zu entkräften. Sie hatte zugleich eine Ambiguität im Gedanken des korrekten Funktionieren eines Meßgerätes zutage gefördert. Darunter kann entweder etwas epistemologisch harmloses oder etwas epistemologisch nicht harmloses verstanden werden. Gewöhnlich denkt man nur an den harmlosen Gebrauch. Dieser liegt vor, wenn man für die Überprüfung der Korrektheit zwar eine Theorie oder Hypothese heranziehen muß, bisweilen „Theorie des Meßinstrumentes" genannt, diese Theorie jedoch von ‚niedrigerer Stufe' oder jedenfalls ‚von ganz anderer Art' ist und daher unabhängig von derjenigen Theorie getestet werden kann, in welche die fragliche Größe erstmals eingeführt wurde. Dann sind wir tatsächlich mit keiner epistemologischen Schwierigkeit konfrontiert, die dem Problem der theoretischen Terme analog wäre. Ein solcher harmloser Fall liegt in unserem Beispiel bezüglich der Abstandsmessung vor: Um die Werte der Funktion d für die einzelnen auf der Wippschaukel bzw. auf der Balkenwaage befindlichen Objekte zu bestimmen, muß man zwar eine Theorie der Längenmessung heranziehen und für den vorliegenden Fall als gültig unterstellen. Doch da keine Theorie der Längenmessung ihrerseits die archimedische Statik voraussetzt, haben wir es bei der Bestimmung der Werte von d mit einem unproblematischen Fall zu tun.

Anders verhält es sich, wenn bezüglich einer zu messenden Größe t in die Hypothese vom korrekten Funktionieren des Meßinstrumentes die Gültigkeit derjenigen Theorie T Eingang findet, in welche t eingeführt worden ist, und zwar genau die Gültigkeit von T für eben dieses Meßinstrument als eine der vielen intendierten Anwendungen von T. Dann sind wir mit jenem epistemologischen Zirkel konfrontiert, den SNEED das Problem der theoretischen Terme nennt.

Die soeben vorgenommene Unterscheidung zwischen einem harmlosen und einem nicht harmlosen Gebrauch überträgt sich analog auf alle diejenigen Fälle, in denen heutige Wissenschaftsphilosophen von einer *Theoriendurchtränktheit* (engl. „theoryladenness") der Beobachtungen sprechen. Solange damit nichts anderes gemeint ist als die Tatsache, daß in allen Beobachtungen hypothetische Komponenten stecken, beinhalten derartige Hinweise nicht mehr als die in unserem gegenwärtigen Kontext harmlose Feststellung, daß die Suche nach einem absolut sicheren, d.h. hypothesenfreien ‚empirischen Fundament der Erkenntnis' illusorisch ist. Sobald damit jedoch gemeint ist, daß eben diejenigen

Daten, die für eine Theorie *T* von Relevanz sind, etwa um *T* zu überprüfen, die Gültigkeit von *T* voraussetzen, liegt genau dieselbe epistemologisch zirkuläre Situation vor wie in den nicht harmlosen Annahmen über das korrekte Funktionieren eines Meßinstrumentes.

Zu den wenigen allgemein anerkannten Leistungen der empiristisch orientierten Wissenschaftsphilosophie gehört die Theorie der Messung. Daß das neue Theoretizitätskonzept von vielen Wissenschaftsphilosophen mit Reserve und Mißtrauen zur Kenntnis genommen wird, beruht vielleicht zum Teil darauf, daß hier eine allen modernen Metrisierungstheorien zugrunde liegende Vorstellung preisgegeben wird. Diese Vorstellung kann schlagwortartig so charakterisiert werden: „Dort die Theorie und hier die Messung der in dieser Theorie vorkommenden Größen. Beides muß voneinander unabhängig sein." Und wie könnte es auch anders sein, wo doch nur über die Messung dieser Größen die Theorie nachzuprüfen und gegebenenfalls zu falsifizieren ist! Unsere Betrachtung hat demgegenüber folgendes gezeigt: Soweit es um theoretische Größen geht, liegt hier eine *Fehlintuition* vor. Hier sind Theorie und Größen nicht unabhängig voneinander, sondern ‚unmittelbar miteinander verwoben'. Die herkömmlichen Theorien der Messung müssen durch neue ersetzt werden, bei denen der Begriff der theoriegeleiteten Messung im Vordergrund steht. (Für konkrete Beispiele aus verschiedenen wissenschaftlichen Disziplinen vgl. W. BALZER [Messung].)

Unsere Diskussion hat auch ergeben, warum der bisweilen gemachte Versuch scheitert, theoriegeleitete Messungen durch den Vergleich mit der Verwendung von Theorien für Erklärungen und Voraussagen zu verharmlosen. Bei dieser Parallelisierung wird etwa folgendes gesagt: „Wenn sich eine Theorie dafür eignet, neue Voraussagen zu machen, so ‚setzt man ebenfalls die Theorie voraus', um diese Prognosen herzuleiten. Aber dies hat doch keine weitere epistemologische Bedeutung! Je nachdem, ob die Prognose zutrifft oder nicht, hat sich die Theorie bewährt oder nicht bewährt." Dazu ist zu sagen: Hier handelt es sich um den typisch harmlosen Fall. Denn der so Argumentierende setzt stillschweigend voraus, daß für die Beschreibung der Voraussagen das nicht-theoretische Vokabular der Theorie ausreicht. Dies gilt z. B. für übliche Prognosen im Rahmen der Himmelsmechanik. Vorausgesagt werden z. B. Sonnen- und Mondfinsternisse, also Phänomene, die man mit Hilfe der Ortsfunktion (und evtl. deren Ableitungen), also ohne Zuhilfenahme der *KPM*-theoretischen Begriffe *Masse* und *Kraft* beschreiben kann. Würde man dagegen *außerdem* Werte dieser beiden Funktionen voraussagen, so würde man sofort in den epistemologischen Zirkel hineingeraten. Verschleiert wird das diesmal durch eine andere Ambiguität, nämlich eine, die im Wort „voraussetzen" steckt. Der eben geschilderte Fall der Benützung einer Theorie für Prognosenzwecke ist deswegen harmlos – nämlich harmlos bei Beschreibung der Prognosen mittels des nichttheoretischen Vokabulars –, weil „voraussetzen" hier nicht mehr bedeutet als: „für den Zweck einer Deduktion *als Prämisse voraussetzen*". In einem solchen Fall wäre es sogar rein sprachlich angemessener, das Wort „voraussetzen" überhaupt nicht zu benützen und nur von der *Verwendung der*

Theorie als Prämisse einer Ableitung zu reden. In denjenigen Fällen hingegen, auf welche wir uns konzentrierten, war eine viel stärkere Annahme erforderlich: Die fragliche Theorie mußte nicht bloß als Prämisse verwendet, sondern *als gültig vorausgesetzt* werden und zwar als gültig für genau diejenige Anwendung, die den Meßvorgang repräsentiert. Der Fehler in der Parallelisierung liegt also darin, daß der Opponent das Wort „voraussetzen" in dem ziemlich vagen Sinn von „als Prämisse verwenden" versteht, während wir diesen Ausdruck im streng logischen Sinn benützen, nämlich im Sinn von „logische Folge sein".

Zwischendurch sollte sich der Leser daran erinnern, daß unsere Miniaturtheorie nur der Veranschaulichung dient. Worauf es ankommt, sind die Analogien in den Fällen ‚interessanter, globaler Theorien'. So z. B. ist es, ebenso wie oben, sehr leicht, irgendwelche Verfahren zur Massenbestimmung anzugeben, die z. B. in der Beobachtung eines Gleichgewichtes bestehen und *scheinbar* die Theorie *KPM* nicht voraussetzen. Sobald man jedoch der Frage nachgeht: „Woher weißt du denn, daß das beobachtete Gleichgewicht wirklich ein *mechanisches* Gleichgewicht ist?", kommt man – völlig analog unserem Miniaturbeispiel – zu dem Resultat, daß man dies erst dann weiß, wenn man sicher sein kann, daß das Meßmodell eine *KPM* ist, wozu insbesondere gehört, daß das zweite Axiom von Newton für dieses Meßmodell gilt.

Sollten einige Leser noch immer die Neigung haben, das Problem der theoretischen Terme irgendwie zu verharmlosen, so möchten wir diese darauf aufmerksam machen, daß hier ein Problem von prinzipiell derselben Größenordnung vorliegt wie bei einer Antinomie. Daß es sich bei den semantischen sowie bei den mengentheoretischen Antinomien um *echte* Probleme handelt, wird heute, nach Jahrhunderten versuchter Verharmlosung der Antinomie des Lügners, allgemein anerkannt. So wie dort wäre auch bei unserem Problem eine Verharmlosung fehl am Platz.

Denn *ein epistemologischer Zirkel ist nichts Triviales. Er ist etwas Furchtbares. Genau so furchtbar wie eine Antinomie.*

Daher können wir ihn nicht einfach hinnehmen, wir müssen versuchen, ihn zu lösen.

1.3.3 Die Ramsey-Lösung des Problems der theoretischen Terme. ‚Indirekte' Axiomatisierung. Glücklicherweise ist im vorliegenden Fall, zum Unterschied von dem der Antinomie, seit langem eine Lösung bekannt. Bevor wir sie beschreiben, müssen wir in bezug auf unser Miniaturbeispiel an ein altes Sprichwort erinnern: „Jeder Vergleich hinkt." Es war von vornherein zu erwarten, daß der Versuch, moderne globale Theorien mit der ‚lächerlichen Minitheorie' *AS* in Parallele zu setzen, irgendwo zusammenbrechen muß. Immerhin konnten wir die Analogie unter einer ganz bestimmten Annahme soweit durchziehen, wie wir es für unsere Zwecke benötigten. Es war dies die Annahme (α). In ihr haben wir den ganzen Unterschied lokalisiert.

Mit der Preisgabe dieser Annahme verschwindet das Problem *für diese* Miniaturtheorie. Wenn wir der Aufforderung stattgeben: „Benütze für die Gleichgewichtsbestimmung keine Balkenwaage, sondern z.B. eine Federwaage!", sind wir das ganze Problem für unser Miniaturbeispiel los.

Nicht hingegen sind wir es los für eine globale Theorie wie *KPM*. Auch da würden wir zu der Feststellung gelangen, daß die folgende Aussage:

(I*) Unser Planetensystem ist eine klassische Partikelmechanik

keine empirische Aussage sein kann, da man für die Überprüfung von (I*) von einer Annahme derart ausgehen muß, daß für eine andere Entität w gilt:

(II*) w ist eine klassische Partikelmechanik.

Zum Unterschied von unserer Minitheorie *AS* beruht dieser Übergang jedoch *nicht* auf einer ad-hoc-Annahme von der Gestalt (α). Wir können dem epistemologischen Zirkel also nicht dadurch entgehen, daß wir eine die Meßmethoden künstlich einschränkende Annahme preisgeben.

Vielleicht ist dies der zentrale Unterschied zwischen einer Miniaturtheorie und einer echten globalen Theorie *T*, daß in der letzteren *T*-theoretische Terme auftreten, während man für die erstere Analoga zur *T*-Theoretizität nur dadurch künstlich konstruieren kann, daß man einschränkende Annahmen über die zur Verfügung stehenden Meßinstrumente macht.

Im Augenblick kann der Leser diesen Einschub über den mutmaßlichen Unterschied zwischen globalen Theorien und solchen, die dies nicht sind, wieder vergessen. Wir haben ihn nur gemacht, um rechtzeitig etwaigen skeptischen Bedenken zu begegnen. Denn wir knüpfen wieder an unser Beispiel an, um die Lösung des Problem der theoretischen Terme daran zu erläutern.

Grob gesprochen, besteht die Lösung darin, die theoretischen Größen in Sätzen einer Theorie, die als *empirische* Aussagen intendiert sind, ‚existenziell wegzuquantifizieren‘, d. h. die theoretischen Größen durch Variable zu ersetzen und diese durch vorangestellte Existenzquantoren zu binden. Da diese Methode bereits vor über 50 Jahren von F. P. Ramsey entdeckt worden ist – und zwar als ein Verfahren, um eine Aussage mit theoretischen Termen durch eine solche zu ersetzen, in denen diese Terme nicht mehr vorkommen, die jedoch dieselbe empirische Leistungsfähigkeit hat wie jene –, nennt Sneed diese Methode die *Ramsey-Lösung* des Problems der theoretischen Terme. (Für eine genaue Beschreibung von Struktur und empirischer Leistungsfähigkeit des Ramsey-Satzes vgl. II/1.)

Wir erläutern das Verfahren am Beispiel unseres Satzes (I). Dieser ist, wie wir in 1.3.2 feststellten, unter der dort gemachten Annahme keine empirische Aussage. Es kommt also darauf an, (I) in eine Aussage zu transformieren, welche die (I) zugedachten empirischen Leistungen erbringt, für die jedoch das Problem der theoretischen Terme zum Verschwinden gebracht worden ist. Wir können nicht unmittelbar an das in II/1 geschilderte Verfahren zur Bildung des Ramsey-Satzes anknüpfen; denn wir müssen vorher die Ramsey-Satz-Methode mit der im gegenwärtigen Zusammenhang benützten Methode der mengentheoretischen Prädikate in Einklang bringen.

Dazu knüpfen wir wieder an das Prädikat „*AS*" von 1.1.1 an. Da es die theoretischen Größen sind, die uns Schwierigkeiten bereiten, bilden wir daraus ein neues Prädikat, welches in dem Sinn bloß ein fragmentarisches Bruchstück von „*AS*" ist, als darin alle Bestimmungen weggelassen sind, in denen theoretische Größen vorkommen. Dafür ist offenbar ein radikalerer Einschnitt erforderlich als beim Übergang von „AS" zu „AS_p", bei welchem wir nur das eigentliche Gesetz (5) der Theorie wegließen.

Wir haben uns an früherer Stelle davon überzeugt, daß die Funktion g bzw. der sie designierende Term AS-theoretisch ist. Also müssen wir auch noch die Bestimmungen (3)(b) und (4) in der Definition von „AS" weglassen. Die Extension dieses neuen Prädikates besteht nicht mehr aus den potentiellen Modellen unserer Miniaturtheorie, sondern nur mehr aus Fragmenten von solchen; denn g kommt darin nicht mehr vor. Wir nennen die Elemente der Extension *partielle potentielle Modelle* unserer Theorie; gelegentlich werden wir diese etwas umständliche Bezeichnung zu „*partielle Modelle*" abkürzen. Genauer definieren wir ein neues Prädikat „AS_{pp}" wie folgt:

x ist ein AS_{pp} (ein *partielles potentielles Modell* oder ein *partielles Modell* der archimedischen Statik) gdw es ein A und ein d gibt, so daß gilt:
(1) $x = \langle A, d \rangle$;
(2) A ist eine endliche, nichtleere Menge, z. B.
$A = \{a_1, \ldots, a_n\}$;
(3) $d : A \to \mathbb{R}$.

In Ergänzung zu der in 1.1.1 eingeführten mengentheoretischen Symbolik nennen wir die Klasse der Modelle dieses neuen Prädikates $M_{pp}(AS)$ oder kurz: M_{pp}. M_{pp} ist also identisch mit der Klasse

$\{x | x$ ist ein $AS_{pp}\}$.

Kehren wir jetzt wieder für einen Augenblick zur Aussage (I) zurück. Sie kann zunächst als bejahende Antwort auf die Frage aufgefaßt werden, ob (das potentielle Modell) a den Bedingungen der Theorie AS genügt. Da die theoretischen Größen uns Schwierigkeiten bereiten, ersetzen wir a durch das ‚nicht-theoretisch beschreibbare Fragment' e von a, welches übrig bleibt, wenn man die theoretischen Größen daraus ‚wegschneidet'; m.a.W. wir ersetzen das potentielle Modell a durch das daraus nach Anwendung dieser Entfernungsoperation entstehende partielle potentielle Modell e. Wir nennen die so reduzierte Entität e eine *empirische Struktur*. Dann ersetzen wir die ursprüngliche Frage durch die für diese empirische Struktur analoge Frage: Genügt die empirische Struktur e den Bedingungen der Theorie?

Aber was könnte das bedeuten? Wir müssen dieser Frage erst einen genauen Sinn verleihen. Denn auf der einen Seite kommen in e die theoretischen Größen überhaupt nicht vor, während auf der anderen Seite die Theorie gerade diesen Größen bestimmte Bedingungen auferlegt. Trotzdem ist es klar, was allein damit gemeint sein kann. Man erkennt dies am besten, wenn man diejenigen Fälle betrachtet, in denen die Frage negativ zu beantworten ist: Hier gibt es keine Möglichkeit, die empirische Struktur oder das partielle Modell e auf solche Weise durch theoretische Größen zu ergänzen, daß das durch diese Ergänzung entstandene potentielle Modell das Fundamentalgesetz erfüllt, also zu einem Modell der Theorie wird. Im bejahenden Fall hingegen *gibt es* eine solche theoretische Ergänzung: die empirische Struktur e steht *partiell* (*teilweise*) mit der Theorie im Einklang. Dies liefert übrigens eine nachträgliche Rechtfertigung für die Benennung der neuen Menge M_{pp}.

Für unser Miniaturbeispiel können wir exakt angeben, wodurch sich e von a unterscheidet. Eine genaue Charakterisierung des Designates von „a" würde eine Beschreibung der Kinderschaukel im Gleichgewichtszustand beinhalten, wobei diese Beschreibung neben der Anzahl der Kinder auf jeder der beiden Seiten auch deren Abstände vom Drehpunkt sowie die Angabe der Gewichte der Kinder enthielte. Eine genaue Charakterisierung des Designates von „e" enthielte dasselbe, *mit Ausnahme der Gewichtsangaben, die ersatzlos gestrichen werden*. Und an die Stelle von (I) soll jetzt die Behauptung treten, daß diese empirische Struktur e auf solche Weise zu einem potentiellen Modell ergänzt werden kann, daß sich dieses sogar als ein Modell der Theorie erweist.

Diesen Begriff der theoretischen Ergänzung wollen wir für unser Miniaturbeispiel ebenso präzise definieren wie die drei Prädikate, als deren Extensionen wir die Mengen M, M_p und M_{pp} gewonnen haben. Wir führen den Begriff als eine zweistellige Relation ein.

xEy bezüglich $M_{pp}(AS)$ (x ist *eine theoretische Ergänzung von y bezüglich des Prädikates* „AS_{pp}" bzw. *bezüglich der Menge $M_{pp}(AS)$*) gdw es ein A und ein d gibt, so daß gilt:
(1) $y = \langle A, d \rangle$;
(2) $y \in M_{pp}$ (d.h. y ist ein AS_{pp});
(3) es gibt eine Funktion $g : A \to \mathbb{R}$, so daß $x = \langle A, d, g \rangle$.

Den Zusatz „bezüglich ..." werden wir im folgenden gewöhnlich fortlassen. Daß y ein partielles Modell der vorliegenden Theorie AS ist, wird in (2) ausdrücklich verlangt. (Wir haben hier beide Schreibweisen benützt, einmal die in der Sprache der Menge M_{pp} und innerhalb der Klammer zusätzlich die alternative Redeweise in der Sprache des reduzierten Prädikates „AS_{pp}". Später werden wir allein von der ersten Sprechweise Gebrauch machen.)

Die Aussage (I), welche ursprünglich als elementare empirische Aussage intendiert war, ersetzen wir nun durch die folgende:
(III) $\vee x (xEe \wedge x \in M)$
(umgangssprachlich: „es gibt eine theoretische Ergänzung x von e, die ein Modell ist, auf die also das Prädikat ,AS' zutrifft".)

Zu beachten ist dabei, daß e hierbei als partielles potentielles Modell der Theorie AS vorausgesetzt wird. Dies braucht in (III) nicht ausdrücklich gesagt zu werden, da es, wie bereits hervorgehoben, Bestandteil der Ergänzungsrelation ist (vgl. die Bestimmung (2) mit „e" statt „y").

Man kann sich leicht davon überzeugen, daß uns die Aussage (III), zum Unterschied von der Aussage (I), nicht mehr in den in 1.3.2 beschriebenen epistemologischen Zirkel hineinzwingt. Um (I) zu verifizieren, hätten wir zunächst die in a vorkommenden Gewichte ermitteln und dann überprüfen müssen, ob sie zusammen mit den Abständen die goldene Regel der Statik erfüllen. In (III) jedoch wird die Entität a überhaupt nicht mehr erwähnt. Und an die Stelle der, wie wir konstatieren mußten, empirisch nicht zu lösenden Aufgabe, die Gewichte der Kinder in einer von der gegenwärtigen Theorie unabhängigen Weise zu ermitteln, um über Vorliegen oder Nichtvorliegen von $a \in M$ zu entscheiden, tritt jetzt *die rein logisch-mathematische Aufgabe*, eine solche Ergänzung x von e anzugeben, so daß $x \in M$ gilt.

Sobald diese Angabe geglückt ist, hat man (III) empirisch verifiziert. Daher sind wir berechtigt, die Aussage (III), zum Unterschied von (I), als *empirische Aussage* zu betrachten. Und da diese Aussage jetzt genau die Stelle einnimmt, die ursprünglich der Aussage (I) zugedacht war, dürfen wir Aussagen von der Gestalt (III) als *die empirischen Aussagen von einfachster Gestalt* betrachten, die wir mit Hilfe unserer Theorie *AS* produzieren können. Alle derartigen Aussagen haben Ramsey-Form; denn sie beginnen mit einem Präfix von Existenzquantoren (nämlich mit mindestens einem solchen Quantor) und enthalten die theoretischen Größen nur mehr als gebundene Variable. (Innerhalb der Definition der zweistelligen Relation E haben wir in der Bestimmung (3) zwecks besserer Vergleichsmöglichkeit dasselbe Symbol „g" verwendet, welches an früherer Stelle zur Bezeichnung einer theoretischen Funktion diente; im gegenwärtigen Kontext ist dieses Symbol eine gebundene Variable, wie ein Blick auf die Formulierung von (3) lehrt.)

1.3.4 Vorläufige Charakterisierung des Begriffs der Theorie. Wir können jetzt den Versuch unternehmen, das strukturalistische Theorienkonzept andeutungsweise dadurch zu erläutern, daß wir den Begriff der Theorie in einem allerersten Approximationsschritt einführen. Der Zusatz „erster Approximationsschritt" ist dabei zu beachten; denn es werden noch verschiedene Modifikationen und Ergänzungen hinzutreten. Einen Vergleich der verschiedenen Entitäten, zu denen wir dabei am Ende gelangen, mit den präsystematischen Verwendungen des Wortes „Theorie" werden wir weiter unten anstellen.

Entsprechend der in Abschn. 2 angestellten Überlegung, wonach ein Forscher bei der Errichtung einer Theorie prinzipiell ‚zweigleisig' verfahren muß, um einerseits die mathematische Struktur seiner Theorie zu entwerfen und andererseits typische Anwendungsbeispiele zu finden, soll eine Theorie als etwas konzipiert werden, das zwei Komponenten hat. Die mathematische Komponente besteht ihrerseits, wie wir erkannt haben, aus drei Bestandteilen. Wir können alle drei als Klassen konstruieren. Grundlegend ist die Klasse M_p der potentiellen oder der möglichen Modelle der Theorie, die alle Entitäten enthält, die das begriffliche Grundgerüst der Theorie aufweisen. Der zweite Bestandteil ist die Klasse M der Modelle der Theorie, die alle diejenigen Elemente von M_p enthält, welche überdies das Fundamentalgesetz der Theorie erfüllen. Den dritten Bestandteil soll schließlich die Klasse M_{pp} bilden, die aus M_p dadurch hervorgeht, daß die theoretischen Größen aus deren Elementen weggeschnitten werden. Die Beibehaltung der Reihenfolge ist wesentlich. Daher führen wir für das geordnete Tripel dieser drei Entitäten eine eigene Bezeichnung ein und nennen sie den (provisorischen) Kern K einer Theorie. Es gilt also: $K = \langle M_p, M, M_{pp} \rangle$.

<small>Da wir einerseits den Begriff der Theorie erst präzisieren wollen, andererseits das Wort „Theorie" ständig verwenden, sei für diejenigen Leser, die hierin eine Zirkularitätsgefahr erblicken, eine kurze Erläuterung eingefügt. Wo immer in den vorangehenden Sätzen das Wort „Theorie"</small>

gebraucht worden ist, wurde es im präsystematischen, üblichen Sinn verstanden, als *Explikandum* im Sinn von CARNAP. Worum es uns geht, ist die sukzessive Überführung dieses präsystematischen Begriffs in eine systematische Entsprechung, in ein *Explikat* im Sinn von CARNAP. Damit unser Verfahren anwendbar wird, müssen wir voraussetzen, daß die präsystematisch vorliegende Theorie hinlänglich klar abgefaßt ist, um in axiomatischer Gestalt angeschrieben werden zu können. Falls es sich dabei um eine der üblichen Varianten von Axiomatisierung handelt, denken wir uns diese in die Definition eines mengentheoretischen Prädikates, etwa „S", im Sinn von SUPPES umgeschrieben, was eine reine Routineangelegenheit ist. Das geordnete Paar, welches *wir* „Theorie" (in erster Approximation) nennen wollen, enthält als Erstglied den Kern K, dessen drei Komponenten wir nach dem geschilderten Schema aus dem Prädikat „S" gewinnen, nämlich: M ist die Extension dieses Prädikates selbst; M_p ist die Extension des aus „S" dadurch entstehenden Prädikates, daß man die das Fundamentalgesetz ausdrückende Bestimmung wegläßt; und M_{pp} ist schließlich die Extension des Rumpfprädikates, das aus dem zuletzt gewonnenen dadurch hervorgeht, daß man auch noch alle definitorischen Bestimmungen wegläßt, in denen theoretische Terme vorkommen. Für unsere Miniaturtheorie AS waren diese drei Entitäten, aus denen der Kern besteht, die Extensionen der drei angegebenen Prädikate „AS", „AS_p" und „AS_{pp}".

Die zweite Komponente einer Theorie soll deren intendierte Anwendungen enthalten, also mit der Menge I identisch sein. Verstehen wir unter T das formale Gegenstück, also das Explikat, unserer präsystematisch vorgegebenen Theorie, so können wir T somit in erster Approximation identifizieren mit dem geordneten Paar, bestehend aus K und I:

$$T = \langle K, I \rangle,$$

wobei K und I im obigen Sinn zu verstehen sind. Wichtig ist dabei, sich in jedem späteren Stadium des Räsonierens dessen bewußt zu bleiben, daß I keine fertige platonische Entität ist, sondern eine offene Menge bildet, zu der häufig eine paradigmatische Grundmenge I_0 in der Einschlußrelation steht: $I_0 \subseteq I$.

Selbst für diese erste und rohe Approximation müssen wir noch eine wichtige Ergänzung vornehmen. Vorläufig stehen nämlich die beiden Komponenten K und I beziehungslos nebeneinander. Wie sich im Verlauf der Diskussion der Aussage (I) und ihrer Ersetzung durch (III) ergeben hat, können wir zwar die intendierten Anwendungen nicht unter das *gesamte* Begriffsgerüst der Theorie subsumieren, da das letztere auch Bestimmungen über die theoretischen Größen enthält, welche in jenen nicht vorkommen. Dagegen müssen die intendierten Anwendungen *als partielle potentielle Modelle* der Theorie *deutbar* sein, um sie zu potentiellen Modellen und zu Modellen ergänzen zu können. Die Menge I muß somit als Teilmenge von M_{pp} konstruierbar sein, so daß der obigen Charakterisierung von T noch die Bedingung hinzuzufügen ist:

$$I \subseteq M_{pp}.$$

Genau genommen gilt dies nur dann, wenn wir uns I als Menge von *individuellen* Anwendungen denken. Falls wir dagegen die früher erwähnte andere Alternative wählen, I als Menge von Anwendungs*arten* aufzufassen – im Fall der klassischen Partikelmechanik also ‚die Pendelbewegungen' *eine* Anwendung und ‚die Gezeitenvorgänge' *eine* andere Anwendung dieser Theorie nennen –, so ist die obige Einschlußrelation durch die folgende zu ersetzen:

$$I \subseteq Pot(M_{pp});$$

denn auch nach dieser Umdeutung von „I" besteht die Menge M_{pp} weiterhin aus individuellen partiellen Modellen. („Pot" bezeichnet hier, wie üblich, die Operation der Potenzmengenbildung).

Wir wollen uns jetzt den durch Aussagen von der Gestalt (III) beschriebenen Sachverhalt veranschaulichen und dabei zugleich ein Verfahren entwickeln, um alle diese Aussagen sowohl summarisch zusammenzufassen als auch für die Wiedergabe ihres Inhaltes nur mehr die Mittel der *informellen Modelltheorie* zu benützen. Auf die oben als „quasi-linguistisch" bezeichnete Methode der informellen mengentheoretischen Prädikate können wir dann ganz verzichten.

Würde das axiomatische Verfahren in den Erfahrungswissenschaften gemäß den ursprünglichen empiristischen Vorstellungen vonstatten gehen, so würde man keinen Umweg über theoretische Begriffe nehmen müssen. Technisch gesprochen: Die beiden Mengen M_p und M würde man *überhaupt nicht* benötigen, sondern vielmehr *direkt* auf der Stufe der M_{pp}'s ansetzen. Und die ganze Leistung der Theorie T würde sich auf die beiden Aufgaben reduzieren, erstens durch geeignete Axiome eine ‚hinreichend enge' Teilklasse von M_{pp} auszuzeichnen und zweitens zu behaupten, daß die Elemente von I alle in dieser Teilklasse liegen; vgl. Fig. 1-1.

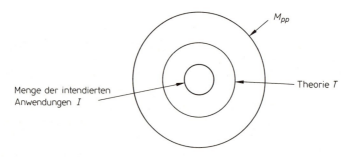

Fig. 1-1

Die im größten Kreis liegenden Punkte repräsentieren hier partielle Modelle. Jeder der in I liegenden Punkte steht für eine (individuelle) intendierte Anwendung. Und die im Kreis T liegenden Punkte symbolisieren diejenigen Elemente aus M_{pp}, die den durch die Axiome der Theorie auferlegten einschränkenden Bedingungen genügen.

Wir nennen hier ein derartiges Verfahren eine *direkte* Axiomatisierung. Sobald empirische Theorien ein gewisses Reifestadium erreicht haben, verfahren sie nicht mehr in dieser Weise. Für eine solche Theorie T spielen T-theoretische Begriffe eine Schlüsselrolle. Der Versuch, das Funktionieren einer solchen ‚modernen' Theorie zu veranschaulichen, muß daher von zwei Ebenen, einer *nicht-theoretischen* Ebene und einer *theoretischen* Ebene, Gebrauch machen. Wir deuten in Fig. 1-2 die theoretische Ebene oben und die nicht-theoretische Ebene unten an. Die Menge der potentiellen Modell M_p liegt in der oberen, die der partiellen Modelle M_{pp} in der unteren Ebene. Aus jedem potentiellen Modell geht durch Weglassung der theoretischen Komponenten ein partielles Modell hervor.

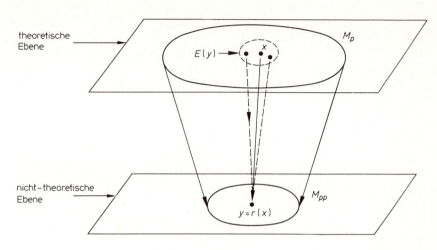

Fig. 1-2

Wir können diesen Prozeß der Entfernung der theoretischen Komponenten so deuten, daß er durch eine Funktion bewerkstelligt wird. Sie heiße *Restriktionsfunktion* $r: M_p \to M_{pp}$ und hat M_p als Argument- und M_{pp} als Wertbereich. Im Fall unserer Miniaturtheorie würde r, angewendet auf ein potentielles Modell $x = \langle A, d, g \rangle$, das entsprechende partielle Modell $y = \langle A, d \rangle$ erzeugen. (Im folgenden schreiben wir häufig „r^0" statt „r", um anzudeuten, daß diese Funktion hier auf der untersten mengentheoretischen Stufe, genannt die nullte Stufe, angewendet werden soll, also *einzelne* potentielle Modelle als Argumente nimmt. Wenn die analoge Funktion auf höherer mengentheoretischer Stufe wirksam werden soll, so schreiben wir je nach Sachlage „r^1", „r^2" usw.)

Wenn $y = r(x)$ gilt, so nennen wir das partielle Modell y ein *Redukt* des potentiellen Modelles x. Der punktierte Kreis in der theoretischen Ebene von Fig. 1-2, der x umschließt, soll andeuten, daß ein und dasselbe y das Redukt von zahlreichen, im Prinzip sogar von unendlich vielen, potentiellen Modellen sein kann. Deren Menge haben wir oben durch „$E(y)$" symbolisiert, was etwa gelesen werden kann als: „die Menge der theoretischen Ergänzungen von y". Die Funktion E ist also einfach definiert durch: $E(y) := \{x | x \in M_p \wedge r(x) = y\}$. Wegen der Tatsache, daß stets mehrere Elemente aus M_p dasselbe Redukt besitzen, zeichneten wir hier und im folgenden den M_p-Kreis oben größer als den entsprechenden M_{pp}-Kreis unten.

Die Theorie und ihre Leistungen haben wir in dieses zweite Bild noch gar nicht eingetragen. Dies holen wir in Fig. 1-3 nach. Dabei gehen wir in einem gleich zu erläuternden Sinn davon aus, daß wir es mit einer *guten* Theorie zu tun haben.

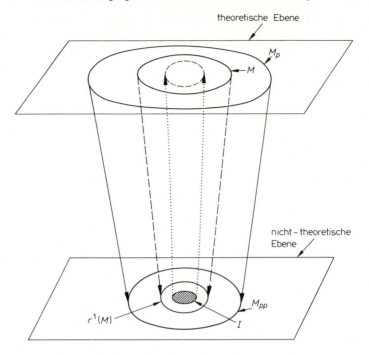

Fig. 1-3

Die Theorie setzt hier nicht, wie gemäß der in Fig. 1-1 fingierten naiv-empiristischen Denkweise, in der unteren Ebene, sondern in der oberen Ebene an. *Sie schränkt nicht bereits die Klasse M_{pp}, sondern erst die Klasse von deren theoretischen Ergänzungen, also M_p, zu der Klasse der Modelle M ein.* Wenn wir auf diese Klasse die Operation r^1 anwenden[2], so erhalten wir als Redukt einen Kreis auf der nicht-theoretischen Ebene, der I zur Gänze einschließt: $I \subseteq r^1(M)$.

Wenn wir uns den Inhalt des Satzes (III), bzw. allgemein: eines Satzes von dieser Gestalt, gemäß Fig. 1-3 veranschaulichen, so müssen wir davon ausgehen, daß wir mit e als einem Element von I beginnen. Von diesem e wird behauptet, daß es eine theoretische Ergänzung x besitzt (in der Symbolik von Fig. 1-2: daß ein Element von $E(e)$ existiert), welche überdies ein Modell der Theorie, also ein Element von M ist.

Die durch Fig. 1-3 veranschaulichte Aussage

(i) $I \subseteq r^1(M)$

enthält wesentlich mehr als dieses Analogon zu (III), nämlich eine summarische

---

2 Es sei nochmals daran erinnert, daß wir der Funktion r den oberen Index 1 verleihen müssen, da wir diese Funktion jetzt, zum Unterschied von früher, nicht auf einzelne Elemente, sondern auf die ganze *Teilmenge* M von M_p anwenden.

Zusammenfassung *aller* dieser Aussagen. Für jede einzelne dieser Aussagen müssen wir, wie wir dies für *e* taten, von einem *bestimmten*, durch einen innerhalb von *I* liegenden Punkt auf der unteren Ebene repräsentierten Element von *I* ausgehen, um einen ‚entsprechenden' Punkt auf der oberen Ebene zu finden, der in *M* liegt. In (i) sind sämtliche Aussagen dieser Gestalt zusammengefaßt, was in Fig. 1-3 seinen Niederschlag darin findet, daß *die ganze Fläche*, welche die Menge *I* symbolisiert, innerhalb von $r^1(M)$ liegt, umgangssprachlich reproduzierbar etwa als: „sämtliche intendierte Anwendungen besitzen Ergänzungen, welche Modelle der Theorie sind."

Gegenüber der in Fig. 1-1 wiedergegebenen *direkten* Axiomatisierung könnte man dieses raffinierte Verfahren, welches einen Umweg über theoretische Komponenten nimmt, als *indirekte Axiomatisierung* bezeichnen: Die nicht-theoretischen Daten aus *I* werden mittels der Theorie nicht direkt dadurch erfaßt, daß man den Elementen aus M_{pp} selbst axiomatische Einschränkungen auferlegt, sondern sie werden indirekt dadurch in den Anwendungsbereich der Theorie einbezogen, daß *theoretische Ergänzungen* der Elemente aus M_{pp}, also Elemente aus M_p (obere Ebene), axiomatischen Einschränkungen unterworfen werden und dadurch M_p zu *M* verkleinert wird, wobei dann erst das Redukt $r^1(M)$ von *M* alle nicht-theoretischen Daten aus *I* einschließt.

Bei dem Stadium der Analyse, das wir jetzt erreicht haben, sind einer Theorie $T=\langle K,I\rangle$ empirische Aussagen von der Gestalt (III) zugeordnet, die zusammen alles ausdrücken, ‚was die Theorie über die Elemente von *I* auszusagen hat.' Wie wir gesehen haben, kann der Inhalt der Gesamtheit all dieser Aussagen durch den *einen* Satz (i) wiedergegeben werden. Drei kurze Kommentare erscheinen hier als angebracht:

(*a*) Mit der Aussage (i) haben wir endgültig die quasi-linguistische Darstellungsweise verlassen und sie ersetzt durch eine Formulierung in der Sprache der informellen Modelltheorie. Die Aussage (III) war demgegenüber noch zur Hälfte quasi-linguistisch, da darin das Prädikat „*E*" benützt wurde. Hätten wir das Analoge dort auch bezüglich des zweiten Konjunktionsgliedes getan, so hätten wir statt „$x \in M$" schreiben müssen: „*x* ist ein *AS*". Im folgenden werden wir die quasi-linguistische Methode ganz preisgeben und wegen verschiedener Vorzüge nur mehr Formulierungen verwenden, die (i) analog sind.

(Eine detaillierte Beschreibung der quasi-linguistischen Methode, welche auch die im folgenden behandelten Komplikationen deckt, findet sich in II/2 auf S. 75 bis 103.)

(*b*) Einer dieser Vorzüge, der sich bereits in (i) andeutet, ist das dadurch ermöglichte *Denken in globalen Strukturen*, wie es in II/2 genannt wurde, anstelle eines Denkens in isolierten Termen. Zum Unterschied von (III) wird in (i) nicht mehr von *speziellen* intendierten Anwendungen behauptet, daß geeignete theoretische Ergänzungen von ihnen *spezielle* Modelle werden. Vielmehr sind sämtliche derartige Einzelfeststellungen hier in einer einzigen Aussage enthalten, welche die beiden ‚globalen' Mengen *M* und *I* zueinander in Beziehung setzt.

(*c*) Wenn man, wie wir dies getan haben, eine Theorie *T* als geordnetes Paar $\langle K,I\rangle$ von der beschriebenen Art einführt, aber nichts weiter hinzufügt, so würde sich sofort die durchaus berechtigte Frage aufdrängen: „Und wo bleiben die Sätze?" Nach der herkömmlichen Auffassung, dem statement view von Theorien, *sind* Theorien ja selbst Gesamtheiten von derartigen Sätzen. Auch wir können diese Sätze sofort angeben. Denn die empirischen Behauptungen, die man mittels T formulieren kann, werden alle mittels (i) zusammenfassend dargestellt. Ungewöhnlich ist unser Vorgehen nur insofern, als wir scharf unterscheiden zwischen der *Theorie* und den *empirischen Behauptungen dieser Theorie*. Die herkömmliche Denkweise weicht von der unsrigen dadurch ab, daß sie erstens überhaupt nur diese Behauptungen betrachtet und zweitens die Gesamtheit dieser Behauptungen selbst „Theorie" nennt. Der strukturalistische Ansatz unterscheidet sich vom herkömmlichen also nicht etwa durch die absurde These, daß diese Aussagen wegfallen, *sondern daß er außer diesen Aussagen zusätzlich gewisse ihnen zugrunde liegende Strukturen betrachtet*, die im Rahmen des statement view vernachlässigt werden. Daß dann nicht die Satzgesamtheit, sondern das ihr zugrunde Liegende „Theorie" genannt wird, ist zum Teil eine rein terminologische Frage. Wir werden später darauf zurückkommen. Vorläufig sei nur soviel angemerkt: Im nächsten Approximationsschritt werden wir den Theorienbegriff nochmals verbessern und verfeinern. Die danach folgenden Schritte werden dagegen die Konsequenz haben, daß der *eine* Begriff „Theorie" überhaupt preisgegeben und durch eine *differenziertere Terminologie* ersetzt wird, so daß wir z.B. von *Theorie-Elementen, Theoriennetzen* und *Theorienkomplexen* sprechen. Daneben werden auf allen Ebenen wieder empirische Behauptungen oder Hypothesen auftreten. Und zwar wird jedem dieser ‚theorienartigen' Gebilde sogar eindeutig eine ganz bestimmte Behauptung oder Menge solcher Behauptungen zugeordnet. Ein Anhänger des herkömmlichen Aussagekonzeptes verliert also nichts, sondern gewinnt nur viel hinzu.

Alle diese Betrachtungen, die wir im Anschluß an (i) anstellten, beruhen auf der stillschweigenden Voraussetzung, daß T eine *gute* Theorie ist, welche die an sie gestellten Anforderungen erfüllt. Und dies bedeutet gerade, daß (i) *richtig* ist. Bei einer *mißratenen* Theorie kann dagegen der Fall eintreten, daß I nicht zur Gänze in $r^1(M)$ liegt. Die untere Ebene würde dann nicht wie in Fig. 1-3 aussehen, sondern so wie in Fig. 1-4. Derjenige Teilbereich von I, der nicht in $r^1(M)$ liegt, würde solche intendierten Anwendungen symbolisieren, an denen die Theorie *versagt* oder *scheitert*. Man beachte aber, daß die Beantwortung der Frage, ob ein solcher Fall wirklich eintreten kann, nicht trivial ist. Er ist

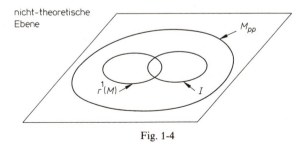

Fig. 1-4

jedenfalls *nur dann* möglich, wenn es ausgeschlossen ist, gewisse Elemente aus *I* theoretisch so zu ergänzen, daß die Ergänzungen in *M* liegen.

1.3.5 Zusammenfassung und Ausblick. So vorläufig und provisorisch auch unsere bisherigen Betrachtungen zum Thema *T*-Theoretizität sind, so dürften sie doch zur Verifikation der eingangs von 1.3.1 aufgestellten Behauptung genügen, daß das auf der Sneed-Intuition beruhende Theoretizitätskonzept von den beiden in Abschn. 1 und 2 geschilderten Aspekten *vollkommen unabhängig* ist, also auch unter Abstraktion von diesen diskutiert werden kann. Höchstens ein psychologischer Zusammenhang besteht in dem Sinn, daß es uns die Methode der mengentheoretischen Prädikate, zusammen mit der Vorstellung, daß die intendierten Anwendungen pragmatisch gegeben sind, leichter macht, sich die Natur *T*-theoretischer Begriffe vor Augen zu führen. Das gleiche gilt von den epistemologischen Konsequenzen dieses neuen Theoretizitätskonzeptes.

Wir haben die Sneed-Intuition als „Feuertaufe" bezeichnet, einmal deshalb, weil ein wirkliches Verständnis des weiteren strukturalistischen Vorgehens davon abhängt, ob diese Intuition, zusammen mit den sich aus ihr ergebenden relevanten Folgerungen, adäquat verstanden worden ist, und zum anderen aus dem Grund, weil hier die Abkehr von herkömmlichen Weisen des Denkens noch viel radikaler ist als bei den beiden anderen Aspekten. SNEED scheint der erste gewesen zu sein, der auf PUTNAMS Herausforderung eine bündige, präzise und überzeugende Antwort dadurch gefunden hat, daß er die ausgezeichnete Rolle, welche die *T*-theoretischen Terme in einer Theorie *T* spielen, analysierte. Trotzdem ist es nicht ganz verwunderlich, daß die Bemühungen um Klärung dieses Begriffs nicht etwa auf Ablehnung, sondern häufig auf fast totales Unverständnis gestoßen sind. Einer der Gründe dafür dürfte darin liegen, daß man in einer linguistisch orientierten Zeit schwer von der Vorstellung loskommt, die theoretischen Terme müßten ihre Natur der Art und Weise ihrer Verankerung in der Wissenschaftssprache verdanken und nicht der Rolle, die sie in der Theorie spielen, gleichgültig, in welcher formalen oder informellen Sprache diese Theorie formuliert ist.

Ein weiterer, vielleicht der ausschlaggebende Grund dürfte darin zu suchen sein, daß man, um die Theoretizität gewisser Terme einer Theorie zu erkennen, sowohl mit der fraglichen Theorie als auch mit gewissen formalen Methoden gut vertraut sein muß. Es ist kein Zufall, daß das ‚Theoretizitätsphänomen' ausgerechnet SNEED auffiel, der nach abgeschlossenem Physikstudium bei SUPPES Philosophie studierte und sich rasch eine Routine im Umgang mit Definitionen von mengentheoretischen Prädikaten erwarb, die der Axiomatisierung vorgegebener Theorien dienen. Als SNEED diese mengentheoretischen Prädikate ‚auf die empirische Realität anzuwenden' versuchte, da er ebenso wie an der mathematischen Struktur von Theorien auch an der *empirischen* Anwendung der diese Theorien ausdrückenden Prädikate interessiert war, wurde ihm klar, daß man hier in einen Zirkel oder unendlichen Regreß hineingerät, so daß das, was die Physiker sagen, prima facie *unverständlich* wirkt. Nicht jeder Wissenschaftsphilosoph ist ein ausgebildeter Physiker; und selbst die, welche es sind, verspüren meist keine große Neigung, dem Präzisionsideal zu huldigen, das SUPPES als Bedingung stellen muß, um seine Methode anwenden zu können.

Die eben angedeutete Schwierigkeit hängt allerdings mit einem großen Nachteil zusammen, der dem Sneedschen Kriterium ursprünglich anhaftete. Dieses Kriterium mußte stets auf der vorexplikativen, präsystematischen Stufe angewendet werden. Um z.B. die Menge M_{pp} der Redukte von M_p in den Kern einer Theorie einzuführen oder um die Anwendungsvoraussetzung $I \subseteq M_{pp}$ einer Theorie – statt der ursprünglich erwarteten Fassung: $I \subseteq M_p$ – überhaupt formulieren zu können, muß unterstellt werden, daß die Grenze zwischen dem Theoretischen und dem Nichttheoretischen *korrekt* vollzogen worden ist. Bei unrichtiger Grenzziehung läge man mit der Menge der partiellen Modelle in beiden Fällen schief.

Deshalb haben wir uns darum bemüht, die Situation, zu der SNEEDS Kriterium führt, am Beispiel einer Miniaturtheorie, wenn auch nur unter der dortigen künstlichen Zusatzannahme (α), klarzumachen, da man dort die Sache leichter durchschaut als bei einer umfassenden modernen Theorie.

Nun besteht der Nachteil von SNEEDS Kriterium aber *nicht nur* darin, daß seine Anwendung auf spezielle Theorien in der Regel ein enormes Fachwissen voraussetzt, über welches Wissenschaftsphilosophen häufig nicht verfügen. Er besteht *außerdem* darin, daß selbst das beste Fachwissen nicht ausreicht, um die korrekte Anwendung dieses Kriteriums zu *garantieren*, da man von dem, was man über die fragliche Theorie (im präsystematischen Sinn des Wortes) tatsächlich weiß, zu *hypothetischen Verallgemeinerungen* fortschreiten muß. Genaugenommen sind es *zwei Allhypothesen*, die man beide als gültig zu unterstellen hat.

Wir wollen uns dies kurz am Beispiel von *KPM* (Klassische Partikelmechanik) klar machen. Wenn man sich auf vorexplikativer Stufe auf diese Theorie bezieht, so kann man nicht einer bestimmten Darstellung als *der* Exposition dieser Theorie den Vorzug geben. Man muß sich auf *alle* Darstellungen oder Expositionen dieser Theorie beziehen. Weiterhin darf man sich, wenn man etwas Allgemeines über die Messung der in dieser Theorie vorkommenden Größen aussagt, nicht auf die einem zufälligerweise gerade bekannten Meßverfahren beziehen, sondern muß *alle* diese Verfahren einbeziehen. Es ist klar, daß dadurch eine stark hypothetische Komponente Eingang findet in die Behauptung, daß bestimmte Größen dem Sneedschen Kriterium für *KPM*-Theoretizität genügen. Denn zu behaupten, daß *m* (*Masse*) und *f* (*Kraft*), zum Unterschied von der Ortsfunktion, *KPM*-theoretisch sind, beinhaltet nicht weniger als die These, daß *sämtliche* Verfahren der Messung dieser beiden Größen bezüglich *aller* Darstellungen dieser Theorie zu dem Ergebnis führen, daß sie eben diese Theorie als gültig voraussetzen.

Wer eine solche These verficht, ist den folgenden beiden, in Frageform vorgebrachten potentiellen Einwendungen ausgesetzt:

(I) Kennst Du denn alle Expositionen von *KPM*? (Vielleicht gibt es darunter auch solche, die nur mündlich vorgetragen und niemals veröffentlicht worden sind).

(II) Bist Du wirklich mit allen Meßverfahren der genannten Größen vertraut?

Die Notwendigkeit, bei der Anwendung des Kriteriums von SNEED eine *zweifache intuitive Allquantifikation* vornehmen zu müssen, stellt klar, daß das Resultat dieser Anwendung keine sichere Erkenntnis, sondern bloß eine hypothetische Vermutung liefert. Das ist ohne Zweifel eine unbefriedigende Konsequenz dieses Kriteriums. Der Opponent wird sagen: Wenn schon die Aussage, daß in einer Theorie T eine bestimmte Größe T-theoretisch ist, nicht auf einem Beschluß darüber beruhen soll, wo die Grenze zwischen dem Theoretischen und dem Nichttheoretischen zu ziehen ist, wie in der empiristischen Tradition, sondern eine *Behauptung* darstellen soll, so würde man doch erwarten, daß der Wissenschaftsphilosoph für eine derartige, von ihm aufgestellte Behauptung auch eine *Begründung* liefern kann, die definitiv ist und nicht eine bloße Hypothese beinhaltet.

Dieses Desiderat, Aussagen über die Theoretizität von Größen oder von Termen streng begründbar zu machen, beruht allerdings auf der Voraussetzung, daß das präsystematische Kriterium in ein *innersystematisch anwendbares, rein formales Kriterium* transformiert werden kann. Dazu muß vor allem der Begriffsapparat verallgemeinert werden, da dann die theoretisch – nichttheoretisch – Dichotomie selbstverständlich nicht schon in diesen begrifflichen Apparat Eingang finden kann.

Sowohl die allgemeine Schilderung dieses Transformationsverfahrens als auch die konkrete Durchführung für den Fall der Theorie *KPM*, einschließlich des Nachweises, daß *Masse* und *Kraft KPM*-theoretisch sind, ist U. GÄHDE in seiner Arbeit [*T*-Theoretizität] geglückt. Die nun schon fast ein halbes Jahrhundert andauernde Diskussion über die Natur theoretischer Terme dürfte damit zu einem relativen Abschluß gelangt sein. (Für die Details vgl. Kap. 6.)

Wie wir sehen werden, wird in diesem innersystematischen Kriterium das „alle" der Sneed-Intuition zu einem „es gibt" abgeschwächt. Für den Theoretizitätsnachweis genügt die Annahme, daß es Meßmodelle der fraglichen Größe gibt, die außerdem Modelle sind.

Aber nicht dies war der Grund, warum wir soeben GÄHDES Methode und Resultat nur als *relativen* Abschluß der Diskussion bezeichneten. Im Verlauf der Überlegungen, die zu einer innersystematischen Präzisierung des Theoretizitätskriteriums führen, ist man mit zusätzlichen Fragen konfrontiert, bei denen es nicht von vornherein sicher ist, daß sie auf allgemeiner wissenschaftstheoretischer Ebene eindeutig beantwortbar sind. Die Ersetzung der Sneed-Intuition durch ein formales Kriterium liefert zunächst nur einen Rahmen für deren genaue Diskussion. Zwei solche Fragen sind die folgenden: (I) Genügt es, worauf SNEEDS Formulierungen hinweisen, für die Entscheidung über T-Theoretizität auf das Fundamentalgesetz Bezug zu nehmen? Oder ist es nicht erforderlich, darüber hinaus im Fundamentalgesetz nicht enthaltene *Spezialgesetze* hinzuzuziehen? (Derartige Spezialgesetze werden erst im übernächsten Abschnitt zur Sprache kommen.) (II) Ist es überhaupt korrekt, wie wir dies bisher mehr oder weniger naiv voraussetzten, das Problem als Frage nach der *T*-Theoretizität isolierter Terme zu formulieren? Oder ist es angemessener, das Problem als Frage nach der *korrekten Dichotomie* zu stellen, gemäß welcher die Gesamtheit aller in einer Theorie vorkommenden Terme in die theoretischen und nicht-theoretischen unterteilt werden. Für den Spezialfall *KPM* hat GÄHDE in überzeugender Weise dargelegt, daß in bezug auf beide Fragen jeweils die zweite Alternative zu wählen ist. Im letzten Abschnitt von Kap. 6 werden wir Betrachtungen darüber anstellen, ob es plausible Annahmen oder sogar zwingende dafür gibt, auch in anderen Fällen analog zu verfahren wie bei *KPM*.

Schlußanmerkung zum Begriff der T-Theoretizität. Das Problem der theoretischen Terme wurde in diesem Abschnitt nicht nur ausführlich behandelt, sondern darüber hinaus mit Absicht ‚dramatisiert', um diesen relativ schwierigen Punkt möglichst deutlich vor Augen zu führen.

Es wäre jedoch gänzlich verfehlt, daraus den Schluß zu ziehen, daß der strukturalistische Ansatz mit diesem Problem steht und fällt. Wer nicht bereit ist, das Problem der theoretischen Terme zu akzeptieren, braucht deshalb diesen Ansatz nicht zu verwerfen. Es gibt eine Reihe von *anderen* guten Gründen, die für seine Annahme sprechen. Dazu gehört neben den übrigen in diesem Kapitel erörterten Gesichtspunkten vor allem die Tatsache, daß sich der Ansatz bei der Rekonstruktion echter Beispiele aus den Einzelwissenschaften, im Gegensatz zu den bisher bekannten Alternativen, als erfolgreich erwiesen hat.

Wer das genannte Problem preisgibt, kann außerdem auch weiterhin die empirischen Behauptungen von Theorie-Elementen und Theoriennetzen als modifizierte Ramsey-Sätze konstruieren. Er kann nur nicht mehr behaupten, zu dieser Art von Konstruktion gezwungen zu sein.

Aber selbst bezüglich des Begriffs der Theoretizität als solchen sollte ein Skeptiker das Problem der theoretischen Terme von der neuen Sichtweise dieser Terme abkoppeln. Denn diese neue Sichtweise bildet in jedem Fall – also auch dann, wenn sie nicht ein neues Problem erzeugt – eine interessante Alternative zu den bisherigen Vorstellungen von Theoretizität, da hier erstmals auf die *spezifische Rolle* dieser Terme in der sie enthaltenden Theorie abgehoben wird. Diese Rolle wird schlagwortartig durch den Begriff der *theoriegeleiteten Messung* erfaßt. In dem allein dem Theoretizitätsproblem gewidmeten Kapitel 6 soll dieser Gesichtspunkt ganz in den Vordergrund treten. Auf das Problem der theoretischen Terme werden wir dagegen dort nicht mehr explizit zurückkommen.

1.4 Querverbindungen (Constraints)

1.4.1 Natur und Leistungen von Querverbindungen. Wir wenden uns jetzt einer vierten Neuerung zu, der wesentlichen Benützung von Querverbindungen oder Constraints.[3] Hier müßte man eigentlich von einer begrifflichen Neuschöpfung sprechen, die in der herkömmlichen Wissenschaftsphilosophie überhaupt keine Entsprechung besitzt. Erstmals liegt auch keine völlige Unabhängigkeit von allen übrigen neuen Aspekten vor, die wir bereits behandelt haben. Genauer: Der Begriff der Querverbindung ist zwar unabhängig sowohl von der Methode der Axiomatisierung durch mengentheoretische Prädikate als auch vom neuen Theoretizitätskonzept. Doch macht er wesentlichen Gebrauch davon, daß eine Theorie mehrere Anwendungen hat, die sich teilweise überlappen.

Um es bereits jetzt anzukündigen: Den Querverbindungen ist es zuzuschreiben, daß das, ‚was eine Theorie zu sagen hat', nicht in zahlreiche oder sogar zahllose Aussagen der Gestalt (III) von 1.3.3 zerfällt, die sich erst nachträglich in der einen Aussage (i) summarisch zusammenfassen lassen, sondern daß man von *der empirischen Behauptung* einer Theorie sprechen kann, die eine einzige und unzerlegbare Aussage bildet.

Wenn man versucht, den Inhalt dessen, was wir „Querverbindung" nennen werden, umgangssprachlich wiederzugeben, so gelangt man zu sehr elementaren Aussagen, etwa von der Gestalt: „die Masse ist eine konservative Größe" oder: „die Masse ist eine extensive Größe". Bedenkt man, daß der bestimmte Artikel hier analog verwendet wird wie in der Aussage „der Wal ist ein Säugetier", also zur Formulierung eines versteckten Allsatzes, so liegt der weitere Gedanke nahe, Äußerungen wie die genannten für Formulierungen spezieller Naturgesetze, und zwar sogar recht einfacher Naturgesetze, anzusehen.

Sobald man auch hier versucht, auf die in den vorangehenden Abschnitten geschilderte mengentheoretische Behandlung zurückzugreifen, tritt klar zutage, daß es sich um etwas anderes handeln muß. Das Fundamentalgesetz einer Theorie hatten wir durch die Menge M repräsentiert. Diese Menge wurde als eine Teilmenge von M_p eingeführt. Auch bei den Spezialgesetzen wird es sich um derartige Teilmengen von M_p handeln. Jedes Gesetz M, so könnte man daher sagen, schließt gewisse potentielle Modelle aus, nämlich genau die Elemente der Differenzmenge $M_p \setminus M$. Eine Querverbindung hingegen schließt nicht eine Teilmenge aus M_p aus, sondern eine *Klasse von* solchen Teilmengen; sie verbietet also zum Unterschied von Gesetzen nicht bestimmte Elemente aus M_p, sondern gewisse Kombinationen von Elementen aus M_p. Man könnte daher auch sagen, daß es sich bei den Querverbindungen um ‚Gesetze höherer Allgemeinheitsstufe' handle, was seinen Niederschlag eben darin finde, daß das, was sie verbieten, um eine mengentheoretische Stufe höher liegt als das, was durch gewöhnliche Gesetze ausgeschlossen wird.

---

3   Die von mir in II/2 verwendete deutsche Übersetzung „Nebenbedingungen" für „Constraint" scheint sich nicht einzubürgern, vermutlich wegen der Vorbelastung dieses Ausdrucks mit andersartigen Assoziationen. Dagegen wird, soweit man nicht das englische Wort beibehält, der von mir dort nur metaphorisch verwendete Ausdruck „Querverbindung" häufiger benutzt. Von nun an soll auch hier dieser Ausdruck neben dem englischen „Constraint" verwendet werden, zumal er anschaulich ist und den Sachverhalt zutreffend beschreibt.

Um uns klarzumachen, was für eine spezifische inhaltliche Leistung die Querverbindungen erbringen, arbeiten wir wieder mit unserem Miniaturbeispiel. Dazu eine kurze Vorerläuterung, um anzudeuten, worauf es ankommt: Eine Balkenwaage mit Gegenständen auf den beiden Waagschalen befinde sich im Gleichgewicht. Das Problem der theoretischen Terme beschäftigt uns gegenwärtig nicht. Für unseren Zweck können wir daher annehmen, daß es sich um eine korrekte Anwendung der archimedischen Statik handelt. Die Gegenstände auf der einen Waagschale seien ein großer und ein kleiner Apfel; die Gegenstände auf der anderen eine große sowie eine kleine Birne. Nun entfernen wir sowohl den kleinen Apfel als auch die kleine Birne. Wir beobachten, daß die Schale, in der sich jetzt nur mehr der große Apfel befindet, nach unten sinkt, während sich die Schale mit der großen Birne nach oben bewegt. Wir werden daraus nicht nur ablesen, daß der große Apfel schwerer ist als die große Birne, sondern darüber hinaus den Schluß ziehen, daß die kleine Birne schwerer ist als der kleine Apfel. Dieser Schluß erscheint uns als zwingend. Denn wie anders sollte man denn das Gleichgewicht im ersten Fall mit dem eben beschriebenen Ungleichgewicht in Einklang bringen? Der Schluß ist auch zutreffend, sofern man eine dabei benutzte Prämisse als richtig voraussetzt, nämlich daß das Gewicht des großen Apfels und ebenso das der großen Birne in der zweiten Anwendung *dasselbe* ist wie in der ersten. Weder die Logik noch das, was wir bisher über die Theorie *AS* wissen, zwingt uns, diese Prämisse anzunehmen. Es ist der Inhalt dieser zusätzlichen Prämisse, den der Physiker dadurch ausdrückt, daß er sagt, die Gewichtsfunktion sei eine konservative Größe.

Das Beispiel war deshalb bloß eine Vorerläuterung, weil die zweite Anwendung keinen Beispielsfall für die archimedische Statik bildete; die Waage befand sich ja nicht im Gleichgewicht. Um wirklich verschiedene Anwendungen unserer Theorie *AS* zu erhalten, betrachten wir wieder die Wippschaukel und drei Fälle von miteinander schaukelnden Kindern, wobei sich jedesmal zum Zeitpunkt der Betrachtung die Schaukel im Gleichgewicht befinde. (Mit diesem Beispiel verfolgen wir den psychologischen Nebenzweck, mögliche Fehldeutungen des Begriffs „intendierte Anwendung" auszuschließen.)

In allen drei individuellen Anwendungen haben wir es also mit derselben Schaukel (bestehend aus demselben Schaukelbrett und demselben Drehpunkt) zu tun sowie mit drei Kindern a, b und c. In der ersten Anwendung befinden sich die beiden Kinder a und b miteinander im Gleichgewicht; in der zweiten Anwendung die Kinder a und c; und in der dritten Anwendung die Kinder b und c. Die Abstandsfunktionen in den drei Anwendungen seien d_1, d_2 und d_3 und die entsprechenden Gewichtsfunktionen g_1, g_2 und g_3. Da wir im gegenwärtigen Zusammenhang vom Problem der theoretischen Terme abstrahieren, sollen uns diese Gewichte keine Skrupel bereiten. Für unser Beispiel nehmen wir außerdem an, daß alle d-Werte größer als 0 sind. Die beiden Größen seien als einstellige Funktionen konstruiert, so daß z.B. „$d_2(x)$" den (auf beiden Seiten positiv gemessenen) Abstand des Objektes x vom Drehpunkt in der zweiten Anwendung bezeichnet, „$g_3(y)$" das Gewicht des Objektes y in der dritten Anwendung etc., schematisch also:

1. Anwendung: $a, b; d_1, g_1$
2. Anwendung: $a, c; d_2, g_2$
3. Anwendung: $b, c; d_3, g_3$.

Bei allen drei Fällen handle es sich um wirkliche Anwendungen der Theorie *AS*. Es gilt also stets die goldene Regel der Statik und wir erhalten die drei Gleichungen:

(1) $d_1(a) \cdot g_1(a) = d_1(b) \cdot g_1(b)$
(2) $d_2(a) \cdot g_2(a) = d_2(c) \cdot g_2(c)$
(3) $d_3(b) \cdot g_3(b) = d_3(c) \cdot g_3(c)$.

Eine Zwischenbemerkung zum Begriff der *intendierten Anwendung*: Die drei oben numerierten Anwendungsfälle dürfen nicht etwa als Kurzbezeichnungen der drei intendierten Anwendungen angesehen werden. Denn oben sind ja auch die Gewichte angeführt, also Werte einer *AS*-theoretischen Größe. Umgekehrt darf man aber auch nicht in das andere Extrem verfallen und eine intendierte Anwendung mit dem fraglichen Individuenbereich verwechseln. Vielmehr besteht eine intendierte Anwendung, intuitiv gesprochen, aus den Gegenständen, *zusammen mit deren Beschreibung in der Sprache der nicht-theoretischen Größen*. Die erste intendierte Anwendung, etwa I_1 genannt, ist somit erst festgelegt, wenn außer den beiden darin vorkommenden Objekten, den Kindern a und b, auch die entsprechenden d_1-Werte, also die Abstände dieser beiden Kinder vom Drehpunkt, angegeben sind. Analoges gilt für die zweite und dritte Anwendung I_2 und I_3. Dies steht mit der in 1.3.3 aufgestellten Forderung im Einklang, daß stets $I \subseteq M_{pp}$ gelten muß; denn M_{pp} ist im vorliegenden Fall genau die Extension des Prädikates „AS_{pp}" von 1.3.3. (Der Leser schreibe als elementare Übungsaufgabe die drei gegenwärtigen intendierten Anwendungen I_1, I_2 und I_3 in der dortigen Sprechweise an.) Aussagen von der Art, daß sich die Kinder auf der Schaukel in einem Gleichgewichtszustand befinden, sind hingegen natürlich *kein* Bestandteil dieser intendierten Anwendungen. Denn solche Aussagen können erst mit Hilfe der Bestimmung (5) von *AS* aus 1.1.2 formuliert werden; und diese Bestimmung ist nicht einmal in den Begriff des *möglichen* Modells aufgenommen worden. Intendierte Anwendungen aber sind als partielle Modelle bloße Redukte von möglichen Modellen.

Nach diesen Vorbereitungen machen wir die zusätzliche Annahme, daß das Gewicht eine *konservative Größe* sei. Dies besagt, daß das Kind a in der ersten und zweiten Anwendung dasselbe Gewicht hat; ebenso das Kind b dasselbe Gewicht in I_1 und I_3 sowie das Kind c dasselbe Gewicht in I_2 und I_3. Dies können wir in den folgenden drei Gleichungen festhalten:

(α) $g_1(a) = g_2(a)$
(β) $g_1(b) = g_3(b)$
(γ) $g_2(c) = g_3(c)$.

Für den Abstandsquotienten $d_3(b)/d_3(c)$ ergibt sich nach (3) der Wert $g_3(c)/g_3(b)$, was wegen (β) und (γ) derselbe Wert ist wie $g_2(c)/g_1(b)$. Wenn wir nun die beiden Werte $g_1(b)$ und $g_2(c)$ nach (1) und (2) ausrechnen und in diese Gleichung einsetzen, so erhalten wir nach Kürzung das Resultat:

(δ) $\quad \dfrac{d_3(b)}{d_3(c)} = \dfrac{d_1(b) \cdot d_2(a)}{d_1(a) \cdot d_2(c)}$.

Angenommen, wir haben zunächst sämtliche Abstände in den ersten beiden Anwendungen gemessen. Dann sind uns sämtliche d_1- und d_2-Werte bekannt und wir können die rechte Seite von (δ) ausrechnen. Machen wir nun die zusätzliche Annahme, daß in der dritten Anwendung auch noch der Wert $d_3(c)$, also der Abstand des Kindes c vom Drehpunkt, *aber auch nur dieser*, gemessen wird, so können wir $d_3(c)$ auf die rechte Seite bringen und haben den links verbleibenden Wert $d_3(b)$ rein rechnerisch ermittelt.

Was bedeutet dies? Nichts geringeres als daß wir den Abstand $d_3(b)$ des Kindes b vom Drehpunkt in der dritten Anwendung *korrekt vorausgesagt* haben. Eine solche Voraussage wäre ausgeschlossen gewesen, wenn wir nur Aussagen von der Gestalt (III) aus 1.3.3 zur Verfügung gehabt hätten. Denn jede derartige Aussage bezieht sich auf *genau eine* intendierte Anwendung und *diese Anwendungen stehen beziehungslos nebeneinander*. Erst die oben angenommene, sehr einfache Querverbindung macht diesen Voraussageschluß möglich.

Bemerkenswert ist dabei, daß diese Prognose zwar den Wert einer *nichttheoretischen* Größe betrifft, daß sie aber nicht dadurch ermöglicht worden ist, daß wir den nicht-theoretischen Größen d_i irgend welche einschränkenden Bedingungen auferlegten. Vielmehr ist diese Prognose auf nicht-theoretischer Ebene durch die den *theoretischen* Gewichtsfunktionen auferlegte Querverbindung, und durch diese allein, möglich geworden.

Diese Leistung kann man anschaulich im folgenden Bild zusammenfassen: Angesichts der Tatsache, daß eine Theorie verschiedene intendierte Anwendungen besitzt, schienen ein und derselben Theorie ebenso viele empirische Behauptungen zugeordnet zu sein wie es Anwendungen gibt, nämlich jeder einzelnen Anwendung eine Aussage von der Gestalt (III) aus 1.3.3. Dies ändert sich jedoch schlagartig, sobald man die Querverbindungen oder Constraints berücksichtigt. Diese stellen im buchstäblichen Sinn des Wortes mehr oder weniger starke *Querverbindungen zwischen* den verschiedenen Anwendungen her. Dementsprechend splittert sich das, was die Theorie zu sagen hat, nicht mehr in zahlreiche Einzelbehauptungen auf, sondern ist *durch eine einzige, unzerlegbare Behauptung* wiederzugeben.

Wie diese *eine* Aussage aussieht, wollen wir uns später klarmachen, nachdem wir unser erstes approximatives Bild von der Struktur einer Theorie entsprechend ergänzt haben. Wir werden uns dabei nicht mehr überlegen, wie wir die Aussage (III) zu modifizieren haben, sondern uns direkt der modelltheoretischen Betrachtungsweise bedienen.

(In II/2 ist dagegen ab S. 80 zunächst die in der obigen Aussage (III) benützte quasi-linguistische Sprechweise verwendet worden, wobei alle späteren Ergänzungen, einschließlich der Querverbindungen und Spezialgesetze, mitberücksichtigt wurden. Das Schlußstück bildete die allgemeinste Form des Ramsey-Sneed-Satzes (VI) auf S. 102.

Da dieses Vorgehen recht mühsam ist, wenn man alles hinreichend präzisiert, verzichten wir sowohl hier als auch in den restlichen Teilen dieses Buches auf seine Wiedergabe. Diejenigen Leser, die sich über die wesentlichen Schritte dieses quasi-linguistischen Vorgehens, das stets mengentheoretische Prädikate benützt, informieren wollen, finden die einschlägigen Bestimmungen, zusammen mit Erläuterungen, in II/2 auf S. 80–102.)

Damit die Tragweite der vorangehenden Überlegungen nicht unterschätzt wird, sei ausdrücklich darauf hingewiesen, daß wir für unsere Erläuterung überhaupt nur von *einer einzigen* Querverbindung Gebrauch machten und überdies noch von der *allereinfachsten*, die überhaupt denkbar ist, nämlich der Forderung der Konservativität einer theoretischen Funktion. (Diese Forderung wurde in II/2 aus Gründen der Anschaulichkeit der $\langle \approx, = \rangle$-Constraint genannt; dabei bezeichnet das erste Symbol die Gleichheit zwischen Objekten und das zweite Symbol die Gleichheit zwischen Zahlen.) In den meisten Fällen treten weitere Querverbindungen hinzu. Eine sowohl in *KPM* als auch in *AS* geltende ist die Extensivität der Massenfunktion in *KPM* bzw. der Gewichtsfunktion in *AS*.

Wir beschließen diesen Abschnitt mit einer Bemerkung über die Aufgabe theoretischer Größen. Es ist immer wieder behauptet worden, daß theoretische Größen u.a. die Aufgabe haben, die prognostische Leistungsfähigkeit einer Theorie zu vergrößern. Die zugunsten dieser These vorgebrachten Begründungen waren jedoch niemals strenge Beweise, sondern bloße Plausibilitätsbetrachtungen. Wir haben dagegen mit Hilfe unserer Miniaturtheorie einen relativ einfachen Beweis für diese These von der prognostischen Leistungsfähigkeit theoretischer Terme erbracht. Allerdings haben wir uns dabei *nicht nur* auf die theoretischen Terme, sondern *außerdem* auch auf die Querverbindungen gestützt. Für den Nachweis kommt es also ganz wesentlich auf ein Zusammenspiel dieser beiden Arten von Entitäten an. Damit können wir genauer sagen, wie die zu Beginn von 1.4.1 aufgestellte Behauptung über die *Unabhängigkeit* dieser beiden Begriffe zu verstehen bzw. zu relativieren ist. Gemeint war: Der Begriff der Querverbindung kann eingeführt und seine Einführung motiviert werden, ohne daß dabei auf den Begriff der *T*-Theoretizität zurückgegriffen wird. Und umgekehrt läßt sich der Begriff der *T*-Theoretizität einführen und motivieren, ohne vom Begriff der Querverbindung Gebrauch zu machen. Sobald man jedoch auf die *epistemologische Rolle* von Querverbindungen und Theoretizität zu sprechen kommt, erweisen sich diese beiden Begriffe als eng miteinander verkettet.

1.4.2 Vorläufige Explikation von „Theorie" und „empirische Behauptung einer Theorie". Die einzige wesentliche Ergänzung, die wir an dem in 1.3.4 eingeführten Theorienbegriff vornehmen mußten, ist die Hinzufügung von Querverbindungen. Die mengentheoretische Charakterisierung dieser Entitäten vorausgesetzt, können wir, wenn uns auf präsystematischer Stufe mehrere Querverbindungen vorgegeben sind, einfach ihren Durchschnitt bilden, das Symbol „Q" dafür verwenden sowie von der Pluralsprechweise zur Singularsprechweise übergehen und von *der* Querverbindung Q reden.

Wie aber ist Q mengentheoretisch zu charakterisieren? Dafür müssen wir uns wieder auf die makrologische Denkebene begeben. Und zwar gehen wir intuitiv so vor, daß wir fragen, was durch Q ausgeschlossen werden soll. Sicherlich nicht einzelne Modelle. Um solche zu verbieten, genügt die Aufstellung von Gesetzen. Also *Kombinationen von* Modellen? Dies trifft die Sache schon eher. Doch ist es nicht nötig, erst bei den Modellen anzusetzen. Querverbindungen können bereits früher, nämlich bei Mengen von *möglichen* Modellen eingreifen. Die Natur des Fundamentalgesetzes einer Theorie ist nämlich für Querverbindungen ohne Belang. Um behaupten zu können, daß die Masse eine konservative Größe oder daß sie eine extensive Größe ist, braucht man nicht auf das zweite Axiom von NEWTON zurückzugreifen. Der Sinn dieser Äußerungen bliebe genau derselbe, wenn dieses Axiom einen ganz anderen Inhalt hätte. Es genügt somit, daß die Querverbindung Kombinationen von möglichen Modellen oder, extensional gesprochen, Mengen von solchen ausschließt. Dies scheint eine recht abstrakte Charakterisierung zu sein. Aber sie trifft eine Intention wie die, welche wir z.B. innerhalb unserer Miniaturtheorie AS mit der Konservativität der Gewichtsfunktion verknüpften. Danach sollen z.B. Mengen von möglichen Modellen AS ausgeschlossen werden, so daß in *einem* derartigen potentiellen Modell das Kind a das Gewicht $g_1(a)$ hat, in einem *anderen* hingegen *das davon verschiedene* Gewicht $g_2(a)$. Solches also soll verboten werden.

Die allgemeine Struktur von Q kann somit in der Weise angegeben werden, daß Q eine Teilmenge der Potenzmenge von M_p ist: $Q \subseteq Pot(M_p)$. Um gewisse drohende Absurditäten auszuschließen, fordern wir ferner, daß die leere Menge kein Element von Q sein soll: $\emptyset \notin Q$. Um schließlich zu garantieren, daß Q tatsächlich nur *Kombinationen von* möglichen Modellen ausschließt und nicht einzelne mögliche Modelle, fordern wir, daß die Einermenge jedes Modells in Q enthalten ist: Für alle $x \in M_p$ soll $\{x\} \in Q$ gelten. Ohne diese Zusatzbestimmung würden wir Gefahr laufen, daß die Grenze zwischen Querverbindungen und Gesetzen verschwimmt; denn der Ausschluß isoliert betrachteter möglicher Modelle ist gerade die Aufgabe von Gesetzen. Wenn alle diese eben genannten Bedingungen erfüllt sind, sagen wir, daß Q eine *Querverbindung für* M_p sei.

Zum Unterschied von früher identifizieren wir jetzt den Kern K einer Theorie nicht mit einem Tripel, sondern mit einem Quadrupel: $K = \langle M_p, M, M_{pp}, Q \rangle$. Dabei seien die ersten drei Glieder charakterisiert wie in 1.3.4 und Q sei eine Querverbindung für M_p. Die Menge I der intendierten Anwendungen übernehmen wir von früher, so daß wir als verbesserte Approximation für den Begriff der Theorie zwar wieder das Paar $T = \langle K, I \rangle$ erhalten, K aber dabei das eben eingeführte Quadrupel ist. Dabei gilt natürlich auch jetzt wieder die Zusatzbedingung über die Beziehung von I und M_{pp} aus 1.3.4, nämlich entweder $I \subseteq M_{pp}$ oder $I \subseteq Pot(M_{pp})$, je nach dem, ob man individuelle Anwendungen zum Ausgangspunkt nimmt oder diese Anwendungen artmäßig zusammenfaßt.

Wie sieht nun die empirische Behauptung dieser Theorie T aus? Worauf es uns jetzt ankommt, ist die Ersetzung der Aussage (i) von 1.3.4 durch eine kompliziertere Behauptung, die auch die Querverbindungen berücksichtigt (und die daher, wie wir sehen werden, eine einzige, unzerlegbare Aussage bildet, ganz im Gegensatz zu (i), die wir ja als bloße summarische Zusammenfassung so vieler Einzelaussagen ansehen konnten, als es intendierte Anwendungen gibt).

Wir knüpfen dazu an die Abbildung in Fig. 1–3 von 1.3.4 an, also an die Vorstellung von den beiden Ebenen, wobei wieder die nicht-theoretische Ebene unten und die theoretische Ebene oben eingetragen sei. In einem ersten Schritt erhöhen wir die in diesem Bild veranschaulichten Entitäten um eine mengentheoretische Stufe. (Der Grund für diese Maßnahme wird sofort einleuchten.) Im zweiten Schritt tragen wir auf der oberen, theoretischen Ebene noch die Querverbindungen ein. Wir gelangen dadurch zu dem Bildschema von Fig. 2-1 in Kap. 2. Wir erläutern das weitere Vorgehen anhand dieses Schemas. Was dieses Bild veranschaulicht, könnte man als *das Kleine Einmaleins des Strukturalismus* bezeichnen.

Zunächst zur Erhöhung der mengentheoretischen Stufe. Nur dadurch wird es uns möglich, auf der oberen Ebene einen *Durchschnitt* mit der Menge Q zu bilden: Q enthält ja, wie wir feststellten, als Elemente nicht einzelne mögliche Modelle, sondern ganze Mengen von solchen. Also müssen wir von M_p zur Klasse $Pot(M_p)$ übergehen, die ebenfalls *Mengen von* möglichen Modellen als Elemente enthält, um die Operation des Durchschnittes überhaupt anwenden zu können. Die schräge, gestrichelte Fläche bildet diesen Durchschnitt. Um sie richtig zu interpretieren, muß man sich vor Augen halten, daß einzelne Punkte innerhalb des äußersten Kreises auf der oberen Fläche nun nicht mehr, wie in Fig. 1-3, potentielle Modelle repräsentieren, sondern Mengen von potentiellen Modellen. Die Eigenschaften derjenigen unter diesen Mengen, die zur gestrichelten Fläche gehören, können wir sofort angeben: Es sind genau diejenigen Mengen potentieller Modelle, die einerseits Elemente von $Pot(M)$ und andererseits Elemente von Q bilden. Das erste besagt nichts anderes, als daß die Elemente dieser Mengen ausnahmslos Modelle sind, also das Fundamentalgesetz der Theorie erfüllen (denn die Elemente von solchen Mengen, welche Elemente von $Pot(M)$ bilden, sind Elemente von M). Das zweite besagt, daß die zu einer solchen Menge gehörenden möglichen Modelle die Querverbindung Q erfüllen. (Daß eine Größe bzw. ein mögliches Modell, in der diese Größe als Glied vorkommt, Q erfüllt, besagt ja in unserer extensionalen mengentheoretischen Sprechweise nichts anderes als daß dieses mögliche Modell zu einer Menge gehört, welche Element von Q ist.)

Um es nochmals zusammenzufassen: Betrachten wir die obere gestrichelte Fläche. Sie enthält als Punkte Mengen möglicher Modelle. Von der Totalität aller dieser möglichen Modelle läßt sich sagen, daß sie erstens außerdem echte Modelle sind (denn die Menge, zu der ein solches mögliches Modell gehört, ist Element von $Pot(M)$) und daß sie zweitens alle Querverbindungen aus Q erfüllen (denn eine Menge von der eben erwähnten Art ist auch Element von Q).

Um nun eine Verbindung mit der nicht-theoretischen unteren Ebene herstellen zu können, müssen wir zunächst auch hier die Potenzmengenoperation anwenden, so daß der äußerste untere Kreis jetzt nicht mehr Elemente aus M_{pp} als Punkte enthält, wie in Fig. 1-3, sondern *Mengen von* partiellen Modellen. Damit auch die übrigen Teile des Bildes unten stimmen, gehen wir diesmal, im Gegensatz zum Vorgehen bei (i), bei der Wiedergabe der Voraussetzung über das Verhältnis von I und M_{pp} nicht von der ersten Alternative $I \subseteq M_{pp}$ aus, sondern von der zweiten Alternative $I \subseteq Pot(M_{pp})$. Die Elemente unseres I seien also nicht die individuellen intendierten Anwendungen, sondern die früher beschriebenen artmäßigen Zusammenfassungen von solchen.

Jetzt gehen wir daran, die oben eingezeichneten Flächen nach unten zu projizieren. Dazu benutzen wir wieder, ähnlich wie in (i) von 1.3.4, die Restriktionsfunktion r. Wegen der Erhöhung der mengentheoretischen Stufe müssen wir sie diesmal nicht auf der Stufe 1, sondern auf der Stufe 2 anwenden, d.h. wir müssen mit der Funktion r^2 arbeiten. Dasjenige, worauf diese Funktion anzuwenden ist, haben wir eben genau beschrieben, nämlich als die Menge $Pot(M) \cap Q$. Wir führen zwei Bezeichnungen für das Resultat der Anwendung dieser Operation ein, nämlich die provisorische Bezeichnung „*Ram*" und die endgültige Bezeichnung „𝔸". Um deutlich zu machen, daß die beiden Mengen M und Q Glieder des Kernes K unserer Theorie T sind, wählen wir K als Argument dieser einstelligen Funktion. Wir definieren also:

$Ram(K) = 𝔸(K) := r^2(Pot(M) \cap Q)$.

Wenn wir das Ergebnis dieser Operation im Bild betrachten, so erhalten wir den ersten Kreis innerhalb von $Pot(M_{pp})$; die gestrichelte Linie, welche von der den Durchschnitt $Pot(M) \cap Q$ repräsentierenden Fläche nach unten führt, soll gerade anzeigen, daß wir bei Anwendung der Operation *Ram* genau *diesen* unteren Kreis erhalten.

Unsere Annahme, daß die vorliegende Theorie T eine *gute* Theorie ist, findet ihren Niederschlag darin, daß der I symbolisierende Kreis ganz innerhalb von $Ram(K) = 𝔸(K)$ liegt. Dementsprechend liegt das Ram^{-1}-Urbild von I auf der oberen Ebene zur Gänze innerhalb des Durchschnittes $Pot(M) \cap Q$.

Jetzt schreiben wir die globale empirische Aussage, die unserem Theorie-Element $T = \langle K, I \rangle$ entspricht, an und formulieren sofort anschließend anhand unseres Bildes ihren Inhalt. Die Aussage lautet:

(ii) $I \subseteq Ram(K)$.

Zur Interpretation von (ii) greifen wir auf das Bild zurück, nehmen aber den umgekehrten Weg gegenüber dem, welchen wir eingeschlagen haben, um zu (ii) zu gelangen, d.h. wir steigen im Bild nicht von oben nach unten, sondern umgekehrt von unten nach oben. Und zwar nehmen wir unseren Ausgangspunkt bei I. Danach besagt (ii) folgendes:

Die Menge der intendierten Anwendungsarten, welche die Menge I_0 der paradigmatischen Anwendungsarten als Teilmenge enthält, kann durch Hinzufügung von T-theoretischen Funktionen zu ihren Elementen auf solche Weise zu einer

Klasse von Mengen möglicher Modelle ergänzt werden, daß jedes dieser möglichen Modelle sogar ein Modell ist und außerdem alle Querverbindungen für die Klasse M_p erfüllt sind.

Das Urbild der Operation *Ram* in Anwendung auf *I* ist in der Abbildung oben stark schraffiert eingezeichnet. Der Existenzquantor, welcher in der Wendung „...ergänzt werden, daß---" steckt, macht es klar, daß (ii), zum Unterschied von (i), nicht mehr eine summarische Zusammenfassung vieler spezieller Aussagen, sondern eine einzige, unzerlegbare Aussage ist, und zwar eine Aussage von Ramsey-Gestalt.

(In der quasi-linguistischen Formulierung entspricht der Aussage (ii) der Satz (III) von II/2, S. 85; alle dortigen späteren Fassungen bis zur Endfassung (VI) auf S. 102 nehmen bereits auf die Spezialgesetze Bezug, auf die wir erst im folgenden Abschnitt zu sprechen kommen.)

In Erinnerung daran, daß hier das Ramsey-Verfahren benützt wird, haben wir die Operation mit „Ram" abgekürzt. Würden wir die Sprechweise der mathematischen Kategorientheorie benützen, so müßten wir *Ram* als *Ramsey-Funktor* bezeichnen. Da dieser Funktor außerdem etwas wegschneidet, wäre er in der Sprache der modernen Mathematik als ein sog. *Vergiß-Funktor* zu charakterisieren. Doch dies möge nur als Nebenbemerkung aufgefaßt werden. Im folgenden werden wir keine Begriffe der Kategorientheorie verwenden und daher auch statt des Symbols „Ram" nur mehr das Symbol „$\mathbb{A}$" benützen. Die durch dieses Symbol bezeichnete Operation nennen wir die *Anwendungsoperation*.

Eine gegenüber dem bereits Gesagten zusätzliche Rechtfertigung für diesen Namen liegt in folgendem. Wie die Interpretation unseres Bildes lehrte, kann die effektiv gewählte Menge *I* in ihrer Gesamtheit als eine erfolgreiche Anwendung von *T* bezeichnet werden. Außer *I* gibt es zahllose Kandidaten, welche ebenfalls diese Bedingung erfüllen würden, wenn man sie statt *I* als intendierte Anwendungen gewählt hätte. Es sind dies, wie das Bild zeigt, alle Flächen von beliebiger Gestalt, die in der unteren Ebene innerhalb des Kreises $\mathbb{A}(K)$ liegen. Denn auch für sie würde das Urbild unter der Operation $\mathbb{A}$ stets im Durchschnitt von $Pot(M) \cap Q$ liegen.

Man könnte $\mathbb{A}(K)$ daher auch als *Klasse all derjenigen Mengen von partiellen Modellen* bezeichnen, *die als echte Kandidaten für intendierte Anwendungen in Frage kämen*. Der grammatikalische Konjunktiv soll ausdrücken, daß es bei der Betrachtung der Elemente von $\mathbb{A}(K)$ offen bleibt, ob sie als intendierte Anwendungen gewählt werden oder nicht.

Wenn wir unsere vorläufige Endfassung des Begriffs der Theorie mit dem vergleichen, was diese Theorie behauptet, nämlich mit dem Satz (ii), so stellen wir fest, *daß zwischen beiden Entitäten eine umkehrbar eindeutige Korrelation besteht*. Jeder Theorie $T = \langle K, I \rangle$ entspricht eindeutig die empirische Behauptung dieser Theorie, nämlich: $I \subseteq \mathbb{A}(K)$. Und bei vorgegebener empirischer Behauptung läßt sich umgekehrt die Theorie als dasjenige Paar rekonstruieren, welches das Argument der Operation $\mathbb{A}$ innerhalb dieser Behauptung als Erstglied und das *I* dieser Behauptung als Zweitglied enthält.

Daraus wird ersichtlich, wie schief die häufig von Kritikern vorgebrachte Behauptung ist, daß innerhalb des strukturalistischen Ansatzes empirische Behauptungen vernachlässigt würden. Auch innerhalb des statement view, und zwar innerhalb *jeder* seiner Varianten, kommen ja die Analoga zu (ii) vor. Wenn diese Analoga Satzklassen und nicht einzelne Sätze sind, so kann dies *nur* darauf beruhen, daß dort ein anderes Theoretizitätskonzept zugrunde gelegt wird. Sofern die hier benützte Auffassung von T-Theoretizität akzeptiert wird, verschwindet auch dieser Gegensatz vollkommen. Dann muß auch der Vertreter des statement view eine als „Theorie" benannte Satzklasse durch einen einzigen Satz zu reproduzieren versuchen, ganz analog dem Satz (ii).

Als Unterschied bleiben dann zwei Dinge übrig: Erstens daß dasjenige, was wir hier „Theorie" nennen, innerhalb des statement view vollkommen fehlt. Und zweitens daß dasjenige, was wir als die empirische Behauptung (ii) einer Theorie bezeichnen, dort selbst „Theorie" genannt wird. Das erste ist eine inhaltliche, das zweite teilweise, aber auch nur teilweise, eine terminologische Frage.

Die Begründung dafür, daß es sinnvoll ist, Entitäten von der Art $T = \langle K, I \rangle$ einzuführen, ist in den vorangehenden Betrachtungen teilweise bereits mitgeliefert worden. Der Hauptsache nach steht diese Begründung allerdings noch aus. Sie besteht in nicht weniger als in der Behandlung zahlreicher spezieller Themen, zusammen mit der Demonstration, daß diese Art der Behandlung fruchtbar ist, fruchtbarer jedenfalls als die bisher bekannten systematischen Methoden der Analyse von Theorien. Auf die Frage, ob man nicht dennoch lieber Aussagen von der Gestalt (ii) „Theorien" nennen soll, werden wir in Abschn. 1.6 zu sprechen kommen. Es wird sich dort herausstellen, daß es, obzwar vorläufig recht ungewöhnlich, so doch zweckmäßig ist, scharf zu unterscheiden zwischen Theorien und ihren empirischen Behauptungen, sowie daß es ziemlich unvernünftig wäre, dabei die empirischen Behauptungen als Theorien zu bezeichnen. (Bezüglich der Benennung der ersten Art von Entität brauchen wir uns ohnehin keine weiteren Gedanken zu machen; denn sie werden im folgenden umbenannt werden, während der Ausdruck „Theorie" selbst aus dem systematischen Gebrauch völlig verschwinden wird.)

Schlußanmerkung zur Miniaturtheorie AS. Da wir im folgenden auf die Miniaturtheorie *AS* nicht mehr zurückkommen werden, sei hier ausdrücklich hervorgehoben, daß dieses Beispiel nicht neu ist, sondern als *abstraktes* Miniaturmodell bereits von SNEED in [Mathematical Physics] auf S. 40ff. eingeführt wurde. „Abstrakt" heißt hier nur, daß die Deutung als archimedische Statik dort nicht ausdrücklich vollzogen wurde, was dieser Miniaturtheorie vielleicht die Einfachheit und Anschaulichkeit genommen hat, die wir hier wiederherzustellen versuchten. In II/2 ist dieses Beispiel, ebenfalls als ein abstraktes Modell m, auf S. 43 benützt worden. Den beiden jetzigen Funktionen d und g entsprechen dort die Funktionen n (für „nicht-theoretisch") und t (für „theoretisch"). Die elementaren Rechenbeispiele, die wir oben in 1.4.1 gegeben haben, sind spezielle Fälle der allgemeineren Resultate, die sich bei SNEED a.a.O., auf S. 74–84 und in II/2 in etwas abgekürzter Form auf S. 87–90 finden.

1.5 Fundamentalgesetz und Spezialgesetze. Theorie-Elemente und Theoriennetze

1.5.1 Spezialgesetze als Prädikatverschärfungen. Bisher sind vier Neuerungen angeführt worden. Am Ende der Schilderung der vierten Neuerung sind wir in 1.4.2 außerdem kurz auf eine Folgerung dieser Neuerungen, nämlich auf die wichtige Unterscheidung zwischen einer Theorie und der empirischen Behauptung dieser Theorie, zu sprechen gekommen. Nun müssen wir dem Leser zumuten, noch eine fünfte Neuerung zur Kenntnis zu nehmen. Sie ist weniger radikal als die bisher angeführten, da sie sich mehr oder weniger zwanglos in den bereits geschaffenen neuen Rahmen einfügt.

Die durch Querverbindungen eingeführten Einschränkungen, welche theoretischen oder nicht-theoretischen Größen auferlegt werden, bilden nur *eine* Möglichkeit, den empirischen Gehalt einer Theorie zu verstärken. Eine *zweite* Möglichkeit, diesen Effekt der Gehaltverstärkung zu erreichen, besteht in der Hinzufügung spezieller Gesetze. Um den Grund dafür einzusehen, von dem Fundamentalgesetz einer Theorie spezielle Gesetze zu unterscheiden, die ebenfalls zur Theorie gehören, gehen wir am zweckmäßigsten auf die in 1.1 und 1.2 eingeführten Begriffe zurück. Das eine Theorie ausdrückende mengentheoretische Prädikat enthält das Fundamentalgesetz dieser Theorie. Sollten in den präsystematischen Formulierungen der Theorie gewöhnlich mehrere Gesetze vorkommen, so kann man diese konjunktiv zusammenfassen und sie nach erfolgter Zusammenfassung als *eine* definitorische Bestimmung des Prädikates verwenden. Die Rede von *dem* Fundamentalgesetz ist daher sinnvoll. Wodurch aber ist diese Rede überhaupt gerechtfertigt? Vor allem dadurch, daß dieses Gesetz gemäß der Absicht seines Schöpfers *in allen intendierten Anwendungen*, also in ganz *I*, gelten soll. Spezialgesetze sind demgegenüber dadurch charakterisiert, daß sie *nur in gewissen, aber nicht in sämtlichen intendierten Anwendungen* gelten.

Wenn man damit beginnt, daß das Planetensystem eine klassische Partikelmechanik sei, um dann damit fortzufahren, von diesem Planetensystem als einer Anwendung der Newtonschen Theorie zu sprechen, so nimmt man bei diesem Prozeß stillschweigend eine gedankliche Ergänzung vor. Man setzt nämlich voraus, daß die Bewegungen der zum Planetensystem gehörenden Gegenstände nur durch *Gravitationskräfte* bestimmt sind, die dem *Gravitationsgesetz* genügen. Diese Kräfte wirken danach zwischen zwei Objekten nur entlang einer geraden Verbindungslinie dieser Objekte und die Stärke der Kräfte ist umgekehrt proportional dem Quadrat der Entfernung zwischen den Objekten. Das Gravitationsgesetz ist ein typisches Spezialgesetz, welches z.B. innerhalb der Himmelsmechanik benutzt wird. In anderen Anwendungen der Theorie NEWTONS, z.B. Federn, die auf Objekte Kräfte ausüben, herrschen Kräfte vor, die dem Gesetz von HOOKE genügen.

Wie kann man die Methode der mengentheoretischen Prädikate benützen, um außer dem Fundamentalgesetz auch Spezialgesetze in den Griff zu bekommen? SNEED gibt auf diese Frage eine verblüffend einfache Antwort: *Benütze geeignete Verschärfungen des die Theorie ausdrückenden mengentheoretischen Prädikates!*

Ganz analog, wie man bei Anwendung dieser Methode das Fundamentalgesetz dadurch zur Geltung bringt, daß man es zum Bestandteil der Defnition des die Theorie ausdrückenden Prädikates macht, kann man ein Spezialgesetz bei Weiterführung dieses methodischen Ansatzes in der Weise einführen, daß man es als *zusätzliche definitorische Bestimmung* zum vorgegebenen Prädikat hinzufügt. Was auf diese Weise gewonnen wird, kann als *Verschärfung* des ursprünglichen Prädikates bezeichnet werden. Die naheliegendste Methode bei Weiterverfolgung des gemäß 1.1 eingeschlagenen Wegs besteht somit darin, Spezialgesetze durch Prädikatverschärfungen einzuführen.

Dies hat weiterreichendere Konsequenzen, als man zunächst erwarten würde. Vor allem muß man sich klarmachen, daß damit die herkömmliche Vorstellung von einer Theorie als einem nach zunehmender Allgemeinheit hierarchisch aufgebauten System von Gesetzen preisgegeben werden muß. Denn ein wesentlicher Bestandteil dieser Vorstellung ist die relative Unabhängigkeit der zu dieser Hierarchie zusammengefaßten Gesetze und damit die prinzipiell unabhängige Austauschbarkeit jedes einzelnen dieser Gesetze durch ein besseres; „unabhängig" im Sinn des gleichzeitigen Festhaltens an allen übrigen Gesetzen. Wenn man dagegen Spezialgesetze allein über Prädikatverschärfungen im angedeuteten Sinn einführt, so findet notwendig der Gehalt des Fundamentalgesetzes in diese spezielleren Gesetze Eingang.

Das ist zwar eine bemerkenswerte, jedoch keineswegs eine anstößige Konsequenz dieser Methode. Um sich vom letzteren zu überzeugen, ist es vielleicht zweckmäßig, zwei verschiedene Konzepte von „Spezialgesetz" zu unterscheiden. Im einen Fall handelt es sich um die Benützung von Spezialgesetzen innerhalb einer Theorie, oder, wie man auch sagen könnte, innerhalb eines durch eine Theorie gesetzten Rahmens. Im anderen Fall wird ein Spezialgesetz gleichsam als eine selbständige Entität, losgelöst von jedem umfassenderen theoretischen Kontext, betrachtet. Letzteres entspricht der herkömmlichen Denkweise, ersteres dem strukturalistischen Ansatz. Wenn es also etwa darum geht, denjenigen Teil des dritten Axioms von NEWTON, den man das actio-reactio-Prinzip nennt, als Spezialgesetz mit aufzunehmen, so findet dies im Rahmen des strukturalistischen Ansatzes seinen Niederschlag darin, daß man das mengentheoretische Prädikat „ist eine klassische Partikelmechanik" durch geeignete Zusatzbestimmungen im Definiens verschärft zu dem Prädikat „ist eine das actio-reactio-Prinzip erfüllende klassische Partikelmechanik". Wer gewohnt ist, im Rahmen der herkömmlichen Vorstellungen über Theorien und Gesetze zu denken, dem mag sich der Einwand aufdrängen, daß die herkömmliche *liberalere* Auffassung von Gesetzen hier künstlich eingeengt werde. Aber dies ist nicht der Fall. Sollte z.B. ein Physiker an die Möglichkeit denken, das actio-reactio-Prinzip anzunehmen, nicht jedoch das zweite Axiom von NEWTON, sondern dieses letztere durch ein andersartiges, damit unverträgliches Prinzip zu ersetzen, so kann das Ergebnis wiederum als neues mengentheoretisches

Prädikat eingeführt werden. Nur für die Zwecke der Rekonstruktion der klassischen Partikelmechanik oder Teilen davon ist dieses Prädikat nicht benützbar, da sonst eine Inkonsistenz entstünde. Aber dies macht nichts aus. Denn mit der Preisgabe des zweiten Axioms von NEWTON hätte er ohnehin den Rahmen dieser Theorie, nämlich der klassischen Partikelmechanik, verlassen. Und nichts, wozu er bei Benützung dieses neuen Prädikates auch gelangen möge, dürfte das Attribut „Theorie von Newton" erhalten. Das zweite Axiom von NEWTON bildet eine Hauptkomponente zur *Identifizierung* dieser Theorie *als einer Newtonschen* Theorie.

Ist also die Behandlung von Spezialgesetzen als Verschärfungen des die Theorie ausdrückenden Prädikates auf der einen Seite ‚unschädlich', so hat sie doch auf der anderen Seite eine wichtige epistemologische Konsequenz: Nur über diese Spezialgesetze, also auf einem *epistemologischen Umweg*, erhält in der Regel das Fundamentalgesetz einen *empirischen Gehalt*. Dies kann erst später wirklich verstanden werden (vgl. dazu insbesondere die Diskussion gegen Ende von Kap. 7). Hier müssen wir uns mit einer Andeutung begnügen. Betrachten wir dazu als Beispiel wieder das zweite Axiom von NEWTON. Wenn es *wörtlich* interpretiert wird, also mit den beiden darin vorkommenden *KPM*-theoretischen Größen *Masse* und *Kraft*, dann ist es eben wegen dieser beiden Größen nicht zirkelfrei empirisch nachprüfbar. Wird es dagegen, gemäß dem Vorschlag von SNEED, im Ramsey-Sinn umgedeutet, so wird es empirisch gehaltleer. (Der von GÄHDE stammende Nachweis dafür findet sich ebenfalls in Kap. 7.) Was also hat, so ist man prima facie zu fragen geneigt, dieses Gesetz überhaupt für eine Bedeutung, wenn es in *beiden* in Frage kommenden Interpretationen ‚empirisch wertlos' ist? Die Antwort lautet: Eine solche Bedeutung bekommt es erst über die Spezialgesetze, die seinen ‚potentiellen' empirischen Gehalt in einen effektiven empirischen Gehalt verwandeln. Die metaphorische Rede von einer Theorie als einem bloßen Rahmen, der noch auszufüllen ist, nämlich über Spezialgesetze sowie über spezielle Querverbindungen, gewinnt dadurch erstmals einen präzisen Sinn.

Anmerkung. Um *eine* Fehldeutung dieser Überlegung auszuschließen, sei ausdrücklich darauf hingewiesen, daß eine Entscheidung der Frage, ob ein Gesetz als Bestandteil des Fundamentalgesetzes aufzufassen sei, keineswegs trivial zu sein braucht. Dies gilt insbesondere dann, wenn nicht ganz klar ersichtlich ist, ob unter den Fachleuten Einmütigkeit darüber besteht, ob ein bestimmtes Gesetz in allen intendierten Anwendungen gelten soll oder nicht. Wenn ein derartiger Fall eintritt, so ist zweierlei zu bedenken: Erstens hat eine solche Schwierigkeit ihre mutmaßlichen Wurzeln in der fraglichen Disziplin selbst und nicht in deren wissenschaftstheoretischer Rekonstruktion; denn wo unter den Fachleuten keine Einigkeit vorherrscht, kann auch der beste Wissenschaftsphilosoph keine erzwingen. Zweitens muß diese Schwierigkeit bereits bei der Formulierung des axiomatischen Aufbaues der fraglichen Theorie behoben sein, also auf einer Stufe, wo noch keine Entscheidung darüber gefällt zu werden braucht, ob man das strukturalistische Vorgehen bejaht oder ablehnt. Was immer daher zum *Pro* und *Contra* bezüglich des strukturalistischen Vorgehens gesagt werden mag – die eben erwähnte Schwierigkeit kann jedenfalls *nicht* dazu gehören.

Als Illustrationsbeispiel kann das dritte Axiom von NEWTON dienen. MCKINSEY et al. haben in [Particle Mechanics] dieses dritte Axiom mit Absicht *nicht* in ihre Axiomatisierung der klassischen Partikelmechanik aufgenommen. Als Begründung führen sie auf S. 260 an, es komme sehr oft vor, daß man im Rahmen dieser Theorie Anwendungen betrachten möchte, für die *nicht* gilt, daß zu jeder

,actio' eine gleiche und entgegengerichtete ‚reactio' existiert. Und sie liefern für diese Behauptung einige Beispiele. Für diejenigen, welche trotzdem mit dieser Nichtaufnahme nicht einverstanden sein sollten, weisen sie auf ein Theorem hin, welches a.a.O. auf S. 265 ff. bewiesen wird und besagt, daß die klassische Partikelmechanik (im ‚reduzierten' Sinn) in eine solche einbettbar ist, in der außerdem das dritte Axiom von NEWTON gilt. Man kann den Beschluß zur Nichtaufnahme seitens dieser Autoren so interpretieren, daß er aus zwei Komponenten besteht, einer praktischen, die zum Ziel hat, die Menge I im vorliegenden Fall möglichst umfassend zu halten, sowie einer theoretischen, die diesen Beschluß gegen mögliche Einwendungen absichert.

Für uns wird später die Entscheidung darüber, was als Fundamentalgesetz gelten soll, dadurch erleichtert, daß wir in einem in Kap. 5 präzisierten Sinn verlangen, Fundamentalgesetze müßten stets *Verknüpfungsgesetze* sein.

1.5.2 Spezialgesetze als Theorie-Elemente und der Übergang zu Netzen von Theorie-Elementen. Nach dieser quasi-linguistischen Einleitung kehren wir wieder zur rein mengentheoretischen Betrachtungsweise zurück. Analog wie das Fundamentalgesetz extensional durch die Menge M repräsentiert wird, von der wir nicht mehr verlangen, als daß sie eine Teilmenge von M_p ist, kann prinzipiell jede andere Teilmenge von M_p als Gesetz gedeutet werden. Um solche Teilmengen mit Spezialgesetzen identifizieren zu können, wird man allerdings, um im Einklang mit den Überlegungen von 1.5.1 zu bleiben, nur Teilmengen von M selbst wählen.

Was die intendierten Anwendungen betrifft, so sind zwei Falltypen möglich. Der erste entspricht einem Konzept, das im Anschluß an einen Vorschlag von BALZER und SNEED in [View], S. 91, als *die naive Vorstellung vom Funktionieren spezieller Gesetze* bezeichnet worden ist. Danach wird zunächst auf der nichttheoretischen Ebene eine geeignete Teilmenge M'_{pp} von M_{pp} als das, wofür das spezielle Gesetz prinzipiell in Frage kommt, ausgezeichnet und die Menge der intendierten Anwendungen I' des neuen Gesetzes wird einfach dadurch gebildet, daß man die Gesamtmenge I damit zum Schnitt bringt: $I' := I \cap M'_{pp}$. Der zweite Falltyp beinhaltet eine partielle Wiederholung der Situation für die ganze Menge I sowie der Rolle, welche die Theorie bei ihrer Bestimmung spielt. Danach ist auch I' selbst bei Vorgegebensein von I nicht festgelegt, sondern wird gemäß der Autodeterminationsmethode bestimmt, was darauf hinausläuft, daß es dem Spezialgesetz selbst überlassen bleibt, seine eigene Anwendung herauszufinden.

Bezüglich der Frage, wie man Spezialgesetze innerhalb des strukturalistischen Rahmens am besten behandeln solle, hat sich ein entscheidender Wandel vollzogen. SNEEDs ursprüngliches Verfahren bestand, grob gesprochen, darin, sämtliche Spezialgesetze pauschal zu einer einzigen Menge G zusammenzufassen. Auch in II/2 wurde diese Methode angewandt. Sie führt zunächst dazu, daß der Begriff des Kernes K einer Theorie zu dem des *erweiterten Kernes* E zu ergänzen ist, der als 8-Tupel konstruiert wird. (Vgl. II/2, D9 auf S. 130.) Damit waren aber einige große Nachteile verbunden. Zunächst einmal benötigt man hierbei eine zweistellige Relation α, welche die einzelnen Spezialgesetze geeigneten Anwendungen zuordnet. Die Definition dieser Relation ist äußerst umständlich. (Diese Definition findet sich in II/2 auf S. 132 oben; das Definiens umfaßt vier Druckzeilen.) Diese Komplikation überträgt sich auf die Anwendungsoperation: Gegenüber der oben in 1.4.2 sehr einfach definierten Anwendungsoperation $\mathbb{A}$ mit Kernen als Argumenten benötigt man eine wesentlich kompliziertere Definition einer analogen Operation $\mathbb{A}_e$ für erweiterte Kerne (vgl. D10b in II/2, S. 133; auch diesmal umfaßt das Definiens vier Druckzeilen). Da sich das allgemeine Arbeiten mit diesen beiden Begriffen α und $\mathbb{A}_e$ als ungemein kompliziert erwies, wurden innerhalb des ursprünglich gewählten Ansatzes keine nennenswerten mathematischen Theoreme bewiesen.

In der Zwischenzeit hatte BALZER den Einfall, diese Nachteile dadurch zu überwinden, daß Spezialgesetze *in vollkommener Analogie zur Theorie* rekonstruiert, also ebenfalls als Entitäten von der Gestalt $\langle K, I \rangle$ gedeutet werden, die wir in 1.4.2 „Theorie" nannten. Der neue, dafür geprägte Name ist *„Theorie-Element"*. Was bislang „Theorie" genannt wurde, ist nun bloß ein ausgezeichnetes, grundlegendes Theorie-Element, bei dem alles seinen Ausgang nimmt. Spezialgesetze werden aus diesem Basiselement durch die Operation der *Spezialisierung* gewonnen. Diese Operation ist, wie wir sehen werden, sehr einfach zu definieren, da man sie auf die mengentheoretische Einschluß-Relation zurückführen kann. Was man nach Einbeziehung sämtlicher Spezialgesetze erhält, ist ein ganzes *Netz* von Theorie-Elementen, die durch die Spezialisierungsrelation miteinander verbunden sind. Das Netz beginnt mit dem Basiselement; und die speziellen Gesetze werden daraus sukzessive durch iterierte Anwendung der Spezialisierungsrelation gewonnen. Mehr über die technischen Einzelheiten anzudeuten, erübrigt sich hier, da das Verfahren in Kap. 2 präzise geschildert wird. Die erste systematische Behandlung von Theoriennetzen findet sich in den beiden Arbeiten von BALZER und SNEED [Net Structures I] und [Net Structures II].

Eine terminologische Konsequenz dieser Neuerung, die auch gewisse philosophische Folgen hat, sei noch erwähnt: In dem Augenblick, wo der Begriff des Theoriennetzes geboren wurde, war für das Wort „Theorie" kein systematischer Platz mehr vorhanden. *Dieses Wort „Theorie" kommt seither im strukturalistischen Rahmen nicht mehr vor.*

Wer dies als paradox empfindet, sei an QUINES Slogan erinnert: „Explikation ist Elimination." Im weiteren Verlauf werden noch zusätzliche Entitäten hinzukommen, die ebenfalls mit dem präsystematischen Theorienbegriff eng zusammenhängen, wie z.B. pragmatisch erweiterte Theorie-Elemente und Theoriennetze (Kap. 3); durch Unschärfemengen ergänzte Entitäten dieser Art, die dem Studium von Approximationsproblemen dienen (Kap. 8); Theorienkomplexe (Kap. 9). Die letzteren dürften dem vorexplikativen Gebrauch von „Theorie" vermutlich in den meisten Fällen am nächsten kommen, da darin nicht ‚Theorien in Isolierung', sondern zusammen mit den ihnen ‚zugrunde liegenden' und (meist nur stillschweigend) vorausgesetzten Theorie-Elementen und Theoriennetzen studiert werden.

Alle eben erwähnten Gebilde sind *nicht-sprachliche* Entitäten. Auf jeder Stufe der Betrachtung legt jedoch eine derartige Entität *eine ihr eindeutig zugeordnete empirische Behauptung* fest. Was diesbezüglich in 1.4.2 über Theorie-Elemente gesagt worden ist, also über die für systematische Zwecke elementarsten, sozusagen ‚atomaren' Gegenstände metawissenschaftlicher Betrachtung, gilt analog für alle diese weiteren Entitäten. Wir werden im nächsten Abschnitt nochmals darauf zu sprechen kommen.

1.6 Folgerungen und weitere Neuerungen. Zum Begriff der Theorie

1.6.1 Ein neues Paradigma von Theorie. Wir haben in den ersten fünf Abschnitten bei weitem nicht alle, wohl aber alle *grundlegenden* Neuerungen angeführt, die für das strukturalistische Theorienkonzept charakteristisch sind. Grundlegend sind sie in dem doppelten Sinn, daß sie erstens in allen weiteren metaphilosophischen Studien über präsystematisch vorgegebene Theorien und Relationen zwischen solchen benützt und zweitens für die Rekonstruktion und Analyse konkret vorliegender Theorien herangezogen werden.

Angesichts der Tatsache, daß die bislang geschilderten fünf Aspekte in logischer Hinsicht relativ unabhängig voneinander sind, müßte man eigentlich sagen, daß die Wendung „strukturalistisches Theorienkonzept" eine *Sammelbezeichnung* für die genannten Neuerungen bildet. Rein logisch gesehen sind unabhängige Variationen in allen diesen fünf Hinsichten denkbar. Doch wir haben gesehen, daß sich für alle diese Neuerungen Argumente vorbringen lassen. Und wenn auch das Spektrum dieser Argumente insgesamt von rein praktischen Überlegungen bis zu streng theoretischen Einsichten und Schlußfolgerungen reicht, so erheben sie doch alle den Anspruch, zwingende Argumente zu sein.

Doch die *Bedeutung* dieser Aspekte liegt weder in ihrer isoliert zu betrachtenden Eigenart noch in den für sie vorgebrachten Gründen, sondern in der Weise ihres *Zusammenspiels*. Über dieses Zusammenspiel konnten wir bislang naturgemäß nur mehr oder weniger vage Andeutungen machen, etwa bei der Hervorhebung der prognostischen Leistungen, die sich durch das Zusammenwirken von Querverbindungen und theoretischen Begriffen ergeben. In dem Maße, in welchem das Arbeiten mit diesem neuen Begriffsapparat vertraut und zu einer Art Routine wird, nimmt das strukturalistische Konzept nicht nur immer schärfere Konturen an, sondern die prima facie unabhängigen Züge verdichten sich zu einem Bild von zunehmender Einheitlichkeit, zu einem *neuen Paradigma von Theorie*, wie man sagen könnte. Ein neues Paradigma von Theorie, obwohl das *Wort* „Theorie" darin nicht mehr benützt wird!

Zusätzliche Substanz gewinnt dieses Paradigma durch Einfügung weiterer Aspekte. Daß sich solche überhaupt einfügen lassen, ist ein Beweis für die außerordentliche Flexibilität dieses neuen Begriffsapparates. So z.B. kann eine neue Brücke zur historischen Forschung dadurch geschlagen werden, daß der Begriff des Theoriennetzes mit gewissen pragmatischen Begriffen angereichert wird, wie historischen Zeiten, Forschergruppen und epistemologischen Standards, welche von diesen Forschern geteilt werden. Wenn man den so gewonnenen Begriff in bezug auf geschichtliche Abläufe ‚dynamisiert', so daß man den Begriff der *historischen Evolution von Theoriennetzen* gewinnt, und überdies ein geeignetes Explikat von „Paradigma" einfügt, so erhält man eine recht klare Vorstellung von dem, was T.S. KUHN als einen normalwissenschaftlichen Prozeß bezeichnet, und kann über die eigentümlichen Züge eines derartigen Ablaufes zum Teil viel schärfere Aussagen machen als vorher. Darüber soll in Kap. 3 Näheres gesagt werden.

Ein anderes Beispiel liefert die Möglichkeit, *die wissenschaftstheoretische Bedeutung von Approximationen*, die lange Zeit eine Art Stiefkind der Wissenschaftsphilosophie bildeten, in den gegenwärtigen Rahmen einzubeziehen. Der Gedanke, als präzises Instrument für die Behandlung von Approximationsthemen den Begriff der uniformen Struktur von BOURBAKI zu benutzen, geht nicht auf einen Strukturalisten, sondern auf den Physiker G. LUDWIG zurück. Doch konnte MOULINES zeigen, daß sich dieser technische Apparat mühelos in den strukturalistischen Rahmen einbauen läßt und zusätzliche Differenzierungen ermöglicht, wenn man die durch solche Strukturen erzeugten ‚Unschärfemengen' sowohl auf theoretischer als auch auf nicht-theoretischer Stufe einführt und miteinander in Beziehung setzt. Selbst intertheoretische Relationen, wie etwa der Begriff der Reduktion einer Theorie auf eine andere, lassen sich entsprechend verallgemeinern oder besser gesagt: ‚approximativ aufweichen', im eben genannten Beispiel etwa zu dem Begriff der approximativen Reduktion oder approximativen Einbettung einer Theorie in eine andere. Kap. 8 ist ausschließlich der Approximationsthematik gewidmet.

Einen besonders interessanten und erfolgversprechenden neuen Ansatz bildet die Möglichkeit eines systematischen Studiums und Vergleichs *innertheoretischer* und *intertheoretischer Relationen*. Dabei erweist sich für die Untersuchung allgemeiner Relationen *zwischen* Theorien der Übergang zur informellen Modelltheorie als zweckmäßig und ratsam. Genaueres darüber wird in Kap. 9 zu berichten sein. Um die Wichtigkeit dieses Forschungstrends zu verdeutlichen, sollen im zweiten Teil des neunten Kapitels einige neue philosophische Ausblicke auf Themen, wie „Fundamentalismus", „Holismus", „Kohärentismus" gegeben werden.

Wir erwähnen noch kurz zwei Vorteile, die sich für das wissenschaftstheoretische Arbeiten mit dem strukturalistischen Begriffsapparat ergeben. Der eine folgt aus den Vorzügen *makrologischer* Analysen gegenüber den herkömmlichen *mikrologischen* Verfahren. Unter den letzteren verstehen wir solche, in denen die in einer Theorie vorkommenden einzelnen Terme oder Begriffe jeweils für sich untersucht werden. Wenn es um Theorienvergleiche geht, so müssen bei mikrologischer Betrachtungsweise Term-für-Term-Vergleiche angestellt werden. Für viele Untersuchungen, z.B. solche, welche die Themen „Reduktion" oder „Approximation" betreffen, ist dies äußerst kompliziert und mühsam. Im Rahmen makrologischer Analysen stehen demgegenüber *globale Strukturen* im Vordergrund. Es wird darin z.B. nicht erst über die einzelnen Terme und Aussagen, die solche Terme enthalten, auf die Modelle der Theorie Bezug genommen, sondern es wird von vornherein mit solchen Entitäten wie M_p, M_{pp} und M operiert. Ebenso werden bei Vergleichen sofort derartige globale Entitäten miteinander in Beziehung gesetzt; oder es wird statt mit Folgen von Einzeltermen oder Zahlen mit Folgen von potentiellen Modellen oder von

Modellen gearbeitet etc. Hier lehrt die Erfahrung, daß ein solcher Umgang mit globalen Strukturen viel einfacher ist als es die entsprechenden mikrologischen Verfahrensweisen sind.

Einen anderen Vorteil bildet die Möglichkeit, *realistische Miniaturtheorien* von solcher Art zu studieren, wie dies in Kap. 7 an einem konkreten Beispiel geschieht. Es ist eine auszeichnende Eigentümlichkeit des Sneed-Formalismus, dies zu ermöglichen. Da nämlich die außerordentlich große Anzahl von intendierten Anwendungen den Haupthinderungsgrund dafür darstellt, wirkliche und interessante naturwissenschaftliche Theorien zum Gegenstand der Rekonstruktion zu machen, ist es naheliegend, bezüglich eines Paares $\langle K, I \rangle$ den Teil K aus einer echten naturwissenschaftlichen Theorie zu wählen, in bezug auf I dagegen mittels einer idealisierenden Zusatzannahme eine künstliche Einschränkung auf eine sehr kleine Menge herbeizuführen. Wie in Kap. 7 gezeigt werden soll, eröffnen sich hier ganz neue Perspektiven für das künftige Studium empirischer Theorien.

1.6.2 Zum präsystematischen Begriff der Theorie und seinen systematischen Entsprechungen. Eine Wurzel für Verständnisschwierigkeiten, mit denen selbst wohlwollende Interessenten am strukturalistischen Projekt zu kämpfen haben, bildet die gegen Ende von 1.5.2 erwähnte Tatsache, daß dem präsystematischen Gebrauch von „Theorie" eine scheinbar verwirrende Fülle von systematischen Begriffen gegenübersteht. Angesichts der tragenden Rolle, die der Begriff der Theorie in der bisherigen Wissenschaftsphilosophie gespielt hat, ist es daher nicht verwunderlich, wenn immer wieder eine Frage von der Art auftaucht: „Was ist denn nun eigentlich nach strukturalistischer Auffassung eine *Theorie*?"

Statt einer Antwort geben wir ein mathematisches Analogiebeispiel. Dem präsystematischen Begriff der Zahl entsprechen viele mathematische Entitäten, wie: natürliche Zahl; ganze Zahl; rationale Zahl; reelle Zahl; komplexe Zahl; transfinite (Ordinal- oder Kardinal-) Zahl. Und auf die bohrende Frage: „was ist denn nun eigentlich nach mathematischer Auffassung eine Zahl?" kann man im Grunde nur antworten: „eine Zahl ist entweder eine natürliche Zahl oder ..." und dann die ganze Liste adjunktiv anführen. Womit man nur zum Ausdruck brächte, daß der ungenauen und undifferenzierten Sprechweise im Alltag eine viel differenziertere und subtilere Expertensprechweise gegenübersteht: Dem einen Explikandum entsprechen viele Explikate, zwischen denen zahlreiche Beziehungen bestehen und die außerdem samt ihren Beziehungen auf verschiedenste Weise konstruiert werden können. (Zum Unterschied vom vorliegenden Fall hatte in dieser mathematischen Analogie das Expertenwissen bereits viele Rückwirkungen auf das alltägliche Verständnis, so daß dieses einen Teil des von den Experten erschlossenen Spektrums umfaßt. So reichte das Zahlenspektrum eines gebildeten Griechen bis zu den rationalen Zahlen, für einen gebildeten heutigen Bürger vermutlich bis zu den reellen Zahlen. Die komplexen Zahlen werden jedoch kaum und die transfiniten sicherlich nicht mit umfaßt, es sei denn, daß der das Wort „Zahl" benutzende Sprecher zufälligerweise moderne Mathematik studiert hat.)

Aber unabhängig von den durch solche Analogiebetrachtungen zu behebenden Schwierigkeiten bleiben weitere bestehen. Zwei davon seien erwähnt. Da ist zunächst die Asymmetrie zwischen herkömmlicher Sprechweise und Rekonstruktion. Nach der ersteren ist das grundlegende Gebilde, auf das es ankommt – und zwar sowohl wissenschaftlich als auch wissenschaftstheoretisch –, die Theorie. Für den gegenwärtigen Ansatz ist die grundlegende Einheit, deren Komponenten man zunächst zu studieren hat und die den Ausgangspunkt für alles weitere bildet, der Begriff des Theorie-Elementes. (Daß dieses in SNEEDS Werk und auch in II/2 „Theorie" genannt wurde, hat die Schwierigkeiten nicht gemildert, sondern eher verstärkt, weil dadurch die Asymmetrie auch sprachlich verschleiert wurde.)

Es ist klar, warum innerhalb des strukturalistischen Ansatzes der Begriff des Theorie-Elementes $T = \langle K, I \rangle$ die ‚atomare Urzelle' bildet, bei der alle Studien ihren Ausgang nehmen. Dieser Begriff enthält, sozusagen in stenographisch verschlüsselter Form, das gesamte relevante Allgemeinwissen über eine Theorie: K umfaßt den ganzen mathematischen Apparat, I die intendierten Anwendungen. In K wiederum kommt der präzise axiomatische Aufbau, der das Fundamentalgesetz enthält, in Gestalt von M vor und der dabei benutzte begriffliche Apparat in Gestalt von M_p. Die theoretisch – nicht-theoretisch – Dichotomie findet ihren Niederschlag in der scharfen Abgrenzung von M_p und M_{pp}. Und die grundlegenden Querverbindungen werden getrennt als Q angeführt. Dies ist alles, was man wissen muß, um eine präsystematisch vorgegebene Theorie als *diese* Theorie *identifizieren* zu können.

Wer jedoch das Wort „Theorie" im präsystematischen Sinn verwendet, denkt meist an mehr als an ein Theorie-Element. Die Wendung „Theorie Newtons" bezieht sich gewöhnlich nicht nur auf die klassische Partikelmechanik, sondern schließt auch das actio-reactio-Prinzip ein, meist sogar das ganze dritte Axiom; und in vielen Fällen wird der Sprecher als mehr oder weniger selbstverständlich unterstellen, daß auch das Gravitationsgesetz mitgemeint sei, da er beim Namen „Newton" ganz automatisch an dessen Himmelsmechanik denkt. Einer so benützten Wendung „Theorie" entspricht in unserem systematischen Wortgebrauch am ehesten ein Teilnetz, das über der als Theorie-Element rekonstruierten klassischen Partikelmechanik errichtet wird, nämlich dasjenige Teilnetz, welches bereits auf seinen Urheber NEWTON zurückgeht. Nur bei relativ einfachen Theorien, wie etwa der Theorie KEPLERS, wird es möglich sein, diese Theorie zur Gänze als Theorie-Element zu rekonstruieren. Das Newton-Beispiel illustriert zugleich *die schillernde Mehrdeutigkeit des präsystematischen Theorienbegriffs*. Es gibt sogar berühmt gewordene Diskussionen, in denen die Teilnehmer den Anschein erwecken, über ‚*die*' Theorie NEWTONS, als einer eindeutig ausgezeichneten Entität, zu sprechen, und in deren Verfolgung der aufmerksame Beobachter feststellt, daß zwar jedesmal *eine*, trotz der Verwendung des bestimmten Artikels je nach augenblicklichem Kontext aber eine *andere* der drei eben erwähnten Entitäten gemeint ist.

Hat man sich dies einmal klar gemacht, so verschwinden die Schwierigkeiten. Man muß sich dann höchstens noch an eine etwas andersartige Terminologie gewöhnen. Betrachtet man, so wie wir dies tun, die Theorie-Elemente als die grundlegenden Einheiten, so ist es z.B. zweckmäßig, Relationen zwischen solchen Elementen einheitlich als *intertheoretische* Relationen aufzufassen, darunter auch die bereits erwähnte Spezialisierungsrelation. Im präsystematischen Sinn ist dies jedoch meist eine *innertheoretische* Relation, wie abermals das Newton-Beispiel zeigt: Bei Zugrundelegung der herkömmlichen Denkweise beinhaltet der Übergang vom Fundamentalgesetz der klassischen Partikelmechanik zum Dritten Axiom sowie der Übergang vom letzteren zum Gravitationsgesetz keinen intertheoretischen, sondern einen innertheoretischen Sachverhalt, werden doch hier, so würde das Argument lauten, Beziehungen hergestellt zwischen Gesetzen *ein und derselben* Theorie.

Noch größere Probleme bereitet die Tatsache, daß innerhalb unseres Ansatzes die systematischen Entsprechungen des präsystematischen Theorienbegriffs *nicht-linguistische* Entitäten sind. Für viele Leser bildet dies keine bloße Verständnisschwierigkeit mehr. Für sie ist es eine Anstößigkeit.

Versuchen wir, uns einen kurzen Überblick zu verschaffen. Wenn wir nur solche Gebilde betrachten, die bereits andeutungsweise zur Sprache kamen, und wenn wir uns außerdem auf den *statischen* Fall beschränken, erhalten wir sechs Entitäten, was wir in der folgenden Tabelle festhalten:

Außersprachliche Entitäten	*Eindeutige Zuordnung*	*Sprachliche Entitäten*
(1a) Theorie-Element	⟶	(1b) zugeordnete empirische Behauptung
(2a) Theoriennetz	⟶	(2b) zugeordnete empirische Behauptung
(3a) Theorienkomplex	⟶	(3b) zugeordnete empirische Behauptung

Fig. 1-5

Dabei ist es wichtig zu beachten, daß jeder der drei Entitäten (1a) bis (3a) auf der linken Seite die rechts angezeigte linguistische Entität *eindeutig* zugeordnet wird. Daß es sich dabei jeweils nicht um eine Satzklasse, sondern um eine einzige Aussage handelt, ist eine alleinige Folge des Begriffs der *T*-Theoretizität und der von uns akzeptierten Ramsey-Lösung des Problems der theoretischen Terme.

Dasselbe Schema gilt auch dann, wenn man eine der links stehenden Entitäten gemäß einer der in 1.6.1 beschriebenen Weisen erweitert, also etwa um pragmatische Faktoren oder um Unschärfemengen. Es bleibt sogar dann erhalten, wenn man den in Kap. 3 genauer beschriebenen *dynamischen* Fall einbezieht. Denn dann betrachtet man *historische Folgen von* Entitäten, die in der linken Spalte stehen; und diesen sind wieder Folgen von sprachlichen Entitäten im Sinn der rechten Spalte eindeutig zugeordnet.

Angenommen, jemand hält es aus irgendwelchen Gründen für ratsam oder sogar für geboten, den Ausdruck „Theorie" nur auf sprachliche Entitäten anzuwenden. Dann kann er *selbstverständlich* beschließen, dieses Wort – oder

eine Wortkombination, in welcher der Ausdruck „Theorie" als Teil vorkommt –
auf eines der rechts stehenden Gebilde anzuwenden. Diejenigen Gebilde, welche
in der linken Spalte vorkommen, müßte er dann umbenennen. Dazu wäre
zweierlei zu bemerken: Erstens hätte er sich damit zwar terminologisch dem sog.
statement view angepaßt. Der Sache nach aber wäre alles beim alten geblieben.
Denn was den strukturalistischen Ansatz vom herkömmlichen Denken über
Theorien unterscheidet, ist ja nicht eine andere Sprechweise und vor allem auch
nicht, daß im Strukturalismus irgendwelche sprachlichen Entitäten, die dort für
wichtig gehalten werden, zum Verschwinden gebracht würden. Der Unterschied
besteht in seiner wichtigsten Hinsicht genau umgekehrt darin, daß die in der
linken Spalte angeführten Entitäten (bzw. deren Bereicherungen und Erweiterungen) im Rahmen des herkömmlichen statement view überhaupt nicht
vorkommen. *Innerhalb des strukturalistischen Ansatzes tritt Neues hinzu,
während nichts Altes wegfällt.*

Zweitens aber wäre ein solcher terminologischer Beschluß gar nicht ratsam,
und zwar ganz unabhängig davon, ob es dort Entsprechungen zu unserer
Differenzierung in der rechten Spalte gibt oder nicht. Wir müssen uns hier mit
einer Andeutung begnügen. Dazu machen wir eine Fallunterscheidung. *1. Fall:*
Die einem Theorie-Element T zugeordnete Entität (1b) wird „Theorie" genannt.
Dann ist zunächst die darin liegende Doppeldeutigkeit zu beheben: (a) Entweder
in (1b) kommen die T-theoretischen Terme unverändert vor. Dann ist (1b), wie
wir gesehen haben, *nicht empirisch nachprüfbar*. Es erscheint jedoch nicht als
sinnvoll, eine nachweislich empirisch nicht nachprüfbare und somit nicht-
empirische Aussage „Theorie" zu nennen; denn im gegenwärtigen Kontext soll
doch unter einer Theorie gerade eine *empirische* Theorie verstanden werden. (b)
Oder unter (1b) wird bereits, wie wir dies für uns oben voraussetzten, der
Ramsey-Sneed-Satz von T verstanden. Dann ist in den meisten Fällen –
insbesondere im Fall der klassischen Partikelmechanik – diese Aussage *empirisch
gehaltleer*, also ein mathematisch beweisbarer Satz (vgl. dazu Kap. 6 und
Kap. 7). Analog zum ersten Fall kann man sagen: Es ist nicht sehr sinnvoll, unter
einer empirischen Theorie eine mathematisch beweisbare Aussage zu verstehen.
2. Fall: Eine der anderen Entitäten in der rechten Spalte soll „Theorie" heißen.
Wählen wir als paradigmatisches Beispiel (2b). Dann müssen wir berücksichtigen, daß ein Theoriennetz im Sinn von (2a), zum Unterschied von dem, was wir
das Basiselement des Netzes nannten, keineswegs etwas Starres, ein für alle Mal
Festliegendes darstellt, sondern etwas, das *dauernden Änderungen unterworfen*
ist. So z.B. werden neue Spezialgesetze versuchsweise hinzugenommen und alte,
die sich nicht bewährten, preisgegeben. Ähnlich ergeht es speziellen Querverbindungen, ja sogar der Menge I, die ebenfalls versuchsweise ständig erweitert wird
oder deren frühere Erweiterungen wieder zurückgenommen werden müssen.
Kurz und bündig ausgedrückt: *Jede, auch die kleinste Änderung an der
‚Peripherie der wissenschaftlichen Forschung' schlägt sich sofort in einer entsprechenden Änderung der empirischen Aussage von der Gestalt (2b) nieder.* Würde
man eine Aussage von dieser Gestalt „Theorie" nennen, so hätten wir von einem
ständigen Theorienwandel zu sprechen, wo wir gewöhnlich eine Konstanz der

Theorie annehmen. Machen wir etwa die bescheidene Annahme, daß in den über 200 Jahren ‚Newtonscher Physik' im Durchschnitt pro Monat nur eine einzige Änderung oder Ergänzung dieser Art von einem in der Newtonschen Tradition stehenden Physiker gemacht wurde. Dann müßten wir sagen: „*Die* Theorie von Newton gibt es gar nicht, sondern die folgenden 2400 Theorien: ...".

Diese Überlegungen sollen keine theoretischen Argumente gegen den statement view darstellen. Wir wollten nur darauf hinweisen, daß jemand, der weiterhin allein sprachliche Manifestationen „Theorie" nennen will, auch bereit sein müßte, eine der angedeuteten Konsequenzen zu ziehen.

Zu all diesen Erwägungen kommt noch die folgende, *rein praktische* Überlegung hinzu: Wie bereits hervorgehoben wurde, ist das wissenschaftstheoretische Studium konkreter Theorien nicht so sehr wegen des oft recht aufwendigen mathematischen Apparates, sondern wegen der fast unübersehbaren Anzahl intendierter Anwendungen äußerst schwierig. Dies macht es häufig unmöglich, die den auf der linken Spalte erwähnten und auch anschreibbaren Entitäten rechts entsprechenden Aussagen überhaupt *effektiv hinzuschreiben*. Nur im ‚trivialen' Fall (1a) ist dies immer möglich; aber da landen wir ja entweder in einer empirisch unüberprüfbaren oder in einer empirisch gehaltleeren Aussage. In den übrigen Fällen können wir *nur die Form* der Aussage angeben. Hinschreiben können wir den Ramsey-Sneed-Satz bestenfalls für realistische Miniaturtheorien von der am Ende von 1.5.2 erwähnten und in Kap. 7 genauer geschilderten Art.

Um dieses Thema abzuschließen, machen wir einen Vorschlag zur Versöhnung scheinbar gegensätzlicher Auffassungen. Da kaum jemand leugnen kann, daß das, was uns an einer Theorie interessiert, vor allem dasjenige ist, ‚was diese Theorie zu sagen hat', ist der Wunsch nach einem Theorienbegriff, der empirische Aussagen einschließt, sicherlich legitim. Dieses Interesse kann stets in der Weise befriedigt werden, daß man ein Gebilde *als Theorienartiges* rekonstruiert, welches sowohl die außersprachliche als auch die zugeordnete sprachliche Entität als Glied enthält. Eine präsystematisch vorgegebene Theorie lasse sich etwa rekonstruieren als Theoriennetz über einem eindeutig ausgezeichneten Basiselement, aus dem alle übrigen Theorie-Elemente durch Spezialisierung hervorgehen. Man kann dann diese Basis, *zusammen mit der ihr korrespondierenden Behauptung*, die *Basistheorie* oder *Rahmentheorie* nennen[4]. Und analog kann man hinsichtlich aller Stadien des Aufbaues und der Verfeinerung des über dieser Basis errichteten Theoriennetzes verfahren. Das Theorienartige ist dann jeweils nicht bloß ein solches Teilnetz, sondern letzteres zusammen mit der empirischen Behauptung.

Falls man sich für eine solche Terminologie entschließt, sollten aber zwei Dinge nicht übersehen werden. Erstens wird dann nur die Rahmentheorie eine stabile Entität, nicht hingegen die anderen Varianten des Theorienartigen; denn alle diese Varianten bleiben ebenfalls dem weiter oben geschilderten Wandel

---

4 Wenn $\langle K, I \rangle$ eine Basis ist, so wäre danach die entsprechende Rahmentheorie zu identifizieren mit dem Paar: $\langle \langle K, I \rangle, I \subseteq \mathbb{A}(K) \rangle$.

unterworfen. Das Wort „Theorie" bliebe nach wie vor ambig. (Der Leser überlege sich dies als Übungsaufgabe für den Fall der Newtonschen Theorie.) Zweitens wäre es falsch zu meinen, dadurch würden Begriffe eingeführt, die in irgendeinem Sinn ‚reicher' sind als diejenigen, die wir bisher erwähnten und mit denen wir auch später arbeiten werden. Denn wegen der *Eindeutigkeit* der in Fig. 1-5 abgebildeten Zuordnungen wird die einschlägige sprachliche Entität stets bereits durch die außersprachliche Entität mitgeliefert. Die eben vorgeschlagenen zusätzlichen Begriffe dienen also wirklich *nur* dem Zweck, eine Versöhnung zu stiften; denn es wird in ihnen bloß etwas ausdrücklich hervorgehoben, was in den Entitäten der linken Spalte von Fig. 1-5 bereits implizit enthalten ist.

1.7 Einige philosophische Ausblicke

Verschiedene Folgerungen des strukturalistischen Theorienkonzeptes sind bereits in mehreren früheren Veröffentlichungen ausführlich zur Sprache gekommen, insbesondere solche, welche das Verhältnis zur historisch-pragmatischen Forschung betreffen, die ihrerseits wieder hauptsächlich durch T.S. KUHN repräsentiert wird. Wir können uns daher diesbezüglich kurz fassen. Nähere Einzelheiten findet der Leser hauptsächlich in II/2 und in dem Sammelband [Neue Wege].

Eine klärende Feststellung muß allerdings vorausgeschickt werden: Einige Kritiker des strukturalistischen Ansatzes haben die Auffassung vertreten, dieser Ansatz sei als Produkt von Bemühungen um eine rationale Rekonstruktion oder sogar um eine partielle Rechtfertigung der Wissenschaftsphilosophie von T.S. KUHN hervorgegangen. Obwohl für diese seltsame These niemals auch nur die leiseste Spur von Begründung vorgetragen worden ist, scheint sie weit verbreitet zu sein. Aus diesem Grunde ist es vielleicht nicht völlig überflüssig, hier nochmals ausdrücklich hervorzuheben, daß der strukturalistische Ansatz zusammen mit seinen bisherigen Ergebnissen zwar neue und interessante Antworten auf das liefert, was man „Kuhns epistemologische Herausforderung" nennen könnte, daß die Gewinnung dieser Antworten aber *ein bloßes Nebenprodukt der systematischen Überlegungen* bildete. Als wichtig erschienen uns diese Antworten vor allem deshalb, weil sie es ermöglichen, das schiefe und verzerrte Bild, das viele Philosophen von den Ansichten KUHNS haben, zu korrigieren, dieses Bild von KUHNS Wissenschaftsphilosophie also sozusagen zu ‚entirrationalisieren'. Um künftige vereinfachende Äußerungen über das Verhältnis von SNEED und KUHN zu unterbinden, daneben aber auch, um aufzuzeigen, inwieweit sich die Gedanken dieser beiden, mit so verschiedenartigen Methoden arbeitenden Philosophen berühren, ergänzen und wechselseitig stützen, soll in Kap. 12 versucht werden, unter Benützung eines methodologischen Prinzips von J. RAWLS ein differenzierteres Bild von der Beziehung zwischen diesen beiden Gedankenwelten zu skizzieren.

Wer daran interessiert ist, einen historischen Zusammenhang herzustellen, könnte auf R. CARNAPs Forderung nach einer rationalen Nachkonstruktion der empirischen Wissenschaften und ihrer Relationen zurückgreifen, zumal die Gründe, die für eine solche Nachkonstruktion sprechen, dieselben geblieben sind. Nur die Methoden sind radikal andere geworden. Doch selbst hier besteht kein Konflikt in bezug auf theoretische Beurteilungen, sondern ein rein praktischer Unterschied in der Bewertung dessen, was menschenmöglich ist. Nach unserer Auffassung hat CARNAP selbst die langfristigen Fähigkeiten von uns Menschen, mit formalen Sprachen umzugehen, außerordentlich überschätzt.

Was nun die KUHNschen Herausforderungen betrifft, so kann man sie retrospektiv in *drei Klassen* unterteilen. Im Zentrum der ersten steht die These, daß naturwissenschaftliche Theorien gegenüber ‚widerspenstigen Erfahrungen' *relativ immun* sind und daß daher, wie wir es vorsichtig formulieren wollen, empirische Widerlegungen in den Naturwissenschaften eine viel geringere Rolle spielen als gemeinhin angenommen wird. Die zweite enthält als Kern die Behauptung, daß die im Verlauf einer wissenschaftlichen Revolution auftretende neue Theorie, welche die alte Theorie verdrängt, mit der letzteren *inkommensurabel* sei. Diese Inkommensurabilitätsbehauptung wurde gelegentlich, wenn auch nicht von KUHN selbst, zu der Unvergleichbarkeitsthese verschärft, wonach verdrängende und verdrängte Theorie miteinander unvergleichbar sind. KUHNs dritte und vermutlich schärfste Herausforderung, welche eine neue und verblüffende Stellungnahme zum Thema „Induktion" betrifft, ist bisher überhaupt noch nicht systematisch behandelt worden. KUHN vertritt hier die These, daß es keine strengen Kriterien für rationale Theorienwahl gäbe.

Aus den mit der zweiten und dritten Herausforderung verknüpften Thesen scheint man die schockierende Folgerung ziehen zu müssen, daß man im Fall revolutionärer wissenschaftlicher Veränderungen den Fortschrittsbegriff preiszugeben habe, statt von einem wissenschaftlichen Fortschritt von einem bloßen Theorienwandel sprechen müsse und damit schließlich den Gedanken fallen zu lassen habe, daß die Naturwissenschaften ein rationales menschliches Unternehmen darstellen.

Der ersten, die Theorienimmunität betreffenden Herausforderung kann man innerhalb des skizzierten Rahmens am leichtesten gerecht werden. Nicht weniger als fünf potentielle Quellen für ‚Theorienimmunität' bzw. ‚Gesetzesimmunität' sind angebbar:

(1) Zunächst einmal ist der durch das Basiselement einer Theorie festgelegte Rahmen meist nicht empirisch widerlegbar. Die klassische Partikelmechanik liefert dafür ein einfaches Illustrationsbeispiel: Das zweite Gesetzt von NEWTON ist nicht falsifizierbar, da es keine von diesem Gesetz unabhängige Methode der Messung von Kraft- und Massenfunktionen gibt (*KPM*-Theoretizität von *Masse* und *Kraft*). Und die diesem Basiselement zugeordnete Behauptung ist mathematisch beweisbar, also empirisch gehaltleer (vgl. Kap. 7).

(2) In Bezug auf Spezialgesetze liefert der Sneed-Formalismus die Versöhnung zwischen den Positionen von POPPER und KUHN: Soweit für diese Gesetze

nicht das Autodeterminationsprinzip gilt, sind sie empirisch falsifizierbar; aber die Falsifikation schlägt nicht ‚nach oben hin' bis zur Theorie selbst, d.h. bis zum Basiselement, durch, welches davon unberührt bleibt. Generell: Endlich oftmaliges Scheitern von Netzverfeinerungen liefert keinen Beweis dafür, daß eine erfolgreiche Netzverfeinerung nicht möglich ist.

(3) Eine weitere potentielle Immunitätsquelle betrifft im Fall des Scheiterns von Versuchen, Gesetze für eine intendierte Anwendung nutzbar zu machen, die Vermutung, daß diese intendierte Anwendung unvollständig beschrieben worden ist. (Vgl. die etwas ausführlichere Schilderung in Bd. I, S. 1044, mit dem Beispiel des Planeten Neptun, dessen ‚theoretische Entdeckung' seiner ‚empirischen Entdeckung' vorausging.)

(4) Einen wichtigen Faktor bildet auch die prinzipielle Offenheit der Menge der intendierten Anwendungen, deren versuchsweise vorgenommene Erweiterungen wieder rückgängig gemacht werden können. NEWTON war davon überzeugt, daß sich seine Partikelmechanik einmal auch als taugliches Instrument zur Erklärung der Lichtphänomene erweisen würde. Als sich die Wellentheorie des Lichtes durchsetzte, hätte man selbst dann, wenn für diese Wellentheorie schlüssige Beweise vorgebracht worden wären, nicht behaupten können, die Theorie NEWTONS sei damit widerlegt, sondern hätte sich mit der Feststellung begnügt, mit der man sich auch de facto begnügte, nämlich „Lichtvorgänge bestehen nicht in Partikelbewegungen", was nichts anderes besagt als daß die Lichtphänomene aus den intendierten Anwendungen der Theorie NEWTONS zu entfernen sind.

(5) Eine letzte Variante werden wir in Kap. 8 bei der Erörterung der Approximationsprobleme kennenlernen. Hier nur eine vorbereitende Erläuterung: Wenn man eine Behauptung von der Gestalt, daß eine vorgegebene Aussage A in einem bestimmten Bereich *exakt gilt*, durch die schwächere Forderung ersetzt, daß A in dem fraglichen Bereich *approximativ gilt*, so hat die Abschwächung ihren Grund darin, daß für A ein Immunitätsspielraum eingeführt wird bzw. in Verallgemeinerung davon: daß ein bereits vorhandener Immunitätsspielraum vergrößert wird.

Größere Schwierigkeiten bereitet das Inkommensurabilitätsproblem. FEYERABEND hat recht mit seinen diesen Punkt betreffenden kritischen Bemerkungen in [Changing Patterns], daß dieses Problem in II/2 nicht gelöst worden ist. *Eine* Schwierigkeit besteht hier bereits darin, das Problem selbst so genau zu formulieren, daß es einer präzisen Behandlung fähig wird. Es ist das Verdienst von D. PEARCE, zu dieser Präzisierung erheblich beigetragen zu haben, wenn auch in polemischer Absicht. In Kap. 10 soll sein Argument und die Erwiderung darauf zur Sprache kommen. Auch in diesem Zusammenhang wird die Rolle globaler Strukturen und ihrer Vergleichbarkeit große Bedeutung erlangen.

KUHNS dritte epistemologische Herausforderung hat sich anscheinend erst in den allerletzten Jahren deutlich herauskristallisiert, und zwar vor allem in einer Reihe von höchst anregenden und stimulierenden Diskussionen zwischen ihm und Carl G. HEMPEL. Man könnte das, worum es dabei geht, *die modernste Fassung des traditionellen Induktionsproblems* nennen. Wir werden in Kap. 13

darauf zu sprechen kommen und dort zwar nicht beanspruchen, eine definitive Lösung zu liefern, aber doch zu verdeutlichen suchen, daß die begründete Vermutung besteht, bei weiterem Fortschreiten innerhalb des strukturalistischen Rahmens eine adäquate Lösung zu finden.

1.8 Bemerkungen zur Kritik von K. Hübner am strukturalistischen Theorienkonzept und insbesondere am Begriff der T-Theoretizität

K. HÜBNER hat das Kap. XII seines interessanten Buches [Kritik] der Auseinandersetzung mit dem hier vertretenen Konzept gewidmet. Im Zentrum seiner Betrachtungen steht die neue Theoretizitätsauffassung. Auf diese werden wir uns hauptsächlich konzentrieren. Es wird sich dabei herausstellen, daß verschiedene andere Themen, die HÜBNER zur Sprache bringt, ohnehin in diese Diskussion mit einbezogen werden müssen.

HÜBNER beginnt mit einer Schilderung der Methode von SUPPES, die mathematische Struktur einer Theorie mit Hilfe eines mengentheoretischen Prädikates darzustellen, und illustriert diese Methode, in Anknüpfung an das Vorgehen in II/2, am Beispiel der klassischen Partikelmechanik KPM. Ebenso werden die drei Grundbegriffe von SNEEDS ‚informeller Semantik', nämlich die Begriffe des Modells, des potentiellen Modells sowie des partiellen potentiellen Modells, erläutert. Auf S. 293 wird dann die Grundidee des SNEEDschen Theoretizitätskriteriums geschildert. (Allerdings wird dabei nicht ausdrücklich die Relativität auf jeweils eine ganz bestimmte Theorie unterstrichen, wonach nur „T-theoretisch", nicht aber „theoretisch" ein sinnvolles Prädikat ergibt.) Schließlich wird für den allgemeinen Fall die Struktur elementarer empirischer Aussagen geschildert, nämlich „a ist ein S", wobei „S" das eine Theorie T ausdrückende mengentheoretische Prädikat ist.

Die Kritik auf S. 294 beginnt mit zwei Fragen. In der ersten Frage wird betont, daß nicht einleuchtet, warum die erfolgreiche Anwendung der Theorie, von der solche Größen abhängen, in die Theoretizitätsdefinition Eingang finden muß. Und unmittelbar darauf wird, bezugnehmend auf das konkrete Beispiel, die Fragwürdigkeit der These von der Theorienunabhängigkeit von Raum und Zeit hervorgehoben.

Beide Fragen zusammen legen die Vermutung nahe, daß gewisse irreführende Formulierungen in II/2 den Anlaß für Fehldeutungen gegeben haben. Da sich HÜBNER in seiner Schilderung abwechselnd auf zwei Ebenen bewegt, nämlich zum Teil auf der Ebene der *speziellen* Wissenschaftstheorie mit dem explizit definierten Prädikat „KPM" und zum Teil auf der abstrakteren Ebene der *allgemeinen* Wissenschaftstheorie mit der Variablen „S", die über alle Theorien ausdrückende mengentheoretische Prädikate läuft, wollen auch wir hier beide Ebenen in Betracht ziehen. Unter psychologischem Gesichtspunkt ist dies sogar zweckmäßig. Denn es dürfte empfehlenswert sein, den Prozeß der Gewinnung des rechten Verständnisses von SNEEDS Begriff der T-Theoretizität in zwei

Schritte zu zerlegen, wobei der erste den allgemeinen Begriff und die daraus ableitbaren Folgerungen betrifft (Stufe I) und der zweite die auf spezielle Theorien T bezogene Behauptung zum Inhalt hat, daß diese und diese in T vorkommenden Größenterme T-theoretisch im Sinn von Sneed sind (Stufe II).

(1) Wir beginnen mit dem ersten. Sneed hat nicht eine neue Theoretizitätsdefinition mehr oder weniger willkürlich vorgeschlagen. Den historischen Ausgangspunkt seiner Überlegungen bildete eine *Schwierigkeit*, auf die man stößt, wenn man mit Hilfe des Apparates einer Theorie der mathematischen Physik *empirische Aussagen* formulieren möchte. Als Schüler von Suppes war er mit der Methode vertraut gemacht worden, diesen mathematischen Apparat in einfacher und eleganter Weise für die Definition eines mengentheoretischen Prädikates, etwa „S", zu benützen, welches die in axiomatisierter Gestalt präsystematisch vorliegende Theorie, etwa „T", ausdrückt. Sofern man dieses Verfahren benutzt, kann man sofort angeben, von welcher Beschaffenheit die mittels dieser Theorie formulierbaren Aussagen von einfachster Gestalt sein müssen, nämlich: es muß sich um Atomsätze handeln, die „S" als einziges Prädikat enthalten, also um Sätze der Form „c ist ein S" (wobei vorausgesetzt wird, daß c eine Entität von solcher Art ist, für welche die Anwendung dieses Prädikates zwar fraglich, aber doch sinnvoll ist).

Als empirische Aussage muß „c ist ein S" empirisch nachprüfbar sein. Und da im Definiens von „S" Größenterme vorkommen, müssen die durch sie bezeichneten Größen empirisch meßbar sein. Nun glaubte Sneed, feststellen zu können, daß in allen modernen physikalischen Theorien – spätestens seit der klassischen Partikelmechanik in Newtonscher Fassung – Größen auftreten, für welche eine derartige empirische Messung nicht möglich ist, ohne daß man dabei in einem Zirkel landet. Und zwar deshalb nicht, weil man zwecks Durchführung des Meßprozesses eine Aussage *von eben dieser Form*, also etwa „c^* ist ein S" als richtig unterstellen muß.

Es ist nun außerordentlich wichtig, an dieser Stelle nicht mit einem voreiligen Einwand zu kommen, etwa einer Entgegnung von folgender Art: „Aber das *kann* doch nicht stimmen; Sneed *muß* sich hier geirrt haben!" Wenn man das, was oben „Erwerb des Verständnisses des Begriffs der T-Theoretizität" genannt wurde, in der vorgeschlagenen Weise in die beiden Stufen zerlegt, dann spielt es vorläufig keine Rolle, ob Sneed sich geirrt hat oder nicht. Denn wir befinden uns erst auf der Stufe I und alles, was hier gesagt wird, dient nur dazu, das Zustandekommen der neuen Theoretizitätsauffassung sowie die endgültige Definition verständlich zu machen. Sollte sich Sneed wirklich geirrt haben – und zwar in dem fundamentalen Sinn, daß diese Zirkularität *niemals* auftritt –, so würde dies noch immer nicht gegen seine Definition sprechen. Man könnte dann allerdings behaupten, daß sie keine praktische Bedeutung habe, da dann jede Aussage von der Gestalt „*diese* in der Theorie T^* vorkommende Größe ist T^*-theoretisch" falsch wäre. Etwas technischer ausgedrückt: „T-theoretisch" wäre zwar ein sinnvoller, aber extensional leerer Begriff.

Tatsächlich jedoch dürfte Sneed eine zutreffende und wichtige Beobachtung gemacht und dabei eine Schwierigkeit entdeckt haben, welche die Größenordnung einer Antinomie besitzt. Daher sollen dazu auch Parallelen gezogen werden. Wir beginnen gleich mit einer von diesen: Die obige Warnung vor einem voreiligen Einwand war kein überflüssiges Einschiebsel, sondern wurde mit voller Absicht und in Erinnerung daran ausgesprochen, wie es sich im Antinomienfall verhalten hat und häufig noch verhält. Machen wir etwa die – zur heutigen Zeit sehr unrealistische – Annahme, daß ein Fachmann einer rein deduktiven Disziplin, etwa ein Mathematiker, noch nie etwas von einer Antinomie gehört hat. Wenn ihm jemand erzählt, daß es Sätze gibt, die sowohl beweisbar als auch widerlegbar sind, wird er dies für einen Unsinn halten und vermutlich nicht einmal bereit sein, weiter zuzuhören. Denn er wird als sicher annehmen, nur irgend einen raffiniert verschlüsselten Nonsens zu hören zu bekommen, und keine Lust verspüren, das ‚offenbar dahinter steckende Sophisma' entdecken und analysieren zu müssen.

Die zuletzt geschilderte Haltung *war* vermutlich durch lange Zeit – Jahrhunderte? Jahrtausende? – die *normale* Einstellung von Philosophen gegenüber den semantischen Antinomien. Ihre Schilderung war meist bloß als ein Mittel zur philosophischen Volksbelustigung gedacht, nämlich als Illustration dessen, ‚was sich sophistische Philosophen für Verrücktheiten ausdenken'. (Als sichtbares Symptom dafür läßt sich die unglaubliche Sorglosigkeit in gängigen philosophischen Formulierungen von Antinomien anführen. Vermutlich hat LUKASIEWICZ die erste korrekte Fassung der Wahrheitsantinomie geliefert. Demgegenüber kann man bis in die Gegenwart solche Schilderungen der Antinomie des Lügners finden, in denen ein Kreter sagt: „alle Kreter lügen immer", was mit einer Antinomie nicht das geringste zu tun hat, da es sich hierbei um nichts weiter handelt als um das Beispiel einer logisch widerlegbaren Aussage.)

Diese Abschweifung in die Antinomien findet ihre einzige Rechtfertigung darin, die obige Empfehlung zu akzeptieren, den geschilderten Zirkel zunächst einmal – ob man an sein Auftreten glaubt oder nicht – ernst zu nehmen und ihn nicht von vornherein als eine ‚Verrücktheit, die sich die Strukturalisten ausgedacht haben', beiseite zu schieben. Und dieses Ernstnehmen bedeutet insbesondere auch, sich über die Folgen klar zu werden, die dieses Phänomen bei Auftreten nach sich zieht.

Wäre der Leser nicht bereits durch die ausführliche Diskussion in 1.3.2 vorbereitet, so würde er jetzt vermutlich ungeduldig fragen: „Und was hat dies alles mit dem neuen Kriterium für Theoretizität zu tun?" Nun: Im Grunde sind wir bereits zum Kern dieses Kriteriums vorgestoßen. Wir haben nur aus didaktisch-psychologischen Erwägungen *die Reihenfolge der Darstellung umgekehrt*. In der systematischen Behandlung wird zunächst einmal die neue Definition für T-Theoretizität ‚hingeknallt'; es wird dann behauptet, daß es in physikalischen Theorien solche Größen bzw. Terme gibt; und es wird schließlich auf diejenige Schwierigkeit aufmerksam gemacht, die SNEED „das Problem der theoretischen Terme" nennt. Dies ist genau die Schwierigkeit, von der wir hier ausgegangen sind, *ohne* vorher den Begriff „theoretisch" einzuführen. Denn diese Schwierigkeit bildete SNEEDS neue Entdeckung.

Auf sie müssen wir nun nochmals genauer zu sprechen kommen. Um die Sache zu vereinfachen, nehmen wir an (so wie in 1.3.2), daß das die Theorie ausdrückende Prädikat nur endlich viele Anwendungen hat. (Dies ist keine künstliche Annahme. Es wird nur wenige Physiker geben, die annehmen, daß die Theorie *KPM* aktual unendlich viele Anwendungen besitzt. Sollte dies dennoch der Fall sein, so müßte dem Wort „Zirkel" stets die Wendung „oder unendlicher Regreß" beigefügt werden.) Unsere Theorie spreche über Größen; das sie ausdrückende Prädikat „*S*" enthalte also im Definiens entsprechende Größenterme. Die empirische Nachprüfung von „*c* ist ein *S*" vollzieht sich nach obigem Muster. In der Regel wird man *alle* in „*S*" vorkommenden Größen für die Überprüfung messen müssen. Dieser Regelfall liege vor. Bei gewissen Größen treten dabei keine Schwierigkeiten auf. Dies bedeutet: Man wird für ihre Messung zwar gewisse *andere* ‚zugrunde liegende' Theorien als gültig unterstellen müssen; dagegen braucht man bei dieser Messung keinen Gedanken an die spezielle Theorie *T* zu verschwenden, die den Gegenstand unserer Überlegungen bildet (und bezüglich deren die zu überprüfende elementare Aussage mit Hilfe des diese Theorie ausdrückenden Prädikates „*S*" formuliert wurde). Im Fall der Miniaturtheorie *AS* (archimedische Statik) von 1.3.2 war die Abstandsmessung ein Beispiel für einen solchen unproblematischen Fall: Man braucht nicht vorauszusetzen, daß *AS* gültige Anwendungen besitzt, um den Abstand zwischen zwei Gegenständen zu bestimmen. Im Fall von *KPM* sind Orts- und Zeitmessungen ähnliche unproblematische Fälle; sie setzen die Gültigkeit von *KPM* nicht voraus. Derartige Größen *nennt* SNEED *T*-nicht-theoretische Größen mit *T* als der in Frage stehenden Theorie.

Damit beantwortet sich die oben erwähnte zweite Frage von HÜBNER auf S. 294. Hier ist die erwähnte Korrektur anzubringen: Von theorieabhängigen Größen schlechthin kann man im Sneed-Formalismus überhaupt nicht sprechen. Denn man muß stets die Theorie, auf die man sich bezieht, angeben. An keiner Stelle wurde, wie HÜBNER meint, behauptet, „daß Raum und Zeit keine theorieabhängigen Größen sind", sondern nur, daß sie keine *KPM*-abhängigen Größen sind. Würde man die *KPM* ‚unmittelbar zugrunde liegenden' Theorien ebenfalls präzise rekonstruieren, dann würden sich – das kann man mit Sicherheit, wenn hier auch nur ganz dogmatisch behaupten – auch räumliche und zeitliche Länge als theoretisch erweisen, nämlich als theoretisch *relativ auf* diese zugrunde liegenden Theorien der physikalischen Geometrie und der Zeit. Nach der Terminologie von Kap. 2 würde *KPM* eine *Theoretisierung* dieser eben als zugrunde liegend bezeichneten Theorien bilden, da die partiellen Modelle von *KPM* Modelle dieser Theorien wären. (Es ist ein besonderer Vorzug des von SUPPES eingeschlagenen Weges der Axiomatisierung physikalischer Theorien, daß man dabei direkt mit Theorien von relativ hoher Abstraktionsstufe beginnen kann, *ohne* solche ‚zugrunde liegenden' Theorien selbst im Detail axiomatisch zu formulieren. Dies wurde insbesondere im Fall von *KPM* getan.)

Mit der Verwendung des Wortes „theoretisch" haben wir bereits die andere Alternative vorweggenommen: In denjenigen Fällen nämlich, in denen die Messung die Gültigkeit einer Aussage von genau derselben Gestalt und mit genau demselben Prädikat voraussetzt, *nennt* SNEED die fragliche Größe eine *T*-theoretische Größe. Damit beantwortet sich die erste oben geschilderte Frage von HÜBNER, welche die Definition theoretischer Größen betrifft, nämlich: „Warum muß die erfolgreiche Anwendung der Theorie, von der solche Größen abhängen, in die Definition eingehen?" Zunächst eine Nebenbemerkung: Eingehen *müssen* tut in eine Definition gar nichts. Auch SNEEDs Definition beansprucht für sich keine Ausnahme vom Festsetzungscharakter einer Definition. Daß es ihm als zweckmäßig erschien, das Auftreten der beschriebenen Zirkularität zum Kriterium für *T*-Theoretizität zu machen, hat seinen Grund darin, daß er ‚Putnams Herausforderung', wie ich dies nannte, vor Augen hatte. Nach herkömmlicher empiristischer Auffassung ist es ja, etwas überspitzt formuliert, eine Aufgabe für Schriftgelehrte, herauszufinden, ob ein Term theoretisch sei oder nicht. Denn auf *rein sprachlicher* Ebene wird dort die Dichotomie theoretisch – nicht-theoretisch eingeführt. Wie PUTNAM mit Recht hervorhob, würde man doch erwarten, daß theoretische Größen durch die Rolle zu charakterisieren seien, die sie in der Theorie spielen, in der sie vorkommen. Bei dem eben erwähnten linguistischen Vorgehen ist diese Erwartung natürlich *prinzipiell* unerfüllbar. Bei SNEED hingegen *ist* es genau die angegebene Rolle, die als Theoretizitätsmerkmal gewählt wird. (Ob und inwieweit sich seine Theoretizitätsvorstellung dabei mit der anderer Philosophen deckt, ist eine historische Frage, von der wir hier ganz absehen wollen.) Deshalb ist es keine überflüssige Pedanterie, den Buchstaben „*T*" in „*T*-theoretisch" mitzuschleppen. Denn ein und derselbe Term kann in bezug auf eine Theorie T_1 theoretisch, in bezug auf eine andere Theorie T_2 hingegen nicht-theoretisch sein. Wenn man als T_1 die Mechanik und als T_2 die Thermodynamik wählt, bildet vermutlich der *Druck* ein Beispiel dafür.

Kehren wir nochmals für einen Augenblick zum vitiösen Zirkel zurück. Da er bereits in 1.3.2 ausführlich zur Sprache kam, sind wir hier relativ rasch über ihn hinweggegangen. Nehmen wir also an, daß eine *T*-theoretische Größe zu messen ist, um die elementare Aussage „*c* ist ein *S*" empirisch zu prüfen. Wir gelangen dann mit Sicherheit an einen Punkt, an dem eine Aussage „*d* ist ein *S*" als richtig angesetzt werden muß. *Wie* man u.U. sehr rasch an einen solchen Punkt gelangt, haben wir uns in 1.3.2 an einem dortigen Miniaturbeispiel klargemacht (das, woran nochmals erinnert sei, nur unter der dortigen ad-hoc-Annahme (α) funktioniert). Bezüglich „*d* ist ein *S*" müssen wir natürlich wieder die empirische Überprüfung verlangen usw. Da wir den Unendlichkeitsfall ausgeschlossen haben, müssen wir irgendwo einmal zu einer Aussage zurückkehren, *die zu überprüfen wir bereits einmal begonnen hatten*.

Nehmen wir an, dies sei die ursprüngliche Aussage:

(*A*) *c* ist ein *S*.

(Die ‚Schleife' *muß nicht* an diesem Punkt in sich zurückkehren, aber sie *kann* es; und dies genügt für unsere Zwecke.)

Vor welcher Situation stehen wir dann? Dies wissen wir ganz genau: Diese Aussage (*A*) sollte doch empirisch überprüft werden. Und um sie zu überprüfen, sind wir in der Kette der Voraussetzungen zu (*A*) selbst zurückgekehrt. Wir können dieses Resultat festhalten in der folgenden Feststellung:

(*B*) Um empirisch überprüfen zu können, *ob* „*c* ist ein *S*" richtig ist, müssen wir *voraussetzen, daß* „*c* ist ein *S*" richtig ist.

Dies ist eine geradezu klassische Manifestation eines vitiösen Zirkels. Welche Folgen sich aus dieser Paradoxie ergeben, wollen wir weiter unten erörtern. Vorher aber soll nochmals kurz die Analogie zu den Antinomien zur Sprache kommen. So interessant diese Analogie ist, so wichtig ist es natürlich, sie nicht zu überstrapazieren. Wir haben an früherer Stelle von einer Schwierigkeit gesprochen, welche ‚die Größenordnung einer Antinomie' hat. Diese vorsichtige Formulierung ist bewußt gewählt worden, weil die Schwierigkeit, wie wir soeben im Detail feststellten, eine andere logische Struktur hat. Handelt es sich bei einer Antinomie darum, einen Satz sowohl beweisen als auch widerlegen zu können, so liegt in unserem Fall ein logischer Zirkel vor. Zwei weitere Unterschiede seien noch erwähnt.

Der erste betrifft die Art der Argumentationsschritte. Um die Antinomie von RUSSELL oder die Wahrheitsantinomie formulieren zu können, braucht man keinerlei epistemologische Begriffe. Anders im vorliegenden Fall. Hier geht der Gedanke der *empirischen Nachprüfung durch Messung* wesentlich in die präzise Fassung des Theoretizitätskriteriums und damit in die daraus resultierende Paradoxie ein. Aus Gründen der Klarstellung sowie der Abgrenzung wäre es daher vielleicht zweckmäßig, im vorliegenden Fall nicht von einem logischen, sondern von einem *epistemologischen Zirkel* zu sprechen. Die prägnanteste und vermutlich kürzeste Fassung des Sneedschen Kriteriums erhält man, wenn man, wie bereits in 1.3.2 geschehen, im Vorgriff auf Kap. 6 BALZERS Begriff des Meßmodells benützt, der so weit gefaßt ist, daß er alle bekannten Vorrichtungen zur Messung umfaßt, insbesondere auch die Balkenwaage von 1.3.2. Die Formulierung lautet dann: „Eine Größe *t* ist bezüglich einer Theorie *T* theoretisch (oder: *T*-theoretisch) genau dann, wenn jedes Meßmodell für *t* bereits ein Modell der Theorie *T* ist." (Das Wort „Modell" ist hier natürlich so zu verstehen, daß es gleichbedeutend ist mit „Extension des die Theorie *T* ausdrückenden mengentheoretischen Prädikates ‚*S*'".) Es ist jetzt unmittelbar klar, daß Aussagen, in denen eine *T*-theoretische Größe *t* wesentlich vorkommt[5], keine empirischen Aussagen sein können.

Ein letzter Unterschied betrifft die Art des Auftretens des Problems. Er zeigt, daß die gegenwärtige Schwierigkeit in einem genau angebbaren Sinn dramatischer ist als es die Antinomien sind. Von den letzteren fühlten sich in der Regel nur Philosophen und Grundlagenforscher betroffen, nicht jedoch die zuständigen Fachleute. Denn die Antinomien traten niemals im Zentrum, sondern nur an der Peripherie der Forschung auf. Im einen Fall (Mengenlehre) handelte es sich

---

5 Das „wesentlich" ist im logischen Sinn zu verstehen. Es sollen dadurch nur diejenigen Fälle ausgeschlossen werden, in denen man die fragliche Aussage durch eine logisch äquivalente ersetzen kann, die *t* nicht enthält.

um ‚riesige' Mengen, auf die der mengentheoretisch arbeitende Mathematiker niemals stößt (wie die Cantorsche Allmenge, die Russellsche Menge aller Normalmengen oder die Burali-Fortische Menge aller Ordinalzahlen); im anderen Fall (Semantik) war es wesentlich, daß die fragliche Sprache selbstreferentielle Ausdrücke enthält, was auch keinen Normalfall darstellt. SNEEDS Problem der T-theoretischen Terme hingegen tritt tatsächlich im Zentrum der Forschung auf. Es betrifft, wie wir gesehen haben, sogar die elementarsten Aussagen, die man mittels der Theorie formulieren kann.

(2) Wir gehen nun zur Stufe II über. Alles bisher Gesagte diente nur der Begriffsklärung und der Veranschaulichung. Die Frage blieb offen, ob SNEED mit seiner Vermutung recht behält, daß in jeder modernen physikalischen Theorie T T-theoretische Größen vorkommen. So etwas wie eine Begründung haben wir für die Miniaturtheorie von 1.3.2 unter einer gewissen Annahme gegeben. Wir haben dort das neue Theoretizitätskonzept anhand des Problems selbst erläutert. Um nochmals den dabei wesentlichen Punkt zu wiederholen: Jemand zeigt auf eine im Gleichgewicht befindliche Kinderwippschaukel mit darauf sitzenden Kindern und behauptet:

(i) „Dies ist eine archimedische Statik"

(Wenn er die explizit axiomatisierte Stufe mit dem Prädikat AS nicht vor Augen hat, wird er den Satz natürlich etwas anders ausdrücken, wie etwa: „dies ist ein Beispiel für eine archimedische Statik" u. dgl.) Und er wird meinen, mit dieser Behauptung eine sehr einfache empirische Aussage formuliert zu haben. Darin irrt er sich jedoch. Wenn man „empirisch" so versteht, daß (i) empirisch nachprüfbar ist, so kann (i) keine empirische Aussage sein. Der imaginäre Dialog mit einem empiristischen Opponenten in 1.3.2 sollte dies klarstellen: Um (i) zu testen, muß man die Gewichte der auf der Schaukel sitzenden Kinder bestimmen, und zwar mit Hilfe von Balkenwaagen. Der empiristische Einwand, daß für die Durchführung dieser Prozedur doch die Gültigkeit von AS nicht vorausgesetzt zu werden brauche, erwies sich als Irrtum. Diese Gültigkeitsannahme steckte in der stillschweigend gemachten oder vielleicht sogar verschämt zugestandenen Voraussetzung, daß die Waage korrekt funktioniere. Sie funktioniert aber *nur dann* korrekt, wenn sie selbst ein AS ist. Womit wir wieder nur den zu einem Zirkel führenden Schritt vollzogen haben.

Anmerkung. Es ist vielleicht der zusätzlichen Klarstellung dienlich, an dieser Stelle ein paar Bemerkungen zu demjenigen Teil der sehr eingehenden Diskussion des strukturalistischen Konzeptes von P. HUCKLENBROICH in [Reflections] einzufügen, der dem Begriff der T-Theoretizität gewidmet ist. HUCKLENBROICH beginnt seine Kritik mit der Vermutung, daß innerhalb des strukturalistischen Ansatzes nicht klar unterschieden werde zwischen Messungen auf der einen Seite und Theorien der Messung auf der anderen Seite. Und er fährt fort: Wenn eine Messung oder ein Experiment durchgeführt wird, welches zu einem ‚Protokollsatz' führt, so sei doch die Formulierung dieses Satzes offenbar möglich, und zwar ganz unabhängig davon, ob dieser Protokollsatz als Folge der Theorie (plus anderer Sätze) oder einer Methode der Beschreibung der Messung gewonnen worden ist. Ansonsten würden Meßmethoden in den Naturwissenschaften gar nicht benötigt werden. Und wenn andererseits eine derartige Deduktion stattfinde, dann ersetze sie nicht den Meßvorgang, sondern beinhalte ein zusätzliches theoretisches Resultat.

Da in den weiteren Überlegungen von HUCKLENBROICH diese Gedanken fortgesponnen werden, genügt es, darauf hinzuweisen, was hier mißverstanden worden ist. Erstens ist der Vorwurf der fehlenden Unterscheidung unberechtigt. Es ist stets nur von *Messungen* die Rede, wobei allerdings, um die Meßresultate benützbar zu machen, an bestimmten Punkten theoretische Unterstellungen zu berücksichtigen sind (vgl. unten). Eine Verwechslung der fraglichen Art ist schon deshalb ausgeschlossen, weil die einschlägigen ‚Theorien der theoriegeleiteten Messungen' noch gar nicht oder höchstens in Ansätzen existieren (letzteres etwa in der Schrift [Messung] von W. BALZER.)

Zweitens unterläuft HUCKENBROICH in seiner zweiten Feststellung derselbe Irrtum, der empiristischen Opponenten häufig unterlaufen ist, wenn sie das von Strukturalisten verwendete Wort „voraussetzen" deuten. Er glaubt offenbar, dieses Wort sei in dem – tatsächlich oft benützten – *laxen* Sinn von „als Prämisse (für eine Deduktion) voraussetzen" zu verstehen. Die Wendung „*A* setzt *B* voraus" würde dann besagen: „*A* ist aus *B* sowie weiteren Sätzen ableitbar". (Für „*A*" kann man den von ihm erwähnten ‚Protokollsatz' einsetzen und für „*B*" die fragliche Theorie.). Aber es ist nicht dieser laxe Gebrauch, der z.B. bereits in II/2, S. 45ff. die Bedeutung von „Voraussetzung" bestimmte. Es wurde und wird stets der *strenge* Sinn zugrunde gelegt, wonach „*A* setzt *B* voraus" bedeutet: „aus *A* folgt logisch *B*".

In unserem Fall ist das Vorausgesetzte, also das Gefolgerte, die Gültigkeitsbehauptung der fraglichen Theorie. Dies sei nochmals am Beispiel von *AS* erläutert, wobei wir davon ausgehen, der Satz (I) von 1.3.2 werde u.a. durch Bestimmung der Gewichte der auf *a* befindlichen Objekte überprüft. Der Experimentator untersuche mittels einer Balkenwaage das Gewicht des Kindes x und erhalte als Wert das Gewicht g. Das ‚*Gewicht*'? Woher nimmt er denn das Recht, den erzielten Meßwert „Gewicht" zu nennen? Falls er später den versteckten Elektromagneten entdeckt, der es verhinderte, daß sich die Seite der Waage, auf der sich das Eisengewicht befand, senkte, wird er zugeben, dieses Recht nicht besessen zu haben; denn er hatte durch seine Untersuchung eben nicht *das Gewicht im Sinne der archimedischen Statik* bestimmt. Es wäre dann besser gewesen, ein anderes Wort zu verwenden, etwa „Blabla". Der ‚Protokollsatz': „der Wert von Blabla für x beträgt g" wäre aber bei der Überprüfung von (I) ohne jeden Nutzen gewesen. Nur dann, wenn er davon überzeugt ist, mit Recht unterstellen zu dürfen, daß sein Gebilde b ein *AS* ist, kann das Meßresultat für die Überprüfung von (I) dienlich sein. Aber damit haben wir wieder die zirkuläre Situation: Nur dann, wenn die Gültigkeit von *AS* bereits unterstellt wird, kann sie überprüft werden. (Wir erinnern daran, daß wir die Methode der mengentheoretischen Prädikate benützten und daß daher die Gültigkeitsbehauptung bezüglich einer Theorie nur eine intuitiv einprägsame Art und Weise ist, die Behauptung auszudrücken, daß es Wahrheitsfälle des diese Theorie ausdrückenden Prädikates gibt.)

Möglicherweise ist es von Nutzen, die Hypothesen über das korrekte Funktionieren eines Meßinstrumentes, welches zur Nachprüfung der empirischen Behauptungen einer Theorie *T* dienen soll, in zwei Klassen zu zerlegen. Zur einen Klasse gehören diejenigen Hypothesen, welche in dem Sinn *unproblematisch* sind, daß sie nur die Gültigkeit empirischer Behauptungen *anderer*, ‚zugrunde liegender' Theorien voraussetzen. Zur zweiten Klasse gehören die *problematischen* Hypothesen, in welchen die Gültigkeit der (angeblich) erst zu testenden Theorie vorausgesetzt wird. Dieser zweite Fall ist immer dann gegeben, wenn die Werte *T*-theoretischer Größen im Sinn von SNEED zu bestimmen sind. Zweckmäßigerweise prägt sich der Leser bereits an dieser Stelle, d.h. vor der genaueren Begriffsbestimmung in Kap. 6, die ‚Balzersche Formel' ein, wonach eine Größe in diesem Sneedschen Sinn genau dann *T*-theoretisch ist, wenn jedes Meßmodell für diese Größe (bereits) ein Modell von *T* ist.

Aber, so wird HUCKLENBROICH, gestützt auf seine Überlegungen (a.a.O. S. 286) vermutlich argumentieren: „Es ist doch nicht zu leugnen, daß es Meßverfahren für die Kraft- und Massenfunktion *gibt* und daß daher die einschlägigen Experimente *tatsächlich durchgeführt* werden können." Niemand leugnet dies. Es fragt sich nur, wozu diese Experimente dienen sollen. Angenommen, ein derartiges Experiment soll dazu benützt werden, um das zweite Axiom von NEWTON zu überprüfen. Dann allerdings lautet die Antwort: Unter der Voraussetzung, daß die Vermutung SEEDs bezüglich *m* und *f* in der Theorie *KPM* zutrifft[6], ‚machen sich diese Leute selbst

---

6   Damit an dieser Stelle nicht ein ‚formales' Mißverständnis auftritt, sei hervorgehoben, daß das mengentheoretische Prädikat „*KPM*" auf die Axiomatisierung von MCKINSEY et al. zurückgreift und daß im Rahmen dieser Axiomatisierung das zweite Axiom von NEWTON gemäß unserer Sprechweise das Fundamentalgesetz dieser Theorie ist.

einen blauen Dunst vor'. Hier stößt man tatsächlich auf einen Widerspruch in der Deutung menschlichen Handelns durch SNEED und seine Opponenten. Forscher, ‚die auszuziehen, um das zweite Axiom von NEWTON auf seine empirische Richtigkeit hin zu überprüfen, es also möglicherweise zu falsifizieren', wären nach SNEED als Menschen zu bezeichnen, die einer Illusion nachlaufen. Es wird sich die analoge Situation ergeben wie im Fall von *AS* (dort nur unter der Zusatzannahme (α)). Entweder werden diese Experimentatoren wirklich KPM-unabhängige Messungen vornehmen. Dann wird ihnen jegliches Recht fehlen, die Meßresultate als Werte der Funktionen *m* und *f* zu betrachten, sie in einem weiteren Schritt in die Newtonsche Gleichung einzusetzen und nachzusehen, ‚ob diese Gleichung stimmt'. Oder aber sie messen Werte dieser beiden Größen. Dann können sie das Recht, so zu reden, nur davon ableiten, daß sie an mindestens einer Stelle ihrer Experimente eine Entität benützt haben, von der sie stillschweigend oder ausdrücklich voraussetzen, daß diese das zweite Axiom von NEWTON erfüllt; denn jedes Meßmodell für *m* und ebenso jedes für *f* ist ein Modell von *KPM*. Es ergeht ihnen mit diesem Prinzip wie dem Hasen mit dem Igel. Wie sehr sie sich auch abmühen, das Prinzip zu testen – sie gelangen stets an eine Stelle, wo ihnen dieses Fundamentalgesetz hohnlachend entgegenruft: „Ick bün all hier!"

(Abermals ist man versucht, eine psychologische Parallele zu den Antinomien zu ziehen. In einem rational denkenden Menschen wehrt sich etwas dagegen, zuzugeben, daß widerspruchsvolle Aussagen existieren, die zugleich beweisbar sind. Also hat man durch endlos lange Zeit hindurch immer wieder Pseudoerklärungen dafür zu geben versucht, wieso der *Schein* einer Antinomie auftrete, wo es doch ‚wirkliche Antinomien gar nicht geben kann'. In ähnlicher Weise wehrt sich etwas in uns gegen das Zugeständnis, im empirischen Forschungsverhalten auf Zirkel zu stoßen. Also versucht man, Pseudoerklärungen dafür zu liefern, wieso in den Köpfen der Strukturalisten der *Schein* eines Zirkels zustande kommt, ‚wo es doch in der Realität so etwas nicht geben kann, weil es das nicht geben darf'.)

Noch ein Hinweis zu einer historischen Bemerkung: Auf S. 286 von [Reflections] vertritt HUCKLENBROICH, bezugnehmend auf ein Zitat bei K. POPPER, [Forschung], S. 69, die Auffassung, daß diese Beobachtung im Prinzip bereits von POPPER gemacht worden sei. Dazu kann ich nur sagen: Es erscheint mir als ungeheuer unplausibel, daß man diese Stelle bei POPPER so interpretieren darf. Denn dies hieße nichts Geringeres, als daß POPPER behauptet haben sollte, man stoße in den Naturwissenschaften immer wieder auf Situationen, die man in Aussagen der obigen Gestalt (*B*) festhalten kann, ohne daß er deren Zirkularität erkannt hätte; m.a.W. man müßte POPPER unterstellen, er habe nicht entdeckt, daß ein in folgender Weise zu beschreibendes Vorhaben: „um herauszubekommen, ob dieses Ding die Eigenschaft *F* besitzt, muß man bereits voraussetzen, daß eben dieses Ding die Eigenschaft *F* hat" zirkulär ist.[7] Ich vermute eher, daß die dort zitierte Stelle auf ein interessantes Phänomen aufmerksam macht, auf welches man erst stößt, wenn man nicht Theorien in Isolierung, sondern zusammen mit den zwischen ihnen bestehenden intertheoretischen Relationen betrachtet. Dieselbe Vermutung gilt auch für die dort zitierte Stelle bei LAKATOS [Resesarch Programmes], S. 130. Wenn diese Vermutung stimmt, dann gehören diese Betrachtungen nicht in den Kontext „*T*-Theoretizität", sondern in einen anderen, dem man die Bezeichnung „globale Struktur intertheoretischer Relationen" geben könnte. Während bisher von den ‚Strukturalisten' zu diesem Thema kaum etwas Nennenswertes gesagt worden ist, sind in diesem Buch dafür die Betrachtungen von Kap. 9 einschlägig, insbesondere die mehr philosophischen Überlegungen, die sich vor allem im zweiten Teil dieses Kapitels finden. Das ‚interessante Phänomen', auf welches POPPER möglicherweise aufmerksam machen wollte, betrifft die Möglichkeit, daß man bei genauer Analyse intertheoretischer Beziehungen nicht unbedingt ‚Hierarchien' antreffen muß – was viele Philosophen als selbstverständlich anzunehmen scheinen –, sondern daß man dabei auch auf ‚Schleifen' im Sinn von Kap. 9 stoßen kann.

Die hier gemachten Andeutungen blieben z.T. recht skizzenhaft. Eine detaillierte Diskussion der Ausführungen von HUCKLENBROICH, insbesondere des Textes von S. 285–287, würde sich recht kompliziert gestalten, weil HUCKLENBROICH dort eine von mir in [View], auf S. 18f. behauptete

---

7 Damit will ich nicht ausschließen, daß es in POPPERs [Forschung] ein Analogon zu dem gibt, was oben „die Vermutung von SNEED" genannt worden ist. Um dies herauszufinden, müßte man den gesamten Text bei POPPER allein unter diesem Gesichtspunkt überprüfen. Dies habe ich nicht getan.

Inkonsistenz kritisiert. Eine derartige Inkonsistenz ist weder von SNEED noch von einem anderen Vertreter der strukturalistischen Position behauptet worden. Den Gegenstand der dortigen Inkonsistenzbehauptung bildet eine Klasse von drei metatheoretischen Aussagen, *die ich gewählt hatte*, um das Problem der *T*-theoretischen Terme in etwas anderer und, wie ich hoffte, anschaulicherer und überzeugenderer Gestalt zu formulieren. Wie die Kritik von HUCKLENBROICH zeigt, ist dieser mein Versuch gescheitert, weshalb man ihn am besten vergißt.

Daß sich bei manchen Lesern hier eine starke Verwirrung einstellt, ist nicht weiter verwunderlich. Es sei wieder an die ähnliche psychologische Situation bei der erstmaligen Kenntnisnahme einer Antinomie hingewiesen, um nach Möglichkeit die Reaktion: „das kann SNEED doch nicht im Ernst behaupten wollen!" zu bremsen. Was ist es denn, das SNEED ‚im Ernst meint'? Versuchen wir, es so knapp, aber auch so drastisch wie möglich zu formulieren. Dabei müssen wir uns daran erinnern, daß wir uns auf der Stufe II befinden und daß die folgende These von SNEED auf der beschriebenen Annahme über das Vorkommen theoretischer Terme in modernen physikalischen Theorien beruht. (Auf die Frage der Begründung dieser Annahme kommen wir noch zu sprechen.)

SNEEDS ‚prima-facie-These' könnte man so fassen: Die Physiker intendieren, auf der Grundlage ihrer Theorien empirische Aussagen zu machen. Dies gelingt nicht. Denn nicht einmal die elementarsten Aussagen, die sich mittels einer modernen physikalischen Theorie bilden lassen, sind empirische, d.h. empirisch nachprüfbare Sätze.

Wieder muß man dabei bedenken, daß SNEED bezüglich der empirischen Nachprüfbarkeit keine speziellen Annahmen macht, sondern nur die Erfüllung zweier nicht bestreitbarer Minimalbedingungen verlangt: erstens, daß die in einer empirischen Aussage erwähnten Größen auch tatsächlich gemessen werden können; und zweitens, daß dieser Meßprozeß nicht in einen logischen Zirkel einmünden darf.

Der These wurde die Bezeichnung „prima-facie-These" gegeben. Denn selbstverständlich kann man bei ihr nicht stehen bleiben. *Eine* Folgerung, die man aus der durch sie ausgedrückten Paradoxie ziehen kann, soll in Kap. 11 ausführlich diskutiert werden, nämlich die Erschütterung dessen, was man als das *Fundamentaldogma des wissenschaftlichen Realismus* bezeichnen könnte und das SNEED in die Worte faßt: „Scientists mean what they say". Dies *kann* einfach nicht stimmen, wenn (a) SNEED mit seiner Vermutung recht hat und (b) die Physiker ihre Intentionen bezüglich der mittels ihrer Theorien aufstellbaren empirischen Behauptungen tatsächlich verwirklichen.

Zum Unterschied vom Antinomienfall kann man nämlich sofort eine Lösung des vorliegenden Problems angeben. Sie besteht im Übergang zum verallgemeinerten Ramsey-Satz. Nach SNEEDS Überzeugung hat RAMSEY nicht etwa eine logische Spielerei ersonnen, die sich bestenfalls für die Behandlung gewisser technischer Spezialprobleme besser eignet als die herkömmlichen Verfahren. Vielmehr hat RAMSEY das zutage gefördert, ‚was die Physiker eigentlich meinen'.

Es sei hierbei nochmals an den bereits in 1.3.5 erwähnten *Nachteil* des SNEEDschen Kriteriums in seiner ursprünglichen Fassung erinnert. Wenn wir den Umgang mit Begriffen, wie M_p, M, M_{pp} und Q, die für den neuen Weg charakteristisch sind, als Tätigkeiten innerhalb des *systematischen* Ansatzes von SNEED bezeichnen, dann erfolgt die *Anwendung* des Theoretizitätskriteriums in jedem konkreten Fall einer speziellen Theorie auf *präsystematischer* Ebene. Daher muß die Theoretizitätsbehauptung eine (metawissenschaftliche) *Hypothese* bleiben, die einer strengen Begründung nicht fähig ist, da darin Allquantifikationen vorkommen. Wenn also SNEED die Behauptung aufstellt, daß *Masse m* und *Kraft f KPM*-theoretische Funktionen sind, so spricht er damit die Vermutung aus, daß bezüglich sämtlicher Darstellungen dieser Theorie alle Meßmodelle für m und ebenso alle Meßmodelle für f bereits Modelle der Theorie sind. Diese Hypothese kann durch Plausibilitätsbetrachtungen verschiedenster Art gestützt, aber nicht streng bewiesen werden.

Damit war eigentlich bereits die Aufgabe für eine prinzipielle Verbesserung der Situation vorgezeichnet: Ist es möglich, das auf präsystematischer Ebene anzuwendende Kriterium von SNEED durch ein *innersystematisch* funktionierendes Kriterium zu ersetzen? Diese Aufgabe hat – wie mir scheint mit Erfolg – U. GÄHDE im Prinzip gelöst. Im Kap. 6 soll darüber ausführlich berichtet werden. Im einzelnen ergeben sich gewisse inhaltliche Änderungen gegenüber der Sneed-Intuition, die zum Teil Abschwächungen und zum Teil Verstärkungen bilden. Zwei Aspekte seien vorwegnehmend bereits hier erwähnt: GÄHDE baut in das Kriterium auch zwei Arten von Invarianzen ein, die bislang nicht berücksichtigt worden waren, die Eichinvarianz der Größen und die Invarianz der Gesetze bezüglich der einschlägigen Transformationen, z.B. der Galilei-Transformationen im Fall von *KPM*. Außerdem liefert er für *KPM* eine Begründung dafür, warum man im Theoretizitätskriterium nicht nur, wie SNEED, einen Rückgriff auf das Fundamentalgesetz der Theorie, sondern darüber hinaus auch mindestens ein Spezialgesetz fordern muß. (Dies ist also eine Hinsicht, in der das SNEEDsche Kriterium zu schwach ist. Für den allgemeinen Fall ist die Diskussion über diesen Punkt noch nicht abgeschlossen; vgl. dazu 6.6.)

Damit der Leser nicht abermals den Eindruck bekommt, es solle hier dafür plädiert werden, daß die Annahme des ‚Problems der theoretischen Terme' eine notwendige Bedingung dafür bilde, den strukturalistischen Ansatz zu akzeptieren, sei nochmals ausdrücklich auf die Schlußanmerkung in 1.3.5 verwiesen.

Mit der Unterscheidung zwischen Fundamentalgesetz und Spezialgesetzen stoßen wir bereits auf die zweite Kritik von HÜBNER (a.a.O. S. 296–298). Er fragt nach den Kriterien für diesen Unterschied. Man könnte auch sagen: Er fragt nach den *Identitätskriterien für eine Theorie*. Diese Frage wird ab Kap. 2 wiederholt und unter verschiedenen Gesichtspunkten zur Sprache kommen, so daß wir uns hier ganz kurz fassen können. In die neue Sprechweise übersetzt, handelt es sich darum, was in den Kern des als Basis (des Netzes) gewählten Theorie-Elementes einzubeziehen ist, und was in die Kerne der Spezialisierungen dieser Basis ‚abgeschoben' werden soll. Wenn wir dabei für den Augenblick die Querverbindungen vernachlässigen, geht es genau um den Unterschied zwischen Fundamentalgesetz und Spezialgesetzen. (In dasjenige, was in II/2 „erweiterter Strukturkern" genannt worden ist, wurden sämtliche Spezialgesetze ‚summarisch zusammengeworfen' und mittels der Relation α den für sie bestimmten intendierten Anwendungen zugeordnet.) Eine notwendige Bedingung dafür, um als Fundamentalgesetz akzeptierbar zu sein, ist in der Forderung enthalten, daß es sich um ein *Verknüpfungsgesetz* handeln müsse, daß darin also verschiedene Funktionen miteinander verknüpft werden. Dies ist zugleich als Abgrenzung ‚nach oben' benützbar, nämlich als Abgrenzung gegenüber den ‚rein begrifflichen' Festlegungen in M_p. NEWTONS zweites Axiom erfüllt diese Forderung in idealer Weise, denn darin kommen alle Grundterme s, m und f der Theorie vor. Das actio-reactio-Prinzip hingegen erfüllt diese Bedingung nicht, da es nur die Kraftfunktion enthält. Eine zweite notwendige Bedingung für die Auszeichnung als Fundamentalgesetz ist die Geltung in *allen* intendierten Anwendungen. Charakteristisch für Spezialgesetze ist dagegen, daß sie nur in bestimmten intendierten Anwendungen gelten. Auch dieser Aspekt spricht für die Aufnahme des zweiten Axioms in die Definition von *KPM* und gegen die Aufnahme des actio-reactio-Prinzips. Dieser zweite Aspekt ist auch mutatis mutandis auf die Querverbindungen anwendbar. In den Basiskern aufzunehmende Querverbindungen gelten ‚quer über alle Anwendungen'. Ein Beispiel dafür bildet die Extensivität der Massenfunktion. (Intuitive Gegenprobe: Ein nach seinen Versicherungen in NEWTONscher Tradition arbeitender Physiker mache Berechnungen, in denen einem Komplex aus zwei Körpern eine Masse zugeteilt wird, die verschieden ist von den Summen der Massen der beiden Körper. In einem solchen Fall würde man seinen Versicherungen nicht mehr Glauben schenken, sondern sagen, daß der betreffende Physiker nicht den traditionellen Rahmen beibehalten und bloß innerhalb dieses Rahmens eine kleine Änderung vorgenommen habe, sondern daß er versuche, eine neuartige Theorie aufzubauen, nämlich eine mit nicht-extensiver Massenfunktion.) Spezielle Querverbindungen sind dagegen mit Spezialgesetzen verknüpft. (Als Beispiel hierfür vgl. etwa in der ‚realistischen Miniaturtheorie' T^* von Kap. 7 die Forderung nach Gleichheit der HOOKEschen Konstanten in denjenigen Anwendungen, in welchen das Gesetz von HOOKE gelten soll.)

Damit soll nicht geleugnet werden, daß es strittige Grenzfälle geben kann, so daß die Frage u.U. durch Festsetzung zu entscheiden ist. Wie wir später sehen werden, ist es aber für viele Zwecke unerheblich, ob man ein Theoriennetz ‚so weit auseinanderzieht wie möglich', wozu gewöhnlich der Wissenschaftsphilosoph aus logischen oder epistemologischen Erwägungen neigt, oder ob man es ‚teilweise zusammenschrumpfen läßt', was mehr der Denkweise des mit dem mathematischen Apparat der Theorie arbeitenden Physikers entspricht. (Vgl. dazu auch die Diskussion in Abschn. 14.2.3.)

Unsere Antwort auf die Frage könnte man somit so zusammenfassen: Meist sind die Identitätskriterien für eine (Rahmen-)Theorie genau formulierbar; und wo sie es nicht sind, ist dies auch kein Unglück.

Noch eine Bemerkung zu den intendierten Anwendungen. Ohne dies ausdrücklich zu sagen, haben wir hier stets die in 1.2 geschilderte Auffassung von den intendierten Anwendungen einer Theorie zugrunde gelegt. Da HÜBNER diesen Aspekt nicht kritisiert, sei hier nur vollständigkeitshalber angeführt, was davon im Kontext des gegenwärtigen Abschnittes von Relevanz ist und was nicht. Vorausgesetzt haben wir erstens stets, daß eine Theorie mehrere intendierte Anwendungen hat, die sich überdies partiell überschneiden, und zweitens, daß die Gesamtmenge I aller intendierten Anwendungen (fast immer) in dem Sinn eine offene Menge ist, daß es nicht möglich ist, exakte notwendige *und hinreichende* Bedingungen für die Zugehörigkeit zu I zu formulieren. *Nicht* vorausgesetzt hingegen haben wir hier, daß stets die WITTGENSTEINsche ‚Methode der paradigmatischen Beispiele' zur Anwendung gelangt, wie dies in II/2, Kap. IX, Abschn. 4 („Was ist ein Paradigma?") geschildert wurde. Die Menge I kann auch auf ganz andere Weise zustande kommen. Der eben zitierte Abschnitt von II/2 sollte einerseits einen Lösungsansatz für die philosophiegeschichtliche Aufgabe bilden, den WITTGENSTEINschen Begriff des Paradigmas mit dem davon scheinbar vollkommen verschiedenen bei T.S. KUHN in Verbindung zu bringen, und andererseits die Beobachtung SNEEDS schildern und analysieren, daß WITTGENSTEINS Betrachtungen zum Thema „Spiel" im Prinzip übertragbar sind auf die intendierten Anwendungen der NEWTONschen Theorie.

Die obige Stellungnahme zum zweiten Kritikpunkt HÜBNERS impliziert die Antwort auf einige weitere Fragen, auf die wir hier aus Raumgründen nicht eingehen können. Nur eine sei noch erwähnt, da sie teilweise in einen anderen Kontext gehört, nämlich die a.a.O. auf S. 297 aufgeworfene Frage, „was empirisch geopfert werden kann." Hierauf geben wir die radikal holistische Antwort: „Prinzipiell alles." Die Frage ist nur, welche der offen stehenden Revisionsalternativen zu bevorzugen sind. Dieses Problem wird in Kap. 7 anhand eines detaillierten Beispieles erörtert, und es wird dabei versucht zu zeigen, daß auch hier die Strategie von QUINE zutrifft und daß sich seine ‚Präferenzordnung zwischen den Alternativen' sogar erheblich verbessern und präzisieren läßt.

HÜBNERS dritter Kritikpunkt betrifft das Thema „Theoriendynamik". Hier sind zwei Zugeständnisse zu machen. Erstens ist, wie auch die Reaktion anderer Kritiker zeigt, durch gewisse unvorsichtige Formulierungen in II/2 der falsche Eindruck entstanden, als werde damit der Anspruch erhoben, irgend welche geschichtliche Tatsachen erklären zu wollen. Die eingehende Beschäftigung mit KUHN im Kap. IX von II/2 dürfte diesen Eindruck begünstigt haben. Aber ein derartiger Anspruch wurde gar nicht erhoben. Zweitens sind verschiedene von HÜBNER erwähnte und kritisierte Begriffsbestimmungen in der Tat unbefriedigend und wurden mittlerweile durch andere ersetzt.

Zunächst zum ersten. Die meisten Wissenschaftsphilosophen, die sich mit den Schriften von T.S. KUHN beschäftigten, vertreten die Auffassung, daß man seine Schilderungen und Erklärungen nur akzeptieren könne, wenn man den Naturforschern, von denen er handelt, eine irrationale Haltung unterstellt und wenn man überdies als Wissenschaftsphilosoph eine ganz bestimmte – gewöhnlich als epistemologisch unhaltbar angesehene – Form des Subjektivismus und Relativismus einnimmt. Der ‚Sneed-Formalismus' sollte dort nur dazu verwendet werden, um aufzuzeigen, daß und warum dieses Bild, das sich Philosophen von KUHN und seinen Ideen machen, falsch ist. Insbesondere ging es darum, KUHN zu ‚entirrationalisieren', wenn man dieses unschöne Wort verwenden darf. So z.B. kann man den als „Theorienverdrängung" bezeichneten Vorgang auch ohne Unterstellung einer irrationalen Haltung der Beteiligten verstehen, wenn man nämlich die verschiedenen Arten von Theorienimmunität beachtet, also etwa diejenige, welche sich aus dem Vorkommen T-theoretischer Größen ergibt[8], oder die, welche aus der Offenheit der Menge I folgt. Doch hier verweisen wir besser auf Kap. 12, wo das komplizierte Geflecht von Beziehungen zwischen den Ideen KUHNs und SNEEDs in hoffentlich differenzierterer Weise erörtert wird als in früheren Publikationen.

Zum Abschluß sei wenigstens noch *eine* Präzisierung erwähnt, nämlich die des Begriffs *Normalwissenschaft* bei T.S. KUHN. Dieser von MOULINES stammende Explikationsversuch findet sich in Kap. 3. Darin wird zum einen der prozessuale Charakter dieses Phänomens in den Vordergrund gerückt – d.h. dieser KUHNsche Ausdruck wird so verstanden, daß er keinen Zustand, sondern einen Vorgang beschreibt – und zum anderen werden als ‚Träger' dieses Prozesses nicht einzelne Individuen, sondern Forschergemeinschaften genommen. Der Prozeß wird rekonstruiert als eine bestimmte historische Folge pragmatisch bereicherter Theoriennetze, genannt „Theorienevolution". Und es wird dann die Auffassung vertreten, daß ein normalwissenschaftlicher Prozeß im Sinn von KUHN sehr häufig identifiziert werden kann mit einer Theorienevolution, für die ein Paradigma existiert. (Das Wort „Paradigma" ist hier nicht etwa im KUHNschen Sinn mit all seinen Vagheiten und Mehrdeutigkeiten zu verstehen, sondern als ein scharf definierter Begriff, bei dem ein früherer Gedanke von mir aufgegriffen wird, darunter ein in bestimmter Weise ausgezeichnetes Theorie-Element zu verstehen; vgl. dazu in Kap. 3 die beiden Definitionen D3–6 und D3–7.) Zweierlei ist damit gezeigt: Erstens, daß der KUHNsche Begriff mit einem adäquaten und präzisen Sinn ausgestattet werden kann, aus dem sich unmittelbar ergibt, wie sehr gewisse Kritiker bei diesem Begriff der Sache nach daneben gegriffen haben. Zweitens wird hier an einem exemplarischen Beispiel demonstriert, daß die systematische Wissenschaftstheorie nicht zwangsläufig auf Momentfotografien beschränkt bleibt, sondern prinzipiell in der Lage ist, zwar nicht geschichtliche Vorgänge zu erklären, aber zu deren historischem Verständnis beizutragen.

Literatur

BALZER, W. [Messung], *Messung im strukturalistischen Theorienkonzept*, Habilitationsschrift, München 1982 (erscheint unter dem Titel *Theorie und Messung* bei Springer).

BALZER, W. und J.D. SNEED [Net Structures I], „Generalized Net Structures of Empirical Theories. I", *Studia Logica* Bd. 36/3(1977), S. 195–211. Deutsche Übersetzung in: W. BALZER und M. HEIDELBERGER (Hrsg.), *Zur Logik Empirischer Theorien*, Berlin-New York 1983.

---

[8] Hier könnte ergänzend folgendes hinzugefügt werden: Der an die Stelle des Fundamentalgesetzes von *KPM* tretende und daher prinzipiell als empirische Aussage *intendierbare* Ramsey-Sneed-Satz ist de facto empirisch gehaltleer, da mathematisch beweisbar. Vgl. dazu die Schilderung des von GÄHDE erbrachten Nachweises für den Fall von *KPM* in Kap. 7.

BALZER, W. und J.D. SNEED [Net Structures II], ,,Generalized Net Structures of Empirical Theories. II", *Studia Logica* Bd. 37/2 (1978), S. 167–194. Deutsche Übersetzung in: W. BALZER und M. HEIDELBERGER (Hrsg.), *Zur Logik Empirischer Theorien*, Berlin-New York 1983.

FEYERABEND, P. [Changing Patterns], ,,Changing Patterns of Reconstruction", *The British Journal for the Philosophy of Science*, Bd. 28/4 (1977), S. 351–369.

GÄHDE, U. [T-Theoretizität], *T-Theoretizität und Holismus*, Dissertation München, Frankfurt 1983.

GÄHDE, U. und W. STEGMÜLLER, ,,An Argument in Favour of the Duhem-Quine-Thesis from the Structuralist Point of View", in: L.E. HAHN und P.A. SCHILPP (Hrsg.), *The Philosophy of W.V. Quine*, La Salle, Il., voraussichtlich 1986.

HUCKLENBROICH, P. [Reflections], ,,Epistemological Reflections on the Structuralist Philosophy of Science", *Metamedicine*, Bd. 3 (1982), S. 279–296.

HÜBNER, K. [Kritik], *Kritik der wissenschaftlichen Vernunft*, 2. Aufl. Freiburg/München 1979.

LAKATOS, I. [Research Programmes], ,,Falsification and the Methodology of Scientific Research Programmes", in: I. LAKATOS und A. MUSGRAVE (Hrsg.), *Criticism and the Growth of Knowledge*, Cambridge 1970, S. 91–195.

POPPER, K.R. [Forschung], *Logik der Forschung*, 4. Aufl. Tübingen 1971.

SNEED, J.D. *The Logical Structure of Mathematical Physics*, Neues Vorwort, 2. Aufl. Dordrecht 1979.

STEGMÜLLER, W. [View], *The Structuralist View of Theories*, Berlin-Heidelberg-New York 1979.

STEGMÜLLER, W. [Neue Wege], *Neue Wege der Wissenschaftsphilosophie*, Berlin-Heidelberg-New York 1980.

Kapitel 2
Theorie-Elemente, Theoriennetze und deren empirische Behauptungen

Nach den in Kap. 1 gegebenen ausführlichen Schilderungen gehen wir in diesem Kapitel dazu über, die wichtigsten Rahmenbegriffe des strukturalistischen Theorienkonzeptes in der vereinfachten und verbesserten Neufassung zu definieren. Dabei wird es im allgemeinen genügen, die Definitionen mit kurzen Erläuterungen zu versehen. Nur bei der empirischen Behauptung von Theoriennetzen müssen wir etwas länger verweilen, da hier zunächst gewisse Unklarheiten bestanden, die erst später behoben worden sind.

Allerdings werden wir uns vorläufig darauf beschränken, diese Begriffe als *allgemeine* Begriffe einzuführen, wie wir dies jetzt nennen. Solche allgemeinen Begriffe sind insbesondere die Begriffe der Matrix, der Klasse von potentiellen Modellen sowie der Klasse von Modellen.

Gegen die im folgenden beschriebene *allgemeine* Fassung dieser Begriffe sind eine Reihe von Bedenken vorgetragen worden. Diesen werden wir im Kap. 5 dadurch Rechnung tragen, daß wir die fraglichen Begriffe dort als wesentlich schärfere, also speziellere Begriffe einführen. Zum Unterschied von den hier definierten Begriffen werden wir dann von *typisierten* Begriffen sprechen, da wir einen präzisen Begriff des Typus verwenden werden. Insbesondere wird an die Stelle des hier benützten Begriffs der Matrix (D2-1) der Begriff der *typisierten Klasse von mengentheoretischen Strukturen* (D5-5) treten; und die Stelle der allgemeinen Klassen von potentiellen Modellen und von Modellen werden diese beiden *als Strukturspecies* eingeführten Klassen einnehmen.

Diejenigen Leser, welche an den in Kap. 5 entwickelten technischen Feinheiten, die den formalen Apparat betreffen, weniger interessiert sind, brauchen sich diese Einzelheiten nicht anzueignen, um zur Lektüre eines späteren Kapitels überzugehen. Vielmehr können sie sich, wo immer sie dort auf Ausdrücke, wie „typisierte Klasse" oder „Strukturspecies", stoßen, mit dem Gedanken beruhigen, daß in Kap. 5 alle Grundbegriffe zusätzlich auf solche Weise präzisiert wurden, daß dagegen vorgebrachte formale Bedenken gegenstandslos werden. An die Art und Weise, *wie* diese Präzisierung vorgenommen worden ist, brauchen sie sich dabei nicht mehr zu erinnern.

Dies darf jedoch nicht dahingehend mißverstanden werden, als habe die Einführung allgemeiner Begriffe im vorliegenden Kapitel nur psychologische und didaktische Gründe. Wenn es nämlich auch aufgrund der später angeführten Argumente als ratsam erscheinen mag, typisierte Begriffe zu benützen, so besteht dafür doch vorläufig keine zwingende Notwendigkeit. Insofern ist das Arbeiten mit den allgemeinen Begriffen prinzipiell zulässig. Sollte es sich später als zweckmäßig oder in gewissen Kontexten vielleicht sogar als unbedingt erforderlich erweisen, nur mit typisierten Begriffen zu arbeiten, so können die entsprechenden ‚Typisierungsforderungen' jederzeit nachgeholt werden. Voraussetzung dafür ist nur, daß dann die typisierten Begriffe in der in Kap. 5 präzisierten Form zur Verfügung stehen.

D2-1 X ist eine $\begin{cases} l+n \\ l+m+k \end{cases}$-Matrix gdw

(1) X ist nicht leer;
(2) l, m, k (bzw. n) $\in \mathbb{N}$ und $0 < l$ und $0 < m$ ($0 < n$);
(3) für alle $x \in X$ gibt es $D_1, \ldots, D_l, n_1, \ldots, n_m, t_1, \ldots, t_k$, so daß $x = \langle D_1, \ldots, D_l, n_1, \ldots, n_m, t_1, \ldots, t_k \rangle$ (wobei n = m + k).

Kommentar: Bei einer Matrix einer empirischen Theorie handelt es sich um eine Menge von Entitäten, die möglicherweise die mathematische Grundstruktur dieser Theorie besitzen. Jede Matrix ist eine nichtleere Menge (1), deren Elemente l + m + k-Tupel (bzw. l + n-Tupel) sind. In jedem dieser Tupel treten l Mengen, m nicht-theoretische Terme und k theoretische Terme (l, m, k $\in \mathbb{N}$, $0 < l$ und $0 < m$) auf (2), (3). Bei den theoretischen bzw. nicht-theoretischen Termen handelt es sich um Funktionen oder – allgemeiner – Relationen. Wird nicht zwischen theoretischen und nicht-theoretischen Termen unterschieden, so spricht man statt von einer l + m + k-Matrix von einer l + n-Matrix, wobei n die Gesamtanzahl der in jedem Element dieser Matrix auftretenden Funktionen bzw. Relationen bezeichnet.

D2-2 (a) M_p ist eine *(allgemeine) Klasse potentieller Modelle vom Typ l − m − k für eine Theorie* gdw gilt: M_p ist eine l + m + k-Matrix.

(b) M_p sei definiert wie in (a). Dann ist M eine *(allgemeine) Klasse von Modellen für* M_p gdw $M \subseteq M_p$.

(c) M_p sei definiert wie in (a). Dann ist M_{pp} eine *Klasse partieller potentieller Modelle für* M_p gdw

$$M_{pp} := \{\langle D_1, \ldots, D_l, r_1, \ldots, r_m \rangle | \vee r_{m+1} \ldots \vee r_{m+k}$$
$$(\langle D_1, \ldots, D_l, r_1, \ldots, r_m, r_{m+1}, \ldots, r_{m+k} \rangle \in M_p)\}.$$

(d) Es sei M_p definiert wie in (a). Q ist eine *Querverbindung* (ein *Constraint*) *für* M_p gdw

(1) $Q \subseteq Pot(M_p)$;
(2) $\phi \notin Q$;
(3) für alle $x \in M_p$ gilt: $\{x\} \in Q$.

Kommentar: Wie in (a) angegeben, handelt es sich bei einer Klasse M_p potentieller Modelle vom Typ $1-m-k$ um eine $1+m+k$-Matrix. Innerhalb einer solchen Klasse M_p potentieller Modelle wird eine Klasse M von Modellen für M_p als (echte oder unechte) Teilklasse ausgegrenzt (b). Weiterhin kann aus M_p eine Klasse M_{pp} partieller potentieller Modelle gebildet werden, indem in jedem potentiellen Modell $x \in M_p$ die theoretischen Funktionen ‚weggestrichen' werden (c).

Querverbindungen (auch „Constraints" genannt) können als Teilklassen der Potenzmenge von M_p eingeführt werden; ihre Elemente sind folglich Klassen potentieller Modelle ((d), (1)). In (d), (2) wird gefordert, daß die leere Menge kein Element eines Constraints ist. Forderung (d), (3) ist wie folgt zu interpretieren: Querverbindungen sollen einschränkende Bedingungen nur für Klassen potentieller Modelle darstellen, nicht jedoch für einzelne, isoliert betrachtete potentielle Modelle. Folglich ist zu fordern, daß jede Klasse, die genau ein potentielles Modell enthält, ein Element von Q ist.

Querverbindungen heißen *transitiv*, wenn gilt:

$$\wedge X, Y(X \in Q \wedge Y \subseteq X \wedge Y \neq \emptyset \to Y \in Q).$$

D2-3 (a) K ist ein *Kern für ein Theorie-Element* gdw es M_p, M, M_{pp} und Q gibt, so daß
(1) $K = \langle M_p, M, M_{pp}, Q \rangle$;
(2) M_p ist eine (allgemeine) Klasse potentieller Modelle für eine Theorie;
(3) M ist eine (allgemeine) Klasse von Modellen für M_p;
(4) M_{pp} ist eine Klasse von partiellen potentiellen Modellen für M_p;
(5) Q ist eine Querverbindung für M_p.
(b) Falls $K = \langle M_p, M, M_{pp}, Q \rangle$ ein Kern für ein Theorie-Element ist, so ist I eine *Menge intendierter Anwendungen für K* gdw $I \subseteq M_{pp}$ ($I \subseteq Pot(M_{pp})$).

Kommentar: Unter einem Kern eines Theorie-Elements wird ein Quadrupel verstanden, in dem eine Klasse M_p potentieller Modelle, eine Klasse M von Modellen, eine Klasse M_{pp} partieller potentieller Modelle sowie ein Constraint Q auftreten. (Falls mehrere Querverbindungen in dem betreffenden Kern erfaßt werden sollen, kann Q als Durchschnitt dieser verschiedenen – extensional gedeuteten – Constraints interpretiert werden.)

Für die Anwendungsklasse I wird nur gefordert, daß es sich um eine Teilklasse der Klasse M_{pp} der partiellen potentiellen Modelle handelt. Eine andere Möglichkeit besteht darin, zu fordern, daß es sich bei I um eine Teilklasse von $Pot(M_{pp})$ handelt (Ausdruck in Klammern). In dieser Sichtweise stellen die Anwendungen aus I keine einzelnen partiellen potentiellen Modelle, sondern Klassen derartiger partieller potentieller Modelle dar. So würden entsprechend dieser Sichtweise etwa alle harmonischen Schwingungsvorgänge zusammen als *eine* Anwendung der klassischen Mechanik aufgefaßt werden.

Restriktionsfunktionen, die jedem potentiellen Modell das ‚zugehörige' partielle potentielle Modell, jeder Menge potentieller Modelle die ‚zugehörige' Menge partieller potentieller Modelle usw. zuordnen, können wie folgt rekursiv definiert werden:

$r^i : \mathfrak{P}^i(M_p) \to \mathfrak{P}^i(M_{pp})$;
$r^0(\langle D_1,\ldots,D_l,n_1,\ldots,n_m,t_1,\ldots,t_k\rangle) := \langle D_1,\ldots,D_l,n_1,\ldots,n_m\rangle$;
für $x \in \mathfrak{P}^{i+1}(M_p)$ ist $r^{i+1}(x) := \{r^i(y) | y \in x\}$.

Dabei wird von der iterierten Potenzfunktion Gebrauch gemacht, die wie folgt definiert werden kann:
Sei M eine nichtleere Menge und $Pot(M)$ die Potenzmenge von M. Dann sei:

$\mathfrak{P}^0(M) := M$;
$\mathfrak{P}^{n+1}(M) := Pot(\mathfrak{P}^n(M))$.

D2-4 (a) T ist ein (*allgemeines*) *Theorie-Element* gdw es K und I gibt, so daß
(1) $T = \langle K, I \rangle$;
(2) $K = \langle M_p, M, M_{pp}, Q \rangle$ ist ein Kern für ein Theorie-Element;
(3) I ist eine Menge intendierter Anwendungen für K.
(b) T sei definiert wie in (a). Dann ist der *empirische Gehalt* von K $\mathbb{A}(K)$ von K definiert durch
$\mathbb{A}(K) := r^2(Pot(M) \cap Q)$
$[\mathbb{A}(K) := \{X | \vee Y(r^1(Y) = X \wedge Y \subseteq M \wedge Y \in Q)\}]$.
(c) T sei definiert wie in (a). Dann ist die *empirische Behauptung von T* der Satz:
$I \in \mathbb{A}(K)$
$[I^A \subseteq \mathbb{A}(K)]$.

Kommentar: Unter einem *Theorie-Element T* wird ein geordnetes Paar $\langle K, I \rangle$, bestehend aus einem Kern K und einer Menge I intendierter Anwendungen, verstanden (a).

Der *empirische Gehalt* $\mathbb{A}(K)$ ist eine Teilmenge der Potenzmenge von M_{pp}. Bei den Elementen von $\mathbb{A}(K)$ handelt es sich folglich um Mengen partieller potentieller Modelle. Diese Mengen zeichnen sich durch die folgende Eigenschaft aus: Sie können zu Mengen von Modellen ergänzt werden, und zwar so, daß zwischen den einzelnen, bei der Ergänzungsbildung erhaltenen Modellen die im Constraint Q zusammengefaßten Querverbindungen bestehen (b).

Die *empirische Behauptung von T* besteht in dem Satz, daß die ‚reale' Menge intendierter Anwendungen I ein Element des empirischen Gehalts $\mathbb{A}(K)$ von K ist (c). (Der Ausdruck in Klammern bezieht sich wiederum auf die zweite, im Kommentar zu D2-3 erläuterte Explikation des Begriffs „Anwendungsklasse"; das angefügte „A" soll andeuten, daß es sich bei den Elementen von I^A um ‚Anwendungs*arten*' handelt.)

Diese letztgenannten Definitionsteile (4)(b) und (c) kann man sich an Hand der folgenden Skizze verdeutlichen:

Theorie-Elemente, Theoriennetze und deren empirische Behauptungen 101

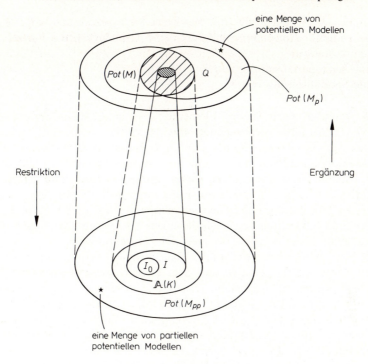

Fig. 2-1

Eine intuitive Erläuterung dieses Bildes wurde bereits in 1.4.2 gegeben.

D2-5 (a) Seien $K=\langle M_p, M, M_{pp}, Q\rangle$ und $K'=\langle M'_p, M', M'_{pp}, Q'\rangle$ Kerne für Theorie-Elemente. K' ist eine *Kernspezialisierung* (im ‚naiven Sinn') von K gdw
  (1) $M'_{pp} = M_{pp}$ (allgemeiner: $M'_{pp} \subseteq M_{pp}$)
  (2) $M'_p = M_p$ (allgemeiner: $M'_p \subseteq M_p$);
  (3) $M' \subseteq M$;
  (4) $Q' \subseteq Q$.
 (b) T und T' seien Theorie-Elemente. T' ist *Spezialisierung* (im ‚naiven Sinn') von T gdw
  (1) K' ist Kernspezialisierung von K (im naiven Sinn);
  (2) $I' \subseteq I$.

Kommentar: Sei K Kern eines Theorie-Elements. Bei einer Kernspezialisierung von K bleiben die Klasse der partiellen potentiellen Modelle sowie die Klasse der potentiellen Modelle unverändert; dagegen tritt an die Stelle von M eine Teilmenge von M; ebenso tritt an die Stelle des Constraints Q ein Constraint Q', der eine Teilmenge von Q ist. Im Normalfall wird es sich dabei um echte Teilmengen handeln. Bei der in Klammern angegebenen (allgemeineren) Formulierung wird zudem zugelassen, daß auch an die Stelle der Mengen M_{pp} bzw. M_p jeweils Teilmengen treten (a). Bei einer Spezialisierung eines Theorie-

Elements $T=\langle K, I\rangle$ wird der Kern K durch eine Kernspezialisierung K' und die Menge intendierter Anwendungen I durch eine Teilmenge von I ersetzt.
Spätere Notation:
K' ist eine Kernspezialisierung von K: $\quad K'\sigma K$;
T' ist eine Spezialisierung von T: $\quad T'\sigma T$.

D2-6 T und T' seien Theorie-Elemente. T' ist eine *Theoretisierung von T* (T wird in T' vorausgesetzt) gdw $M'_{pp} \subseteq M$.

Kommentar: Zum Verständnis dieser Definition ist zu beachten, daß die im strukturalistischen Theorienkonzept vorgenommene Unterscheidung zwischen theoretischen und nicht-theoretischen Funktionen bzw. Relationen stets auf konkrete, vorgebene empirische Theorien relativiert wird: Eine Funktion (oder Relation) kann theoretisch bezüglich der einen Theorie und nicht-theoretisch bezüglich einer anderen sein (Beispiel: Die Druckfunktion ist theoretisch bezüglich der klassischen Mechanik, aber nicht-theoretisch bezüglich der Thermodynamik.) Der Gedanke, der dem Begriff der ‚Theoretisierung‘ zugrunde liegt, besteht in folgendem: Seien T, T' zwei verschiedene Theorie-Elemente. Dann kann der Fall eintreten, daß jedes partielle potentielle Modell von T' zugleich ein Modell von T ist. Die möglichen intendierten Anwendungen von T' werden also unter Zuhilfenahme von T – nämlich als Elemente der Modellmenge M von T – beschrieben. In diesem Sinn setzt T' das Theorie-Element T voraus. Die theoretischen Funktionen bezüglich T sind in diesem Fall nicht-theoretische Funktionen bezüglich T'.

D2-7 X ist ein *Theoriennetz* gdw es ein N und $\preccurlyeq$ gibt, so daß
(1) $X = \langle N, \preccurlyeq \rangle$;
(2) N ist eine endliche Menge von Theorie-Elementen (im Sinn von D2-4, (a));
(3) $\preccurlyeq \subseteq N \times N$;
(4) $\wedge T \wedge T'_{T, T' \in N}(T' \preccurlyeq T \leftrightarrow T'$ ist eine Spezialisierung von $T)$;
(5) $\wedge \langle K, I\rangle, \langle K', I'\rangle \in N(I = I' \to K = K')$.

Kommentar: Bei einem Theoriennetz handelt es sich um ein geordnetes Paar, bestehend aus einer Menge N und einer Relation $\preccurlyeq$. (Es wurde das geschweifte „$\preccurlyeq$" verwendet, um zu verdeutlichen, daß es sich bei dieser Relation *nicht* um die übliche ‚kleiner-gleich-Relation‘ handelt.) N ist eine (endliche) Menge von Theorie-Elementen; $\preccurlyeq$ ist als Spezialisierungsrelation im Sinn von D2-5, (b) zu interpretieren. Durch die Aufnahme von Bedingung (5) in D2-7 soll ausgeschlossen werden, daß für gleiche Anwendungsklassen I, I' verschiedene Theoriekerne verwendet werden.

Die folgenden Ausführungen haben zum Ziel, eine Beziehung zwischen dem Begriff des Theoriennetzes und dem abstrakten mathematischen Netzbegriff (vgl. etwa ERNÉ, *Einführung in die Ordnungstheorie*, Mannheim 1982) herzustellen.

Zunächst einige Hilfsdefinitionen:
R sei eine zweistellige Relation, die auf einer Grundmenge X definiert ist:

$R \subseteq X \times X$.

R ist eine *QO* (*Quasiordnung*) gdw

(1) $\wedge x_{x \in X}(xRx)$ (R ist reflexiv);
(2) $\wedge x, y, z_{x,y,z \in X}$ $(xRy \wedge yRz \rightarrow xRz)$ (R ist transitiv).

R ist *antisymmetrisch* gdw

$\wedge x, y_{x,y \in X}$ $(xRy \wedge yRx \rightarrow x=y)$.

R ist eine *Halbordnung* (*partielle Ordnung*) *PO* gdw

R ist eine *QO* und R ist antisymmetrisch.

R ist *konnex* oder *total* gdw

$\wedge x, y_{x,y \in X}$ $(xRy \vee yRx)$

R ist eine *totale Halbordnung* (eine ‚lineare Ordnung', eine ‚Ordnung') gdw

R ist eine *PO* und konnex.

$\langle N, \leqslant \rangle$ ist ein *Netz* (im abstrakten Sinn) gdw

(1) N ist eine nichtleere Menge;
(2) $\leqslant$ ist eine zweistellige Relation auf N, d.h.
$\leqslant \subseteq N \times N$;
(3) $\wedge x_{x \in N}$ $(x \leqslant x)$;
(4) $\wedge x, y, z_{x,y,z \in N}$ $(x \leqslant y \wedge y \leqslant z \rightarrow x \leqslant z)$;
(5) $\wedge x, y_{x,y \in N}$ $(x \leqslant y \wedge y \leqslant x \rightarrow x=y)$.

Die Formel „$x \leqslant y \wedge y \leqslant x$" kürzen wir definitorisch ab durch „$x \sim y$".
$\sim$ ist offenbar eine reflexive, transitive und symmetrische Relation, d.h. eine Äquivalenzrelation.

Hilfssatz *Ein Netz ist eine PO.*

Th. 2-1 *Wenn $\langle N, \leqslant \rangle$ ein Theoriennetz ist, dann ist $\langle N, \leqslant \rangle$ ein Netz im abstrakten Sinn.*

D2-8 Es sei $X = \langle N, \leqslant \rangle$ ein Theoriennetz. Dann:
(a) $\wedge T, T'_{T,T' \in N}(T' \sim T \leftrightarrow T' \leqslant T \wedge T \leqslant T')$
(b) $\mathfrak{B}(X) := \{T \mid T \in N \wedge \wedge T'_{T' \in N}(T \leqslant T' \rightarrow T \sim T')\}$
(c) X ist *zusammenhängend* gdw
$\wedge T, T'[T, T' \in \mathfrak{B}(X) \rightarrow \vee T^*_{T^* \in N}(T^* \leqslant T \wedge T^* \leqslant T')]$
(d) X besitzt eine *eindeutige Basis* gdw es ein
$\langle K, I \rangle \in N$ gibt, so daß $\mathfrak{B}(X) = \{\langle K, I \rangle\}$.

Kommentar: In (a) wird festgelegt, daß für zwei Theorie-Elemente T, T' $T \sim T'$ gilt gdw T' eine Spezialisierung von T ist und umgekehrt. Bei der in (b) eingeführten Klasse $\mathfrak{B}(X)$ handelt es sich um die Klasse der *Basiselemente*, d.h. um die Klasse derjenigen Theorie-Elemente, aus denen alle anderen Theorie-Elemente durch Spezialisierung hervorgehen. Gemäß (c) heißt ein Theoriennetz zusammenhängend gdw es für zwei Basiselemente T, T' mindestens ein Theorie-Element gibt, das eine Spezialisierung sowohl von T als auch von T' darstellt. Nach (d) besitzt ein Theoriennetz eine eindeutige Basis gdw in ihm nur ein Basiselement vorkommt.

Daß ein Netz mit eindeutiger Basis einen Spezialfall eines Theoriennetzes darstellt, zeigt, daß prinzipiell auch Netze mit mehreren Basiselementen zugelassen sind. Intuitiv gesprochen würde es sich dabei um Theorien handeln, die mindestens zwei ‚Eingänge' besitzen. Ein Beispiel hierfür bildet vielleicht die Quantenmechanik, sofern man die Auffassung derjenigen Theoretiker zugrunde legt, die eine ‚Quantenphysik ohne Beobachter' für unmöglich halten. Hier wäre mindestens ein ‚Eingang' als Basiselement im üblichen Sinn einzuführen, während ein anderer ‚Eingang' als ein als Theorie-Element rekonstruierter idealisierter Beobachter oder als idealisiertes Meßinstrument zu interpretieren wäre.

D 2-9 Es seien $X = \langle N, \preccurlyeq \rangle$ und $X' = \langle N', \preccurlyeq' \rangle$ zwei Theoriennetze. Dann soll X eine (*echte*) *Erweiterung* oder eine (*echte*) *Verfeinerung* von X' heißen gdw

(1) $N' \subseteq N$ $\quad (N' \subsetneqq N)$
(2) $\preccurlyeq' := \preccurlyeq \cap (N' \times N')$.

Kommentar: Bei einem Theoriennetz X handelt es sich genau dann um eine Erweiterung oder Verfeinerung eines Theoriennetzes X', wenn die Klasse N' der Theorie-Elemente von X' eine (echte oder unechte) Teilklasse der entsprechenden Klasse N von X ist und wenn zudem die Spezialisierungsrelation $\preccurlyeq'$ von X' gleich der auf den Bereich $N' \times N'$ eingeschränkten Spezialisierungsrelation $\preccurlyeq$ von X ist.

Die Spezialisierungsrelation ist nicht die einzige Beziehung zwischen Theorie-Elementen bzw. Kernen, mit der wir es im folgenden zu tun haben werden. Aus Gründen der Kürze empfiehlt es sich daher, von nun an ein einfacheres Symbol als „$\preccurlyeq$" für die Spezialisierungsrelation zu benützen. Dies soll, wie bereits angedeutet, der griechische Buchstabe „σ" sein. Daß T_j eine Spezialisierung von T_i ist, drücken wir analog zum bisherigen Vorgehen durch „$T_j \sigma T_i$" aus; dasselbe gilt für Kerne. Wenn wir ausdrücklich hervorheben wollen, daß die Glieder eines Theoriennetzes durch die Spezialisierungsrelation miteinander verbunden sind, nennen wir das fragliche Netz ein *σ-Netz*.

Wie soll die empirische Behauptung eines σ-Netzes X lauten? Zunächst könnte man vermuten, daß hierfür nichts anderes zu tun sei, als die (endlich vielen) empirischen Behauptungen der zu X gehörenden Theorie-Elemente konjunktiv miteinander zu verknüpfen. Obwohl diese Fassung zwar in manchen

Fällen korrekt wäre, würde sie doch im allgemeinen Fall inadäquat, nämlich zu schwach sein. Denn es könnte dazu kommen, daß die durch die Querverbindungen aufgestellten Forderungen verletzt würden und zwar bereits für die elementarste unter den Querverbindungen, nämlich den $\langle \approx, = \rangle$-Constraint. Dies sei an einem einfachen abstrakten Beispiel erläutert.

Es sei $T_1 \sigma T_2$, so daß insbesondere auch $I_1 \subseteq I_2$ gilt. Zum Zwecke der Illustration nehmen wir an, daß die echte Einschlußrelation vorliegt, also $I_1 \subsetneq I_2$. Für die Formulierung der empirischen Behauptung möge nun allein der folgende Gedanke bestimmend sein: Die intendierten Anwendungen müssen durch theoretische Funktionen so ergänzbar sein, daß diese Ergänzungen bestimmte weitere Bedingungen erfüllen. Angenommen, wir würden bezüglich eines theoretischen Terms $\bar{t}$, für den der $\langle \approx, = \rangle$-Constraint gelten soll,[1] im Fall von T_1 eine Ergänzung t_1 und im Fall von T_2 eine davon verschiedene Ergänzung t_2 vornehmen, die für dieselben Argumente andere Werte hat als die Funktion t_1, während die eben nur pauschal erwähnten weiteren Bedingungen ohne Ausnahme in beiden Fällen erfüllt seien. Wir würden dann trotz Erfüllung all dieser Bedingungen für jedes $x \in I_1$ erhalten: $t_1(x) \ne t_2(x)$, während die Querverbindung die Gleichheit dieser Werte verlangt.

Diese kurze Zwischenbetrachtung lehrt, daß die empirische Behauptung eines Netzes eine zusätzliche Forderung erfüllen muß. Inhaltlich lautet diese Forderung: Wenn I_j und I_i einen nicht-leeren Durchschnitt haben, dann müssen für die Elemente, die zu beiden intendierten Anwendungen gehören, auch in beiden Fällen *dieselben* theoretischen Funktionen für Ergänzungszwecke benützt werden.

Dieser Punkt ist übrigens bereits im Rahmen des quasi-linguistischen Verfahrens von SNEED in [Mathematical Physics], S. 103f., sowie in II/2 diskutiert worden, am bündigsten vermutlich in II/2 auf S. 98 unten, S. 99 oben. Das zur obigen Begründung analoge Argument wurde dort dafür benützt, um zu zeigen, daß ein Ramsey-Satz vom dortigen Typ (**IV**) nicht durch eine Konjunktion von Ramsey-Sätzen ersetzt werden darf, deren jeder vom Typ (**III**) ist.

Nach dieser Vorbetrachtung können wir uns der eigentlichen Aufgabe zuwenden. Ihre Bewältigung wird wesentlich erleichtert durch Einführung eines Hilfsbegriffs. Es sei $T = \langle K, I \rangle$ ein Theorie-Element mit dem Kern $K = \langle M_p, M, M_{pp}, Q \rangle$. Wir führen die Menge $Z(T)$ der *zulässigen theoretischen Bereiche Ω für T* durch die folgende informelle Definition ein:

$$\Omega \in Z(T) \leftrightarrow \Omega \in Pot(M) \cap Q \wedge r^1(\Omega) = I.$$

Ω ist somit genau dann ein zulässiger Bereich für T, wenn Ω eine Menge theoretischer Ergänzungen der Elemente aus I bildet, wenn also $r_1(\Omega) = I$ gilt, wobei jedes Element aus Ω ein Modell ist, also: $\Omega \subseteq M$, und Ω selbst die Querverbindung Q erfüllt, also: $\Omega \in Q$; kurz: die zulässigen theoretischen

---

[1] Eine genaue Definition des Termbegriffs findet sich erst in Kap. 5. Im Augenblick spielt es keine Rolle, wie die präzise Fassung dieses Begriffs aussieht.

Bereiche von T sind Q erfüllende Modellmengen, deren Restriktionen stets die Menge I liefern.

D 2-10 $X = \langle N, \sigma \rangle$ sei ein Theoriennetz. Dann lautet *die empirische Behauptung* $\mathbb{E}(X)$ *dieses Netzes*:
$\wedge T_i, T_j \in N \vee \Omega_i \vee \Omega_j$ (wenn $T_j \sigma T_i$, dann $\Omega_j \in Z(T_j)$ und $\Omega_i \in Z(T_i)$ und $\Omega_j \subseteq \Omega_i$).

Nennen wir bei Vorliegen von $T_j \sigma T_i$ das Theorie-Element T_j das *schärfere* und T_i das *schwächere* der beiden Theorie-Elemente. Dann verlangt die empirische Behauptung $\mathbb{E}(X)$, daß für zwei beliebige Theorie-Elemente aus dem Netz X, von denen das eine eine Spezialisierung des anderen ist, zulässige theoretische Bereiche existieren und daß darüber hinaus der zulässige theoretische Bereich des schärferen Theorie-Elementes T_j im zulässigen theoretischen Bereich des schwächeren Theorie-Elementes T_i enthalten ist. Diese letzte Bedingung präzisiert die in den vorangehenden Betrachtungen aufgestellte Zusatzforderung. Denn durch sie wird garantiert, daß die Menge der für das schärfere Theorie-Element zu Ergänzungszwecken benützten theoretischen Funktionen eine Teilmenge derjenigen theoretischen Funktionen ist, die bereits für das schwächere Theorie-Element als theoretische Ergänzungen verwendet worden sind.

Diskussion. Die in D 2-10 gelieferte Definition ist nicht identisch mit derjenigen, welche sich in der Originalarbeit von BALZER und SNEED, [Net Structures I], S. 210, D 18, findet. Dort wird, ebenso wie später in STEGMÜLLER, [View], in D 11 auf S. 92, die empirische Behauptung eines Netzes N mit der folgenden, sowohl einfacher zu formulierenden als auch schwächeren Aussage gleichgesetzt: „Für alle $\langle K, I \rangle$, die Elemente von N sind, gilt: $I \subseteq \mathbb{A}(K)$." Diese Fassung ist wegen des Fehlens der obigen Zusatzforderung „$\Omega_j \subseteq \Omega_i$" genau den erwähnten und an den zitierten Stellen in SNEEDS [Mathematical Physics] wie in II/2 bereits eingehend geschilderten Einwendungen ausgesetzt. Merkwürdigerweise blieb dies für längere Zeit unentdeckt. Erst H. ZANDVOORT hat in [Comments] auf die Inadäquatheit der Bestimmungen in [Net Structures] und [View] für den allgemeinen Fall hingewiesen und sie außer durch prinzipielle Überlegungen mit Hilfe von konkreten Beispielen aus der klassichen Partikelmechanik illustrierend aufgezeigt. Die entscheidende Ergänzung findet sich bei ihm a.a.O. im letzten Konjunktionsglied der Formel (b') auf S. 29.

ZANDVOORTS allgemeine Fassung, die mittels der Aussage (B) von [Comments] auf S. 30 formuliert wird, scheint jedoch von der in D 2-10 gegebenen Begriffsbestimmung erheblich abzuweichen. Die nun folgenden Betrachtungen dienen nur dazu, das Vorgehen von ZANDVOORT intuitiv zu erläutern und zu kommentieren.

Als unseren Ausgangspunkt wählen wir das Definiens von D 2-10. Dieses ist eine kombinierte All- und Existenzbehauptung. Man kann versuchen, eine solche mittels einer Funktion f wiederzugeben, wobei man mit diesem Übergang diejenige Verschärfung in Kauf nimmt, welche in der Eindeutigkeitsforderung bezüglich des Wertes von f steckt. Wie aus der Struktur des Definiens hervorgeht, muß die Funktion f so beschaffen sein, daß sie jedem Theorie-Element $T = \langle K, I \rangle$ aus der Menge N des Netzes eine zulässige Ergänzungsmenge für T zuordnet. Wie sich herausstellen wird, können wir dabei von einer viel allgemeineren Klasse von Funktionen den Ausgangspunkt nehmen, nämlich von solchen Funktionen, welche die Gestalt haben:

(α) $f: N \rightarrow Pot(M_p)$,

wobei M_p natürlich dem jeweils als Argument gewählten Theorie-Element zu entnehmen ist. (Im Fall eines Netzes mit eindeutiger Basis kann M_p das entsprechende Glied des Basiselementes sein.)

Wir formulieren zunächst die empirische Behauptung des Netzes X ausführlich und geben danach an, wie man die einzelnen Bestimmungen vereinfachen kann, um daraus die endgültige Fassung zu gewinnen. Diese ausführliche Fassung besteht in der Behauptung, daß es eine Funktion der Gestalt (α) gibt, so daß für jedes Paar von Theorie-Elementen $T_j, T_i \in N$: wenn $T_j \sigma T_i$, dann gilt die konjunktive Verknüpfung der Teilaussagen (1) bis (5), die folgendes zum Inhalt haben:

(1) $f(T_j) \in Pot(M^j) \cap Q^j$;
(2) $f(T_i) \in Pot(M^i) \cap Q^i$;
(3) $f(T_j) \subseteq f(T_i)$;
(4) $r^1(f(T_j)) = I_j$;
(5) $r^1(f(T_i)) = I_i$.

Zunächst erkennen wir, daß (2) fortgelassen werden kann; denn jedes Theorie-Element ist trivial Spezialisierung von sich selbst, so daß der Wenn-Satz für $i = j$ erfüllt ist und (2) einen Spezialfall von (1) bildet. Aus demselben Grund kann (5) weggelassen werden. Ferner beachten wir, daß $a \subseteq b$ gleichwertig ist mit $a \cap b = b$. Wegen (3) können wir daher stets $f(T_j)$ durch $f(T_j) \cap f(T_i)$ ersetzen und zwar auch in (4), da wegen des Wenn-Satzes gilt: $I_j \subseteq I_i$. Schließlich bedenken wir folgendes: Aus $T_j \sigma T_i$ folgt sowohl $M^j \subseteq M^i$ als auch $Q^j \subseteq Q^i$. (Wir haben hier und im folgenden die Indizes j und i für die Glieder der Theorie-Elemente nach oben gezogen, um Konfusionen mit anderen unteren Indizes solcher Glieder zu vermeiden.) Die Teilaussage (3) darf daher durch die Bestimmung ersetzt werden, daß f bezüglich seiner Argumentglieder M^k und Q^k schwach monoton wachsend ist.

Unter Berücksichtigung dieser Feststellungen erhalten wir für die empirische Behauptung des Netzes die folgende Variante:

D 2-10* $X = \langle N, \sigma \rangle$ sei ein σ-Netz. Die empirische Behauptung $\mathbb{E}(N)$ dieses Netzes lautet:
Es gibt ein $f: N \rightarrow Pot(M_p)$, so daß gilt:
(1) f ist schwach monoton wachsend bezüglich der Argument-Glieder M und Q;
und

(2) für jedes Paar $T_j, T_i \in N$: wenn $T_j \sigma T_i$, dann
$f(T_j) \cap f(T_i) \in Pot(M^j) \cap Q^j$ und $r^1(f(T_j) \cap f(T_i)) = I_j$.

Die Verschärfung dieser Bestimmung gegenüber der ursprünglichen Definition hat, wie bereits erwähnt, ihre Wurzel in der in f enthaltenen Eindeutigkeitsforderung. Die Existenzbehauptungen in der ursprünglichen Definition implizieren dagegen natürlich keine Eindeutigkeit.

Diese Definition D 2-10* unterscheidet sich von der zitierten Bestimmung (B) bei ZANDVOORT nur dadurch, daß dort eine der Forderung nach schwacher Monotonie entsprechende Bestimmung fehlt. Es ist nicht ganz klar, ob ZANDVOORT die Monotonieforderung stillschweigend voraussetzt oder ob er sie mit Absicht wegläßt. Im letzteren Fall würde die Bestimmung gegenüber D 2-10 in einer Hinsicht eine Verstärkung enthalten (Wahl einer Funktion), in einer anderen Hinsicht eine Abschwächung (Weglassen der Monotonieforderung). Eine solche Abschwächung dürfte nicht unproblematisch sein, da sie vermutlich mit Gegenbeispielen konfrontiert werden kann.

Zum Abschluß eine *prinzipielle* Bemerkung: Ein Vertreter des herkömmlichen Aussagenkonzeptes könnte in der Diskussion darüber, wie die empirische Behauptung eines Theoriennetzes zu konstruieren sei, einen Mangel des strukturalistischen Ansatzes erblicken. Denn im herkömmlichen Denkrahmen tritt ein analoges Problem überhaupt nicht auf, da es dort keinen Spielraum von Wahlmöglichkeiten gibt. Wir erblicken in der Existenz eines solchen Spielraums keinen Mangel, sondern einen Vorzug des neuen Verfahrens. Das Fehlen von Wahlmöglichkeiten kann eine Fessel sein und ist es wohl auch im vorliegenden Fall. Im Rahmen des statement view kann man nur sagen: „Dies *ist* es, was die Theorie besagt; etwas anderes kommt nicht in Frage." Wir hingegen brauchen keine so starre Haltung einzunehmen. Zwar wissen wir, daß wir sowohl einem Theorie-Element als auch einem Theoriennetz *eine* unzerlegbare Behauptung zuordnen müssen. Doch hat die Diskussion gezeigt, daß es hierfür nicht von vornherein nur *eine* logische Möglichkeit gibt, sondern meist *mehrere* Möglichkeiten, zwischen denen je nach den Umständen aufgrund verschiedener Kriterien die geeignetste Wahl getroffen oder zumindest eine Art Rangordnung an Adäquatheit aufgestellt werden kann.

Literatur

BALZER, W. und SNEED, J.D. [Net Structures I], "Generalized Net Structures of Empirical Theories. I", *Studia Logica*, Bd. 36 (1977), S. 195–211.

BALZER, W. und SNEED, J.D. [Net Structures II], "Generalized Net Structures of Empirical Theories. II", *Studia Logica*, Bd. 37 (1978), S. 167–194.

SNEED, J.D. [Mathematical Physics], *The Logical Structure of Mathematical Physics*, 2. Aufl. Dordrecht 1979.

STEGMÜLLER, W. II/2, *Theorienstrukturen und Theoriendynamik*, Berlin-Heidelberg-New York 1973.

STEGMÜLLER, W. [View], *The Structuralist View of Theories*, Berlin-Heidelberg-New York 1979.

ZANDVOORT, H. [Comments], "Comments on the Notion 'Empirical Claim of a Specialization Theory Net' within the Structuralist Conception of Theories", *Erkenntnis*, Bd. 18 (1982), S. 25–38.

Kapitel 3
Pragmatisch bereicherte Theoriennetze und die Evolution von Theorien

3.1 Gründe für die Einführung weiterer pragmatischer Begriffe

Der strukturalistische Ansatz war in dem Sinn rein systematisch motiviert, als er dazu dienen sollte, unser Verständnis von empirischen Theorien und ihren Beziehungen zueinander zu verbessern.

Im nachhinein stellte sich heraus, daß der dabei gewonnene Begriffsapparat auch dazu benützt werden kann, um *nach geeigneter Modifikation* bzw. *nach geeigneten Ergänzungen* als präzise Grundlage für *historische* Untersuchungen zu dienen. In einer Zeit, zu der sich die historisch orientierte Wissenschaftsphilosophie immer mehr von der systematisch orientierten zu entfernen droht, ist dies auch deshalb wichtig, weil dadurch so etwas wie ein Brückenschlag zwischen den beiden Forschungstrends, dem systematischen und dem historischen, geleistet wird.

Einen ersten Versuch in dieser Richtung bildete der Begriff des Verfügens über eine Theorie (vgl. II/2, Kap. IX, 3.b, S. 189ff. und Kap. IX, 6, S. 218ff.). Hier wurde eine Relativierung auf eine ganz bestimmte Person vorgenommen. Ein besserer Versuch stammt von C. U. MOULINES in [Evolution], den wir im folgenden schildern wollen. Darin erfolgt eine gleichzeitige Relativierung auf drei ‚Faktoren', nämlich *historische Zeitintervalle, wissenschaftliche Gemeinschaften* sowie bestimmte *epistemische Standards*, die in diesen Gemeinschaften vorherrschen.

Wenn wir dem heute üblichen, auf MORRIS und CARNAP zurückgehenden Sprachgebrauch folgen und alle Begriffe, die über das semantisch und syntaktisch Charakterisierbare hinausgehen, *pragmatisch* nennen, so handelt es sich also um zusätzliche pragmatische Begriffe, die wir in den Begriffsapparat einbauen müssen; denn „Mensch", „historischer Zeitpunkt", „verfügbares Wissen", „Standards für die Akzeptierbarkeit von Hypothesen" sind Begriffe dieser Art.

Am naheliegendsten ist es, pragmatische Bestimmungen in unsere beiden Grundbegriffe, nämlich den Begriff des Theorie-Elementes und den des Theoriennetzes einzubauen. Wir nennen dazu zwecks Unterscheidung die beiden genannten Begriffe in ihrer bisherigen Verwendung *reine* Theorie-Elemente und *reine* Theoriennetze. Die eingangs erwähnte ‚geeignete Modifikation' wird dann also darin bestehen, Theorie-Elemente und Theoriennetze *pragmatisch zu bereichern*.

Es sei *SC* eine Gemeinschaft von Forschern. („*SC*" kommt vom englischen „Scientific Community".) *h* sei ein historisches Zeitintervall. Den epistemischen Aspekt klammern wir für den Augenblick aus, um die Sache nicht von vornherein zu stark zu komplizieren.

Im ersten Schritt erweitern wir die betrachteten Theorie-Elemente $T = \langle K, I \rangle$ um ein *SC* und ein *h* zu: $\langle K, I, SC, h \rangle$ bzw. $\langle T, SC, h \rangle$ *mit der folgenden zusätzlichen Interpretation*: „Die Mitglieder von *SC* bemühen sich während der Zeit *h* darum, *K* auf *I* anzuwenden." Wir nennen dies ein *pragmatisch erweitertes (p.e.) Theorie-Element*, kurz: *P-Theorie-Element*.

Dies läßt sich auch auf Theoriennetze übertragen; denn die Relation der Spezialisierung kann wörtlich von den reinen Netzen übernommen werden. (Es sei daran erinnert, daß die Spezialisierungsrelation, mit deren Hilfe man sukzessive zu immer spezielleren Gesetzmäßigkeiten gelangt, definitorisch auf die Teilmengenrelation zurückgeführt wird, die bei den Komponenten des fraglichen reinen Theorie-Elements einsetzt, nämlich bei M_p, M, Q und I.) Wir erhalten so *p.e. Theoriennetze* (*P-Theoriennetze*). Damit ein solches Netz einen Sinn ergibt, müssen wir voraussetzen, daß für alle zu dem Netz gehörenden P-Theorie-Elemente die wissenschaftliche Gemeinschaft *SC* sowie das historische Zeitintervall *h* identisch sind.

1. Anmerkung zu *h*: Da es sich um ein Zeitintervall im Verlauf der *menschlichen Geschichte* handelt, ist es selbstverständlich nicht erforderlich, irgendwelche Idealisierungen von der Art zu übernehmen, wie sie Naturwissenschaftler, insbesondere Physiker, in bezug auf ihren Zeitbegriff vornehmen. Die aufeinanderfolgenden Zeitintervalle brauchen nicht einmal gleich lang zu sein. Ein *h* soll für die folgenden Zwecke allerdings immer so kurz gewählt werden, daß die anderen Komponenten der Theorie-Elemente dieses Netzes für *h* unverändert bleiben.

2. Anmerkung zu *SC*: Die Gemeinschaft *SC* ist als eine ‚*Wissensgemeinschaft*' aufzufassen; die Kriterien für die *Identität von SC im historischen Zeitablauf* sollen daher nicht auf die physische Identität der Mitglieder von *SC* zurückführbar sein: Wegfall einzelner Mitglieder durch Tod bzw. alters- oder krankheitsbedingter Arbeitsunfähigkeit ändert eine *SC* meist ebensowenig wie das Hinzukommen neuer Interessenten. Maßgebend für die Identität von *SC* sind solche Dinge wie das gemeinsame Forschungsziel, gewisse von *SC* akzeptierte epistemische Standards sowie die fachliche Kooperation.

Ein derartiges P-Theoriennetz hat eine *statische* Funktion. Es dient, so könnte man sagen, dazu, eine ‚Momentfotografie des Wissenszustandes' unserer wissenschaftlichen Gemeinschaft *SC* zur Zeit *h* zu machen: Jedem Netz entspricht ja eindeutig die empirische Behauptung dieses Netzes. Und diese wiederum informiert uns (als Betrachter dieses Zustandes) darüber, ‚*wie weit die Forschergruppe bei dem Versuch, K erfolgreich auf I anzuwenden, gekommen ist*'.

Es ist sehr naheliegend, dieses statische Bild durch eine historische Abfolge von derartigen Momentfotografien zu ersetzen und damit das Bild ‚historisch zu dynamisieren'. Tatsächlich werden wir auch so verfahren und auf diese Weise den Begriff der *Evolution* einer Theorie (innerhalb einer Gemeinschaft während eines historischen Zeitraumes) gewinnen. Dadurch werden wir nicht nur den gesuchten Brückenschlag bewerkstelligen, sondern auch ein Mittel bereitgestellt haben, um größere Klarheit über den Begriff *normale Wissenschaft* im Sinne von T. S. KUHN zu gewinnen.

Bevor wir diese ‚Dynamisierung' vornehmen, soll noch eine epistemische Komponente in die Begriffe *P-Theorie-Element* und *P-Theoriennetz* eingebaut werden. Sie hat mit der Bestätigung sowie dem Annehmen (Akzeptieren) von Hypothesen zu tun. Wir gehen davon aus, daß es für *SC* Standards dafür gibt, ob eine empirische Hypothese gut bestätigt ist sowie dafür, ob sie (vorläufig, d. h. provisorisch) angenommen werden soll. Dabei möge es keine Rolle spielen, ob die Regeln für Bestätigung und Annahme explizit formuliert sind oder rein intuitiv angewendet werden; auch nicht, ob im ersten Fall die Mitglieder von *SC* selbst diese Regeln anwenden oder dies dafür zuständigen Fachleuten (z.B. Spezialisten für mathematische Statistik) überlassen.

Durch den folgenden *Kunstgriff* übertragen wir die beiden Begriffe der Bestätigung und der Annahme von empirischen Hypothesen auf Mengen I: Jedem Theorie-Element $T = \langle K, I \rangle$ entspricht bezüglich *SC* und h eine empirische Behauptung $I \subseteq \mathbb{A}(K)$. Da die letztere den Versuch beinhaltet, K auf I anzuwenden, können wir die folgende Identifizierung vornehmen. Statt zu sagen: „(die Mitglieder von) *SC* akzeptieren zu h diese empirische Aussage als gesichert", sagen wir einfach: „*I* ist für *SC* zu h eine *gesicherte* Anwendung (von K)." Dies vereinfacht erheblich den Formalismus. Mit „F" für „gesichert" (für engl. „firm") können wir nämlich für jedes gegebene P-Theorie-Element F *als Teilmenge von I ansehen*: $F \subseteq I$. (Um welches K und damit, um welche empirische Behauptung es sich handelt, geht aus dem Theorie-Element eindeutig hervor. Und als *gesichert* gilt natürlich nicht die Aussage $I \subseteq \mathbb{A}(K)$, sondern nur die schwächere Aussage $F \subseteq \mathbb{A}(K)$.) Die übrigen Elemente von I, also die von $I \setminus F$, gelten zwar nicht als gesichert; sie werden jedoch von bestimmten Mitgliedern von *SC* für Anwendungen des Kernes gehalten; die ‚hypothetische Hoffnung' dieser Mitglieder reicht über F hinaus und erstreckt sich auf ganz I. Die Menge dieser Anwendungen heiße A (für engl. „assumed").

Wir sind *rein deskriptiv* vorgegangen und werden dies auch weiterhin tun; d.h. *wir nehmen die Standards von SC zur Kenntnis, beurteilen sie jedoch nicht kritisch*. Wenn wir selbst über eigene Standards verfügen, so können wir diejenigen von *SC* auch kritisieren. Dann aber benützen wir unseren Apparat nicht mehr – oder nicht mehr ausschließlich – dafür, um den historischen Ablauf zu schildern, sondern um ihn *normativ zu beurteilen*. (Die fehlende Unterscheidung zwischen diesen beiden Aspekten dürfte z.B. verantwortlich sein für einige wechselseitige Mißverständnisse zwischen ‚Kuhnianern' und ‚Popperianern'.)

3.2 Pragmatisch bereicherte Theoriennetze, Theorienveränderungen und Theorienevolutionen

Es folgen einige formale Bestimmungen.

D 3-1 X ist ein *pragmatisch bereichertes Theorie-Element* (kurz: *P-Theorie-Element*) gdw es ein T, SC, h und F gibt, so daß:
(1) $X = \langle T, SC, h, F \rangle$;
(2) $T = \langle K, I \rangle$ ist ein (reines) Theorie-Element;
(3) SC ist eine wissenschaftliche Gemeinschaft;
(4) h ist ein historischer Zeitraum;
(5) $F \subseteq I$.

F enthält genau diejenigen Elemente von I, die von allen Mitgliedern von SC zur Zeit h für gesicherte Anwendungen im erwähnten Sinn gehalten werden.

D 3-2 $X = \langle N, \preccurlyeq \rangle$ ist ein *pragmatisch bereichertes (erweitertes) Theoriennetz* (kurz: *P-Theoriennetz*) gdw gilt:
(1) N ist eine endliche Menge von pragmatisch bereicherten Theorie-Elementen;
(2) $\wedge \langle T, SC, h, F \rangle, \langle T', SC', h', F' \rangle \in N \ [SC = SC' \wedge h = h']$;
(3) $\preccurlyeq \subseteq N \times N$;
(4) $\wedge \langle T, SC, h, F \rangle, \langle T', SC', h', F' \rangle \in N \ [\langle T, SC, h, F \rangle \preccurlyeq \langle T', SC', h', F' \rangle \leftrightarrow T \text{ ist eine Spezialisierung von } T']$.

Für die Behandlung des *dynamischen* Aspekts benötigen wir einige weitere Hilfsbegriffe.

Was den historischen Zeitbegriff betrifft, so brauchen wir dafür keine ‚Quantifizierung' vorzunehmen (d.h. wir brauchen keinen metrischen Begriff einer solchen Zeit). Statt dessen begnügen wir uns mit einer qualitativen Zeitordnung für unsere als diskret vorausgesetzten Zeiten. „<" (= normales Zeichen für „kleiner als") verwenden wir für „*früher als*". H sei eine nichtleere, endliche Menge von historischen Zeitintervallen. Dann nennen wir $\langle H, < \rangle$ eine *historische Ordnung* gdw $< \subseteq H \times H$ und für alle $x, y, z \in H$ $(x \neq y \neq z \neq x)$ gilt:
(1) $\neg x < x$ (irreflexiv);
(2) $x < y \wedge y < z \rightarrow x < z$; (transitiv)
(3) $x < y \vee y < x$ (konnex; zusammenhängend)

$min(H)$ („das Minimalglied von H") sei das früheste Element aus H, d.h. das eindeutig bestimmte $h \in H$, so daß $\wedge y \in H \ (h < y \vee h = y)$.

Es sei nun $h \in H$, wobei $h \neq min(H)$; dann ist $h - 1 :=$ das eindeutig bestimmte $h' \in H$, so daß $h' < h \wedge \neg \vee x \in H \ (h' < x \wedge x < h)$.

Schließlich verwenden wir noch eine einstellige Funktion $z(\cdot)$, die, angewandt auf P-Netze, *die eindeutig bestimmte Zeit dieses Netzes* liefert (vgl. D 3-2, (2)!).

$X = \langle N, \preccurlyeq \rangle$ sei ein *P-Netz*; dann sei:
$z(X) :=$ das eindeutig bestimmte h, so daß $\wedge \langle T, SC, h', F \rangle \in N \ (h' = h)$.

(In [View], S. 93, wurde in D14c) auch diese Funktion h genannt, was Mißverständnisse hervorrufen kann.)

In ganz analoger Weise soll, wenn erforderlich, aus einem P-Netz die zugehörige wissenschaftliche Gemeinschaft SC ausgesondert werden. Das Symbol sei hier wieder „SC". Für ein P-Netz X sei also (wie immer heiße das Erstglied von $X: N$):

$SC(X) :=$ die eindeutig bestimmte wissenschaftliche Gemeinschaft SC, so daß $\wedge \langle T, SC', h, F \rangle \in N(SC' = SC)$.

Bisweilen ist es zweckmäßig, simultan über *alle* intendierten Anwendungen reden zu können, die als *gesichert* oder die als bloß *vermutet* angesehen werden. Beide Begriffe, etwa $F(X)$ und $A(X)$ genannt, können durch Vereinigungsbildung gewonnen werden, nämlich:

$F(X) := \bigcup \{F | \vee T, SC, h(\langle T, SC, h, F \rangle \in N)\}$,
$A(X) := \bigcup \{I \backslash F | \vee K, I, SC, h, F(\langle \langle K, I \rangle, SC, h, F \rangle \in N)\}$.

Für die nächsten gedanklichen Operationen ist ein weiterer Abstraktionsschritt erforderlich: Wir werden nicht mehr *einzelne* Theoriennetze betrachten, sondern *ganze Folgen von solchen*, wobei wir (wie bisher in analogen Fällen) die Folgenglieder zunächst zu einer Menge zusammenfassen. (Intuitive Hintergrundidee: Die Entwicklung ein und derselben Theorie soll als historische Folge von P-Theoriennetzen mit identischer Basis rekonstruiert werden.)[1]

Es sei $\mathbb{N}$ eine *Menge von* P-Theoriennetzen. Dann sei

$H(\mathbb{N}) := \{z(X) | X \in \mathbb{N}\}$ (also die Menge aller historischen Zeiten h, für die wir in $\mathbb{N}$ Netze zur Verfügung haben).

Zunächst führen wir den möglichst neutralen Begriff der *Theorienveränderung* ein (‚neutral' in bezug auf die verschiedenen Arten von Fortschritt und eventuellem Rückschritt). Darunter verstehen wir eine Menge von P-Theoriennetzen, die alle dieselbe Basis besitzen und deren Zeiten eine historische Ordnung bilden.

D3-3 V ist eine *Theorienveränderung* (oder ein *Theorienwandel*) gdw es ein $\mathbb{N}$ und ein $<$ gibt, so daß:

(1) $V = \langle \mathbb{N}, < \rangle$;
(2) $\mathbb{N}$ ist eine endliche Menge von P-Theoriennetzen;
(3) $\langle H(\mathbb{N}), < \rangle$ ist eine historische Ordnung;
(4) $\wedge X \wedge X' (X, X' \in \mathbb{N} \rightarrow \mathfrak{B}(X) = \mathfrak{B}(X'))$.

Ein Theorienwandel, dessen einzelne Stadien in sukzessiven Verfeinerungen eines und desselben Netzes bestehen, soll *Theorienevolution* (oder *Evolution einer Theorie*) heißen.

---

1 Da für die zeitliche Ordnung $<$ als Grundbegriff gewählt wird, handelt es sich diesmal um einen anderen Ordnungsbegriff als früher.

D3-4 E ist eine *Theorienevolution* gdw es ein $\mathbb{N}$ und ein $<$ gibt, so daß

(1) $E = \langle \mathbb{N}, < \rangle$ ist ein Theorienwandel;
(2) $\wedge X' \in \mathbb{N} \wedge \langle T', SC', h', F' \rangle \in N'(X')$ $[h' \neq \min (H(\mathbb{N})) \to \vee X \in \mathbb{N}$ $(z(X) = h' - 1 \wedge \vee \langle T, SC, h, F \rangle \in N(X)$, so daß T' eine Spezialisierung von T ist)].

(2) besagt: Zu jedem Netz X' aus $\mathbb{N}$ und jedem P-Theorie-Element T' aus X', welches nicht zum frühesten Zeitpunkt aus $H(\mathbb{N})$ gehört, existiert ein zeitlich unmittelbar vorangehendes Netz X und ein P-Element T aus diesem letzteren, so daß T' durch Spezialisierung aus T hervorgeht.

Man kann jetzt versuchen, zwischen *verschiedenen Arten von Fortschritt* innerhalb einer Theorienevolution zu unterscheiden.

Der erste Fall ist der rein *theoretische Fortschritt*. Hier werden sukzessive neue Theorie-Elemente in das bereits verfügbare Netz eingebaut, wobei die neuen Elemente durch bloße Kernspezialisierungen aus früheren hervorgehen (d.h. die Menge der intendierten Anwendungen bleibt dieselbe). Bei solchen Ergänzungen könnte es passieren, daß nicht mehr alle bisher gesicherten Anwendungen weiterhin als gesichert angesehen werden dürfen. Daher soll hier ausdrücklich verlangt werden, daß gilt: $F' \subseteq F$.

Beim *empirischen Fortschritt* (oder *Fortschritt in bezug auf die Anwendungen*) wird die Menge I der intendierten Anwendungen vergrößert, wobei sich die Bestätigungssituation, analog wie im vorigen Fall, möglicherweise verbessert. Die Kerne dagegen bleiben hier dieselben.

Schließlich soll ein *epistemischer Fortschritt* (im *deskriptiven* Sinn!) genau dann stattfinden, wenn sich die Gesamtheit der gesicherten Anwendungen vergrößert.

Wir müssen uns auf zwei aufeinanderfolgende Zeiten beschränken, um ‚real verwertbare' Begriffsbestimmungen zu erlangen.

D3-5 Es sei $E = \langle \mathbb{N}, < \rangle$ eine Theorienevolution. Ferner seien $h, h' \in H(\mathbb{N})$ mit h = h' -1 und $X, X' \in \mathbb{N}$ so beschaffen, daß $X = \langle N, \leqslant \rangle$, $X' = \langle N', \leqslant' \rangle$ und $z(X) = h$ und $z(X') = h'$.
Dann sagen wir:

(a) E exemplifiziert einen *theoretischen Fortschritt zur Zeit h* gdw $\vee \langle \langle K, I \rangle, SC, h, F \rangle \in N \vee K' \vee F'$ ($F' \subseteq F \wedge K'$ ist eine echte Kernspezialisierung von $K \wedge N' = N \cup \{\langle \langle K', I \rangle, SC, h', F' \rangle\}$).

(b) E exemplifiziert einen *empirischen Fortschritt* (oder: einen *Fortschritt im Anwendungsbereich*) zur Zeit h gdw
$\vee \langle \langle K, I \rangle, SC, h, F \rangle \in N \vee I' \vee F' (I \subset I' \wedge F \subseteq F' \wedge N'$
$= N \cup \{\langle \langle K, I' \rangle, SC, h', F' \rangle\}$).

(c) E exemplifiziert einen *epistemischen Fortschritt* (oder: einen Fortschritt bzgl. *gesicherter Anwendungen*) zur Zeit h gdw
$\vee \langle \langle K, I \rangle, SC, h, F \rangle \in N \vee F' (F \subset F' \wedge N'$
$= N \cup \{\langle \langle K, I \rangle, SC, h', F' \rangle\}$).

Eine Theorienevolution $E = \langle \mathbb{N}, < \rangle$ soll (schlechthin) *fortschrittlich* genannt werden, wenn sie für jeden Zeitabschnitt h aus $H(\mathbb{N})$ entweder einen theoretischen (= (a)) oder einen empirischen (= (b)) oder einen epistemischen (= (c)) Fortschritt exemplifiziert. (So etwas dürfte Lakatos mit seinem Begriff des *fortschrittlichen Forschungsprogramms* gemeint haben.)

Auch Fälle von ‚Rückschritten' oder Rückschlägen können wir erfassen, nur müssen wir uns dafür des allgemeineren Rahmenbegriffs aus D 3-3 (statt D 3-4) bedienen. Anstelle ausführlicher technischer Definitionen sollen diesmal einige Hinweise genügen: Eine Theorienveränderung V exemplifiziert einen *theoretischen Rückschritt* zu h, wenn das Kernnetz zu h' durch Entfernung eines Elementes aus dem vorangehenden Kernnetz (und das Theoriennetz zu h' durch Entfernung des entsprechenden Elementes aus dem Theoriennetz zu $h'-1$) hervorgeht; V exemplifiziert einen *empirischen Rückschritt* zu h, wenn im Anwendungsnetz zu h' ein I' durch Wegnahme von Elementen aus einem I des vorangehenden Anwendungsnetzes hervorging. V exemplifiziert zu h einen *epistemischen Rückschlag*, wenn das F eines Theorie-Elements des Netzes zu h aus dem entsprechenden Glied des vorangehenden Netzes durch echten (mengentheoretischen) Einschluß hervorgeht.

Wie dieser Begriffsapparat für die Durchführung historischer Analysen benützt werden kann, hat Moulines für das Beispiel der Newtonschen Mechanik und ihrer Entwicklung in [Evolution] auf S. 428ff. exemplarisch gezeigt.

3.3 „Paradigma" und „Normale Wissenschaft" im Sinne von T. S. Kuhn

Man kann diesen Begriffsapparat u. a. dafür verwenden, zwei grundlegende Begriffe der Wissenschaftsphilosophie von T. S. Kuhn zu explizieren. Der spezifisch ‚Kuhnsche' Aspekt soll nicht, wie in früheren Versuchen, in den Begriff der Theorie einbezogen werden; auch soll er nicht durch einen eigenen Begriff des *Verfügens (von Personen) über eine Theorie* zur Geltung gebracht werden, sondern dadurch, daß ein geeignet explizierter Begriff des *Paradigmas* in den der *Theorienevolution* eingebaut wird. Dadurch wird einerseits das, was KUHN vorschwebte, angemessen interpretiert. Andererseits ist die folgende Begriffsbestimmung gegenüber den anderen liberaler, wie sich zeigen läßt.

In einem ersten Schritt soll dabei der Kuhnsche Begriff des *Paradigmas* eingeführt werden. Es erscheint als zwingend, diesen Begriff innerhalb des strukturalistischen Ansatzes als aus zwei Komponenten bestehend zu rekonstruieren, einer ‚empirischen' oder nicht-theoretischen und einer theoretischen.

Die nicht-theoretische Komponente soll aus I_0 bestehen, der Menge der paradigmatischen Beispiele aus I: $I_0 \subset I$. Dadurch wird vor allem auch ein begriffliches Band zwischen KUHN und WITTGENSTEIN hergestellt: I_0 is ja mittels des *Wittgensteinschen* Paradigmenbegriffs erläutert worden. Dadurch, daß diese Menge I_0 als *eine* Komponente des Explikates für den Kuhnschen Paradigmenbegriff gewählt wird, ist eine gedankliche Verbindung zwischen diesen beiden

Philosophen hergestellt. (Prima facie liegt eine derartige Verbindung gar nicht auf der Hand, da WITTGENSTEIN eine Wendung von der Art: „das und das *ist ein Paradigma*" sicherlich niemals gebraucht hätte!)

Allerdings werden wir I_0 subtiler einführen als in den früheren Betrachtungen, wie sich sogleich zeigen wird. Zunächst machen wir Gebrauch von dem weiteren pragmatischen Begriff der *homogenen* Anwendungen. Darunter verstehen wir Anwendungen, die, intuitiv gesprochen, ‚von derselben Art' sind. Beispiel: In der Gravitationstheorie Newtons sind frei zur Erde herabfallende Körper eine homogene Anwendung, die Planetenbewegungen eine andere, die Gezeiten eine dritte etc. (Es handelt sich genau um dasjenige, was in Kap. 1 und Kap. 2 „Anwendungsart" genannt worden ist.) Wie das Beispiel zeigt, ist es intuitiv klar, was homogene (individuelle) Anwendungen sind. Eine formale Präzisierung dagegen dürfte kaum möglich sein.

Es sei bereits jetzt die Art und Weise angedeutet, wie die Menge I_0 hier Eingang finden wird: Den Ausgangspunkt bilden die zu einer Theorienevolution gehörenden Netze, aus denen wir ein beliebiges Netz X herausgreifen. Wir stoßen dabei auf eine Menge intendierter Anwendungen, nämlich eine Menge I für jedes zu X gehörende Theorie-Element[2]. Dann soll jedes derartige I in *homogene* Teilmengen unterteilbar sein, deren jede *eine Teilmenge von paradigmatischen Beispielen* aufweist, also eine Teilmenge von I_0. Und zwar soll dies von den Mitgliedern der wissenschaftlichen Gemeinschaft (*einmütig*) *akzeptiert* sein.

Wir verlangen dagegen *nicht*, daß I_0 von einer Person oder Gruppe, etwa dem ‚Begründer' (oder den Begründern), explizit eingeführt wurde (wie dies z. B. im Newtonschen Fall tatsächlich geschehen ist, in anderen Fällen hingegen nicht). Darin besteht eine der angekündigten Liberalisierungen.

Wenden wir uns jetzt der *theoretischen Komponente* zu! Wenn wir bedenken, daß sich einerseits die zu einer Theorienevolution gehörenden Netze laufend *ändern*, daß aber andererseits zur theoretischen Komponente des Paradigmas nach den Ausführungen von T. S. KUHN nur dasjenige gehört, woran die traditionsgebunden arbeitenden ‚Normalwissenschaftler' *unverrückt festhalten*, was also in diesem Wandel *konstant* bleibt, so bietet sich innerhalb unseres begrifflichen Rahmens nur mehr eine einzige Deutung an: Dieser ‚*theoretische*' Aspekt des Kuhnschen Paradigmenbegriffs besteht aus einem Kern K_0, der so geartet ist, daß alle verwendeten Kerne Spezialisierungen von K_0 sind. Als verwendet sind dabei alle diejenigen Kerne aufzufassen, die in irgend einem Netz vorkommen, das zur fraglichen Theorienevolution gehört. Wir verzichten ausdrücklich darauf – und darin besteht die zweite Liberalisierung –, zu fordern, daß K_0 von einem Forscher oder von einer wissenschaftlichen Gemeinschaft eingeführt worden ist.

Jetzt können wir zur Präzisierung übergehen:

---

2   Im Augenblick spielt es keine Rolle, ob dabei an reine oder an P-Theorie-Elemente gedacht wird.

D3-6 Es sei $E = \langle \mathbb{N}, < \rangle$ eine Theorienevolution. Dann soll X ein *Paradigma für E* genannt werden gdw gilt:
Es gibt ein K_0 und ein I_0, so daß
(1) $X = \langle K_0, I_0 \rangle$ ist ein (reines) Theorie-Element;
(2) $\wedge Y \in \mathbb{N} \wedge \langle \langle K, I \rangle, SC, h, F \rangle \in N(Y)^3$:
  (a) K ist eine Kernspezialisierung von K_0;
  (b) $\wedge x \in I^A \vee y \in I_0$ (x ist eine homogene Menge mit $y \subseteq x \wedge SC$ akzeptiert y als paradigmatische Teilmenge von x).

D3-7 E ist eine *Theorienevolution im Sinne von Kuhn* gdw
(1) E ist eine Theorienevolution;
(2) $\vee \langle K_0, I_0 \rangle$ ($\langle K_0, I_0 \rangle$ ist ein Paradigma für E).

Es ist vielleicht nicht sehr zweckmäßig, in einem explizierten Begriff einen Eigennamen stehen zu haben (jedenfalls ist es nicht sehr schön). Wir können uns davon in der Weise befreien, daß wir auf den von KUHN selbst geprägten Begriff der normalen Wissenschaft zurückgreifen und darunter keinen *Zustand*, sondern einen *Prozeß* verstehen, was wiederum mit Kuhns Gesamtintention in gutem Einklang stehen dürfte. Dazu *identifizieren* wir einfach den Begriff „*Prozeß* (oder: *Verlauf*) *der normalen Wissenschaft*" mit „*Theorienevolution im Sinne von Kuhn.*" Damit haben wir einerseits den Eigennamen „Kuhn" eliminiert, andererseits dennoch keine künstlich erscheinende Terminologie eingeführt.

Fassen wir nochmals die wichtigsten Vorteile dieses Verfahrens der Präzisierung des Kuhnschen Begriffs der *Normalen Wissenschaft* zusammen:

(i) Die vorliegende Explikation setzt nicht bei einem ‚statischen' Begriff, d.h. einem Zustandsbegriff an, etwa dem Begriff des Theorie-Elementes oder der Theorie, wie frühere Versuche, sondern direkt bei einem ‚*dynamischen*' Begriff oder *Prozeßbegriff*, nämlich dem der Theorienevolution (oder allgemeiner: der *Theorienveränderung*). Damit wird bereits im ersten Schritt eine größere Nähe zur Kuhnschen Denkweise gewahrt.

(ii) Der Begriff des *Paradigmas* ist in diesem Begriff nicht nur implizit enthalten, sondern wird *ausdrücklich hervorgehoben*, und die für ihn gelieferte Teilexplikation geht explizit in die endgültige Begriffsbestimmung ein.

(iii) Der Begriff enthält sowohl in bezug auf die ‚theoretische' Komponente K_0 als auch in bezug auf die ‚empirische' Komponente I_0 die beiden erwähnten *Liberalisierungen*, wonach keine dieser beiden Komponenten des Paradigmas von Teilnehmern der fraglichen Theorienevolution effektiv eingeführt worden sein muß.

---

[3] $N(Y)$ ist natürlich wieder das Erstglied des Netzes Y, d.h. $Y = \langle N, \preccurlyeq \rangle$.

3.4 Zur Popper-Kuhn- und zur Kuhn-Lakatos-Feyerabend-Kontroverse. Ein Rückblick in Stichworten

Analog wie wir in 3.3 versucht haben, geeignete pragmatische Bereicherungen des strukturalistischen Ansatzes dafür zu verwenden, um größere Klarheit über zwei grundlegende Begriffe bei T. S. Kuhn zu gewinnen, kann man den gegenwärtigen Begriffsapparat dazu benützen, um informative Vergleiche zwischen verschiedenen wissenschaftsphilosophischen Positionen anzustellen.

Es folgen einige diesbezügliche Hinweise. Daß wir uns dabei auf sehr knappe Andeutungen beschränken werden, hat einen dreifachen Grund. Der erste hat mit dem Hauptziel dieses Buches zu tun, einen Einblick in neuere Entwicklungen innerhalb des strukturalistischen Ansatzes zu gewähren. Der durch dieses Ziel gesteckte Rahmen würde gesprengt, wollte man versuchen, in diese Schilderung detaillierte Vergleiche mit andersartigen Standpunkten, Methoden und Rekonstruktionsverfahren einzubeziehen. Zweitens sind einige solche Themen bereits in der zweiten Hälfte von II/2 in relativer Ausführlichkeit behandelt worden. Die ‚Übersetzung' der dortigen Darstellungen in das hier zugrunde gelegte durchsichtigere und elegantere Begriffssystem von Moulines, ebenso wie dadurch bedingte Verbesserungen und Vereinfachungen der dortigen Ausführungen, können weitgehend als eine Routineangelegenheit betrachtet werden, die man dem daran interessierten Leser selbst zumuten kann.

Ein spezieller Vergleich zwischen den wissenschaftsphilosophischen Gedanken von T. S. Kuhn und von J. D. Sneed sollte aber trotzdem nochmals angestellt werden. Denn daran haben sich im letzten Jahrzehnt ebenso viele Kritiken wie Mißverständnisse entzündet. Damit kommen wir zum dritten Grund für die gegenwärtige Kurzfassung: Es erschien nicht als zweckmäßig, an dieser Stelle, d. h. vor der Weiterverfolgung der systematischen Betrachtungen und damit gleichsam nebenher, auf die Beziehung zwischen den Ideenwelten von Kuhn und Sneed zu sprechen zu kommen, eine Beziehung, die bei näherer Betrachtung wesentlicher diffiziler darzustellen ist, als es viele Kritiker wahrhaben wollen. Wir verschieben daher den Vergleich auf einen späteren Teil, nämlich auf Kap. 12, wo die systematisch-technischen Erörterungen beendigt sein werden und noch ausstehende nicht-technische Diskussionen philosophischer Natur in den Vordergrund gerückt werden können.

Die folgenden Bemerkungen wollen nicht mehr sein als zwei Blitzlichtfotos, aufgenommen mit der ‚strukturalistischen Kamera'. Am Ende sollen die beiden Hinsichten angegeben werden, in denen diese Momentfotografien *wesentlich* unvollständig sind. Die einschlägigen Ergänzungen erfolgen dann in Kap. 10 und 13.

Diejenige Auseinandersetzung, welche besonders heftig geführt worden ist und deren Ausstrahlungen in mannigfachen Verzweigungen bis zum heutigen Tage zu beobachten sind, war die Popper-Kuhn-Kontroverse. Legt man den begrifflichen Rahmen von 3.3 zugrunde, so kann man mit der Feststellung beginnen, daß Popper Kuhns Grundintention im Begriff der Normalwissenschaft mißverstanden hat: Die Normalwissenschaftler sind nicht, wie POPPER unterstellt, bemitleidenswerte Dogmatiker, sondern ernst zu nehmende Forscher, die den normalwissenschaftlichen Fortschritt im Sinn einer Theorienevolution voranzutreiben suchen. Das Zustandekommen des Mißverständnisses ist allerdings psychologisch sehr verständlich. Denn KUHN hat in seiner Beschreibung des normalwissenschaftlichen Alltages die Rolle der Hypothesenprüfung viel zu sehr heruntergespielt. Diejenigen Prozesse der Rückgängigmachung von Netzspezialisierungen, welche in 3.2 als Rückschläge bezeichnet wurden, sind bei Zugrundelegung der beiden in 3.3 eingeführten zusätzlichen Kuhnschen Begriffe Formen von *normalwissenschaftlichen Rückschritten*. Und diese werden sich häufig, wenn auch nicht immer, als Falsifikationen spezieller Gesetzeshypothesen manifestieren. (Vgl. auch [Erklärung], S. 1060.)

Allerdings müßten hier mindestens drei qualifizierende Bemerkungen angebracht werden. Erstens, daß das Falsifikationsschema durch ein differenzierteres Überprüfungsschema zu ersetzen wäre, falls es sich um komplexere Hypothesen, etwa statistische Hypothesen, handelt. Zweitens daß in jedem Fall dem in Kap. 7 hervorgehobenen holistischen Aspekt Rechnung zu tragen ist, insbesondere der Tatsache alternativer Revisionsmöglichkeiten und der zwischen diesen bestehenden Präferenzordnung. Und drittens, daß dieses Schema überall dort nicht anwendbar ist, wo es sich um einen ‚intensionalen' Fall handelt und die Methode der Autodetermination zur Anwendung gelangt.

Das erwähnte Mißverständnis POPPERS wird dualisiert durch ein Mißverständnis KUHNS von mindestens demselben Gewicht, nämlich durch die Auffassung, daß sich POPPER nur mit einer Analyse dessen befaßte, was KUHN ,,außerordentliche Forschung" nennt. Diese Vermutung kann nicht stimmen, wenn man die Beschreibungen KUHNS im Lichte des Sneed-Formalismus betrachtet. Bei der außerordentlichen Forschung geht es um die Errichtung einer neuen Rahmentheorie T. Und wie unsere früheren Überlegungen lehrten, ist das Fundamentalgesetz von T wegen des Vorkommens T-theoretischer Terme nicht empirisch überprüfbar, während die Ramsey-Sneed-Variante dieses Gesetzes gewöhnlich nicht mehr beinhaltet als eine mathematische Wahrheit (vgl. auch Kap. 7). Von möglicher Falsifikation kann also weder im einen noch im anderen Fall die Rede sein. Ist die außerordentliche Forschung erfolgreich, so kommt es zu einer Theorienverdrängung ohne dazwischengeschaltete Falsifikation. Daraus folgt unmittelbar, daß sich die Überlegungen POPPERS nicht nur *auch*, sondern sogar *ausschließlich* auf den normalwissenschaftlichen Fall beziehen.

Ob es zu einer Theorienverdrängung kommt oder nicht, hängt davon ab, *welche von den beiden epistemischen Grundeinstellungen sich letzten Endes durchsetzt*, die der ‚Traditionalisten' oder die der ‚Neuerer'. (Vgl. dazu auch [Erklärung], S. 1059.) Einige Philosophen haben geglaubt, diesen Gegensatz mit dem Unterschied zwischen einer rationalen und einer irrationalen wissenschaftlichen Einstellung identifizieren zu können. Doch dies bildet einen völlig verfehlten Ansatz für eine Diskussion über wissenschaftliche Rationalität. Beide Seiten streben natürlich den wissenschaftlichen Fortschritt an; aber sie sind sehr verschiedener Meinung darüber, wie dieser Fortschritt am besten erzielbar sei. Selbst wenn die Neuerer am Ende recht behalten sollten, läßt dies keinen Rückschluß über eine angebliche Irrationalität der Haltung ihrer Gegner zu – ganz analog wie der von einem Handelnden nicht voraussehbare Mißerfolg seiner Handlung im nachhinein keinen Rückschluß auf deren Unmoralität zuließe. *Gründe* können die Vertreter *beider* epistemischer Einstellungen angeben, wenn auch niemals *zwingende* Gründe, die es im empirischen Forschungsbereich nicht gibt. Man kann die angebbaren Gründe zu verbalisieren versuchen als Appell an bestimmte methodologische Empfehlungen oder, in der Sprechweise von QUINE und ULLIAN, an erstrebenswerte Gütemerkmale von Hypothesen und Theorien. Für die Traditionalisten, die einen möglichst kleinen Sprung ins Dunkle einem großen bevorzugen, sind es die beiden Maximen der Bescheidenheit und der Konservativität. Für die Neuerer, die umgekehrt den großen Sprung wagen wollen, da sie die Hoffnung auf weitere ‚erfolgreiche kleine Sprünge' aufgegeben haben, ist vor allem das Prinzip der Einfachheit wegweisend und bestimmend. Wenn dann weitergebohrt wird mit der Frage: „Aber *warum* geben die einen diesen, die anderen aber jenen Maximen den Vorzug?", so kann man auf diese nicht abermals durch Appell an Regeln oder Maximen antworten, sondern nur die schlichte Feststellung treffen: „Weil ihnen ihr *Fingerspitzengefühl* dies so eingibt". (Um Mißverständnisse möglichst zu vermeiden, sei bereits jetzt auf den Schluß von Kap. 13 verweisen.) Vielleicht lag POPPERS Irrtum, von der Sichtweise KUHNS aus beurteilt, darin, *harte* Gründe wie den der empirischen Widerlegung zu suchen, wo nur *weiche* Gründe von der angedeuteten Art geliefert werden können. (Dabei wird natürlich, im Widerspruch zur obigen Annahme, unterstellt, daß KUHN mit seiner Vermutung, POPPER beziehe sich auf die ‚außerordentliche Forschung', richtig liegt.)

Wenn wir nun zu LAKATOS übergehen und sein Grundkonzept, soweit sich dieses mittels des gegenwärtigen Begriffsgerüstes überhaupt erfassen läßt, mit dem von KUHN vergleichen, so dürfte der allgemeine Begriff der Theorienevolution im Sinn von 3.3 eine gute Vergleichsbasis bilden. Denn nicht nur ein normalwissenschaftlicher Prozeß im Sinn von KUHN, sondern auch ein Forschungsprogramm im Sinn von LAKATOS läßt sich als Theorienevolution deuten. Jetzt kann man sofort sagen, in welcher Hinsicht jeweils eines dieser Konzepte allgemeiner ist als das andere. So ist der Begriff des Forschungsprogramms von LAKATOS in der Hinsicht allgemeiner als der Kuhnsche Begriff der Normalwissenschaft, daß LAKATOS nicht eine Beschränkung auf solche Theorienevolutionen verlangt, für die ein Paradigma existiert. Und warum sollten nicht Theorienevolutionen vorkommen, für die es kein Paradigma gibt? Der Kuhnsche Begriff ist wiederum in einem ganz anderen Sinn allgemeiner als der von LAKATOS: Er schließt Rückschläge ein, während LAKATOS von einem weiter zu verfolgenden Forschungsprogramm ‚Fortschrittlichkeit' verlangte. Der dabei benützte Fortschrittsbegriff kann als adjunktive Verknüpfung der drei in D 3-5 definierten Begriffe verstanden werden.

Zu Beginn des vorigen Absatzes hatten wir die einschränkende Wendung hinzugefügt: „soweit es sich mittels des gegenwärtigen Begriffsgerüstes überhaupt erfassen läßt". Diese Einschränkung ist wesentlich. Denn der Begriff der Theorienevolution erfaßt nur *einen* Aspekt von „Forschungsprogramm" im Sinn von LAKATOS[4]. Außer Betracht bleiben dabei alle damit assoziierten epistemologischen Vorstellungen. Zu diesen gehören z. B. die Begriffe der (positiven und negativen) *Heuristik*, der *methodologischen Regeln*, der ‚*raffinierten Falsifikation*', ferner ‚kriteriologische' Begriffe wie der der ‚*Degeneration*' eines Forschungsprogramms. Eine Interpretation, welche der gesamten Philosophie der empirischen Wissenschaften von LAKATOS gerecht zu werden versucht, müßte selbstverständlich alle diese epistemologischen Aspekte mitberücksichtigen.

Während uns die Verwirklichung dieser Aufgabe weit über die gegenwärtigen Betrachtungen hinausführen würde, müssen wir uns doch bereits hier über die Doppeldeutigkeit klar werden, die in der eben benützten Wendung „Berücksichtigung aller epistemologischen Aspekte" steckt. Die Beseitigung dieser Ambiguität macht zugleich deutlich, in welchem Sinn bei KUHN die *deskriptive* Betrachtungsweise im Vordergrund steht, während LAKATOS die *normative* Beurteilung in den Vordergrund rückt. Zweckmäßigerweise knüpfen wir dazu an die Begriffe von 3.1 und 3.2 an. Am Ende von 3.1 wurde gesagt, daß die Standards der betrachteten Forschergruppe nur zur Kenntnis genommen, nicht jedoch kritisch beurteilt würden. Diese Standards wurden dann im Begriff *F* von D3-1 zusammengefaßt. Man könnte nun daran denken, diese Rekonstruktionsmethode dadurch zu verfeinern, daß man den Begriff *F* in die oben erwähnten Teilaspekte auffächert. Obwohl man dadurch zu Standards *im Sinn der epistemologischen Vorstellungen von Lakatos* gelangte, würde es sich noch immer um Standards auf der *Objektebene* handeln, also um Standards, welche sich die Glieder der betrachteten Forschergruppe selbst geben oder denen sie explizit oder implizit (ohne ausdrückliche Formulierung und Annahme) folgen. Eine völlig andere Situation liegt dagegen vor, wenn es sich dabei um Standards handelt, die auf der *Metaebene* Geltung besitzen, also z. B. für einen Wissenschaftsphilosophen, der diesen Rahmen für den Zweck einer historischen Fallstudie benützt. Diese Standards können von den epistemischen Standards *F* auf der Objektebene ganz verschieden sein. In einem solchen Fall wäre es zwar zulässig, die deskriptive Analyse mit einer normativen Kritik zu verbinden. Aber man darf dann nicht übersehen, daß ein derartiges, gleichsam ‚doppelstufiges' methodisches Vorgehen die Verwirklichung eines anspruchsvollen Projektes voraussetzt. Denn außer der Bereitstellung einer für historische Untersuchungen geeigneten Begriffsapparatur müssen epistemologische Prinzipien zur Verfügung gestellt werden, die *einer unabhängigen Rechtfertigung* bedürfen. Ganz offensichtlich schwebte LAKATOS die Realisierung eines derartigen Projektes vor.

---

4 Zur Vermeidung von Fehldeutungen der Ausführungen von LAKATOS ist es wichtig zu beachten, daß die ‚Theorien' in *seinem* Wortsinn, die als Glieder zu einem Forschungsprogramm gehören, in unserer Sprechweise nicht als Theorie-Elemente, sondern als Theorie*netze* oder als die *empirischen Behauptungen* solcher Netze zu interpretieren sind.

Die Überlegungen von LAKATOS blieben allerdings einem von FEYERABEND in [Against Method] auf S. 77 vorgetragenen prinzipiellen Einwand ausgesetzt. FEYERABEND weist an dieser Stelle darauf hin, daß die von LAKATOS gesuchten normativen Maßstäbe nur dann von praktischer Bedeutung seien, wenn sie mit einer *Zeitbegrenzung* verbunden werden. Wird nämlich keine Zeitschranke angegeben, so weiß man nicht, wie lange man warten soll; denn was wie eine beginnende Degeneration aussieht, kann in Wahrheit der Beginn einer längeren Fortschrittsperiode sein. Wird aber eine solche Schranke eingeführt, dann liegt darin eine nicht eleminierbare Willkürkomponente: Wenn man bis zu einem bestimmten Zeitpunkt auf den Erfolg muß warten können, warum dann nicht noch etwas länger?

Man könnte versuchen, auf diese Feyerabendsche Herausforderung die folgende Antwort zu geben, welche die Präsupposition dieser Frage bestreitet: Maßstäbe aufzustellen oder Kriterien zu formulieren ist nur dort möglich, wo *harte* Begriffe vorliegen, wie etwa im Fall der empirischen Überprüfung deterministischer und statistischer Hypothesen. (Vgl. die diesbezügliche Bemerkung weiter oben über POPPER.) Der Begriff der Degeneration eines Forschungsprogramms im Sinn von LAKATOS ist hingegen ein *weicher* Begriff, der nicht unter regelgeleitetes Handeln subsumiert werden kann. An die Stelle von präzise formulierbaren Regeln tritt hier das, was man die Intuition und den Sachverstand von Fachleuten nennt. „Aber wenn man eine solche Haltung einnimmt", so könnte entgegengehalten werden, „muß man dann nicht zwangsläufig den Gedanken an ein Fortschrittskriterium preisgeben?" Keineswegs. Im augenblicklichen Kontext geht es um *vorausschauende* menschliche Einstellungen. Und diese brauchen selbst dann nicht unter feste Maßstäbe subsumierbar zu sein, wenn Fortschrittskriterien verfügbar sind. Denn solche braucht man niemals im Vorblick (prospektiv) anzuwenden und kann dies auch gar nicht. Es ist völlig hinreichend, wenn deren Anwendung im Rückblick (retrospektiv) möglich ist. In einem Schlagwort formuliert: Ob etwas Fortschritt bringen *wird*, weiß in der Gegenwart niemand; trotzdem kann es im Rückblick möglich sein, zu entscheiden, ob es Fortschritt gebracht *hat*. (Vgl. dazu auch die Anmerkungen zur neuesten Variante des Induktionsproblems in Kap. 13.) Damit sei dieser Rückblick beendet.

Selbst wenn man davon ausgehen könnte, daß alle oben angedeuteten Aspekte im Detail ausgebaut worden wären, würde am Ende etwas herauskommen, was viele mit Recht als eine Verniedlichung der Gegensätze zwischen den genannten Diskussionspartnern empfinden müßten. *Ein* Grund dafür ist sofort angebbar: Unter den Herausforderungen der systematisch orientierten Wissenschaftsphilosophie durch die Kuhnschen Gedanken haben wir das Gewicht fast ausschließlich auf eine dieser Herausforderungen verlagert, nämlich auf die ‚relative Immunität von naturwissenschaftlichen Theorien gegenüber aufsässigen Erfahrungen'. Denn zur Aufklärung dieses Sachverhaltes eignet sich das strukturalistische Konzept besonders gut, wenn man die Wirksamkeit und das Zusammenspiel aller dafür relevanten Gesichtspunkte klar überblickt, wie das Phänomen der *T*-Theoretizität, die Offenheit der Menge der intendierten

Anwendungen, die Unempfindlichkeit der Basiselemente eines Theoriennetzes bei einem Scheitern von Netzverfeinerungen, die mögliche Unvollständigkeit in der Beschreibung bestimmter Anwendungen. Ihre spezifische Schärfe erhält die globale Kuhnsche Herausforderung jedoch erst, wenn man diesen Immunitätsaspekt mit einer zweiten These KUHNS in Verbindung bringt – die in ähnlicher, wenn auch nicht in genau derselben Weise von FEYERABEND vertreten wird –, nämlich mit der Behauptung, daß bei wissenschaftlichen Revolutionen verdrängende und verdrängte Theorie miteinander *inkommensurabel* seien. Es hat sich herausgestellt, daß dies ein äußerst heikler und schwieriger Diskussionspunkt ist. So hat z. B. FEYERABEND in [Changing Patterns] zu begründen versucht, warum er den in II/2 angedeuteten Lösungsvorschlag für untauglich hält. Und D. PEARCE hat in [STEGMÜLLER on KUHN] sogar die Auffassung vertreten, diesen Lösungsvorschlag effektiv widerlegen zu können.

Wir werden erst in Kap. 10 auf die Inkommensurabilitätsproblematik zu sprechen kommen. Der Grund für diese Verschiebung auf später ist ein rein didaktischer: Es erscheint als zweckmäßig, vor der detaillierten Aufnahme dieser Diskussion die Schilderung aller weiteren Verbesserungen und Modifikationen am strukturalistischen Begriffsapparat beendet zu haben. Denn darin werden verschiedene Begriffe genauer expliziert, die für die Inkommensurabilitätsdebatte von Wichtigkeit sind, wie (starke und schwache) Reduktion, approximative Einbettung, allgemeine intertheoretische Relation etc.

Neben Theorienimmunität und Inkommensurabilität gibt es noch eine dritte Kuhnsche Herausforderung. Zwar hängt sie mit den ersten beiden zusammen; doch bildet sie trotzdem diesen gegenüber ein Novum. Es geht hier um die wohl modernste Variante philosophischer Diskussionen des Induktionsproblems, nämlich um das Thema „*rationale Theorienwahl*". Es ist insbesondere das Verdienst von C. G. HEMPEL, im Verlauf einer Reihe von Debatten innerhalb der letzten Jahre sowohl auf die Eigenständigkeit dieses Aspektes hingewiesen als auch eine Einordnung in die Induktionsproblematik vorgenommen zu haben.

Die dritte Herausforderung KUHNS ist vor allem deshalb ebenso frappierend wie faszinierend, weil sie *die bei weitem radikalste Stellungnahme zur ‚Methode der Induktion' beinhaltet, die im bisherigen Verlauf der Geschichte der Philosophie zu diesem Thema geäußert worden ist.* Obwohl eine ausführliche Erörterung der Induktionsproblematik im gegenwärtigen Rahmen nicht möglich ist, soll dieser Punkt in Kap. 13 doch so weit zur Sprache kommen, daß die Kuhnsche Position deutlich hervortritt und die mutmaßliche Lösung der darin implizit enthaltenen Probleme zumindest in Umrissen als ein klar formulierbares metatheoretisches Forschungsprojekt sichtbar wird. Die dortigen Überlegungen werden auch die oben versuchte Antwort auf FEYERABENDS Einwand gegen LAKATOS etwas verständlicher machen. Diese Antwort rückt nämlich die Wissenschaftsphilosophie von LAKATOS in größere Nähe zu KUHN als dies den ‚kritischen Rationalisten' lieb sein dürfte. Denn für die Grundkonzepte beider Philosophen wird das Operieren mit ‚weichen' statt mit ‚harten' Begriffen vorgeschlagen, etwa bei der Beantwortung der Frage: „Warum soll ein Forschungsprogramm (ein normalwissenschaftlicher Prozeß) fortgesetzt bzw. abgebrochen werden?" In Kap. 13

soll angedeutet und an anderer Stelle ausführlicher begründet werden, warum dieser Rückgriff auf weiche Begriffe überhaupt nichts ausmacht: Nur für den *retrospektiven* Aspekt der Theorienwahl bzw. der Induktion benötigt man so etwas wie *harte Begriffe, die als Kriterien benützbar sind.*

3.5 Ein möglicher Ausblick: Theorien als Komponenten ‚geschichtlicher Regelsysteme' im Sinn von K. Hübner

Die in diesem Kapitel behandelten Erweiterungen reiner Theorie-Elemente und Theoriennetze bilden bloß *eine* Möglichkeit, diese beiden für die adäquate Wiedergabe von Theorien grundlegenden Gebilde durch zusätzliche pragmatische Faktoren zu ergänzen. In Kap. 8 werden wir eine ganz andere Ergänzungsmethode kennen lernen, welche diese beiden Entitäten zu geeigneten Objekten von Approximationsstudien macht. Über noch andersartige Erweiterungen zu spekulieren, ergibt vermutlich erst dann einen Sinn, wenn die Zielsetzungen genauer umschrieben sind, denen sie dienen sollen. *Eine* ganz bestimmte derartige Zielsetzung sei hier erwähnt und kurz diskutiert.

K. HÜBNER hat in seinem Buch [Kritik] neben vielen anderen dort behandelten Aspekten, welche die komplexen Beziehungen von Wissenschaft und Kultur sowie die geschichtlichen Verflechtungen der Wissenschaften betreffen, vor allem die Notwendigkeit betont, in systematischen und historischen Studien wissenschaftliche Theorien nicht in Isolierung zu betrachten. Vielmehr sollten und müßten solche Theorien als Komponenten umfassenderer *‚geschichtlicher Systemmengen'* untersucht werden, zu denen auch die anderen Bereiche des kulturellen und sozialen Lebens gehören, wie Wert- und Rechtssysteme, Wirtschaftsordnung, Geschäftswelt, Staatsleben und politische Hierarchien, Kunst, Musik, Religion, Sprache samt den für diese geschichtlichen Teilsysteme geltenden, von Menschen geschaffenen Regeln. Im Rahmen der Überlegungen HÜBNERs hat dies nicht etwa den Charakter eines allgemeinen kulturphilosophischen Postulates oder der Konsequenz eines solchen. Vielmehr findet darin eine grundsätzliche philosophische Problemstellung ihren Niederschlag. HÜBNER erhebt diese Forderung, weil er die in der Neuzeit allgemein akzeptierte These in Frage stellt, daß die Wissenschaften ‚den einzigen Weg zur Wahrheit' lieferten, daß sie, wie er es formuliert, „allein den Zugang zur Wahrheit und Wirklichkeit ‚gepachtet' hätten" (a.a.O. S 219).

Wie immer in diese Richtung verlaufende philosophische Betrachtungen und Spekulationen aussehen, auf alle Fälle werden sie der Stützung durch Detailuntersuchungen bedürfen. Aber wie könnten solche aussehen? Systematische Untersuchungen dieser Art fehlen bislang fast vollständig, zum Teil vermutlich wegen mangelnder begrifflicher Hilfsmittel zur Erfassung der außerwissenschaftlichen kulturellen Faktoren, aber auch der ‚entsprechenden' Teile von Theorien (im präsystematischen Wortsinn), bei denen diese Faktoren ‚eingreifen' könnten. Hier werden sich vielleicht, zumindest was den kulturellen

Faktor *Wissenschaft* betrifft, geeignete Spezialisierungen des allgemeinen Rahmenbegriffs *Pragmatische Erweiterungen von Theorie-Elementen und Theoriennetzen* als adäquate Ansatzpunkte für Präzisierungen der von HÜBNER angestrebten innerkulturellen und interkulturellen Relationen erweisen. Angenommen nämlich, es gelänge, auch die außerwissenschaftlichen Faktoren geschichtlicher Systemmengen mit Hilfe von Begriffen zu erfassen, die als so etwas wie ‚Elemente' und als ‚Netze' deutbar sind[5], dann könnten vermutlich die fraglichen Relationen über die ‚*Verzahnungen*' der pragmatische Komponenten enthaltenden Glieder der ‚theoretischen' und der ‚außertheoretischen' Elemente erzeugt werden. Die Erfolgschancen eines derartigen Projektes hängen davon ab, ob und inwieweit eine hinlänglich genaue Systematisierung anderer kultureller Faktoren gelingt.

Wenn wir ein solches Gelingen für den Augenblick unterstellen, so würde dies z. B. zur Folge haben, daß sich Theorienevolutionen im hier präzisierten Sinn einbetten lassen in die viel umfassenderen Änderungen von Systemmengen im Sinn von HÜBNER. Analog würden Theorienverdrängungen als ‚Mutationen' in seinem Sinn (a.a.O. S. 210) aufzufassen sein, deren vervollständigtes Bild ebenfalls eine bestimmte Art von Wissen um den Wandel geschichtlicher Systemmengen erfordern würde.

Analysen der angedeuteten Art werden, zumindest in den ersten Untersuchungsstadien, vielleicht gar keinen oder höchstens einen indirekten Beitrag liefern zu HÜBNERS eigentlichem Anliegen, eine *Begründung* dafür zu gewinnen, daß die Infragestellung der Wissenschaft als des ‚einzigen Weges zur Wahrheit' berechtigt war. Aber dies wäre nicht unbedingt ein Nachteil. Worauf es ankäme, wäre eine allmähliche Verbesserung unseres Verständnisses des *Zusammenspiels* von Wissenschaft und ‚außerwissenschaftlichen Komponenten geschichtlicher Systemmengen' in unserer Wirklichkeitserfassung. Keineswegs hingegen sollte mit derartigen Analysen das Fernziel verfolgt werden, eine Art Nachweis dafür zu erbringen, daß die erwähnten nichtwissenschaftlichen Institutionen zur Gänze oder auch nur teilweise mit der Wissenschaft ‚gleichwertige', ebenfalls der Erfassung der Wirklichkeit dienende und daher mit der Wissenschaft *konkurrierende* Unternehmungen bilden. Der einzige uns bekannte potentielle Konkurrent der Wissenschaft wäre der Mythos, den HÜBNER im letzten Kapitel seines Buches eindrucksvoll schildert. Aber eben dieser Mythos ist, als eine nichtwissenschaftliche Weise der Welterfassung und damit als ein derartiger Konkurrent, längst weggefallen, seit er in Religion und Kunst auseinanderbrach und dadurch als Ganzes verschwand, wie HÜBNER dort betont.

Das Hübnersche Anliegen läßt sich vielleicht zusätzlich dadurch verdeutlichen, daß man eine Analogisierung zur Behandlung eines anderen Gegenstandes vornimmt, der in der heutigen wissenschaftsphilosophischen Diskussion eine

---

5 Daß zumindest die ersten Schritte einer begrifflichen Konzeptualisierung mit den bei der Rekonstruktion einer wissenschaftlichen Theorie benützten sogar *identisch* sein könnten, da sich die axiomatische Methode zur Erfassung nichtwissenschaftlicher Komponenten geschichtlicher Systemmengen nutzbar machen ließe, wird von HÜBNER a.a.O. auf S. 194 selbst betont.

zentrale Stelle einnimmt, nämlich: „*wissenschaftliche Rationalität*". Dieses Thema wird weder in HÜBNERS Werk noch im vorliegenden Buch systematisch erörtert; allerdings wird es hier in den mehr ‚philosophischen' Kapiteln 10 bis 13 häufig angesprochen werden. Heute scheint unter Philosophen die Auffassung weit verbreitet zu sein, größere Klarheit über die Natur der wissenschaftlichen Rationalität lasse sich nur dadurch gewinnen, daß man sie vom ‚arationalen' oder gar ‚irrationalen' Räsonieren in den nichtwissenschaftlichen Bereichen immer stärker und deutlicher abhebt. Aber vermutlich wird auch hier eine endgültige Klarheit erst dann erzielbar sein, wenn man sich zu einer radikalen Umkehr in der Verfahrensweise entschließt und diese anderen Bereiche, statt sie von vornherein außer Betracht zu lassen, systematisch mit einbezieht. Es könnte sich dann sogar herausstellen, daß die Formen der Rationalität, auf die man in der Wirtschaft und im Geschäftsleben, im politischen Bereich und sogar in typischen Alltagssituationen stößt, wie die moderne Entscheidungstheorie zeigt – daß diese Formen der Rationalität auch die sogenannte wissenschaftliche Rationalität nicht nur wesentlich ergänzen, sondern sie sogar mittragen.

Literatur

FEYERABEND, P. [Against Method], "Against Method: Outline of an Anarchistic Theory of Knowledge", in: *Minnesota Studies in the Philosophy of Science*, Bd. 4 (1970), S. 17–130. Deutsche Übersetzung: *Wider den Methodenzwang*, Frankfurt a. M. 1976.

FEYERABEND, P., "Consolations for the Specialist", in: I. LAKATOS und A. MUSGRAVE (Hrsg.), [Growth], S. 197–230. Deutsche Übersetzung: „Kuhns Struktur wissenschaftlicher Revolutionen – ein Trostbüchlein für Spezialisten?", in: I. LAKATOS und A. MUSGRAVE (Hrsg.), [Erkenntnisfortschritt], S. 191–222.

FEYERABEND, P. [Changing Patterns], "Changing Patterns of Reconstruction", *The British Journal for the Philosophy of Science*, Bd. 28 (1977), S. 351–369.

GUTTING, G. (Hrsg.), *Paradigms and Revolutions*, Notre Dame, Indiana, 1980.

HOWSON, C. (Hrsg.) [Appraisal], *Method and Appraisal in the Physical Sciences*, Cambridge 1976.

HÜBNER, K. [Kritik], *Kritik der wissenschaftlichen Vernunft*, Freiburg/München 1978.

KUHN, T. S. [Revolutions], *The Structure of Scientific Revolutions*, 2. erweiterte Aufl. Chicago 1970. Deutsche Übersetzung durch H. VETTER: *Die Struktur wissenschaftlicher Revolutionen*, 5. Aufl. Frankfurt 1981.

KUHN, T. S., "Logic of Discovery or Psychology of Research?", in: I. LAKATOS und A. MUSGRAVE (Hrsg.), [Growth], S. 1–23.

KUHN, T. S., "Reflection on my Critics", in: I. LAKATOS und A. MUSGRAVE, (Hrsg.), [Growth], S. 231–278.

KUHN, T. S., "Notes on Lakatos", in: R. C. BUCH und R. S. COHEN (Hrsg.), *Boston Studies in the Philosophy of Science*, Bd. 8 (1971), S. 137–146.

LAKATOS, I. [Research Programmes], "Falsification and the Methodology of Scientific Research Programmes", in: I. LAKATOS und A. MUSGRAVE (Hrsg.), [Growth], S. 91–195.

LAKATOS, I. [History], "History of Science and its Rational Reconstructions", in: R. C. BUCH and R. S. COHEN (Hrsg.), *Boston Studies in the Philosophy of Science*, Bd. 8 (1971), S. 91–136; abgedruckt in: Howson, C. (Hrsg.), [Appraisal], S. 1–39.

LAKATOS, I., "Reply to Critics", in: *Boston Studies in the Philosophy of Science*, Bd. 8, S. 174–182.

LAKATOS, I. and A. MUSGRAVE (Hrsg.), [Growth], *Criticism and the Growth of Knowledge*, Cambridge 1970. Deutsche Übersetzung durch P. FEYERABEND und A. SZABÓ, [Erkenntnisfortschritt], *Kritik und Erkenntnisfortschritt*, Braunschweig 1974.

MOULINES, C. U. [Evolution], "Theory-Nets and the Evolution of Theories: The Example of Newtonian Mechanics", *Synthese*, Bd. 41 (1979), S. 417–439.

MOULINES, C. U. [Reply], "Reply to John D. North, 'On Making History'", in: J. HINTIKKA, D. GRUENDER und E. AGAZZI (Hrsg.), *Pisa Conference Proceedings*, Bd. 2, Dordrecht 1980, S. 280–290.

NORTH, J. D., "On Making History", in: J. HINTIKKA, D. GRUENDER und E. AGAZZI (Hrsg.), *Pisa Conference Proceedings*, Bd. 2, Dordrecht 1980, S. 272–282.

POPPER, K., *Logik der Forschung*, 4. Aufl. Tübingen 1971.

POPPER, K., "Normal Science and its Dangers", in: I. LAKATOS and A. MUSGRAVE (Hrsg.), [Growth], S. 51–58. Deutsche Übersetzung: „Die Normalwissenschaft und ihre Gefahren", in: I. LAKATOS und A. MUSGRAVE (Hrsg.), [Erkenntnisfortschritt], S. 51–58.

QUINE, W. V. und ULLIAN, J. S., *The Web of Belief*, New York 1978.

STEGMÜLLER, W. [View], *The Structuralist View of Theories*, Berlin–Heidelberg–New York 1979.

STEGMÜLLER, W. [Neue Wege], *Neue Wege der Wissenschaftsphilosophie*, Berlin–Heidelberg–New York 1980.

STEGMÜLLER, W. [Erklärung], *Erklärung, Begründung, Kausalität*, Berlin–Heidelberg–New York 1983.

Kapitel 4
Reduktion

4.1 Intuitiver Hintergrund. Adäquatheitsbedingungen

Wenn man die Frage stellt, ob eine gegebene Theorie T mittels einer anderen, reicheren Theorie T' ‚erklärbar ist' oder ‚auf diese reichere Theorie *reduziert* werden kann' – oder in nochmals anderer Formulierung: ob sich T in T' ‚einbetten' läßt –, so formuliert man damit ein Problem, welches eine *intertheoretische Relation* betrifft. Und zwar würde es sich im Fall der positiven Antwort auf diese Frage um eine Relation handeln, die *sowohl im präexplikativen als auch im explikativen Sinn* als intertheoretisch zu bezeichnen wäre. Ersteres deshalb, weil hier zwei Theorien miteinander verglichen werden, die von den zuständigen Fachwissenschaftlern als verschieden angesehen werden. Letzteres deswegen, weil die Relation innerhalb des strukturalistischen Rahmens je nach Fall entweder als eine Relation zwischen zwei verschiedenartigen Theorie-Elementen oder sogar als eine Relation zwischen verschiedenen Theoriennetzen mit unterschiedlichen Basiselementen zu rekonstruieren wäre. Bei der Behandlung der Reduktionsproblematik ist der in Kap. 2 eingeführte neue Formalismus, also die ‚Sprache der Theorie-Elemente und Theoriennetze', dem alten, in II/2, Kap. VIII, 9 benützten, in bezug auf Durchsichtigkeit und Handlichkeit überlegen.

Genauer gesprochen erweist sich der alte Apparat in dreifacher Hinsicht als schwerfällig: Erstens wurde der in II/2, D 9, S. 130, eingeführte, als 8-Tupel rekonstruierte Begriff des erweiterten Strukturkernes zugrunde gelegt. Zweitens mußte statt der einfachen Anwendungsoperation A von II/2, S. 129, die wesentlich kompliziertere Anwendungsoperation A_e von S. 133 verwendet werden, die erweiterte Strukturkerne als Argumente nimmt. Drittens wurde dabei explizit Gebrauch gemacht von der in II/2 auf S. 131 definierten mehr-mehrdeutigen ‚Zuordnungsrelation zwischen intendierten Anwendungen und Spezialgesetzen' α. All das zusammen dürfte die Lektüre von II/2, S. 146–151 erheblich erschweren.

Jetzt fallen alle diese Komplikationen fort: Da jedes Spezialgesetz als Theorie-Element rekonstruiert wird, benötigt man stets nur die einfache Anwendungsoperation A; damit wird automatisch auch die Relation α überflüssig. Schließlich fällt auch der Begriff des erweiterten Strukturkernes E fort. Er wird durch den des Netzes von Theorie-Elementen ersetzt.

Trotz dieser erzielten Vereinfachungen dürfte es zweckmäßig sein, sich vor Beginn der eigentlichen Explikation die *Minimalbedingungen an Adäquatheit* für einen Reduktionsbegriff vor Augen zu führen. Dabei gehen wir aus Einfachheitsgründen davon aus, daß wir reduzierte und reduzierende Theorie als ‚bloße Theorie-Elemente' rekonstruieren können. Es seien also

$T = \langle K, I \rangle$ und $T' = \langle K', I' \rangle$ zwei Theorie-Elemente mit $K = \langle M_p, M, M_{pp}, Q \rangle$ und $K' = \langle M'_p, M', M'_{pp}, Q' \rangle$. Welche Minimalbedingungen müssen erfüllt sein, um sagen zu können, daß T reduzierbar ist auf T'?

Zur Beantwortung dieser Frage nehmen wir nochmals *zwei Vereinfachungen* vor. Die erste betrifft *die Art der Reduktion*: Historische Fallstudien könnten ergeben, daß häufig in interessanten, realistischen Fällen von Theorienreduktionen gar keine ‚exakten' Reduktionen vorliegen, sondern bloß ‚näherungsweise' oder ‚approximative' Zurückführungen der einen Theorie auf eine andere. Wir beschränken uns hier vorläufig dennoch auf die Aufgabe, einen Begriff der exakten (strengen) Reduktion einzuführen. Sollte sich die eben angedeutete historische Vermutung bewahrheiten, so wären die im vorliegenden Abschnitt eingeführten Reduktionsbegriffe in den erwähnten Fällen als idealtypische Begriffe nur von methodischer Wichtigkeit, und zwar in einem genau präzisierbaren Sinn. In Kap. 8, Abschn. 4 und 5 werden wir uns dem Problem der *approximativen Reduktion* zuwenden. Wie sich dort herausstellen wird, führt bereits die Aufgabe, geeignete Approximationsbegriffe zu präzisieren, zu schwierigen wissenschaftsphilosophischen und technischen Fragen. Bei der weiteren Zielsetzung, präzisierte Versionen der beiden Begriffsfamilien *Approximation* und *Reduktion* miteinander zu kombinieren, bestünde die große Gefahr, den roten Faden zu verlieren, sofern man nicht schon über einen *als Orientierungshilfe dienenden* Begriff der exakten Reduktion verfügte. Der letztere würde dann in dem Sinne einen methodischen Ausgangspunkt bilden, als man sich zu überlegen hätte, wie der Begriff der strengen Reduktion zu modifizieren und zu liberalisieren wäre, um einen adäquaten Begriff der approximativen Reduktion zu erhalten. Das Gesagte gilt natürlich a fortiori insofern, als die exakte Reduktion als Grenzfall in der wissenschaftlichen Praxis tatsächlich vorkommt, und ihre Explikation daher nicht bloß darauf hinausläuft, einen Apparat von Hilfsbegriffen bereitzustellen, die einem anderen Zweck dienen.

Die zweite Vereinfachung ist technischer Natur. Wie wir aus den vorangehenden Betrachtungen wissen, ergeben sich immer wieder Komplikationen dadurch, daß wir außer den Gesetzen stets auch die Querverbindungen zu berücksichtigen haben. In diesen intuitiven Vorbetrachtungen wollen wir so tun, als dürften wir die Querverbindungen vernachlässigen. Dann erhalten wir für die zu definierende Reduktionsrelation ϱ zwischen (reduziertem) Theorie-Element T und davon verschiedenem (reduzierendem) Theorie-Element T' die folgenden *vier minimalen Adäquatheitsbedingungen*:

(I) Es gilt $\varrho \subseteq M_p \times M'_p$ (wobei natürlich die vorausgesetzte Verschiedenheit der beiden Theorie-Elemente so zu verstehen ist, daß auch $M_p \neq M'_p$).

(II) Die Umkehrrelation ϱ^{-1} von ϱ ist mehr-eindeutig, also eine Funktion.

(III) Die Gesetze der reduzierten Theorie können aus den Gesetzen der reduzierenden Theorie abgeleitet werden. Genauer: Wenn die beiden potentiellen Modelle x und x' in der Entsprechungsrelation ϱ zueinander stehen, dann hat die Gültigkeit der Gesetze von T' für x' die Gültigkeit der Gesetze von T für x zur Folge. Da die Gesetze unserer beiden Theorien durch die zwei Mengen M und M' repräsentiert werden, besagt diese letzte Aussage nach Übersetzung in die mengentheoretische Sprechweise:

Für alle x und x', wenn $\langle x, x'\rangle \in \varrho$ und $x' \in M'$, dann $x \in M$.

(IV) Die Relation ϱ setzt außer den nicht-theoretischen Größen auch die theoretischen in Beziehung zueinander. Allerdings besitzt die Relation ϱ einen rein nicht-theoretischen Bestandteil (später „γ_ϱ" genannt). Die letzte Adäquatheitsbedingung besagt, daß die intendierten Anwendungen I und I' der beiden Theorien in der durch den nicht-theoretischen Bestandteil γ_ϱ von ϱ erzeugten Entsprechungsrelation zueinander stehen.

Die ersten beiden Bedingungen bringen die zu Beginn von II/2, Kap. VIII,9 angestellten Überlegungen auf eine knappe Formel (vgl. insbesondere die beiden letzten Absätze von S. 145): Die reduzierende Theorie liefert in der Regel mehrere Beschreibungen eines physikalischen Systems, wo die reduzierte nur eine einzige Beschreibung liefert. Dabei sind in (I) und (II) zu den nicht-theoretischen Beschreibungen die theoretischen gleich hinzugenommen worden. Die zu ϱ inverse Relation ϱ^{-1} ist, wie üblich, definiert durch:

$$\varrho^{-1} := \{\langle y, x\rangle | \langle x, y\rangle \in \varrho\}.$$

(III) formuliert nur die wesentliche Grundidee. Die Berücksichtigung aller Einzelheiten führt zu komplizierteren Formulierungen, einmal wegen der zu berücksichtigenden Querverbindungen und zum anderen wegen der theoretisch--nicht-theoretisch-Dichotomie. Die letztere wird eine Aufsplitterung bewirken, je nachdem, ob man den (entsprechend ergänzten) Wenn-Dann-Satz auf der theoretischen Ebene formuliert oder ihn ‚herunterprojiziert' auf die nicht-theoretische Ebene. Dieser Aufsplitterung wird die Unterscheidung zwischen starker und schwacher Reduktion entsprechen.

Die Bedingung (IV) wurde ziemlich vage formuliert. Für den gegenwärtigen Zweck einer anschaulichen Formulierung minimaler Adäquatheitsbedingungen ist dies jedoch ausreichend. Die formalen Gegenstücke zu (IV) werden die Bestimmungen (3) von D 4-4 und (5) von D 4-5 bilden.

4.2 Starke und schwache Reduktion für Theorie-Elemente. Das Induktionstheorem für Reduktionen

In allen folgenden Definitionen werde vorausgesetzt, daß P^1, P^2 nicht leer sind und daß $T^1 = \langle K^1, I^1\rangle$ sowie $T^2 = \langle K^2, I^2\rangle$ Theorie-Elemente mit Kernen $K^1 = \langle M_p^1, M^1, M_{pp}^1, Q^1\rangle$ und $K^2 = \langle M_p^2, M^2, M_{pp}^2, Q^2\rangle$ sind. (Die oberen Indizes verwenden wir größerer Anschaulichkeit halber. T^1 repräsentiert die ‚schwächere', zu reduzierende Theorie, T^2 die ‚stärkere', reduzierende Theorie. In den beiden Hilfsmengen P^1 und P^2 der folgenden Definitionen antizipieren wir diese Indizierung.)

D 4-1 ϱ ist eine *Quasi-Reduktion von P^1 auf P^2* (kurz: $rd(\varrho, P^1, P^2)$) gdw
(1) $\varrho \subseteq P^1 \times P^2$;
(2) $D_I(\varrho) = P^1$;
(3) $\varrho^{-1} : D_{II}(\varrho) \to P^1$.

Durch diese Definition wird allen ‚intertheoretischen' Relationen, welche die ersten beiden Adäquatheitsbedingungen (für die abstrakten nichtleeren Mengen P^1 und P^2 statt M_p und M'_p) erfüllen, der Name „Quasi-Reduktion" (von P^1 auf P^2) gegeben. Die letzte Bedingung drückt gerade aus, daß die Umkehrung ϱ^{-1} von ϱ eine Funktion ist, und zwar genauer: eine Abbildung des Wertbereiches von ϱ in den Argumentbereich P^1 von ϱ.

D 4-2 Es gelte $rd(\varrho, P^1, P^2)$. Dann ist
$\bar{\varrho} := \{\langle X, Y \rangle \in Pot(P^1) \times Pot(P^2) | \lor c(c : X \to Y \land c$ ist eine Bijektion
$\land \land x \in X(\langle x, c(x) \rangle \in \varrho))\}$.

Diese Definition hat im Prinzip nur die Aufgabe, die Quasi-Reduktion ϱ um eine Stufe nach oben, also auf die Ebene der Potenzmengen, zu befördern. Zwecks Ausschaltung unerwünschter Resultate wird zusätzlich verlangt, daß die beiden in der Relation $\bar{\varrho}$ zueinander stehenden Mengen X und Y von gleicher Kardinalität sind (so daß zwischen ihnen eine Bijektion c besteht).

Die nächste Definition dient dazu, eine auf der theoretischen Stufe wirksame Reduktionsrelation auf die nicht-theoretische Stufe zu ‚projizieren'.

D 4-3 Es sei $\varrho \subseteq M_p^1 \times M_p^2$. Dann ist
$\gamma_\varrho := \{\langle x_1, x_2 \rangle \in M_{pp}^1 \times M_{pp}^2 | \lor \langle y_1, y_2 \rangle \in \varrho (x_1 = r^0(y_1) \land x_2 = r^0(y_2))\}$.

(In der Symbolik von BALZER und SNEED, [Net Structures] sowie von [View] wäre diese Relation durch „$\hat{\varrho}$" zu bezeichnen. Wir führen statt dessen ein neues Zeichen ein, um die Anzahl der Bezeichnungen für Operationen, die oberhalb eines Relationssymbols anzufügen sind, nicht nochmals zu vergrößern.)

In den drei bisherigen Definitionen wurden nur Hilfsbegriffe eingeführt. Die nächste Definition präzisiert die eine Hälfte der in der Adäquatheitsbedingung (III) ausgedrückten Forderung, und zwar *auf der nicht-theoretischen Ebene*. Diese Präzisierung kann in der Sprache der empirischen Behauptungen der beiden Theorie-Elemente ausgedrückt werden: „Jede mögliche empirische Behauptung des reduzierten Theorie-Elementes folgt aus der ‚entsprechenden' empirischen Behauptung des reduzierenden Theorie-Elementes" bzw. in intuitiverer Fassung: „Alles, was die reduzierte Theorie über eine mögliche Anwendung behauptet, folgt aus dem, was die reduzierende Theorie über eine ‚entsprechende' Anwendung behauptet" oder noch kürzer: „Was immer die alte Theorie empirisch geleistet hat, das leistet auch die neue Theorie". Die genaue Fassung dieses Gedankens findet sich als Inhalt der Bestimmung (2) von D 4-4. Die dabei benützte Entsprechungsrelation setzt auf der nicht-theoretischen Ebene ein und ist daher als eine Quasi-Reduktion (im Sinne von D 4-1) zwischen den beiden Klassen M_{pp}^1 und M_{pp}^2 zu rekonstruieren. Genau dies besagt die Bestimmung (1) von D 4-4. Schließlich muß noch der Adäquatheitsbedingung

(IV) Rechnung getragen werden. Dies geschieht in präzisierter Form in D 4-4,(3). Danach entspricht jeder einzelnen intendierten Anwendung der reduzierten Theorie aufgrund der Quasi-Reduktion ϱ eine intendierte Anwendung der reduzierenden Theorie.

D 4-4 ϱ *reduziert* T^1 *schwach auf* T^2 (kurz: $Red_{sch}(\varrho, T^1, T^2)$) gdw gilt:
(1) $rd(\varrho, M^1_{pp}, M^2_{pp})$;
(2) $\wedge \langle X^1, X^2 \rangle \in Pot(M^1_{pp}) \times Pot(M^2_{pp}) (X^2 \in \mathbb{A}(K^2) \wedge X^1$ ist nicht leer $\wedge \langle X^1, X^2 \rangle \in \bar{\varrho} \to X^1 \in \mathbb{A}(K^1))$;
(3) $\wedge x_1 \wedge X^1 (x_1 \in X^1 \wedge X^1 \in I^1 \to \vee X^2 \vee x_2 (x_2 \in X^2 \wedge X^2 \in I^2 \wedge \langle x_1, x_2 \rangle \in \varrho)$.

Zusätzlich zu den bereits gegebenen inhaltlichen Erläuterungen sei noch auf die folgenden, mehr technischen Aspekte aufmerksam gemacht:

(*a*) In (1) wird der in D 4-1 definierte Begriff verwendet. Obwohl also gesagt wird, daß ϱ *das erste Theorie-Element auf das zweite reduziert*, ist die Relation ϱ bloß eine die beiden zusätzlichen Bedingungen (2) und (3) erfüllende Quasi-Reduktion zwischen *partiellen* potentiellen Modellen, operiert also ausschließlich auf ‚empirischer‘ (nicht-theoretischer) Ebene.

(*b*) Daß in (2) die gemäß D 4-2 in Abhängigkeit von ϱ definierte Funktion $\bar{\varrho}$ verwendet wird, hat seinen – uns aus anderen Zusammenhängen bereits bekannten – Grund darin, daß auf der theoretischen Kernebene die Gültigkeit der Querverbindungen verlangt wird, die nicht auf einzelne, theoretisch ergänzte partielle potentielle Modelle anwendbar sind, sondern nur auf *Mengen von* solchen.

(*c*) Das doppelte Vorkommen der Elementschaftsrelation in (3) hat seinen Grund darin, daß wir einerseits die Mengen I^1 bzw. I^2 wieder als Klassen ‚artmäßig zusammengefaßter' intendierter Anwendungen deuten (so daß das X^j in $X^j \in I^j$ für $j = 1, 2$ jeweils *eine* solche Anwendungsart ist), andererseits aber jetzt *individuelle* intendierte Anwendungen in der oben geschilderten Weise einander entsprechen lassen müssen.

Es liegt nahe, in Ergänzung zu diesem Reduktionsbegriff von D 4-4 einen weiteren einzuführen, an den insofern höhere Ansprüche gestellt werden, als darin nicht bloß eine Entsprechung auf nicht-theoretischer Ebene vorausgesetzt wird, sondern *außerdem eine Entsprechung auf theoretischer Ebene*, so daß hier also die beiden Strukturen auf solche Weise miteinander in Beziehung gesetzt werden, daß sämtliche Komponenten beider Strukturen in diese Beziehung eingehen. Eine solche Relation kann offenbar nicht bei den M_{pp}'s, sondern muß bei den M_p's ansetzen.

D 4-5 ϱ *reduziert* T^1 *stark auf* T^2 (kurz: $Red_{st}(\varrho, T^1, T^2)$) gdw gilt:
(1) $rd(\varrho, M^1_p, M^2_p)$;
(2) $rd(\gamma_\varrho, M^1_{pp}, M^2_{pp})$;
(3) $\wedge \langle Y^1, Y^2 \rangle \in Pot(M^1_p) \times Pot(M^2_p) (Y^2 \in Pot(M^2) \cap C^2 \wedge Y^1$ ist nicht leer $\wedge \langle Y^1, Y^2 \rangle \in \bar{\varrho} \to Y^1 \in Pot(M^1) \cap C^1)$;

(4) $\wedge \langle x_1, x_2 \rangle \in \gamma_\varrho \wedge y_2 \in M^2 (x_2 = r^0(y_2)$
$\to \vee y_1 \in M^1 (\langle y_1, y_2 \rangle \in \varrho \wedge r^0(y_1) = x_1));$
(5) $\wedge x_1 \wedge X^1 (x_1 \in X^1 \wedge X^1 \in I^1$
$\to \vee X^2 \vee x_2 (x_2 \in X^2 \wedge X^2 \in I^2 \wedge \langle x_1, x_2 \rangle \in \gamma_\varrho).$

Kommentar: Zum Unterschied von D 4-4 ist ϱ diesmal eine Quasi-Reduktion der Menge M_p^1 der *potentiellen* Modelle der ersten Theorie auf die Menge M_p^2 der *potentiellen* Modelle der zweiten Theorie; ϱ operiert also von vornherein auf der theoretischen Ebene. In (2) wird allerdings zusätzlich verlangt, daß die ‚Projektion' γ_ϱ von ϱ auf die ‚empirische', d.h. nicht-theoretische Ebene eine Quasi-Reduktion von M_{pp}^1 auf M_{pp}^2 liefert. (3) beinhaltet das ‚theoretische Analogon' zu (2) von D 4-4, das der zweiten Hälfte der Adäquatheitsbedingung (III) entspricht. Wenn man bedenkt, daß der in D 4-4 vorkommende Ausdruck „$\mathbb{A}(K)$" dasselbe besagt wie „$r^2(Pot(M) \cap C)$" und daß es genau Ausdrücke von der Gestalt des Argumentes von „r^2" sind (also von der Form „$Pot(M) \cap C$"), die in D 4-5,(3) benützt werden, so könnte man die fraglichen Teilaussagen von (3) als *theoretisch ergänzte mögliche empirische Behauptungen* der beiden Theorie-Elemente bezeichnen. (3) besagt dann: „Jede mögliche theoretisch ergänzte empirische Behauptung des reduzierten Theorie-Elementes, die überhaupt eine Entsprechung im anderen Theorie-Element besitzt, folgt aus der ‚entsprechenden' theoretisch ergänzten empirischen Behauptung des reduzierenden Theorie-Elementes". Hier ist wieder zu beachten, daß die dabei benützte Entsprechungsrelation ϱ diesmal auf der theoretischen Stufe einsetzt, da sie eine Quasi-Reduktion von M_p^1 auf M_p^2 ist. (4) besagt ungefähr, daß zu je zwei partiellen potentiellen Modellen, die in der durch ϱ ‚empirisch induzierten' Relation γ_ϱ zueinander stehen, geeignete theoretische Ergänzungen, nämlich Modelle, existieren, die sich gemäß ϱ aufeinander beziehen. Diese Bedingung ist, zusammen mit (1), für den Beweis des folgenden Induktionstheorems erforderlich.

Wir werden sagen, daß T^1 stark (schwach) auf T^2 *reduzierbar* ist gdw es ein ϱ gibt, welches T^1 stark (schwach) auf T^2 reduziert.

Th. 4-1 (Induktionstheorem für Reduktion) *T^1 und T^2 seien zwei Theorie-Elemente, so daß T^1 durch ϱ stark auf T^2 reduziert wird. Dann reduziert γ_ϱ das Theorie-Element T^1 schwach auf T^2.*

Der *Beweis* ergibt sich aus den Definitionen unter Benützung der vorangehenden Erläuterungen.

Gegen die Aufsplitterung der Adäquatheitsbedingung (III) in die beiden in D 4-4 und D 4-5 definierten Begriffe könnte man den prima facie plausiblen Einwand vorbringen, daß diese Aufspaltung künstlich und überflüssig sei; denn wo immer die ‚Zurückführbarkeit' einer Theorie auf eine andere behauptet wird, müsse man die Reduzierbarkeit *sowohl* auf der theoretischen *als auch* auf der nicht-theoretischen Ebene zeigen können. Doch dies wäre vermutlich eine Voreiligkeit! Sofern die beiden Theorien *derselben wissenschaftlichen Tradition* entstammen, trifft zwar der Einwand zu, weshalb man hier von vornherein mit dem Begriff der starken Reduktion arbeiten könnte. Wenn hingegen die beiden

Theorien durch einen solchen Prozeß getrennt sind, den T. S. KUHN eine *wissenschaftliche Revolution* nennt, ist die Voraussetzung für die Anwendung des Begriffs der starken Reduktion nicht gegeben, nämlich die ‚Übersetzungsmöglichkeit' der theoretischen Begriffe der älteren in die der neueren Theorie. Hier sind die beiden theoretischen Superstrukturen nach KUHN *inkommensurabel*. Der in D 4-4 eingeführte Begriff hingegen ist im Prinzip auch in einem solchen Fall anwendbar. Daher könnte es sich vielleicht herausstellen, daß der – evtl. ‚approximativ abgeschwächte' – Begriff der schwachen Reduktion den Schlüssel für die Lösung des Inkommensurabilitätsproblems liefert, ungeachtet der Tatsache, daß der Begriff der starken Reduktion für eine solche Lösung untauglich ist.

4.3 Reduktion zwischen Theoriennetzen

Einfachheitshalber beschränken wir uns auf Theoriennetze mit eindeutiger Basis (vgl. D 2-8). Außerdem definieren wir simultan die schwache und die starke Reduktion, da beide Begriffe in gleicher Weise auf die für Theorie-Elemente definierten zurückführbar sind. Schließlich benützen wir dieselben symbolischen Abkürzungen wie früher. (Verwirrung kann dadurch nicht entstehen, da an zweiter und dritter Argumentstelle im einen Fall Bezeichnungen für Theorie-Elemente, im anderen Fall Bezeichnungen für Netze stehen.)

D 4-6 Es seien $X^1 = \langle N^1, \leqslant^1 \rangle$ und $X^2 = \langle N^2, \leqslant^2 \rangle$ Theoriennetze mit $\mathfrak{B}(X^1) = \{T^1\}$ und $\mathfrak{B}(X^2) = \{T^2\}$. ϱ *reduziert* X^1 *schwach (stark) auf* X^2 (kurz: $Red_{sch}(\varrho, X^1, X^2)$ bzw. $Red_{st}(\varrho, X^1, X^2)$) gdw gilt:
(1) ϱ reduziert T^1 schwach (stark) auf T^2;
(2) für jedes Theorie-Element T aus N^1 gibt es ein Theorie-Element T' aus N^2, so daß ϱ das Theorie-Element T schwach (stark) auf T' reduziert.

Die folgenden beiden leicht beweisbaren Theoreme zeigen, daß die Reduktionsrelation von Theorie-Elementen auf Theoriennetze übertragbar ist, sofern zwei Bedingungen erfüllt sind:
(a) die beiden vorgegebenen Theorie-Elemente bilden jeweils die *eindeutige Basis* der beiden Netze;
(b) auf der Seite der *reduzierenden* Theorie werden *beliebige Netze* zugelassen.

Th. 4-2 *Wenn T^1 und T^2 Theorie-Elemente sind, so daß T^1 durch ϱ auf T^2 schwach (stark) reduziert wird, dann gibt es zu jeder Spezialisierung T von T^1 eine Spezialisierung T' von T^2, so daß T durch ϱ schwach (stark) auf T' reduziert wird.*

Th. 4-3 *Wenn X^1 ein Theoriennetz mit der eindeutigen Basis T^1 ist und T^1 durch ϱ schwach (stark) auf T^2 reduziert wird, dann gibt es ein Theoriennetz X^2 mit der eindeutigen Basis T^2, so daß X^1 durch ϱ schwach (stark) auf X^2 reduziert wird.*

Die in der Definition D 4-6 enthaltene, relativ starke Zusatzbedingung für das Vorliegen einer Reduktion zwischen Theoriennetzen liegt in der Forderung, daß *ein und dieselbe* Relation ϱ jedes Element des einen Netzes auf ein geeignetes Element des anderen Netzes reduziert.

Dagegen könnte unter Berufung auf das letzte Theorem eingewendet werden, daß es sich dabei *nur scheinbar* um eine einschränkende Zusatzbedingung handle. Denn Th. 4-3 lehre doch, daß es genüge, die Basis des ‚alten' Netzes auf die ‚neue Basis' zu reduzieren; das Auffinden eines neuen Netzes, für das auch die Netzreduktion funktioniert, sei hingegen nur mehr eine Trivialität. Bei diesem Einwand würde übersehen, daß für die Beurteilung historisch realer Fälle noch ganz andere Gesichtspunkte zu berücksichtigen sind, insbesondere das, was gelegentlich die äußere und die innere Kohärenz genannt wird. Wir wollen sagen, daß ein Theorie-Element $\langle K, I \rangle$ die Bedingung der *äußeren Kohärenz* erfüllt, wenn sich seine empirische Behauptung $I \subseteq \mathbb{A}(K)$ an der Erfahrung bewährt. Ferner erfülle es die Bedingung der *inneren Kohärenz*, wenn es Merkmale, wie ‚Einfachheit', ‚Eleganz', ‚Schönheit' etc. besitzt. Schließlich werde ein Theoriennetz extern und intern kohärent genannt, wenn alle seine Elemente die Bedingungen der äußeren und inneren Kohärenz erfüllen.

Sofern nun eine neue Theorie eine alte verdrängt, wird man erst dann sagen dürfen, daß diese Verdrängung *zu recht* erfolgte, wenn die neue Theorie u. a. *sämtliche* Leistungen der alten ‚zu reproduzieren' gestattet. Dafür muß man vom *reichsten kohärenten* Netz Y^1 ausgehen, das über der alten Basis errichtet werden konnte. Selbst wenn die ‚Reduktion der Basis' bereits erfolgreich durchgeführt worden sein sollte, haben wir keinerlei Garantie dafür, daß es ein (extern und intern) *kohärentes* Netz Y^2 über der neuen Basis gibt, auf das Y^1 (schwach oder sogar stark) reduzierbar ist. Es genügt nicht, sich *irgend ein* Netz über der neuen Basis auszudenken, welches die Reduktionsleistung erbringt. Th. 4-3 spricht aber gerade nur über solche ‚Denkmöglichkeiten'; denn der dortige Existenzquantor läuft nicht bloß über kohärente Netze X^2.

Hierin liegt auch der Grund dafür, warum, um mit T. S. Kuhn zu sprechen, die Vertreter des ‚alten Paradigmas' gewöhnlich nicht durch Argumente zu überzeugen sind. Bei noch so eindrucksvollen Leistungen im einzelnen wird während der Übergangsphase das Netz über der neuen Basis ‚ärmer' sein als das reichste kohärente Netz der alten Theorie auf dem Höhepunkt ihrer Leistungsfähigkeit. Und solange es sich so verhält, sind die ‚Vertreter des Alten' prinzipiell berechtigt, zu vermuten, daß die neue Theorie an gewissen von ihr noch nicht gelösten Problemen, welche die alte längst bewältigt hatte, scheitern werde, sei es, daß sie empirisch versagen wird, sei es, daß die Lösung nur unter Inkaufnahme außerordentlicher mathematischer Komplikationen möglich sein wird.

Ein weiterer möglicher Einwand geht in eine ganz andere Richtung. Es könnte, wie bereits erwähnt, darauf hingewiesen werden, daß die hier allein beschriebene *exakte* Reduktion in gewissen historisch interessanten Fällen nicht möglich sei und daß man sich daher dort mit so etwas wie ‚annäherungsweiser Zurückführbarkeit' begnügen müsse. Dieser Einwand ist berechtigt. Wie man ihm begegnen kann, soll in Kap. 8 erörtert werden. Wir werden zeigen, daß man, ohne das vorliegende Theorienkonzept preiszugeben, den Gedanken der exakten Reduktion zu dem der approximativen liberalisieren, ja sogar zu dem der approximativen intertheoretischen Relation verallgemeinern und beides präzisieren kann.

Literatur

BALZER, W. und SNEED, J.D., "Generalized Net-Structures of Empirical Theories", Teil I: *Studia Logica* Bd. 36 (1977), Teil II: *Studia Logica* Bd. 37 (1978). Deutsche Übersetzung: „Verallgemeinerte Netz-Strukturen empirischer Theorien", in: W. BALZER und M. HEIDELBERGER (Hrsg.), *Zur Logik empirischer Theorien*, Berlin – New York 1983, S. 117–168.

BALZER, W., PEARCE, D.A. und SCHMIDT, H.-J. (Hrsg.), *Reduction in Science*, Dordrecht 1984.

MOULINES, C.U., "Ontological Reduction in the Natural Sciences", in: BALZER, W. et al. (Hrsg.), *Reduction in Science*, S. 51–70.

STEGMÜLLER, W., *The Structuralist View of Theories*, Berlin-Heidelberg-New York 1979.

Kapitel 5
Leitermengen, Strukturspecies und Präzisierung der Rahmenbegriffe

5.1 Zwei grundlagentheoretische Kritiken am strukturalistischen Theorienkonzept

Verschiedene Philosophen, die selbst darum bemüht sind, für wissenschaftstheoretische Untersuchungen einen möglichst präzisen Begriffsapparat zugrunde zu legen, haben zwei Arten von Kritiken am strukturalistischen Begriffsaufbau geübt. In beiden Fällen geht es darum, daß den ‚Strukturalisten' ein zu sorgloser Umgang mit mengentheoretischen Entitäten vorgeworfen wird. Zu erwähnen sind vor allem die Arbeiten der folgenden Autoren: I. Niiniluoto [Growth], D. Pearce [Theoretical Justification], V. Rantala [Logical Basis], E. Scheibe [Comparison], R. Tuomela [Structuralist Approach]. Da es sich als wichtig erweisen wird, die beiden Arten von Kritikpunkten scharf zu unterscheiden, sollen sie getrennt geschildert und diskutiert werden.

(I) Die Kritik erster Art (Kritik an der fehlenden Typisierung)

Diese Kritik kann man schlagwortartig folgendermaßen charakternsieren: Es wird bemängelt, daß die in den Untersuchungen benützten, z. B. die durch „Matrix", „potentielles Modell", „Modell" bezeichneten Strukturen *nicht typisiert* sind. So wird z. B. nicht scharf zwischen Objektmengen und Relationen unterschieden. Bei den Relationen stößt man häufig zugleich auf drei Arten von Mängeln: weder werden deren Definitionsbereiche genau angegeben noch die Stellenzahl noch deren ‚Stufen'. Mit letzterem ist folgendes gemeint: Wie Beispiele konkreter Theorien zeigen, sind die Definitionsbereiche verwendeter Relationen (Funktionen) häufig nicht bloße Objektmengen, die in der Matrix angeführt werden, sondern z. B. Potenzmengen von solchen oder kartesische Produkte von zwei oder mehreren dieser Mengen oder sogar Mengen von noch höherer Komplexität, die sich durch wiederholte Anwendung der Potenzmengen- und Produktbildung ergeben.

Angenommen etwa, die Menge M_p enthalte die beiden (k+m)-Tupel $\langle n_1, \ldots, n_k, t_1, \ldots, t_m \rangle$ und $\langle n'_1, \ldots, n'_k, t'_1, \ldots, t'_m \rangle$. Hierbei kann n_1 eine ‚einfache' Menge sein, n'_1 dagegen eine Funktion von der Art $n'_1 : n'_3 \to t'_2$; n_2 kann eine Relation der Gestalt $n_2 \subseteq t_1 \times t_m$ sein, n_2' hingegen eine Funktion $n_2' : t_1'$ usw. Während wir vom intuitiven Standpunkt erwarten würden, ‚daß alle Elemente von M_p dieselbe Ordnung aufweisen', sind die bisherigen Bestimmungen damit verträglich, daß sich die ‚Ordnung' beim Übergang von einem Element aus M_p zum nächsten ändert, so daß insgesamt, trotz Ordnung in jedem Einzelglied, dennoch ein ziemlich chaotisches Durcheinander vorherrscht.

Dieser Mangel wird durch zwei weitere verschärft. Wie abermals die Analyse von Beispielen zeigt, werden in den erwähnten Strukturen nicht nur Mengen solcher Objekte eingeführt, ‚von denen die Theorie handelt', sondern weitere Mengen, die bereits als mit bestimmter Struktur versehen und in dieser Hinsicht ‚als bereits bekannt' vorausgesetzt werden. So z.B. kommen in jedem Element von *KPM* (Klassische Partikelmechanik) außer den beiden Objektmengen *P* (Menge der Partikel) und *T* (Menge der Zeitpunkte) die drei Mengen $\mathbb{N}$, $\mathbb{R}$ und $\mathbb{R}^3$ vor, von denen vorausgesetzt wird, daß sie die bekannten mathematischen Strukturen besitzen. Was nun die ‚eigentlichen Objekte' betrifft, so müßte in bezug auf sie die Gewähr dafür geschaffen werden, ‚daß kein von anderswoher geholtes Wissen benützt wird', daß sie also zu Beginn als vollkommen unspezifizierte Gegenstände anzusehen sind, die ausschließlich in den in M_p angegebenen Relationen, etwa $R_1, \ldots, R_m$, zueinander stehen.

Alle diese Kritiken erster Art sind sicherlich berechtigt. Das vorliegende Kapitel dient ausschließlich dem Zweck, solche Präzisierungen einzuführen, daß allen diesen Kritiken Rechnung getragen wird, ohne dabei jedoch von formalsprachlichen Methoden Gebrauch zu machen. Wir übernehmen dabei den Begriffsapparat, der in BALZER, MOULINES und SNEED, [Formale Betrachtungen], bereitgestellt worden ist. Zur Erleichterung des Verständnisses der in den folgenden Abschnitten gegebenen Definitionen sollen bereits hier einige erläuternde Bemerkungen dazu gemacht werden.

Den grundlegenden Begriff bilden die *mengentheoretischen Strukturen*. Darin kommt eine festgelegte Zahl von Grundmengen sowie eine festgelegte Zahl von Relationen vor. Für jede dieser Relationen wird die Stellenzahl sowie der Typ genau angegeben. Als Hilfsbegriff wird dabei der Begriff der *Leitermenge* von BOURBAKI benützt. Eine Leitermenge über den Grundmengen ist eine Menge, die aus den Grundmengen mittels endlich oftmaliger iterierter Anwendung der Operationen der Potenzmengenbildung und der kartesischen Produktbildung hervorgeht. Die Struktur jeder dieser Mengen kann durch Zuordnung einer geeigneten *Form* genau charakterisiert werden. Jede der in der mengentheoretischen Struktur benützten Relationen erhält als *Typ* die Form derjenigen Leitermengen zugeordnet, deren Element diese Relation ist. Schließlich kann noch der mengentheoretischen Struktur als ganzer ein *Typ* zugeordnet werden. Und alle benützten Klassen, insbesondere die Klassen von Modellen und von potentiellen Modellen, enthalten nur Strukturen vom selben Typ; sie werden dementsprechend als *typisierte Klassen von mengentheoretischen Strukturen* bezeichnet. Damit ist der erste erwähnte Mangel behoben.

Dem zweiten Einwand kann man in der Weise begegnen, daß man die Basismengen in zwei Klassen unterteilt. Diejenigen Mengen, die bereits als mit fester Struktur versehen zu denken sind, werden *Hilfsbasismengen* genannt. Die übrigen Grundmengen heißen *Hauptbasismengen*. Deren Elemente sollen tatsächlich zu Beginn als völlig unspezifizierte Objekte behandelt werden.

Es ist noch der dritte Einwand zu berücksichtigen, nämlich daß im Rahmen des bisherigen Vorgehens die Objekte der Hauptbasismengen *nicht ausschließlich* als durch die in der mengentheoretischen Struktur vorkommenden Relationen charakterisiert gedacht werden müssen, obwohl dies eigentlich der Fall sein sollte. Dieser Mangel wird mit Hilfe des Begriffs der *kanonischen Transformation* einer mengentheoretischen Struktur behoben. Dabei geht es um Abbildungen, die mengentheoretische Strukturen in typengleiche überführen und die außerdem einige weitere, später zu beschreibende Zusatzbedingungen erfüllen. Der Begriff der typisierten Klasse im vorher erwähnten Sinn wird schließlich in einem letzten Schritt zu dem der *Strukturspecies* verschärft. Eine Strukturspecies ist eine solche typisierte Klasse, die zu jeder in ihr als Element vorkommenden mengentheoretischen Struktur x alle diejenigen Strukturen enthält, die aus x durch kanonische Transformation hervorgehen.

Da die Hauptbasismengen der in einer Strukturspecies vorkommenden Strukturen genau durch die in ihnen enthaltenen Relationen charakterisiert werden, ist damit schließlich auch dem letzten der vorgetragenen Bedenken in adäquater Weise Rechnung getragen worden.

(II) Die Kritik zweiter Art (Antinomie-Kritik)

Zum Unterschied von der unter (I) behandelten setzt die Kritik zweiter Art nicht bei *speziellen*, innerhalb des strukturalistischen Ansatzes benützten Methoden der Begriffsbildung ein, sondern knüpft an die *allgemeine* Tatsache an, daß dieses Vorgehen von der informellen Mengenlehre (kurz: *IM*) Gebrauch macht. Da die informelle Mengenlehre jedoch inkonsistent sei, setze sich auch jede Wissenschaftstheorie, welche von dieser Gebrauch macht, der Widerspruchsgefahr aus.

Bisweilen wird diese zweite Kritik in der folgenden schärferen Version vorgetragen: Die Inkonsistenz der *IM* rührt davon her, daß hemmungslos von echten Klassen Gebrauch gemacht wird und daß insbesondere über solche Klassen quantifiziert wird. Nun sind aber auch verschiedene von den Strukturalisten benützte ‚Mengen' echte Klassen, wie z. B. M_p, M, M_{pp}. Und da auch über diese Mengen quantifiziert wird, läuft die strukturalistische Wissenschaftstheorie Gefahr, inkonsistent zu werden.

Es soll im folgenden angedeutet werden, daß und warum Bedenken und Kritiken dieser Art überhaupt nicht ernst genommen zu werden brauchen. Da hier nicht unterstellt werden soll, daß andere Vertreter der strukturalistischen Wissenschaftsauffassung eine ähnlich schroffe Haltung einnehmen, sei ausdrücklich betont, daß nur der gegenwärtige Autor für sich diese Auffassung und ihre Begründbarkeit in Anspruch nimmt.

(1) Das strukturalistische Theorienkonzept hat seinen Ausgang genommen bei der Empfehlung von SUPPES, sich in der Wissenschaftstheorie nicht *metamathematischer Methoden*, sondern vielmehr *mathematischer Methoden* zu bedienen. Die Annahme dieser Empfehlung schließt die Vorstellung ein, daß der Präzisionsgrad der Wissenschaftstheorie nicht größer zu sein braucht als der der modernen Mathematik. Zur Rechtfertigung dieser Einstellung genügt es, sich auf die *wissenschaftliche Arbeitsteilung* zu berufen. Die Frage, wie die von Antinomien bedrohte Mathematik ‚am sichersten und adäquatesten wieder in Ordnung gebracht werden kann', wird auch in der Mathematik selbst geeigneten Spezialisten überlassen. Um so mehr kann sich der Wissenschaftstheoretiker, der sich mit *empirischen* Wissenschaften beschäftigt, darauf berufen, daß es in der Philosophie der Mathematik und in der mathematischen Grundlagenforschung zuständige Fachleute gebe, deren Aufgabe es sei, den von ihm benützten mengentheoretischen Apparat auf solche Weise aufzubauen, daß die Antinomien vermieden werden. Das Ansinnen, diese Tätigkeit selbst zu verrichten, kann er ebenso zurückweisen wie der Fachmathematiker.

(2) Die genannten Bedenken beruhen ferner auf einer falschen Auffassung von der *Beweislast* bei Auftreten der Gefahr von Antinomien. Es genügt nämlich nicht, auf die *bloße Möglichkeit* des Auftretens von Antinomien hinzuweisen, um die Suche nach Surrogatprinzipien zum sog. naiven Komprehensionsaxiom, welches auf intuitiver Ebene zur Einführung neuer Mengen benützt wird, zu erzwingen. Vielmehr kann erst das *effektive Auftreten* von Antinomien eine derartige Suche veranlassen.

Der Grund hierfür ist recht einfach. Auch die axiomatische Mengenlehre liefert keinerlei Garantie dafür, daß Antinomien nicht mehr auftreten. Alle diese Systeme sind das Ergebnis eines rein pragmatischen Herumprobierens, um solche Prinzipien zu erhalten, welche alle wichtigen Lehrsätze liefern, die Widersprüche jedoch – hoffentlich! – vermeiden. HILBERT hatte zwar das Programm aufgestellt, derartige Systeme in der Weise als unbedenklich zu rechtfertigen, daß in einer Metatheorie, in der nur als ‚unbedenklich' zugelassene Schlußweisen benützt werden, die Widerspruchsfreiheit dieser Systeme nachgewiesen wird. Die auch nur annähernde Verwirklichung dieses Programms blieb jedoch auf winzige Bruchstücke dieser Systeme beschränkt. Und wie man inzwischen erkannt hat, werden wir für alle Zeiten nicht in der Lage sein, einen derartigen Unbedenklichkeitsbeweis für eines der mengentheoretischen Systeme zu erbringen.

Höchstens dann, wenn wir mit einem der Axiomensysteme der Mengenlehre eine Garantie für das Nichtauftreten von Widersprüchen verbinden könnten, wäre bereits der bloße Verdacht des Auftretens von Antinomien ein plausibler Grund für den Übergang von der sog. naiven zur axiomatischen Mengenlehre. Diese Minimalbedingung ist jedoch nicht erfüllt. Das Stigma des Antinomien*verdachtes* trägt auch jedes dieser Axiomensysteme mit sich herum, da es einmal in Zukunft als inkonsistent erwiesen werden könnte.

Noch eine Bemerkung zum Ausdruck „echte Klasse". Für sich genommen, ist dies ein sinnloser Ausdruck. Nur in ganz bestimmten Systemen, wie z. B. dem

System *NBG* (v. NEUMANN-BERNAYS-GÖDEL) wird eine Unterscheidung zwischen Mengen i. e. S. und Klassen (d. h. solchen Mengen, die keine Elemente sein können) gemacht. Das von Mengentheoretikern am meisten benützte System *ZF* (ZERMELO-FRÄNKEL) kennt diese Unterscheidung überhaupt nicht. Im übrigen ist das Operieren mit echten Klassen im Sinne von *NBG* keineswegs verboten. Eine mathematische Disziplin, welche ständig von solchen echten Klassen Gebrauch macht, und zwar sicherlich in wesentlich stärkerem Maße als dies die ‚strukturalistischen Wissenschaftsphilosophen' tun, ohne daß die zuständigen Fachleute das Auftreten von Antinomien befürchten, ist die mathematische Kategorientheorie.

(3) W. V. QUINE hat mehrmals darauf hingewiesen, daß wir bei allem Räsonieren außer Logik stets auch den Mengenbegriff und ein Stück Mengenlehre benützen. Diese Feststellung ist ernster zu nehmen, als ihre Adressaten wahrhaben wollen. Insbesondere würde die Forderung, auf die naive Mengenlehre zur Gänze zugunsten einer axiomatischen Version der Mengenlehre zu verzichten, in einen klaren *Zirkel* einmünden. Um nämlich einen formalen Aufbau der Mengenlehre vornehmen zu können, muß man zunächst die elementare Logik formalisiert haben. Und um dies zu tun, muß man zunächst einen Begriff der formalen Sprache einführen. Der allererste Schritt wiederum in der Konstruktion dieser formalen Sprache besteht in der Einführung des Begriffs der *Symbolmenge*. Dies ist nun nicht etwa bloß irgendeine Menge, ‚die Symbole als Elemente enthält', sondern ein mengentheoretisch höchst komplexes Gebilde. Genau gesprochen ist eine Symbolmenge überhaupt keine Menge, sondern ein geordnetes Paar, dessen Erstglied ein geordnetes Tripel ist, und dessen Zweitglied eine Funktion mit unendlichem Definitionsbereich, nämlich der Vereinigung der drei Glieder des Tripels, bildet, die natürliche Zahlen als Werte hat. Dies dürfte, bis auf unwesentliche technische Unterschiede, die *einfachste* Art und Weise sein, einen präzisen Begriff der Symbolmenge einzuführen. Wie aus dieser Andeutung unmittelbar hervorgeht, wird dabei bereits ein erhebliches Stück Mengenlehre benützt. (Zum Status der sog. naiven Mengenlehre vgl. W. STEGMÜLLER und M. VON KIBÉD [Logik], Kap. 1, Abschn. 3. Für eine genauere Analyse und Diskussion der eben skizzierten Einführung des Begriffs der Symbolmenge vgl. ebda., Kap. 14.)

5.2 Leitermengen

Wie bereits hervorgehoben, soll in diesem Abschnitt den grundlagentheoretischen Einwendungen der Art (I) Rechnung getragen werden, ohne über die naive Mengenlehre hinauszugehen. Und zwar soll dies, knapp formuliert, in der Weise geschehen, daß die beiden Begriffe der Menge der potentiellen Modelle sowie der Menge der Modelle als *Strukturspecies* im Sinne von BOURBAKI, [Sets], eingeführt werden.

Dafür benötigen wir den Hilfsbegriff der *Leitermenge*. Dies ist eine Menge, die durch endlich oftmalige Anwendung der kartesischen Produktbildung und der Potenzmengenoperation aus k gegebenen Mengen hervorgeht. Um den inneren Aufbau derartiger Mengen präzise beschreiben zu können, ordnen wir jeder dieser Mengen eine k-Form zu. (Wir verwenden den Ausdruck „Form" statt der üblicheren Bezeichnung „Typ", um von vornherein der Gefahr einer späteren Ambiguität zu begegnen. Den Typusbegriff reservieren wir für die Strukturspecies und die in ihnen vorkommenden Relationen.)

D5-1 Induktive Definition der *k-Formen* τ für $1 \leq k \in \mathbb{N}$:
(1) jedes $i \leq k$ ist eine k-Form;
(2) ist τ eine k-Form, so auch $\text{pot}(\tau)$;
(3) sind τ_1 und τ_2 k-Formen, so ist auch $\text{prod}(\tau_1, \tau_2)$ eine k-Form.

Zweckmäßigerweise identifizieren wir die im Schritt (1) eingeführten Zahlen mit den sie designierenden Ziffern (in Dezimalnotation). Dann sind alle k-Formen syntaktische Gebilde. Diese können intuitiv so gedeutet werden, daß sie *‚Konstruktionsregeln'* beinhalten, denen gemäß man aus k vorgegebenen Mengen komplizierter gebaute neue Mengen konstruiert. Die vorgegebenen Mengen seien etwa $D_1, \ldots, D_k$. Die Induktionsbasis (1) besagt dann einfach, daß die Konstruktion in der Auswahl der i-ten Menge D_i aus $D_1, \ldots, D_k$ besteht. Die Bestimmungen (2) und (3) enthalten den Induktionsschritt. Angenommen, wir haben bereits eine Menge D gemäß der als Konstruktionsregel gedeuteten k-Form τ aus den gegebenen Mengen $D_1, \ldots, D_k$ konstruiert. Die Bestimmung (2) besagt dann, wenn man sie als Konstruktionsregel deutet, folgendes: „Die Konstruktion kann durch Bildung der Potenzmenge von D, also von $Pot(D)$, fortgesetzt werden." Diese Menge $Pot(D)$ erhält die k-Form $\text{pot}(\tau)$ zugeordnet. Analog ist (3) zu interpretieren: „Falls wir aus den Mengen $D_1, \ldots, D_k$ bereits zwei Mengen E (gemäß τ_1) und F (gemäß τ_2) konstruiert haben, so kann man gemäß der Regel $\text{prod}(\tau_1, \tau_2)$ die Konstruktion in der Weise weiterführen, daß man das kartesische Produkt dieser beiden Mengen E und F, also $E \times F$, bildet". Die Menge $E \times F$ erhält dann die k-Form $\text{prod}(\tau_1, \tau_2)$ zugeordnet. (Bei der Definition der k-Formen haben wir die Ausdrücke „pot" und „prod" statt „Pot" und „$\times$" verwendet, um spätere Verwechslungen von Mengenoperationen mit den ihnen zugeordneten k-Formen zu vermeiden.)

Die vorangehende intuitive Schilderung findet ihren Niederschlag in der folgenden präzisen Definition.

D5-2 Es sei $1 \leq k \in \mathbb{N}$; ferner seien alle Mengen $D_1, \ldots, D_k$ nicht leer. Induktive Definition der *Leitermengen der k-Form τ über* $D_1, \ldots, D_k$:
(1) jedes D_i (mit $1 \leq i \leq k$) ist eine Leitermenge der k-Form i über $D_1, \ldots, D_k$;
(2) ist E eine Leitermenge der k-Form τ über $D_1, \ldots, D_k$, so ist $Pot(E)$ eine Leitermenge der k-Form $\text{pot}(\tau)$ über $D_1, \ldots, D_k$;
(3) sind E und F Leitermengen der k-Formen τ_1 und τ_2 über $D_1, \ldots, D_k$, so ist $E \times F$ eine Leitermenge der k-Form $\text{prod}(\tau_1, \tau_2)$ über $D_1, \ldots, D_k$.

Die Leitermengen der verschiedenen k-Formen über $D_1, \ldots, D_k$ entstehen also durch Auswahl von Mengen aus dieser Folge sowie durch iterierte Bildung von Potenzmengen und von kartesischen Produkten. Der Zweck dieser Begriffsbestimmung ist folgender: In Kap. 2 hatten wir den für das Folgende grundlegenden Begriff der Klasse M_p potentieller Modelle für eine Theorie mit Hilfe des ‚farblosen' Begriffs der 1+n-Matrix eingeführt. Dieser bildete das Angriffsobjekt der ‚formalistischen' kritischen Einwände. Im folgenden soll der Begriff der Matrix durch den genaueren Begriff der *mengentheoretischen Struktur* ersetzt werden. Darin werden mittels des in D5-2 eingeführten Begriffsapparates die ‚mengentheoretischen Typen' der in der Struktur vorkommenden Relationen ‚über' den Grundmengen eindeutig festgelegt. Durch die Wahl von Relationen erweitern wir zugleich den allgemeinen Rahmen, da wir dadurch qualitative Fälle mit einschließen. Auf der anderen Seite bleiben alle möglichen Arten von Funktionen mitberücksichtigt, da Funktionen in bekannter Weise auf rechtseindeutige Relationen – also auf *funktionale Relationen*, wie wir auch sagen werden – zurückführbar sind.

Als nächstes formulieren wir das folgende

Lemma 5-1 *Zu je k vorgegebenen Mengen $D_1,\ldots,D_k$ und jeder k-Form τ gibt es genau eine Leitermenge der k-Form τ über $D_1,\ldots,D_k$.*

Der Beweis ergibt sich sofort durch Induktion über den Aufbau von τ.

Für die nach diesem Lemma eindeutige Leitermenge der k-Form τ über $D_1,\ldots,D_k$ (sofern $1 \leq k \in \mathbb{N}$, $D_1,\ldots,D_k$ nicht leer sind und τ eine k-Form ist) führen wir die abkürzende Bezeichnung „$\tau(D_1,\ldots,D_k)$" ein. Symbole der Gestalt „τ" erhalten dadurch eine doppelte Funktion: Wenn das Symbol isoliert vorkommt, so steht es für die k-Form einer eindeutig bestimmten Leitermenge. Steht es dagegen vor einer runden Klammer, in deren Bereich k Mengen angeführt sind, so bezeichnet dieser ganze, mit „τ" beginnende Ausdruck eben diese eindeutig bestimmte Leitermenge der k-Form τ über $D_1,\ldots,D_k$.

5.3 Mengentheoretische Strukturen, kanonische Transformationen und Strukturspecies

D5-3 *x* ist eine *mengentheoretische Struktur mit Relationstypen* gdw es $D_1,\ldots,D_k$, $R_1,\ldots,R_m$ (mit $1 \leq k$, $1 \leq m$) gibt, so daß
(1) $x = \langle D_1,\ldots,D_k; R_1,\ldots,R_m \rangle$;
(2) für jedes i (mit $1 \leq i \leq m$) gibt es k-Formen $\tau_1,\ldots,\tau_m$, so daß gilt: $R_i \in Pot(\tau_i(D_1,\ldots,D_k))$;
(3) von jedem R_i, das die Bedingung (2) erfüllt, sagen wir, daß es vom k-Typ (genauer: vom *k-Relationstyp*) $pot(\tau_i)$ ist.

Dabei sei $\langle D_1,\ldots,D_k; R_1,\ldots,R_m \rangle$ eine Abkürzung für das geordnete Paar $\langle \langle D_1,\ldots,D_k \rangle, \langle R_1,\ldots,R_m \rangle \rangle$.

Jede in einer mengentheoretischen Struktur vorkommende Relation erhält somit als k-Typ die k-Form derjenigen Leitermenge über den k ‚Grundmengen' der Struktur zugeordnet, in der sie als Element vorkommt.

Die obige Definition enthält zwei prinzipiell behebbare Einschränkungen. Erstens können unter den R_i keine ‚Objekte', also keine Elemente aus $\bigcup_{i \leq k} D_i$, vorkommen. Diese Einschränkung läßt sich dadurch umgehen, daß man Objekte $c \in \bigcup_{i \leq k} D_i$, die man einbeziehen möchte, mit Einermengen $\{c\}$ identifiziert. Die zweite Einschränkung besteht darin, daß nur endlich viele Relationen betrachtet werden. Auch diese Einschränkung ließe sich durch eine entsprechende Verallgemeinerung von D5-3 aufheben. Wir verzichten jedoch darauf angesichts der Tatsache, daß für alle bisher bekannten Fälle mengentheoretische Strukturen der obigen Art ausreichen.

Jede Klasse von potentiellen Modellen sowie jede Modellklasse für eine Theorie wird im folgenden als eine Klasse von mengentheoretischen Strukturen im Sinne von D5-3 eingeführt, die ganz bestimmte zusätzliche Eigenschaften besitzt. *Eine* wichtige derartige Eigenschaft besteht darin, daß die Anzahl der Grundmengen, ferner die Anzahl der Relationen sowie die k-Formen (und damit die k-Typen der Relationen) in sämtlichen Modellen (potentiellen Modellen) der Klasse identisch sind.

Bevor wir dies genau definieren, nehmen wir eine leichte Verallgemeinerung im Begriff der Basismenge vor: Wir unterscheiden im folgenden zwischen den *Hauptbasismengen* $D_1, \ldots, D_k$ und *Hilfsbasismengen* $A_1, \ldots, A_l$. Die Mengen D_i ($1 \leq i \leq k$) enthalten diejenigen Objekte, ‚von denen die Theorie handelt'. Die Mengen A_j ($1 \leq j \leq l$) sind demgegenüber gewöhnlich strukturierte Mengen mathematischer Gegenstände, wobei die Art der Strukturierung von der einschlägigen mathematischen Theorie übernommen wird. (Im Fall der klassischen Partikelmechanik z. B., II/2, D2 von S. 109, sind die beiden Hauptbasismengen die Menge der Partikel P sowie eine Menge T von Zeitpunkten; Hilfsbasismengen hingegen sind hier die Mengen $\mathbb{N}$ und $\mathbb{R}$.)

Als nächstes ordnen wir jeder mengentheoretischen Struktur, mit der eben erwähnten Unterteilung der Basismengen, einen Typ zu.

D5-4 Die mengentheoretische Struktur $\langle D_1, \ldots, D_k; A_1, \ldots, A_l; R_1, \ldots, R_m \rangle$ erhält den $k+l$-*Typ* $\vartheta = \langle k; l; \tau_1, \ldots, \tau_m \rangle$ zugeordnet, wobei die τ_i ($1 \leq i \leq m$) wie in D5-3 festgelegt sind (d.h. für jedes R_i gilt: $R_i \in Pot(\tau_i(D_1, \ldots, A_l))$).

Dabei sei $\langle k; l; \tau_1, \ldots, \tau_m \rangle$ eine Abkürzung für das Tripel $\langle k, l, \langle \tau_1, \ldots, \tau_m \rangle \rangle$.

Um Fehldeutungen vorzubeugen, sei ausdrücklich darauf hingewiesen, daß τ_i (für $1 \leq i \leq m$) nicht etwa der $k+l$-Typ der Relation R_i ist, sondern vielmehr die $k+l$-Form derjenigen Leitermenge über $D_1, \ldots, D_k, A_1, \ldots, A_l$, deren *Teilmenge* R_i ist. Der $k+l$-Typ von R_i ergibt sich daraus gemäß D5-3,(3) als pot(τ_i), was identisch ist mit der $k+l$-Form derjenigen Leitermenge, deren *Element* R_i ist.

Diese Wahl des Typusbegriffs hat den Vorzug, daß sie simultan dreierlei liefert, nämlich den $k+l$-Typ jeder der Relationen aus $R_1, \ldots, R_m$, ferner die $k+l$-Formen $\tau_1, \ldots, \tau_m$ der diesen Relationen ‚zugrunde liegenden' Leitermengen und schließlich den ‚Gesamttypus' ϑ der ganzen mengentheoretischen Struktur. Die Kenntnis des letzteren schließt ein: das Wissen um die Anzahl der Haupt- und Hilfsbasismengen, ferner die Kenntnis der Anzahl der Relationen (= größter unterer Index unter den τ_i) sowie ihrer k-Typen (und der k-Formen der Leitermengen, deren Teilmengen sie sind).

Die Typen von Relationen und die von mengentheoretischen Strukturen bilden disjunkte Mengen: Der Typus einer mengentheoretischen Struktur ist stets ein Tripel; der Typus einer Relation ist ein mit „pot" beginnendes syntaktisches Gebilde. Ebenso ist die Menge der k-Formen von Leitermengen, die entweder Ziffern oder mit „pot" bzw. „prod" beginnende syntaktische Gebilde darstellen, disjunkt zur Menge der Typen mengentheoretischer Strukturen. Dagegen ist natürlich jeder k-Typ einer Relation mit der k-Form einer Leitermenge identisch.

Die Klasse aller mengentheoretischen Strukturen von einem gegebenen Typ nennen wir eine typisierte Klasse.

D5-5 Eine Klasse S ist eine *typisierte Klasse (von mengentheoretischen Strukturen)* gdw S nicht leer ist und es einen k+l-Typ ϑ gibt, so daß S genau die mengentheoretischen Strukturen vom Typ ϑ als Elemente enthält.

Wir nennen ϑ dann auch den *Strukturtyp von S*.

In einer typisierten Klasse haben somit alle darin als Elemente vorkommenden mengentheoretischen Strukturen die gleiche Anzahl k von Hauptbasismengen, die gleiche Anzahl l von Hilfsbasismengen, ferner die gleiche Anzahl von Relationen; außerdem ist der Relationstyp jedes R_j in allen Strukturen derselbe, nämlich $\text{pot}(\tau_j)$.

Anmerkung. Die explizite Einführung des Begriffs des Strukturtyps gemäß D 5-4 und 5 ließe sich vermeiden zugunsten des Begriffs der typengleichen mengentheoretischen Strukturen. Und zwar wäre eine mengentheoretische Struktur

$$\langle D'_1, \ldots, D'_{k^*}; A'_1, \ldots, A'_{l^*}; R'_1, \ldots, R'_{m^*} \rangle$$

als *vom gleichen Typ* zu bezeichnen wie die in D5-4 angeführte Struktur gdw k=k*, l=l*, m=m* und für alle i≤m und alle k+l-Formen τ gilt:

$$R_i \in Pot(\tau(D_1, \ldots, D_k, A_1, \ldots, A_l)) \text{ gdw } R'_i \in Pot(\tau(D'_1, \ldots, D'_k, A'_1, \ldots, A'_l)).$$

Im zweiten Schritt wäre dann eine *typisierte Klasse* statt über D5-5 einzuführen als eine nicht-leere Klasse mengentheoretischer Strukturen, deren sämtliche Elemente vom selben Typ sind und die überdies eine maximale Klasse dieser Art bildet.

Th.5-1 (a) *Ist S eine typisierte Klasse, so gibt es k, l und m∈ℕ, mit k≥1, l≥0, m≥1 sowie k-Formen $\tau_1, \ldots, \tau_m$, so daß für alle x∈S gilt:*

$$x = \langle D_1, \ldots, D_k; A_1, \ldots, A_l; R_1, \ldots, R_m \rangle,$$

wobei $D_1, \ldots, D_k, A_1, \ldots, A_l$ Mengen sind, so daß für j=1,...,m jeweils die Bedingung $R_j \in Pot(\tau_j(D_1, \ldots, D_k, A_1, \ldots, A_l))$ erfüllt ist.

(b) *Ist τ eine k-Form und sind für i=1,...,k: $D'_i \subseteq D_i$ sowie für j=1,...,l: $A'_j \subseteq A_j$, so gilt:*

$$Pot(\tau(D'_1,\ldots,A'_l)) \subseteq Pot(\tau(D_1,\ldots,A_l)).$$

Der Beweis von (a) ergibt sich unmittelbar aus den Definitionen D 5-4 und D 5-5; (b) folgt durch Induktion nach dem Aufbau von τ.

Th. 5-1 (a) rechtfertigt die in die folgende Definition eingehende Voraussetzung.

D5-6 Es sei S eine typisierte Klasse von Elementen x der Gestalt $x = \langle D_1, \ldots, D_k; A_1, \ldots, A_l; R_1, \ldots, R_m \rangle$. Dann heißt jedes D_{i_1} (mit $1 \leq i_1 \leq k$) eine *Hauptbasismenge* von x, jedes A_{i_2} (mit $1 \leq i_2 \leq l$) eine *Hilfsbasismenge* von x und jedes R_j (mit $1 \leq j \leq m$) eine *Relation* von x bzw. *die j-te Relation* von x (oder genauer: eine *Relation* von x über $D_1, \ldots, D_k, A_1, \ldots, A_l$ bzw. *die j-te Relation* von x über $D_1, \ldots, D_k$, $A_1, \ldots, A_l$.)

In der folgenden Definition führen wir einige Hilfsausdrücke ein, die es später gestatten werden, gewisse Formulierungen erheblich zu vereinfachen.

D5-7 S sei eine typisierte Klasse von mengentheoretischen Strukturen der Gestalt $x = \langle D_1, \ldots, D_k; A_1, \ldots, A_l; R_1, \ldots, R_m \rangle$.
(a) Für $i = 1, \ldots, m$ heißt
$\bar{\bar{R}}_i := \{R_i | \vee x \in S(R_i = pr_{k+l+i}(x))\}$ *der i-te Begriff von S*.
Jedes $R_i \in \bar{\bar{R}}_i$ wird *eine Realisierung von* $\bar{\bar{R}}_i$ genannt.
(b) Für $j = 1, \ldots, k + l$ heißt
$\bar{\bar{E}}_j := \{E_j | \vee x \in S(E_j = pr_j(x))\}$ *der j-te Basismengenbegriff von S*. Für $j = 1, \ldots, k$ erhalten wir den *j-ten Hauptbasismengenbegriff von S* und für $j = k+1, \ldots, k+l$ den *j-ten Hilfsbasismengenbegriff von S*.

Die Terminologie ist durch unser rein extensionales Vorgehen gerechtfertigt. So z. B. ist der i-te Begriff einer typisierten Klasse S von mengentheoretischen Strukturen inhaltlich gesprochen nichts anderes als die maximale Klasse aller möglichen Extensionen des in der Beschreibung eines beliebigen Elementes x von S vorkommenden Relationsprädikates. Ein Begriff ist die Menge aller seiner Realisierungen.

Diese in D 5-7 eingeführte Terminologie wäre also eigentlich angesichts unserer extensionalen Betrachtungsweise einerseits, bei gleichzeitigem Verzicht auf formalsprachliche Methoden andererseits, die sachlich angemessenste. In der Literatur ist es jedoch üblich geworden, in diesen Fällen nicht von Begriffen, sondern von Termen zu sprechen. Wir werden daher, schon wegen der besseren Vergleichsmöglichkeit mit andersartigen Auffassungen, ebenfalls so tun, ‚als ob' wir eine formale Sprache zugrunde gelegt hätten und statt von Begriffen von Termen reden. So wird z. B. $\bar{\bar{R}}_i$ von D 5-7(a) der *i-te Term* von S, $\bar{\bar{E}}_j$ von D 5-7(b) der *j-te Basismengenterm* genannt usw. Nur in intuitiven, erläuternden Kontexten werden wir gelegentlich auf die ‚Begriffssprechweise' zurückgreifen.

Anmerkung. Wenn man sich der Begriffsterminologie bedient, so ist folgendes zu beachten: Je nach dem Umfang der Klasse S ist ein darin vorkommender Begriff ein anderer. So z. B. ist der Begriff *Kraft* in der Partikelmechanik *PM* allgemeiner, da inhaltsärmer, als der Begriff *Kraft* in der Klassischen Partikelmechanik *KPM*, da im letzteren Fall zusätzliche inhaltliche Bestimmungen hinzutreten.

Wir werden später die Klasse M_p aller potentiellen Modelle einer Theorie T einführen als eine typisierte Klasse von mengentheoretischen Strukturen. Der i-te Begriff von T (bzw. von M_p) ist dann identisch mit der Klasse aller in irgendwelchen potentiellen Modellen der Theorie vorkommenden Relationen R_i, wobei natürlich jede Relation extensional gedeutet wird.

Der Leser könnte vielleicht zu der Ansicht gelangen, daß es für die Behebung der eingangs geschilderten Mängel genügen würde, potentielle Modelle und Modelle als typisierte Klassen von mengentheoretischen Strukturen einzuführen. Dies wäre jedoch nicht ausreichend. Wir wollen überdies in unseren Begriffsapparat eine Garantie dafür einbauen, daß *sämtliche* Beziehungen, die zwischen verschiedenen Objekten einer Theorie hergestellt werden, also zwischen Elementen der Hauptbasismengen $D_1, \ldots, D_k$, ausschließlich durch die Relationen $R_1, \ldots, R_m$ explizit gemacht werden. Anders ausgedrückt: Die Elemente der Hauptbasismengen sollen zu Beginn, also vor der Formulierung der Theorie, als vollkommen unspezifizierte Objekte aufgefaßt werden; und die Theorie soll sie genau insoweit charakterisieren, als diese Objekte mittels der Relationen $R_1, \ldots, R_m$ in Verbindung stehen.

Der Begriff der typisierten Klasse erbringt noch nicht diese Leistung. Um zu dem entscheidenden Begriff der Strukturspecies zu gelangen, muß zusätzlich gefordert werden, daß die typisierte Klasse ‚invariant ist unter kanonischen Transformationen'. Dabei ist unter einer kanonischen Transformation eine Abbildung zu verstehen, die eine mengentheoretische Struktur $x = \langle D_1, \ldots, D_k; A_1, \ldots, A_l; R_1, \ldots, R_m \rangle$ überführt in eine andere mengentheoretische Struktur $x' = \langle D_1', \ldots, D_k'; A_1', \ldots, A_l'; R_1', \ldots, R_m' \rangle$, die denselben $k+l$-Typ besitzt (so daß insbesondere jedes R_i' für $1 \leq i \leq m$ denselben Relationstyp hat wie R_i), wobei die Mengen $D_1', \ldots, D_k'$, $A_1', \ldots, A_l'$ durch bijektive Abbildungen aus den Basismengen $D_1, \ldots, D_k$, $A_1, \ldots, A_l$ hervorgehen und die R_j' aus den R_j durch einen genau definierbaren, von den bijektiven Abbildungen induzierten ‚Transport' entstehen. Eine typisierte Klasse soll erst dann eine Strukturspecies sein, wenn sie zu jeder in ihr als Element vorkommenden mengentheoretischen Struktur x auch *alle* Strukturen x' enthält, die durch kanonische Transformation aus x hervorgegangen sind, aber auch *nur* solche Strukturen x'.

An dieser Stelle wird sich die Benützung der Hilfsbasismengen $A_1, \ldots, A_l$ als hilfreich erweisen. Diese Mengen enthalten, wie oben erwähnt, mathematische Hilfsobjekte, die man für die genaue Formulierung benötigt. Innerhalb der klassischen Partikelmechanik ist z. B. die als angeordneter Körper konstruierte Menge $\mathbb{R}$ eine derartige Menge. Wollte man die eben ausgedrückte Idee, daß die Theorie ihre Objekte *nur* durch die Relationen $R_1, \ldots, R_m$ charakterisiert, auch auf diese Hilfsbasismengen anwenden, so müßte man stets alle mathematischen

Relationen, die zur axiomatischen Beschreibung bestimmter Zahlenmengen u. dgl. notwendig sind, jeweils in die Strukturen aufnehmen. Dies wäre äußerst mühsam.

Die Benützung von Hilfsbasismengen umgeht dieses Problem: Die Objekte, welche zu diesen Hilfsbasismengen gehören, dürfen als bereits anderweitig, nämlich durch die einschlägigen mathematischen Theorien, charakterisiert angesehen werden. Sie brauchen daher in der fraglichen mengentheoretischen Struktur nicht weiter beachtet zu werden. Da somit die Elemente aus $A_1,\ldots,A_l$ in die Forderung, allein durch die R_i charakterisiert zu werden, *nicht* eingeschlossen sind, kann man bei der kanonischen Transformation auf eine ‚Überführung' der $A_1,\ldots,A_l$ in neue Mengen verzichten. Der zu definierende *f*-Transport wird diese Mengen also unverändert lassen, d. h. die entsprechenden bijektiven Abbildungen degenerieren in diesem Fall zu Identitäten. In der weiter oben erwähnten mengentheoretischen Struktur x' können wir also von vornherein die Mengen A_i' (für $1 \leq i \leq l$) mit den Mengen A_i aus x identifizieren.

Bevor wir die genaue Definition angeben, veranschaulichen wir uns die Situation an einem Diagramm:

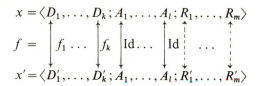

Fig. 5-1

Außer der mengentheoretischen Struktur x sind $k+l$ bijektive Abbildungen f_i der Basismengen $D_1,\ldots,D_k, A_1,\ldots,A_l$ von x auf Mengen $D_1',\ldots,D_k', A_1,\ldots,A_l$ gegeben; dabei sind diese Bijektionen im Fall der A_j die identischen Abbildungen. Gesucht sind solche Relationen $R_1',\ldots,R_m'$, die zusammen mit den Bildmengen eine Struktur x' bilden, die denselben Strukturtyp hat wie x. Die folgende Definition liefert eine genaue Beschreibung dafür, wie R_j' aus R_j durch einen von den Bijektionen f_i ‚induzierten Transport' hervorgeht. Wir fassen die k Bijektionen f_i zu einem Vektor $f = \langle f_1,\ldots,f_k \rangle$ zusammen und definieren für jedes R, das Element einer Leitermenge $\tau(D_1,\ldots,D_k, A_1,\ldots,A_l)$ ist, rekursiv nach dem Aufbau der $k+l$-Form τ den *f*-Transport sowohl von R als auch von dieser Leitermenge.

D5-8 Es seien $k, l \in \mathbb{N}$, und $D_1,\ldots,D_k, D_1',\ldots,D_k', A_1,\ldots,A_l$ seien nichtleere Mengen; τ sei eine $k+l$-Form. Für $i=1,\ldots,k$ seien $f_i: D_i \to D_i'$ bijektive Abbildungen; ferner sei $f = \langle f_1,\ldots,f_k \rangle$ und $R \in \tau(D_1,\ldots,D_k, A_1,\ldots,A_l)$.

Rekursive Definition der *f*-Transporte R^f von R sowie der *f*-Transporte $\tau(D_1,\ldots,D_k, A_1,\ldots,A_l)^f$ von $\tau(D_1,\ldots,D_k, A_1,\ldots,A_l)$ nach dem Aufbau von τ.

(I) *Induktionsbasis*:
  (1) Wenn $\tau = i$ mit $1 \leq i \leq k$, dann soll gelten:
  $$\tau(D_1, \ldots, D_k, A_1, \ldots, A_l)^f := f_i(\tau(D_1, \ldots, A_l))$$
  und:
  $$R^f := f_i(R)$$
  (2) Wenn $\tau = j$ mit $k < j \leq k+l$, dann soll gelten:
  $$\tau(D_1, \ldots, A_l)^f := \tau(D_1, \ldots, A_l)$$
  und:
  $$R^f := R$$

Erläuterung. In (1) ist wegen $\tau = i$ die Leitermenge $\tau(D_1, \ldots, A_l)$ mit D_i identisch. Es wird festgelegt, daß als f-Transport $\tau(D_1, \ldots, A_l)^f$ das f_i-Bild dieses D_i, also D'_i, zu wählen ist. R ist in diesem Fall ein Element von D_i; der f-Transport R^f ist dann einfach der Funktionswert von f_i für dieses Argument R.

In (2) gilt das Analoge für die Mengen A_j. Die zusätzliche Vereinfachung entsteht hier dadurch, daß gemäß der obigen Vereinbarung die identische Abbildung Platz greift.

(II) *Induktionsschritt*:
  (3) Wenn $\tau = \mathrm{pot}(\tau')$, dann ist $\tau(D_1, \ldots, A_l) = Pot(\tau'(D_1, \ldots, A_l))$ und nach Annahme ist $R \in \tau(D_1, \ldots, A_l)$.

  Gemäß I.V. sind die f-Transporte s^f für alle $s \in R$ sowie $\tau'(D_1, \ldots, A_l)^f$ bereits definiert. Dann soll gelten:
  $$R^f := \{s^f \mid s \in R\}$$
  und:
  $$\tau(D_1, \ldots, A_l)^f := Pot(\tau'(D_1, \ldots, A_l)^f).$$

  (4) Wenn $\tau = \mathrm{prod}(\tau_1, \tau_2)$, dann ist $\tau(D_1, \ldots, A_l) = \tau_1(D_1, \ldots, A_l) \times \tau_2(D_1, \ldots, A_l)$. Und wegen der Annahme $R \in \tau(D_1, \ldots, A_l)$ gibt es daher R_1 und R_2, so daß $R = \langle R_1, R_2 \rangle$ mit $R_i \in \tau_i(D_1, \ldots, A_l)$ für $i = 1, 2$.

  Gemäß I.V. sind R_i^f und $\tau_i(D_1, \ldots, A_l)^f$ für $i = 1, 2$ bereits definiert. Dann soll gelten:
  $$R^f := \langle R_1^f, R_2^f \rangle$$
  und
  $$\tau(D_1, \ldots, A_l)^f := \tau_1(D_1, \ldots, A_l)^f \times \tau_2(D_1, \ldots, A_l)^f.$$

Erläuterung. (3) betrifft den Fall, daß die vorliegende Leitermenge als Potenzmenge einer Leitermenge mit ‚einfacherer' $k+l$-Form τ' eingeführt wurde. Ihr f-Bild soll dann die Potenzmenge des f-Bildes der Leitermenge der $k+l$-Form τ' sein. Entsprechend soll der f-Transport R^f eines Elementes R dieser Leitermenge identisch sein mit der Menge der f-Transporte der Elemente aus R.

(4) betrifft den analogen Fall, wo die vorliegende Leitermenge als das kartesische Produkt zweier Leitermengen mit ‚einfacheren' $k+l$-Formen τ_1 und τ_2 eingeführt wurde. Da das Element R aus der gegebenen Leitermenge diesmal ein geordnetes Paar von zwei Gliedern R_1 und R_2 bildet, ist es naheliegend, als f-Transport von R das geordnete Paar der f-Transporte von R_1 und R_2 zu wählen und als f-Transport der Leitermenge selbst das kartesische Produkt der f-Transporte der beiden Leitermengen mit den $k+l$-Formen τ_1 und τ_2 zu nehmen.

Der nichttriviale Teil dieses Abbildungsverfahrens betrifft die Relationen: Es wird in D 5-8 dafür Sorge getragen, daß die f-Transporte von Relationen von gegebenem $k+l$-Typ über den ursprünglichen Grundmengen $D_1, \ldots, D_k$,

$A_1, \ldots, A_l$ Relationen *von genau demselben $k+l$-Typ* über den neuen Grundmengen $D'_1, \ldots, D'_k, A_1, \ldots, A_l$ sind.

Der genaue Zusammenhang wird im folgenden Theorem festgehalten.

Th.5-2 *Die Bedingungen von D5-8 seien erfüllt. Dann gilt*:
 (a) $\tau(D_1, \ldots, A_l)^f = \tau(f_1(D_1), \ldots, f_k(D_k), A_1, \ldots, A_l)$;
 (b) $R^f \in \tau(D_1, \ldots, A_l)^f$;
 (c) *die folgende Abbildung*
$$\tilde{f} : \tau(D_1, \ldots, A_l) \to \tau(D_1, \ldots, A_l)^f$$
$$R \mapsto R^f$$
 ist bijektiv.

Für den (routinemäßigen) *Beweis* vgl. BALZER, [Messung], S. 18–20.

Der Begriff der Invarianz unter kanonischen Transformationen kann jetzt präzise definiert werden.

D5-9 Es sei S eine typisierte Klasse von mengentheoretischen Strukturen (im Sinne von D5-5) der Gestalt
$$x = \langle D_1, \ldots, D_k ; A_1, \ldots, A_l ; R_1, \ldots, R_m \rangle \text{ (mit } k \geq 1, l \geq 0, m \geq 1).$$
S heißt genau dann *invariant unter kanonischen Transformationen*, wenn für alle $x = \langle D_1, \ldots, D_k ; A_1, \ldots, A_l ; R_1, \ldots, R_m \rangle$ sowie für alle $f = \langle f_1, \ldots, f_k \rangle$ und alle nicht-leeren Mengen $D'_1, \ldots, D'_k$ gilt: ($f_i : D_i \to D'_i$ ist für $i = 1, \ldots, k$ bijektiv) $\Rightarrow$ ($x \in S$ gdw $\langle D'_1, \ldots, D'_k ; A_1, \ldots, A_l ; R_1^f, \ldots, R_m^f \rangle \in S$).

Damit können wir jetzt den anvisierten Begriff der Strukturspecies einführen.

D5-10 X ist eine *Strukturspecies* gdw gilt:
 (1) X ist eine typisierte Klasse von mengentheoretischen Strukturen;
 (2) X ist invariant unter kanonischen Transformationen.

Im folgenden führen wir die Klasse M_p der potentiellen Modelle sowie die Klasse M der Modelle als Strukturspecies ein. Dadurch wird zweierlei erreicht. Erstens kann nicht mehr der Einwand vorgebracht werden, daß für ein $x \in M_p$ bzw. $x \in M$ mit $x = \langle D_1, \ldots, D_k ; A_1, \ldots, A_l ; R_1, \ldots, R_m \rangle$ die Relationen ‚nicht typisiert' seien (wegen der Bestimmung (1) von D5-10). Zweitens werden die Gegenstände aus $D_1, \ldots, D_k$ *nur* vermittels der Relationen $R_1, \ldots, R_m$ charakterisiert (wegen Bestimmung (2) von D5-10).

5.4 Potentielle Modelle und Modelle als Strukturspecies

Die beiden in Kap. 2 eingeführten abstrakten und daher ‚farblosen' Klassen M_p und M, denen in der Kritik als Hauptmangel die fehlende Typisierung angelastet worden ist, können nun in der Weise mit präziserem Inhalt versehen werden, daß man das folgende Axiom in die Metatheorie aufnimmt:

A1 M_p *und* M *sind Strukturspecies.*

Wahlweise könnte man diese Bestimmungen, welche auf die in 5.1 bis 5.3 eingeführten Begriffe zurückgreifen, an geeigneter Stelle zusätzlich in die früheren Definitionen einführen. Die zweckmäßigste Wahl bestünde wohl darin, den Inhalt von **A1** in die Definition des Begriffs des Theorie-Elementes mit aufzunehmen.

Ein weiteres Desiderat bildet die schärfere wechselseitige Abgrenzung der Mengen M_p und M. M ist als Extension des die Theorie ausdrückenden Prädikates intendiert, M_p hingegen als Extension des verbleibenden ‚Rumpfprädikates' nach Streichung der ‚eigentlichen Axiome', so daß nur mehr der ‚begriffliche Apparat' als solcher übrig bleibt. Aber was sind die ‚eigentlichen Axiome' und was ist der ‚bloße begriffliche Apparat'?

Die folgende Antwort bietet sich an: In die potentiellen Modelle werden nur solche mengentheoretische Strukturen einbezogen, bei denen die darin vorkommenden Relationen $R_1, \ldots, R_m$ *höchstens isoliert* charakterisiert werden. Alle jene Bestimmungen hingegen, in denen mehrere unter diesen Relationen, und zwar mindestens zwei, miteinander in Verbindung gebracht werden, bleiben der Charakterisierung der Teilmenge M von M_p vorbehalten. Wenn man die zuletzt erwähnten Bestimmungen *Verknüpfungsgesetze* (engl. „cluster laws") nennt, so könnte man den Grundgedanken für diese Grenzziehung schlagwortartig folgendermaßen ausdrücken: Das Vorkommen oder Nichtvorkommen von Verknüpfungsgesetzen in der Charakterisierung der Relationen von x entscheidet darüber, ob x ein Element von M ist oder ein nicht zu M gehörendes Element von M_p.

Zur Präzisierung dieses Gedankens definieren wir zunächst den Begriff der Charakterisierung der i-ten (relationalen) Komponente einer mengentheoretischen Struktur (aus einer typisierten Klasse von Strukturen). Danach führen wir die Klasse M_p als den Durchschnitt solcher Charakterisierungen (für $i = 1, \ldots, m$) ein. Schließlich fordern wir das Vorkommen echter Verknüpfungsgesetze bei der Charakterisierung der Teilmenge M von M_p durch Negation, d. h. dadurch, daß M sich nicht auf diese Weise einführen läßt.

D5-11 *S sei eine typisierte Klasse von mengentheoretischen Strukturen vom Typ* $\vartheta = \langle k; l; \tau_1, \ldots, \tau_m \rangle$, *also von Strukturen der Gestalt* $x = \langle D_1, \ldots, D_k; A_1, \ldots, A_l; R_1, \ldots, R_m \rangle$.

E wird eine Charakterisierung des i-ten Terms von S genannt gdw
(1) $1 \leq i \leq m$;
(2) $E \subseteq S$;
(3) E ist eine Strukturspecies;
(4) für alle nicht leeren $D_1, \ldots, D_k, A_1, \ldots, A_l, R_1, \ldots, R_m, R'_1, \ldots, R'_{i-1}, R'_{i+1}, \ldots, R'_m$: wenn für alle $j \in \{1, \ldots, i-1, i+1, \ldots, m\}$ sowohl $R'_j \in Pot(\tau_j(D_1, \ldots, A_l))$ als auch $\langle D_1, \ldots, A_l; R_1, \ldots, R_m \rangle \in E$ gilt, dann ist auch $\langle D_1, \ldots, D_k; A_1, \ldots, A_l; R'_1, \ldots, R'_{i-1}, R_i, R'_{i+1}, \ldots, R'_m \rangle \in E$.

Am besten verdeutlicht man sich den Sachverhalt in der Weise, daß man E als Extension eines mengentheoretischen Prädikates auffaßt. Das für seine Definition benützte Axiom betrifft nur die i-te Relation R_i; denn sämtliche übrigen Relationen $R_1, \ldots, R_{i-1}, R_{i+1}, \ldots, R_m$ kann man beliebig abändern – vorausgesetzt natürlich, daß man dabei ‚typengerecht' bleibt –, ohne daß dies aus der Klasse E herausführen würde.

D5-12 M_p ist *eine Klasse potentieller Modelle für eine Theorie* gdw es ein S gibt, so daß gilt:
(1) S ist eine typisierte Klasse von Strukturen der Gestalt
$x = \langle D_1, \ldots, D_k; A_1, \ldots, A_l; R_1, \ldots, R_m \rangle$ (mit $0 < k$, $0 \leq l$, $0 < m$);
(2) für $i = 1, \ldots, m$ gibt es ein E_i, so daß
 (a) E_i ist eine Charakterisierung des i-ten Terms von S;
 (b) $M_p = \bigcap_{i \leq m} E_i$.

Th.5-3 *Jede Klasse potentieller Modelle für eine Theorie ist eine Strukturspecies.*

Da der Durchschnitt von Strukturspecies wieder eine Strukturspecies bildet, ergibt sich der Beweis unmittelbar aus D5-11 (3) und D5-12 (2)(a) und (b).

Der Typ ϑ der zu S gehörenden mengentheoretischen Strukturen überträgt sich nach D5-11 und D5-12 auf die Elemente von M_p. Es ist daher zulässig, von M_p zu sagen, daß es sich dabei um eine *Klasse potentieller Modelle vom Typ ϑ* handle.

Die in D5-12 ausgedrückte verschärfte Bedingung über M_p kann ebenfalls als eigenes metatheoretisches Axiom festgehalten werden:

A2 M_p *ist eine Klasse potentieller Modelle für eine Theorie.*

Wiederum könnte man wahlweise den Inhalt dieses Axioms als zusätzliche Bestimmung in die Definition von „Theorie-Element" aufnehmen.

Für die Auszeichnung von M greifen wir auf die allgemeinere Definition von M_p in Kap. 2 zurück. Zwecks terminologischer Unterscheidung nennen wir ein solches M_p in der nächsten Definition eine *abstrakte* Klasse potentieller Modelle für eine Theorie.

D5-13 Es sei M_p eine abstrakte Klasse potentieller Modelle für eine Theorie. M ist *eine Klasse echter Modelle für M_p* gdw
(1) $M \subseteq M_p$;
(2) M ist eine Strukturspecies;
(3) M ist keine Klasse potentieller Modelle für eine Theorie (im Sinne von D5-12).

Die Bestimmung (3) garantiert gemäß den früheren Überlegungen, daß für die Auszeichnung von M echte Verknüpfungsgesetze verwendet werden. Ein drittes metatheoretisches Axiom fordert, daß die Klasse M diese Bedingung erfüllt:

A3 *M ist eine Klasse echter Modelle für M_p.*

Anmerkung. Wenn man diese Forderung, analog zu **A1** und **A2**, in die definitorische Bestimmung von „Theorie-Element" aufnimmt, so verwendet man *zwei* Begriffe von potentiellem Modell, nämlich einerseits den speziellen Begriff von D5-12 (in **A2**) und andererseits den abstrakten Begriff von Kap. 2 (in **A3**). Eine Konfusion kann dadurch selbst dann nicht entstehen, wenn man die definitorischen Zusatzbestimmungen in der angegebenen Reihenfolge in den Begriff des Theorie-Elementes einführt. Denn jede Klasse potentieller Modelle für eine Theorie im Sinne von D5-12 ist eine abstrakte Klasse potentieller Modelle für eine Theorie.

Ohne Beweis sei noch die folgende Tatsache erwähnt: Das neue (schärfere) M_p kann mittels desjenigen M, welches **A3** genügt, explizit definiert werden. Der dabei leitende Gedanke ist dieser: Man bildet für jedes $i \leq m$ eine M enthaltende Charakterisierung des i-ten Terms $E_i(M)$ und definiert M_p als den Durchschnitt $M_p(M)$ aller dieser Charakterisierungen. Man könnte dann in einem weiteren metatheoretischen Axiom **A4** fordern, daß M_p mit diesem $M_p(M)$ identisch sein soll. Wir kommen auf diese Definitionsmöglichkeit in 9.1 nochmals genauer zurück.

Der Begriff der Querverbindung kann ebenso eingeführt werden wie früher. Vollständigkeitshalber sei die Definition nochmals explizit angegeben.

D5-14 Es sei M_p eine Klasse potentieller Modelle für eine Theorie (im Sinne von D5-12).
  (a) Q ist eine *Querverbindung für M_p* gdw
     (1) $Q \subseteq Pot(M_p)$;
     (2) $\emptyset \notin Q$;
     (3) $Q \neq \emptyset$;
     (4) $\wedge x(x \in M_p \to \{x\} \in Q)$.
  (b) Eine Querverbindung Q für M_p heißt *transitiv* gdw gilt:
     $\wedge X \wedge Y(X \in C \wedge Y \subseteq X \wedge Y \neq \emptyset \to Y \in Q)$.

Auch jetzt wieder hat man sich diese Menge Q so zu denken, daß jedes ihrer Elemente X eine ‚zulässige Kombination' von potentiellen Modellen bildet.

Wie steht es nun mit der Menge M_{pp} der partiellen potentiellen Modelle? *An dieser Stelle gabeln sich die Wege.*

Der eine Weg besteht darin, das ursprüngliche Sneedsche Theoretizitätskriterium beizubehalten. Dann bleibt nach erfolgter Präzisierung der Rahmenbegriffe, d.h. nach erfolgter Übernahme der drei bzw. vier metatheoretischen Zusatzaxiome, sozusagen ‚alles beim alten'. Das Theoretizitätskriterium wird in jedem konkreten Fall einer vorliegenden Theorie auf *präsystematischer*, also auf intuitiver Ebene anwendet. Das Ergebnis dieser Anwendung findet Eingang in den Symbolismus. Insbesondere ist dann die Klasse M_{pp} der partiellen potentiellen Modelle eine Klasse, die dadurch zustande kommt, daß man *mittels des vorausgesetzten und erfolgreich angewendeten Theoretizitätskriteriums* aus den Elementen von M_p die theoretischen Relationen (Funktionen) wegschneidet.

Dieses Vorgehen hat, wie bereits in Kap. 1 betont, verschiedene Nachteile. So z.B. enthält das Kriterium von Sneed eine intuitive Quantifikation über alle existierenden Darstellungen einer Theorie sowie über alle Messungen und Meßmethoden für eine Größe. Daher ist dieses Kriterium praktisch nicht entscheidbar.

Es wäre daher ein dringendes Desiderat, das Sneedsche Kriterium für T-Theoretizität – natürlich unter Beibehaltung der zugrunde liegenden Intuition der theorienabhängigen Messung – in ein *innersystematisch anwendbares* Kriterium zu transformieren, das jede Bezugnahme auf existierende Darstellungen vermeidet, also rein formal anwendbar ist, und aufgrund dessen sich die T-Theoretizität von Termen streng beweisen läßt. Tatsächlich ist es U. GÄHDE erstmals geglückt, ein derartiges Kriterium zu formulieren. Darüber sowie über weitere Entwicklungen in der Theoretizitätsdiskussion soll im folgenden Kapitel berichtet werden.

Literatur

BALZER, W. [Messung], *Messung im strukturalistischen Theorienkonzept*, Habilitationsschrift, München 1982 (erscheint unter dem Titel *Theorie und Messung* bei Springer), Kap. II, §1.

BALZER, W., MOULINES, C.U., SNEED, J.D. [Formale Betrachtungen], „Formale Betrachtungen über Theorie-Strukturen", Manuskript, November 1982.

BOURBAKI, N. [Sets], *Theory of Sets*, Paris and Reading, Mass., 1968.

HATCHER, W.S. *The Logical Foundations of Mathematics*, Oxford-New York-Frankfurt 1982.

NIINILUOTO, I. [Growth], "The Growth of Theories: Comments on the Structuralist Approach", in: *Proceedings of the Second International Congress for History and Philosophy of Science*, Pisa 1978, Dordrecht 1980.

PEARCE, D. [Theoretical Justification], "Is There a Theoretical Justification for a Non-Statement View of Theories?", *Synthese*, Bd. 46 (1981), S. 1–39.

QUINE, W.V., *Set Theory and Its Logic*, zweite verbesserte Aufl. Cambridge, Mass., 1969.

RANTALA, V. [Logical Basis], "On the Logical Basis of the Structuralist Philosophy of Science", *Erkenntnis*, Bd. 15 (1980), S. 269–286.

SCHEIBE, E. [Comparison], "A Comparison of Two Recent Views on Theories", in: HARTKÄMPER, A. und SCHMIDT, H.-J. (Hrsg.), *Structure and Approximation in Physical Theories*, New York-London 1981, S. 197–215.

STEGMÜLLER, W. und VARGA VON KIBÉD, M. [Logik], *Strukturtypen der Logik*, Berlin-Heidelberg-New York-Tokyo 1984.

TUOMELA, R. [Structuralist Approach], "On the Structuralist Approach to the Dynamics of Theories", *Synthese*, Bd. 39 (1978), S. 211–231.

Kapitel 6
Theoriegeleitete Messung und innersystematische Präzisierung des Kriteriums für T-Theoretizität

6.1 T-abhängige Messung durch Meßmodelle

In diesem Kapitel soll über einen der wichtigsten Fortschritte im Rahmen der strukturalistischen Theorienauffassung berichtet werden, nämlich darüber, ein präzises ‚innersystematisches' Kriterium für T-Theoretizität zu formulieren. Das ursprüngliche Kriterium von SNEED, das wir in den Abschnitten 3 und 4 von II/2, Kap. VIII, diskutierten, war ein intuitives Kriterium, das insofern auf präsystematischer Stufe angewendet werden mußte, als die Unterscheidung zwischen theoretischen und nicht-theoretischen Größen bereits in den benützten Symbolismus Eingang fand. So etwa war M_{pp} als diejenige Klasse eingeführt worden, die entsteht, wenn man aus den Elementen von M_p genau die theoretischen Größen 'abhackt' oder ‚wegschneidet'. Demgegenüber soll jetzt in einem geeignet erweiterten Rahmen des strukturalistischen Programms das Theoretizitätskriterium als ein präzises Kriterium eingeführt werden, das für eine hinreichend exakt formulierte Theorie T die T-Theoretizität bestimmter in T vorkommender Größen *zu beweisen* gestattet.

Der Gedanke einer theorieabhängigen Messung beinhaltet eine vielleicht noch stärkere Abweichung von der im Empirismus vorherrschenden Denkweise als der non-statement view als solcher. Nach herkömmlicher Denkweise gilt: „*Hier* die Theorie und *dort* die von dieser Theorie unabhängigen Messungen". Zwar beansprucht der Empirismus nicht, daß Messungen *gänzlich* theorienunabhängig sind. So gibt es z. B. eine Theorie der fundamentalen Messung, weshalb auch im Rahmen des Empirismus der ‚Theorienbeladenheit' aller Beobachtungen von Meßvorgängen und Meßwerten prinzipiell Rechnung getragen wird. Doch ist im Rahmen von Untersuchungen über Metrisierung und Messung niemals der Gedanke aufgetaucht, daß für die Bestimmung der Werte von Größen *eben diejenige Theorie T*, in der diese Größen eingeführt werden, vorausgesetzt werden könnte, auch nicht in den modernsten Abhandlungen und Werken über Metrisierung bzw. Messung. Dieser Gedanke wäre als so offenkundig zirkulär empfunden worden, daß er nach empiristischer Auffassung vermutlich nicht der Mühe wert befunden würde, ihm weiteres Nachdenken zu widmen.

Wir haben bereits in II/2, VIII, 4.a gesehen, daß die *Gefahr* eines Zirkels (oder eines unendlichen Regresses) tatsächlich besteht, um dann in 4.b zu erkennen, daß diese Gefahr uns keineswegs die Preisgabe dieses neuen Theoretizitätskonzeptes aufdrängt, sondern nur eine Revision der Vorstellungen von den empirischen Behauptungen einer Theorie erzwingt. Genauer gesprochen: Wir entgehen dieser Gefahr, die dort als *das Problem der theoretischen Terme* bezeichnet wurde, dadurch, daß wir diese empirischen Behauptungen als Ramsey-Sätze darstellen, in denen die theoretischen Terme ‚existenziell wegquantifiziert' sind. (Im vorliegenden Band II/3 haben wir alle diese Überlegungen nochmals ausführlich in einer etwas anderen Weise, mit einem anschaulichen Beispiel versehen, dargestellt in Kap. 1, Abschn. 1.3.)

Hier geht es uns nicht darum, die Diskussion über die Ramsey-Lösung der Schwierigkeiten wieder aufzunehmen, zu denen T-theoretische Terme führen. Vielmehr wenden wir uns einer grundlegenderen Frage zu: Wir wollen einen genaueren Aufschluß über diesen Begriff der T-Theoretizität gewinnen, der zu diesen Schwierigkeiten Anlaß gibt.

Dazu müssen wir uns zunächst daran erinnern, daß innerhalb des von SNEED vorgeschlagenen Theoretizitätskriteriums der Begriff der *Messung* benützt wird und daß dieser Begriff dort *als unexplizierter Grundbegriff* auftritt (vgl. II/2, **D1** auf S. 50). Es wird daher vor allem darauf ankommen, den Begriff der Messung zu explizieren. Die gesuchte Explikation muß dabei so erfolgen, daß die Frage der T-abhängigen Messung von Größen studiert werden kann. Wie bereits aus den obigen Andeutungen hervorgeht, liefern die herkömmlichen Begriffsbildungen aus dem Bereich der fundamentalen Messung sicherlich keine Grundlage für eine derartige Explikation, da man dort keine Messungen studiert, in denen konkrete empirische Theorien vorausgesetzt werden.

Im Unterschied zur fundamentalen Messung können für das Studium T-abhängiger Messungen Meßapparat, Meßvorgang und Meßwert nicht als von der einschlägigen Theorie unabhängig angenommen werden. Entscheidend ist hier der (vorexplikative) Begriff des Meßvorganges. Ein solcher Vorgang ist gegeben durch ein reales System x, welches sich zwischen zwei Zeitpunkten ‚entwickelt' oder verändert. Wir gehen jetzt davon aus, daß unsere Theorie T mittels ihrer Größen oder Begriffe dieses reale System x beschreiben kann. Wir betrachten also gewissermaßen das System, in dem gemessen werden soll, durch die Brille der Theorie. Dies ist genau die Grundintuition der ‚theoriegeleiteten Messung'. Das weitere ist damit bereits ungefähr vorgezeichnet: Der Meßvorgang soll als Meßmodell rekonstruiert und dieses Meßmodell als ‚Teil' der Theorie, d.h. als Modell der Theorie, interpretiert werden.

Mit dieser letzten Formulierung haben wir allerdings schon zu viel ausgesagt. Unser Vorgehen wird nämlich im folgenden Sinn ein zweistufiges sein: Wir unterscheiden methodisch scharf zwischen

(1) einer Explikation des Begriffs der Messung als solcher und
(2) der präzisen Formulierung des Theoretizitätskriteriums.

Die Frage, ob das Meßmodell auch ein *Modell* der Theorie ist – evtl. sogar ein solches Modell, in dem außer dem Fundamentalgesetz noch Spezialgesetze der

Theorie gelten –, wird dabei zunächst verschoben, da es ein Problem beinhaltet, dessen Lösung erst durch das Theoretizitätskriterium selbst erfolgen soll. Für die Explikation des Begriffs der Messung, bei der das reale System x ‚durch die Brille der Theorie T betrachtet' wird, setzen wir dagegen nur voraus, daß in diesem System x alle Begriffe von T ‚realisiert' sind. In genauerer Sprechweise bedeutet dies nichts anderes, als daß wir x als *potentielles Modell von T* auffassen. Ein potentielles Modell ist ja gerade ein Tupel von Mengen und Relationen (geeigneter Typen), welche die in einem konkreten System auftretenden Objekte und Relationen repräsentieren. Damit haben wir die für den experimentierenden Wissenschaftler meist selbstverständliche Annahme, seine Messungen im Lichte der Theorie zu betrachten, in die Sprechweise des strukturalistischen Ansatzes übersetzt.

Im einzelnen wird die Strategie unseres Vorgehens folgende sein: Zunächst muß ein allgemeiner Rahmen für die Formulierung des gesuchten Theoretizitätskriteriums geschaffen werden. Dies geschieht in 6.2. Wie bereits erwähnt, ist der bisherige Begriffsapparat nicht als derartiger Rahmen geeignet, da z. B. bereits die Unterscheidung zwischen den beiden Mengen M_p und M_{pp} auf der theoretisch – nicht-theoretisch – Dichotomie beruht, diese also voraussetzt. Dagegen wird, woran wir den Leser erinnern, bei den folgenden drei, in Kap. 5 auf abstrakter Ebene eingeführten Begriffen noch kein Gebrauch von dieser Dichotomie gemacht: „Klasse M_p potentieller Modelle für eine Theorie"; „Klasse von Modellen für M_p" sowie „Querverbindung für M_p". Mittels dieser drei Begriffe wird der Begriff des verallgemeinerten Kernes K für eine Theorie definiert und damit schließlich die Klasse M_{pp}^K aller partiellen potentiellen Modelle für K, die sich ebenfalls als vom Theoretizitätsbegriff unabhängig erweisen wird.

In 6.3 wird das Reden über Meßmethoden und Meßmodelle präzisiert. Wie bereits erwähnt, wird ein als Meßmodell für T benütztes reales System, da man es ‚durch die Brille der Theorie T betrachtet', als potentielles Modell von T, also als Element von M_p, rekonstruiert. Die restliche Aufgabe besteht dann darin, *diejenigen* potentiellen Modelle, *welche Meßprozesse erfassen*, von den übrigen potentiellen Modellen scharf abzugrenzen. Formal gesprochen sucht man nach Bedingungen, durch die eine Teilmenge $B \subseteq M_p$ ausgezeichnet wird, welche genau die im Vokabular von T beschreibbaren Meßvorgänge enthält. Jedes Element x von B soll dabei zu einer Meßmethode B_i gehören, d. h. zu einer Menge von Meßmodellen, die durch eine gesetzesartige Aussage festgelegt ist. Mit dem unteren Index i von B_i haben wir bereits vorweggenommen, daß es um die i-te Größe geht. Das Meßmodell $x \in B_i$ habe also die Gestalt $x = \langle D_1, \ldots, D_k; A_1, \ldots, A_l; R_1, \ldots, R_m \rangle$, wobei R_i eine Funktion sei. Die Grundidee für die Präzisierung des Begriffs des Meßmodells lautet nun: In jedem (globalen) Meßmodell x aus B_i ist R_i (zur Gänze) *eindeutig durch B_i sowie durch die restlichen Komponenten von x bestimmt*; außerdem hängt in jedem Meßmodell x aus B_i die Funktion R_i echt von den übrigen Komponenten von x ab.

Beim ursprünglichen Kriterium für Theoretizität von Sneed ergibt sich hier ein Problem, sofern man auf allgemein anerkannte Meßmethoden stößt, die sich nicht als potentielle Modelle der Theorie rekonstruieren lassen. Man müßte dann den Begriff der T-abhängigen Messung erweitern und auch Umwege über andere Theorien mit einbeziehen, wie dies BALZER und MOULINES in [Theoreticity] getan haben. Bei dem in 6.4 geschilderten Kriterium von GÄHDE dagegen ist es geglückt, durch Benützung von Invarianzen von vornherein eine feste Klasse für Theoretizität relevanter Meßmodelle auszuzeichnen. Die Annahme, daß sich jeder Meßvorgang für eine Größe der Theorie als potentielles Modell dieser Theorie darstellen läßt, ist hier vollkommen unproblematisch, weil sich das Kriterium nicht, wie dasjenige von SNEED, auf eine informell oder pragmatisch gegebene Menge von Meßvorgängen (und von existierenden Darstellungen der Theorie) bezieht, sondern auf eine *rein formal ausgezeichnete* Klasse von Meßvorgängen.

Leider weicht der von GÄHDE benützte Formalismus von der hier zugrunde gelegten Sprache der Meßmodelle erheblich ab. Wir geben daher in 6.4, (I) zunächst nur eine intuitive Skizze des Gähdeschen Kriteriums, die den von GÄHDE benützten Begriffsapparat so weit schildert, daß sich der daran interessierte Leser in der Originalarbeit rasch zurecht finden dürfte. In 6.4 (III) wird dann das Kriterium in der Sprache der Meßmethoden und Meßmodelle präzise formuliert. In 6.4, (II) findet sich ein kurzer Abstecher in das Kriterium von SNEED. Mit diesem verbinden wir keinen systematischen Zweck, sondern nur die didaktische Absicht des Einübens in das ‚Denken in den Kategorien der Meßmethoden und Meßmodelle' anhand eines relativ einfachen Beispiels.

(Wenn wir oben und im folgenden bestimmte Methoden und Kriterien als *formal* bezeichnen, so ist damit natürlich kein Rückgriff auf *formalsprachliche* Verfahren gemeint. Vielmehr soll damit nur ausgedrückt werden, daß keine pragmatische Relativierung vorliegt. So z. B. ist das Theoretizitätskriterium von SNEED kein formales Kriterium, da es eine Bezugnahme auf anerkannte Meßverfahren und existierende Darstellungen einer Theorie enthält. Demgegenüber sind die Kriterien von GÄHDE und BALZER von solcher Bezugnahme frei und daher ‚formale' Kriterien.)

Zu dem obigen Hinweis auf die Invarianzen sei bereits jetzt darauf aufmerksam gemacht, daß es *zwei vollkommen verschiedene Arten von Invarianz* gibt, auf die das formale Kriterium Bezug nimmt. Das eine ist die Invarianz der benützten *Skalen* in bezug auf Eichtransformationen. Dieser Aspekt wird bereits in 6.3 bei der Einführung globaler Meßmethoden mit Skaleninvarianz berücksichtigt. Die zweite Art betrifft die Invarianz der in der Theorie vorkommenden *Gesetze*, etwa die Invarianz der Gesetze von *KPM* in bezug auf Galilei-Transformationen. Dieser zweite Aspekt findet sich erst innerhalb der Formulierung des Theoretizitätskriteriums.

In 6.5 werden zwei Modifikationen des Gähdeschen Kriteriums durch BALZER geschildert. In der darauffolgenden Diskussion in 6.6 werden die beiden Kriterien miteinander verglichen.

Wie aus dem Gesagten hervorgeht, dient das vorliegende Kapitel einer Schilderung der Entwicklung des Sneedschen Theoretizitätskriteriums. Nicht dagegen ist beabsichtigt, eine systematische Darstellung der Meßproblematik im strukturalistischen Rahmen zu geben. Wir werden daher nur die für unsere Zwecke benötigten wichtigsten Begriffe aus der Sprache der Meßmethoden und Meßmodelle einführen. Diejenigen Leser, die darüber hinaus an der Meßproblematik als solcher interessiert sind, seien auf die Arbeit von BALZER [Messung] verwiesen. Dort werden neben den hier allein erörterten globalen Meßmodellen auch partielle Meßmodelle behandelt, ferner eine Reihe von speziellen Arten von Meßmodellen sowie die für die Wissenschaftspraxis wichtigen Verknüpfungen von Meßmodellen zu ganzen Meßketten. Alle diese Begriffe werden dort auch durch zahlreiche Beispiele aus verschiedensten Wissenschaftsgebieten illustriert.

Vor der Diskussion des Gähdeschen Kriteriums sei noch der folgende, nicht unwichtige Punkt erwähnt: Es ist durchaus möglich, daß der Leser den einen oder anderen Aspekt des Denkens in der Kategorie der Meßmodelle problematisch findet. In diesem Fall sollte er beachten, daß sich diese Bedenken keineswegs auf das neue Theoretizitätskriterium als solches übertragen. Denn in 6.4, (III), wird dieses Kriterium nur aus den angedeuteten Gründen *in der Sprache der Meßmodelle formuliert*. Unter diesem Gesichtspunkt betrachtet, verbindet sich mit der in 6.4, (I) gegebenen, relativ ausführlich gehaltenen Skizze der weitere Zweck, die Unabhängigkeit des Gähdeschen Kriteriums von der Sprache der Meßmodelle aufzuzeigen.

6.2 Verallgemeinerte Kerne und partielle Modelle. Verallgemeinerte empirische Theorie-Elemente

Wir führen in einem ersten Schritt einen allgemeineren Begriff des Kernes für eine Theorie ein, in welchem noch kein Gebrauch von der theoretisch – nicht theoretisch – Dichotomie gemacht wird.

D6-1 K ist ein *verallgemeinerter Kern für eine Theorie* gdw es M_p, M und Q gibt, so daß
(1) $K = \langle M_p, M, Q \rangle$;
(2) M_p ist eine Klasse potentieller Modelle für eine Theorie;
(3) M ist eine Klasse von Modellen für M_p;
(4) Q ist eine Querverbindung für M_p.

Als nächstes wird der grundlegende technische Hilfsbegriff der Teilstruktur eingeführt[1].

D6-2 Es seien x und x' mengentheoretische Strukturen. x heißt *Teilstruktur von x'* bzw. x' eine *Ergänzung von x* (symbolisch: $x \sqsubset x'$) gdw
(1) x und x' haben denselben Typ
(also $x = \langle D_1, \ldots, A_l; R_1, \ldots, R_m \rangle$ mit Typ ϑ,
$x' = \langle D'_1, \ldots, A'_l; R'_1, \ldots, R'_m \rangle$ mit Typ ϑ' und $\vartheta = \vartheta'$);

---

[1] Diese Definition findet sich außer in der Habilitationsschrift [Messung] von W. BALZER auch in leicht abgewandelter Form in seiner Arbeit [Empirical Claims], S. 37, D4–a).

(2) (a) für alle $i=1,\ldots,k$: $D_i \subseteq D_i'$
(b) für alle $i=1,\ldots,l$: $A_i \subseteq A_i'$;
(3) für $j=1,\ldots,m$: $R_j \subseteq R_j' \cap \tau_j(D_1,\ldots,A_l)$;
dabei sei pot(τ_j) der $(k+l)$-Relationstyp von R_j.

(Die Bildung des Durchschnitts in Bestimmung (3) ist wegen der in (1) geforderten Typengleichheit von x und x' sowie wegen Th. 5-1, (b) sinnvoll.)

In einer Teilstruktur x von x' werden also die (Haupt- sowie Hilfs-) Basismengen verkleinert und die Relationen werden auf diese verkleinerten Mengen, und eventuell sogar noch weiter, eingeschränkt. Dabei ist zugelassen, daß Basismengen und Relationen leer sein können; dies liefert zugleich einen formalen Ersatz für das Weglassen von Relationen.

Es folgt nun die entscheidende Verallgemeinerung des Begriffs der Klasse der partiellen potentiellen Modelle.

D6-3 Es sei $K = \langle M_p, M, Q \rangle$ ein verallgemeinerter Kern für eine Theorie. M_{pp}^K ist die *Klasse aller partiellen potentiellen Modelle für K* gdw $M_{pp}^K = \{x \mid \vee y(y \in M_p \wedge x \sqsubseteq y)\}$.

Mit dieser Klasse M_{pp}^K besitzen wir für vorgegebenes M_p einen Rahmen von maximaler Allgemeinheit für die präzise Diskussion von Theoretizitätskriterien.

Falls man das ursprüngliche Sneedsche Kriterium für T-Theoretizität zugrundelegt, so gelangt man zur Klasse M_{pp} von Kap. 2, die sich dadurch in M_{pp}^K einbetten läßt, daß man an jedes partielle potentielle n-Modell aus M_{pp} (mit den genau n nicht theoretischen Relationen) m−n leere Mengen anfügt.

Ein wichtiges Zwischenresultat ist folgendes:

Th6-1 M_{pp}^K *ist eine Strukturspecies.*

Zum Beweis vgl. BALZER, [Messung], S. 44.

Wann immer wir im folgenden den Ausdruck „M_{pp}^K" benützen, ist unter K ein verallgemeinerter Kern und unter M_{pp}^K selbst der eben eingeführte, verallgemeinerte Begriff der Klasse aller partiellen potentiellen Modelle für K zu verstehen.

Auf dieser Grundlage lassen sich auch solche Begriffe wie „Theorie-Element" und „empirische Behauptung" entsprechend verallgemeinern. Auch in ihnen wird von der theoretisch – nicht theoretisch – Dichotomie noch kein Gebrauch gemacht; sie enthalten die Unterscheidung sozusagen nur potentiell. Für bestimmte Untersuchungen sind diese Verallgemeinerungen von großem Nutzen. Wir führen nur noch den später benötigten Begriff des verallgemeinerten empirischen Theorie-Elementes an und verzichten auf die genauere Schilderung des Begriffs der verallgemeinerten empirischen Behauptung. (Der daran interessierte Leser findet dazu die Details in BALZER, [Messung], Kap. III, §3 und §4.)

D6-4 T ist ein *verallgemeinertes empirisches Theorie-Element* gdw es ein K und ein I gibt, so daß $T = \langle K, I \rangle$ und

(1) K ist ein verallgemeinerter Kern für eine Theorie;
(2) $I \subseteq M_{pp}^K$ (bzw. $I \subseteq Pot(M_{pp}^K)$).

6.3 Meßmethoden und Meßmodelle (ohne und mit Skaleninvarianz)

Diejenigen Messungen, für die wir uns interessieren, nämlich die ‚theoriegeleiteten Messungen', faßt man also am zweckmäßigsten als bestimmte Modelle der Theorie auf, die Meßmodelle heißen sollen. Meßmethoden wiederum sollen hier extensional als Klassen von Meßmodellen eingeführt werden.

Für die übersichtlichere Formulierung von Eindeutigkeitsbedingungen, die im folgenden eine große Rolle spielen werden, führen wir eine eigene Notation ein. Dabei genügt es für unsere Zwecke, einige informelle Definitionen und Erläuterungen zu geben.

Es sei x eine mengentheoretische Struktur aus M_{pp}^K oder M_p[2] vom Typ $\vartheta = \langle k; l; \tau_1, \ldots, \tau_m \rangle$, so daß x die Gestalt hat:

$$x = \langle D_1, \ldots, D_k; A_1, \ldots, A_l; R_1, \ldots, R_m \rangle \in M_{pp}^K \text{ (bzw. } \in M_p\text{)}.$$

Wir nennen dann die i-te Relation von x auch R_i^x und bezeichnen mit x_{-i} diejenige mengentheoretische Struktur, die aus x dadurch entsteht, daß man R_i^x wegläßt, d.h. es soll gelten:

$$x_{-i} := \langle D_1, \ldots, A_l; R_1, \ldots, R_{i-1}, R_{i+1}, \ldots, R_m \rangle.$$

Schließlich soll für ein $t \subseteq \tau_i(D_1, \ldots, A_l)$ unter $x_{-i}(t)$ diejenige Struktur verstanden werden, die aus x dadurch hervorgeht, daß man in x die Relation R_i^x durch t ersetzt, d.h. es soll gelten:

Für $t \subseteq \tau_i(D_1, \ldots, A_l)$ sei
$$x_{-i}(t) := \langle D_1, \ldots, A_l; R_1, \ldots, R_{i-1}, t, R_{i+1}, \ldots, R_m \rangle.$$

Für das Folgende setzen wir voraus, daß ein verallgemeinerter Kern K für eine Theorie gegeben sei. Insbesondere sei M_p das Erstglied von K und die Elemente von M_p seien potentielle Modelle vom Typ $\vartheta = \langle k; l; \tau_1, \ldots, \tau_m \rangle$; ferner sei $i \in \{1, \ldots, m\}$.

D6-5 (a) X ist eine *globale Meßmethode für* $\bar{R}_i$ gdw
(1) $X \subseteq M_p$;
(2) X ist eine Strukturspecies;
(3) $\wedge x_{x \in M_p} \wedge t, t' (x_{-i}(t) \in X \wedge x_{-i}(t') \in X \to t = t')$;
(4) $\vee x, x', t, t' (x_{-i}(t) \in X \wedge x'_{-i}(t') \in X \wedge \neg t = t')$;

(b) (die mengentheoretische Struktur) x ist ein *globales Meßmodell* für $\bar{R}_i$ gdw es eine globale Meßmethode X für $\bar{R}_i$ gibt, so daß $x \in X$.

---

[2] Streng genommen könnten wir die Wendung „oder M_p" fortlassen, da M_{pp}^K so allgemein ist, daß es M_p als Teilklasse enthält.

Kommentar: Eine globale Meßmethode für $\bar{R}_i$ ist eine Klasse X von potentiellen Modellen, genannt globale Meßmodelle, mit den folgenden drei Eigenschaften.

Erstens soll X nach (a) (2) eine Strukturspecies sein. Dadurch ist insbesondere gewährleistet, daß die zu messenden Gegenstände, nämlich die Elemente der Basismengen, in den zu X gehörenden mengentheoretischen Strukturen *ausschließlich* durch die in diesen Strukturen auftretenden Relationen charakterisiert werden.

Zweitens soll, da es sich um eine globale Meßmethode *für* $\bar{R}_i$ handelt, die i-te Relation R_i^x einer beliebigen Struktur $x \in X$ nach (a) (3) *eindeutig festgelegt* sein, und zwar einerseits durch die übrigen Komponenten von x sowie andererseits dadurch, daß x zu X gehört (also durch die definierenden Eigenschaften oder ‚Gesetze' von X, wie man sagen könnte). Die Eindeutigkeitsforderung wird besonders anschaulich, wenn man in (a) (3) R_i^x für t einsetzt. Dann wird nämlich $x_{-i}(t)$ zu x und die Forderung besagt, daß für *jedes* t' mit $x_{-i}(t') \in X$ gilt: t' ist mit R_i^x identisch.

Drittens wird durch (a) (4) verlangt, daß in einer mengentheoretischen Struktur x aus X, also in einem Meßmodell x, die i-te Relation R_i^x von den übrigen Komponenten aus x echt abhängt. Dies wird deutlicher, wenn wir die Negation von (a) (4) betrachten, nämlich:

$$\bigwedge x, x', t, t' (x_{-i}(t) \in X \wedge x'_{-i}(t') \in X \rightarrow t = t').$$

Diese besagt, daß in *sämtlichen* Strukturen aus X *dasselbe* t vorliegt. Wenn wir t als i-tes Glied von x betrachten, so ist dann t nicht etwa durch die restlichen Komponenten von x bestimmt, sondern, im Gegenteil, gerade unabhängig von diesen übrigen Komponenten von x eindeutig bestimmt, etwa aufgrund einer rein mathematischen Definition. Diese Möglichkeit wird durch (a) (4) ausgeschlossen.

Die zentrale Bestimmung ist natürlich (a) (3) von D6-5. Hier drängt sich förmlich die übliche Redeweise von der ‚funktionalen Abhängigkeit der Meßwerte von den anderen innerhalb des Meßmodells realisierten Parametern' auf. Doch würde eine solche Formulierung Verwirrung stiften. Nehmen wir zwecks Verdeutlichung an, daß R_i^x eine Funktion, also eine funktionale Relation, ist. Dann denkt man bei dieser Formulierung an die Abhängigkeit *des Wertes* dieser Funktion R_i^x von den *Argumenten* eben derselben Funktion R_i^x. Bei dem durch ein Meßmodell x erfaßten Meßvorgang handelt es sich dagegen darum, daß in x *die gesamte Relation* R_i^x durch die restlichen Komponenten von x eindeutig bestimmt ist. Da wir R_i^x als Funktion voraussetzen, wird dadurch der Wert von R_i^x nicht etwa für *ein* gegebenes Argument festgelegt, sondern für *alle* Argumente, die R_i^x in x überhaupt haben kann. Die die Eindeutigkeit gewährleistenden ‚Parameter' sind somit nicht die Argumente der Funktion R_i^x, sondern die von R_i^x verschiedenen Komponenten von x, zusammen mit den X definierenden Gesetzen. Dies nur als warnender Hinweis darauf, daß die Rede von der ‚funktionalen Abhängigkeit' von ‚Meßwert' und ‚Parametern' doppeldeutig ist.

Durch das Prädikat „global" wird genau die eben zur Sprache gekommene eindeutige Festlegung der *ganzen* Relation R_i^x zum Ausdruck gebracht. Demgegenüber können *partielle* Meßmodelle echte Teilstrukturen von potentiellen Modellen sein. Die formalen Definitionen der Begriffe der partiellen Meßmethode und des partiellen Meßmodells unterscheiden sich daher von D6-5 nur dadurch, daß die Bestimmung (1) zu ersetzen ist durch: $X \subseteq M_{pp}^K$. In der Anwendung ist ein solcher Übergang zu Teilstrukturen oft von großer Bedeutung. Denn erstens kann man sich dadurch für die zu messenden Relationen auf geeignete Teilbereiche beschränken; und zweitens kann man auf diese Weise gewisse ‚Fragmente' potentieller Modelle, die für die Messung überflüssig oder störend sind, einfach außer Betracht lassen.

Für unsere systematischen Betrachtungen werden wir nur von globalen Meßmodellen und -methoden Gebrauch machen. Zu den andersartigen Meßmodellen vgl. BALZER, [Messung], Kap. IV, §2–§7.

Wir deuten für spätere Zwecke nur kurz an, wie man in die Begriffe der Meßmethode und des Meßmodells *die Invarianz in bezug auf bestimmte Skalentypen* einbauen kann. Eine Skala ist dabei nichts weiter als eine Abbildung φ irgend eines Objektbereiches D in die Menge der reellen Zahlen $\mathbb{R}$, also $\varphi: D \to \mathbb{R}$. Ist φ nur eindeutig bis auf Multiplikation mit einem positiven Faktor α, so spricht man von einer *Verhältnisskala*, weil dann die ‚Verhältnisse' $\varphi(a)/\varphi(b)$ (für $a, b \in D$) eindeutig festliegen. Ist φ dagegen bloß eindeutig bis auf eine lineare Transformation (d.h. gehört mit φ auch φ' zur selben Äquivalenzklasse, sofern $\varphi'(a) = \alpha \varphi(a) + \beta$), so spricht man von einer *Differenzenskala*, da dann nur die ‚Verhältnisse der Differenzen'

$$\frac{\varphi(a) - \varphi(b)}{\varphi(c) - \varphi(d)}$$

eindeutig bestimmt sind. (Für eine genauere intuitive Erläuterung vgl. II/1, Kap. I.) Wir werden uns im gegenwärtigen Kapitel auf diese beiden wichtigsten Skalentypen beschränken.

Zunächst skizzieren wir in informeller Weise, wie die fraglichen Äquivalenzrelationen und Äquivalenzklassen einzuführen sind. Um dafür gleich den allgemeinsten Fall zu erhalten, sei K ein geordneter Körper[3] mit einer linearen, mit + und · verträglichen Ordnung $<$ auf K, so daß gilt: $0_K < 1_K$. K^+ sei die Menge der $a \in K$, so daß $0_K < a$. V sei ein Vektorraum über K und $\bar{f}$ sei die Menge aller Abbildungen einer gegebenen Menge D in V, also: $\bar{f} := \{f | f: D \to V\}$.

Die erste Relation $\equiv_1$, mit $\equiv_1 \subseteq \bar{f} \times \bar{f}$, werde definiert durch die Bedingung:

$f \equiv_1 g$ gdw $\vee \alpha_{\alpha \in K^+} \wedge a_{a \in D} (f(a) = \alpha \cdot g(a))$.

Dies ist also gerade die Äquivalenz bezüglich der Multiplikation mit einem positiven Faktor.

---

3 Für die genaue Definition vgl. z.B. LANG, *Algebra*, S. 57 und S. 271.

Die zweite Relation $\equiv_2$, ebenfalls mit $\equiv_2 \subseteq \bar{f} \times \bar{f}$, werde definiert durch die Bedingung:

$f \equiv_2 g$ gdw $\bigvee \alpha_{\alpha \in K^+} \bigvee v_{v \in V} \bigwedge a_{a \in D}(f(a) = \alpha \cdot g(a) + v)$.

Dies ist die Äquivalenz in bezug auf lineare Transformationen.

Mit der Rede von einer Äquivalenz haben wir bereits etwas antizipiert, das sich aufgrund der Definitionen (sowie der Axiome für Körper und Vektorräume) streng beweisen läßt, nämlich daß $\equiv_1$ und $\equiv_2$ Äquivalenzrelationen sind. Für die entsprechenden Äquivalenzklassen führen wir simultan die folgende Notation ein:

Für $f \in \bar{f}$ und $j = 1, 2$ sei

$(f)_{K,j} := \{ g \in \bar{f} | g \equiv_j f \}$.

Die gesuchte Verallgemeinerung von D6-5 erhalten wir jetzt im wesentlichen dadurch, daß wir das dortige „t" durch „$(t)_{K,j}$" ersetzen. Vollständigkeitshalber schreiben wir die genaue Definition wieder an.

D6-6 Es sei $j \in \{1, 2\}$.
  (a) X ist eine *globale Meßmethode mit Skaleninvarianz vom Typ j* (kurz: eine *SKI_j-Meßmethode*) für $\bar{R}_i$ gdw es ein S gibt, so daß
  (1) $S \subseteq M_p$;
  (2) S eine Strukturspecies;
  (3) alle Elemente von $\bar{R}_i$ sind Funktionen $R_i : D \to V$ von einer Menge D in einen Vektorraum V über einem geordneten Körper K;
  (4) $X = \{ x_{-i}((R_i)_{K,j}) | x \in S \}$;
  (5) $\bigwedge x, t, t' [x_{-i}((t)_{K,j}) \in X \wedge x_{-i}((t')_{K,j}) \in X \to (t)_{K,j} = (t')_{K,j}]$;
  (6) $\bigvee x, x', t, t' [x_{-i}((t)_{K,j}) \in X \wedge x'_{-i}((t')_{K,j}) \in X \wedge (t)_{K,j} \neq (t')_{K,j}]$.
  (b) x ist ein *SKI_j-Meßmodell für $\bar{R}_i$* gdw es ein x gibt, so daß
  (1) X ist eine *SKI_j*-Meßmethode für $\bar{R}_i$;
  (2) $x \in X$.

Daß hier in (a) zum Unterschied von D6-5(a) der Einführung der Meßmethode X die Strukturspecies S vorgeschaltet werden muß, hat seinen Grund darin, daß gemäß (a) (4) X dadurch aus S erzeugt wird, daß man die i-ten Relationen R_i^x von Elementen x aus S durch eine der beiden Äquivalenzklassen $(R_i)_{K,1}$ oder $(R_i)_{K,2}$ ersetzt.

6.4 Das formale Kriterium für T-Theoretizität von U. Gähde

In II/2, VIII, 3 und 4, sowie in 1.3 dieses Buches ist ausführlich der neue Ansatz von SNEED zur Klärung des Begriffs der Theoretizität erörtert worden. Es ist dies ein Thema, an dem sich der im Rahmen des strukturalistischen Theorienkonzeptes erzielte Fortschritt besonders eindrucksvoll belegen läßt. Es soll hier zunächst mit wenigen Worten die Geschichte dieser Diskussion skizziert werden, wobei wir zunächst nochmals an die ‚Vorgeschichte' im Rahmen des logischen Empirismus erinnern und dann die Entwicklungen anführen, die sich seit der ersten Auflage von II/2 abzeichneten.

Das Vorgehen der logischen Empiristen war linguistisch orientiert. Die Wissenschaftssprache als solche wurde, noch vor jeder in dieser Sprache formulierten Theorie, in die Beobachtungssprache und die sich darüber erhebende theoretische Sprache unterteilt. Dieses Vorgehen blieb drei Arten von Einwendungen ausgesetzt. *Erstens* wurde die bei dieser Unterteilung zugrunde gelegte Voraussetzung bestritten, daß es so etwas wie eine neutrale, ‚nicht-theoretische Beobachtungssprache' überhaupt gebe: Der Gedanke theorienfreier Beobachtungsterme bilde eine Fiktion; *jeder* in der Wissenschaft benützte Term sei mehr oder weniger ‚theorienbeladen', d.h. in seiner Bedeutung durch bestimmte theoretische Annahmen festgelegt. *Zweitens* wurde auf die recht vage und mehr oder weniger willkürliche Abgrenzung der theoretischen von der nicht-theoretischen Sprache hingewiesen. *Drittens* begann man angesichts dieser Mängel die Dichotomie statt von der Seite der angeblich neutralen Beobachtungen von der anderen Seite her zu betrachten, nämlich von der Seite der Theorie; und da entdeckte man ein bei diesem Vorgehen unerfüllbares Desiderat. Am deutlichsten ist dies in PUTNAMS Herausforderung, die in II/2, VIII, 1.b geschildert wurde, zur Sprache gekommen: Keine der bisherigen Diskussionen über theoretische Begriffe hätten etwas zum Verständnis der *Rolle* theoretischer Terme in den Theorien, in denen sie vorkommen, beigetragen. Wichtig ist es hierbei, klar zu erkennen, daß auf empiristischer Grundlage dieses Desiderat *prinzipiell unerfüllbar* bleiben muß: Wenn man die theoretischen Terme bereits im Verlauf der Konstruktion der Wissenschaftssprache auszeichnet – insbesondere also lange bevor man noch irgendeinen Gedanken darauf verschwendet, welche Gestalt die in dieser Sprache zu formulierende Theorie oder die zu formulierenden Theorien hat bzw. haben –, kann selbstverständlich über die spezielle Rolle oder Funktion dieser Terme in den fraglichen Theorien nichts ausgesagt werden.

SNEED hat als erster ein genau auf die Putnamsche Herausforderung eingehendes Kriterium vorgeschlagen, welches die Unterscheidung zwischen theoretisch und nicht-theoretisch ‚*von der Theorie her*' vornimmt. Dieses Kriterium ist bereits ausführlich erörtert worden. Es genügt daher, nochmals den Grundgedanken knapp, aber natürlich nicht sehr exakt, zu charakterisieren.

Nach diesem Kriterium ist ein Term einer Theorie T *theoretisch bezüglich* T (oder kurz: *T-theoretisch*), wenn *jede* Messung einer Realisierung dieses Terms *voraussetzt*, daß T auf ein reales System erfolgreich angewendet wurde. In II/2, S. 45ff., ist vorgeschlagen worden, die Sneedsche Voraussetzungsrelation mittels der logischen Folgebeziehung zu präzisieren. Unter Heranziehung anderer Aspekte des Sneedschen Ansatzes ist dabei die Wendung „,x ist eine erfolgreiche Anwendung von T" zu präzisieren durch: „es gibt ein Modell der Theorie, dessen Restriktion x ist und x ist eine intendierte Anwendung von T". Man kann das Kriterium dann ungefähr so wiedergeben: Ein Term ist *T-theoretisch*, wenn für *jede* Messung einer Realisierung des Terms aus denjenigen Sätzen, welche diese Messung in irgendeiner existierenden Darstellung von T beschreiben, logisch folgt, daß eine erfolgreiche Anwendung von T existiert. (In der Sprache der mengentheoretischen Prädikate bedeutet „es gibt eine erfolgreiche Anwendung von T" natürlich dasselbe wie „es gibt eine erfolgreiche Anwendung des diese Theorie ausdrückenden Prädikates".)

Damit ist die gesamte Frage, welche Terme theoretisch seien, von vornherein *auf eine bestimmte Theorie relativiert* worden. Die Vagheit und Willkür in der ursprünglichen Charakterisierung der Dichotomie war damit weitgehend beseitigt. Allerdings enthielt das Kriterium in dieser Fassung *zwei pragmatische Komponenten*, nämlich einmal die Bezugnahme auf *die existierenden Darstellungen* einer Theorie, und zum anderen die analoge Bezugnahme auf *alle Messungen und Meßmethoden*.

Ein wichtiger Schritt in der weiteren Entwicklung war 1980 die Arbeit von BALZER und MOULINES [Theoreticity]. Darin ist erstmals der Gedanke konzipiert worden, das Reden über Messungen und Meßmethoden mit Hilfe von *Meßmodellen* zu präzisieren und diese Meßmodelle *als bestimmte Arten von potentiellen Modellen* der fraglichen Theorie zu rekonstruieren. Damit war ein wichtiges Zwischenresultat gewonnen worden: Das neue Theoretizitätskriterium enthielt nicht mehr *zwei* pragmatische Komponenten, sondern nur mehr *eine*, nämlich die Bezugnahme auf die existierenden Darstellungen einer Theorie.

In der Zwischenzeit waren zwei weitere Arbeiten erschienen, nämlich R. TUOMELA [Theoretical] und A. KAMLAH [Definition], in denen ebenfalls Theoretizitätskriterien angegeben wurden, die von einer gegebenen Theorie ausgehen, in denen jedoch die inhaltliche Bestimmung abweichend vorgenommen wurde. Gemeinsam ist beiden Autoren, daß nach ihrem Vorschlag ein Term T-theoretisch sein soll, wenn, grob gesprochen, ein Meßmodell für diesen Term in T existiert, das zugleich ein Modell von T ist. (Bei KAMLAH wird außerdem noch ausdrücklich Bezug genommen auf eine Meßtheorie sowie auf eine zugrunde liegende Theorie; ferner wird bei ihm die Voraussetzungsrelation anders expliziert als dies eben geschehen ist. Von solchen technischen Einzelheiten können wir, ebenso wie im Fall der Arbeit von TUOMELA, für unsere Zwecke absehen.)

Der Unterschied gegenüber dem vorigen Ansatz wird deutlich, wenn wir beide Ansätze vereinfacht und schematisch wiedergeben. Das Sneedsche Kriterium lautet dann: „Für alle x gilt: wenn x ein Meßmodell für den Term t ist, dann ist x ein Modell der Theorie". Nach der Fassung von TUOMELA und KAMLAH hingegen müßte es lauten: „es gibt ein x, so daß x ein Meßmodell für den Term t in der Theorie T und x ein Modell der Theorie T ist". Wie BALZER feststellte, enthalten sie jedoch einen gemeinsamen Kern. Ist nämlich ein Term t nach der ersten Version nicht trivialerweise (nämlich infolge der generellen Falschheit des Wenn-Satzes) theoretisch, so existiert ein Meßmodell für t, das zugleich ein Modell von T ist, wie dies auch nach der zweiten Version verlangt wird.

Den nächsten Schritt vollzog GÄHDE 1982 in seiner Dissertation [T-Theoretizität]. Sein Kriterium für T-Theoretizität vermeidet auch die pragmatische Bezugnahme auf existierende Darstellungen einer Theorie und ist daher *rein formal anwendbar*. Das ursprüngliche Kriterium von SNEED mußte auf *präsystematischer* Ebene angewendet werden: Diejenigen Teile des Formalismus z. B., in denen vom Unterschied zwischen M_p und M_{pp} Gebrauch gemacht wird, setzen eine erfolgreiche Anwendung des Kriteriums voraus; denn erst nachdem man weiß, welche Terme theoretisch sind, kann man sie aus M_p ‚herausstreichen‘, um zu M_{pp} zu gelangen. Außerdem waren metatheoretische Behauptungen über Vorliegen oder Nichtvorliegen von T-Theoretizität rein logisch nicht entscheidbar. SNEEDS Aussage z. B., daß genau *Masse* und *Kraft KPM*-theoretisch sind, blieb eine *Hypothese*. Gähdes Kriterium macht das, was früher Hypothese blieb, zu einer Feststellung, deren Richtigkeit *durch eine rein logische Untersuchung* herausgefunden werden kann. In inhaltlicher Hinsicht enthält das Kriterium interessanterweise eine Verlagerung von der ursprünglichen Intuition von SNEED auf diejenige Linie, die von TUOMELA und KAMLAH vertreten wurde.

Wir werden die Ideen von GÄHDE zweimal darstellen, nämlich in (I) und in (III). GÄHDE selbst verwendet einen Begriffsapparat, der von dem hier benützten Begriffsgerüst der Meßmethoden und Meßmodelle erheblich abweicht. Um nicht zwei verschiedene Formalismen darstellen zu müssen, geben wir in (I) nur eine intuitive Skizze der Gedanken von GÄHDE, erläutern darin jedoch den von ihm benützten begrifflichen Apparat so weit, daß der daran interessierte Leser keine Mühe haben dürfte, sich in GÄHDES Dissertation [T-Theoretizität] zurecht zu finden. Für die relative Ausführlichkeit dieser ersten Schilderung war der am Ende von 6.1 hervorgehobene Gesichtspunkt ausschlaggebend. Nach einem kurzen Zwischenabschnitt (II) über das Sneedsche Kriterium in der Sprache der Meßmodelle geben wir dann in (III) die endgültige formale Präzisierung in dem von uns verwendeten Rahmen der Meßtheorie. Darin wird außerdem ein präziser Vergleich mit der in 6.5 geschilderten Modifikation dieses Kriteriums durch BALZER 1982 in [Messung] ermöglicht, das von vornherein in der Sprache der Meßmodelle abgefaßt worden ist.

(I) Intuitiv-heuristische Skizze des Gähdeschen Kriteriums

Den Ausgangspunkt bilde wieder der verallgemeinerte Begriff einer empirischen Theorie. Wir wissen dann, was ein potentielles Modell ist; dagegen ist uns noch nicht bekannt, wie die partiellen Modelle aussehen. Wir sind daher zu Beginn gezwungen, sämtliche verschiedenen *Kandidaten für* partielle Modelle in Betracht zu ziehen. Dementsprechend erhalten wir zunächst eine Fülle von *möglichen* Restriktionsoperationen. Im Fall von *KPM* z. B. ist *eine* derartige Operation diejenige, welche aus einem $x = \langle P, T, s, m, f \rangle$ alle drei darin vorkommenden Funktionen s, m, f wegschneidet, so daß nur mehr $\langle P, T \rangle$ übrig bleibt. Diese Operation ‚tut‘ somit ‚so, als ob‘ sämtliche Funktionen theoretisch wären. Eine andere Operation ist diejenige, die nur s wegstreicht, also im Widerspruch zum mutmaßlich tatsächlichen Sachverhalt nur die Ortsfunktion ‚wie eine theoretische Funktion behandelt‘ usw. Die Umkehrungen aller dieser Operationen sollen *zulässige Ergänzungsoperationen* heißen. Wir verwenden für sie die Variable „e".

Der Begriff der Messung wird, in Anknüpfung an Betrachtungen von BALZER und MOULINES in [Theoreticity], mit Hilfe des Begriffs des potentiellen Modells expliziert. Genauer wird, analog dem Vorgehen in den vorangehenden Definitionen, eine *Messung* rekonstruiert als ein *potentielles Modell, in welchem die zu messenden Funktionen eindeutig durch die restlichen Komponenten sowie durch die im potentiellen Modell geltenden Gesetze bestimmt sind.*

Im Fall der klassischen Partikelmechanik *KPM* zeigt sich, daß die Theorie als solche ‚zu leer' ist, um Meßmodelle zu liefern; denn das zweite Newtonsche Gesetz liefert nachweislich allein kein Meßmodell für die beiden Größen m und f. Man benötigt noch mindestens ein Spezialgesetz, etwa mit KPM^i bezeichnet. (Diese Symbolik soll an die Sneedsche Methode erinnern, Spezialgesetze durch Prädikatverschärfungen des die Theorie ausdrückenden Prädikates zu bezeichnen. Im Falle der Theorie *KPM* wäre das Hookesche Gesetz ein Beispiel dafür.) Für die folgenden Erläuterungen durch konkrete Beispiele übernehmen wir die drei Symbole „*PK*", „*PM*" sowie „*KPM*" aus II/2, S. 108–110. Analoges gilt für den eben eingeführten Ausdruck „KPM^i".

Die Grundintuition zur Präzisierung des Gedankens der theoriegeleiteten Messung verläuft, am Beispiel von *KPM* erläutert, folgendermaßen. Die konjunktive Verknüpfung von Fundamentalgesetz und Spezialgesetz können wir mengentheoretisch wiedergeben durch $KPM \cap KPM^i$. (Wir schreiben diesen Durchschnitt nur größerer Anschaulichkeit halber an; denn da KPM^i eine Teilklasse von *KPM* ist, würde es genügen, die erstere zu erwähnen.) Ferner sei z in dem beschriebenen Sinn ein möglicher Kandidat für ein partielles Modell; $e(z)$ sei die Klasse der Ergänzungen von z zu potentiellen Modellen, also zu Elementen von *PM*.

Wir müssen, von z ausgehend, ein potentielles Modell gewinnen, welches die obige Bedingung erfüllt, und zwar mit $KPM \cap KPM^i$ für die in diesem potentiellen Modell geltenden Gesetze. Dies ist offenbar ein Element x aus $e(z)$, in welchem die zu messenden Funktionen *eindeutig* bestimmt sind durch zwei Faktoren, nämlich:

(a) durch die restlichen, bereits in z vorkommenden Komponenten;
und

(b) durch die im potentiellen Modell x geltenden Gesetze, also durch das Fundamentalgesetz sowie mindestens ein Spezialgesetz, d.h. gerade durch $KPM \cap KPM^i$.

Wie kann die Forderung der eindeutigen Bestimmtheit formal präzisiert werden? GÄHDE wählt für diesen Zweck den *Kardinalzahloperator* „| |". Die Aussage, daß die in der Ergänzungsmenge $e(z)$, aber nicht bereits in z vorkommenden Funktionen *eindeutig* durch das Fundamentalgesetz sowie das Spezialgesetz bestimmt sind, ist danach gleichwertig mit der Behauptung, daß die Kardinalität der Menge $e(z) \cap KPM \cap KPM^i$ gleich 1 ist, daß also gilt:

$$|e(z) \cap KPM \cap KPM^i| = 1.$$

Die obige Aussage kann somit folgendermaßen präzisiert werden: Ein potentielles Modell $x \in e(z)$ ist nur dann ein *Meßmodell* für diejenigen Funktionen, die in x, jedoch nicht in z vorkommen, wenn gilt:

(a') $x \in e(z) \cap KPM \cap KPM^i$

und

(b') $|e(z) \cap KPM \cap KPM^i| = 1$.

Die Teilaussage (a') beinhaltet, umgangssprachlich wiederholt, daß x ein potentielles Modell ist, das zur Ergänzungsmenge $e(z)$ gehört und in welchem das Fundamentalgesetz sowie ein bestimmtes Spezialgesetz gelten. Die Teilaussage (b') trifft die darüber hinausgehende Feststellung, daß die in x, jedoch nicht in z vorkommenden Funktionen durch diese beiden Gesetze *eindeutig* bestimmt sind. Nur bei Erfüllung dieser beiden Bedingungen exemplifiziert das potentielle Modell x eine *theoriegeleitete Messung*.

Wir haben damit nur die Grundidee geschildert. Um zum endgültigen Kriterium von GÄHDE zu gelangen, sind noch drei ganz wesentliche Qualifikationen bzw. Modifikationen erforderlich:

(1) Wir haben bisher stets so getan, als werde auch bei GÄHDE, ähnlich wie bei SNEED, nach der Theoretizität *einzelner* Terme gefragt. Dies ist jedoch nicht der Fall. Detaillierte Fallstudien, die *KPM* sowie Teiltheorien davon betreffen, haben den Gedanken nahegelegt, gar nicht nach der Theoretizität *isolierter* Funktionen, sondern nach der ganzer *Mengen von* solchen Funktionen zu fragen. Im Fall der klassischen Partikelmechanik ergibt sich z.B. am Ende der zwingende Nachweis dafür, daß die Menge $\{m, f\}$ gemäß dem Kriterium eine aus theoretischen Termen bestehende Menge ist.

(Diese Verallgemeinerung der Fragestellung ist übrigens der Grund dafür, warum in der Arbeit von GÄHDE eine so große Fülle von Restriktions- und Ergänzungsoperationen eingeführt wird: Die Theoretizitätsfrage muß danach *für jede Termkombination* eigens gestellt werden.)

(2) Bei SNEED und auch im Hauptteil dieses Buches wurden Spezialgesetze mit Hilfe von Verschärfungen des die Theorie ausdrückenden Grundprädikates wiedergegeben. An diese Symbolik knüpfen wir auch oben mit den beiden Bezeichnungen „*KPM*" und „*KPM^i*" an.

Wie GÄHDE hervorhob, muß hier noch eine sehr starke Einschränkung angefügt werden. Es dürfen nicht beliebige, sondern *nur zulässige Spezialgesetze* benützt werden. Darunter ist folgendes zu verstehen: In fast jeder interessanten Theorie, sicherlich aber in jeder physikalischen Theorie, sind sowohl die Fundamentalgesetze als auch die Spezialgesetze nur bis auf bestimmte *Invarianzen* festgelegt. Im Fall der Theorie *KPM* z.B. ist dies die Galilei-Invarianz. Eine ein Spezialgesetz designierende Prädikatverschärfung des die Theorie ausdrückenden Grundprädikates, welche den einschlägigen Invarianzen genügt, wird eine *zulässige Prädikatverschärfung* genannt, abgekürzt „*ZPV*". Für die Präzisierung des Begriffs der theoriegeleiteten Messung dürfen nur *zulässige Spezialgesetze* herangezogen werden, d.h. solche, welche die Extension zulässiger Prädikatverschärfungen des Grundprädikates bilden.

Auch diese wichtige Verbesserung des ursprünglichen Ansatzes – wichtig deshalb, weil hier erstmals auf die wissenschaftstheoretisch grundlegende Rolle von Invarianzen aufmerksam gemacht worden ist – sei am Beispiel von KPM illustriert. Um hier zu einem zulässigen Spezialgesetz zu gelangen, muß gelten: $ZPV(KPM^i)$ (d.h. KPM^i ist eine zulässige Prädikatverschärfung von KPM). Dafür muß außer $KPM^i \subset KPM$ die Galilei-Invarianz eben dieses Spezialgesetzes gefordert werden. Unter Verwendung des Symbolismus von II/2, S. 109 und 110 bzw. von D8-16 und D8-17 des gegenwärtigen Buches II/3 läßt sich diese Bedingung folgendermaßen formulieren:

$$\wedge x, x' [(x = \langle P, T, s, m, f \rangle \in KPM^i \wedge x' = \langle P, T, s', m, f \rangle \in PM \wedge$$
$$\wedge \vee s_0, v_0 \in \mathbb{R}^3 \wedge p \in P \wedge t \in T (s'(p, t) = s(p, t) + v_0 t + s_0)) \to x' \in KPM^i].$$

(3) Selbst wenn man in der obigen Aussage (b') den Ausdruck „KPM^i" durch „$ZVP(KPM^i)$" ersetzt, erhält man noch immer keine adäquate Formulierung der Eindeutigkeitsbedingung. Der Grund dafür liegt diesmal darin, daß dasjenige, was man „bloße Skalentransformationen" nennt, für die Frage der Identifizierung von Funktionen irrelevant ist. Es erscheint daher nicht nur als sinnvoll, sondern als zwingend notwendig, Funktionen, die durch derartige Transformationen auseinander hervorgehen, miteinander zu identifizieren.

Technisch gesprochen bedeutet dies, daß man nicht weiterhin mit dem ‚normalen' Kardinalzahloperator „$\| \ \|$" arbeiten kann, sondern daß eine neue Operation „$\| \ \|_{ET}$", etwa „Eichtransformationskardinalität" genannt, eingeführt werden muß. Wenn PM wieder die Klasse der Partikelmechaniken bezeichnet, so liefert $\|PM\|_{ET}$ die Anzahl derjenigen Partikelmechaniken, die *nicht* durch Eich- oder Skalentransformationen auseinander hervorgehen. Die obige Teilbestimmung (b') im Begriff der theoriegeleiteten Messung muß also ersetzt werden durch:

(b'') $\|e(z) \cap KPM \cap ZPV(KPM^i)\|_{ET} = 1$.

Damit beenden wir die intuitive Schilderung des Gähdeschen Kriteriums. Wir haben sie als eine bloße Skizze betitelt, einmal deshalb, weil verschiedene dabei benützte Begriffe nur intuitiv erläutert, aber nicht präzise definiert worden sind, und zum anderen deswegen, weil der allgemeine Gedankengang gar nicht losgelöst vom konkreten Beispiel der Theorie KPM, sondern an allen entscheidenden Stellen durch Rückgriff auf dieses Beispiel beschrieben worden ist.

Wie bereits in den einleitenden Bemerkungen hervorgehoben wurde, ist dieses Kriterium von nicht zu unterschätzender Bedeutung. Die sich über Jahrzehnte hin erstreckende Diskussion über Theoretizität hat hier erstmals zu einem definitiven Resultat geführt. Grundlegend dafür war die Intuition von SNEED über den auf Theorien zu relativierenden Begriff der Theoretizität. Doch unterscheidet sich das Kriterium in formaler wie in inhaltlicher Hinsicht von demjenigen SNEEDs.

Der *formale* Unterschied besteht darin, daß das Kriterium keinerlei pragmatische Begriffe, wie „existierende Darstellung" oder „bekannte Meßverfahren" verwendet und daher nicht bereits auf präsystematischer Ebene angewendet werden muß, sondern *als ein formal präzises Kriterium* anwendbar ist, vorausgesetzt natürlich, die fragliche Theorie selbst liegt in hinreichend präziser Gestalt vor. Diese Voraussetzung ist z.B. bei der Theorie *KPM* gegeben. Hier läßt sich der Unterschied der beiden Kriterien auch ganz exakt formulieren: Während es bei SNEED eine *Hypothese* bleibt, daß die beiden Größen m und f *KPM*-theoretisch sind, wird dies bei Zugrundelegung des Kriteriums von GÄHDE eine *beweisbare Tatsache*.

Die *inhaltlichen* Unterschiede sind innerhalb der Skizze bereits zur Sprache gekommen. Wir fassen sie nochmals stichwortartig zusammen:

(1) Bei SNEED bleibt es offen, ob bei einer theoriegeleiteten Messung nur auf das Fundamentalgesetz der Theorie oder auch auf Spezialgesetze zurückgegriffen wird. Bei GÄHDE wird der Rückgriff auf mindestens ein *echtes Spezialgesetz* ausdrücklich gefordert.

(2) Erst in der Darstellung von GÄHDE wird dem Umstand Rechnung getragen, daß die benützten Funktionen in der Messung nur *bis auf Eichtransformationen eindeutig* festgelegt sind.

(3) Der allgemeine Begriff des Spezialgesetzes wird bei GÄHDE mit Hilfe des Einbaues *zulässiger Invarianzen* zu dem des zulässigen Spezialgesetzes verschärft.

(4) Ferner werden nicht mehr, wie bei SNEED, einzelne Funktionen auf Theoretizität hin untersucht. Vielmehr geht es hier darum, *die korrekte Dichotomie* zu ermitteln, welche die Gesamtheit der in einer Theorie vorkommenden Funktionen in die theoretischen und die nicht-theoretischen unterteilt.

(5) Schließlich ist auf die bereits erwähnte Abschwächung hinzuweisen. Sie wird in den Definitionen D6-9 und D6-14 ihren Niederschlag darin finden, daß die Allquantifikation über zulässige Spezialgesetze durch eine entsprechende *Existenzquantifikation* ersetzt ist.

Wir werden auf dieses Kriterium nochmals in (III) zurückkommen und es dort in der Sprache der Meßmodelle exakt formulieren. Die Änderungen in der Darstellungsweise gegenüber derjenigen GÄHDES seien bereits hier kurz angedeutet: (i) Zur Wiedergabe der Eindeutigkeitsforderung werden wir nicht die Operatoren für Kardinalität benützen, sondern uns der Verfahren bedienen, die durch den Begriffsapparat der Meßmodelle und Meßmethoden geliefert werden (vgl. vor allem die definitorische Bestimmung (3) von D6-5(a)). (ii) Die Forderung nach Eindeutigkeit der Skalen bis auf Eichtransformationen soll mittels des Begriffs der Messung mit Skaleninvarianz ausgedrückt werden (vgl. D6-6). (iii) Der Begriff des zulässigen Spezialgesetzes wird durch die Einführung geeigneter Äquivalenzrelationen auf der Menge M_p präzisiert.

Diejenigen Leser, die sich für die genaue Formulierung des Kriteriums in dem hier skizzierten Begriffsapparat interessieren, seien auf die Originalarbeit von GÄHDE, [*T*-Theoretizität], verwiesen.

Bevor wir uns der formalen Präzisierung zuwenden, soll, gleichsam als Einübung in den Formalismus der Meßmodelle, nochmals SNEEDS Kriterium formuliert werden und zwar in derjenigen Sprechweise, deren wir uns im weiteren Verlauf stets bedienen werden.

(II) Das Kriterium von Sneed in der Sprache der i-determinierenden Modelle

Außer dem eben angedeuteten Grund gibt es für uns ein weiteres Motiv dafür, nochmals auf das Kriterium von SNEED zurückzukommen: Wenn wir von jetzt an alles in der Sprache der Meßmodelle formulieren, dann kann im Leser der verständliche Eindruck entstehen, daß eine Reihe von speziellen Annahmen über Meßprozesse in die Darstellung Eingang findet. Dies wäre jedoch ein Irrtum. Alles, was benötigt wird, ist dies, daß im Sinne von D6-5 die i-te Komponente eindeutig festgelegt ist. Den auf Messungen Bezug nehmenden Teilausdruck kann man völlig vergessen. Um dies auch rein sprachlich zu fixieren, nennen wir hier eine mengentheoretische Struktur x, welche die Bedingung von D6-5(b) erfüllt, nicht mehr „globales Meßmodell für $\bar{R}_i$", sondern einfach „i-determinierendes Modell". (Im späteren Verlauf werden wir uns wieder der früher eingeführten Terminologie bedienen, obwohl dies natürlich auch dort nicht notwendig wäre.)

Schließlich werden wir mit Hilfe der folgenden Kurzdarstellung noch einen Nebeneffekt erzielen, der sich auf den historischen Ablauf der Theoretizitätsdiskussion bezieht. Ein wichtiges Zwischenstadium auf dem Wege zu einem rein formalen Kriterium war die Arbeit von BALZER und MOULINES, [Theoreticity]. Darin ist erstmals der Gedanke konzipiert worden, Messungen und Meßmethoden mit Hilfe von Meßmodellen zu explizieren, die als f-determinierende potentielle Modelle rekonstruiert wurden (in einem ähnlichen, aber etwas schwächeren als dem gerade erläuterten Sinn mit f statt R_i). Da die beiden Autoren auf die ursprüngliche Idee von SNEED zurückgriffen, läuft die folgende Formulierung auf eine knappe Schilderung eines wesentlichen Resultates dieser Arbeit hinaus.

Es sei M_p eine Klasse potentieller Modelle, und zwar genauer eine Strukturspecies vom Typ $\vartheta = \langle k; l; \tau_1, \ldots, \tau_m \rangle$, also eine Klasse von mengentheoretischen Strukturen der Gestalt $x = \langle D_1, \ldots, A_l; R_1, \ldots, R_m \rangle$; ferner sei $i \in \{1, \ldots, m\}$. M sei eine Klasse von Modellen für M_p.

Ein $x \in M_p$, welches die Bedingung (b) von D6-5 erfüllt, werde *i-determinierendes potentielles Modell* genannt.

Es sei nun MM eine Klasse, welche die folgenden beiden Bedingungen erfüllt:

(1) $MM \subseteq M_p$;

(2) zu jedem $x \in MM$ gibt es ein j mit $1 \leq j \leq m$, so daß x ein j-determinierendes potentielles Modell ist.

Jetzt definieren wir: *Die i-te Komponente von M_p ist theoretisch bezüglich M und MM* gdw für alle x gilt: wenn $x \in MM$ und x ein i-determinierendes potentielles Modell ist, dann ist $x \in M$.

MM ist hier eine Klasse von j-determinierenden potentiellen Modellen für ein $j \leq m$. Das Definiens besagt: Alle zu MM gehörenden i-determinierenden potentiellen Modelle sind auch Modelle.

Damit ist die ursprüngliche Idee von SNEED präzisiert, nach der bei jeder Messung einer theoretischen Funktion ‚die Theorie vorausgesetzt wird'. In der

Terminologie der Meßmodelle besagt diese Präzisierung, daß Meßmodelle für die i-te Funktion bereits Modelle sind. Die Voraussetzungsrelation im Sinne von SNEED wird dabei, wie bereits in II/2, als logische Folgebeziehung gedeutet.

Nach dieser Formulierung des Theoretizitätskriteriums kann die Klasse M_{pp} in zwei Schritten wie folgt eingeführt werden:

1. *Schritt*: Definition der Hilfsfunktion $m_{pp}(n)$:
    Für $1 \leq n \leq m$ sei
    $m_{pp}(n) := \{\langle D_1, \ldots, D_k; A_1, \ldots, A_l; R_1, \ldots, R_n\rangle | \vee R_{n+1} \ldots \vee R_m(\langle D_1, \ldots, A_l; R_1, \ldots, R_n, R_{n+1}, \ldots, R_m\rangle \in M_p)\}$.

2. *Schritt*: Definition von M_{pp}:
    M_{pp} ist *die Klasse aller partiellen potentiellen Modelle für M_p, M und MM im Sinne von* SNEED gdw gilt:
    (1) M ist eine Klasse von Modellen für M_p;
    (2) $MM \subseteq M_p$; und für alle $x \in MM$ gibt es ein $j \leq m$, so daß x ein j-determinierendes potentielles Modell ist;
    (3) es gibt ein n mit $1 \leq n \leq m$, so daß
       (a) für alle j mit $1 \leq j \leq m$: $j > n$ gdw die j-te Komponente von M_p theoretisch bezüglich M und MM ist;
       (b) $M_{pp} := m_{pp}(n)$.

Gemäß dem ersten Schritt ist $m_{pp}(n)$ dasjenige ‚Redukt von M_p', bei dem alle Relationen, deren Index größer ist als n, weggeschnitten werden. Im zweiten Schritt wird die Indexzahl n, oberhalb welcher alle Relationen theoretisch sind, durch die Bestimmung (3) festgelegt. Damit diese Art der Einführung von M_{pp} funktioniert, muß man voraussetzen, daß die in potentiellen Modellen vorkommenden Relationen von Anfang an ‚richtig durchnumeriert' sind, dergestalt nämlich, daß stets die nicht-theoretischen Funktionen zuerst kommen und danach alle theoretischen eingeführt werden.

Abschließend sei noch darauf hingewiesen, daß diese Definition zwar rein formal ist, daß jedoch in jeder konkreten Anwendung die Wahl von *MM* nach *pragmatischen Gesichtspunkten* erfolgen muß. Wie BALZER und MOULINES a.a.O. gezeigt haben, würden unvernünftige Wahlen von *MM* inadäquate Resultate zur Folge haben.

(III) Das formale Kriterium von Gähde in der Sprache der Meßmodelle

Wie aus den vorangehenden Betrachtungen hervorgeht, sind nach GÄHDE nicht einzelne Terme, sondern ganze Mengen von Termen simultan auf Theoretizität hin zu untersuchen. Um dies präziser formulieren zu können, müssen wir einige frühere Notationen geeignet verallgemeinern. Wir geben dafür keine formalen Definitionen, sondern begnügen uns wieder mit informellen Erläuterungen, die für unsere Zwecke genügen.

Generell setzen wir für diesen Unterabschnitt voraus, daß $T = \langle K, I \rangle = \langle \langle M_p, M, Q \rangle, I \rangle$ ein verallgemeinertes empirisches Theorie-Element ist, das Modelle vom Typ $\vartheta = \langle k; l; \tau_1, \ldots, \tau_m \rangle$ hat.

Zunächst müssen wir die vor D6-5 eingeführten Notationen x_{-i} und $x_{-i}(t)$ so verallgemeinern, daß sie auf beliebige Teilmengen von $\{R_1, \ldots, R_m\}$ anwendbar werden.

Zunächst nennen wir η einen *Index für T* gdw η ein s-Tupel von Zahlen ist, also $\eta = \langle i_1, \ldots, i_s \rangle$, wobei die folgenden drei Bedingungen erfüllt seien: (1) $0 \leq s \leq m$, (2) $\{i_1, \ldots, i_s\} \subseteq \{1, \ldots, m\}$, (3) $i_1 < \ldots < i_s$.

Wenn $x \in M_p$, $\eta = \langle i_1, \ldots, i_s \rangle$ ein Index für T ist und überdies für $j \in \{i_1, \ldots, i_s\}$ gilt: $R_j \in Pot(\tau_j(D_1^x, \ldots, A_l^x))$, so soll unter $x_{-\eta}$ diejenige mengentheoretische Struktur verstanden werden, die aus x dadurch entsteht, daß man in x die Komponenten $R_{i_1}^x, \ldots, R_{i_s}^x$ wegstreicht (und für jedes dieser R_j^x auch das links von R_j^x stehende Komma entfernt).

$x_{-\eta}(t_{i_1}, \ldots, t_{i_s})$ sei diejenige Struktur, die aus x dadurch entsteht, daß man in x die Glieder R_j^x für alle $j \in \{i_1, \ldots, i_s\}$ durch t_j ersetzt.

Damit haben wir bereits die ersten beiden Verallgemeinerungen gewonnen: Ein Index ist nichts weiter als ein Tupel ausgewählter Zahlenindizes aus der Indexmenge $\{1, \ldots, m\}$. Diese Notation vereinfacht die Formulierung der folgenden Betrachtungen, in denen für einen Index $\eta = \langle i_1, \ldots, i_s \rangle$ alle Terme $\bar{\bar{R}}_{i_1}, \ldots, \bar{\bar{R}}_{i_s}$ *simultan auf Theoretizität* hin untersucht werden. $x_{-\eta}(t_{i_1}, \ldots, t_{i_s})$ ist die oben angekündigte Verallgemeinerung der Notation $x_{-i}(t)$. Zum Unterschied vom letzten Fall wird darin nicht *eine* Komponente entfernt und durch ein passendes t ersetzt, sondern es werden alle Komponenten, deren Index in einem gegebenen η vorkommt, in der beschriebenen Weise ersetzt.

Ferner benötigen wir die entsprechende Verallgemeinerung von M_{pp}^K, die uns *alle möglichen Kandidaten für partielle Modelle* liefert. Dazu bilden wir für jeden Index η für T die Klasse M_{pp}^η. Diese entsteht dadurch, daß man in potentiellen Modellen diejenigen Komponenten, deren Index in η vorkommt, wegläßt, genauer:

Ist η ein Index für das verallgemeinerte empirische Theorie-Element T, so sei

$$M_{pp}^\eta := \{x_{-\eta} \mid x \in M_p\}.$$

Man könnte hier von der Menge der η-partiellen Strukturen sprechen.

Schließlich brauchen wir auch noch die Verallgemeinerung für die bei Skaleninvarianzen verwendeten Äquivalenzrelationen (vgl. die unmittelbar vor D6-6 eingeführte Symbolik). Es genügt, den dortigen Fall $j = 2$ (lineare Transformationen) zu betrachten, da dieser den anderen Fall als Spezialfall einschließt. In naheliegender Verallgemeinerung der D6-6 vorangehenden Bestimmung definieren wir die Skalenäquivalenzen $\equiv_2$ auf s verschiedenen Termen $\bar{\bar{R}}_{i_1}, \ldots, \bar{\bar{R}}_{i_s}$. Sind zwei Elemente R_j und R_j' eines Terms $\bar{\bar{R}}_j$ reelle oder vektorwertige Funktionen, so sollen zwei solche Funktionen äquivalent sein, wenn sie durch lineare Skalentransformationen auseinander hervorgehen, also wenn $R_j(a) = \alpha \cdot R_j'(a) + v$; andernfalls soll die Äquivalenz nur bei Identität vorliegen. Genauer:

Für $R_j, R_j' \in \bar{\bar{R}}_j$ soll gelten:

$R_j \equiv_2 R_j'$ gdw erstens $D_1(R_j) = D_1(R_j')$ und wenn eine der folgenden beiden Bedingungen vorliegt:

(a) R_j ist eine Funktion in einen Vektorraum V über einem geordneten Körper K und
$$\bigvee \alpha_{\alpha \in K^+} \bigvee v_{v \in V} \bigwedge a_{a \in D_1(R_j)} (R_j(a) = \alpha \cdot R'_j(a) + v)$$

oder

(b) R_j ist keine Funktion in einen Vektorraum V über einem geordneten Körper K und $R_j = R'_j$.

Nun sind wir in der Lage, die Skalenäquivalenzen auf Tupel von Funktionen auszudehnen. Und zwar sollen zwei Tupel $\langle R_{i_1}, \ldots, R_{i_s} \rangle$ und $\langle R'_{i_1}, \ldots, R'_{i_s} \rangle$ durch die ‚generalisierte' Skalentransformation $\approx_\eta$ auseinander hervorgehen, wenn dies für jedes Paar $\langle R_j, R'_j \rangle$ mit $j \in \{i_1, \ldots, i_s\}$ bezüglich $\equiv_2$ der Fall ist. Genauer also:
Wenn $\eta = \langle i_1, \ldots, i_s \rangle$ ein Index für T ist und $R_j, R'_j \in \bar{\bar{R}}_j$ für alle $j \in \{i_1, \ldots, i_s\}$, so soll gelten:

$\langle R_{i_1}, \ldots, R_{i_s} \rangle \approx_\eta \langle R'_{i_1}, \ldots, R'_{i_s} \rangle$ gdw für alle $j \in \{i_1, \ldots, i_s\}$:
$R_j \equiv_2 R'_j$.

Der erste unter den entscheidenden neuen Schritten besteht in der Einführung eines verallgemeinerten Begriffs der *globalen Meßmethode mit Skaleninvarianz*, die nicht bloß der Bestimmung einer einzigen Funktion, sondern simultan eines ganzen, zu einem Index η gehörenden *Tupels* $\langle R_{i_1}, \ldots, R_{i_s} \rangle$ dient.

D6-7 Es sei $\eta = \langle i_1, \ldots, i_s \rangle$ ein Index für T. Y ist eine *(globale) η-Meßmethode mit Skaleninvarianz* gdw
(1) $Y \subseteq M_p$;
(2) Y ist eine Strukturspecies;
(3) $\bigwedge x \bigwedge R_{i_1} \ldots R_{i_s} \bigwedge R'_{i_1} \ldots R'_{i_s} (x_{-\eta}(R_{i_1}, \ldots, R_{i_s}) \in Y \wedge$
    $\wedge x_{-\eta}(R'_{i_1}, \ldots, R'_{i_s}) \in Y \rightarrow \langle R_{i_1}, \ldots, R_{i_s} \rangle \approx_\eta \langle R'_{i_1}, \ldots, R'_{i_s} \rangle)$;
(4) $\bigvee x \bigvee y [x \in Y \wedge y \in Y \wedge \neg(\langle R^x_{i_1}, \ldots, R^x_{i_s} \rangle \approx_\eta \langle R^y_{i_1}, \ldots, R^y_{i_s} \rangle)]$.

Die Definitionsbestandteile (3) und (4) sind die formalen Entsprechungen zu den Bestimmungen (3) und (4) in D6-5(a) bzw. (5) und (6) in D6-6(a); daher gelten mutatis mutandis auch die analogen Erläuterungen. Nach D6-7(3) sollen also in jedem Element x der Strukturspezies Y die durch η festgelegten Komponenten $R^x_{i_1}, \ldots, R^x_{i_s}$ bis auf Skalenäquivalenz $\approx_\eta$ eindeutig bestimmt sein. Und (4) verlangt auch diesmal, daß die Relationen $R^x_{i_1}, \ldots, R^x_{i_s}$ von den restlichen Komponenten in x *echt* abhängen.

Der Leser übersehe hier und im folgenden nicht die systematische Doppeldeutigkeit des Ausdrucks „Invarianz". Dasjenige, worum es hier ging, war die Invarianz von *Skalen* (also dasselbe, was in der Formulierung von GÄHDE als *Invarianz in bezug auf Eichtransformationen* bezeichnet wird). In der nächsten Definition geht es demgegenüber um die für *Spezialgesetze* geltenden Invarianzen. In vielen Theorien gibt es nämlich derartige ausgezeichnete Invarianzen (wie z.B. die Galilei-Invarianz in der klassischen Mechanik oder die Lorentz-Invarianz in der speziellen Relativitätstheorie), weshalb nur solche Spezialgesetze zugelassen werden, die der fraglichen Invarianz genügen. Für das

Verständnis der folgenden Definition ist zweierlei zu beachten: erstens, daß ein Spezialgesetz als eine solche Teilklasse der Klasse der Modelle deutbar ist, die wieder eine Strukturspecies bildet; zweitens, daß eine Invarianz von der zuletzt erwähnten Art eine Äquivalenzrelation auf M_p ist.

D6-8 Es sei $\sim$ eine Äquivalenzrelation auf M_p. G heißt *ein bezüglich $\sim$ zulässiges Spezialgesetz für T* (abgek.: $G \in Zul(T, \sim)$) gdw
(1) $G \subseteq M$;
(2) G ist eine Strukturspecies;
(3) $\wedge x \wedge y (x \in G \wedge x \sim y \rightarrow y \in G)$.

Die Invarianz in bezug auf $\sim$ wird offenbar durch die Bedingung (3) ausgedrückt: Für $x \in G$ soll auch jede mit y äquivalente mengentheoretische Struktur ($x \sim y$) zu G gehören. Dies besagt gerade, daß G invariant ist unter Ersetzung von x durch $\sim$-äquivalente Strukturen.

(In dem von GÄHDE genauer untersuchten Spezialfall der Theorie KPM ist $\sim$ die durch Galilei-Transformationen erzeugte Äquivalenzrelation, etwa durch $\sim_{ga}$ bezeichnet; für zwei Ortsfunktionen $s(p, t)$ und $s'(p, t)$ gilt $s(p, t) \sim_{ga} s'(p, t)$, wenn die zweite dieser Funktionen die Gestalt hat: $s'(p, t) = s(p, t) + v_0 t + s$.)

Jetzt kann bereits das Theoretizitätskriterium selbst formuliert werden. Wir geben die erforderlichen inhaltlichen Erläuterungen unmittelbar nach der Definition.

D6-9 (Theoretizitätskriterium) Es sei $1 \leq i \leq m$; ferner sei $\sim$ eine Äquivalenzrelation auf M_p. Der Term $\bar{R}_i$ ist *T-theoretisch relativ zu* $\sim$ gdw es ein η gibt, so daß
(1) $\eta = \langle i_1, \ldots, i_s \rangle$ ist ein Index für T;
(2) $i \in \{i_1, \ldots, i_s\}$;
(3) $\wedge z_{z \in M_{pp}^\eta} [\vee x (x \in M \wedge x_{-\eta} = z) \rightarrow$
$\vee x \vee y (x, y \in M \wedge x_{-\eta} = z = y_{-\eta} \wedge \neg (\langle R_{i_1}^x, \ldots, R_{i_s}^x \rangle \approx_\eta$
$\langle R_{i_1}^y, \ldots, R_{i_s}^y \rangle))]$;
(4) es gibt ein $z \in M_{pp}^\eta$ sowie ein G und ein x, so daß
   (a) $G \in Zul(T, \sim)$,
   (b) G ist eine η-Meßmethode mit Skaleninvarianz,
   (c) $x \in G$ und $x_{-\eta} = z$.

η kann einen, keinen oder mehrere Indizes enthalten. Genau die Terme $\bar{R}_{i_1}, \ldots, \bar{R}_{i_s}$ mit den Indizes aus $\eta = \langle i_1, \ldots, i_s \rangle$ sind T-theoretisch; alle Terme $\bar{R}_j$ mit $j \notin \{i_1, \ldots, i_s\}$ sind T-nicht-theoretisch. Es kann allerdings verschiedene η geben, welche diese Definition erfüllen. Dann sind genau diejenigen Terme $\bar{R}_j$ T-theoretisch, deren Index j in einem dieser η vorkommt; die restlichen sind T-nicht-theoretisch.

Die Bedingung (3) enthält die negative Aussage, daß ‚die Theorie allein', nämlich M, keine η-Meßmethode mit Skaleninvarianz ist. Zunächst zum Vorderglied: Dieses beschränkt die Aussage auf solche η-partielle Strukturen z aus M_{pp}^η, die sich überhaupt zu einem Modell ergänzen lassen. Es sei im folgenden stets als erfüllt vorausgesetzt.

Die Restaussage von (3) beinhaltet dann, daß es zu jeder derartigen partiellen Struktur zwei ‚Modellergänzungen', also $x, y \in M$ mit $x_{-\eta} = y_{-\eta} = z$, gibt, so daß die beiden in x und y als Ergänzungen hinzutretenden Komponenten $\langle R^x_{i_1}, \ldots, R^x_{i_s} \rangle$ und $\langle R^y_{i_1}, \ldots, R^y_{i_s} \rangle$ nicht η- äquivalent sind. Daß dies auf eine Verschärfung der Behauptung hinausläuft, daß M keine η-Meßmethode mit Skaleninvarianz ist, kann man rein formal nachprüfen. Wenn wir (3) – wieder unter Nichtberücksichtigung des Vordergliedes – negieren, so erhalten wir:

$$\bigvee z_{z \in M^\eta_{pp}} \wedge x, y(x, y \in M \wedge x_{-\eta} = z = y_{-\eta} \to \langle R^x_{i_1}, \ldots, R^x_{i_s} \rangle \approx_\eta \langle R^y_{i_1}, \ldots, R^y_{i_s} \rangle).$$

Wegen des Konjunktionsgliedes $x_{-\eta} = z = y_{-\eta}$ im Antecendens ist dies logisch äquivalent mit:

(∗) $\vee x \wedge R_{i_1}, \ldots, R_{i_s} \wedge R'_{i_1}, \ldots, R'_{i_s}(x_{-\eta}(R_{i_1}, \ldots, R_{i_s}) \in M \wedge$
$x_{-\eta}(R'_{i_1}, \ldots, R'_{i_s}) \in M \to \langle R_{i_1}, \ldots, R_{i_s} \rangle \approx_\eta \langle R'_{i_1}, \ldots, R'_{i_s} \rangle).$

Ein Vergleich mit D6-7(3) lehrt, daß nach dortiger Einsetzung von M für Y ein Unterschied nur im ersten Quantor besteht: in (∗) steht „$\vee x$", wo in D6-7(3) „$\wedge x$" steht. Wenn wir die zusätzliche Annahme $M \neq \emptyset$ machen (die ja für konsistentes T immer gilt), so ist (∗) eine logische Folge von D6-7(3). Also folgt non-(D6-7(3)) aus non-(∗). Die Negation von D6-7(3) aber besagt gerade, *daß M keine η-Meßmethode mit Skaleninvarianz ist*. Die Negation von (∗) und damit wieder der ‚Hauptteil' von D6-9(3), ist also tatsächlich eine Verschärfung dieser Feststellung. Wir können die Art der Verschärfung sogar ganz genau beschreiben: M gestattet danach nicht nur bei mindestens einem Modell keine eindeutige Bestimmung der Funktionen $R_{i_1}, \ldots, R_{i_s}$, sondern gestattet bei *keinem* Modell eine derartige Bestimmung.

Die wichtigste Bedingung in der Theoretizitätsdefinition ist D6-9(4). Danach gibt es eine η-partielle Struktur und ein zulässiges, also $\sim$-invariantes, Spezialgesetz G für T, so daß dieses G eine η-Meßmethode ist, die ein Meßmodell x mit $x_{-\eta} = z$ enthält. Wegen der obigen Betrachtungen zu (3) muß G sogar ein echtes, von M verschiedenes Spezialgesetz sein. (Letzteres ist keine Selbstverständlichkeit, da in D6-8 der Fall $G = M$ nicht ausgeschlossen wird!) Aus D6-7 folgt, daß die in x zu z hinzugetretenen Funktionen $R^x_{i_1}, \ldots, R^x_{i_s}$ durch das Spezialgesetz G bis auf Skaleninvarianz eindeutig bestimmt sind.

Man kann dies auch so ausdrücken: Es existiert eine partielle Struktur z sowie ein zulässiges echtes Spezialgesetz G, so daß in dem durch z erfaßten realen System die in z noch fehlenden restlichen Komponenten $R_{i_1}, \ldots, R_{i_s}$ durch G gemessen werden können.

6.5 Die Modifikation des Gähdeschen Kriteriums durch W. Balzer

BALZER knüpft an das Kriterium von GÄHDE an, nimmt darin aber die folgenden Änderungen vor:
Angesichts der Tatsache, daß es zumindest bestimmte Theorien gibt, in denen dem intuitiven Vorverständnis nach theoretische Terme auftreten, die

man bereits in gewissen Modellen der Theorie messen kann, wird *erstens* die Forderung (3) von D6-9, bzw. das Analogon dazu, fallen gelassen. Es wird also nicht mehr verlangt, daß für die theoriegeleitete Messung außer dem Fundamentalgesetz der Theorie noch mindestens ein Spezialgesetz herangezogen werden muß.

Zweitens wird die Relativierung des Kriteriums auf eine vorgegebene Gesetzesinvarianz, die sich in D6-9 (4) (a) findet, eliminiert. Dies geschieht aber natürlich nicht in der Form eines Rückfalls in die frühere Denkweise, wo derartige Invarianzen unberücksichtigt blieben. Vielmehr erfolgt diese Elimination dadurch, daß statt einer *gegebenen* Invarianz von vornherein *alle überhaupt möglichen Invarianzen* berücksichtigt werden, die in der Theorie auftreten. Das geschieht mittels des technischen Kunstgriffes, eine solche mögliche Invarianz als den *Spielraum* zu definieren, den eine Funktion R_i innerhalb der Klasse der Modelle hat, wenn sowohl die Basismengen als auch die übrigen Funktionen festgehalten werden.

Gestützt auf die Analyse konkreter Beispiele wird *drittens* das Kriterium, analog wie das ursprüngliche Sneedsche, wieder für einzelne Terme definiert und nicht, wie in D6-9 (4), für eine ganze Menge von Termen. Den inhaltlichen Unterschied kann man sich am besten dadurch klarmachen, daß man sich überlegt, wie die Bestimmung (4) von D6-9 zu ändern ist. In der dortigen Bestimmung (4) erfaßt der Index η genau die theoretischen Funktionen. Das partiale Modell z enthält lauter nicht-theoretische Funktionen. Und bei der Ergänzung von z zu demjenigen x, welches ein Meßmodell ist, werden gleichzeitig *alle* theoretischen Funktionen ergänzt. Die Bestimmung (4) von D6-9 verlangt somit, daß es möglich sei, *sämtliche* theoretischen Funktionen in einem *einzigen* Meßmodell simultan zu messen. Angenommen nun, man modifiziert diese Bestimmung (4) in der Weise, daß nur mehr von *einem* Term die Rede ist. Dann bleibt allein die Forderung übrig, daß *diese eine* theoretische Funktion meßbar sein soll, *wobei mögliche andere theoretische Funktionen bei der Messung als gegeben vorausgesetzt werden können*. Dies ist eine schwächere Forderung als die ursprüngliche. Denn es kann der Fall eintreten, daß man zwar jeden einzelnen theoretischen Term unter der Voraussetzung der übrigen theoretischen Terme messen kann, daß es jedoch nicht möglich ist, alle theoretischen Terme simultan zu messen unter der Voraussetzung bloß der nicht-theoretischen Terme. Wenn man die Beurteilung der Situation vom Standpunkt des nicht-theoretischen Teils einer Theorie als „absoluten Gesichtspunkt" bezeichnet, so läßt sich dies so ausdrücken: Unter absolutem Gesichtspunkt allein braucht eine Bestimmung der theoretischen Terme in einer Theorie überhaupt nicht möglich zu sein. Trotzdem ist in der fraglichen Theorie, sofern die obige Situation für sie gegeben ist, eine *wechselseitige* Messung theoretischer Terme durch nicht-theoretische *und andere theoretische Terme* möglich. In technischer Hinsicht bedeutet die Rückkehr zu einzelnen Termen eine Vereinfachung, da der gesamte zusätzliche Begriffsapparat, der mit „Index η für eine Theorie" und „M_{pp}^{η}" beginnt, jetzt überflüssig wird.

Die *vierte* Modifikation betrifft einen rein technischen Aspekt, nämlich die Folge der Quantoren in D6-9(4). Genauer gesprochen sind es drei Existenzquantoren, mit denen diese Aussage beginnt, nämlich: „*es gibt* eine η-partielle Struktur z, *es gibt* ferner eine η-Meßmethode G und *es gibt* ein x, so daß ...". Diese drei Quantoren lassen sich wie folgt auf einen einzigen reduzieren: Da G eine Meßmethode für die in x ergänzten Funktionen darstellt, ist x durch z und G bis auf Skaleninvarianz eindeutig festgelegt und braucht daher nicht eigens erwähnt zu werden. Dies ist die erste Reduktion. Ferner sind in jedem $y \in G$ die ergänzten Funktionen eindeutig durch den zu ersetzenden Teil $z' \in M_{pp}^n$ von y ($y_{-\eta} = z'$) und durch G bestimmt, weil ja G eine Meß*methode* ist. Wenn somit G gegeben ist, dann existiert nicht nur *ein* z, wie dies in (4) von D6-9 gefordert wird, sondern diese Bedingung ist für *alle* zu Meßmodellen von G ergänzbaren partiellen Strukturen erfüllt. (In der technischen Sprache der Teilstrukturen lautet dies: Die Bedingung gilt für alle ‚Redukte' z mit $\vee y \in G (z \sqsubset y)$.) Auch die Existenzbehauptung bezüglich z ist also überflüssig und die ganze Aussage kann mit der Wendung beginnen: „es gibt ein G, so daß G ein zulässiges Spezialgesetz und eine η-Meßmethode ist".

In der folgenden Definition wird in einer prima facie abstrakten Weise der oben (in Zusammenhang mit der zweiten Modifikation) erwähnte Spielraum, den die Funktion $\bar{R}_i^y$ in einem Modell $y \in M$ hat, definiert. Die im Teil (a) der Definition eingeführte Relation $x \simeq_i y$ läßt sich so verdeutlichen: Gegeben sei ein Modell y, in welchem an i-ter Stelle die Komponente R_i^y vorkommt. Dieses Glied werde durch R_i^x ersetzt, wobei diese Variation aber nur zulässig ist, wenn man dadurch nicht aus der Modellklasse herauskommt, d. h. wenn das Resultat der Ersetzung wieder ein Modell x ist. Dann und nur dann ist x M-i-äquivalent mit y. Im Teil (b) wird dann für $x \in M$ die Klasse $(x)_i$ der mit x M-i-äquivalenten Modelle eingeführt (ausführlicher könnte man das so umschreiben: „die Klasse der mit dem Modell x in bezug auf die i-te Komponente modelläquivalenten Varianten"; der Ausdruck „modelläquivalent" ist dabei als ein Hinweis darauf gedacht, daß alle Varianten selbst wieder Modelle sein sollen). $(x)_i$ erfaßt im folgenden Sinn für ein Modell $x \in M$ den Spielraum, den $\bar{R}_i$ in x hat: $(x)_i$ schließt genau alle Möglichkeiten ein, R_i^x so abzuändern, daß das Resultat wieder ein Modell ist.

D6-10 (a) $\simeq_i \subseteq M \times M$ ist definiert durch:
$x \simeq_i y$ (lies: „x ist M-i-äquivalent mit y") gdw $x = y_{-i}(R_i^x)$
(b) für $x \in M$ ist $(x)_i$ (lies: „*die Klasse der mit x M-i-äquivalenten Modelle*") definiert durch:
$(x)_i := \{y \in M | y \simeq_i x\}$.

Es gilt:

Th.6-1 $\simeq_i$ *ist eine Äquivalenzrelation auf M*.

Für den *Beweis* ist zu beachten, daß Reflexivität und Symmetrie trivial sind und daß die Transitivität nach D6-10(a) folgt.

Zum besseren Verständnis der folgenden Definition beachte man, daß die dortige Menge B potentieller Modelle in den praktischen Anwendungen ein (echtes oder unechtes) Spezialgesetz ist. Ein solches wird M-i-invariant genannt, wenn es invariant ist unter den in D6-10 präzise beschriebenen (und weiter oben erläuterten) Ersetzungen. Genauer gesprochen interessiert uns derjenige Teil von B, der Modelle enthält, also $M \cap B$. Jedes Element dieses Durchschnitts soll nach Ersetzung seiner i-ten Funktion durch eine andere, welche die $\simeq_i$-Äquivalenz erhält, in ein noch immer zu B gehörendes Element übergehen.

D6-11 Es sei $B \subseteq M_p$.
B heißt *M-i-invariant* gdw
$\wedge x (x \in M \cap B \rightarrow (x)_i \subseteq B)$.

In knapper umgangssprachlicher Formulierung: „Diejenigen $\simeq_i$-Äquivalenzklassen der Elemente von B, die außerdem Modelle sind, liegen ganz in B." Wenn B ein Spezialgesetz ist, so wird durch diese Definition der weiter oben beschriebene Gedanke präzisiert, daß B ‚allen erdenklichen Invarianzen' genügt.

Die Klasse $(x)_i$ der mit x M-i-äquivalenten Modelle ist der maximale Spielraum, den der Term $\bar{R}_i$ innerhalb der Theorie besitzt, wenn man die Theorie durch die Menge M repräsentiert. Nehmen wir die unten präzisierte Idee einer Meßmethode, formal dargestellt durch ein Spezialgesetz, vorweg, so besagt die Forderung der M-i-Invarianz eines Spezialgesetzes B folgendes: Der i-te Term, um dessen Bestimmung es geht, hat in dieser Meßmethode B denselben Spielraum wie M selbst, nämlich den *maximalen*, nicht aus M herausführenden Spielraum. Durch die Aufnahme dieser Forderung wird in D6-14 unten die Klasse der für die Bestimmung des i-ten Terms zulässigen Spezialgesetze in entscheidender Weise eingeschränkt.

Es gilt das trivial beweisbare Theorem

Th. 6-2 *M ist M-i-invariant.*

D6-12 G ist ein für $\bar{R}_i$ *zulässiges Spezialgesetz* (abgekürzt: $G \in Zul(M,i)$) gdw
(1) $G \subseteq M$;
(2) G ist eine Strukturspecies;
(3) G ist M-i-invariant.

Die Bestimmung (3) enthält die angekündigte Berücksichtigung aller Invarianzen. Es möge beachtet werden, daß das G dieser Definition kein echtes Spezialgesetz zu sein braucht, da M alle drei Bedingungen der Definition erfüllt.

In der folgenden Definition wird ein Gesetz als Meßmethode für den i-ten Term durch Fallunterscheidung eingeführt:

D6-13 G ist *eine Meßmethode* für $\bar{R}_i$ (abgek.: $G \in MM(i)$) gdw entweder
(a) jedes Element von $\bar{R}_i$ ist eine Funktion in einen Vektorraum V über einem geordneten Körper K, und G ist eine globale Meßmethode mit Skaleninvarianz für $\bar{R}_i$ (im Sinn von D6-6)

oder

(b) $\bar{\bar{R}}_i$ enthält Elemente, die keine Funktion in einen Vektorraum V über einem geordneten Körper K sind, und G ist eine globale Meßmethode für $\bar{\bar{R}}_i$ (im Sinn von D6-5).

Nach der folgenden Definition wird der Term $\bar{\bar{R}}_i$ T-theoretisch genannt gdw es ein zulässiges, echtes oder unechtes Spezialgesetz in T gibt, welches eine Meßmethode für $\bar{\bar{R}}_i$ ist, oder noch kürzer: wenn es in T eine zulässige Meßmethode für $\bar{\bar{R}}_i$ gibt. „Zulässig" heißt dabei nach D6-11 und D6-12, daß die Meßmethode invariant ist unter denjenigen Ersetzungen oder Transformationen von $\bar{\bar{R}}_i$, die nicht aus der Klasse der Modelle hinausführen.

D6-14 (Theoretizitätskriterium)[4]

(a) $\bar{\bar{R}}_i$ ist T-*theoretisch* gdw
$\bigvee G\,(G \in Zul(M,i) \wedge G \in MM(i))$

(b) $\bar{\bar{R}}_i$ ist T-*nicht-theoretisch* gdw $\bar{\bar{R}}_i$ nicht T-theoretisch ist.

Der Term $\bar{\bar{R}}_i$ ist also genau dann T-theoretisch im Sinne dieses Kriteriums, *wenn es ein für diesen Term zulässiges, echtes oder unechtes Spezialgesetz* (im Sinne von D6-12) *gibt, das zugleich eine Meßmethode* (im Sinne von D6-13) *für diesen Term bildet*. Für die präzise Deutung dieser Begriffsbestimmung braucht der Leser gegebenenfalls nur nochmals auf die inhaltlichen Erläuterungen zu den Ausdrücken „M-i-äquivalent", „$(x)_i$" (D6-10) und „M-i-invariant" zurückzugreifen.

Die Abschwächung des ursprünglichen Sneedschen Kriteriums für T-Theoretizität kommt auch diesmal dadurch zur Geltung, daß die mit „alle Meßmethoden für den i-ten Term" beginnende Wendung durch „es gibt eine Meßmethode für den i-ten Term" ersetzt wird, also durch den Übergang von der Allquantifikation zu der entsprechenden Existenzquantifikation.

6.6 Diskussion

Beide geschilderten Kriterien, das von GÄHDE sowie das von BALZER, stellen interessante Fortschritte gegenüber früheren Versuchen dar. Sie weichen jedoch erheblich voneinander ab. Die Frage stellen, welchem von beiden der Vorzug gegeben werden soll, heißt *das Problem der Adäquatheit von Kriterien für T-Theoretizität aufwerfen*.

Zunächst könnte man daran denken, sich mit der in [View], §7, hervorgehobenen Unterscheidung zwischen allgemeiner und spezieller Wissenschaftstheorie zu behelfen. In der letzteren werden ausgewählte, spezielle Theorien analysiert, während die erstere über Theorien im allgemeinen spricht. (Die

---

[4] Diese Fassung findet sich auch in W. BALZER, [Measurement], S. 22, D9, in etwas anderer Terminologie.

Grenze ist allerdings fließend, da man sich auf Theorien *bestimmter Arten* beziehen kann, wobei es bezüglich dieser Arten wiederum verschiedene Allgemeinheitsstufen gibt.)

Man könnte nun die Auffassung vertreten, daß man sich in der allgemeinen Wissenschaftstheorie darauf beschränken müsse, ein allgemeines Rahmenkriterium zu formulieren, welches dann in der speziellen Wissenschaftstheorie, unter Berücksichtigung der Besonderheiten der dort studierten Theorien, entsprechend zu modifizieren wäre. Unter Zugrundelegung dieses Gesichtspunktes läge es nahe, das von BALZER entwickelte Kriterium als ein zur allgemeinen Wissenschaftstheorie gehörendes *Rahmenkriterium* aufzufassen, das von GÄHDE formulierte Kriterium hingegen als ein *auf die Theorie KPM und verwandte Theorien zugeschnittenes spezielles Kriterium* zu interpretieren.

Diese schematische Gegenüberstellung von allgemeiner und spezieller Wissenschaftstheorie bildet jedoch nur ein Provisorium, das schließlich durch eine endgültige Klärung der Natur der T-Theoretizität abgelöst werden sollte. Wir wollen im folgenden einige prinzipielle, durch U. GÄHDE angeregte Betrachtungen anstellen, die es ermöglichen sollen, auch im allgemeinen Fall eine Entscheidung zugunsten einer ganz bestimmten Alternative herbeizuführen.

Unangefochten bestehen bleiben soll bei all diesen Betrachtungen die Sneedsche Grundintuition, gemäß welcher T-theoretische Größen solche sind, die in wesentlich T-abhängiger Weise gemessen werden. Diese Grundintuition, im folgenden gelegentlich auch als „Sneed-Intuition" bezeichnet, steckt für uns den allgemeinen Rahmen ab, innerhalb dessen die Diskussion erfolgen und zur Formulierung genauerer Forderungen gelangen soll. Daß sie auch *nur* einen solchen allgemeinen Rahmen festlegt, innerhalb dessen wir noch auf einen relativ großen Unbestimmtheitsspielraum stoßen, kann man sich folgendermaßen klarmachen: Erstens wird in der Sneed-Intuition vom präsystematischen Begriff der Theorie Gebrauch gemacht. Wie wir wissen, entsprechen diesem Begriff verschiedene systematische Gegenstücke. Je nachdem, welches davon man wählt, erhält man u. U. ein anderes Ergebnis. Wird „Theorie" z. B. im Sinn von „Basiselement" gedeutet, so greift man in dem Kriterium nur auf die Grundgesetze zurück. Versteht man darin dagegen „Theorie" im Sinne von „Theoriennetz", so liegt es nahe, den Begriff der T-abhängigen Messung so zu deuten, daß darin auch auf Spezialgesetze Bezug genommen wird. Zweitens läßt es das Kriterium, zumindest prima facie, offen, welche möglichen Abhängigkeitsverhältnisse zwischen T-theoretischen und T-nicht-theoretischen Größen bestehen können. Wir werden zunächst bei diesem zweiten Punkt ansetzen und hier den durch das intuitive Kriterium belassenen Spielraum einzuengen versuchen.

Diskussion

(I) Die Nichtdefinierbarkeitsforderung

Die schärfste Form von Abhängigkeitsverhältnis eines Begriffs einer Theorie von den restlichen Begriffen dieser Theorie liegt dann vor, wenn der erstere durch die letzteren eindeutig bestimmt wird. Nach allem, was bisher über den Unterschied zwischen T-Theoretizität und T-nicht-Theoretizität gesagt worden ist, wird man von vornherein erwarten, *daß die T-theoretischen Terme nicht durch T-nicht-theoretische eindeutig bestimmt sind*. Wir nennen dies die *Nichtdefinierbarkeitsbedingung* oder *Nichtdefinierbarkeitsforderung*.

Man kann dieser Forderung eine starke und eine schwache Fassung geben. Die *starke* Version besagt: „Die T-theoretischen Terme einer vorgelegten Theorie T dürfen in bezug auf jedes Modell von T nicht durch die T-nicht-theoretischen Terme mit Hilfe der Axiome von T eindeutig bestimmt sein." Die schwache Fassung entsteht daraus dadurch, daß man die Wendung „in bezug auf jedes Modell" ersetzt durch „in bezug auf mindestens ein Modell". Sie lautet also: „Die T-theoretischen Terme einer vorgelegten Theorie T dürfen in bezug auf mindestens ein Modell von T nicht durch die T-nicht-theoretischen Terme mit Hilfe der Axiome von T eindeutig bestimmt sein."

Die Rechtfertigung für die Bezeichnung „Nichtdefinierbarkeitsforderung" liegt darin, daß die schwache Fassung mit der Forderung der Nichtdefinierbarkeit im streng logischen Sinn gleichwertig ist, während die starke Fassung die Nichtdefinierbarkeit im streng logischen Sinn zur Folge hat.

Wenn wir das Tupel aller theoretischen Funktionen (im augenblicklichen Kontext) durch „t^*" abkürzen, so läßt sich die starke Fassung unter Verwendung des in 6.3 eingeführten Symbolismus folgendermaßen formalisieren:

$$\wedge x \in M : \neg \wedge y (y \in M \wedge x_{-t^*} = y_{-t^*} \to x = y), \text{ d.h.}$$
$$\wedge x \in M \vee y \in M (x_{-t^*} = y_{-t^*} \wedge x \neq y)$$

(umgangssprachlich: „in keinem Modell von T sind die T-theoretischen Terme durch die T-nicht-theoretischen eindeutig festgelegt"). In der schwachen Version ist der Allquantor „$\wedge x$" einfach durch den entsprechenden Existenzquantor „$\vee x$" zu ersetzen.

Für die folgenden Überlegungen werden wir *die starke Fassung* verwenden, und zwar aus zwei Gründen. Erstens ist es nur die starke Fassung, welche die uns im folgenden besonders interessierenden ‚holistischen Züge' garantiert. Zweitens ist die schwache Fassung damit verträglich, daß in besonders gelagerten speziellen Fällen sukzessive eine eindeutige Bestimmung theoretischer Funktionen durch die nicht-theoretischen erfolgt, nämlich über schrittweise Erweiterungen der intendierten Anwendungen und bei Heranziehung geeigneter Querverbindungen. (Dieser soeben angedeutete Aspekt harrt noch einer genaueren systematischen Untersuchung.)

Diejenige Fassung, auf welche wir im folgenden stets zurückgreifen werden, schreiben wir nochmals ausdrücklich an:

(**ND**) *Die T-theoretischen Terme einer vorgegebenen Theorie T sind in keinem Modell von T durch die T-nicht-theoretischen Terme von T eindeutig festgelegt*, formal:

$$\wedge x \in M : \neg \wedge y \, (y \in M \wedge x_{-t^*} = y_{-t^*} \rightarrow x = y).$$

Wir kommen nun auf die inhaltlichen Argumente zugunsten von (**ND**) zu sprechen:

(1) Angenommen, mindestens ein theoretischer Term könnte in bezug auf mindestens eine Anwendung durch die nicht-theoretischen Terme mittels der Axiome eindeutig bestimmt werden. Dann ergäbe sich ein Widerspruch zur Sneed-Intuition. Das läßt sich am besten über *das Problem der theoretischen Terme* einsehen. Dieses Problem ist, wie wir wissen, eine unmittelbare Folge des intuitiven Kriteriums für *T*-Theoretizität: Bei jeder Bestimmung der Funktionswerte einer *T*-theoretischen Funktion müssen die Axiome von *T* als gültig vorausgesetzt werden. Könnte der *T*-theoretische Term *t* mittels der Axiome von *T* durch die *T*-nicht-theoretischen Funktionen eindeutig bestimmt werden, so würde dies bedeuten, daß man aus den Axiomen von *T* die entsprechende Definitionsgleichung für *t* ableiten könnte. Das Problem der theoretischen Terme würde dann, in Anwendung auf *t*, in die Frage transformiert, ob es zweckmäßig sei, diese Definition zu akzeptieren.

Das widerspricht offensichtlich der Fassung dieses Problems bei SNEED. Mit dem Problem der theoretischen Terme sollte ein echtes und schwieriges Problem angedeutet werden, nicht jedoch eine triviale Frage von der Art, ob es zweckmäßig sei, eine bestimmte Nominaldefinition anzunehmen oder nicht.

(2) Man kann die Begründung auch von der Seite der *Lösung* des Problems der theoretischen Terme her ansehen, also vom Ramsey-Sneed-Satz aus. An früherer Stelle gelangten wir zu der Feststellung, daß dies die einzige heute bekannte Lösung dieses Problems ist. Auf diese Lösung, nämlich die Ersetzung der theoretischen Terme durch existentiell quantifizierte Variable, könnte man jedoch vollkommen verzichten, wenn die theoretischen Terme durch die nicht-theoretischen eindeutig bestimmt wären. Wir hätten nichts anderes zu tun als jeden theoretischen Term an allen Stellen seines Vorkommens durch sein nicht-theoretisches Äquivalent zu ersetzen. Die empirische Behauptung einer Theorie könnte also trotz des Auftretens theoretischer Terme ohne zusätzliche Existenzquantifikation auf rein nicht-theoretischer Ebene formuliert werden. Oder anders formuliert: Man könnte den Gehalt des Ramsey-Sneed-Satzes ohne Verlust an empirischer Information auf eine nicht-theoretische Aussage ohne Existenzquantifikation ‚zurückspielen'.

Eines derjenigen Probleme, welches man in jedem konkreten Fall vermutlich nicht ohne formalsprachliche Methoden erörtern kann, ist das Problem der Ramsey-Eliminierbarkeit. Für SNEED ist dies ein schwieriges und meist ungelöstes Problem. Mit der eindeutigen Bestimmbarkeit theoretischer Terme durch nicht-theoretische hätten wir jedoch unmittelbar eine triviale positive Lösung dieses Problems gewonnen.

Die beiden in (1) und (2) angestellten Überlegungen zeigen nur, daß die Nichtdefinierbarkeitsforderung eine *notwendige* Bedingung für Theoretizität ist. (Daß sie auch eine hinreichende Bedingung liefert, war von vornherein nicht zu erwarten; es wäre ja eine ganz unplausible Annahme, (**ND**) als eine Aussage zu verwenden, die mit dem Theoretizitätskriterium gleichwertig wäre!)

Bevor wir ein letztes Argument vorbringen, welches von völlig anderer Natur ist als die beiden bisher angeführten, machen wir uns klar, welche Folgerung aus (**ND**) zu ziehen ist. Dazu eine kurze Vorbemerkung.

Die Nichtdefinierbarkeitsforderung darf *nicht* in der folgenden Weise gedeutet werden:

(**ND***) *Die T-theoretischen Terme einer vorgegebenen Theorie T dürfen in keiner Anwendung von T durch die übrigen Terme von T mit Hilfe der Axiome von T eindeutig bestimmt sein.*

Als Begründung dafür betrachte man die Massenfunktion m von *KPM* in solchen Anwendungen, in denen die Beschleunigung für kein Objekt des Gegenstandsbereiches stets gleich Null ist. Bezüglich dieser Anwendungen ist m durch die (nicht-theoretische) Ortsfunktion sowie die (theoretische) Kraftfunktion mit Hilfe des zweiten Newtonschen Axioms eindeutig bestimmbar. Dieses Resultat zeigt, daß die Annahme der Forderung (**ND***) zu einer zu starken Einengung des Begriffs der *T*-Theoretizität führen würde. Denn die Massenfunktion wäre danach, da sie diese neue notwendige Bedingung für Theoretizität nicht erfüllt, eine *KPM*-nicht-theoretische Funktion.

Insgesamt hat die bisherige Diskussion also folgendes ergeben:

(a) Der Verzicht auf (**ND**) würde zu einem *viel zu liberalen* Begriff des theoretischen Terms führen (nämlich zum Einschluß von solchen Termen in die Klasse der theoretischen, die durch die nicht-theoretischen eindeutig bestimmbar wären). Die Annahme von (**ND***) hingegen würde zu einer *viel zu starken Einschränkung* des Begriffs des theoretischen Terms führen (wie das eben gebrachte Beispiel zeigt).

Die Ausschaltung der Nichtdefinierbarkeitsforderung in der Form (**ND***) als zu stark legt es nahe, bei der Suche nach denjenigen Funktionen, die als *T*-theoretisch auszuzeichnen sind, *nicht* so zu verfahren, daß man jede in *T einzeln* auftretende Funktion hinsichtlich ihrer Definierbarkeit durch die restlichen Funktionen mit Hilfe der Axiome überprüft. Als einzige Alternative dazu bietet sich ein Verfahren an, welches man *die Methode der simultanen Suche nach den theoretischen Funktionen* nennen könnte. Wir halten es in der folgenden Aussage fest:

(i) Es sei $F = \{f_1, \ldots, f_s\}$ die Klasse der in *T* vorkommenden Relationen. Es sind sämtliche möglichen, erschöpfenden Zerlegungen von F in zwei disjunkte Teilklassen F_1 und F_2 zu betrachten (also $F = F_1 \cup F_2$ und $F_1 \cap F_2 = \emptyset$). Diejenigen unter diesen Zerlegungen, bei denen die Relationen aus F_2 durch die Relationen aus F_1 mittels der Axiome definierbar sind, kommen nicht als Zerlegungen in die Klasse der T-theoretischen Funktionen F_2 und die Klasse der T-nicht-theoretischen Funktionen F_1 in Frage.

Hier wird also gewissen denkbaren Zerlegungen eine Kandidatur dafür, die korrekte theoretisch – nicht-theoretisch – Dichotomie zu liefern, abgesprochen.

Das Funktionieren des Kriteriums (**ND**) am Beispielsfall KPM kann man durch die Konstruktion einer Tabelle veranschaulichen, deren Spalten alle denkbaren Zerlegungen der Klasse $F^* = \{s, m, f\}$ enthält und in der überdies diejenigen Fälle durchgestrichen sind, die durch (**ND**) ausgeschlossen werden:

nicht-theoretisch	$\emptyset$	s	m	f	s,m	~~s,f~~	m,f	s,m,f
theoretisch	s,m,f	m,f	s,f	s,m	f	~~m~~	s	$\emptyset$

Tatsächlich wird hier nur ein einziger Fall eliminiert, nämlich der sechste, für den angenommen wurde, m sei KPM-theoretisch, s und f hingegen seien KPM-nicht-theoretisch. Die Begründung dafür haben wir weiter oben gegeben: In denjenigen Anwendungen, in welchen für kein Objekt die Beschleunigungen verschwinden, ist m durch s und f mit Hilfe des zweiten Newtonschen Axioms eindeutig bestimmt. Alle anderen Kombinationen bleiben weiterhin mögliche Kandidaten der Unterteilung; denn in allen diesen Fällen sind die im unteren Teil einer Spalte angegebenen Funktionen nicht durch die in der oberen Zeile dieser Spalte angeführten Funktionen eindeutig bestimmbar.

Das Beispiel liefert zugleich eine Illustration dafür, daß die Bedingung (**ND**) nur ein *negatives* Kriterium zur Ausschaltung potentieller Kandidaten für die Dichotomie bildet.

Wir können die vorangehenden Betrachtungen wie folgt zusammenfassen: Bei dem Versuch, die Sneed-Intuition zu präzisieren, sind wir auf die Nichtdefinierbarkeitsforderung (**ND**) der theoretischen durch die nicht-theoretischen Terme gestoßen. Dies sowie die zusätzliche Überlegung, wonach die Nichtdefinierbarkeitsforderung nicht in der Gestalt (**ND***) formuliert werden darf, bildete nur ein Mittel für den speziellen Zweck, die Methode der simultanen Suche nach den theoretischen Funktionen in Gestalt der Aussage (**i**) nahezulegen und zu präzisieren.

(3) Schließlich tragen wir noch ein drittes Argument zugunsten der Nichtdefinierbarkeitsforderung nach. Als zusätzliche Prämisse wird hier die Annahme benötigt, daß es einen *holistischen Aspekt von Theorien* gibt, der einer Erklärung bedarf. Der fragliche Aspekt besteht in den von DUHEM und QUINE betonten alternativen Revisionsmöglichkeiten im Falle eines Konfliktes zwischen Theorie und Erfahrung. Dieser Sachverhalt soll in Kap. 7 genauer analysiert werden. Wie dort gezeigt werden wird, beruht die Möglichkeit alternativer Revisionen darauf, daß die theoretischen Funktionen bei vorgegebenen nicht-theoretischen Funktionen durch die Axiome nicht eindeutig festgelegt werden. Vielmehr lassen die Axiome einen Spielraum offen, der durch die einzelnen Revisionsalternativen in verschiedener Weise ausgeschöpft wird,

so daß diesen Alternativen extensional verschiedene theoretische Funktionen entsprechen.

(II) Die Rolle der Spezialgesetze

Wir wenden uns jetzt der Klärung der ersten zu Beginn dieses Unterabschnittes angeführten Frage zu, die sich aus dem präsystematischen Gebrauch von „Theorie" in der intuitiven Fassung des Sneedschen Kriteriums ergab, nämlich der Frage, ob *Spezialgesetze* in die Formulierung des Kriteriums für *T*-Theoretizität einbezogen werden sollen. Die vorangestellte ausführliche Diskussion der Nichtdefinierbarkeitsforderung wird, wie wir sofort erkennen werden, die Erörterung dieses Problems wesentlich abkürzen und vereinfachen. Tatsächlich werden wir für die Gewinnung einer Konklusion nur zwei Prämissen benötigen.

Die *erste Prämisse* besteht in einem bereits in (I) gewonnenen Resultat, nämlich in der Nichtdefinierbarkeitsforderung, wonach die theoretischen Funktionen bei Vorgabe der nicht-theoretischen aufgrund der Axiome nicht eindeutig festgelegt sind.

Die *zweite Prämisse* greift den Gedanken auf, den PUTNAM in eindrucksvoller Bildsprache so formuliert hat, daß die *T*-theoretischen Funktionen ‚*von der Theorie T herkommen*' sollen. Nach Übersetzung in den strukturalistischen Apparat beinhaltet dieser Gedanke: Die *T*-theoretischen Funktionen sollen, wenn auch nicht unter Voraussetzung der Axiome allein, so doch unter Voraussetzung der Axiome sowie weiterer einschränkender Bedingungen bei Vorgabe der nicht-theoretischen Funktionen eindeutig bestimmbar sein. Solche weitere einschränkende Bedingungen werden bei Benützung des quasilinguistischen Vorgehens, d.h. der Methode der mengentheoretischen Prädikate, dadurch gewonnen, daß man vom Grundprädikat der Theorie zu einer geeigneten *Prädikatverschärfung* übergeht. Dies aber bedeutet nichts anderes als die Einbeziehung von Spezialgesetzen. Aus den früher angegebenen Gründen kommen dabei nur *zulässige* Prädikatverschärfungen in Frage, d.h. solche, welche die mit der Theorie verbundenen Invarianzforderungen erfüllen.

Die Bedingung, daß die *T*-theoretischen Funktionen von der Theorie *T* herkommen sollen, läuft somit auf die Forderung hinaus, daß *echte* Spezialgesetze von *T*, welche die einschlägigen Invarianzforderungen erfüllen, gefunden werden können, durch die im Verein mit den Axiomen der Theorie *T* die theoretischen Funktionen bei Vorgabe der nicht-theoretischen eindeutig bestimmt sind. Daß für die Bestimmung der theoretischen Funktionen außer den Axiomen (und grundlegenden Querverbindungen) zusätzlich Spezialgesetze benötigt werden, ist somit eine Folge dessen, daß erstens die theoretischen Terme durch die Axiome allein nicht eindeutig bestimmt werden und daß zweitens dennoch die theoretischen Funktionen in dem Sinn ‚von der Theorie herkommen', daß die Theorie bei ihrer Bestimmung eine unverzichtbare Rolle spielt. Wenn diese unverzichtbare Rolle nicht in den Grundgesetzen und allgemeinen

Constraints allein zur Geltung gelangen kann, muß sie dadurch zur Geltung kommen, daß zusätzlich zu den Grundgesetzen und allgemeinen Querverbindungen Spezialgesetze mit herangezogen werden. Wir halten dies in der folgenden These fest:

(ii) Da die unverzichtbare Rolle einer Theorie bei der Bestimmung der theoretischen Funktionen nicht darin bestehen kann, daß die Axiome und allgemeinen Constraints die theoretischen Relationen bei der Vorgabe der nicht-theoretischen eindeutig bestimmen, muß sie darin bestehen, daß diese eindeutige Bestimmung durch die zusätzliche Heranziehung geeigneter, die einschlägigen Invarianzen erfüllender Spezialgesetze erfolgt.

Zusammenfassend können wir folgendes feststellen: Die beiden Hauptresultate unserer Überlegungen sind in den beiden Sätzen (i) und (ii) festgehalten. Während für (ii) eine vollständige Begründung gegeben worden ist, genügte die Nichtdefinierbarkeitsforderung (**ND**) nicht, um (i) zwingend zu begründen, sondern allein dafür, diese Annahme nahezulegen. Akzeptiert man diese beiden Thesen, so ist bei der Ermittlung der Theoretizität von Funktionen zum einen die Methode der simultanen Suche nach den theoretischen Funktionen anzuwenden und zum anderen besteht bei dieser Suche der Zwang zur Einbeziehung von Spezialgesetzen.

Damit dürfte auch auf philosophischer Ebene und für den allgemeinen Fall ein wichtiger Beitrag zur Präzisierung der Sneed-Intuition geleistet worden sein. Als wichtiges Nebenresultat haben wir dabei die Erkenntnis gewonnen, daß die mit der Theorie T assoziierten Invarianzen in die Definition der T-Theoretizität Eingang finden; denn nur solche Spezialgesetze sind zulässig, die diese Invarianzen erfüllen.

Da die in diesem Kapitel angestellten Überlegungen zwar zusätzliche Klarheit brachten, jedoch zu keinem in jeder Hinsicht zwingenden Resultat führten, ist auch unsere Wahl in den noch folgenden Anwendungen des Theoretizitätskriteriums nicht von vornherein eindeutig festgelegt. Eine solche Wahl wird an zwei Stellen erforderlich werden: in dem unmittelbar folgenden Kapitel 7 sowie im Kapitel 14 bei der Behandlung verschiedener nichtphysikalischer Beispiele. Dabei soll die folgende Strategie zur Anwendung gelangen: In Kap. 7 werden im Anschluß an die Untersuchung von GÄHDE die holistischen Konsequenzen der Theoretizität von Massen- und Kraftfunktion in der klassischen Partikelmechanik untersucht. Da für diesen Fall die Adäquatheit des Gähdeschen Kriteriums außer Zweifel zu stehen scheint und GÄHDE selbst den strengen Nachweis der *KPM*-Theoretizität der Funktionen m und f erbracht hat, legen wir hier das *Gähdesche Kriterium* zugrunde. Bezüglich der neuen Anwendungen von Kap. 14 machen wir die folgende Unterteilung: In denjenigen Fällen, wie etwa dem literaturwissenschaftlichen Beispiel, in denen kein für die Anwendung eines formalen Kriteriums erforderlicher Präzisionsgrad erzielbar ist, werden wir stets auf *die ursprüngliche Sneed-Intuition* zurückgreifen. Und in den übrigen Fällen soll dort das *Kriterium von* BALZER benützt werden. Die

Begründung dafür ist die folgende: In diesen und vermutlich in vielen analogen Fällen wird es bereits durch die fachwissenschaftlichen Untersuchungen nahegelegt, bestimmte Relationen oder Funktionen als theoretisch auszuzeichnen. Es geht dann nur mehr darum, diese Vermutung durch einen formalen Nachweis zu untermauern. Häufig kommt sogar von vornherein nur eine einzige, bestimmte Funktion als möglicher Kandidat für Theoretizität in Frage. In diesen Fällen führt das Kriterium von BALZER viel rascher zum Ziel, da es wesentlich leichter zu handhaben ist als das Kriterium von GÄHDE. Es sind also rein praktische Erwägungen, welche im letzten Kapitel dieses Buches den Ausschlag zugunsten einer bestimmten Variante des Theoretizitätskriteriums geben werden.

Literatur

BALZER, W. [Empirical Claims], "Empirical Claims in Exchange Economics", in: W. STEGMÜLLER, W. BALZER und W. SPOHN (Hrsg.), *Philosophy of Economics*, Berlin-Heidelberg-New York 1982, S. 16–40.

BALZER, W. [Messung], *Messung im strukturalistischen Theorienkonzept*, Habilitationsschrift, München 1982 (erscheint unter dem Titel *Theorie und Messung* bei Springer).

BALZER, W. [Measurement], "Theory and Measurement", *Erkenntnis* 19 (1983), S. 3–25.

BALZER, W. "On a New Definition of Theoreticity", erscheint in *Dialectica* 1985.

BALZER, W. und C.U. MOULINES [Theoreticity], "On Theoreticity", *Synthese* 44 (1980), S. 467–494.

GÄHDE, U. [T-Theoretizität], *T-Theoretizität und Holismus*, Frankfurt a.M.-Bern 1983.

KAMLAH, A. [Definition], "An Improved Definition of 'Theoretical in a Given Theory'", *Erkenntnis* 10 (1976), S. 349–359.

LANG, S. *Algebra*, Reading, Mass., 1971.

PEARCE, D. "Comments on a New Criterion of Theoreticity", *Synthese* 48 (1981), S. 77–86.

TUOMELA, R. [Theoretical], *Theoretical Concepts*, Wien-New York 1973.

Kapitel 7
T-Theoretizität und Holismus. Eine Präzisierung und Begründung der Duhem-Quine-These

7.1 Begründung für die Wiederaufnahme der Fragestellung

Eine neuartige Beschäftigung mit dem Holismus in Gestalt der ‚Duhem-Quine-These', wie LAKATOS diesen nannte, wurde bereits in II/2, IX,8 angebahnt. In den früheren Diskussionen zum Thema „Holismus" stand fast immer der *Bestätigungsaspekt* im Vordergrund. Die holistische These selbst wurde häufig etwa in folgender Gestalt formuliert: „Isolierte naturwissenschaftliche Hypothesen sind überhaupt nicht nachprüfbar. Was empirisch getestet werden kann, ist zu jedem historischen Zeitpunkt nur die Totalität aller zu diesem Zeitpunkt akzeptierten Hypothesen." Und die Gegner des holistischen Standpunktes, ‚Induktivisten' wie ‚Deduktivisten', waren darum bemüht, nachzuweisen, daß und unter welchen genaueren Bedingungen dennoch *einzelne* Hypothesen aus dem Gesamtkomplex unseres provisorischen Wissens isoliert und einer gesonderten Nachprüfung unterzogen werden könnten.

Diese Meinungsverschiedenheit zwischen Holisten und ihren ‚atomistischen' Gegnern beruht auf der Voraussetzung, daß zwischen einer individuellen Hypothese einerseits und der Totalität des empirischen Wissens andererseits ein Unterschied besteht. In dieser allgemeinen Formulierung läßt sich die Voraussetzung auch kaum bestreiten. Die Situation ändert sich jedoch grundlegend, sobald wir die Totalität des Wissens einschränken auf die Gesamtheit *des durch eine Theorie T vermittelten Wissens*, das Wort „Theorie" wieder in dem globalen Sinn verstanden, in welchem es in diesem Buch durchgehend und ausschließlich benutzt worden ist. Denn dann muß wegen des Vorkommens T-theoretischer Terme dieses empirische Gesamtwissen durch eine einzige unzerlegbare Aussage, nämlich durch den dem jeweiligen Zustand der Theorie – repräsentiert durch einen erweiterten Strukturkern oder ein Netz von Theorie-Elementen – entsprechenden zentralen empirischen Satz oder Ramsey-Sneed-Satz der Theorie ausgedrückt werden. Die einzige Vorsichtsklausel, die man hier einschieben müßte, wäre: „solange keine von dem Ramsey-Verfahren grundsätzlich verschiedene Lösung des Problems der theoretischen Terme bekannt ist." Diese Klausel setzen wir im folgenden stets stillschweigend voraus.

Damit ist aber den herkömmlichen Einwänden gegen den Holismus von vornherein das Wasser abgegraben, und der Holist braucht bei den zweifellos recht diffizilen Auseinandersetzungen innerhalb der Bestätigungsproblematik überhaupt keine Stellung zu beziehen. Er *darf* davon ausgehen, *daß die Wissenschaft ‚holistisch fortschreitet'*, ganz gleichgültig, wie der Streit zwischen Vertretern eines ‚deduktivistischen Bewährungskonzeptes' und ‚Induktivisten' ausgehen mag und natürlich auch, welchen *speziellen* Trend innerhalb des Induktivismus man gegebenenfalls vorziehen sollte, wie z. B. ‚Bayesianismus', ‚induktive Logik', ‚entscheidungstheoretische Rekonstruktion rationaler Hypothesenwahl' usw.

Darin also besteht die eingangs angesprochene *Neuartigkeit* der Beschäftigung mit dem Holismus; sie betrifft sowohl die Explikation dieses Konzeptes als auch seine Begründung. Keineswegs soll damit behauptet werden, daß sich wegen dieser völligen Unabhängigkeit von der Bestätigungsproblematik eine weitere und detailliertere Beschäftigung mit dieser Thematik erübrigt. Ganz im Gegenteil! Mit Absicht war in II/2, IX,8 im Zusammenhang mit der Klärung des Begriffs des Holismus nur von ‚ersten Schritten' die Rede. Zwar betraf die dort so genannte Entmythologisierung – oder vielleicht besser: ‚Ent-Irrationalisierung' – hauptsächlich die Verschärfung und Radikalisierung der holistischen Position durch die beiden Thesen von KUHN und FEYERABEND. Und der bereits gegebenen Kommentierung dieser Verschärfung haben wir hier nichts hinzuzufügen. Doch war an jener früheren Stelle die vorsichtige Formulierung auch deshalb erwähnt worden, um die Möglichkeit weiterer Fortschritte in der Klärung der holistischen Position offen zu lassen, sofern sich hier neue Gesichtspunkte ergeben. Damit sind wir auf die Frage zurückverwiesen, ob wir berechtigt sind, bereits heute von solchen neuen Gesichtspunkten zu sprechen.

Dies ist tatsächlich der Fall. Den Ausgangspunkt kann die pauschale Feststellung bilden, daß der Holismus der empirischen Behauptungen wegen des neuen Theoretizitätskonzeptes trivial richtig ist. Darin liegt bereits die Vermutung beschlossen, daß eine erfolgreiche Präzisierung des Begriffs der T-Theoretizität eine vertiefte Einsicht in die Natur dieses Holismus vermittelt. Nun haben wir in Kap. 6 festgestellt, daß mit dem Übergang vom ‚präsystematischen', auf pragmatische Begriffe relativierten Konzept der T-Theoretizität von SNEED zu der ‚innersystematischen', von jeder pragmatischen Relativierung befreiten Fassung in der Gestalt des Gähdeschen Kriteriums ein bedeutsamer Fortschritt erzielt worden ist. Es ist daher von vornherein zu erwarten, daß dieser Fortschritt auf das Thema ,,Holismus" ausstrahlt.

Die Erwartung hat sich erfüllt. Sowohl in bezug auf den Inhalt der holistischen These als auch in bezug auf deren Genauigkeitsgrad sind die dabei erzielten Ergebnisse zum Teil überraschend. Wir werden im folgenden darüber berichten.

7.2 Die realistische Miniaturtheorie T*

GÄHDE hat in [T-Theoretizität], Kap. 6, für den Zweck einer genaueren Analyse der Konsequenzen seines Kriteriums für T-Theoretizität eine Miniaturtheorie T^* entworfen. Zunächst eine Vorbemerkung zu diesem Term „Miniaturtheorie".

Wenn Wissenschaftsphilosophen diesen Ausdruck verwenden, so verstehen sie darunter gewöhnlich entweder ein stark vereinfachtes Beispiel aus dem vorwissenschaftlichen Alltag oder ein ‚fiktives' abstraktes Beispiel, das nicht im Sinne einer ‚wirklichen wissenschaftlichen Theorie' deutbar ist. Von dieser letzten Art war auch die in II/2, VIII,2b eingeführte Miniaturtheorie m, die mehrmals für Illustrationszwecke herangezogen worden ist. (Den anschaulichen Hintergrund von m bildet zwar die in Kap. 1 geschilderte *archimedische Statik*. Doch ist diese nach heutiger Überzeugung *keine ernstzunehmende* Theorie mehr, es sei denn, man deutet den in ihr vorkommenden Term „Gewicht" als „Masse". Dann hört sie aber auf, eine *eigenständige* Theorie zu sein.)

Zum Unterschied von allen solchen Fällen ist die Theorie T^* in bezug auf ihr theoretisches Gerüst, also ihren Kern, eine *echte naturwissenschaftliche Theorie*, und zwar die klassische Partikelmechanik (vgl. II/2, D1 bis D3 auf S. 108–110, oder hier: D8-16 und D8-17), zusammen mit zwei Spezialgesetzen. Der Miniaturcharakter von T^* tritt erst bei der Wahl der intendierten Anwendungen zutage: Es wird eine sehr begrenzte Zahl von Anwendungen mit einer ebenfalls stark begrenzten Anzahl von Objekten (Partikeln) zugrunde gelegt. Diese Konstruktion wird sich im vorliegenden Fall als äußerst nützlich erweisen, und zwar aus folgendem Grund: Reale empirische Theorien sind für Beispielsanalysen nicht deshalb schwer zu gebrauchen, weil ihre Gesetzmäßigkeiten zu kompliziert sind, sondern weil ihre Anwendungsklassen außerordentlich groß sind und sich die einzelnen Anwendungen überdies meist in komplizierter Weise überlappen. Insbesondere gibt es dann u.U. unüberschaubar viele Möglichkeiten, bei Scheitern des zentralen empirischen Satzes der Theorie (wegen seines Konflikts mit den erzielten Meßdaten) solche Änderungen vorzunehmen, die den Konflikt zwischen empirischer Behauptung und Meßdaten zum Verschwinden bringen. Wenn man dagegen die Anwendungsklasse, wie im Fall von T^*, stark limitiert, dann lassen sich die den Konflikt beseitigenden Möglichkeiten der Abänderung im Detail verfolgen.

Anmerkung. Im Grunde ist damit ganz allgemein ein weiterer Vorzug des Sneedschen Formalismus aufgezeigt worden. Durch die Darstellung als Paar $\langle K, I \rangle$ mit ‚theoretischem' Teil K und ‚Anwendungsteil' I wird es möglich, Miniaturtheorien zu konstruieren, deren K aus der ‚wirklichen' Naturwissenschaft stammt, deren I hingegen im Vergleich zur realen Situation künstlich stark eingeschränkt wird, um die erwähnte Überschaubarkeit zu gewährleisten. Es ist zu hoffen, daß unter diesem Gesichtspunkt konstruierte Theorien auch in Zukunft zur Gewinnung neuer wissenschaftstheoretischer Einsichten dienen werden.

Wir bezeichnen die nach diesem Schema gebildete Theorie T^* als eine *realistische* Miniaturtheorie, weil ihr theoretischer Aufbau zur Gänze aus einer echten physikalischen Theorie, nämlich der Newtonschen Physik, entnommen worden ist.

Bei der Schilderung von T^* soll an die ursprüngliche, in II/2, VIII,7 gewählte Darstellung angeknüpft werden. Daß wir die dortige ‚Methode der erweiterten Strukturkerne' in Kap. 1 und 2 zugunsten der ‚Methode der Theoriennetze' preisgaben, hatte einen vorwiegend praktischen Grund, der *allgemeine* Untersuchungen und die Beweise ihrer Resultate betraf: Die komplizierte ‚Zuordnungsrelation' α im Sinn von II/2, D9,(5) auf S. 191, welche mit jedem Spezialgesetz die ihm zugedachten intendierten Anwendungen assoziiert, erwies sich für solche Zwecke als ein lästiges Hindernis. Dieses Motiv dafür, nicht mehr mit dem alten Begriffsapparat zu arbeiten, fällt in dem Augenblick fort, wo wir es mit einem konkreten Fall zu tun haben, in welchem sowohl die Zahl der Spezialgesetze als auch die Zahl der Anwendungen sehr gering und daher gut überschaubar ist. Diese Bedingungen sind für die Theorie T^* erfüllt. Wir werden die Konkretisierung der Relation α (D9,(f), S. 191 von II/2) für diesen Fall ohne Mühe anschreiben können.

Damit gehen wir zur Beschreibung von T^* über. Dabei werden wir uns der Suppesschen Methode der mengentheoretischen Prädikate bedienen. Zwecks Vereinfachung der Darstellung begnügen wir uns für diejenigen Prädikate, die bereits an früherer Stelle eingeführt worden sind, mit einem einfachen Rückverweis; und einige benötigte neue Prädikate sollen im technischen Anhang 7.7 definiert werden.

Die Menge der *partiellen potentiellen Modelle* von T^* ist die Extension des Prädikats „PK" (für „ist eine Partikelkinematik") von II/2, D1, S. 108. Wir sollten eigentlich im Einklang mit dem sonst benützten mengentheoretischen Symbolismus „M_{pp}^*" schreiben; und analog in den übrigen Fällen. Doch könnten wir diese Vereinfachungsmethode nicht immer benützen, da wir z. B. bei Spezialgesetzen keine derartige Notation zur Verfügung haben. Um in solchen Fällen nicht immer wieder neue Bezeichnungen verwenden oder, als Alternative, die umständliche Redeweise einführen zu müssen „die Extension des Prädikats Sowieso", beschließen wir, alle (bereits eingeführten wie noch einzuführenden) Prädikate syntaktisch umzudeuten in *Namen* der Extensionen jener Prädikate, also in Mengenbezeichnungen. Im obigen Fall werden wir also statt von der Extension der Prädikates „PK" von (der Menge) PK sprechen und können damit z. B. die umständliche Aussage „x ist ein Element der Extension des Prädikates ‚PK'" in der üblichen mengentheoretischen Sprechweise durch „$x \in PK$" wiedergeben.

Gemäß dieser Vereinbarung können wir dann sagen, daß die Menge der potentiellen Modelle die Menge PM (also die Extension von „ist eine Partikelmechanik") von II/2, D2, S. 109, sein soll und die Menge der *Modelle* die Menge KPM von II/2, D3, S. 110, d.h. die Extension von „ist eine klassische Partikelmechanik". (Wir erinnern kurz daran, daß diejenigen Entitäten Elemente von KPM sind, die zu PM gehören und überdies das zweite Gesetz von NEWTON, in der Fassung (2) von D3 auf S. 110, erfüllen. Es genügt, hier D8-16 und D8-17 zu vergleichen).

Gemäß dem Vorgehen in II/2, VIII,7 nehmen wir auch die Restriktionsoperation in den Strukturkern K^* der Theorie T^* auf. Wahlweise bezeichnen wir sie entweder mit „r" oder genauer mit „$r_{\{m,f\}}$", um auszudrücken, daß durch sie die beiden theoretischen Terme m (*Masse*) und f (*Kraft*) ‚weggeschnitten' werden. Ihre genaue Definition kann z. B. so angeschrieben werden:

$$r_{\{m,f\}}: PM \to PK$$
$$\wedge x(x = \langle P, T, s, m, f \rangle \in PM \to r_{\{m,f\}}(x) = \langle P, T, s \rangle).$$

Schließlich müssen wir noch zwei Querverbindungen für die Massenfunktion mit einbeziehen. Bei der ersten Querverbindung handelt es sich um die Forderung, daß ein und derselben Partikel in jeder Anwendung der klassischen Mechanik, in der sie auftritt, die gleiche träge Masse zugeordnet wird, und bei der zweiten Querverbindung um die Extensivitätsforderung. Wir benutzen dabei hier das Symbol „C" (für „Constraint") und treffen die folgende zusätzliche Vereinbarung: Wenn x bzw. y ein Element von PM ist, so sollen die zugehörigen Komponenten „x" bzw. „y" als untere Indizes tragen. Die Menge der Partikel der Partikelmechanik x werde also mit „P_x" bezeichnet, die Massenfunktion von y mit „m_y" usw. Für die beiden Querverbindungen wählen wir, wiederum analog zu GÄHDE, die suggestiven Bezeichnungen „$C_m^{\langle \approx, = \rangle}$" und „$C_m^{\langle \circ, + \rangle}$". Der untere Index gibt an, um welche Funktion es sich handelt, nämlich um die Massenfunktion; und der obere Index symbolisiert die Art der Querverbindungen. (Für inhaltliche Erläuterungen vgl. II/2, S. 81 f., S. 95 f. und S. 111.) Wir können auch diese Begriffe als Mengenterme einführen, und zwar in der folgenden Weise:

$$C_m^{\langle \approx, = \rangle} := \{X | X \in Pot(PM) \wedge \wedge x, y \in X \wedge p(p \in P_x \cap P_y \to m_x(p) = m_y(p))\}.$$
$$C_m^{\langle \circ, + \rangle} := \{X | X \in Pot(PM) \wedge \wedge x, y, z \in X \wedge p_i, p_j, p_k (p_i \in P_x \wedge p_j \in P_y$$
$$\wedge p_k \in P_z \wedge p_k = p_i \circ p_j \to m_z(p_k) = m_x(p_i) + m_y(p_j))\}.$$

In beiden Fällen sind, entsprechend unserer seinerzeitigen Überlegung, die Elemente der Querverbindungen *Teilmengen X von PM*. Im ersten Fall wird verlangt: Wenn x und y zwei Elemente eines solchen X sind, so wird jedem Objekt p, das zu den Gegenstandsbereichen von beiden gehört, also jedem $p \in P_x \cap P_y$, *derselbe* Funktionswert der Massenfunktion zugeordnet. (Man könnte daher das zweite Konjunktionsglied der die Gesamtmenge definierenden Bedingung von $C_m^{\langle \approx, = \rangle}$ auch eleganter als

„$\bigcup_{x \in X} m_x$ ist eine Funktion"

anschreiben.)

Bezüglich der Extensivitätsforderung sind folgende Punkte zu beachten: (1) es ist in der definierenden Bestimmung von X wesentlich, daß das ‚dritte' Objekt p_k, welches zum Gegenstandsbereich P_z des ‚dritten' Elementes z aus X gehört, durch Konkatenation zweier Objekte p_i und p_j aus den Bereichen *der beiden anderen* Elemente x und y von X gewonnen wurde. Diesem so erzeugten Objekt soll also als Masse in z die Summe der Werte der Massen von p_i in x und p_j in y zugeordnet werden. (2) Sollte in der Vereinigung $\bigcup_{x \in X} P_x$ der Individuenbereiche aller Partikelmechaniken aus X überhaupt *kein* Objekt auftreten, das durch Konkatenation zweier anderer Objekte aus dieser Klasse gebildet wurde, so wird die Querverbindung $C_m^{\langle \circ, + \rangle}$ durch dieses X trivial erfüllt (weil dann der Wenn-Satz stets falsch und das ganze im Definiens stehende Konditional daher stets wahr ist). Dieser triviale Fall wird in unserer Miniaturtheorie nicht gegeben sein, denn eine bestimmte intendierte Anwendung wird dort genau ein Objekt enthalten, welches durch Konkatenation von Objekten anderer Anwendungen gebildet worden ist. (3) Es wird *nicht* gefordert, daß p_i und p_j ‚einfache' Objekte sind; vielmehr können sie ihrerseits selbst bereits durch Konkatenation anderer Objekte gebildet worden sein. Iterierte Anwendung von o ist also zugelassen.

Wir haben jetzt alles Material beisammen, um den Strukturkern K^* (im Sinne von II/2, D6, S. 128) unserer Theorie T^* explizit anschreiben zu können, nämlich:

$$K^* := \langle PM, PK, r_{\{m,f\}}, KPM, C_m^{\langle \approx, = \rangle} \cap C_m^{\langle \circ, + \rangle} \rangle.$$

Wir kommen nun zur Menge I^* der intendierten Anwendungen! Wie bereits angedeutet, soll der *Miniaturcharakter* von T^* erst in dieser Menge zur Geltung gelangen. Wir wollen annehmen, daß I^* aus fünf konkreten kinematischen Systemen $z_1, \ldots, z_5$ besteht, also: $z_i = \langle P_i, T_i, s_i \rangle$ ($1 \leq i \leq 5$), wobei die Mengen P_i folgendermaßen durch Partikel p_j beschreibbar sind:

$$P_1 = \{p_1, p_2\} \quad P_2 = \{p_2, p_3\} \quad P_3 = \{p_1\} \quad P_4 = \{p_2\} \quad P_5 = \{p_2 \circ p_3\}.$$

Mit

$$I^* = \{z_1, z_2, z_3, z_4, z_5\}$$

können wir unsere Miniaturtheorie als geordnetes Paar

$$T^* = \langle K^*, I^* \rangle$$

anschreiben. (Da wir hier „Anwendung" im Sinne von „individuelle Anwendung" verstehen, ist die Gültigkeit von $I^* \subseteq PK$ hinzuzudenken, d.h. jedes z_i ist eine Partikelkinematik.)

In der modifizierten Terminologie von Kap. 2 ausgedrückt, ist dies noch nicht ganz korrekt. Was wir bislang getan haben, erfüllt nur die bescheidenere Aufgabe, das *Basiselement* unserer Miniaturtheorie zu beschreiben. Unsere Miniaturtheorie soll sich aber nicht in diesem Basiselement erschöpfen, sondern sie soll außerdem *zwei Spezialgesetze* enthalten, von denen das eine in zwei und das andere in den restlichen drei Elementen von I^* gelten soll. An dieser Stelle wird sich allerdings der Rückgriff auf die ursprüngliche Methode bemerkbar machen: Wir werden diese beiden Gesetze nicht als Theorie-Elemente rekonstruieren, sondern sie unmittelbar über geeignete Verschärfungen des Grundprädikates „KPM" einführen, um sie dann im weiteren Verlauf ebenfalls als Mengenterme aufzufassen.

Methodisch gehen wir dabei so vor, daß wir in einem ersten Schritt die beiden Mengen intendierter Anwendungen (also Teilmengen von I^*), in denen jeweils eines dieser Spezialgesetze gilt, sowohl explizit angeben als auch durch Prädikatverschärfungen von PK präzise beschreiben. Und zwar sollen $z_1, z_2 \in I^*$

inelastische Stoßprozesse sein, so daß sie das Prädikat „IC" (für „inelastic collision") erfüllen (vgl. unten 7.7). Demgegenüber sollen $z_3, z_4, z_5 \in I^*$ harmonische Oszillatoren sein, die das Prädikat „HO" erfüllen (vgl. ebenfalls 7.7). In unserer mengentheoretischen Notation gilt also: $z_1, z_2 \in IC$; $z_3, z_4, z_5 \in HO$.

Dasjenige Spezialgesetz, für das die Elemente aus IC intendierte Anwendungen darstellen sollen, werde KPM^{IC} genannt. Es läuft auf die Forderung hinaus, daß die einzige nichtverschwindende Kraftart außer dem zweiten Newtonschen Gesetz auch noch das *actio-reactio-Prinzip*, also die erste Hälfte des dritten Newtonschen Gesetzes erfüllt.[1] Der Teilmenge $I^* \cap HO$ ist das Spezialgesetz KPM^{HO} zugedacht, welches zusätzlich zu KPM fordert, *daß die einzige nichtverschwindende Kraftart dem Hookeschen Gesetz genügt*. (Für präzise Definitionen von KPM^{IC} und KPM^{HO} vgl. wiederum 7.7). Die leitende Idee dabei ist die, daß diese Gesetze ‚erklärende Modelle' für die Elemente der beiden angegebenen Anwendungsmengen IC und HO liefern sollen (im Sinne des theoretischen Erklärungsbegriffs von II/2, VIII,6c, S. 113).

Damit dürfte auch klar geworden sein, warum wir T^* eine *realistische Miniaturtheorie* nannten.

Wir haben jetzt mit einer Ausnahme alles beisammen, um die restlichen Komponenten des erweiterten Strukturkerns anzugeben und auch den zugehörigen Ramsey-Sneed-Satz formulieren zu können. Die restlichen Komponenten charakterisieren wir wieder durch einen oberen Stern.

Zunächst erhalten wir die Klasse G^* der Gesetze, in die wir vollständigkeitshalber das Fundamentalgesetz mit aufnehmen:

$G^* := \{KPM, KPM^{IC}, KPM^{HO}\}$.

Als nächstes schließen wir die einzige noch bestehende Lücke. Zusätzlich zu dem Gesetz KPM^{HO}, das der ‚Erklärung der Vorgänge in HO' dienen soll, wird eine spezielle Querverbindung (ein ‚Gesetzesconstraint') gewählt, der die Identität der Hookeschen Konstanten in den Modellen von KPM^{HO} verlangt, nämlich:

$C_G^* := \{X | X \in Pot(KPM) \wedge \wedge x, x' (x, x' \in X \cap KPM^{HO} \rightarrow k_x = k_{x'})\}$.

(Dabei sind k_x und $k_{x'}$ die in den Modellen x und x' vorkommenden Hookeschen Konstanten; für Details vgl. das Prädikat in 7.7, (IV).)

Die Anwendungsrelation α^* ist im vorliegenden Fall sogar eine Funktion. Sie kann folgendermaßen definiert werden:

α^* ist eine Funktion, so daß
(1) $D_I(\alpha^*) = PK$;
(2) $D_{II}(\alpha^*) = G^*$, wobei
  $\wedge z((z \in IC \rightarrow \alpha^*(z) = KPM^{IC}) \wedge$
  $(z \in HO \rightarrow \alpha^*(z) = KPM^{HO}) \wedge$
  $(z \in PK \setminus (IC \cup HO) \rightarrow \alpha^*(z) = KPM))$.

---

[1] Für eine Erläuterung der Wendung „erste Hälfte des dritten Newtonschen Gesetzes" vgl. II/2, Formel (a) auf S. 114.

Damit sind den speziellen Anwendungen tatsächlich die ‚zugedachten' Spezialgesetze zugeordnet worden.

Unter Benützung des bereits früher eingeführten Strukturkerns K^* können wir den erweiterten Strukturkern angeben, nämlich:

$$E^* := \langle PM, PK, r_{\{m,f\}}, KPM, C_m^{\langle \approx, = \rangle} \cap C_m^{\langle o, + \rangle}, G^*, C_G^*, \alpha^* \rangle.$$

Jetzt sind wir auch in der Lage, die Klasse $\mathbb{A}(K^*)$ der möglichen intendierten Anwendungsmengen des Strukturkerns K^* sowie die analoge Klasse $\mathbb{A}_e(E^*)$ des erweiterten Strukturkernes anzugeben. Dazu brauchen wir nur auf die beiden Definitionen D10a und D10b von II/2, S. 133 zurückzugreifen und für alle dortigen Argumente die jetzigen Konkretisierungen einzusetzen. (Für die Restriktionsoperation $r_{\{m,f\}}$ schreiben wir einfach „r" bzw. „r^0" und für die beiden auf den nächsthöheren mengentheoretischen Stufen geltenden Operationen „r^1" bzw. „r^2", analog zum Vorgehen in Kap. 2.) Dann erhalten wir:

$$\mathbb{A}(K^*) \doteq r^2(Pot(KPM) \cap C_m^{\langle \approx, = \rangle} \cap C_m^{\langle o, + \rangle}).$$
$$\mathbb{A}_e(E^*) = \{X | X \in Pot(PK) \wedge \vee Y (Y \in (Pot(KPM) \cap C_m^{\langle \approx, = \rangle} \cap C_m^{\langle o, + \rangle} \cap C_G^*) \wedge$$
$$\wedge X = r^1(Y) \wedge \wedge y \wedge x[(y \in Y \wedge x \in X \wedge x = r(y))$$
$$\to \wedge u(\langle x, u \rangle \in \alpha^* \to y \in u)]\}.$$

Die durch das Basiselement $\langle K^*, I^* \rangle$ festgelegte Theorienproposition im schwachen Sinn lautet:

$$I^* \in \mathbb{A}(K^*),$$

während die dem erweiterten Strukturkern E^* entsprechende Theorienproposition im starken Sinn besagt, daß

$$I^* \in \mathbb{A}_e(E^*).$$

7.3 Ein simulierter Konflikt mit den Meßdaten

Nachdem wir nun alles Wissenswerte über die Theorie T^* explizit vermerkt haben, wollen wir annehmen, daß die zuletzt angeführte starke Theorienproposition *an der Erfahrung scheitert*, da sie mit den gewonnenen (und im gegenwärtigen Kontext als unangefochten vorausgesetzten) Meßdaten nicht in Einklang zu bringen ist. Um herauszubekommen, ob man die Wurzel für den Konflikt genau lokalisieren kann, sowie zur Gewinnung eines Überblicks über die sich anbietenden Revisionsmöglichkeiten, ist es zweckmäßig, zum *Ramsey-Sneed-Satz* (im Sinne der Sätze (V) und (VI) von II/2, S. 99–102) zurückzugehen, dessen mengentheoretisches Äquivalent die starke Theorienproposition $I^* \in \mathbb{A}_e(E^*)$ ist. Da dieser Satz einerseits alle mengentheoretischen Prädikate enthält und andererseits keinen Gebrauch macht von der abstrakten Zuordnungsrelation α^*, ist er leichter zu handhaben als diese Proposition. Wenn wir die Definitionen der Komponenten von E^*, insbesondere die von α^*, zurückverfolgen, so erhalten wir als Ramsey-Sneed-Satz die folgende Aussage:

(**RS***) Es gibt $x_1, \ldots, x_5$, so daß
(1) $\wedge i(i \in \mathbb{N} \wedge 1 \leq i \leq 5 \rightarrow x_i = \langle P_i, T_i, s_i, m_i, f_i \rangle \in PM)$;
(2) $\wedge i(i \in \mathbb{N} \wedge 1 \leq i \leq 2 \rightarrow r(x_i) = z_i \in IC \cap I^*)$;
(3) $\wedge i(i \in \mathbb{N} \wedge 3 \leq i \leq 5 \rightarrow r(x_i) = z_i \in HO \cap I^*)$;
(4) $\{x_1, x_2\} \subseteq KPM^{IC}$;
(5) $\{x_3, x_4, x_5\} \subseteq KPM^{HO}$;
(6) $m_1(p_1) = m_3(p_1) \wedge m_1(p_2) = m_2(p_2) = m_4(p_2)$;
(7) $m_5(p_2 \circ p_3) = m_1(p_2) + m_2(p_3)$;
(8) $\{x_3, x_4, x_5\} \in C_G^*$.

Hier haben wir in (8) weiterhin die Abkürzung „C_G^*" benützt. Diese Teilaussage (8) besagt (im Verein mit (1) und (5)) inhaltlich: „Die in den drei Modellen x_3, x_4 und x_5 von KPM^{HO} auftretenden Kraftfunktionen erfüllen das Hookesche Gesetz mit übereinstimmenden Hookeschen Konstanten, d.h. es gilt: $k_{x_3} = k_{x_4} = k_{x_5}$."

Was die Menge der intendierten Anwendungen I^* betrifft, so sei daran erinnert, daß diese erschöpfend durch Teilmengen der beiden Mengen IC und HO wiedergegeben wird, d.h. daß gilt:

$I^* \setminus (IC \cup HO) = \emptyset$.

Wir wollen uns den Inhalt der Aussage (**RS***) genau vor Augen führen. Dabei soll vorläufig die Frage ausgeklammert werden, ob und inwieweit die dabei vorkommenden *Teilbehauptungen*, die prima facie empirisch gehaltvoll zu sein scheinen, wirklich einen empirisch nachprüfbaren Gehalt besitzen. Diese Frage (und die z.T. überraschenden Antworten darauf) verschieben wir auf den nächsten Unterabschnitt. (Zum Zwecke der Abkürzung sprechen wir wieder einfach von partiellen Modellen statt von partiellen potentiellen Modellen.)

Der Ramsey-Sneed-Satz (**RS***) unserer Miniaturtheorie T^* fordert zunächst, daß die partiellen Modelle $z_1, \ldots, z_5 \in I^*$ (also sowohl z_1 und z_2, die in IC liegen, als auch z_3, z_4 und z_5, die in HO liegen) durch Anfügung geeigneter Massen- und Kraftfunktionen zu potentiellen Modellen, d.h. zu Partikelmechaniken $x_1, \ldots, x_5$ ergänzt werden können (nach (1) bis (3)). Durch die folgenden Bestimmungen (4)–(8) werden diesen $x_i \in PM$ $(i = 1, \ldots, 5)$ *einschränkende Bedingungen auferlegt*.

Vernachlässigen wir für den Augenblick die Art der Verschärfungen des Prädikates KPM in (4) und (5), so besagen diese beiden zusätzlichen Bestimmungen u.a., daß $x_1, \ldots, x_5$ Elemente von KPM, also klassische Partikelmechaniken sind. In den 5 intendierten Anwendungen $z_1, \ldots, z_5$ kommen insgesamt nur die vier Partikel p_1, p_2, p_3 und $p_2 \circ p_3$ vor, wobei die letzte aus p_2 und p_3 konkateniert ist. Wenn wir nachsehen, welche dieser Partikel in welcher Anwendung vorkommen und dann die Bestimmungen (6) und (7) betrachten, so erkennen wir, daß mit diesen beiden Bedingungen gerade die im Strukturkern von K^* vorkommenden Constraints $C_m^{\langle \approx, = \rangle}$ und $C_m^{\langle \circ, + \rangle}$ für die Massenfunktion gefordert werden. Da all das zusammen aber gerade den Inhalt der schwachen Theorienproposition ausmacht, soll dieses Zwischenresultat in einer eigenen Aussage festgehalten werden:

(i) *Der Ramsey-Sneed-Satz* (**RS***) *enthält als Teilbehauptung die schwache Theorienproposition*:

$I^* \in \mathbb{A}(K^*)$.

Dies ist natürlich kein überraschendes Resultat, sondern war von vornherein zu erwarten, da die Miniaturtheorie T^* bezüglich ihres Strukturkerns mit der klassischen Partikelmechanik vollkommen übereinstimmt.

Ausdrücklich haben wir oben nur von einer Teilbehauptung, nicht jedoch von einer *empirischen* Teilbehauptung gesprochen. Denn die Frage, ob es sich dabei überhaupt um eine empirisch gehaltvolle Aussage handelt, soll erst in 7.4 untersucht werden.

Wir gehen jetzt die weiteren Bestimmungen von (**RS***) durch! Und zwar beginnen wir mit IC bzw. $IC \cap I^*$ sowie (4).[2] Der Satz (**RS***) fordert hier, daß z_1 und z_2 zu Modellen x_1 und x_2 der Prädikatverschärfung KPM^{IC} von KPM zu ergänzen sind. Wenn wir auf die Bedeutung KPM^{IC} zurückgehen, so erhalten wir die folgende Feststellung:

(ii) (**RS***) *fordert bezüglich der Elemente* z_1 *und* z_2 *der ersten Teilklasse (der Anwendungsmenge I^*)* $IC \cap I^*$ *die Anfügung solcher Massen- und Kraftfunktionen, daß*

(a) *das zweite Newtonsche Gesetz gilt*

(b) *die einzige nichtverschwindende Kraftart die erste Teilforderung des dritten Newtonschen Gesetzes* (d.h. *das actio-reatio-Prinzip*) *erfüllt.*

Wie wir in 7.4 feststellen werden, ergibt sich die folgende Konsequenz: Die durch die Teilbehauptung (ii) von (**RS***) formulierten Anforderungen an die Massen- und Kraftfunktionen, welche als theoretische Ergänzungen für z_1 und z_2 verwendet werden, sind bereits so stark, daß sie den Massenquotienten $m_1(p_1)/m_2(p_2)$ (bis auf Eichtransformationen) eindeutig festlegen. Im Augenblick halten wir dies als bloßes Zwischenresultat fest, um diejenigen Forderungen genauer formulieren zu können, die (**RS***) bezüglich der für die Ergänzungsbildung in der zweiten Anwendungsklasse $HO \cap I^*$ benötigten Massen- und Kraftfunktionen erhebt.

Für diesen Zweck betrachten wir außerdem die drei Gegenstandsbereiche P_3, P_4, P_5 der drei Anwendungen $z_3, z_4, z_5 \in HO \cap I^*$ sowie die Bedingungen (6) und (7) von (**RS***). Für die Massenfunktionen m_3 und m_4 der beiden einelementigen Bereiche P_3 und P_4 ergeben sich dann sofort: $m_3(p_1) = m_1(p_1)$ und $m_4(p_2) = m_2(p_2)$; und für die Massenfunktion m_5 des (ebenfalls nur ein Element enthaltenden) Bereiches P_5 folgt (nach (7)): $m_5(p_2 \circ p_3) = m_2(p_2) + m_3(p_3)$. Damit sind auch in diesen restlichen drei Anwendungen z_3, z_4 und z_5 die für die theoretischen Ergänzungen benötigten Massenfunktionen eindeutig bestimmt.

---

[2] $IC \cap I^* = \{z_1, z_2\}$ soll anschaulich auch als *erste Teilklasse der Anwendungsmenge I^** bezeichnet werden, $HO \cap I^* = \{z_3, z_4, z_5\}$ als *zweite Teilklasse der Anwendungsmenge I^**.

Wir definieren (für späteren Gebrauch): Sei $\tilde{P} := \bigcup_{i=1}^{5} P_i$. Dann sei $\tilde{m}$ die Funktion $\tilde{m}: \tilde{P} \to \mathbb{R}^+$ mit $\tilde{m} := \bigcup_{i=1}^{5} m_i$.

Der Ramsey-Sneed-Satz fordert nun mittels der Bestimmung (5), daß die für theoretische Ergänzungen in diesen drei Anwendungen benützten Kraftfunktionen für jedes $p \in P_i$ ($3 \leq i \leq 5$) und jedes $t \in T_i$ ($3 \leq i \leq 5$) das Gesetz von HOOKE erfüllen. Merkwürdigerweise erweist es sich, wie wir ebenfalls in 7.4 festhalten werden, daß selbst diese Forderung den partiellen Modellen z_3, z_4 und z_5 keine zusätzlichen Einschränkungen (zusätzlich zur Forderung, daß es sich um Modelle der Prädikatverschärfung *HO* von *PK* handelt) auferlegt und damit empirisch leer ist.

Trotz dieses Resultates stellt (**RS***) eine empirische Behauptung dar. Wir können jetzt den Punkt sogar genau lokalisieren, an dem in (**RS***) ‚die Erfahrung Eingang findet', so daß (**RS***) zu einer empirisch nachprüfbaren Aussage wird, die gegebenenfalls an der Erfahrung scheitern kann: Es ist die letzte Bestimmung (8), die diese Erfahrungssensibilität bewirkt. Darin wird nämlich die Gleichheit der Hookeschen Konstanten in dem für z_3, z_4 und z_5 geltenden Spezialgesetz verlangt: $k_3 = k_4 = k_5$. Dadurch wiederum wird den in diesen drei Anwendungen geltenden Schwingungsperioden θ_i ($3 \leq i \leq 5$) eine Forderung auferlegt. *Ob diese Forderungen erfüllt sind, kann durch kinematische Messungen überprüft werden.*

Es soll nun vorausgesetzt werden, daß diese Überprüfung *negativ* ausfalle. Dann ist (**RS***) *empirisch falsifiziert*.

Wir wollen nun der Frage nachgehen, ob und welche Folgerungen sich daraus für die beiden Themen „Holismus" und „Theorienimmunität" ergeben. Folgt insbesondere bezüglich der ersten Frage *mehr* als die für uns triviale Tatsache, daß eine einzige, nicht weiter zerlegbare Aussage empirisch falsifiziert worden ist? *Prima facie* ist die Antwort darauf positiv. Denn wie die zuletzt angestellten Betrachtungen zeigen, scheint eine Lokalisierung der Wurzel für diesen Konflikt – die ‚fehlerhafte' Annahme der Gleichheit der Hookeschen Konstanten – durchaus möglich zu sein. Die Annahme jedoch, daß der Gegner des Holismus daraus eine Waffe schmieden könne, wäre ein trügerischer Schein. Wir werden nämlich – im Widerspruch zu diesem prima-facie-Eindruck – zu der überraschenden Feststellung gelangen, daß das vorliegende Miniaturbeispiel verschiedene Aspekte der ‚holistischen Weltauffassung' teils zu verdeutlichen und zu erklären, teils sogar zu verschärfen gestattet.

7.4 Theorienimmunität und empirischer Gehalt des Ramsey-Sneed-Satzes

Erinnern wir uns zunächst kurz an die verschiedenen Weisen von Theorienimmunität!

Die erste betrifft das Fundamentalgesetz einer Theorie *T*. Wegen der in diesem ‚Verknüpfungsgesetz' vorkommenden *T*-theoretischen Terme ist dieses Gesetz empirisch unwiderlegbar. Denn für den Zweck einer solchen Widerlegung müßte man die Terme unabhängig von der Theorie bestimmen können, was wegen deren T-Theoretizität gerade nicht möglich ist. (Für eine Erörterung dieser Problematik am Beispiel der klassischen Partikelmechanik vgl. GÄHDE, [T-Theoretizität], S. 128 ff.)

Die zweite hat die Tatsache zum Inhalt, daß die empirische Falsifikation von Spezialgesetzen ‚nicht auf die Theorie selbst zurückschlägt'. Empirisch erzwungene Preisgabe eines bestimmten erweiterten Strukturkernes (eines bestimmten Theoriennetzes) ist mit der erfolgreichen Konstruktion eines anderen erweiterten Strukturkernes (eines anderen Netzes über derselben Basis) verträglich.

Die dritte betrifft die Offenheit der Menge I. Widersetzen sich bestimmte Elemente von I hartnäckig dem Versuch, die Theorie auf sie anzuwenden, so können diese partiellen Modelle aus der Menge der intendierten Anwendungen entfernt werden.

Die vierte und letzte schließlich beruht darauf, daß eine Anwendung unvollständig beschrieben war (vgl. II/2, S. 217 und [Erklärung], S. 1044).

Die dritte und vierte Möglichkeit sollen hier nicht in Betracht gezogen werden; d.h. es soll weder eine Erwägung von der Art stattfinden, ob man T^* durch Ausschluß von Elementen aus I^* retten kann, noch eine Überlegung von der Gestalt, ob die Einbeziehung neuer (bislang unentdeckt gebliebener) Objekte in gewisse Bereiche P_i ($1 \leq i \leq 5$) die Schwierigkeit behebt. In bezug auf unser Ziel, größere Klarheit zum Thema „Holismus" zu erzielen, wird sich diese Selbstbeschränkung als vorteilhaft erweisen.

Betrachten wir dagegen die erste Möglichkeit, so stoßen wir dabei auf die bereits an früherer Stelle betonte Unwiderlegbarkeit der klassischen Partikelmechanik. Diese ergibt sich als unmittelbare Folge des oben angegebenen Grundes: Um das zweite Gesetz von NEWTON zu falsifizieren, müßte man Kräfte und Massen unabhängig, d.h. ohne die Gültigkeit dieses Gesetzes vorauszusetzen, bestimmen können, was wegen der KPM-Theoretizität von *Kraft* und *Masse* eben ausgeschlossen ist.

Natürlich tritt hier sofort die Frage auf, ob man dieser Schwierigkeit nicht dadurch entgehen kann, daß man untersucht, ‚was für empirische Behauptungen man mit Hilfe des zweiten Gesetzes von NEWTON bilden kann'. Überraschenderweise läßt sich darauf sofort eine klare und präzise Antwort geben.

Und zwar können wir für diesen Zweck auf die Miniaturtheorie T^* zurückgreifen. Diese enthält ja in ihrem mathematischen Teil die gesamte klassische Partikelmechanik – also das zweite Gesetz von NEWTON sowie die beiden allgemeinen Querverbindungen $C_m^{\langle \approx, = \rangle}$ und $C_m^{\langle o, + \rangle}$ – und ist lediglich bezüglich ihres Anwendungsteiles auf die kleine Teilmenge I^* (der Klasse der ‚tatsächlichen' intendierten Anwendungen der klassischen Partikelmechanik) beschränkt.

Die Klasse der potentiellen Kandidaten für empirische Behauptungen reduziert sich von vornherein auf eine Einerklasse. Diese enthält genau die dem Theorie-Element $\langle K^*, I^* \rangle$ zugeordnete empirische Behauptung bzw., was damit synonym ist, die schwache Theorieproposition $I^* \in \mathbb{A}(K^*)$ unserer Miniaturtheorie T^* (denn T^* ist identisch mit $\langle K^*, I^* \rangle$!).

Damit haben wir auch schon den Zusammenhang hergestellt mit unserem Grundproblem in 7.3, nämlich dem empirischen Gehalt von (**RS***). Bei dem Versuch, diesen Gehalt ‚soweit wie möglich in Komponenten aufzusplittern', sind wir im ersten Schritt genau auf *den* Satz gestoßen, um den es uns jetzt geht, wie ein Blick auf die Aussage (i) von 7.3 lehrt.

Die Antwort ist verblüffend. Sie lautet (in unserem speziellen sowie im allgemeinen Fall):

Th. 7-1 (a) *Die dem Theorie-Element $\langle K^*, I^* \rangle$ entsprechende empirische Behauptung oder* (in anderer Formulierung) *die schwache Theorienproposition $I^* \in \mathbb{A}(K^*)$ der Miniaturtheorie $T^* = \langle K^*, I^* \rangle$ ist ein mathematisch wahrer Satz.* (b) *Die schwache Theorienproposition der klassischen Partikelmechanik ist ein mathematisch wahrer Satz.*[3]

Für den Beweis von Teil (a) vgl. den technischen Anhang 7.7,(V). Was den Teil (b) betrifft, so ist er eine Folge der Tatsache, daß in jenem Beweis bezüglich der Menge I^* keine weitere Voraussetzung gemacht wird, als daß gilt:

$I^* \in Pot(PK)$.

(Denn genau die analoge Aussage $I \in Pot(PK)$ gilt für die klassische Partikelmechanik mit I für die Menge aller intendierten Anwendungen dieser Theorie.)

<small>Diese kurze Überlegung illustriert zugleich die Wichtigkeit *realistischer* Miniaturtheorien von der Art der Theorie $T^* = \langle K^*, I^* \rangle$. Da der Kern K^* von einer *wirklichen* physikalischen Theorie stammt, können alle diejenigen für T^* gewonnenen Resultate auf diese physikalische Theorie übertragen werden, für welche Umfang und spezielle Eigenart der zu I^* gehörenden Elemente ohne Relevanz ist.</small>

Die Immunität des Fundamentalgesetzes findet damit auf der nichttheoretischen Ebene eine dramatische Radikalisierung: Was als empirische Behauptung der Theorie intendiert war, erweist sich bei genauerem Zusehen als eine *empirisch gehaltleere* Aussage.

Wie der Beweis von Th. 7-1(a) in 7.7 unmittelbar zeigt, ist diese Situation für eine vermutlich große Klasse von Theorien gegeben. Wir halten das Resultat daher in einem eigenen Lehrsatz fest.

Th. 7-2 *Es sei T eine Theorie, welche die folgende Bedingung erfüllt: Jede Klasse partieller potentieller Modelle von T kann auf solche Weise zu einer Klasse von Modellen von T ergänzt werden, daß die im Kern von T angegebenen allgemeinen Querverbindungen erfüllt sind. Dann ist die schwache Theorienproposition, d.h. der T zugeordnete Ramsey-Sneed-Satz, empirisch gehaltleer.*

<small>3   Dabei wird von der in II/2, Kap. VIII, 6.a erläuterten, auf McKinsey, Sugar und Suppes zurückgehenden Axiomatisierung der klassischen Partikelmechanik ausgegangen, in der als einziges ‚echtes' Axiom das zweite Newtonsche Gesetz auftritt. Wird dagegen eine ‚stärkere' Axiomatisierung der klassischen Partikelmechanik zugrundegelegt, in dem neben dem zweiten Newtonschen Gesetz weitere Bedingungen (etwa das actio-reactio-Prinzip) gefordert werden, so dürfte Th. 7-1(b) im allgemeinen seine Gültigkeit verlieren.</small>

Die in Th. 7-1 und Th. 7-2 festgehaltenen Resultate sind ebenso bemerkenswert wie merkwürdig. Danach ist das zweite Axiom von NEWTON auf der theoretischen Stufe empirisch immun; auf der nichttheoretischen Stufe wiederum, nämlich als Ramsey-Sneed-Satz umformuliert, liefert es – auch bei Berücksichtigung der Constraints – nur eine mathematisch wahre Aussage. Und mit allen grundlegenden Naturgesetzen, die in entsprechenden Theorien eine analoge Stellung innehaben, verhält es sich genauso. Kein Wunder also, wenn Philosophen immer wieder die Neigung verspürten, das zweite Axiom wie eine analytische Wahrheit zu behandeln. „Aber", so könnte gefragt werden, „ist denn eine solche epistemische Haltung aufgrund der vorangehenden Resultate nicht gerechtfertigt? Dürfen wir nicht so tun, als ob es sich bei derartigen Gesetzen um analytische Wahrheiten handelt?"

Daß nicht einmal eine solche Als-Ob-Betrachtung korrekt wäre, macht man sich am besten anhand der Rekonstruktion von Spezialgesetzen im strukturalistischen Rahmen klar. Während auch in anderen Darstellungen Theorien als ‚hierarchische Systeme von Gesetzmäßigkeiten' rekonstruiert sind, werden dabei doch gewöhnlich die spezielleren Gesetze unabhängig von den allgemeineren formuliert; ‚spezieller' sind sie nur wegen ihres kleineren Anwendungsbereiches. Ganz anders innerhalb der strukturalistischen Rekonstruktion: Da Spezialgesetze stets über Prädikatverschärfungen des die Theorie ausdrückenden Grundprädikates eingeführt werden, findet das Fundamentalgesetz bei dieser Rekonstruktionsweise Eingang in jedes Spezialgesetz; es kommt in jedem speziellen Gesetz ‚als konjunktiver Bestandteil' vor. Den allgemeinen Sachverhalt kann man sich mit Hilfe des Begriffs des Theoriennetzes veranschaulichen: Läuft man die einzelnen Fäden des Netzes, stückweise der Umkehrung der Spezialisierungsrelation entsprechend, von unten nach oben zurück, so erhält man ein Geflecht von *logischen Implikationen*; jedes speziellere Gesetz hat alle allgemeineren zur logischen Folge. Eine Frage wie die, ob z. B. *außer* dem Gesetz von HOOKE (oder dem Prinzip „actio = reactio") auch noch das zweite Axiom gelten soll, kann bei diesem Rekonstruktionsverfahren gar nicht auftreten; denn das Gesetz von HOOKE – als Prädikatverschärfung des Grundprädikats der Theorie formuliert – impliziert logisch das zweite Newtonsche Axiom.

Selbst solche Fundamentalgesetze, welche die obigen Bedingungen erfüllen, gewinnen somit empirische Relevanz, wenn auch nur indirekt und auf dem Umweg über die Spezialgesetze, in die sie Eingang finden.

Gehen wir jetzt weiter zur ersten spezielleren Teilaussage, die in (**RS***) enthalten ist und welche die beiden intendierten Anwendungen z_1 und z_2 betrifft. Wir haben diese in (**RS***) enthaltene Forderung in der Feststellung (ii) von 7.3 genau spezifiziert. Überraschenderweise ist auch diese Teilforderung empirisch leer. Denn es gilt:

Th. 7-3 *Jede kinematische Beschreibung inelastischer Stoßprozesse kann auf solche Weise zu einem Modell von KPM ergänzt werden, daß die Kraftfunktion das Prinzip „actio = reactio" (d.h. die erste Hälfte des dritten Newtonschen Gesetzes) erfüllt. Insbesondere können also z_1 und z_2 aus*

$IC \cap I^*$ zu Modellen von KPM^{IC} ergänzt werden, so daß (ii) aus (7.3) einen leeren empirischen Gehalt hat.

Für eine Beweisskizze vgl. 7.7,(VI).
Weiterhin gilt:

Th. 7-4 *Die Anforderungen, die* (**RS***) *an diejenigen Massen- und Kraftfunktionen stellt, welche zur Bildung theoretischer Ergänzungen für z_1 und z_2 herangezogen werden, sind so stark, daß dadurch die Massenfunktion bis auf Eichtransformationen eindeutig festgelegt wird.*

Zum Beweis vgl. 7.7,(VII).

Einfachheitshalber ordnen wir dem Objekt p_1 aus P_1 die Masse 1 zu: $m_1(p_1)=1$. Dann haben auch die Massen von p_2 und p_3 eindeutig bestimmte Werte und, wie wir uns bereits in 7.3 überlegten, sogar die Massen der Objekte in z_3, z_4 und z_5. Ferner gilt noch das weitere, ebenfalls bereits in 7.3 angekündigte ‚empirische Trivialitätsresultat':

Th. 7-5 *Jede kinematische Beschreibung harmonischer Schwingungen kann auf solche Weise zu einem Modell des Prädikates KPM ergänzt werden, daß die Kraftfunktion das Gesetz von Hooke erfüllt.*

Daher stellt die in (5) von (**RS***) *enthaltene Forderung, daß die für z_i ($3 \leq i \leq 5$) zur theoretischen Ergänzung herangezogenen Kraftfunktionen eine resultierende Kraft liefern, die das Gesetz von Hooke erfüllt, keine zusätzliche Einschränkung dar; sie ist empirisch gehaltleer. Dies gilt auch dann, wenn die zur theoretischen Ergänzung herangezogenen Massenfunktionen bereits vorgegeben sind.*

Zum Beweis vgl. 7.7, (VIII).

Sofern die Überlegungen am Ende von 7.3 sowie die dort gemachten Andeutungen richtig sind, müssen wir bei dem Versuch, den empirischen Gehalt von (**RS***) ‚stückweise' zu erfassen, mit den Trivialisierungsfeststellungen zu einem Ende gelangt sein. Tatsächlich gilt:

Th. 7-6 *Während* (**RS***) *bei Weglassung von (8) eine empirisch leere Aussage wäre, ist* (**RS***) *unter Einbeziehung von (8) eine empirisch falsifizierbare Aussage.*

Wie der in 7.7, (IX) gegebene Beweis zeigt, wird durch die Bestimmung (8) den Schwingungsperioden θ_i in z_i ($3 \leq i \leq 5$) eine bestimmte, empirisch nachprüfbare Forderung auferlegt. Im Einklang mit der Annahme am Ende von 7.3 soll von nun an vorausgesetzt werden, daß die kinematischen Messungen *andere* als die vorausgesagten Werte liefern.

In diesem Abschnitt haben wir, nach einer kurzen, einleitenden Rückerinnerung an die Formen von Theorienimmunität, einige intuitive Überlegungen von 7.3 präzisiert und dort aufgeworfene Fragen beantwortet. Im folgenden wollen wir uns ganz der Frage zuwenden, was man angesichts der empirischen Widerlegung von (**RS***) tun kann, ‚um die Dinge wieder in Ordnung zu bringen'.

7.5 Alternative Revisionsmöglichkeiten und ‚Kuhn-Loss-Eigenschaft'

Es bestehen verschiedene Möglichkeiten, den ‚Widerspruch zwischen Theorie und Erfahrung' durch solche Änderungen am Aufbau der Theorie T^* zu beseitigen, daß der resultierende Ramsey-Sneed-Satz mit den Meßdaten im Einklang steht. Diese Möglichkeiten sollen jetzt systematisch untersucht werden.

(I) Abschwächung der Forderung einer speziellen Querverbindung

Der schrittweise unternommene Versuch, den Gehalt der empirischen Behauptung (**RS***) zu ermitteln und das damit parallel laufende Bemühen, den Punkt zu lokalisieren, der für das Scheitern des Ramsey-Sneed-Satzes an der Erfahrung verantwortlich zu sein scheint, hat die Aufmerksamkeit zwanglos auf die letzte Teilbestimmung (8) von (**RS***) gelenkt. Denn ohne (8) wäre (**RS***) mathematisch wahr; erst mit (8) zusammen wird er empirisch nachprüfbar.

Also liegt es nahe, diese Teilbestimmung (8) für das Scheitern verantwortlich zu machen.

Anmerkung. Diese mit „es liegt nahe" beginnende vorsichtige Formulierung wurde bewußt gewählt und nicht die viel stärkere Behauptung: (a) „Damit ist (8) falsifiziert".
Denn (a) würde die Aussage implizieren, daß es keine Revisionsalternativen gibt, die (8) intakt lassen. Doch dies wäre falsch, wie die folgenden Betrachtungen verdeutlichen werden. Das zeigt, daß wir angesichts der vorliegenden Meßdaten zwar berechtigt sind, von einer empirischen Falsifikation von (**RS***) zu sprechen, daß wir hingegen diese Falsifikationsbehauptung *nicht* vom *ganzen* Satz (**RS***) auf die *Teil*aussage (8) übertragen dürfen, und zwar trotz der Tatsache, daß die intuitiven Überlegungen in 7.3 die Quelle für den Konflikt in (8) lokalisierten.
Wer dies merkwürdig findet, dem kann im gegenwärtigen Kontext nur gesagt werden, daß die Unübertragbarkeit der Falsifikationsbehauptung von (**RS***) auf (8) gerade die Art und Weise ist, in der sich die Richtigkeit der holistischen These in unserem Miniaturbeispiel manifestiert.

C_G^* fordert gemäß Bestimmung (8), daß gilt:

(b) $k_3 = k_4 = k_5$,

was gemäß der Definition der k_i im Beweis von Th. 7-5 auf die Behauptung hinausläuft:

(c) $\dfrac{\tilde{m}(p_1)}{\theta_3^2} = \dfrac{\tilde{m}(p_2)}{\theta_4^2} = \dfrac{\tilde{m}(p_2 \circ p_3)}{\theta_5^2}$;

dabei bezeichnet θ_i die in der i-ten Anwendung ($3 \leq i \leq 5$) eindeutig bestimmte Schwingungsperiode und $\tilde{m}$ sei wie zuvor (in 7.3) definiert.

Die empirischen Messungen mögen jedoch ergeben, daß zwar die beiden ersten Werte miteinander identisch, jedoch verschieden vom dritten Wert sind, also:

(d) $k_3 = k_4 \neq k_5$.[4]

Wir ersetzen nun die Bestimmung (8) von (**RS***) durch die schwächere:

(8') $\{x_3, x_4\} \in C_G^*$.

Die Ersetzung von (8) durch (8') bewirkt, daß die resultierende empirische Behauptung, nennen wir sie (**RS*'**), eine empirisch gehaltvolle Aussage darstellt, obzwar eine gegenüber (**RS***) schwächere, die aber nun mit den empirischen Meßdaten wieder im Einklang steht. (Hätten wir dagegen auf (8') ganz verzichtet, so bliebe natürlich nur ein mathematisch wahrer Satz übrig, der identisch ist mit demjenigen, der aus (**RS***) durch Weglassung von (8) entstand.)

Bevor wir die anderen Revisionsalternativen betrachten, soll noch ein Seitenblick auf eine Möglichkeit geworfen werden, die wir gemäß Ankündigung ausdrücklich nicht in Betracht ziehen wollten, die jedoch im gegenwärtigen Kontext eine interessante Illustration eines anderen und vieldiskutierten Aspektes des Theorienwandels liefert: Der empirische Konflikt, welcher unsere Ausgangsschwierigkeit bildete, könnte mit einem Schlage und auf die einfachste Weise behoben werden, wenn wir uns zu dem Entschluß durchringen könnten, z_5 nicht mehr als Element der Menge der intendierten Anwendungen zu betrachten (denn (8') wäre dann mit (8) identisch und der Einklang mit den gewonnenen Meßdaten von vornherein gewährleistet).

Im vorliegenden Fall würde man eine solche Möglichkeit – nämlich Ausschluß von z_5 aus I^* – sicherlich nicht in Erwägung ziehen, da uns die eben diskutierte Abschwächung von (8) zu (8') zur Verfügung steht, bei der kein Eingriff in den Anwendungsbereich erforderlich wird. Dies zeigt jedoch zunächst nur, daß Wissenschaftler eine Beschneidung von I als einen *relativ zentralen* Eingriff in ihre Theorie ansehen würden, dessen Vermeidung sie lieber mit einem relativ *peripheren* Eingriff, wie der eben diskutierten Abschwächung von (8) zu (8'), erkaufen würden.

Die Situation kann jedoch eine wesentlich dramatischere Gestalt annehmen, nämlich *wenn der Verzicht auf eine Reduzierung von I nur mit einem Eingriff in die grundlegenden Bestandteile der mathematischen Superstruktur der Theorie erkauft werden kann.*

Um uns von einer solchen Situation ein anschauliches Bild machen zu können, müssen wir für unser Miniaturbeispiel fingieren, daß (aus irgend welchen Gründen) die Abschwächung von (8) ebensowenig in Frage käme wie die Aufgabe eines Spezialgesetzes (vgl. (II)). Dann würden die Forscher vor der folgenden radikalen Alternative stehen: *entweder* die sich bereits im Basiskern der Theorie manifestierende theoretische Struktur der Theorie abzuschwächen *oder* denjenigen Bereich der intendierten Anwendungen, der sich bisher

---

[4] Es sei angemerkt, daß diese Bedingung in eine Aussage ‚übersetzt' werden kann, in der ausschließlich T^*-nicht-theoretische (und damit *KPM*-nicht-theoretische), kinematische Größen auftreten. (Für Einzelheiten dazu vgl. 7.7, Beweis von Th. 7-6, sowie GÄHDE, [T-Theoretizität], S. 26f. und S. 149f.)

bewährte und der daher sogar als gesichert galt, durch Entfernung von partiellen Modellen — in unserem Beispiel durch Entfernung von z_5 – zu verkleinern.

Diese Alternative erinnert an einen Aspekt wissenschaftlicher Veränderungen, auf den T. S. KUHN mehrfach hingewiesen hat, da er nach ihm für viele Fälle des Theorienwandels typisch ist. Danach wird der Fortschritt in einer Hinsicht häufig durch Rückschritt in einer anderen erkauft; und die Rede vom Fortschritt läßt sich nur durch das *Werturteil* rechtfertigen, daß die erzielten Vorteile *wichtiger* sind als die erlittenen Einbußen. Dieses als „*Kuhn-Loss*" bezeichnete Merkmal bildet den Gegenstand heftiger Kontroversen. KUHNS Gegner haben dieses Phänomen entweder ganz zu bestreiten oder zu verharmlosen versucht. Die geschilderte Alternative liefert sowohl eine Illustration und Präzisierung als auch eine Rechtfertigung der Kuhnschen Betrachtungen.

Durch Rückgriff auf die in Kap. 3 eingeführten dynamischen Begriffe läßt sich dieser Aspekt zusätzlich veranschaulichen. Nehmen wir an, das zum gegenwärtigen Zeitpunkt h verfügbare Kernnetz sei zu einem nicht weit zurückliegenden historischen Zeitabschnitt h' in der Basis bereichert worden; es habe also in diesem grundlegenden Teil der Theorie ein *theoretischer Fortschritt* stattgefunden. Zu einem anderen, ebenfalls nicht weit zurückliegenden Abschnitt h'' sei die Menge der intendierten Anwendungen erweitert worden; es habe außerdem ein *empirischer* (und evtl. ein *epistemischer*) Fortschritt stattgefunden. Nun tritt ein Konflikt von der geschilderten Art auf, der laut Annahme nicht durch Abschwächung eines Gesetzesconstraints oder Aufgabe eines Spezialgesetzes behebbar ist. Dann haben die Forscher zur Zeit h nur die Wahl, *entweder* am theoretischen Fortschritt festzuhalten und dafür einen empirischen (und epistemologischen) Rückschritt in Kauf zu nehmen *oder* sich weiterhin des empirischen (und epistemologischen) Fortschritts zu erfreuen, dafür aber den Preis eines theoretischen Rückschritts zu bezahlen.

Damit gehen zwangsläufig subjektive Werturteile bereits in den Begriff des ‚normalwissenschaftlichen Fortschritts' ein. Dies aber bedeutet selbstverständlich nicht, daß *wissenschaftlicher Fortschritt* als solcher eine arationale oder gar irrationale Erscheinung würde.

Wir wenden uns jetzt den in dieser Nebenbetrachtung vorweggenommenen anderen Revisionsalternativen zu.

(II) Preisgabe einer allgemeinen Querverbindung

Statt durch Preisgabe von (8) kann der Einklang von (**RS***) mit der Erfahrung in der Weise hergestellt werden, daß (8) beibehalten, hingegen das Extensivitätsprinzip $C_m^{\langle \circ, + \rangle}$ fallengelassen wird. Dies läßt sich wie folgt einsehen:

Für die drei Objekte p_1, p_2 und p_3 sei die jetzt geltende Massenfunktion $\tilde{m}'$ identisch mit $\tilde{m}$ von 7.3, also

(a) $\tilde{m}'_{|\{p_1, p_2, p_3\}} = \tilde{m}_{|\{p_1, p_2, p_3\}}$,

während für das Objekt $p_2 \circ p_3 \in P_5$ gelte:

(b) $\tilde{m}'(p_2 \circ p_3) := \dfrac{k_3' \theta_5^2}{4\pi^2}$.

k_3' ist eindeutig bestimmt durch

$k_3' = \dfrac{4\pi^2 \tilde{m}(p_1)}{\theta_3^2} = \dfrac{4\pi^2 \tilde{m}(p_2)}{\theta_4^2}$ (vgl. den Beweis von Th. 7-5).

Wegen der Gültigkeit der Teilbestimmung (8) von (**RS***) gilt: $k_3' = k_4' = k_5'$.

Man erkennt leicht, daß die Extensivitätsforderung diesmal nicht erfüllt sein kann. Denn einerseits gilt wegen der im Fall (I) bestehenden Extensivität von $\tilde{m}$ sowie der dortigen Ungleichung $k_3 \neq k_5$ auch:

$$\dfrac{\tilde{m}(p_1)}{\theta_3^2} \neq \dfrac{\tilde{m}(p_2) + \tilde{m}(p_3)}{\theta_5^2} \left(= \dfrac{\tilde{m}(p_2 \circ p_3)}{\theta_5^2} \right).$$

Diese Ungleichung läßt sich gemäß Definition von $\tilde{m}'$ auch so formulieren:

(1) $\dfrac{\tilde{m}'(p_1)}{\theta_3^2} \neq \dfrac{\tilde{m}'(p_2) + \tilde{m}'(p_3)}{\theta_5^2}$.

Wegen $k_3' = k_5'$ gilt aber andererseits:

(2) $\dfrac{\tilde{m}'(p_1)}{\theta_3^2} = \dfrac{\tilde{m}'(p_2 \circ p_3)}{\theta_5^2}$.

Wären die beiden Zähler der rechten Seiten von (1) und (2) identisch, so ergäbe sich ein Widerspruch. Also kann *nicht* gelten: $\tilde{m}'(p_2 \circ p_3) = \tilde{m}'(p_2) + \tilde{m}'(p_3)$; d.h. $\tilde{m}'$ erfüllt nicht den allgemeinen Extensivitätsconstraint $C_m^{\langle \circ, + \rangle}$.

(III) Preisgabe eines speziellen Gesetzes

Als letzte Möglichkeit einer Wiederherstellung des ‚Einklanges von Theorie und Erfahrung' soll die Preisgabe eines Spezialgesetzes und seine Ersetzung durch ein schwächeres in Erwägung gezogen werden.

Da die in diesem Fall etwas komplizierter verlaufenden späteren Überlegungen zu Mißverständnissen oder Fehldeutungen führen könnten, seien ein paar erläuternde Bemerkungen bereits jetzt vorweggenommen.

Wie die intuitiven Betrachtungen in 7.3 lehrten, schien es durchaus möglich zu sein, die Stelle in (**RS***) eindeutig zu lokalisieren, die für das Scheitern dieser Aussage an der Erfahrung verantwortlich ist, nämlich die Bestimmung (8), also die spezielle Querverbindung C_G^* (deren Abschwächung dann sogar nur die letzte intendierte Anwendung z_5 tangierte). Wie die im folgenden diskutierte Revision eines Spezialgesetzes zeigen wird, kann man die spezielle Korrektur ‚an eine ganz andere Stelle verschieben': Während im Fall (I) eine Korrektur bei den für z_5 anzubringenden theoretischen Ergänzungen vorgenommen worden ist, sollen diesmal die Forderungen unangetastet bleiben, die der Ramsey-Sneed-Satz in bezug auf die theoretischen Ergänzungen für z_1, z_3, z_4 und z_5 stellt. Statt dessen soll jetzt die Forderung preisgegeben werden, daß die bei der theoretischen Ergänzung von z_2 zu x_2 angefügte Kraftfunktion das Spezialgesetz „*actio = reactio*" erfüllt.

Hier ist es zunächst wichtig, den Unterschied beim Vergleich zwischen den beiden Revisionsalternativen (I) und (II) einerseits, (I) und (III) andererseits zu erkennen. Daß im Prinzip (I) durch (II) ersetzt werden kann, ist nicht weiter verwunderlich. Denn hier wird eine Korrektur im ‚Mittelbau' der Theorie ersetzt durch eine Korrektur *an einer viel zentraleren Stelle der Theorie*. Von einer ‚Verschiebung an eine andere Stelle' kann daher hier kaum die Rede sein. Demgegenüber ist, intuitiv gesprochen, die Revisionsalternative (III) ebenso wie die von (I) eine solche, die ebenfalls nur den theoretischen Mittelbau betrifft. Und dies mag zunächst überraschen. Denn in (III) wird auf die in 7.3 geschilderte Lokalisation des Konfliktes überhaupt keine Rücksicht genommen.

Auf den ersten Blick bestätigt dies die holistische Position oder stärkt sie zumindest. Denn der Holist insistiert ja darauf, daß es stets mehrere Revisionsalternativen gibt, und zwar selbst dann, wenn die intuitiven Betrachtungen die Wurzel für den Konflikt eindeutig zu lokalisieren scheinen. Wie die späteren Überlegungen zeigen werden, sind jedoch die Alternativen (I) und (III) nicht gleichwertig. Wir werden einen zwingenden Grund dafür angeben, daß der Alternative (I) gegenüber (III) der Vorzug zu geben ist.

Ein Gegner des Holismus, der nur dieses Resultat erfährt, ohne sich seine genaue Begründung vergegenwärtigen zu können, wird daraus den folgenden naheliegenden Schluß ziehen: „Der prima-facie-Eindruck, wonach die Bestimmung (8) von (**RS***) für den Konflikt mit den Meßdaten verantwortlich ist und der Fehler letztlich in z_5 zu lokalisieren ist, hat sich nun, wenn auch auf Umwegen, nachträglich voll bestätigt. Das ‚holistische Manöver', den Ort des Konflikts an eine andere Stelle zu verlagern, hat sich als inakzeptabel erwiesen."

Damit aber würde sich der Gegner des Holismus die Sache zu leicht machen. Die eben zitierte Überlegung würde nämlich auf einem *Fehlschluß* beruhen. Es ist zwar richtig, daß wir später der Revisionsalternative (I) gegenüber der Alternative (III) den Vorzug geben werden. Doch hat die dafür gelieferte Begründung absolut nichts mit einer angeblich fehlerhaften Lokalisation des Ortes, an dem der Konflikt auftrat, zu tun. Vielmehr wird die genauere Analyse ergeben, daß die Alternative (III) *bloß scheinbar* in der *Revision eines einzigen Spezialgesetzes* besteht. Denn diese Revision berührt, wie sich zeigen läßt, einen Erhaltungssatz und damit, ebenso wie (II), einen *zentralen* Teil der Theorie. Man muß sich also die Begründung genau ansehen, um nicht zu einem Fehlurteil, wie z. B. dem oben geschilderten, zu gelangen.

Wir gehen jetzt zur Beschreibung der dritten Revisionsmöglichkeit über. Ein neues Spezialgesetz wird durch folgendes Prädikat festgelegt:

$KPM'(x) :\leftrightarrow$ Es gibt P, T, s, m, f, so daß
    (1) $x = \langle P, T, s, m, f \rangle \in KPM$;
    (2) $\wedge p \wedge t \wedge j (p \in P \wedge t \in T \wedge j \in \mathbb{N} \setminus \{1\} \rightarrow f(p, t, j) = 0)$.

Wie der Vergleich von KPM' mit KPM^{IC} zeigt, fehlt in KPM' die Beschränkung auf zweizahlige Bereiche (was für das folgende unwesentlich ist) und es fehlt die zusätzliche Forderung, daß die einzige nicht-verschwindende Kraftart das Prinzip „actio = reactio" erfüllt.

Das in KPM' formulierte Gesetz wird nicht etwa gegen ein früheres Spezialgesetz ausgetauscht, sondern der Klasse der Gesetze G^* hinzugefügt, also:

$$G^{*\prime} := G^* \cup \{KPM'\} = \{KPM, KPM^{IC}, KPM^{HO}, KPM'\}.$$

Die neue Anwendungsrelation $\alpha^{*\prime}$ lautet:
(1) $D_I(\alpha^{*\prime}) = PK$;
(2) $D_{II}(\alpha^{*\prime}) = G^{*\prime}$, wobei
$\wedge z((z = z_1 \to \alpha^{*\prime}(z) = KPM^{IC}) \wedge (z = z_2 \to \alpha^{*\prime}(z) = KPM') \wedge$
$\wedge (z \in \{z_3, z_4, z_5\} \to \alpha^{*\prime}(z) = KPM^{HO}) \wedge (z \in PK \setminus I^* \to \alpha^{*\prime}(z) = KPM))$.

Der Vergleich mit α^* zeigt bereits, worauf die gegenwärtige Abschwächung hinausläuft[5]: Während bezüglich der Ergänzungen zu z_1, z_3, z_4 und z_5 ‚alles beim Alten bleibt', wird bezüglich z_2 zwar diejenige Teilforderung von KPM^{IC} beibehalten, welche verlangt, daß es nur eine einzige nicht-verschwindende Kraftart gibt; *dagegen wird für die theoretische Ergänzung zu z_2 die zusätzliche frühere Forderung fallengelassen, daß die Kraftart das Prinzip „actio = reactio" erfüllt.*

Dies soll noch dadurch explizit gemacht werden, daß wir den neuen erweiterten Strukturkern sowie den neuen Ramsey-Sneed-Satz anschreiben:
An die Stelle des früheren E^* tritt:

$$E^{*\prime} := \langle PM, PK, r_{\{m, f\}}, KPM, C_m^{\langle \approx, = \rangle} \cap C_m^{\langle o, + \rangle}, G^{*\prime}, C_G^*, \alpha^{*\prime} \rangle.$$

Und der Ramsey-Sneed-Satz (**RS***′) geht aus (**RS***) durch die folgende Modifikation hervor:
Die Bestimmungen (1) bis (3) und (5) bis (8) von (**RS***) bleiben unverändert, während (4) zu ersetzen ist durch:

(4′) (a) $x_1 \in KPM^{IC}$;
 (b) $x_2 \in KPM'$.

Dadurch wird also ausgedrückt, daß x_1 dasselbe Prädikat KPM^{IC} erfüllt wie früher, während x_2 zum Unterschied von früher nur mehr das schwächere Prädikat KPM' erfüllt.

Dieser neue Ramsey-Sneed-Satz (**RS***′) steht mit den Meßdaten nicht mehr in Konflikt, wie man sich folgendermaßen klarmachen kann:

---

5 Es sei daran erinnert, daß die Extension von IC in I^* genau die beiden partiellen Modelle z_1 und z_2 umfaßt und die von HO genau die drei partiellen Modelle z_3, z_4 und z_5.

Nennen wir die durch (**RS***) ursprünglich festgelegte Massenfunktion (wieder) $\tilde{m}$. Dann ändert sich jetzt bezüglich der theoretischen Ergänzungen für z_1, z_3 und z_4 gegenüber früher überhaupt nichts. Diese partiellen Modelle werden erstens durch die Massenfunktionen

$$m_i := \tilde{m}_{|P_f} \ (i \in \{1, 3, 4\})$$

sowie zweitens durch die genauso wie früher definierten Kraftfunktionen f_i zu Modellen x_1, x_3 und x_4 von *KPM* ergänzt. Damit können auch k_3 und k_4 so wie früher definiert werden (vgl. den Beweis von Th. 7-5); diese beiden Größen sind in x_3 und x_4 eindeutig bestimmt.

Außerdem wird bei den gegenwärtig diskutierten Revisionsalternativen an (8) festgehalten. Dadurch verfügen wir bereits über alle erforderlichen Informationen, um die für die theoretische Ergänzung von z_5 benötigte Massenfunktion – nennen wir sie m_5' – eindeutig festzulegen: *Nur die Funktion*

$$m_5' : P_5 \to \mathbb{R}^+$$
$$m_5'(p_2 \circ p_3) = \frac{k_3 \theta_5^2}{4\pi^2}$$

liefert eine Ergänzung von z_5 zu einem Modell von KPM^{HO}, so daß auch (8) erfüllt ist. Die in dieser Ergänzung benötigte Kraftfunktion f_5' ist dabei durch das so vorgegebene m_5' sowie die beiden Forderungen eindeutig festgelegt, daß das zweite Axiom von Newton gilt und außerdem nur eine nicht-verschwindende Kraftart auftritt. (Das Gesetz von HOOKE wird durch f_5' auch erfüllt; vgl. dazu ebenfalls den Beweis von Th. 7-5).

Es bleibt somit nur noch z_2 mit seinem Gegenstandsbereich $P_2 = \{p_2, p_3\}$ zu betrachten. Bezüglich der dort geltenden Massenfunktion m_2' gewinnen wir über die beiden Querverbindungen $C_m^{\langle \approx, = \rangle}$ und $C_m^{\langle \circ, + \rangle}$ sofort eine Festlegung; denn es muß gelten:

(a) $m_2'(p_2) = m_1(p_2)$;
(b) $m_2'(p_3) = m_5'(p_2 \circ p_3) - m_1(p_2)$.

Schließlich ist die für die theoretische Ergänzung von z_2 zu x_2 benötigte Kraftfunktion f_2' ganz analog wie im Fall z_5 eindeutig festgelegt (nämlich durch das mittels (a) und (b) gegebene m_2' sowie die beiden Forderungen, daß nur eine nicht-verschwindende Kraftart auftritt und daß diese letztere das zweite Axiom von Newton erfüllen muß). (Daß diese Festlegung nicht mit anderen Bestimmungen in Widerstreit gerät, ergibt sich aus dem Beweis zu Th. 7-3.)

Vollständigkeitshalber schreiben wir die Definition der neuen Massenfunktion $\tilde{m}'$ explizit an:

$$\tilde{m}' : \tilde{P} \to \mathbb{R}^+$$
$$\tilde{m}' := m_1 \cup m_2' \cup m_3 \cup m_4 \cup m_5'.$$

Damit ist die Beschreibung der dritten Revisionsmöglichkeit beendet. Es ist zugleich die letzte uns offen stehende Alternative[6]. Insbesondere ist die *prima-facie-Möglichkeit*, die zusätzliche Forderung nach Gültigkeit des Gesetzes von HOOKE für die theoretischen Ergänzungen von z_3, z_4 und z_5 zu Modellen von *KPM* aufzugeben, keine *echte* Alternative, wie unmittelbar aus Th. 7-5 hervorgeht.

7.6 Holismus und die Rangordnung zwischen den Revisionsalternativen

Konzentrieren wir uns zunächst nochmals auf die bereits zu Beginn von 7.4 angesprochene Theorienimmunität, wobei wir das Ergebnis von Th. 7-2 hinzunehmen. Wenn wir bedenken, daß die Identitätskriterien für eine Theorie im Strukturkern $\langle K, I \rangle$ verankert sind und daß dieser, da als nichtlinguistische Entität rekonstruiert, nur über die Falsifikation mit ihm assoziierter Sätze ‚indirekt widerlegt' werden könnte, so gelangen wir zu folgender Alternative:

(*A*) Das in der Menge *M* von *K* ‚verschlüsselt' enthaltene Fundamentalgesetz der Theorie *T* – also z. B. im Falle unserer Miniaturtheorie *T** das zweite Gesetz von NEWTON – ist, für sich allein genommen, wegen der darin vorkommenden *T*-theoretischen Terme nicht empirisch überprüfbar und damit nicht falsifizierbar. Nennen wir dieses Gesetz die theoretische Grundaussage von *T*, dann können wir diese empirische Unwiderlegbarkeit in folgendem Bild ausdrücken: *Die theoretische Grundaussage von T liegt in unendlicher Entfernung von der Erfahrung; sie ist unwiderlegbar, weil sie von keiner möglichen Erfahrung erreicht wird.*

(*B*) Wenn wir zu einer prinzipiell überprüfbaren Behauptung gelangen wollen, müssen wir daher in der theoretischen Grundaussage die theoretischen Terme gemäß dem Ramsey-Verfahren eliminieren. Dadurch gewinnen wir die schwache Theorienproposition oder, in anderen Worten, den Ramsey-Sneed-Satz des Strukturkerns von *T*. *Diese Aussage ist ein mathematisch wahrer Satz*, wie Th. 7-2 zeigt. Auch sie ist also empirisch unwiderlegbar, aber aus dem umgekehrten Grund wie das Fundamentalgesetz ‚in Originalfassung': *Sie durchdringt*, im Bild gesprochen, *widerstandslos jede mögliche Erfahrung, da sie mit allen denkbaren Beobachtungen verträglich ist.*

Eine Widerlegung der Theorie auf dieser allgemeinen Ebene ist also nicht möglich: die theoretische Grundaussage ist empirisch unerreichbar und der ihr entsprechende Ramsey-Sneed-Satz ist empirisch leer. Dies ist unsere abschließende Feststellung zur Theorienimmunität erster Art. Gleichzeitig kann sie als

---

[6] Sofern man von der ‚radikalen' Möglichkeit der Aufgabe des Constraints $C_m^{\langle \approx, = \rangle}$ absieht. Ein derartiger Eingriff würde aber bedeuten, daß ein und demselben Objekt in verschiedenen Anwendungen der Mechanik verschiedene Massen zugeordnet werden könnten; ein Vorgehen, das mit dem Massenbegriff der klassischen Mechanik völlig unvereinbar wäre.

die erste Hälfte der strengen Begründung des zweiten holistischen Kernsatzes von II/2, IX, 8.a, S. 271 angesehen werden. Die zweite Hälfte muß über eine genauere Analyse der Theorienimmunität zweiter Art verlaufen. Denn an sich wäre es ja denkbar, daß man, zumindest in gewissen Fällen, vom Scheitern eines erweiterten Strukturkernes (über die empirische Falsifikation des mit ihm assoziierten Ramsey-Sneed-Satzes) auf ein Scheitern der Theorie schließen könnte. Zweckmäßigerweise verschieben wir diese Analyse, bis die Diskussion des Problems der *Rangordnung* zwischen den drei in 7.5 geschilderten Revisionsalternativen abgeschlossen ist.

Der erste Kernsatz des Holismus, wonach eine Theorie als Ganzes akzeptiert oder als Ganzes verworfen wird (II/2, S. 271), ist innerhalb des strukturalistischen Rahmens eine Selbstverständlichkeit, *sofern* dieser Kernsatz auf ein ‚linguistisches Gebilde' angewendet wird, nämlich auf das ‚was die Theorie zu einem bestimmten Zeitpunkt zu sagen hat'. Denn dieses linguistische Gebilde ist im allgemeinen eine einzige unzerlegbare Aussage, nämlich der Ramsey-Sneed-Satz des jeweils vorliegenden erweiterten Strukturkernes (bzw. Theoriennetzes)[7]. Man kann daher sagen: Der Zwang, wegen des Vorkommens T-theoretischer Terme die empirische Behauptung einer Theorie als Ramsey-Sneed-Satz formulieren zu müssen, macht diesen ersten Aspekt des Holismus zu etwas trivial Richtigem.

Nichttrivial wird die holistische Betrachtungsweise erst dann, wenn dieser Satz an der Erfahrung scheitert. Dann nämlich, so behauptet der Holist, gibt es erstens nicht nur eine, sondern *verschiedene* Möglichkeiten, den Einklang mit der Erfahrung wiederherzustellen; zweitens sind diese Möglichkeiten nicht gleichwertig, sondern es läßt sich zwischen ihnen eine *Rangordnung* oder *Präferenzordnung* (nach QUINE: ein Schema von Prioritäten) herstellen. Wir wollen diese beiden zusätzlichen Behauptungen die *erste* und die *zweite holistische Revisionsthese* nennen.

Die erste Revisionsthese haben wir für die Miniaturtheorie T^* bereits verifiziert. Diese These wird bei QUINE in der Weise formuliert, „daß das wissenschaftliche System als Ganzes bezüglich der Erfahrung *unterbestimmt* ist" (vgl. etwa [Grundzüge], S. 19). Bezüglich der zweiten Revisionsthese hat sich QUINE an verschiedenen Stellen klar geäußert[8]. Im Fall eines Konflikts mit der Erfahrung wird man versuchen, nach Möglichkeit zwei Klassen von Aussagen *nicht* zu revidieren: erstens diejenigen Aussagen, welche sich auf unsere sinnlichen Erfahrungen oder Beobachtungen beziehen; und zweitens diejenigen, die von den Beobachtungsaussagen am weitesten entfernt sind, da sie zentrale Bestandteile unserer Theorien bilden.

---

7 Durch die vorsichtige Formulierung „im allgemeinen..." soll angedeutet werden, daß auch Fälle von Theorienpropositionen denkbar sind, bei denen der zentrale empirische Satz in zwei oder mehrere Teilaussagen, deren jede die Form eines Ramsey-Sneed-Satzes besitzt, konjunktiv zerlegbar ist. Dieser Fall tritt dann ein, wenn die Anwendungsklasse I in disjunkte Teilklassen zerlegt werden kann, zwischen denen (genauer: zwischen deren Elementen) weder theoretische noch nicht-theoretische Querverbindungen wirken.

8 So z. B. in [Two Dogmas], S. 44, sowie in [Methods], S. XIIff. (deutsch: [Grundzüge], S. 19ff.).

Im Beispiel unserer Miniaturtheorie T^* lassen sich diese beiden Aussageklassen zwanglos präzisieren.

Zunächst zur ersten: Es lassen sich darin zwei Stufen unterscheiden. Zur niedrigsten Stufe gehören diejenigen Aussagen, die in den *Meßdaten* ihren Niederschlag finden. Zur höheren Stufe gehören alle Aussagen, welche die *kinematische Beschreibung* derjenigen Systeme beinhalten, für die T^* dynamisch-erklärende Modelle liefern soll. Aussagen dieser beiden Klassen wird man erst dann zu revidieren bereit sein, wenn unabhängig von der Feststellung, daß (**RS***) an der Erfahrung scheiterte, *zusätzliche* Verdachtsgründe für ihre Falschheit auftreten. Da für unser Beispiel keine derartigen zusätzlichen Gründe angenommen worden sind, haben wir auch, in vollkommener Übereinstimmung mit Quines Überlegung, diese beiden Klassen von Fällen nicht in die Revisionsalternativen mit aufgenommen. Bei denjenigen Aussagen, die wir als zur ‚höheren Stufe' gehörig rechnen, kommt ein weiterer Gesichtspunkt zur Geltung, der implizit in den Quineschen Überlegungen enthalten ist und der sich folgendermaßen präzisieren läßt:

Wenn in der hierarchischen Anordnung von Theorien eine Theorie T_2 eine Theorie niedrigerer Stufe T_1, die näher an der Erfahrung liegt, voraussetzt, so wird man, wenn T_2 mit der Erfahrung in Konflikt gerät, zunächst die Revisionsmöglichkeiten von T_2 ausschöpfen, bevor man zu einer Revision der zugrundeliegenden Theorie T_1 fortschreitet.

Gehen wir nun zur zweiten Aussageklasse über. In ‚strukturalistischer Übersetzung' besagt die Quinesche Forderung, daß man nach Möglichkeit auf solche Revisionen verzichten soll, welche den Strukturkern betreffen, und zuvor nach Revisionsmöglichkeiten Umschau halten möge, die nur den ‚Mittelbau' der Theorie, in unserer Sprechweise: *spezielle Gesetze* und *spezielle Querverbindungen*, betreffen.

Legt man diese Rangordnung zugrunde, so ist klar, wie eine Entscheidung auszusehen hätte, wenn man sich auf die ersten beiden Alternativen (I) und (II) von 7.5 beschränken könnte: Da die geschilderte Abschwächung von (8) bloß den Mittelbau von T^* betrifft, die Preisgabe der Extensivität der Massenfunktion hingegen einen Eingriff in den Strukturkern der Theorie darstellt, *ist unbedingt die erste dieser beiden Alternativen vorzuziehen*.

Dies läßt sich zusätzlich durch die folgende, bereits auf S. 112 von II/2 angedeutete Überlegung stützen: Weder die Bedingung, daß ein beliebiges Objekt stets dieselbe träge Masse haben soll – unabhängig davon, in welcher Anwendung der klassischen Mechanik es auftritt – noch die weitere Forderung der Extensivität dieser Massenfunktion stellt eine empirische Hypothese dar. Vielmehr handelt es sich um eine mit dem Massenbegriff dieser Theorie unmittelbar verbundene Grundforderung. Ein klassischer Physiker, der tatsächlich den Weg der Alternative (II) ginge, wäre in den Augen seiner Fachkollegen ein Mann, der eine neuartige Theorie aufzubauen versucht. Angesichts der ‚normalwissenschaftlichen' Revisionsalternative (I) würden sie seinen Versuch für unnötig und überflüssig betrachten. Diese fiktive Abschweifung in die Soziologie wissenschaftlicher Gemeinschaften illustriert, auf welche Weise die

Tatsache, daß $C_m^{\langle o, + \rangle}$ zum Kern unserer Theorie gehört, einen psychologischen Niederschlag findet.

Auf Schwierigkeiten scheinen wir dagegen zu stoßen, wenn wir die beiden Revisionsalternativen (II) und (III) einander gegenüberstellen. Beide *scheinen* bloß den ‚Mittelbau' zu betreffen und daher gleichwertig zu sein. Dennoch gibt es auch hier eine eindeutige Lösung. Sie beruht auf einem Zusammenhang, der bislang unsichtbar blieb und der in einem eigenen Satz festgehalten werden soll:

> **Th. 7-7** *Wenn das zweite Newtonsche Axiom als gültig vorausgesetzt wird, ist die erste Teilforderung des dritten Newtonschen Axioms, nämlich das Prinzip „actio = reactio", gleichwertig mit dem Impulserhaltungssatz.*

Zum Beweis vgl. 7.7, (X).

Diese zunächst verborgen gebliebene Verbindung ermöglicht eine rasche Entscheidung. Da nämlich auch Erhaltungssätze *zentrale Aussagen* physikalischer Theorien darstellen, wird man, sobald der in Th. 7-7 formulierte Zusammenhang erkannt ist, auch die Alternative (III) von 7.5 nicht wählen, *so daß als einzige Revisionsalternative* (I), also die Abschwächung der Bedingung (8) von (**RS***), *übrig bleibt*.

Bislang sind immer wieder Präzisierungen der holistischen Wissenschaftsauffassung zur Sprache gekommen. Die zuletzt angestellte Überlegung kann als eine Rückwirkung des Holismus auf das ‚strukturalistische Denken' aufgefaßt werden. Sie läßt sich in der Forderung festhalten:

Erhaltungssätze und Invarianzen sind in den Basiskern einer Theorie einzubeziehen.

Dies steht zugleich im Einklang mit den Ergebnissen von Kap. 6. Denn für den Erfolg der dort geschilderten Bemühungen um ein innersystematisches Kriterium für T-Theoretizität war die Einbeziehung grundlegender Invarianzen wesentlich.

LAKATOS hat in [Research Programms], S. 184ff. (deutsch: [Forschungsprogramme], S. 179ff.) QUINES Holismus diskutiert. Was er die *‚schwache Interpretation'* der Duhem-Quine-These nennt, fällt mit unserer ersten holistischen Revisionsthese zusammen. Sie wird von LAKATOS nicht bestritten. Dagegen vertritt nach ihm QUINE (zum Unterschied von DUHEM) auch die *‚starke Interpretation'*, welche jede *rationale* Auswahl-Regel zwischen den Alternativen ausschließt. LAKATOS leugnet damit, daß in QUINES Schriften etwas zu finden sei, was wir oben auch als zweite holistische Revisionsthese bezeichneten. Da es als ausgeschlossen erscheinen muß, daß LAKATOS die zitierten Stellen nicht kannte, muß man vermuten, daß er die fraglichen Ausführungen von QUINE für zu bildhaft-unbestimmt und damit für zu vage gehalten hat, um zur Formulierung einer ‚rationalen Auswahl-Regel' dienen zu können. Demgegenüber haben wir festgestellt, daß die von QUINE vertretene zweite Revisionsthese nach Paraphrasierung im strukturalistischen Begriffsapparat *sehr präzise Auswahlkriterien* liefert. Man kann daher mit Recht feststellen, daß alle gegen die ‚starke Interpretation der holistischen These' vorgebrachten Einwendungen *als gegen* QUINE *gerichtete Kritiken* deshalb gegenstandslos sind, weil QUINE diese Interpretation nicht nur niemals vertreten hat, sondern mit der zweiten holistischen Revisionsthese eine solche Interpretation sogar ausgeschlossen hat.

Es ist jetzt an der Zeit, nochmals auf die *Theorienimmunität zweiter Art* zu sprechen zu kommen. In der ursprünglichen Fassung beruhte die These ihres Bestehens auf einer Überlegung von folgender Art: „Kein endlich oftmaliges Scheitern des Versuches, mit Erfolg einen erweiterten Strukturkern" (in neuerer Sprechweise: „eine Netzverfeinerung") „zu konstruieren, ist ein Beweis dafür, daß kein geeigneter erweiterter Strukturkern (kein geeignetes verfeinertes Netz) existiert." Dies ließ allerdings die theoretische Möglichkeit offen, auf eine vielleicht sehr indirekte Weise zu zeigen, daß keine derartige Kernerweiterung existiert.

Auch in dieser Hinsicht liefert uns die Miniaturtheorie T^* eine zusätzliche Erkenntnis, *nämlich daß ein solcher ‚Nichtexistenzbeweis' ausgeschlossen ist.* Da diese für die (zweite Hälfte der) Begründung des zweiten holistischen Kernsatzes von größter Wichtigkeit ist, formulieren wir die Frage in der ‚Sprache des experimentum crucis' und geben dann den Beweis dafür, daß es ein solches Experiment mit negativem Ausgang nicht gibt.

Es sei $T = \langle K, I \rangle$ das einzige Basiselement (bzw. der Strukturkern) einer vorgegebenen empirischen Theorie. M_{pp} sei die Klasse der partiellen potentiellen Modelle von T. Unter einem

experimentum crucis mit negativem Ausgang für T

soll eine mögliche intendierte Anwendungsmenge $Z \in Pot(M_{pp})$[9] verstanden werden, die experimentell realisierbar ist und die folgende Bedingung erfüllt: Es ist unmöglich, einen erweiterten Strukturkern E zu finden, so daß der mit E bezüglich Z assoziierte Ramsey-Sneed-Satz (die mit E bezüglich Z assoziierte starke Theorienproposition) wahr wird.

Den Nachweis dafür, daß es kein solches experimentum crucis gibt, erbringen wir in zwei Schritten. Im ersten Schritt beziehen wir uns auf die Miniaturtheorie T^*.

(1) Es sei Z^* eine beliebige Klasse partieller Modelle von T^*. Nach Th. 7-1 kann Z^* zu einer Klasse von Modellen der Theorie ergänzt werden, so daß die beiden allgemeinen Querverbindungen $C_m^{\langle \approx, = \rangle}$ und $C_m^{\langle o, + \rangle}$ erfüllt sind. Sei X^* eine solche Klasse. Dann kann ein erweiterter Strukturkern E', für den die Theorienproposition im starken Sinn (der Ramsey-Sneed-Satz) bezüglich Z^* wahr wird, nach folgendem Verfahren gebildet werden: In jedem $x \in X^*$ tritt eine Massenfunktion m_x sowie eine Kraftfunktion f_x auf. (Für Details dazu, wie für vorgegebenes Z^* derartige Massen- und Kraftfunktionen gefunden werden können, vgl. den Beweis von Th. 7-1 in Abschn. 7.7.) Es wird nun eine Klasse G' von Gesetzen definiert, die für jedes $x \in X^*$ genau ein ‚Spezialgesetz' enthält. Dieses ‚Spezialgesetz' besteht in einer Prädikatverschärfung, die aus

---

[9] Z ist also eine mögliche Menge *individueller* intendierter Anwendungen.

dem Grundprädikat *KPM* durch zusätzliche explizite Forderung der in x auftretenden Kraft- und Massenfunktion gebildet wird. Mit anderen Worten: Welche Massen- und Kraftfunktionen zur theoretischen Ergänzungsbildung verwendet werden sollen, wird in diesen ‚Spezialgesetzen' explizit vorgeschrieben. Zwischen den verschiedenen Prädikatverschärfungen kann es zu keinem Konflikt kommen, da in E' *keine speziellen Querverbindungen* eingeführt werden, d. h. für die formal zu bildende Klasse C'_G dieser Querverbindungen wird einfach $C'_G = Pot(PM)$ gesetzt.

Die Aussage $Z^* \in \mathbb{A}_e(E')$ ist dann trivial richtig.

(2) Das eben skizzierte Argument ist auf *sämtliche* Theorien übertragbar, welche die folgende Grundbedingung erfüllen: Jede Klasse partieller potentieller Modelle dieser Theorie läßt sich auf solche Weise zu einer Klasse von Modellen der Theorie ergänzen, daß die im Strukturkern (Basiskern) der Theorie enthaltenen allgemeinen Querverbindungen erfüllt sind.

Dieses Resultat gilt insbesondere für die klassische Partikelmechanik.

Somit ist die Theorienimmunität zweiter Art begründet und daher die noch ausstehende Hälfte des Beweises des zweiten holistischen Kernsatzes. Zusammen mit den Überlegungen zu Beginn dieses Abschnittes 7.6 ist dieser Kernsatz vermutlich so vollständig wie überhaupt möglich begründet.

Was den ersten Kernsatz bei nichtlinguistischer Deutung von „Theorie" betrifft, so liefert die Überlegung, welche wir im Anschluß an Th. 7-2 anstellten, seine bündigste Begründung: Der einmal gewählte Basiskern legt ein für allemal den Rahmen für alle späteren Wahlen fest; er findet Eingang sowohl in die Spezialgesetze als auch in die speziellen Querverbindungen, welche genaue Gestalt auch immer diese in bezug auf variierende Details haben mögen.

Hinsichtlich des Themas *Falsifizierbarkeit und Immunität* befinden wir uns plötzlich in einer ‚verkehrten Welt'. Während es zunächst klar zu sein schien, was „empirische Widerlegung einer Theorie" heißt, die Rede von der ‚Immunität von Theorien in bezug auf widerspenstige Erfahrungen' hingegen dunkel klang, verhält es sich jetzt genau umgekehrt. Die Formen der Theorienimmunität erwiesen sich als hinlänglich präzisierbare Begriffe. Mit *empirischer Widerlegung* jedoch scheint sich in bezug auf Theorien kein klarer Sinn verbinden zu lassen.

Was soll es z. B. angesichts des obigen Argumentes gegen das experimentum crucis besagen, daß die Miniaturtheorie *T** an der Erfahrung scheitert?

Diese Frage läßt sich beantworten. Aber die Antwort ist, um dies gleich vorwegzunehmen, nicht präzise. Jedenfalls kann sie nach dem Gesagten nicht darin bestehen, daß prinzipiell kein erweiterter Strukturkern zu finden ist, dessen zugehöriger Ramsey-Sneed-Satz wahr ist. Denn ein solcher Kern sowie ein mit ihm assoziierter wahrer Satz dieser Art kann *immer* gefunden werden. Wenn Physiker dennoch in vielen derartigen Fällen davon sprechen würden, daß die Theorie empirisch gescheitert sei, so deshalb, weil sie der im erweiterten Strukturkern vorkommenden Klasse von Gesetzen einschränkende Bedingungen auferlegen, nämlich daß diese Klasse eine *relativ geringe* Anzahl von *einfachen* Spezialgesetzen enthält.

Unter diesem Aspekt ist, wie GÄHDE hervorhebt, auch die Systematisierungsleistung der klassischen Mechanik zu sehen. Diese wesentliche Systematisierungsleistung besteht nämlich *nicht* darin, daß das zweite Newtonsche Axiom erfolgreich zur dynamischen Beschreibung beliebiger kinematischer Systeme verwendet werden kann – dies wäre nach dem Gesagten eine Trivialität. Sie besteht vielmehr darin, daß sich unter Rückgriff auf das zweite Axiom von NEWTON *und einige sehr wenige, einfach zu formulierende (Galilei-invariante) Spezialgesetze* alle bisher analysierten Systeme in dem Sinne ‚erfassen' lassen, daß mit Hilfe dieser Gesetze erweiterte Strukturkerne (bzw. Theoriennetze) gebildet werden können, so daß sich die mit ihnen assoziierten Ramsey-Sneed-Sätze (=starken Theorienpropositionen) bei Konfrontation mit den kinematischen Meßdaten bewähren.

Die Rede vom *Scheitern an der Erfahrung* ist also mit der unbehebbaren Vagheit von Begriffen wie „relativ gering" und „einfach" behaftet. Außerdem kann sie sich immer nur auf Erweiterungen der geschilderten Art beziehen. Ein Scheitern an der Erfahrung von solcher Art, daß der Strukturkern oder die Basis der Theorie preisgegeben werden müßte, welches also eine wissenschaftliche Revolution erzwingen würde – ein solches Scheitern kann es überhaupt nicht geben.

Schlußbemerkung. Auch ohne die im technischen Anhang 7.7 bewiesenen Details ist das vorliegende Kapitel verhältnismäßig umfangreich ausgefallen. Der Grund dafür liegt einerseits in der komplizierten Verzahnung von Theorienimmunität, strukturalistischer Gesetzeskonstruktion, holistischen Kernthesen und holistischen Revisionsthesen und außerdem in unserem Bemühen, diese Verzahnung ausführlich und möglichst vollständig aufzuzeigen, zum Teil durch einen zusätzlicher Illustration dienenden Rückgriff auf die Miniaturtheorie T^*.

Dabei haben wir die dritte und vierte Kernthese des Holismus überhaupt nicht mehr zur Sprache gebracht. Dies war auch gar nicht beabsichtigt; denn bei diesen beiden, auf S. 272ff. und S. 277 von II/2 diskutierten Behauptungen handelt es sich um die Kuhn-Feyerabendschen Verschärfungen, die über die Duhem-Quine-Auffassung hinausgehen. Wenn dazu auch keine neuen Resultate geliefert worden sind, so kann die Miniaturtheorie T^* doch auch hierfür als Illustrationsbeispiel dienen. Insbesondere führt sowohl die zweite als auch die dritte Revisionsalternative zu einer von der ursprünglich gewählten *bedeutungsverschiedenen* Massenfunktion, das Wort „bedeutungsverschieden" im sprachphilosophisch harmlosen Sinn von „extensional verschieden" verstanden. Es sei dem Leser als Übungsaufgabe überlassen, sich dies im Detail klarzumachen.

7.7 Technischer Anhang

Es werden hier die ab 7.2 zusätzlich benötigten Prädikate IC, HO, KPM^{IC}, KPM^{HO} definiert und erläutert. Ferner werden noch ausstehende Beweise der Lehrsätze von 7.4 nachgetragen.

(I) Das Prädikat *IC*:

$IC(z)$ („z ist ein inelastischer Stoßvorgang") gdw
Es gibt P, T, s, so daß
(1) $z = \langle P, T, s \rangle \in PK$;
(2) $P = \{p, q\}, p \neq q$;
(3) $\vee t_1, t_2 \in T (t_1 < t_2) \vee \gamma \in \mathbb{R}^+$
   (3a) $\wedge t, t' (t, t' \in T \wedge (t, t' < t_1 \vee t, t' > t_2)$
   $\rightarrow (\dot{s}(p, t) = \dot{s}(p, t') \wedge \dot{s}(q, t) = \dot{s}(q, t')))$,
   (3b) $\wedge t (t \in T \wedge t > t_2 \rightarrow (\dot{s}(p, t) = \dot{s}(q, t)))$,
   (3c) $\wedge t, t' (t, t' \in T \wedge t \leq t'$
   $\rightarrow (\dot{s}(q, t') - \dot{s}(q, t) = -\gamma \cdot (\dot{s}(p, t') - \dot{s}(p, t))))$.

Erläuterung: Die Modelle des soeben definierten Prädikates *IC* sind physikalisch als Beschreibungen inelastischer Stoßprozesse zu definieren. Es handelt sich um kinematische Beschreibungen dieser Bewegungsvorgänge (Bed. (1)). Dabei bewegen sich zwei Objekte p und q (Bed. (2)) zunächst mit zeitlich konstanten Geschwindigkeiten $\dot{s}(p, t)$ und $\dot{s}(q, t)$ ($t \in T$) aufeinander zu, prallen zum Zeitpunkt $t_1 \in T$ zusammen und bewegen sich nach dem Ende der – zeitlich ausgedehnten – Wechselwirkung zum Zeitpunkt t_2 mit gleicher, ebenfalls zeitlich konstanter Geschwindigkeit gemeinsam weiter (Bed. (3a), (3b)). Weiterhin wird gefordert, daß es eine Zahl $\gamma \in \mathbb{R}^+$ gibt, so daß gilt: Für jedes beliebige Teilintervall $[t, t']$ des Beobachtungsintervalls T ist die Geschwindigkeitsänderung des Objektes q gleich der Geschwindigkeitsänderung des Objektes p multipliziert mit dem Faktor $-\gamma$. (3c) beschreibt eine charakteristische Eigenschaft inelastischer Stoßvorgänge; sie ist eine notwendige (kinematische) Bedingung dafür, daß der Impulserhaltungssatz erfüllt sein kann.

(II) Das Prädikat *HO*:

$HO(z)$ („z ist ein harmonischer Oszillator") gdw
Es gibt P, T, s, so daß
(1) $z = \langle P, T, s \rangle \in PK$;
(2) $|P| = 1$;
(3) $0 \in T$;
(4) $\vee G$ (G ist Gerade im $\mathbb{R}^3 \wedge \wedge p \wedge t (p \in P \wedge t \in T \rightarrow s(p, t) \in G)$);
(5) $\wedge p \Big(p \in P \rightarrow \vee \theta \vee t_0 \Big(\theta \in \mathbb{R}^+ \wedge t_0 \in T \wedge \wedge t \Big(t \in T$
$\rightarrow s(p, t) = \bigg[[s(p, 0) - s(p, t_0)]^2 + \frac{\dot{s}(p, 0)^2 \theta^2}{4\pi^2} \bigg]^{1/2}$
$\cdot \sin \bigg[\frac{2\pi}{\theta} t + \operatorname{arc tg} \frac{2\pi [s(p, 0) - s(p, t_0)]}{\theta \cdot \dot{s}(p, 0)} \bigg] + s(p, t_0) \Big) \Big) \Big)$.

Erläuterung: Auch bei *HO* handelt es sich um eine Prädikatverschärfung des kinematischen Grundprädikates *PK* (Bed. (1)). Die Modelle von *HO* beschreiben mechanische Systeme des folgenden Typs: Ein einziges Objekt (Bed. (2)) führt während des Beobachtungsintervalles T einen eindimensionalen Bewegungsvorgang aus (Bed. (4)). Bei diesem Bewegungsvorgang handelt es sich um eine ungedämpfte Sinusschwingung, bei der das Objekt p zum Zeitpunkt t_0 die Ruhelage $s(p, t_0)$ durchquert. θ ist die Periode,

$$A := \left[[s(p,0) - s(p,t_0)]^2 + \frac{\dot{s}(p,0) \cdot \theta^2}{4\pi^2} \right]^{1/2}$$

die Amplitude und

$$\varphi := \arctan \frac{2\pi[s(p,0) - s(p,t_0)]}{\theta \cdot \dot{s}(p,0)}$$

die Phase der harmonischen Schwingungsbewegung.

Die im folgenden definierten zwei Prädikate KPM^{IC} und KPM^{HO} werden benötigt für die Konstruktion ‚erklärender Modelle' (im Sinn von II/2, VIII,6.c, S. 113) der Vorgänge in $IC \cap I^*$ sowie in $HO \cap I^*$.

(III) Das Prädikat KPM^{IC}:
$KPM^{IC}(x) \leftrightarrow$ Es gibt P, T, s, m, f, so daß
(1) $x = \langle P, T, s, m, f \rangle \in KPM$;
(2) $|P| = 2$;
(3) $\wedge p \wedge t \wedge i (p \in P \wedge t \in T \wedge i \in \mathbb{N} \setminus \{1\} \to f(p,t,i) = 0)$;
(4) $\wedge p, q \wedge t (p, q \in P \wedge p \neq q \wedge t \in T$
$\to f(p,t,1) = -f(q,t,1))$.

Erläuterung: Die Prädikatverschärfung KPM^{IC} entsteht aus dem Theorienprädikat KPM durch Hinzunahme der folgenden einschränkenden Bedingungen: Es wird gefordert, daß die Modelle von KPM^{IC} zweielementige Individuenbereiche besitzen (Bed. (2)). Weiterhin wird gefordert, daß nur eine nichtverschwindende Kraftart auftritt (Bed. (3)) und diese das Prinzip actio = reactio, d.h. die erste Teilforderung des dritten Newtonschen Gesetzes, erfüllt (Bed. (4)).

(IV) Das Prädikat KPM^{HO}:
$KPM^{HO}(x) \leftrightarrow$ Es gibt P, T, s, m, f, so daß
(1) $x = \langle P, T, s, m, f \rangle \in KPM$;
(2) $|P| = 1$;
(3) $\wedge p \wedge t \wedge i (p \in P \wedge t \in T \wedge i \in \mathbb{N} \setminus \{1\} \to f(p,t,i) = 0)$;
(4) $\wedge p (p \in P \to \vee t^* (t^* \in T \wedge f(p, t^*, 1) \neq 0))$;
(5) $\vee k (k \in \mathbb{R}^+ \wedge \wedge p (p \in P \to \vee t_0 (t_0 \in T \wedge \wedge t$
$(t \in T \to f(p,t,1) = -k \cdot [s(p,t) - s(p,t_0)]))))$.

Erläuterung: KPM^{HO} wird aus KPM gebildet, indem man zusätzlich fordert: Der Individuenbereich jedes Modells dieser Prädikatverschärfung des Theorienprädikates ist einelementig (Bed. (2)) und die einzige nichtverschwindende Kraftart genügt dem Hookeschen Gesetz (Bed. (3)–(5)). Darin bezeichnet die positive reelle Zahl k die Hookesche Konstante (Kraftkonstante) und $s(p,t) - s(p,t_0)$ die Auslenkung des Objektes p zum Zeitpunkt t aus der Ruhelage $s(p, t_0)$.

(V) *Beweis von* **Th. 7-1 (a)**:

Es sei $T^* = \langle K^*, I^* \rangle$ die Miniaturtheorie von 7.2 mit den dort gegebenen Definitionen. Zu beweisen ist, daß gilt:

$I^* \in \mathbb{A}(K^*)$.

Es sei Z eine beliebige Menge von Partikelkinematiken, d.h. $Z \in Pot(PK)$. Für die Elemente $z \in Z$ sei jeweils P_z der zugehörige Gegenstandsbereich. Wir bilden die Vereinigung

$$\tilde{P}_Z := \bigcup_{z \in Z} P_z$$

und erklären $\tilde{m}_Z$ als Funktion

$\tilde{m}_Z : \tilde{P}_Z \to \mathbb{R}^+,$

die außerdem die folgende Bedingung erfüllt:

$\wedge p_i, p_j (p_i, p_j \in \tilde{P}_Z \wedge p_i \neq p_j \to \tilde{m}_Z(p_i \circ p_j) = \tilde{m}_Z(p_i) + \tilde{m}_Z(p_j))$.

Dadurch, daß $\tilde{m}_Z$ als Funktion auf der ganzen Vereinigung $\tilde{P}_Z$ definiert ist, wird automatisch der $\langle \approx, = \rangle$-Constraint erfüllt; und die Zusatzbedingung garantiert die Erfüllung der Extensivität der Massenfunktion.

Jetzt definieren wir die Klasse X der Modelle, zu denen die Elemente z von Z ergänzt werden, auf solche Weise, daß die resultierende Kraft festgelegt und außerdem das zweite Gesetz von NEWTON erfüllt wird, nämlich:

$$X := \{x \mid \vee z [z = \langle P_z, T_z, s_z \rangle \in Z \wedge x = \langle P_z, T_z, s_z, m_z, f_z \rangle \in PM \wedge$$
$$m_z = \tilde{m}_{Z|P_z} \wedge \wedge p \wedge t (p \in P_z \wedge t \in T_z \to \sum_{i \in \mathbb{N}} f_z(p,t,i) = m_z(p) \ddot{s}_z(p,t))]\}.$$

Dann gilt trivial:

$\emptyset \neq X \in Pot(KPM) \cap C_m^{\langle \approx, = \rangle} \cap C_m^{\langle 0, + \rangle}$.

Wir hatten ein beliebiges $Z \in Pot(PK)$ gewählt. Also erhalten wir, wenn wir auf den Ausdruck die Operation r^2 anwenden, einen mengentheoretischen Einschluß, nämlich

$Pot(PK) \subseteq r^2(Pot(KPM) \cap C_m^{\langle \approx, = \rangle} \cap C_m^{\langle 0, + \rangle}) = \mathbb{A}(K^*)$ (nach Def.).

Gemäß Definition von I^* gilt:

$I^* \in Pot(PK)$.

Also erhalten wir:

$I^* \in \mathbb{A}(K^*)$.

Es ist jetzt unmittelbar klar, daß der Teil **(b)** dieses Satzes in der in 7.4 angegebenen Weise aus Teil **(a)** folgt.

(VI) *Beweis von* **Th. 7-3**:

Sei $z = \langle P_z, T_z, s_z \rangle \in IC$ und γ_z eine positive reelle Zahl, die die Existenzbehauptung in Bed. (3c) von IC erfüllt. Dann wird definiert:

(i) Sei m_z eine Funktion

$$m_z: P_z \to \mathbb{R}^+, \text{ so daß } \left(\frac{m_z(p)}{m_z(q)} = \gamma_z\right).$$

(ii) Sei f_z eine Funktion
$f_z: P_z \times T_z \times \mathbb{N} \to \mathbb{R}^3$, so daß
(a) $\wedge p \wedge t (p \in P_z \wedge t \in T_z \to f_z(p,t,1) = m_z(p)\ddot{s}_z(p,t))$
(b) $\wedge p \wedge t \wedge i (p \in P_z \wedge t \in T_z \wedge i \in \mathbb{N} \setminus \{1\} \to f_z(p,t,i) = 0)$.

s_z erfüllt nach Vor. Bed. (3c) von IC, d.h. für die beiden $p, q \in P_z$ gilt:

$$\wedge t, t'(t, t' \in T_z \wedge t \leq t' \to [\dot{s}_z(q,t') - \dot{s}_z(q,t)] = -\gamma_z \cdot [\dot{s}_z(p,t') - \dot{s}_z(p,t)]).$$

Durch Einsetzen erhält man:

$$\wedge t, t'(t, t' \in T_z \wedge t \leq t' \to m_z(q)[\dot{s}_z(q,t') - \dot{s}_z(q,t)] =$$
$$= -m_z(p)[\dot{s}_z(p,t') - \dot{s}_z(p,t)])$$

und daraus durch Anwendung des zweiten Newtonschen Axioms sowie (ii) (b):

$$\wedge t, t'(t, t' \in T_z \wedge t \leq t' \to \int_t^{t'} f_z(q,t^*,1) dt^* = -\int_t^{t'} f_z(p,t^*,1) dt^*)$$

und, da die letzte Bedingung für beliebige $t, t' \in T_z$ erfüllt sein muß:

$$\wedge t (t \in T_z \to f_z(q,t,1) = -f_z(p,t,1)),$$

d.h. die Kraftfunktion f_z erfüllt auch die erste Teilforderung des dritten Newtonschen Gesetzes. Da dies für beliebige $z \in IC$ gilt, gilt es insbesondere für $z_1, z_2 \in IC \cap I^*$.

(VII) *Beweis von* **Th. 7-4**:

Sei $z = \langle P_z, T_z, s_z \rangle \in IC$. Nach Bedingung (4) von (**RS***) muß die zur Ergänzungsbildung von z verwendete Massenfunktion m_z die folgende Forderung erfüllen (vgl. die Def. des Prädikates KPM^{IC}):

$$\wedge t (p, q \in P_z \wedge t \in T_z \to m_z(p)\ddot{s}(p,t) = -m_z(q)\ddot{s}(q,t)).$$

Daraus erhält man durch Integration:

$$\wedge p, q \wedge t, t' (p, q \in P_z \wedge p \neq q \wedge t, t' \in T_z \wedge t \leq t'$$
$$\to m_z(p) \int_t^{t'} \ddot{s}_z(p,t^*) dt^* = -m_z(q) \int_t^{t'} \ddot{s}_z(q,t^*) dt^*)$$

bzw.

$$\wedge p, q \wedge t, t' (p, q \in P_z \wedge p \neq q \wedge t, t' \in T_z \wedge t \leq t'$$
$$\to m_z(p) [\dot{s}_z(p,t') - \dot{s}_z(p,t)] = -m_z(q)[\dot{s}_z(q,t') - \dot{s}_z(q,t)]).$$

Durch Vergleich mit Bed. (3c) des Prädikates IC liest man ab, daß gilt:

$$\frac{m_z(p)}{m_z(q)} = \gamma_z,$$

d. h. der Massenquotient von p und q ist gleich der nach Bed. (3c) von IC in z eindeutig bestimmten positiven reellen Zahl γ_z. Die in (**RS***) formulierten Forderungen legen demnach für beliebige $z \in IC$ den Massenquotienten der beiden Objekte des zugehörigen Individuenbereiches P_z eindeutig fest, also insbesondere auch für z_1 und z_2.

(VIII) *Beweis von Th. 7-5*:

Sei $z = \langle P_z, T_z, s_z \rangle$ ein beliebiges Element aus HO. Dann erfüllt die Ortsfunktion s_z insbesondere die Bed. (4) und (5) von HO, d. h. es gilt:

$$\wedge p \wedge t \bigg(p \in P_z \wedge t \in T_z \to s_z(p,t) = \bigg[[s_z(p,0) - s_z(p,t_0)]^2 + \frac{s_z(p,0)^2 \theta_z^2}{4\pi^2} \bigg]^{1/2}$$

$$\cdot \sin\bigg[\frac{2\pi}{\theta_z} t + \text{arc tg}\, \frac{2\pi[s_z(p,0) - s_z(p,t_{0_z})]}{\theta_z \cdot s_z(p,0)} \bigg] + s_z(p,t_{0_z}) \bigg);$$

dabei sind θ_z eine positive reelle Zahl und t_{0_z} ein Zeitpunkt aus T_z, die die in Bed. (5) von HO formulierten Existenzbehauptungen erfüllen.

Es wird nun zunächst eine Massenfunktion

$$m_z : P_z \to \mathbb{R}^+$$

vorgegeben (im Falle unserer Miniaturtheorie etwa aufgrund der Ergänzungsbildung von $I^* \cap IC = \{z_1, z_2\}$ sowie der Forderung nach Gültigkeit von $C_m^{\langle \approx, = \rangle}$ und $C_m^{\langle \circ, + \rangle}$). Dann wird eine Kraftfunktion f_z wie folgt definiert:

Sei f_z eine Funktion
$f_z : P_z \times T_z \times \mathbb{N} \to \mathbb{R}^3$, so daß
(i) $\wedge p \wedge t \wedge i (p \in P_z \wedge t \in T_z \wedge i \in \mathbb{N} \setminus \{1\} \to f_z(p,t,i) = 0)$,
(ii) $\wedge p \wedge t (p \in P_z \wedge t \in T_z \to f_z(p,t,1) = m_z(p) \ddot{s}_z(p,t))$.

Damit erfüllt f_z nach Def. die beiden Forderungen, daß nur eine nichtverschwindende Kraftart auftritt und daß das zweite Newtonsche Axiom gilt.

Weiterhin erhält man durch zweimalige Differentiation nach der Zeit trivial:

$$\wedge p \wedge t \bigg(p \in P_z \wedge t \in T_z \to \ddot{s}_z(p,t) = -\frac{4\pi^2}{\theta_z^2} [s_z(p,t) - s_z(p,t_{0_z})] \bigg).$$

Setzt man nun

$$k_z := 4\pi^2 \frac{m_z(p)}{\theta_z^2},$$

so erhält man

$$\wedge p \wedge t (p \in P_z \wedge t \in T_z \to m_z(p) \ddot{s}_z(p,t) = -k_z [s_z(p,t) - s_z(p,t_{0_z})]),$$

d. h. die einzige nicht-verschwindende Kraftart erfüllt zudem das Gesetz von HOOKE.

(IX) *Beweis von* **Th. 7-6**:

Nach Th. 7-3 kann jedes $z \in IC$ zu einem Modell von KPM^{IC} ergänzt werden. In einem ersten Schritt werden nun die zur Ergänzungsbildung von z_1 und z_2 zu verwendenden Massenfunktionen m_1 und m_2 wie folgt definiert:

(i) $m_1 : P_1 \to \mathbb{R}^+$, so daß

$$m_1(p_1) = 1 \land m_1(p_2) = \frac{1}{\gamma_1};$$

(ii) $m_2 : P_2 \to \mathbb{R}^+$, so daß

$$m_2(p_2) = m_1(p_2) \land m_2(p_3) = \frac{m_2(p_2)}{\gamma_2}.$$

Dabei ist γ_i die in z_i ($i=1,2$) nach Bed. (3c) von IC eindeutig bestimmte positive reelle Zahl. Die Kraftfunktionen f_1 und f_2 werden wie im Beweis von Th. 7-3 angegeben definiert. Damit sind die Bedingungen (1), (2) und (4) von (**RS***) erfüllt. Durch die Forderung nach Gültigkeit von $C_m^{\langle \approx, = \rangle}$ und $C_m^{\langle \circ, + \rangle}$ liegen damit auch m_3, m_4 und m_5 fest (Bed. (6) und (7) von (**RS***)).

In einem zweiten Schritt sind die zur Ergänzungsbildung zu verwendenden Kraftfunktionen f_3, f_4 und f_5 wie im vorangegangenen Beweis angegeben zu definieren. Durch Anfügung der Funktionen m_i, f_i werden die Anwendungen $z_i \in HO \cap I^*$ ($3 \leq i \leq 5$) zu Modellen von KPM^{HO} ergänzt. (Daß diese Ergänzungsbildung für beliebige $z \in HO$ stets möglich ist, wurde in Th. 7-5 gezeigt.) Damit sind auch die Bedingungen (3) und (5) von (**RS***) erfüllt.

Dabei ist zu beachten: Durch die Forderungen (1)–(7) von (**RS***) werden den zur Ergänzungsbildung zu verwendenden T^*-theoretischen Funktionen m_i, f_i ($3 \leq i \leq 5$) einschränkende Bedingungen auferlegt. Diese Forderungen sind jedoch auf der nicht-theoretischen („empirischen") Stufe gehaltleer: Wie der obige Beweis zeigt, können sie für je *zwei beliebige* Modelle von IC sowie je *drei beliebige* Modelle von HO erfüllt werden, ohne daß dazu zusätzliche Annahmen bezüglich der Kinematik dieser Systeme vorausgesetzt werden müßten.

Dies gilt *nicht* bei Berücksichtigung von

(8) $\{x_3, x_4, x_5\} \in C_G^*$.

Durch Einsetzen der Definitionen von C_G^* sowie k_i ($3 \leq i \leq 5$) erhält man aus (8)

$$k_3 = k_4 = k_5$$

bzw.

$$\frac{m_3(p_1)}{\theta_3^2} = \frac{m_4(p_2)}{\theta_4^2} = \frac{m_5(p_2 \circ p_3)}{\theta_5^2}$$

und damit (wegen der Forderung nach Gültigkeit von $C_m^{\langle \approx, = \rangle}$ und $C_m^{\langle \circ, + \rangle}$ (Bed. (6), (7) von (**RS***)):

$$\frac{m_1(p_1)}{\theta_3^2} = \frac{m_1(p_2)}{\theta_4^2} = \frac{m_1(p_2) + m_2(p_3)}{\theta_5^2}.$$

Die Massenfunktionen m_1 und m_2 sind auf Grund der in (**RS***) formulierten Forderungen an die Ergänzungsbildung bei z_1 und z_2 sowie durch die Konvention $m_1(p_1) := 1$ eindeutig bestimmt (Th. 7-4). Es gilt:

$$m_1(p_2) = \frac{1}{\gamma_1}, \quad m_2(p_3) = \frac{1}{\gamma_1 \cdot \gamma_2}.$$

Damit erhält man durch Einsetzen die Forderung:

$$(*) \quad \frac{1}{\theta_3^2} = \frac{1}{\gamma_1 \theta_4^2} = \frac{1}{\gamma_1 \theta_5^2} + \frac{1}{\gamma_1 \gamma_2 \theta_5^2}.$$

In dieser Forderung treten ausschließlich solche Größen auf, die durch kinematische Messungen bestimmt werden können; (*) stellt eine auf der T^*-nicht-theoretischen Ebene wirksame Forderung dar (die *keineswegs* für je zwei *beliebige* Modelle von *IC* und drei *beliebige* Modelle von *HO* erfüllt ist).

(X) *Beweis von* **Th. 7-7**:

Sei $x = \langle P_x, T_x, s_x, f_x, m_x \rangle \in KPM$, $P_x = \{p, q\}$, $p \neq q$. Zu zeigen: Unter Annahme der Gültigkeit des zweiten Newtonschen Axioms ist für ein Zwei-Körper-System die erste Teilforderung des dritten Newtonschen Gesetzes gleichwertig mit dem Impulserhaltungssatz.
(i) Der Impulserhaltungssatz lautet in der Formulierung für ein Zwei-Körper-System:

$$\wedge t, t' (t, t' \in T_x \wedge t \leq t' \rightarrow m_x(p) \dot{s}_x(p, t) + m_x(q) \dot{s}_x(q, t)$$
$$= m_x(p) \dot{s}_x(p, t') + m_x(q) \dot{s}_x(q, t')).$$

Daraus folgt, wie bereits im Beweis von Th. 7-3 gezeigt, durch Anwendung des zweiten Newtonschen Axioms unmittelbar die Gültigkeit des actio-reactio-Prinzips.
(ii) Durch Anwendung des zweiten Newtonschen Axioms erhält man für die Geschwindigkeiten $\dot{s}_x(p, t), \dot{s}_x(p, t')$ des Körpers p zu zwei beliebigen Zeitpunkten $t, t' \in T_x$, $t \leq t'$:

$$\wedge t, t' \left(t, t' \in T_x \wedge t \leq t' \rightarrow \dot{s}_x(p, t') = \right.$$
$$\left. = \dot{s}_x(p, t) + \frac{1}{m_x(p)} \int_t^{t'} \sum_{i \in \mathbb{N}} f_x(p, t^*, i) dt^* \right).$$

Das actio-reactio-Prinzip lautet für dieses Zwei-Körper-System:

$$\wedge t \left(t \in T_x \rightarrow \sum_{i \in \mathbb{N}} f_x(p, t, i) = - \sum_{i \in \mathbb{N}} f_x(q, t, i) \right).$$

Damit erhält man für den Körper q:

$$\bigwedge t, t' \left(t, t' \in T_x \wedge t \leq t' \to \dot{s}_x(q, t') = \right.$$
$$\left. = \dot{s}_x(q, t) - \frac{1}{m_x(q)} \int_t^{t'} \sum_{i \in \mathbb{N}} f_x(p, t^*, i) dt^* \right).$$

Es folgt nach elementaren Umformungen:

$$\bigwedge t, t' \left(t, t' \in T_x \wedge t \leq t' \to m_x(p) \dot{s}_x(p, t) + m_x(q) \dot{s}_x(q, t) \right.$$
$$\left. = m_x(p) \dot{s}_x(p, t') + m_x(q) \dot{s}_x(q, t') \right).$$

Aus (i) und (ii) folgt die Behauptung.

Die vorausgegangenen Definitionen der mengentheoretischen Prädikate IC, HO, KPM^{IC} und KPM^{HO} sowie die Beweise der Lehrsätze aus 7.4 wurden teilweise recht knapp kommentiert, um den Anhang nicht zu sehr anschwellen zu lassen. Für eine ausführlichere Darstellung sei auf U. GÄHDE, [T-Theoretizität], verwiesen.

Literatur

GÄHDE, U. [T-Theoretizität], *T-Theoretizität und Holismus*, Dissertation München 1982, Frankfurt a. M. 1983.

GÄHDE, U. und STEGMÜLLER, W. [Holismus], "An Argument in Favour of the Duhem-Quine-Thesis from the Structuralist Point of View", in: L.E. HAHN und P.A. SCHILPP (Hrsg.), *The Philosophy of W.V. QUINE*, La Salle, Il., voraussichtlich 1986.

LAKATOS, I. [Forschungsprogramme], „Falsifikation und die Methodologie wissenschaftlicher Forschungsprogramme", in: LAKATOS, I. und A. MUSGRAVE (Hrsg.), *Kritik und Erkenntnisfortschritt*, Braunschweig 1974, S. 89–189; deutsche Übersetzung von *Criticism and the Growth of Knowledge*, London 1970, durch P. FEYERABEND und A. SZABO.

QUINE, W.V. [Two Dogmas], "Two Dogmas of Empiricism", in: QUINE, W.V., *From a Logical Point of View*, New York 1963, S. 20–46.

QUINE, W.V. [Methods], *Methods of Logic*, 4. verbesserte Aufl. Cambridge, Mass., 1982.

QUINE, W.V. [Grundzüge], *Grundzüge der Logik*; deutsche Übersetzung der 2. Aufl. von [Methods], 1959, durch D. SIEFKES, Frankfurt 1969.

STEGMÜLLER, W. [Erklärung], *Erklärung-Begründung-Kausalität*, Berlin-Heidelberg-New York 1983.

Kapitel 8
Approximation

8.1 Prinzipielles

Die Beschreibung von Natur und Aufgabe der *Approximation* in den empirischen Wissenschaften wird von Wissenschaftsphilosophen gewöhnlich vernachlässigt. Bis vor kurzem existierte nicht einmal so etwas wie eine systematische Darstellung der Fragestellungen in diesem Bereich. Die stiefmütterliche Behandlung durch die Philosophen kommt nicht von ungefähr. Ihr gleichsam vorgeschaltet ist eine ähnliche Vernachlässigung durch die Vertreter der theoretischen Wissenschaften selbst. Die Beschäftigung mit Approximationsproblemen wird als eine zwar mühevolle, aber langweilige und untergeordnete, da theoretisch unfruchtbare, Nebentätigkeit angesehen, die man besser Experimentatoren und Ingenieuren überläßt.

Dabei ist es weitgehend bekannt, daß wissenschaftliche Gesetze und Theorien stets nur mit einem gewissen Approximationsgrad auf die Realität zutreffen, ebenso wie man mit der Tatsache vertraut ist, daß eine Theorie häufig nicht streng auf eine andere zurückgeführt werden kann, sondern sich in die andere nur approximativ einbetten läßt.

MOULINES vertritt in [Approximate Application] die Auffassung, daß quantitatives wie qualitatives wissenschaftliches Wissen seiner Natur nach approximativ ist und daß daher auch das strukturalistische Theorienkonzept prinzipiell unvollständig und fragmentarisch bleiben muß, solange die approximativen Erkenntnisaspekte darin nicht eingebaut sind. Er hat in dieser Arbeit sowie in den beiden späteren Aufsätzen [Intertheoretische Approximation] und [General Scheme] das Begriffsgerüst für eine systematische Behandlung der Approximationsprobleme im strukturalistischen Rahmen entwickelt.

Vermutlich der erste Autor, der den Approximationsbegriff zu einem *wesentlichen* Bestandteil des Begriffs der empirischen Theorie machte, war G. LUDWIG in [Physikalische Theorie]. Einen Einbau in den strukturalistischen Rahmen versuchte erstmals D. MAYR in [Reduction II]. Beide Autoren benützen mikrologische Verfahren. Eine Verbindung der Approximationsidee mit einem ‚Denken in globalen Strukturen', wie dies innerhalb unseres Ansatzes üblich ist, findet sich erstmals in den drei Arbeiten [Approximate Application], [Intertheoretic Approximation] und [General Scheme] von C. U. MOULINES. Wir werden daher im folgenden zunächst an diese Arbeiten anknüpfen. Als ein sehr stimulierender Ansatz, vor allem zur Behandlung von Detailproblemen, hat sich ferner die Abhandlung von E. SCHEIBE [Erklärung] erwiesen.

Für den Zweck einer vorläufigen Klassifikation unterscheiden wir mit MOULINES folgende vier Falltypen:

(1) Eine Art von Approximation, auch *Idealisierungen* oder *Vereinfachungen* genannt, ist bereits dann gegeben, wenn versucht wird, empirische Daten innerhalb eines begrifflichen Rahmens zu systematisieren. Solche Fälle liegen z. B. vor, wenn Lichtstrahlen als geometrische Geraden betrachtet werden oder wenn man die Bewegung eines makroskopischen Körpers in der Weise approximiert, daß man ihn als eine Partikel auffaßt, die sich auf einer stetigen Linie bewegt.

Bei diesen Idealisierungen, die man auch *prätheoretische Approximationen* nennen könnte, handelt es sich um ein Vorgehen, ohne das Wissenschaft nicht möglich wäre. Seine Erörterung ist von allgemeinstem wissenschaftstheoretischem Interesse und soll daher in die folgenden speziellen Betrachtungen nicht einbezogen werden. Es sei bloß erwähnt, daß wir im strukturalistischen Rahmen u. a. immer dann vor einer derartigen Idealisierungsaufgabe stehen, wenn empirisch gegebene reale Systeme als *partielle potentielle Modelle* einer Theorie zu rekonstruieren sind.

Ein interessanter Ansatz für eine logische Analyse dieses Falltyps findet sich in der Arbeit [Data] von P. SUPPES.

(2) Auf einer nächsthöheren Stufe geht es darum, eine Theorie oder ein Gesetz auf empirische Phänomene, die bereits im Sinne von (1) systematisiert worden sind, anzuwenden. Innerhalb des strukturalistischen Ansatzes geht es hierbei darum, *eine approximative Version der empirischen Behauptung einer Theorie* (bzw. eines Theorie-Elements oder eines Theoriennetzes) zu formulieren. Dieser Aufgabe, die wir das zweite Grundproblem der innertheoretischen Approximation nennen, werden wir uns in 8.3 zuwenden.

(3) Auf einer nochmals höheren Stufe wird ein Gesetz als Approximation eines anderen betrachtet. Innerhalb unseres Rahmens tritt hierbei die interessante zusätzliche Frage auf, *ob und unter welchen Bedingungen eine Approximation auf der theoretischen Ebene* – etwa auf der Stufe der M_p's – *eine Approximation auf der nichttheoretischen Ebene* – der Stufe der M_{pp}'s – *induziert*. Diese Frage, die als das erste Grundproblem der innertheoretischen Approximation bezeichnet werden soll, wird in 8.2, (II) erörtert.

(4) Dem Approximationsproblem auf höchster Stufe begegnen wir, sobald wir uns mit der Frage konfrontiert sehen, ob eine (oder mehrere) Approximationsbeziehung(en) *zwischen zwei Theorien* besteht (bestehen), deren begriffliche Strukturen und Fundamentalgesetze verschieden sind. Zum Unterschied von den beiden in (2) und (3) erwähnten Problemen der innertheoretischen Approximation geht es hierbei um das Thema „*Intertheoretische Approximation*". Diesem wenden wir uns in 8.4 sowie 8.5 zu.

8.2 Der formale Rahmen

Der Begriff der Approximation soll als eine *zweistellige Relation* eingeführt werden: eine Entität *a ist eine Approximation von einer anderen* (oder: *approximiert eine andere*) *b*. Es muß noch angegeben werden, über welchem Grundbereich diese Relation zu definieren ist.

Hier scheiden sich die Geister. Nach herkömmlicher Praxis, vor allem in der Physik, wird unter Approximation eine Relation zwischen einzelnen Termen verstanden. Meist sind dies Funktionen ein und derselben Art, die in einer Theorie vorkommen. Wir haben bereits an früherer Stelle eine solche Betrachtungsweise, die auf einem Term-für-Term-Vergleich (oder: Satz-für-Satz-Vergleich) beruht, als *mikrologisch* bezeichnet. Demgegenüber soll auch in der gegenwärtigen Frage der *makrologische* Gesichtspunkt hervorgekehrt werden, nämlich das Denken in globalen Strukturen. Dies bedeutet, daß wir *ganze Modelle* als zu vergleichende Strukturen wählen. Es wird sich erweisen, daß die makrologische Einstellung die Dinge durchsichtiger und einfacher macht als die qualvoll komplizierten und umständlichen mikrologischen Verfahrensweisen.

(I) Unschärfemengen, Uniforme Strukturen und ‚Immunisierung'

Wie sich herausgestellt hat, braucht man für Approximationsstudien die in einer Theorie geltenden ‚Verknüpfungsgesetze' nicht in den grundlegenden Begriffsapparat mit einzubeziehen. Dies bedeutet, daß wir in Abweichung von der obigen Feststellung noch ‚eine Stufe höher' steigen und als Grundmenge die Menge M_p der potentiellen Modelle einer Theorie wählen können. Die Approximationsrelation ist also als eine dyadische Relation zwischen Elementen oder ‚Punkten' dieser Menge einzuführen.

Es gibt eine bekannte Methode, um zu einer adäquaten Explikation des intuitiven Begriffs der Approximation in Punktmengen zu gelangen, nämlich über den auf Bourbaki, [Topologie], zurückgehenden topologischen Begriff der *uniformen Struktur* oder *Uniformität*. Dabei handelt es sich um eine Verschärfung des in der heutigen Topologie vielbenützten Begriffs des Filters. Die intuitive Vorstellung ist dabei die folgende: Für eine gegebene Menge – die in unserem Fall die Menge M_p sein wird – legt eine Uniformität eine Klasse von Teilmengen fest, deren jede einen ‚Approximationsgrad' oder ein ‚Unschärfemaß' repräsentiert. Diese Teilmengen sollen daher auch die anschauliche Bezeichnung „*Unschärfemengen*" erhalten[1].

Im Fall der reellen Zahlen, für die wir mit dem Absolutbetrag der Differenz eine Standardmetrik zur Verfügung haben, können wir z.B. eine Uniformität definieren, deren Elemente (Unschärfemengen) durch spezielle Zahlen ε definiert sind:

---

[1] Diese Bezeichnung stammt von G. LUDWIG, der in [Grundlegung] die Approximationsprobleme ebenfalls mit Hilfe des Begriffs der uniformen Struktur angeht.

$U_\varepsilon := \{\langle a, b\rangle \mid |a-b| < \varepsilon\}$.

Der allgemeine Begriff der Uniformität setzt jedoch, ebenso wie die meisten übrigen Begriffe der allgemeinen Topologie, keine Metrik voraus, sondern ist allgemeiner. Und was die Anwendungen betrifft, so denken die Topologen selbst zwar an eine Menge von Zahlen bzw. von Funktionen, die Zahlen oder Vektoren als Argumente haben. Doch besteht kein Hinderungsgrund, dieses Begriffsgerüst auf unsere ‚Punktmenge' M_p anzuwenden. Diese sozusagen ‚topologisch nicht intendierte Anwendungsmenge' könnte sich als sehr fruchtbar erweisen.

In unserem Fall wird also jede Unschärfemenge U aus Paaren $\langle x, y\rangle$ von Elementen unserer Ausgangsmenge M_p bestehen. Die Aussage $\langle x, y\rangle \in U$ können wir umgangssprachlich durch eine der folgenden vier gleichbedeutenden Wendungen wiedergeben: „x und y approximieren einander mindestens im Grad U", „x stimmt mit y mindestens bis auf U überein", „x und y sind U-fast gleich", „x ähnelt y modulo U". Wir werden meistens die beiden letzten Formulierungen benützen (mit „mod." als Abkürzung für „modulo").

Wir verwenden in der folgenden Definition einige übliche Abkürzungen. Wenn N eine Menge ist, so sei $\Delta(N)$ die Diagonale von N, d.h. die Menge aller Paare identischer Elemente von N, formal: $\Delta(N) := \{\langle x, x\rangle \mid x \in N\}$. Wenn R eine zweistellige Relation ist, so sei R^{-1} die Inverse von R, d.h.: $R^{-1} := \{\langle y, x\rangle \mid \langle x, y\rangle \in R\}$, und $R^2 := \{\langle x, y\rangle \mid \vee z(\langle x, z\rangle \in R \wedge \langle z, y\rangle \in R)\}$. Damit kann dann auch R^n induktiv definiert werden durch:

$$R^n := \{\langle x, y\rangle \mid \vee z(\langle x, z\rangle \in R^{n-1} \wedge \langle z, y\rangle \in R)\}.$$

Wir formulieren nun zunächst die Axiome für Uniformitäten nach Bourbaki und geben danach eine intuitive Erläuterung.

D8-1 $\mathfrak{A}$ ist eine *Uniformität auf M_p* gdw
(1) $\mathfrak{A} \subseteq Pot(M_p \times M_p)$;
(2) $\mathfrak{A} \neq \emptyset$;
(3) $\wedge U_1, U_2 (U_1 \in \mathfrak{A} \wedge U_1 \subseteq U_2 \wedge U_2 \subseteq M_p \times M_p \to U_2 \in \mathfrak{A})$;
(4) $\wedge U_1, U_2 (U_1 \in \mathfrak{A} \wedge U_2 \in \mathfrak{A} \to U_1 \cap U_2 \in \mathfrak{A})$;
(5) $\wedge U (U \in \mathfrak{A} \to \Delta(M_p) \subseteq U)$;
(6) $\wedge U (U \in \mathfrak{A} \to U^{-1} \in \mathfrak{A})$;
(7) $\wedge U_1 \vee U_2 (U_1 \in \mathfrak{A} \to U_2^2 \subseteq U_1 \wedge U_2 \in \mathfrak{A})$.

Die Elemente von $\mathfrak{A}$ sollen (uniforme) Unschärfemengen heißen. Jede derartige Unschärfemenge ist, als Teilmenge des kartesischen Produktes $M_p \times M_p$, eine zweistellige Relation auf M_p.

MOULINES hat eine instruktive Methode zur Verdeutlichung dieser Axiome angewendet. Dazu denkt man zweckmäßigerweise an den pragmatischen Hauptgrund dafür, mit der Menge M_p einer Theorie eine Uniformität zu verbinden. Dieser Grund besteht in einer *Liberalisierung des Umganges mit der Theorie für Anwendungszwecke*. Angenommen nämlich, wir würden voraussetzen, daß die Theorie für ihre intendierten Anwendungen *exakt* gilt. In der Sprechweise unseres gegenwärtigen Symbolismus würde dies bedeuten, daß wir für die Handhabung der Theorie nur die Diagonale, als ‚degenerierte Unschärfemenge', zulassen; denn absolute Exaktheit wird durch die Diagonale ausgedrückt. In diesem Fall würden wir meist sehr rasch zu einer Falsifikation der Theorie gelangen. Daß sich diese rasche Widerlegung in der Realität nicht ereignet, ist damit zu erklären, daß die Wissenschaftler tatsächlich bei der Handhabung ihrer Theorien weit größere Unschärfemengen als die Diagonale zulassen.

Für die Wissenschaftspraxis bedeutet die Zuordnung einer Uniformität zur Menge M_p einer Theorie, daß diese Theorie gegen Schwierigkeiten, auf die sie bei der Anwendung stößt, *immunisiert* wird. Dies ist keine willkürliche, sondern eine vernünftige Immunisierung. Alle Wissenschaftler sind sich dessen bewußt, daß dabei eine gewisse obere Grenze nicht überschritten werden darf, da sonst die Theorie nutzlos wird. Die Suche nach einem ‚objektiven Kriterium' für die Wahl dieser Grenze bliebe allerdings sicher ohne Erfolg. Zu viele subjektive und objektive Faktoren bestimmen die ‚Größe' der Unschärfemengen, wie z. B. die Art der Anwendung, das Entwicklungsstadium der fraglichen wissenschaftlichen Disziplin, ferner diejenige Form des ‚persönlichen Wissens' (‚personal knowledge'), die man ‚wissenschaftliche Intuition' nennt. Ausschlaggebend wird eine Nutzen-Kosten-Erwägung sein, für die folgende Leitlinie gilt: Je mehr Paare $\langle x, y \rangle$ in die gewählte Unschärfemenge U einbezogen werden können, desto sicherer ist man einerseits im Umgang mit der Theorie, desto weniger kann man aber andererseits mit der Theorie anfangen.

Die ersten vier Axiome sind im wesentlichen, bis auf ein weiter unten erwähntes Detail, die für Filter geltenden Axiome. Die ersten beiden sind rein formaler Natur, d.h. sie legen das Begriffsgerüst fest. Die restlichen fünf lassen sich durch Übersetzung in die Immunisierungssprechweise veranschaulichen. Die Bestimmung (3) besagt: Wenn eine Theorie durch eine Unschärfemenge U_1 immunisiert wird, so auch durch eine diese einschließende größere Unschärfemenge U_2. (4) beinhaltet: Wenn man eine Theorie einmal mittels U_1 und dann mittels U_2 immunisiert, so kann man beide Unschärfemengen zusammennehmen und die Theorie durch deren Durchschnitt immunisieren. Dies ist zumindest als Idealisierung plausibel, wenn man bedenkt, daß wegen (5) ein solcher Durchschnitt niemals leer sein kann, da die Diagonale von M_p darin als Teilmenge enthalten sein muß. (5) besagt: Wenn man in einer Anwendung mit irgend einem Approximationsgrad zufrieden ist, so muß man auch mit absoluter Exaktheit zufrieden sein, falls sich diese zufällig einstellen sollte. (6) drückt die evidente Tatsache aus, daß die Reihenfolge, in der potentielle Modelle in einem Paar aus U vorkommen, für den Immunisierungsgrad U der Theorie ohne Bedeutung ist. (7) hingegen ist ein kritisches Axiom. Es beinhaltet etwa folgendes: Zu einer Unschärfemenge U_1, die T immunisiert, kann eine ‚mindestens zweimal genauere' Unschärfemenge U_2 gefunden werden, welche die Theorie ebenfalls immunisiert. Dieses Axiom enthält eine Idealisierung der tatsächlichen wissenschaftlichen Praxis. Es spiegelt die Überzeugung der Forscher wider, mit ihrer Theorie sukzessive zu immer genaueren Anwendungen zu kommen.

Es seien einige elementare Lehrsätze angeführt. Dabei sei $\mathfrak{U}$ eine Uniformität auf M_p.

Th. 8-1 $\emptyset \notin \mathfrak{U}$.

Der Beweis ergibt sich unmittelbar aus D 8-1, (2) und (5). Dies ist übrigens das bereits angekündigte Detail, durch welches sich die Axiome (1) bis (4) von den Axiomen für Filter unterscheiden: In die letzteren muß der Inhalt von Th. 8-1 einbezogen werden. In unserem Fall ist dies überflüssig, da diese Aussage mit Hilfe von (5) beweisbar ist.

Mittels D 8-1, (5) und der Definition von U^n enthält man ferner:

Th. 8-2 $\wedge U(U \in \mathfrak{U} \to U^n \subseteq U^{n+1})$.

Aus diesem Theorem und D 8-1, (3) folgt:

Th. 8-3 $\wedge U(U \in \mathfrak{U} \to \wedge n(U^n \in \mathfrak{U}))$.

(II) Approximation auf theoretischer und nicht-theoretischer Stufe. Das Induktionstheorem

Als Grundmenge für Approximationsuntersuchungen in bezug auf eine Theorie T hatten wir die Menge M_p gewählt. Da die Elemente der Menge M_p alle theoretischen Funktionen enthalten, nennen wir Approximationen auf der M_p-Stufe auch *theoretische Approximationen* oder *Approximationen auf der theoretischen Ebene*.

Im gegenwärtigen Rahmen stehen wir vor der zusätzlichen Aufgabe, den Approximationsgedanken mit der Unterscheidung zwischen den T-theoretischen und den T-nicht-theoretischen Termen in Einklang zu bringen. Nun sind es genau die Elemente von M_{pp}, die in der Sprache der T-nicht-theoretischen Größen beschrieben werden. Also liegt es nahe, nicht nur auf der Ebene der *potentiellen* Modelle von ‚Approximation' (im Sinne von ‚Ähnlichkeit modulo U') zu reden und hier unscharfe Beschreibungen neben exakten zuzulassen, sondern Analoges auch auf der Stufe der partiellen Modelle[2] zu tun. Wir werden die Approximation auf der M_{pp}-Ebene auch als Approximation *auf empirischer Ebene* bezeichnen. (Der Leser vergesse nicht, daß dieser Begriff von „empirisch" wegen seiner Synonymität mit „T-nicht-theoretisch" auf eine Theorie T zu relativieren ist und daher nicht mit der Verwendung dieses Ausdrucks in der überkommenen empiristischen Tradition verwechselt werden darf, wo das Empirische in engem Zusammenhang mit dem Beobachtbaren steht oder mit dem letzteren sogar identifiziert wird. In der Regel werden in den Elementen von M_{pp} Funktionsterme vorkommen, die relativ auf eine T ‚zugrunde liegende' Theorie theoretisch sind.)

---

2 Wir kürzen hier wieder oft „partielles potentielles Modell" zu „partielles Modell" ab.

Der erste Schritt unserer Überlegung führt also dazu, Approximationen auf theoretischer Ebene durch Approximationsstudien auf empirischer Ebene zu parallelisieren. Das formale Vorggehen ist dabei durch die vorangehenden Betrachtungen bereits vorgezeichnet: So wie wir dort die Approximation formal durch eine Uniformität auf M_p ausdrücken, präzisieren wir jetzt die empirische Approximation dadurch, daß wir mit M_{pp} eine Relationsklasse $\mathfrak{B} \subseteq Pot(M_{pp} \times M_{pp})$ verknüpfen, welche die völlig analogen Axiome zu den in D8-1 angeführten erfüllt.

Doch damit, daß wir das Vorgehen auf der theoretischen Ebene einfach auf der empirischen Ebene kopieren, ist es nicht getan. In einem zweiten Schritt müssen wir untersuchen, welche Beziehungen zwischen den beiden Approximationsarten, nämlich der Uniformität $\mathfrak{A}$ auf M_p und der Uniformität $\mathfrak{B}$ auf M_{pp}, bestehen. Da wissenschaftliche Untersuchungen auf theoretischer Ebene keinen Selbstzweck darstellen, sondern dazu dienen, Phänomene der empirischen Ebene zu systematisieren und zu erklären, können wir davon ausgehen, daß zwischen den beiden Arten von Approximation in dem scharfen Sinn eine ‚Entsprechung' besteht, daß die theoretische Approximation die ihr korrespondierende Approximation auf empirische Ebene *erzeugt*. Dies würde unserer Erwartung entsprechen, daß die Approximationen auf theoretischer Ebene *für den Zweck* von Approximationen auf empirischer Ebene vorgenommen werden.

Die Frage: „Gibt es eine solche Form der Erzeugung oder der *Induktion* empirischer Approximationen durch theoretische Approximationen?" könnte man *das erste Grundproblem der innertheoretischen Approximation* nennen. Der Sache nach würde es daher eigentlich erst in den Abschnitt 8.3 hineingehören. Da es auf der theoretisch – nicht-theoretisch – Dichotomie beruht und diese auch für die Behandlung der intertheoretischen Approximationsproblematik von Wichtigkeit ist, haben wir das Problem bereits in den hier erörterten formalen Rahmen mit einbezogen.

Wir haben die obige Fragestellung allgemein und abstrakt motiviert. Wer eine genauere, aber doch relativ einfache Veranschaulichung dafür erhalten möchte, wie in einer konkreten wissenschaftlichen Theorie die Approximation auf theoretischer Ebene eine empirische Approximation induziert, findet eine solche in der Arbeit von MOULINES, [Approximate Application], auf S. 215–217. Das ‚Funktionieren des Approximationsmechanismus' innerhalb ein und derselben Theorie wird dort an einem Anwendungsfall der Newtonschen Gravitationstheorie illustriert.

Hier entsteht jedoch die folgende *prinzipielle* Schwierigkeit: So plausibel es auch erscheinen mag, daß eine Uniformität auf M_p eine ‚entsprechende' Uniformität auf M_{pp} erzeugt, haben wir doch *keine Garantie* dafür, daß dies immer der Fall ist. Die Wurzel für diese Schwierigkeit liegt in der Bestimmung (7) von D8-1. Wegen dieses Axioms kann man für den hier zugrunde gelegten Begriff der Uniformität nicht allgemein beweisen, daß beliebig zunehmende Verfeinerungen der Unschärfemengen auf theoretischer Ebene beliebig scharfe Verfeinerungen von deren nicht-theoretischen Restriktionen auf empirischer

Ebene induzieren. Daher existiert auch für die erste Grundfrage der innertheoretischen Approximation keine trivial bejahende Antwort. Vielmehr ergibt sich das Problem, ob man überhaupt eine präzise Bedingung angeben kann, unter der die Antwort positiv ausfällt.

MOULINES hat eine einfache Bedingung der gewünschten Art gefunden. Dazu einige Hilfsdefinitionen. Es sei wieder M_p die Klasse der potentiellen Modelle für eine Theorie T und $\mathfrak{A}$ eine Uniformität auf M_p. Als Variable für Unschärfemengen aus $\mathfrak{A}$ verwenden wir abermals „U" (mit und ohne Indizes).

In der ersten Definition wird die Restriktion einer Unschärfemenge U_i, abgekürzt $Rest(U_i)$, eingeführt. Es ist dies die Klasse derjenigen Paare partieller Modelle, welche Restriktionen solcher Paare von Elementen aus M_p sind, die in U_i liegen. Es soll dann gezeigt werden, daß die Restriktion einer Unschärfemenge wiederum eine Unschärfemenge ist.

D8-2 $Rest(U_i) := \{\langle y, y'\rangle | \vee x, x'(y = r(x) \wedge y' = r(x') \wedge \langle x, x'\rangle \in U_i)\}$.

Die folgenden drei Korollarien besagen, daß $Rest$ verträglich ist mit der Vereinigungsoperation und monoton bezüglich Durchschnitt und Einschluß.

Th. 8-4 $Rest(U_1 \cup U_2) = Rest(U_1) \cup Rest(U_2)$.

Th. 8-5 $Rest(U_1 \cap U_2) \subseteq Rest(U_1) \cap Rest(U_2)$.

Th. 8-6 $U_1 \subseteq U_2 \rightarrow Rest(U_1) \subseteq Rest(U_2)$.

Die Klasse aller Restriktionen von Unschärfemengen aus der vorgegebenen Uniformität $\mathfrak{A}$ werde mit „$\mathfrak{B}[\mathfrak{A}]$" bezeichnet. (Die Wahl von „$\mathfrak{B}$" steht im Einklang mit der weiter oben eingeführten Notation, da gerade gezeigt werden soll, daß $\mathfrak{B}[\mathfrak{A}]$ unter der noch anzugebenden Zusatzbedingung von D8-4 eine Uniformität auf M_{pp} ist.)

D8-3 $\mathfrak{B}[\mathfrak{A}] := \{V | \vee U(U \in \mathfrak{A} \wedge V = Rest(U))\}$.

Wir betrachten nun solche Paare potentieller Modelle, welche genau dieselben nicht-theoretischen Komponenten aufweisen, d.h. die nach Weglassung der theoretischen Größen identische partielle Modelle liefern. Zwei solche potentielle Modelle könnte man *empirisch gleichwertig* nennen; denn in bezug auf die intendierten Anwendungen liefern sie identische Resultate. Unter dem Gesichtspunkt der Approximation bedeutet dies folgendes: Zwei potentielle Modelle, die zu einem solchen Paar gehören, können wir vom empirischen Standpunkt als ‚beliebig ähnlich' betrachten. Die gesuchte Zusatzbedingung soll also folgendes besagen: Solche Änderungen in der Wahl theoretischer Funktionen, welche für die nicht-theoretische Charakterisierung eines physikalischen Systems ohne Relevanz sind, sollen keine Änderung im Grad der Approximation, mit dem das fragliche System theoretisch beschrieben wird, zur Folge haben. Knapper und genauer formuliert: Für alle $U \in \mathfrak{A}$ und für alle $x_1, x_2 \in M_p$ gilt: wenn $r(x_1) = r(x_2)$, dann $\langle x_1, x_2\rangle \in U$.

Dies ist die Bestimmung (2) in der Definition D8-5. Eine Uniformität, welche diese Zusatzbedingung erfüllt, soll *empirische Uniformität* genannt werden. (Das „empirisch" enthält dabei keine Anspielung auf die nicht-theoretische Ebene, sondern ist so zu verstehen, daß der modifizierte Begriff der Uniformität nur für *empirische Theorien* von Wichtigkeit ist, also für Theorien, in denen es theoretische und nicht-theoretische Begriffe gibt.) Zwecks einfacher Formulierung ist es ratsam, zunächst den Begriff der *Pseudodiagonale*, abgekürzt $\Psi\Delta$, in bezug auf M_p einzuführen.

D8-4 $\Psi\Delta(M_p) := \{\langle x_1, x_2\rangle | x_1, x_2 \in M_p \wedge r(x_1) = r(x_2)\}$.

Eine empirische Uniformität ist dann eine solche Uniformität, deren Unschärfemengen alle die Pseudodiagonale einschließen.

D8-5 $\mathfrak{A}$ ist eine *empirische Uniformität* auf M_p gdw
   (1) $\mathfrak{A}$ ist eine Uniformität auf M_p.
   (2) Für alle $U \in \mathfrak{A}$ gilt: $\Psi\Delta(M_p) \subseteq U$.

(Ohne Verwendung des Begriffs der Pseudodiagonale würde (2) so lauten:

$\wedge U, x_1, x_2 \, [(U \in \mathfrak{A} \wedge x_1, x_2 \in M_p \wedge r(x_1) = r(x_2)) \rightarrow \langle x_1, x_2 \rangle \in U]$.)

Nun kann das gesuchte Theorem formuliert werden:

Th. 8-7 (Erstes Induktionstheorem) *Wenn $\mathfrak{A}$ eine empirische Uniformität auf M_p ist, dann ist $\mathfrak{B}[\mathfrak{A}]$ eine (empirische) Uniformität auf M_{pp}*.

Das zweite Vorkommen von „empirisch" haben wir eingeklammert, da für eine Uniformität auf M_{pp} die Bestimmung (2) von D8-5 trivial erfüllt ist. (Ein Element y von M_{pp} enthält keine theoretischen Größen; „Uniformität auf M_{pp}" und „empirische Uniformität auf M_{pp}" sind also synonyme Bezeichnungen.)

Für den detaillierten *Beweis* dieses Theorems, in welchem die Gültigkeit der Bestimmungen (1) bis (7) von D8-1 für $\mathfrak{B}[\mathfrak{A}]$ bezüglich M_{pp} gezeigt wird, vgl. MOULINES, [General Scheme], S. 128/130. Unter Verwendung der obigen Hilfstheoreme Th. 8-1 bis Th. 8-6 geht dieser Beweis glatt durch. Daß er dennoch etwas schwierig ist, beruht außer auf der relativ großen Zahl zu verifizierender Bestimmungen vor allem auf dem Vorkommen zweier Existenzquantoren im Definiens von D8-2.

Das Induktionstheorem beinhaltet also, daß eine empirische Uniformität auf der theoretischen Ebene stets auf natürliche Weise eine entsprechende Uniformität auf der nicht-theoretischen Ebene induziert.

Bereits diese Lösung des ersten Grundproblems der innertheoretischen Approximation legt es nahe, *für den Zweck von Approximationsstudien* die Keimzelle des strukturalistischen Theorienkonzeptes, nämlich den Begriff des Theorie-Elementes, entsprechend zu erweitern: Statt als Paar $\langle K, I \rangle$ ist dafür ein Tripel $\langle K, \mathfrak{A}, I \rangle$ zu wählen, wobei $\mathfrak{A}$ eine empirische Uniformität auf der Menge M_p von K ist. Wir nennen ein solches für Approximationsuntersuchungen geeignetes Theorie-Element auch abkürzend *A.-Theorie-Element* $\langle K, \mathfrak{A}, I \rangle$. Wo immer es später auf begriffliche Abgrenzung ankommt, werden wir Theorie-Elemente der ursprünglichen Gestalt *reine* Theorie-Elemente nennen.

In Kap. 3 hatten wir bereits eine andere Modifikation des ursprünglichen Begriffs des Theorie-Elementes eingeführt, nämlich die für *historische Studien* besonders geeigneten pragmatisch bereicherten Elemente $\langle\langle K, I\rangle, SC, h, F\rangle$. Für den Zweck der Rekonstruktion historisch überlieferter Approximationsbetrachtungen könnte man beides kombinieren und *pragmatisch bereicherte A.-Theorie-Elemente*, etwa von der Gestalt von Quintupeln $\langle\langle K, I\rangle, \mathfrak{A}, SC, h, F\rangle$, benützen.

8.3 ‚Verschmierungen', zulässige Unschärfemengen und approximative Anwendung einer Theorie

Das erste Grundproblem der innertheoretischen Approximation hatten wir in 8.2, (II) vorweggenommen. Wir stehen vor einem ganz anderen Problem, wenn wir uns die Aufgabe stellen, die empirischen Behauptungen von Theorie-Elementen bzw. von Theoriennetzen ebenfalls nicht mehr, wie bisher, als *exakte* Behauptungen zu rekonstruieren, sondern als Behauptungen, die *mit einem gewissen Grad an Unschärfe* versehen sind. Die Frage, wie eine derartige *approximative empirische Behauptung einer Theorie* oder *approximative Theorienproposition* zu formulieren ist, nennen wir *das zweite Grundproblem der innertheoretischen Approximation*.

Es soll hier skizziert werden, wie der in 8.2 eingeführte Begriffsapparat für die Lösung dieses Problems nutzbar gemacht werden kann.

In der Sprache der heutigen Physiker formuliert, kommt es darauf an, die *exakte* Anwendung einer Theorie durch eine ‚verschmierte' Anwendung zu ersetzen. Das soll in der Weise geschehen, daß je nach Situation der Kern bzw. das Kernnetz auf die Menge I bzw. auf die verschiedenen Arten von I nur *approximativ* angewendet wird. Und um diese Approximation auszudrücken, sollen wiederum die Unschärfemengen aus $\mathfrak{A}$ benützt werden.

Nicht alle Unschärfemengen werden sich dafür eignen, insbesondere nicht zu große Unschärfemengen. In einem ersten Schritt hätte man die *zulässigen* Unschärfemengen einzugrenzen. Aus den bereits in 8.2 angedeuteten Gründen ist dies keine rein logisch zu bewältigende Aufgabe, zumal der Grad der gewünschten oder erwarteten Approximation von der erreichten wissenschaftlichen Entwicklungsstufe abhängt und von Anwendung zu Anwendung schwankt. Ähnlich wie beim Begriff der intendierten Anwendung haben wir es mit einem Begriff zu tun, der sehr stark durch *pragmatische* Gesichtspunkte bestimmt wird und der zeitlich zu relativieren ist. Wir können somit auch hier die Analogiebetrachtungen zum Wittgensteinschen Beispiel von „Spiel" anstellen. Und das bedeutet: Wir müssen es als ein von vornherein hoffnungsloses Unterfangen betrachten, notwendige *und hinreichende* Bedingungen für die Zulässigkeit von Unschärfemengen anzugeben.

Immerhin lassen sich einige notwendige Bedingungen formulieren. Die Klasse der zulässigen Unschärfemengen bezeichnen wir mit MOULINES durch „$\mathfrak{A}$" (für „admissible"). Als Minimalbedingung muß gelten:

(a) $\mathfrak{A} \subseteq \mathcal{U}$.

Dabei ist hier wie im folgenden $\mathcal{U}$ die zugrunde gelegte empirische Uniformität auf M_p einer Theorie, I sei die Menge der intendierten Anwendungen. Die Variable U (mit oder ohne Indizes) laufe wieder über Elemente von $\mathcal{U}$.

Eine plausible Forderung geht dahin, daß es für die zugelassene Unschärfe jeweils ein *Maximum* gibt (wobei verschiedene Anwendungsarten verschiedene Maxima haben können). Dies kann in der folgenden Bedingung festgehalten werden:

(b) $\vee U_{max}(U_{max} \in \mathfrak{A} \wedge \wedge U(U_{max} \subset U \rightarrow U \notin \mathfrak{A}))$.

Eine weitere Forderung besagt, daß die Zulässigkeit einer Unschärfemenge von bloß theoretischen Änderungen der zu ihr gehörenden potentiellen Modelle unabhängig sein soll. Wenn also ein zulässiges U_1 in den nicht-theoretischen Teilen seiner Elemente mit U_2 übereinstimmt, so ist auch U_2 zulässig.

(c) $\wedge U_1, U_2(U_1 \in \mathfrak{A} \wedge U_2 \in \mathcal{U} \wedge Rest(U_1) = Rest(U_2) \rightarrow U_2 \in \mathfrak{A})$.

Ferner sollte jede zulässige Unschärfemenge in mindestens einer intendierten Anwendung für eine nichttriviale Approximation verwendbar sein. (Die Zusatzbedingung $r(x_1) \neq r(x_2)$ von (d) ist erforderlich, um eine triviale Erfüllung zu verhindern, da Paare $\langle x, x \rangle$ von identischen potentiellen Modellen in jedem U liegen.)

(d) $\wedge U \vee x_1, x_2(U \in \mathfrak{A} \rightarrow r(x_1) \in I \wedge r(x_1) \neq r(x_2) \wedge \langle x_1, x_2 \rangle \in U)$.

Als Minimalbedingung für $\mathfrak{A}$ läßt sich nun formulieren:

D8-6 $\mathfrak{A}$ ist nur dann eine Klasse von *zulässigen Unschärfemengen* aus $\mathcal{U}$, wenn die Bedingungen (a) bis (d) erfüllt sind.

Dies ist natürlich keine Definition im strengen Sinn, da darin nur notwendige Bedingungen angegeben werden. Bei Bedarf können weitere Bedingungen hinzugefügt werden. Für das Folgende nehmen wir an, daß $\mathfrak{A}$ genau die vier Bedingungen (a) bis (d) erfüllt, und nennen eine solche Klasse eine *potentielle Klasse von zulässigen Unschärfemengen*.

Es ergibt sich nun das Problem, ob eine potentielle Klasse zulässiger Unschärfemengen auf M_p eine entsprechende Klasse auf nicht-theoretischer Ebene, d.h. also eine Klasse zulässiger Unschärfemengen auf M_{pp}, induziert. Dies ist die zur Frage in 7.b(II) analoge Problemstellung, die ebenso wie dort positiv zu beantworten ist.

Dazu führen wir zunächst das Analogon zu D8-3 ein. $\mathcal{U}$ sei dabei eine Uniformität auf M_p und $\mathfrak{A}$ eine beliebige Teilklasse von $\mathcal{U}$.

D8-7 $\mathfrak{B}[\mathfrak{A}] := \{V | \vee U(U \in \mathfrak{A} \wedge V = Rest(U))\}$.

Th. 8-8 (Zweites Induktionstheorem) *Wenn $\mathfrak{A}$ eine potentielle Klasse von zulässigen Unschärfemengen auf M_p ist, dann ist $\mathfrak{B}[\mathfrak{A}]$ eine potentielle Klasse von zulässigen Unschärfemengen auf M_{pp}.*

Für den *Beweis* vgl. MOULINES, [Approximate Application], S. 223.

Damit wenden wir uns wieder der Frage der approximativen Anwendung einer Theorie zu. Aus Gründen der Einfachheit werden wir uns dabei zunächst auf einzelne Theorie-Elemente beschränken. Dafür soll die *exakte* Aussage $I \subseteq \mathbb{A}(K)$ durch eine *verschmierte* Aussage $I \stackrel{\sim}{\subseteq} \mathbb{A}(K)$ ersetzt werden. Dieser letzten Aussage ist ein präziser Sinn zu verleihen.

Zweckmäßigerweise beginnt man damit, die *approximative Beziehung* zwischen potentiellen Modellen einzuführen. Für $x_1, x_2 \in M_p$ sei

$$x_1 \sim x_2$$

synonym mit:

$$\vee U(U \in \mathfrak{A} \wedge \langle x_1, x_2 \rangle \in U),$$

also mit der Aussage, daß es eine zulässige Unschärfemenge U gibt, so daß x_1 und x_2 U-fast gleich sind bzw. daß x_1 dem x_2 mod. U ähnlich ist. Wegen Th. 8-8 induziert die auf der M_p-Ebene eingeführte Klasse $\mathfrak{A}$ eine Klasse $\mathfrak{B}[\mathfrak{A}]$ zulässiger Unschärfemengen auf der M_{pp}-Ebene, so daß die Aussage $x_1 \sim x_2$ in eine entsprechende nicht-theoretische Aussage $r(x_1) \sim r(x_2)$ übersetzbar ist. Analoges gilt für die folgenden Bestimmungen.

Zunächst läßt sich die Beziehung $\sim$ auf Prädikate potentieller Modelle übertragen. Wir erläutern es an zwei Beispielen. Für das einstellige Prädikat ‚P‘ bedeutet $P(\tilde{x})$ dasselbe wie $\vee y(x \sim y \wedge P(y))$, für das zweistellige Prädikat ‚Q‘ bedeute $Q(x, \tilde{y})$ dasselbe wie $\vee z(z \sim y \wedge Q(x, z))$ usw.

Diese Symbolik ist streng genommen etwas irreführend. Durch „$Q(x, \tilde{y})$" z.B. wird der Eindruck erweckt, als werde das zweite Argument, also das potentielle Modell y, verschmiert. Aber dies ist nicht gemeint. Vielmehr wird *das Prädikat „Q" in bezug auf seine zweite Argumentstelle* zunächst verschmiert und dann auf x, y angewendet. Diese Bemerkung dürfte genügen, um einen eigenen, komplizierteren Symbolismus überflüssig zu machen.

Die Definitionen lassen sich auf der nächsthöheren mengentheoretischen Stufe wiederholen. Für Klassen potentieller Modelle X und Y besage $X \sim Y$ dasselbe wie:

$$\wedge x \vee y(x \in X \rightarrow y \in Y \wedge x \sim y) \wedge \wedge y \vee x(y \in Y \rightarrow x \in X \wedge x \sim y).$$

Für Prädikate $\mathfrak{P}$ und $\mathfrak{Q}$ solcher Klassen bedeute $\mathfrak{P}(\tilde{X})$ dasselbe wie $\vee Y(X \sim Y \wedge \mathfrak{P}(Y))$, $\mathfrak{Q}(X, \tilde{Y})$ dasselbe wie $\vee Z(Y \sim Z \wedge \mathfrak{Q}(X, Z))$ usw.

Ohne weiter der Frage nachzugehen, ob man nach diesem Verfahren so etwas wie eine ‚*Logik der Approximation*‘ aufbauen könne, soll mittels dieser Symbolik die approximative empirische Behauptung $I \stackrel{\sim}{\subseteq} \mathbb{A}(K)$ wiedergegeben werden. Rein logisch gesehen, gibt es dafür drei Kandidaten. Der erste bestünde in der Aussage:

(i) $\tilde{I} \subseteq \mathbb{A}(K)$,

ausführlicher also: $\vee X(X \sim I \wedge X \subseteq \mathbb{A}(K))$. Hier würde man die Approximation auf die intendierten Anwendungen beschränken. Dies mag zwar für bestimmte Spezialfälle korrekt sein, trifft jedoch nicht den allgemeinsten Fall, für welchen man auch die Möglichkeit, Gesetze zu approximieren, zulassen muß. Es ist daher unplausibel, (i) als Beschreibung des allgemeinsten Falles zu wählen. Aus dem analogen Grund wäre die Wahl von

(ii) $I \subseteq \widetilde{\mathbb{A}(K)}$,

also von: $\vee Z(Z \sim \mathbb{A}(K) \wedge I \subseteq Z)$ inadäquat. Diese Formel mag zwar ebenfalls in speziellen Situationen angemessen sein, beschreibt jedoch abermals nicht den allgemeinsten Fall, der auch Approximationen in bezug auf die intendierten Anwendungen einschließen muß.

Somit verbleibt als letzter Kandidat für die präzise Wiedergabe der verschmierten Relationsaussage $I \tilde{\subseteq} \mathbb{A}(K)$ die folgende übrig:

(iii) $\tilde{I} \subseteq \widetilde{\mathbb{A}(K)}$,

ausführlicher formuliert:

$\vee X \vee Z(X \sim I \wedge Z \sim \mathbb{A}(K) \wedge X \subseteq Z)$.

Hier wurde sowohl auf der theoretischen als auch auf der nichttheoretischen Ebene eine Verschmierung vorgenommen. Eine Aussage von dieser Gestalt gibt in einer realistischeren Weise als die ursprüngliche Theorienproposition die Überzeugung des Wissenschaftlers wieder, ‚daß seine Theorie auf die Fakten zutreffe' (‚that the theory fits the facts').

Damit ist auch die zweite Frage der innertheoretischen Approximation beantwortet worden.

8.4 Intertheoretische Approximation

Im präsystematischen Sinn ist eine intertheoretische Relation eine Beziehung zwischen zwei Theorien mit verschiedenartigen begrifflichen Strukturen. Da im strukturalistischen Rahmen der Begriff des Theorie-Elementes die ‚Urzelle' für die Rekonstruktion des Begriffs der Theorie ist, wird man, ebenso wie im speziellen Fall der exakten Reduktion, auch diesmal bei einem Vergleich von zwei Theorie-Elementen anzusetzen haben. Die Verschiedenartigkeit der begrifflichen Strukturen wird sich darin ausdrücken, daß die beiden Mengen von potentiellen Modellen verschieden sind.

Außerdem geht es uns darum, nach Wegen für die Explikation der intertheoretischen *Approximation* zu suchen. Wir werden daher, entsprechend dem gegen Ende von 8.2 gemachten Vorschlag, nicht *reine* Theorie-Elemente $\langle K, I \rangle$, sondern A.-Theorie-Elemente $\langle K, \mathfrak{A}, I \rangle$ als Grundlage der Betrachtungen wählen. Dabei sei $\mathfrak{A}$ wieder eine mit der Menge M_p von K fest assoziierte

Uniformität im Sinn von D8-1. Es erweist sich als zweckmäßig, zunächst den topologischen Begriff der Nachbarschaft in bezug auf Mengen aus $\mathfrak{A}$ einzuführen.

(I) U-Nachbarschaften

Für ein beliebig gewähltes, aber festes $x \in M_p$ sowie ein gegebenes $U \in \mathfrak{A}$ definieren wir:

$$u(x; U) := \{x' \in M_p | \langle x, x' \rangle \in U\}.$$

Diese Teilklasse von M_p soll die *U-Nachbarschaft* des potentiellen Modells x genannt werden.

Analog kann bezüglich einer Uniformität $\mathfrak{V}$ auf M_{pp} für feste $y \in M_{pp}$ und $V \in \mathfrak{V}$ der Begriff $v(y; V)$ der *V-Nachbarschaft* eines partiellen Modells y eingeführt werden.

Für ein gegebenes $x \in M_p$ gibt es zahlreiche U-Nachbarschaften. Ihre Gesamtheit werde „$u(x)$" genannt. (Trotz Wahl des gleichen Symbols „u" ist eine Verwechslung mit dem vorigen Fall wegen der verschiedenen Zahl der Argumente ausgeschlossen.) Also:

$$u(x) := \{u(x; U) | U \in \mathfrak{A}\}$$

(lies: „*die Klasse der U-Nachbarschaften von x*"). Auch diese Klasse ist noch immer auf ein bestimmtes $x \in M_p$ bezogen. Die Vereinigung aller derartigen Klassen für sämtliche $x \in M_p$ heiße *Nachbarschaftsbasis* $\mathbf{U}$, kurz *Basis*, *bezüglich* $\mathfrak{A}$ *auf* M_p. (Das „bezüglich $\mathfrak{A}$ auf M_p" lassen wir gewöhnlich fort.)

$$\mathbf{U} := \bigcup_{x \in M_p} u(x) \quad (\text{also} = \bigcup_{x \in M_p} \{u(x; U) | U \in \mathfrak{A}\}).$$

(Für jedes $u(x)$ gilt: $u(x) \subseteq Pot(M_p)$; ebenso ist $\mathbf{U} \subseteq Pot(M_p)$. Die Bezeichnung „Basis" rührt daher, daß $\mathbf{U}$ die erzeugende Basis für eine Umgebungstopologie auf M_p bildet. Wir werden diese Tatsache jedoch nicht benötigen.)

Analog wie gemäß Th.8-7 M_p eine Uniformität auf M_{pp} induziert, so induziert jede Basis $\mathbf{U}$ bezüglich $\mathfrak{A}$ auf M_p eine Basis $\mathbf{V}$ bezüglich $\mathfrak{V}(\mathfrak{A})$ auf M_{pp}.

(II) Das Schema für intertheoretische Approximation

$T = \langle K, I \rangle$ und $T' = \langle K', I' \rangle$ seien zwei *reine* Theorie-Elemente. Eine *exakte* intertheoretische Relation zwischen ihnen ist eine Relation ϱ von der Gestalt

$$\varrho \subseteq M_p \times M_p',$$

die bei den Klassen potentieller Modelle M_p und M_p' der beiden Kerne K und K' ansetzt. Jedes solche ϱ induziert über die Restriktionsfunktion eine exakte intertheoretische Relation auf nicht-theoretischer Stufe, d.h. eine Relation v_ϱ von der Gestalt

$$v_\varrho \subseteq M_{pp} \times M_{pp}.$$

Intertheoretische Approximation

Dies läßt sich für Approximationsfälle parallelisieren. Den Ausgangspunkt bilden diesmal keine reinen Theorie-Elemente, sondern *A.-Theorie-Elemente* $T = \langle K, \mathfrak{A}, I \rangle$ und $T' = \langle K', \mathfrak{A}', I' \rangle$, wobei $\mathfrak{A}$ und $\mathfrak{A}'$ empirische Uniformitäten auf M_p von K bzw. auf M'_p von K' sind. Tatsächlich wird man sich hierbei in allen praktischen Anwendungen wieder auf zulässige Unschärfemengen beschränken, wobei die Klasse $\overline{\mathfrak{A}}$ dieser Mengen, wie zu Beginn von 8.3 geschildert, teils durch notwendige Bedingungen und teils durch pragmatische Zusatzüberlegungen ausgesondert wird. Ohne dies ausdrücklich zu erwähnen, setzen wir im folgenden stets voraus, daß eine solche Teilklasse $\overline{\mathfrak{A}}$ von $\mathfrak{A}$ ausgewählt worden ist.

Die Relationen, um die es geht, sollen *verschmierte* oder *approximative intertheoretische Relationen* (abgek.: „a.i.R.") heißen. Eine a.i.R. ϱ ist eine Relation zwischen A.-Theorie-Elementen, also zwischen Tripeln $\langle K, \mathfrak{A}, I \rangle$ und $\langle K', \mathfrak{A}', I' \rangle$, wobei das gegenwärtige ϱ zum Unterschied vom exakten nicht nur die Elemente von M_p und M'_p miteinander in Beziehung setzt, sondern auch die von $\mathfrak{A}$ und $\mathfrak{A}'$ bzw. genauer: die Elemente der beiden Basen $\mathbf{U}$ und $\mathbf{U}'$.

D8-8 Eine Relation ϱ heißt eine *a.i.R.* in bezug auf zwei A.-Theorie-Elemente $T = \langle K, \mathfrak{A}, I \rangle$ und $T' = \langle K', \mathfrak{A}', I' \rangle$ gdw.
(1) $\varrho \subseteq (M_p \times \mathbf{U}) \times (M'_p \times \mathbf{U}')$;
(2) $\wedge x_1, x_2{}_{x_1, x_2 \in M_p} \wedge U \in \mathfrak{A} (\langle x_1, u(x_2; U) \rangle \in D_I(\varrho)$
$\to u(x_1; U) = u(x_2; U))$;
(3) $\wedge x'_1, x'_2{}_{x'_1, x'_2 \in M'_p} \wedge U' \in \mathfrak{A}' (\langle x'_1, u(x'_2; U') \rangle \in D_{II}(\varrho)$
$\to u'(x'_2; U') = u'(x'_1; U'))$.

Zunächst beachte man, daß ϱ geordnete Paare miteinander verknüpft, wobei das eine Glied eines solchen Paares ein potentielles Modell und das andere eine $\mathfrak{A}$- bzw. eine $\mathfrak{A}'$-Nachbarschaft eines potentiellen Modells ist. Durch die beiden Zusatzbestimmungen (2) und (3) wird gewährleistet, daß jeweils ein $x \in M_p$ bzw. ein $x' \in M'_p$ zusammen mit *seiner* U-Nachbarschaft betrachtet wird (und nicht zusammen mit der eines anderen Elementes aus M_p bzw. M'_p).

Durch jede a.i.R. ϱ im Sinne von D8-8 wird eine a.i.R. v_ϱ auf nichttheoretischer Stufe, also mit $v_\varrho \subseteq (M_{pp} \times \mathbf{V}) \times (M'_{pp} \times \mathbf{V}')$, induziert.

Der Sinn der obigen Definition ist folgender: Eine a.i.R. ϱ ordnet jedem potentiellen Modell x, zusammen mit einer U-Nachbarschaft dieses x, mindestens ein potentielles Modell x' von T', zusammen mit einer U'-Nachbarschaft von x', zu. Diese Nachbarschaften U und U' repräsentieren dabei jeweils bestimmte Unschärfegrade oder Verschmierungen derjenigen potentiellen Modelle, deren Nachbarschaften sie sind. Man kann die Definition daher intuitiv so deuten, daß die intertheoretische Relation ϱ zwischen den potentiellen Modellen der beiden Theorien durch *eine Verschmierung der potentiellen Modelle auf beiden Seiten von ϱ* zustande kommt.

Häufig wird eine Änderung des Unschärfegrades auf bloß einer Seite die Folge haben, daß die intertheoretische Relation ϱ nicht mehr besteht. Interessantere Fälle sind diejenigen, in denen das letztere nicht gilt. Hier hat nach erfolgter

Wahl eines potentiellen Modells eine beliebige Änderung des Unschärfegrades auf der einen Seite keinen Effekt auf das Bestehen von ϱ, und zwar ohne daß man den Unschärfegrad auf der anderen Seite ändert. Wenn z.B. unabhängig von dem auf der linken Seite benützten $u(x; U)$ ein spezielles $u'(x'; U')$ mittels ϱ dem x zugeordnet wird, so bedeutet dies, daß für das Vorliegen einer a.i.R. ϱ zwischen T und T' *nur die rechte Seite* verschmiert werden muß. Die Verschmierungen auf der linken Seite bilden dann höchstens eine ‚innertheoretische Angelegenheit' für T selbst und sind daher im gegenwärtigen Kontext, wo wir uns nur für intertheoretische Relationen interessieren, ohne Relevanz. Analoges gilt natürlich bei Vertauschung von „links" und „rechts".

Für eine formale Präzisierung dieser Überlegung wird der Gedanke benützt, daß z.B. eine Nachbarschaft $u(x; U)$, die für das Bestehen von ϱ ohne Relevanz ist, durch irgend eine andere $u(x; U_i)$ ersetzt werden kann, ohne daß dadurch das Vorliegen der a.i.R. ϱ beeinträchtigt würde.

D8-9 Eine a.i.R. ϱ beinhaltet (*höchstens*) *eine rechte Verschmierung* gdw gilt:
Für alle $x \in M_p$, $x' \in M'_p$,
ferner für alle $u(x; U_1)$, $u(x; U_2) \in \mathbf{U}$ und $u'(x'; U') \in \mathbf{U}'$:
wenn $\langle x, u(x; U_1) \rangle \varrho \langle x', u'(x'; U') \rangle$, dann
$\langle x, u(x; U_2) \rangle \varrho \langle x', u'(x'; U') \rangle$.

D8-10 Eine a.i.R. ϱ beinhaltet (*höchstens*) *eine linke Verschmierung* gdw gilt:
Für alle $x \in M_p$, $x' \in M'_p$, ferner für alle $u(x; U) \in \mathbf{U}$, $u'(x'; U'_1) \in \mathbf{U}'$ und $u'(x'; U'_2) \in \mathbf{U}'$:
wenn $\langle x, u(x; U) \rangle \varrho \langle x', u'(x'; U'_1) \rangle$, dann
$\langle x, u(x; U) \rangle \varrho \langle x', u'(x'; U'_2) \rangle$.

Diese Definitionen können bei Bedarf so abgewandelt werden, daß man eingeschränkte rechte bzw. linke Verschmierungen erhält, die nur für Teilklassen $X \subsetneq M_p$ bzw. $Y \subsetneq M'_p$ gelten, oder daß die fragliche Verschmierung nur *partielle* Modelle betrifft (für die durch ϱ induzierte Relation v_ϱ).

Wenn ϱ eine rechte Verschmierung beinhaltet, kann die komplizierte Formulierung „$\langle x, u(x; U) \rangle \varrho \langle x', u'(x'; U') \rangle$" zu der einfacheren Wendung „$x \varrho u'(x'; U')$" verkürzt werden; denn dadurch wird hinreichend zum Ausdruck gebracht, daß x in der ϱ-Beziehung zu einer bestimmten Verschmierung $u'(x'; U')$ von x' steht. Analog kann im Fall einer bestimmten linken Verschmierung „$u(x; U) \varrho x'$" geschrieben werden. Sofern es nicht einmal darauf ankommt, die in der Verschmierung benützte spezielle Nachbarschaft von x bzw. x' anzugeben, kann man die Symbolik noch weiter vereinfachen und „$x \varrho \tilde{x}'$" für eine *rechte* sowie „$\tilde{x} \varrho x'$" für eine *linke* Verschmierung schreiben. Ist ϱ eine a.i.R., die weder eine rechte noch eine linke, sondern eine beiderseitige Verschmierung beinhaltet, so soll einfach „$\tilde{x} \varrho \tilde{x}'$" geschrieben werden.

Zur Bezeichnung von Relationen, die auf einer um 1 höheren mengentheoretischen Stufe operieren, verwenden wir einen oberen Querstrich. Um auch Verschmierungen auf einer solchen höheren Stufe symbolisieren zu können, führen wir für beliebige $X \subset M_p$ die folgende Abkürzung ein:

$\mathfrak{A}(X) := \{u(x; U_i) | x \in X \wedge u(x; U_i) \in u(x)\}$.

(Man beachte, daß für ein und dasselbe $x \in X$ in $\mathfrak{A}(X)$ verschiedene Nachbarschaften $u(x; U_i)$ und $u(x; U_j)$ vorkommen.) Analog ist $\mathfrak{A}'(X')$ mit $X' \subset M'_p$ zu definieren.

So wie eine exakte intertheoretische Relation ϱ auf $M_p \times M'_p$ eine exakte intertheoretische Relation $\bar{\varrho}$ auf $Pot(M_p) \times Pot(M'_p)$ induziert, so induziert eine a.i.R. ϱ auf $(M_p \times \mathbf{U}) \times (M'_p \times \mathbf{U}')$ eine a.i.R. $\bar{\varrho}$ auf $(Pot(M_p) \times Pot(\mathbf{U})) \times (Pot(M'_p) \times Pot(\mathbf{U}'))$. Man kann dann analog zum früheren schreiben: $\langle X, U(X) \rangle \bar{\varrho} \langle X', U'(X') \rangle$; und eine rechte Verschmierung von $\bar{\varrho}$ kann, je nach Situation, mit „$X \bar{\varrho} U'(X')$" bzw. „$X \bar{\varrho} \widetilde{X}'$" bezeichnet werden etc.

Bei allen bisher betrachteten Fällen gingen wir davon aus, daß das Bestehen einer a.i.R. zwischen zwei potentiellen Modellen x und x' von den *speziell gewählten* Nachbarschaften abhängt, die für eine Verschmierung dieser (oder eines dieser beiden) Modelle verwendet werden.

Darüber hinaus müssen auch diejenigen, vor allem in physikalischen Theorien vorkommenden Fälle von approximativen intertheoretischen Relationen berücksichtigt werden, die ‚zur Exaktheit tendieren'. Das sind solche, die nicht bloß für eine spezielle Nachbarschaft, sondern *für jede zulässige Nachbarschaft* von x bzw. x' gelten. Streng genommen ist auch eine derartige Relation zwar bloß approximativ, aber sie ‚nähert sich' mit beliebigem zulässigen Unschärfegrad der Exaktheit. Knapper formuliert: die Relation ist *beinahe exakt*. Da dies auf beiden Seiten passieren kann, gelangen wir zu den folgenden beiden Definitionen:

D8-11 Eine a.i.R. ϱ ist *rechtsseitig beinahe exakt* gdw gilt:
Für alle $x \in M_p$, $x' \in M'_p$, ferner für alle $u(x; U) \in \mathbf{U}$, $u'(x'; U'_1) \in \mathbf{U}'$: Wenn $\langle x, u(x; U) \rangle \varrho \langle x', u'(x'; U'_1) \rangle$, dann besteht für jedes $U' \in \mathfrak{A}$ sowie für jedes $u'(x'; U')$ die Relation $\langle x, u(x; U) \rangle \varrho \langle x', u'(x'; U') \rangle$.

Abgekürzt soll dies „$x \varrho \widetilde{x}'$" heißen.

D8-12 Eine a.i.R. ϱ ist *linksseitig beinahe exakt* gdw gilt:
Für alle $x \in M_p$, $x' \in M'_p$, $u(x; U_1) \in \mathbf{U}$, $u'(x'; U') \in \mathbf{U}'$: Wenn $\langle x, u(x; U_1) \rangle \varrho \langle x', u'(x'; U') \rangle$, dann besteht für jedes $U \in \mathfrak{A}$ sowie für jedes $u(x; U)$ die Relation $\langle x, u(x; U) \rangle \varrho \langle x', u'(x'; U') \rangle$.

Die abgekürzte Schreibweise lautet diesmal: „$\widetilde{x} \varrho x'$". Wenn eine a.i.R. ϱ *beiderseitig beinahe exakt* ist, so schreiben wir „$\widetilde{x} \varrho \widetilde{x}'$".

Analog wie früher könnten auch diese Begriffe für spezielle Teilmengen von M_p und M'_p definiert bzw. durch ‚Projektion' auf M_{pp} und M'_{pp} für die nichttheoretische Ebene eingeführt werden. Ebenso findet eine natürliche Induktion auf die nächsthöhere theoretische Stufe statt, wodurch wir Relationen von der Gestalt $X \bar{\varrho} \widetilde{X}'$ und $\widetilde{X} \bar{\varrho} X'$ gewinnen.

Zusammenfassend sprechen wir in allen diesen Fällen von *beliebig verschärfbarer Approximation*. Die in 8.3 angeführten Verschmierungen können offenbar auch für die beliebig verschärfbare Approximation eingeführt werden. Beispiele seien etwa:

$x \approx y := \wedge U(U \in \mathfrak{A} \to \langle x, y \rangle \in U)$
$P(\tilde{x}) := \wedge U(U \in \mathfrak{A} \to \vee y(P(y) \wedge \langle x, y \rangle \in U))$.

Ersteres könnte man lesen als: „*x ist beinahe exakt gleich y*" (denn y liegt innerhalb jeder zulässigen Umgebung von x); das zweite könnte man so formulieren: „*P trifft beinahe genau auf x zu*" usw.

Die folgenden leicht beweisbaren Sätze geben an, wie die vier zuletzt eingeführten Begriffe zusammenhängen.

Th. 8-9 *Wenn eine a.i.R. ϱ höchstens eine linke Verschmierung beinhaltet, dann ist ϱ rechtsseitig beinahe exakt.*

Th. 8-10 *Wenn eine a.i.R. ϱ höchstens eine rechte Verschmierung beinhaltet, dann ist ϱ linksseitig beinahe exakt.*

MOULINES hat eine einfache Methode entwickelt, um die verschiedenen Falltypen und ihre Kombinationen übersichtlich darzustellen: Die linke Seite wird durch den Index 1 und die rechte Seite durch den Index 2 angegeben. Ein oberer Index soll dabei angeben, daß es sich um die theoretische Stufe handelt, während ein unterer Index die Anwendungsstufe betrifft. Für eine a.i.R. ϱ ergeben sich somit zunächst die folgenden ‚reinen' Möglichkeiten:

	links: 1	rechts: 2
theoretische Stufe	ϱ^1	ϱ^2
Anwendungsstufe I	ϱ_1	ϱ_2

Daraus können ‚gemischte' Fälle gebildet werden. So etwa bezeichnet ϱ_2^1 eine a.i.R., die eine linke Verschmierung auf der theoretischen Stufe und eine rechte Verschmierung auf der Anwendungsstufe beinhaltet. (Eine solche Relation erweist sich für die Fallstudie KEPLER-NEWTON als wichtig.)

(III) Approximative Reduktion

Auch für den Begriff (bzw. die Begriffe) der approximativen Reduktion ϱ eines Theorie-Elementes T auf ein anderes T' gelten die vier Adäquatheitsbedingungen von Kap. 4.1, die wir der Vollständigkeit halber nochmals kurz anführen:

(1) $\varrho \subseteq M_p \times M_p'$;
(2) die Umkehrung ϱ^{-1} ist eine mehr-eindeutige Funktion;
(3) die Gesetze der reduzierten Theorie folgen in dem Sinne aus denen der reduzierenden, daß gilt:
   $\langle x, x' \rangle \in \varrho \wedge x' \in M' \to x \in M$;
(4) die intendierten Anwendungen I und I' stehen in der durch ϱ induzierten nicht-theoretischen Entsprechungsrelation γ_ϱ.

Eine die Bedingungen (1) und (2) erfüllende Relation soll wieder *Quasi-Reduktion von T auf T'* heißen. Die durch ϱ (im Sinn von Abschnitt 8.2) induzierte Reduktion auf nicht-theoretischer Ebene heiße wiederum γ_ϱ. Und für elementare Aussagen, in denen die analogen Aussagen auf einer um 1 höheren mengentheoretischen Stufe angewendet werden, schreiben wir diesmal z.B. wieder: $\langle X, X'\rangle \in \bar\varrho$, $\langle Y, Y'\rangle \in \bar\gamma_\varrho$ usw. (vgl. D4-2).

Ferner treffen wir die beiden folgenden symbolischen Vereinbarungen: Wenn H ein Kern ist, so soll die Verschmierung $\tilde H$ von H genau die beiden theoretischen Komponenten M und C betreffen. Ferner sei $\bar\varrho^{-1}(H'_0) \subseteq H$ eine Abkürzung der längeren Formel:

$$\wedge X, X' [\langle X, X'\rangle \in \bar\varrho \wedge X' \in Pot(M'_0) \cap C'_0 \to X \in Pot(M) \cap C].$$

Wegen der folgenden Fallstudie beschränken wir uns auf den Fall einer approximativen ϱ^1_2-Reduktion. σ sei die Spezialisierungsrelation im Sinn von Kap. 2.

D8-13 $T = \langle K, \mathfrak{A}, I\rangle$ und $T' = \langle K', \mathfrak{A}', I'\rangle$ seien zwei A.-Theorie-Elemente. Dann ist
$$\langle T, \varrho, T', I'_0\rangle$$
eine *approximative ϱ^1_2-Reduktion von T auf T' in I'_0* gdw gilt:[3]
(i) ϱ ist eine Quasi-Reduktion von T auf T';
(ii) $I'_0 \subseteq I'$;
(iii) $\wedge H[H\sigma K \wedge I \subseteq \mathbb{A}(H) \to \vee H'_0 (H'_0 \sigma K' \wedge I'_0 \subseteq \mathbb{A}(H'_0) \wedge \bar\varrho^{-1}(H'_0) \subseteq \tilde H)]$;
(iv) $\langle I, \tilde I'_0\rangle \in \bar\gamma_\varrho$.

Intuitive Erläuterung: Wie im Fall der strikten Reduktion sei T die ‚weniger entwickelte' oder ‚schwächere' Theorie, die auf die ‚entwickeltere' oder ‚reichere' Theorie zu reduzieren ist. T soll dabei T' approximieren; doch soll sich diese Approximation, was die Anwendungen betrifft, nur auf einen ‚echten' Teilbereich I'_0 der intendierten Anwendung I' von T' beziehen. Anschaulich gesprochen: Die Theorie T' besitzt mehr Anwendungen als die Theorie T. I'_0 ist derjenige Bereich, für den sowohl T als auch T' ‚Erklärungen liefern'. Aber einerseits ist I'_0 bloß ein Teilbereich von I', was (ii) besagt, während I'_0 andererseits in einer ϱ-Entsprechung zum *ganzen* Bereich I steht, was einen Teil des Inhaltes von (iv) bildet. Der andere Teil von (iv) besagt, daß I und I'_0 nicht in einer exakten Entsprechung zueinander stehen, sondern bloß in einer approximativen Entsprechung vom ϱ^1_2-Typ, bei der I'_0 verschmiert ist.

Zum genauen Verständnis der Bedingung (iii) schreiben wir die Formel, als deren Abkürzung $\bar\varrho^{-1}(H'_0) \subseteq H$ dient, ausführlich hin; sie lautet:

$$\wedge X, X' [\langle X, X'\rangle \in \bar\varrho \wedge X' \in Pot(M'_0) \cap C'_0 \to X \in Pot(M) \cap C].[4]$$

---

[3] Damit der Symbolismus nicht zu unübersichtlich wird, lassen wir im Definiens den oberen und unteren Zahlenindex am „ϱ" fort.
[4] Hierbei sind M und C Komponenten von H und M'_0 sowie C'_0 Komponenten von H'_0.

Der unter Verwendung der Approximations-Schlange formulierte Ausdruck

$$\bar{\varrho}^{-1}(H'_0) \subseteq \tilde{H}$$

ist damit eine Abkürzung für

$$\wedge X, X'[\langle X, X'\rangle \in \bar{\varrho} \wedge X' \in Pot(M'_0) \cap C'_0 \to X \in \overline{Pot(M) \cap C}].$$

Das Konsequens dieses Konditionalsatzes hat die allgemeine Form:

$$a_0 \in \tilde{A}.$$

Dies bedeutet nach der Approximationslogik:

(a) $\vee B(A \sim B \wedge a_0 \in B)$.

$A \sim B$ wiederum bedeutet:

$$\wedge x \in A \vee y \in B(x \sim y) \wedge \wedge y \in B \vee x \in A(x \sim y).$$

Somit erhalten wir aus (a) durch Abschwächung:

(b) $\vee B(a_0 \in B \wedge \wedge y \in B \vee x \in A(x \sim y))$.

Daraus folgt durch Existenz- und Allquantorbeseitigung:

$$\vee x(x \in A \wedge x \sim a_0).$$

Setzt man nun a_0 gleich X und A gleich $Pot(M) \cap C$, so erhält man aus $X \in \overline{Pot(M) \cap C}$

$$\vee X^*(X^* \in Pot(M) \cap C \wedge X^* \sim X)$$

und damit insgesamt

$$\wedge X, X'[\langle X, X'\rangle \in \bar{\varrho} \wedge X' \in Pot(M'_0) \cap C'_0 \to$$
$$\vee X^*(X^* \in Pot(M) \cap C \wedge X^* \sim X)].$$

(iii) impliziert also: Jede für I erfolgreiche Spezialisierung H des Kerns von T hat in dem Sinn ein für I'_0 erfolgreiches *approximatives* Bild H'_0 in T', daß die für die T-Spezialisierung geltenden Axiome (und Querverbindungen) gemäß der Adäquatheitsbedingung (3) aus den für die entsprechende T'-Spezialisierung geltenden Axiome (und Querverbindungen) folgen. Der obere Index 1 an ϱ_2^1 zeigt an, daß die Approximation auf der theoretischen Stufe die *zu reduzierende* Theorie betrifft.

Sofern man am Fall der *beliebig verschärfbaren ϱ_2^1-Approximation* interessiert ist, hat man in D8-13 bloß den Operator $\sim$ an beiden Stellen seines Vorkommens durch den Operator $\approx$ zu ersetzen.

(IV) Der Kepler-Newton-Fall

E. Scheibe lieferte in [Erklärung] eine sorgfältige Detailanalyse der Beziehung zwischen der Keplerschen Theorie der Planetenbewegung und der

Gravitationstheorie von NEWTON. Diese Untersuchung ist in dem Sinn *ganz konkret*, als sie sich nicht auf ein vorher formuliertes allgemeines Konzept intertheoretischer Relationen stützt. Gerade deshalb eignet sie sich besonders gut dafür, die Adäquatheit eines derartigen Konzeptes zu überprüfen. Gemäß unserer Terminologie ist SCHEIBES Analyse in mikrologischer Denkweise abgefaßt. MOULINES hat sich bemüht, die von SCHEIBE formulierten Bedingungen in die strukturalistisch-makrologische Denkweise zu übersetzen und das dabei gewonnene Resultat für eine Adäquatheitsbeurteilung von D 8-13 zu verwerten. Unabhängig davon liefert diese Fallstudie eine Veranschaulichung des etwas abstrakten Begriffsapparates der approximativen Reduktion.

Im Gegensatz zu einer in vielen Lehrbüchern geäußerten Meinung handelt es sich bei den Theorien von KEPLER und von NEWTON um zwei unterschiedliche Theorien, die nicht nur verschiedene empirische Gesetzmäßigkeiten enthalten, sondern andersartige begriffliche Strukturen auf theoretischer Ebene aufweisen. Gemäß der in [View] eingeführten Terminologie sind diese beiden Theorien *theoretisch inkommensurabel*. Es ist daher zu erwarten, daß das Studium ihres Verhältnisses zueinander einen Beitrag zur Lösung gewisser Aspekte des Inkommensurabilitätsproblems liefert. Die Inkommensurabilität ist allerdings, das sei bereits jetzt erwähnt, keine totale: die nicht-theoretischen Strukturen der beiden Theorien, nämlich die kinematischen Beschreibungen von Partikelsystemen, sind von *gleicher* Art. Die Verschiedenartigkeit beschränkt sich also auf die theoretischen Superstrukturen der beiden Theorien.

Wir werden folgendermaßen vorgehen: In (i) werden die die beiden Theorien ausdrückenden mengentheoretischen Prädikate (im Sinn von P. SUPPES) definiert, wodurch die beiden Modellklassen festgelegt sind. In (ii) werden die benützte Uniformität sowie die Approximationskonventionen formuliert. (iii) enthält die strukturalistische Übersetzung der Analyse von SCHEIBE nach MOULINES und (iv) hat die Rekonstruktion der Kepler-Newton-Relation als einer ϱ_2^1-Approximation zum Inhalt.

(i) *Kepler-System und Newtonsches Gravitationssystem*

D8-14 x ist ein *Keplersystem* gdw gilt:
Es gibt P, T, s, μ, so daß
(1) $x = \langle P, T, s, \mu \rangle$;
(2) P ist eine endliche, nichtleere Menge;
(3) T ist ein Intervall aus $\mathbb{R}$;
(4) $s: P \times T \to \mathbb{R}^3$; $D_t^2 s$ existiert für alle $t \in T$ (d.h. s ist eine Funktion von $P \times T$ in $\mathbb{R}^3$, so daß s bezüglich des zweiten Argumentes allgemein, nämlich für alle $t \in T$, zweifach differenzierbar ist);
(5) $\mu: P \to \mathbb{R}$ (d.h. μ ist eine Funktion von P in $\mathbb{R}$);
(6) $\vee p_0 \in P \wedge t \in T$:
 (a) $\mu(p_0) > 0 \wedge D_t^2 s(p_0, t) = 0$;
 (b) $\wedge p [p \neq p_0 \to$
  (b_1) $\mu(p) = 0$,

(b$_2$) $D_t^2 s(p,t) = -\mu(p_0) \cdot (s(p,t) - s(p_0,t)) \cdot |s(p,t) - s(p_0,t)|^{-3}$,
(b$_3$) $\frac{1}{2}|D_t s(p,t) - D_t s(p_0,t)|^2 - \mu(p_0) \cdot |s(p,t) - s(p_0,t)|^{-1} < 0]$.

Intendierte Deutungen: P ist eine Menge von Partikeln, die im vorliegenden Fall mit endlich vielen Himmelskörpern identifiziert werden. T ist ein Zeitintervall, s ist die Ortsfunktion und μ die sogenannte Kepler-Konstante. (6) enthält eine moderne Fassung der Keplerschen Gesetze. p_0 ist die ‚Sonnenpartikel'.

Die Klasse aller mengentheoretischen Strukturen $\langle P, T, s, \mu \rangle$, welche D8-14 erfüllen, ist die Menge $M(Kep)$ der Modelle von Keplers Theorie. $M_p(Kep)$ ist die Klasse aller Strukturen, welche die Bedingungen (1) bis (5) von D8-14 erfüllen. Die Theorie selbst nennen wir T_{Kep}. Der einzige T_{Kep}-theoretische Begriff ist μ. Die Klasse $M_{pp}(Kep)$ aller partiellen potentiellen Modelle von T_{Kep} ist daher identisch mit der Klasse der Strukturen $\langle P, T, s \rangle$, welche den Bestimmungen (1) bis (4) von D8-14 genügen.

D8-15 x ist ein *Newtonsches Gravitationssystem* gdw gilt:
Es gibt P, T, s, m, f, so daß
(1) $x = \langle P, T, s, m, f \rangle$;
(2) P ist eine endliche, nichtleere Menge;
(3) T ist ein Intervall aus $\mathbb{R}$;
(4) $s: P \times T \to \mathbb{R}^3$; $D_t^2 s$ existiert für alle $t \in T$ (vgl. (4) von D8-14);
(5) $m: P \to \mathbb{R}^+$ (d.h. m ist eine Funktion von P in $\mathbb{R}^+$);
(6) $f: P \times T \times \mathbb{N} \to \mathbb{R}^3$, wobei für alle $p \in P$ und für alle $t \in T$ die Summe $\sum_{i \in \mathbb{N}} f(p,t,i)$ absolut konvergent ist;

(7) $\wedge p \in P \wedge t \in T \left(\sum_{i \in \mathbb{N}} f(p,t,i) = m(p) \cdot D_t^2 s(p,t) \right)$;

(8) $\vee G \in \mathbb{R} \wedge p \in P \wedge t \in T$:
$$f(p,t,i) = -G \cdot \sum_{\substack{q \in P \\ q \neq p}} \frac{m(p) \cdot m(q) \cdot (s(p,t) - s(q,t))}{|s(p,t) - s(q,t)|^3}.$$

(Für alle $j \neq i$ habe f den Wert 0. (8) ist insofern unvollständig, als hierdurch keine Angabe darüber erfolgt, wie i zu spezifizieren ist. Dafür gibt es verschiedene Möglichkeiten.)

Die Theorie heiße T_{New}. Die Klasse aller Strukturen $\langle P, T, s, m, f \rangle$, welche D8-15 erfüllen, ist die Menge $M(New)$ der Modelle von T_{New}. $M_p(New)$ ist die Klasse aller Strukturen, welche D8-15, (1)–(6) erfüllen. Die beiden T_{New}-theoretischen Begriffe sind m und f. Daher ist die Klasse $M_{pp}(New)$ identisch mit der Klasse aller mengentheoretischen Strukturen $\langle P, T, s \rangle$, welche D8-15, (1) bis (4) erfüllen. Wie der Vergleich mit der vorigen Definition sofort lehrt (die Bestimmungen (2) bis (4) sind miteinander identisch!), gilt:

$M_{pp}(Kep) = M_{pp}(New)$.

Da es sich um eine Beschreibung kinematischer Prozesse handelt, soll diese Menge einheitlich mit „*Kin*" bezeichnet werden.

Querverbindungen sollen der Einfachheit halber weggelassen werden. (Es könnte z.B. die Identitätsquerverbindung für μ und m hinzugefügt werden, was an der Art des Vergleichs nichts ändern und nur die Rechenarbeit komplizieren würde.)

Der Kern der Theorie T_{Kep} heiße *Kep* und der Kern von T_{New} werde *New* genannt. Es gilt: $Kep = \langle M_p(Kep), Kin, M(Kep) \rangle$ und $New = \langle M_p(New), Kin, M(New) \rangle$.

Die intendierten Anwendungen von T_{Kep} seien I_{Kep}; und die von T_{New} seien I_{New}. Es ist sowohl $I_{Kep} \subsetneq Kin$ als auch $I_{New} \subsetneq Kin$.

Es werden noch zwei Postulate hinzugefügt. Das erste wird von Scheibe übernommen. Es enthält die historisch gerechtfertigte Annahme, daß I_{Kep} nur Kinematiken von zwei Partikeln enthält. Mit „$|\ |$" als Kardinalzahloperator erhalten wir:

P1 Für alle $y \in I_{Kep}$: $|P_y| = 2$.

Das zweite Postulat besagt, daß alle intendierten Anwendungen der Theorie T_{New} das zweite Newtonsche Gesetz sowie das Gravitationsgesetz erfüllen:

P2 $I_{New} \subseteq r^1[M(New)]$.

Wir beschließen diesen Punkt mit folgender erläuternder Bemerkung: Die gesamte Theorie von KEPLER besteht aus dem einzigen Theorie-Element $T_{Kep} = \langle Kep, I_{Kep} \rangle$. Spezialisierungen gibt es keine, so daß hier das ganze Netz zu einem einzigen Element ‚degeneriert'. Anders steht es mit der Newtonschen Mechanik. Sie bestand zwar zu verschiedenen Zeitpunkten aus sehr umfassenden Netzen. Für den gegenwärtigen Zweck genügt es aber, ein einziges Element daraus zu betrachten, nämlich $T_{New} = \langle New, I_{New} \rangle$. (Dies zeigt übrigens, daß es für intertheoretische Vergleiche historisch vorliegender Theorien selbst dann nicht immer erforderlich ist, ganze Netze zu vergleichen, wenn solche vorliegen.)

(ii) *Festlegung der Uniformität $\mathfrak{A}$ und der Approximationskonventionen*

Eigentlich würde man erwarten, daß die beiden betrachteten Theorien in einem zweiten Schritt als *A.-Theorie-Elemente*, also etwa als zwei Tripel $\langle Kep, \mathfrak{A}_1, I_{Kep} \rangle$ und $\langle New, \mathfrak{A}_2, I_{New} \rangle$ rekonstruiert werden. Doch so werden wir nicht vorgehen, sondern auch diese Aufgabe weiter vereinfachen. Erstens interessieren uns im gegenwärtigen Kontext nicht etwaige innertheoretische Gründe für die Einführung von Uniformitäten. Zweitens können wir auch für unseren intertheoretischen Zweck von der speziellen Gestalt der Uniformitäten auf T-theoretischer Stufe absehen, da die folgende Annahme genügt: Diese Uniformität induziert auf der (gemeinsamen!) nicht-theoretischen Stufe eine Uniformität $\mathfrak{B} \subseteq Pot(Kin \times Kin)$, die zu jedem $\varepsilon \in \mathbb{R}^+$ ein Element V_ε enthält, so daß $\langle y, y' \rangle \in V_\varepsilon$ gdw für alle $p \in P_y \cap P_{y'}$ und für alle $t \in T_y \cap T_{y'}$:

$$|s_y(p, t) - s_{y'}(p, t)| < \varepsilon.$$

(Die Klasse $\mathfrak{B}$ kann definiert werden als

$\mathfrak{B} := \{V \in Pot(Kin \times Kin) | \vee \varepsilon(\varepsilon > 0 \wedge V_\varepsilon \subseteq V)\}$.)

Bezugnehmend auf diese Unschärfemengen kann man weiter definieren:

$(I_{New})_\varepsilon := \{y | \vee y' \ (y' \in I_{New} \wedge \langle y, y' \rangle \in V_\varepsilon)\};$
$(I_{Kep})_\varepsilon := \{y | \vee y' \ (y' \in I_{Kep} \wedge \langle y, y' \rangle \in V_\varepsilon)\}.$

Analoge Definitionen kann man für die Restriktionen der Modelle beider Theorien, also für $(r^1[M(New)])_\varepsilon$ und $(r^1[M(Kep)])_\varepsilon$, liefern. Die erste führen wir als Beispiel an:

$(r^1[M(New)])_\varepsilon := \{y | \vee y' \ (y' \in r^1[M(New)] \wedge \langle y, y' \rangle \in V_\varepsilon)\}$
$= \{y | \vee x \ (x \in M(New) \wedge \langle y, r^0(x) \rangle \in V_\varepsilon)\}.$

(iii) *Die Resultate der Analyse von E. Scheibe in strukturalistischer Übersetzung*

Wir kommen jetzt zu der von MOULINES gegebenen ‚Übersetzung' der Ergebnisse von Scheibe in die strukturalistische Sprechweise, (*Sch*1) bis (*Sch*3) genannt, wobei u. a. die bei Scheibe nicht explizit verwendete theoretisch – nicht-theoretisch – Dichotomie zu berücksichtigen ist.

(*Sch*1) $\wedge \varepsilon \in \mathbb{R}^+ : I_{Kep} \subseteq (I_{New})_\varepsilon$.

(*Sch*2) Es gibt eine Spezialisierung H_i von $M(New)$ (also: $H_i \sigma M(New)$), so daß für alle $\varepsilon > 0$ gilt:

$r^1(H_i) \subseteq r^1(M(Kep))_\varepsilon$.

(*Sch*3) Es gibt ein $\varepsilon > 0$, so daß

$I_{New} \setminus (I_{Kep})_\varepsilon \neq \emptyset$.

Anmerkung. Die Aussage (*Sch*1) entspricht der Bedingung (20) bei Scheibe, a.a.O. S. 114. Sie besagt, daß jede intendierte Anwendung der Theorie Keplers in eine beliebig kleine ε-Umgebung einer intendierten Anwendung von Newtons Theorie hineinfällt. (Man beachte, daß für jede Wahl von $\varepsilon > 0$ gemäß (ii) eine geeignete Unschärfemenge V_ε festgelegt ist.) Scheibes Ausdruck „$\mathfrak{S}_{New}$" wird dabei als die intendierte Teilmenge von $\{x \in M_{pp}(New) | \vee y \in M(New) \ (r^0(y) = x)\}$ interpretiert; analog $\mathfrak{S}_{Kep}$. Dabei kann gemäß (i) im ersten Fall $M_{pp}(New)$ und im zweiten Fall $M_{pp}(Kep)$ mit *Kin* gleichgesetzt werden.

(*Sch*2) entspricht den Bedingungen (21) und (22), a.a.O. S. 115. Die Art der Spezialisierung wird dort (unter der Voraussetzung von **P1**) in (23) und (24) angegeben. Wir kommen darauf bei der Formulierung von **P3** zurück.

Die Aussage (*Sch*3) beinhaltet eine (starke) Abschwächung einer informellen Bemerkung von Scheibe, wonach sogar die überwältigende Mehrheit der intendierten Anwendungen von Newtons Theorie nicht einmal ε-approximative intendierte Anwendungen der Theorie Keplers sind.

(iv) *Die Kepler-Newton-Beziehung als ein Spezialfall einer beliebig verschärfbaren ϱ_2^1-Approximation*

Das Vorgehen von MOULINES ist folgendes: Es soll gezeigt werden, daß das früher eingeführte Schema für intertheoretische Approximation auf den vorliegenden Fall aus dem ‚wirklichen Leben' anwendbar ist. Dazu werden die drei obigen Bedingungen (*Sch*1) bis (*Sch*3) aus dem Begriff der ϱ_2^1-Approximation hergeleitet. Dieser wird für den gegenwärtigen Fall durch das folgende Postulat festgelegt:

P3 $\langle T_{Kep}, \varrho_{KN}, T_{New}, I_0^N \rangle$ ist eine beliebig verschärfbare ϱ_2^1-Approximation von T_{Kep} auf T_{New} in I_0^N (vgl. D8-13), wobei ϱ_{KN} und I_0^N den Bestimmungen (**a**) und (**b**) genügen müssen:

(**a**) a_1) $\varrho_{KN} \subseteqq M_p(Kep) \times M_p(New)$;

a_2) für die durch ϱ_{KN} entsprechenden potentiellen Modelle gilt

$$m(p_0) \cdot \left(1 + \frac{m(p_1)}{m(p_0)}\right)^{-2} = \mu(p_0)$$

(dies ist identisch mit der ersten Formel (18) bei Scheibe, a.a.O. S. 114);

a_3) $\langle y_k, y_N \rangle \in \gamma_{\varrho_{KN}}$ gdw
$\vee x_K \vee x_N: x_K \in M(Kep) \wedge x_N \in M(New) \wedge y_K = r^0(x_K)$
$\wedge y_N = r^0(x_N) \wedge \langle x_K, x_N \rangle \in \varrho_{KN} \wedge y_K = y_N$;

(**b**) $I_0^N = r^1(E_0^N)$ für
$E_0^N := \{x \in M(New) | \; |P_x| = 2 \wedge b_1) \wedge b_2)\}$ mit

b_1) $\frac{1}{2} |D_t s_1 - D_t s|^2 - m_0 \left(1 + \frac{m_1}{m_0}\right)^{-2} \cdot |s_1 - s|^{-1} < 0$

(dies entspricht (23) bei Scheibe);

b_2) $\frac{m_1}{m_0} |s_1 - s| < \varepsilon$.

Erläuterung: Durch a_1) und a_2) wird ϱ_{KN} als eine Quasi-Reduktion zwischen den potentiellen Modellen der beiden Theorie-Elemente eingeführt, so daß also gilt: $rd(\varrho_{KN}, M_p(Kep), M_p(New))$. p_0 ist die ‚Sonnenpartikel', p_1 der Planet. (Nach **P1** werden nur zwei-Körper-Systeme betrachtet!) In a_3) wird die durch ϱ_{KN} induzierte Quasi-Reduktion eingeführt. Hier wird unter den angegebenen Bedingungen einfach Identität auf der nicht-theoretischen Ebene verlangt. Dies ist unproblematisch; denn es gilt $rd(\gamma_\varrho, M_{pp}(Kep), M_{pp}(New))$, wobei das zweite mit dem dritten Glied identisch ist (nämlich $= Kin$).

In (**b**) sind s_0 und s_1 die Ortskoordinaten der beiden Himmelskörper, m_0 und m_1 ihre Massen sowie s ihr Schwerpunkt. Die beiden Bestimmungen b_1) und b_2) wurden nur vollständigkeitshalber von Scheibe übernommen. Ihre genaue Gestalt spielt nämlich für das Folgende keine Rolle. Wesentlich ist nur, daß E_0^N eine Teilmenge von $M(New)$ ist.

Die Argumentation wird erleichtert, wenn man drei Hilfssätze voranstellt.

Hilfssatz 1 $I_0^N \subseteqq I_{New}$.

Der *Beweis* folgt unmittelbar aus P3, (b) sowie D8-13, (ii).

Hilfssatz 2 $\vee H_i^{New}(H_i^{New} \subseteq M(New) \wedge I_0^N \subseteq r^1(H_i^{New}) \wedge \bar{\varrho}_{KN}^{-1}(H_i^{New})$
$\subseteq \widetilde{M(Kep)})$.

Beweis nach P3 und D8-13, (iii) (letzteres unter Berücksichtigung von „≈"
statt „∼", da wir es nach P3 mit einem Fall von beliebig verschärfbare
Approximation zu tun haben).

Hilfssatz 3 $\langle I_{Kep}, \widetilde{\widetilde{I_0^N}} \rangle \in \bar{\gamma}_{\varrho_{KN}}$

Beweis nach P3 und D8-13, (iv).

Die zu beweisende Aussage ergibt sich aus der Konjunktion der folgenden drei Theoreme.

Th. 8-9 *Aus* **D8-13** *und* **P3** *folgt* (Sch1).

Beweis: (1) $\langle I_{Kep}, \widetilde{\widetilde{I_0^N}} \rangle \in \bar{\gamma}_{\varrho_{KN}}$ (nach Hilfssatz 3)

(2) $\wedge y_K \in I_{Kep} \vee y_N \in I_0^N : \langle y_K, \widetilde{y}_N \rangle \in \gamma_{\varrho_{KN}}$
        (aus (1) und Def. von $\gamma_{\varrho_{KN}}$)

(3) $\wedge y_K \in I_{Kep} \vee y_N \in I_0^N \wedge \varepsilon > 0 \vee y_N' \in I_{New}$:
$\langle y_K, y_N' \rangle \in \gamma_{\varrho_{KN}} \wedge \langle y_N, y_N' \rangle \in V_\varepsilon$
        (aus (2) nach Def. der beliebig verschärfbaren Approximation)

(4) $\wedge y_K \in I_{Kep} \vee y_N \in I_0^N \wedge \varepsilon > 0 : \langle y_N, y_K \rangle \in V_\varepsilon$
        (aus (3) und P3, (a), a₃), da dort γ als Identität konstruiert wurde)

(5) $\wedge y_K \in I_{Kep} \wedge \varepsilon > 0 : y_K \in (I_{New})_\varepsilon$
        (aus (4) nach Hilfssatz 1 und Def. von $(I_{New})_\varepsilon$)

(6) $\wedge \varepsilon > 0 : I_{Kep} \subseteq (I_{New})_\varepsilon$ (nach (5))

Th. 8-10 *Aus* **D8-13** *und* **P3** *folgt* (Sch2).

Beweis:

(1) $\vee H_i^{New}(H_i^{New} \subseteq M(New) \wedge I_0^N \subseteq r^1(H_i^{New}) \wedge \bar{\varrho}_{KN}^{-1}(H_i^{New}) \subseteq \widetilde{M(Kep)})$
    (nach Hilfssatz 2)

H_0^N sei ein solches H_i^{New}, dessen Existenz hier behauptet wurde. Uns interessiert nur das letzte Konjunktionsglied. Wir ‚projizieren' diese theoretische Aussage in der bekannten Weise auf die nicht-theoretische Ebene und erhalten:

(2) $\bar{\gamma}_{\varrho_{KN}}^{-1}(r^1(H_0^N)) \subseteq r^1(\widetilde{M(Kep)})$

(3) $r^1(H_0^N) \subseteq r^1(M(Kep))$ (aus (2) nach P3, (a), a₃), da $\gamma_{\varrho_{KN}}$ die Identität ist)

(4) $\wedge y_N \in r^1(H_0^N) \vee y_K \in I_{Kep} \wedge \varepsilon > 0 : \langle y_N, y_K \rangle \in V_\varepsilon$
        (aus (3) und der Def. der beliebig verschärfbaren Approximation)

(5) $\wedge y_N \in r^1(H_0^N) \wedge \varepsilon > 0: y_N \in (r^1(M(Kep)))_\varepsilon$
 (aus (4) u. Def. von „$(r^1(M(Kep)))_\varepsilon$")
(6) $\wedge \varepsilon > 0: r^1(H_0^N) \subseteq (r^1(M(Kep)))_\varepsilon$
 (Umformung von (5))

Durch Existenzquantifikation über H_0^N gewinnt man daraus (Sch2).

Th. 8-11 *Aus* **D8-13** *und* **P3** *folgt* (Sch3).

Wir geben hierfür nur den Grundgedanken des Beweises an und verweisen den Leser für die technischen Details auf MOULINES, [General Scheme], S. 143f.

Zu unserem verfügbaren Hintergrundwissen über die Theorie T_{New} gehört folgendes: Es gibt intendierte Anwendungen dieser Theorie, die zwei-Partikel-Systeme sind (etwa das System *Erde–Mond*) und die Teile einer ‚umfassenden' intendierten Anwendung bilden (etwa das System *Erde–Mond–Sonne*). Es sei y_N ein System der ersten und z_N eines der zweiten Art. Dann ist $y_N \in I_0^N$, da P_{y_N} die Kardinalität 2 hat, während für $z_N \in I_{New}$ wegen $P_{y_N} \subsetneq P_{z_N}$ die Kardinalität von P_{z_N} größer als 2 ist.

Nun wird von der folgenden wohlbekannten Tatsache der Mechanik Gebrauch gemacht: Man kann die Bahnen der Partikel eines zwei-Partikel-Systems ableiten und ebenso die Bahnen derselben Partikel, nachdem das System zu einem drei-Partikel-System erweitert worden ist; als Spezialgesetz gelte nur das Gravitationsgesetz. Dann weichen die Partikelbahnen in den beiden Fällen in einer nicht zu vernachlässigenden Weise voneinander ab. Formal erhalten wir:

(*) $\wedge p \in P_{y_N} \wedge t \in T_{z_N} \cap T_{y_N}: |s_{z_N}(p, t) - s_{y_N}(p, t)| \geq k$

für gegebenes $k > 0$.

Jetzt wird ein $\varepsilon < k/2$ und außerdem $y_K = y_N$ gewählt. Falls dieses $y_K \notin (I_{Kep})_\varepsilon$, ist der Beweis bereits beendet. Andernfalls leitet man für z_N, für das n.V. gilt: $z_N \in I_{New}$, aus der Annahme $z_N \in (I_{Kep})_\varepsilon$ einen Widerspruch zur Ungleichung (*) ab. In diesem Fall liefert also z_N ein Beispiel für ein Element von I_{New}, das kein Element von $(I_{Kep})_\varepsilon$ (für das oben gewählte ε) ist.

Mit diesen drei Theoremen Th. 8-9 bis Th. 8-11 ist gezeigt, daß die Kepler-Newton-Relation ein Fall von beliebig verschärfbarer ϱ_2^1-Approximation ist.

8.5 Ein Alternativverfahren der Behandlung intertheoretischer Approximationen

Alle bisherigen Überlegungen basierten auf dem von MOULINES entwickelten Verfahren zur Behandlung der Approximationsproblematik. In diesem Abschnitt soll als Alternative dazu diejenige Methode geschildert werden, die D. MAYR in seinen Arbeiten [Reduction I] und [Reduction II] benützte.

Den Unterschied zwischen den beiden Verfahren könnte man – auf rein intuitiver Ebene und daher nur schematisch – folgendermaßen charakterisieren: Für die bisher verwendete, auf MOULINES zurückgehende Methode ist es charakteristisch und wesentlich, daß mit dem in 8.3 eingeführten Begriff der *Verschmierung* gearbeitet wird. Dies hat die folgende Konsequenz: Wenn in einer Formel der Verschmierungsoperator „ ~ " oberhalb eines Mengensymbols auftritt, so führt die definitorische Elimination dieses Operators zu einer neuen Formel von etwas komplizierterem Aufbau. Die Struktur der ursprünglichen Formel wird jedenfalls zerstört. Bei der von MAYR verwendeten Methode hingegen benötigt man keine Verschmierungsoperation. Statt dessen wird hier mit einem Verfahren gearbeitet, das in der Mathematik – z.B. bereits bei der üblichen Konstruktion der reellen Zahlen – unter der Bezeichnung „*Vervollständigung von Räumen*" bekannt ist. Dieses Verfahren hat zwar den Vorteil, daß beim Übergang zur Approximation die ursprüngliche Struktur der Formel nicht geändert wird. Dieser Vorteil wird aber damit erkauft, daß man bei bestimmten strukturierten Mengen zu deren ‚Vervollständigung' übergehen muß.

Die beiden Methoden sind keineswegs *so* verschiedenartig, wie es auf den ersten Blick erscheinen mag. Die zweite Methode, welche man auch als den *topologischen Ansatz* bezeichnen könnte, unterscheidet sich von der ersten nämlich nur dadurch, daß sie ‚die zu approximierende Entität' stärker hervorkehrt. Damit ist folgendes gemeint: Wenn von Approximation die Rede ist, so wird zwar nicht notwendigerweise, aber doch meist vorausgesetzt, ‚daß es geeignete Entitäten gibt, die man approximieren kann'. Der Gedanke der Approximation legt es daher in natürlicher Weise nahe, bestimmte ‚ideale Objekte' zu postulieren, ‚zu denen hin' die Approximation erfolgt. Auch in dem bisher diskutierten Verfahren von MOULINES sind solche Objekte enthalten, wenn auch etwas versteckt. So etwa besagt „$\tilde{x} \in y$" dasselbe wie „$\vee z (z \sim x \wedge z \in y)$". In der eben benützten Sprechweise ist z, dessen Existenz hier gefordert wird, ein ideales Objekt, für das die fragliche Aussage, nämlich „$z \in y$", im ‚scharfen' Wortsinn gilt.

Der im folgenden skizzierte, von MAYR benützte topologische Ansatz macht diesen Punkt explizit. Es werden hier in einem ersten Schritt zunächst die idealen Objekte konstruiert und zwar mittels Vervollständigung geeigneter topologischer Räume. In einem zweiten Schritt finden dann diese ‚idealen Grenzmodelle' in eine ‚normale', d.h. nicht-approximative Reduktionsrelation Eingang.

Es wäre, zumindest zum gegenwärtigen Zeitpunkt, verfrüht und daher zwecklos, Betrachtungen darüber anzustellen, welches der beiden Verfahren dem anderen ‚objektiv überlegen' ist. Daher darf auch das im vorigen Absatz verwendete Wort „Vorteil" nicht entsprechend mißverstanden werden. Im einen wie im anderen Fall gelangen Standardverfahren zur Anwendung. Nur für einzelne Leser könnte sich ein Unterschied dadurch ergeben, daß sie zwar über das betreffende logische, nicht aber über das entsprechende mathematische Standardwissen (bzw. die dazu gehörige Routine) verfügen oder umgekehrt.

Wir versuchen zunächst, auf möglichst knappem Raum die zusätzlichen topologischen Begriffe einzuführen. Glücklicherweise brauchen wir dabei nicht von vorne anzufangen, da im Grunde nur eine bestimmte Verschärfung des in D8-1 eingeführten Begriffs der uniformen Struktur benötigt wird. Dieser Begriffsapparat wird dann dazu benützt, um einen wichtigen Beispielsfall zu erörtern, nämlich die approximative Reduktion der klassischen Partikelmechanik auf die speziell relativistische Mechanik. Zur Vermeidung unnötiger abstrakter Umwege soll der Begriff der approximativen Reduktion diesmal unmittelbar für diesen Beispielsfall definiert werden.

(I) Uniforme Hausdorff-Räume

In D 8-1 hatten wir den Begriff der Uniformität relativ auf M_p definiert. Im gegenwärtigen Kontext empfiehlt es sich, den abstrakteren Weg zu beschreiten und die entsprechenden topologischen Begriffe in voller Allgemeinheit zu definieren. (Zwecks Erleichterung der Orientierung in der topologischen Literatur werden wir gelegentlich auch weitere, dort übliche Alternativbezeichnungen anführen.) Da es sich dabei, wie erwähnt, ausschließlich um Standardbegriffe handelt, sollen die Definitionen nicht eigens numeriert werden.

Eine nicht leere Menge X, zusammen mit einer Uniformität $\mathfrak{U}$ auf X im Sinn von D 8-1, wird *uniformer Raum* $\mathfrak{R} = \langle X, \mathfrak{U} \rangle$ genannt. X heißt auch die Trägermenge dieses Raumes und $\mathfrak{U}$ uniforme Struktur oder Uniformität auf X. Die Diagonale $\Delta(X)$ von X sei wieder definiert durch: $\Delta(X) := \{\langle x, x \rangle | x \in X\}$. (Viele Topologen nennen dies übrigens nicht die Diagonale von X, sondern etwas korrekter die Diagonale von $X \times X$.) Als zusätzliche Bestimmung zu den früheren Merkmalen benötigen wir die Hausdorff-Eigenschaft. Ihrer Einführung schalten wir eine kurze Erläuterung voran.

Der übliche Begriff des topologischen Raumes reicht aus, um einen brauchbaren Begriff der Stetigkeit einer Funktion einzuführen. Anders verhält es sich mit dem Konvergenzbegriff. Zwar kann man auch diesen für beliebige topologische Räume definieren. Doch läßt sich damit in der Regel ‚nichts Vernünftiges anfangen‘, weil die Eindeutigkeit der Konvergenz nicht garantiert ist. Diese gilt erst in den speziellen topologischen Räumen, welche zusätzlich das Hausdorff-Axiom erfüllen, das besagt: Zu je zwei beliebigen Punkten x und y des Raumes gibt es disjunkte Umgebungen U_1 und U_2, so daß also $x \in U_1$, $y \in U_2$ und $U_1 \cap U_2 = \emptyset$. Die dieses zusätzliche Axiom erfüllenden Räume werden *Hausdorff-Räume* oder auch *separierte Räume* genannt.

Die Hausdorff-Eigenschaft läßt sich auf uniforme Räume übertragen. Dazu nennen wir die Elemente der uniformen Struktur $\mathfrak{U}$, die ja Teilmengen von $X \times X$ sind, wie üblich *Nachbarschaften*. (In 8.2 hatten wir dafür im Hinblick auf die von uns intendierten Verwendungen die Ludwigsche Bezeichnung „Unschärfemengen" benützt. Auch in den folgenden Anwendungen werden die Nachbarschaften den Charakter von Unschärfemengen nicht verlieren.) Wenn ein $U \in \mathfrak{U}$ sowie zwei Punkte $x, y \in X$ mit $\langle x, y \rangle \in U$ gegeben sind, so sagen wir, daß x und y *von der Ordnung U benachbart* oder *von der Ordnung U ähnlich* sind. Für einen vorgegebenen uniformen Raum kann gelten, daß zwei verschiedene Punkte x und y von *jeder* Ordnung benachbart sind. Dies ist offenbar genau dann der Fall, wenn der Durchschnitt sämtlicher Nachbarschaften das Paar $\langle x, y \rangle$ enthält, obwohl dieses Paar nicht auf der Diagonalen liegt (denn auf dieser liegen ja nur identische Punktepaare). Wenn man diese Möglichkeit verbietet, so hat man die Hausdorff-Eigenschaft auf uniforme Räume übertragen; denn dann gibt es in X keine zwei verschiedenen Punkte, die von beliebiger Ordnung benachbart sind. Diesen Gedanken kann man auch positiv ausdrücken, nämlich: Der Durchschnitt aller Nachbarschaften enthält nur solche Punktepaare, die auf der Diagonalen von X liegen. Da wir den Durchschnitt aller Nachbarschaften durch $\bigcap \mathfrak{U}$ ausdrücken können, läuft diese Zusatzforderung auf die Aussage $\bigcap \mathfrak{U} = \Delta(X)$ hinaus. Wir halten dies nochmals ausdrücklich fest in der folgenden Definition:

$\mathfrak{R}$ ist ein *uniformer Hausdorff-Raum* (oder ein *separierter uniformer Raum*) gdw es eine nicht leere Menge X und ein $\mathfrak{U}$ gibt, so daß $\mathfrak{R} = \langle X, \mathfrak{U} \rangle$ und die folgenden Bedingungen gelten:

(1) $\mathfrak{U} \subseteq Pot(X \times X)$;
(2) $\mathfrak{U} \neq \emptyset$;
(3) für alle U, V: wenn $U \in \mathfrak{U}$, $U \subseteq V$ und $V \subseteq X \times X$, dann ist $V \in \mathfrak{U}$;
(4) für alle U, V: wenn $U \in \mathfrak{U}$ und $V \in \mathfrak{U}$, dann ist $U \cap V \in \mathfrak{U}$;
(5) für alle $U \in \mathfrak{U}$ ist $\Delta(X) \subseteq U$;
(6) für alle $U \in \mathfrak{U}$ ist $U^{-1} \in \mathfrak{U}$;
(7) für jedes $U \in \mathfrak{U}$ gibt es ein $V \in \mathfrak{U}$, so daß $V^2 \subseteq U$;
(8) $\bigcap \mathfrak{U} = \Delta(X)$.

U^{-1} und V^2 sind dabei so zu verstehen, wie dies unmittelbar vor D8-1 erklärt worden ist. Der Vergleich mit D8-1 lehrt, daß die ersten sieben Bestimmungen mit den dortigen (für X statt M_p) identisch sind, während das Hausdorff-Axiom (8) neu hinzugekommen ist.

Im folgenden werden wir wiederholt vom Begriff des Filters Gebrauch machen. Es sei X eine nicht leere Menge und $\mathfrak{F} \subseteq Pot(X)$. $\mathfrak{F}$ ist ein *Filter auf X*, wenn $\emptyset \notin \mathfrak{F}$ und wenn $\mathfrak{F}$ zu je zwei Elementen auch deren Durchschnitt sowie zu jedem Element alle Obermengen dieses Elementes enthält. Eine nützliche Anwendung dieses Begriffs bilden die Umgebungen eines beliebigen Punktes x eines topologischen Raumes: das System der Umgebungen von x ist nicht leer; der Durchschnitt zweier solcher Umgebungen ist wieder eine Umgebung von x; und jede Obermenge einer Umgebung von x ist ebenfalls eine Umgebung von x. Die Gesamtheit der Umgebungen von x bildet also einen Filter, den Umgebungsfilter von x.

Häufig wird ein Filter aus einer *Filterbasis* $\mathfrak{F}_0$ erzeugt. Dies ist ein System von Teilmengen aus X, also $\mathfrak{F}_0 \subseteq Pot(X)$, so daß $\emptyset \notin \mathfrak{F}_0$ und der Durchschnitt von je zwei Elementen ebenfalls in $\mathfrak{F}_0$ liegt. Der durch diese Basis erzeugte Filter $\mathfrak{F}$ entsteht dadurch, daß man zu allen Elementen von $\mathfrak{F}_0$ auch deren Obermengen hinzunimmt. Ein häufig benütztes Beispiel für dieses Verfahren bilden die durch Folgen erzeugten Filter. Es sei etwa $(a_i)_{i \in \mathbb{N}}$ eine Folge von Elementen aus X. Wir betrachten das System $\mathfrak{E}$ aller *Endstücke* dieser Folge. $\mathfrak{E}$ besteht aus allen Mengen $E_k := \{a_n | n \geq k \text{ mit } k \in \mathbb{N}\}$. $\mathfrak{E}$ wird auch eine *Elementarfilterbasis* genannt; und der durch Hinzunahme aller Obermengen der E_k's entstehende Filter heißt ein *Elementarfilter*. Wenn die Folge vorgegeben ist, wie in unserem

Fall, sagt man auch, dieser Elementarfilter sei durch die Folge festgelegt. Dabei ist allerdings zu beachten, daß im allgemeinen verschiedene Folgen ein und denselben Filter festlegen können.

Wie schon erwähnt, ist auch die zu einem uniformen Raum gehörige uniforme Struktur $\mathfrak{A}$ stets ein Filter. Drei der Filtereigenschaften ergeben sich unmittelbar aus den obigen Definitionsbestandteilen (2) bis (4). Die Forderung $\emptyset \notin \mathfrak{A}$ ist nicht ausdrücklich erwähnt, da sie unmittelbar aus (5) folgt. (Wäre nämlich $\emptyset$ ein Element von $\mathfrak{A}$, so müßte danach die nicht leere Diagonale der nicht leeren Menge X in $\emptyset$ eingeschlossen sein, was natürlich unmöglich ist.) Eine uniforme Struktur ist somit ein Filter, der die zusätzlichen Eigenschaften (5)–(7) besitzt; und die zu einem Hausdorff-Raum gehörige uniforme Struktur ist ein Filter, der die vier zusätzlichen Merkmale (5)–(8) ausweist.

Wenn ein uniformer Raum $\mathfrak{R} = \langle X, \mathfrak{A} \rangle$ mit der Trägermenge X und der uniformen Struktur $\mathfrak{A}$ vorgegeben ist, so werden wir einen Filter auf X auch einen Filter *in* $\mathfrak{R}$ nennen. Wir definieren einen wichtigen Spezialfall eines derartigen Filters:

$\mathfrak{X}$ ist ein *Cauchy-Filter* in $\mathfrak{R} = \langle X, \mathfrak{A} \rangle$ gdw gilt:
(1) $\mathfrak{X} \subseteq Pot(X)$ und $\mathfrak{X} \neq \emptyset$ und $\emptyset \notin \mathfrak{X}$;
(2) für alle $U, V \in \mathfrak{X}$ ist $U \cap V \in \mathfrak{X}$;
(3) für alle U, V: wenn $U \in \mathfrak{X}$, $U \subseteq V$ und $V \subseteq X$, dann $V \in \mathfrak{X}$;
(4) zu jedem $U \in \mathfrak{A}$ gibt es ein $V \in \mathfrak{X}$, so daß $V \times V \subseteq U$.

Während die Bestimmungen (1) bis (3) bloß die Filtereigenschaften ausdrücken, liefert (4) das spezifische Merkmal von Cauchy-Filtern. Zur Verdeutlichung beschreiben wir diese Eigenschaft nochmals in anderer Weise. Dabei knüpfen wir an die oben eingeführte Wendung an, wonach bei Vorliegen von $\langle x, y \rangle \in U$ mit $U \in \mathfrak{A}$ gesagt wird, daß die beiden Punkte x und y von der Ordnung U benachbart sind. Eine Teilmenge A von X werde *klein von der Ordnung* U genannt, wenn jedes Paar von Punkten aus A Element von U ist oder kürzer: wenn $A \times A \subseteq U$. Schließlich werde von einem System $\mathfrak{M}$ von Teilmengen von X (also für $\mathfrak{M} \subseteq Pot(X)$) gesagt, daß $\mathfrak{M}$ *beliebig kleine Mengen* enthalte, wenn es zu jedem $U \in \mathfrak{A}$ ein $A \in \mathfrak{M}$ gibt, so daß A klein von der Ordnung U ist. (Man beachte, daß hier eine plausible Definition von „beliebig klein" eingeführt worden ist, obwohl wir überhaupt keine Metrik zur Verfügung haben.) Wenn wir bedenken, daß der Dann-Satz dieser Aussage nichts anderes besagt als $A \times A \subseteq U$, so erkennen wir sofort, daß nach (4) der Filter $\mathfrak{X}$ beliebig kleine Mengen enthält. Ein Cauchy-Filter im uniformen Raum $\mathfrak{R}$ ist also ein Filter auf dem Träger X dieses Raumes, der beliebig kleine Elemente aus $Pot(X)$ enthält.

Zwei Cauchy-Filter $\mathfrak{X}$ und $\mathfrak{X}'$ in $\mathfrak{R}$ werden *äquivalent* genannt, kurz: $\mathfrak{X} \sim \mathfrak{X}'$ gdw der Durchschnitt $\mathfrak{X} \cap \mathfrak{X}'$ ein Cauchy-Filter in $\mathfrak{R}$ ist. Für einen gegebenen Cauchy-Filter $\mathfrak{X}$ in $\mathfrak{R}$ bezeichnen wir mit $[\mathfrak{X}]$ die Äquivalenzklasse dieses Filters, d.h. die Menge aller Cauchy-Filter $\mathfrak{X}'$ in $\mathfrak{R}$, die mit $\mathfrak{X}$ äquivalent sind, für die also $\mathfrak{X} \sim \mathfrak{X}'$ gilt.

Wir hatten weiter oben den Umgebungsfilter eines Punktes als Beispiel eines Filters angeführt. Man kann Umgebungsfilter auch relativ auf einen gegebenen uniformen Raum $\mathfrak{R}=\langle X,\mathfrak{A}\rangle$ definieren. Der *Umgebungsfilter eines Punktes* $x\in X$ *bezüglich* $\mathfrak{A}$ ist die Klasse aller Mengen $\{y|\langle x,y\rangle \in U\}$ mit $U\in\mathfrak{A}$. (Um in dem mit diesem Begriffsapparat nicht vertrauten Leser keine Verwirrung zu stiften, sei ausdrücklich darauf hingewiesen, daß zwischen *Umgebungen* und *Nachbarschaften* der folgende wesentliche Unterschied besteht: Die Umgebungen eines Punktes sind selbst Mengen von *einzelnen Punkten*. Nachbarschaften hingegen sind Mengen von *Punktepaaren*. In unserem Fall liegt zunächst mit $\mathfrak{A}$ nur ein System von Nachbarschaften vor. Die eben geschilderte Methode zeigt, wie man mittels des Nachbarschaftsfilters $\mathfrak{A}$ für jeden Punkt x aus X einen Umgebungsfilter erzeugen kann: für vorgegebenes U bilde man die Menge aller Punkte y, so daß $\langle x,y\rangle \in U$; dies ist *eine* Umgebung von x. Indem man alle U aus $\mathfrak{A}$ durchläuft, gewinnt man auf diese Weise *sämtliche* Umgebungen von x, also den gesamten Umgebungsfilter von x. Analog kann man mit jedem anderen Punkt aus X verfahren.)

Die soeben gegebene Schilderung beschreibt übrigens bereits die Methode, wie man aus einem uniformen Raum einen topologischen Raum gewinnt. Doch werden wir davon keinen Gebrauch machen. Wer sich dafür interessiert, findet die genaue Beschreibung in SCHUBERT, *Topologie*, auf S. 103.

Als nächstes wenden wir uns dem Begriff der *Konvergenz von Filtern* zu. $\mathfrak{R}=\langle X,\mathfrak{A}\rangle$ sei wieder ein uniformer Raum. (Die Hausdorff-Eigenschaft fordern wir im Augenblick nicht.) Ein Filter $\mathfrak{F}$ in $\mathfrak{R}$ heißt *konvergent gegen* $x\in X$ gdw der Umgebungsfilter von x bezüglich $\mathfrak{A}$ eine Teilmenge des Filters $\mathfrak{F}$ ist. (Für den Fall, daß $\mathfrak{F}$ aus einer Filterbasis erzeugt wird, könnte das Definiens auch so formuliert werden, daß jedes Element des Umgebungsfilters von x ein Element dieser Filterbasis einschließt.) Dieser Konvergenzbegriff interessiert vor allem in Anwendung auf Cauchy-Filter.

Tatsächlich ist in einem uniformen Raum jeder konvergente Filter ein Cauchy-Filter. Ein uniformer Raum, in dem auch umgekehrt jeder Cauchy-Filter konvergiert, wird *vollständig* genannt. „Konvergenter Filter" und „Cauchy-Filter" sind in vollständigen Räumen also gleichwertige Begriffe. Ausdrücklich sei darauf hingewiesen, daß ein Cauchy-Filter nicht eindeutig gegen einen Punkt aus X zu konvergieren braucht. Diese Eindeutigkeit wird erst dann erzielt, wenn $\mathfrak{R}$ außerdem ein Hausdorff-Raum ist.

Den Begriff des Elementarfilters hatten wir bereits weiter oben eingeführt. Für $\mathfrak{R}=\langle X,\mathfrak{A}\rangle$ sei $(a_i)_{i\in\mathbb{N}}$ eine Folge in X (auch „Folge in $\mathfrak{R}$" genannt). Den *Elementarfilter dieser Folge*, abgekürzt: $EL(a_i)$, definieren wir gemäß der früheren Erläuterung wie folgt:

$EL(a_i):=\{A|\vee i_0\in\mathbb{N}$, so daß $\{a_j|j\geq i_0\}\subseteq A$ und $A\subseteq X\}$.

Dies drückt genau die früher geschilderte Intuition aus, wonach der Elementarfilter einer Folge aus den Endstücken dieser Folge sowie deren Obermengen besteht. Von den letzteren werden keine speziellen Eigenschaften verlangt, außer daß sie Teilmengen von X sind.

Neben dem Begriff des Cauchy-Filters benötigen wir noch den der Cauchy-Folge. Unter den verschiedenen Definitionsmöglichkeiten wählen wir die, welche der üblichen Definition in bezug auf rationale Zahlen am nächsten kommt. Danach ist $(a_i)_{i \in \mathbb{N}}$ eine *Cauchy-Folge* in $\Re = \langle X, \mathfrak{A} \rangle$ gdw $(a_i)_{i \in \mathbb{N}}$ eine Folge in X ist und wenn außerdem zu jedem $U \in \mathfrak{A}$ ein $i_0 \in \mathbb{N}$ existiert, so daß für alle $j, k \geq i_0$ gilt: $\langle x_j, x_k \rangle \in U$.

In der topologischen Literatur wird oft eine andere Definition benützt, nämlich: Eine Folge ist eine Cauchy-Folge, wenn der Elementarfilter dieser Folge ein Cauchy-Filter ist. Bei dieser Definition ist die von uns benützte Definitionsbedingung ein beweisbares Merkmal von Cauchy-Folgen. Die Gleichwertigkeit ist am leichtesten zu erkennen, wenn man die obige Feststellung benützt, daß ein Cauchy-Filter beliebig kleine Mengen enthält. Der Zusammenhang zwischen Cauchy-Folgen und Cauchy-Filtern ist bei dieser Alternativkonstruktion unmittelbar evident, bildet hingegen bei unserem Vorgehen einen zu beweisenden Satz, nämlich: Eine Folge $(a_i)_{i \in \mathbb{N}}$ ist genau dann eine Cauchy-Folge in $\Re$, wenn $EL(a_i)$ ein Cauchy-Filter ist.

Es sei $(a_i)_{i \in \mathbb{N}}$ eine Cauchy-Folge, so daß also der zugehörige Elementarfilter $EL(a_i)$ ein Cauchy-Filter ist. Weiter oben haben wir für Cauchy-Filter einen Äquivalenzbegriff eingeführt und den Übergang zur Äquivalenzklasse mittels eckiger Klammern ausgedrückt. An späterer Stelle werden wir diese eindeutig bestimmte Äquivalenzklasse mit „Z" bezeichnen, also: $Z := [EL(a_i)]$. Außerdem werden wir die Redeweise benützen, daß die Cauchy-Folge $(a_i)_{i \in \mathbb{N}}$ diese Klasse Z bestimmt.

Ein bekannter Lehrsatz aus der Theorie der uniformen Räume, für dessen Beweis nur die hier eingeführten Begriffe benötigt werden, besagt, daß sich jeder uniforme Raum zu einem vollständigen uniformen Raum ‚erweitern' läßt und daß in dem Fall, wo der Raum überdies separiert ist, dieser vervollständigte Raum bis auf Isomorphie eindeutig bestimmt ist. Genauer:

Th.8-12 (a) *Zu jedem uniformen Raum $\Re = \langle X, \mathfrak{A} \rangle$ existiert ein vollständiger uniformer Raum $\Re^*$, so daß X isomorph ist zu einer dichten Teilmenge des Trägers X^* von $\Re^*$.*

(b) *Zu jedem uniformen Hausdorff-Raum $\Re = \langle X, \mathfrak{A} \rangle$ gibt es einen bis auf Isomorphie eindeutig bestimmten, vollständigen uniformen Hausdorff-Raum $\Re^+ = \langle X^+, \mathfrak{A}^+ \rangle$, so daß X isomorph ist zu einer dichten Teilmenge von X^+.*

Für den Beweis vgl. SCHUBERT, *Topologie*, S. 126.

Bevor wir ein konkretes Beispiel behandeln, sei kurz beschrieben, wie sich dieser Begriffsapparat im strukturalistischen Rahmen verwerten läßt. Es seien M_p und M die beiden bekannten Mengen eines Theorie-Elementes T. (Die Querverbindungen vernachlässigen wir aus Gründen der Einfachheit.) *Diese beiden Mengen wählen wir als Träger uniformer Räume.* Die für den ersten Raum zu definierende uniforme Struktur nennen wir $\mathfrak{A}$, die für den zweiten zu definierende heiße $\mathfrak{A}_M$. Die Definitionen seien so geartet, daß *zwei uniforme Hausdorff-Räume* $\langle M_p, \mathfrak{A} \rangle$ und $\langle M, \mathfrak{A}_M \rangle$ entstehen. Die nach Th.8-12,(b) existierenden, eindeutig bestimmten Vervollständigungen dieser beiden Räume sollen mit $\langle M_p^+(\mathfrak{A}), \mathfrak{A}^+ \rangle$ und $\langle M^+(\mathfrak{A}_M), \mathfrak{A}_M^+ \rangle$ bezeichnet werden. Den Begriff der Vervollständigung übertragen wir auch auf das Theorie-Element $T = \langle M_p, M, I \rangle$. Und zwar sei dessen Vervollständigung: $T^+(\mathfrak{A}, \mathfrak{A}_M) := \langle M_p^+(\mathfrak{A}), M^+(\mathfrak{A}_M), I \rangle$. (Es sei noch darauf hingewiesen, daß $\mathfrak{A}_M$ in der Regel mit der Einschränkung von $\mathfrak{A}$ auf M identisch ist, so daß also $U \in \mathfrak{A}_M$ genau dann gilt, wenn es ein $V \in \mathfrak{A}$ gibt, so daß $U = V \cap (M \times M)$.)

(II) Approximative Reduktion der klassischen Partikelmechanik auf die speziell relativistische Mechanik

Für die Axiomatisierung der klassischen Partikelmechanik *KPM* stützen wir uns, wie bereits in II/2, auf McKinsey et al., [Classical Particle Mechanics], und für die speziell relativistische Mechanik *SRM* auf Rubin und Suppes, [Transformations].

D8-16 x ist ein *potentielles Modell von KPM* ($x \in M_p(KPM)$) gdw es P, T, s, m, f gibt, so daß
(1) $x = \langle P, T, \mathbb{R}^3, \mathbb{R}, s, m, f \rangle$;
(2) P ist eine endliche, nicht leere Menge;
(3) T ist ein offenes Intervall $T \subseteq \mathbb{R}$;
(4) $s: P \times T \to \mathbb{R}^3$ ist im zweiten Argument zweimal stetig differenzierbar;
(5) $m: P \to \mathbb{R}$ und für alle $p \in P$ gilt: $m(p) > 0$;
(6) $f: P \times T \times \mathbb{N} \to \mathbb{R}^3$ und für alle $p \in P$ und alle $t \in T$ ist $\sum_{i \in \mathbb{N}} f(p, t, i)$ absolut konvergent.

Die Funktion f faßt die verschiedenen Kraftkomponenten $f(\cdot, \cdot, i)$ für jedes $i \in \mathbb{N}$ zu einer einzigen Funktion zusammen. Eine Gleichung von der Gestalt „$f(p, t, i) = \langle \alpha_1, \alpha_2, \alpha_3 \rangle$" ist zu lesen als: „die i-te Kraft, die zur Zeit t auf das Teilchen p wirkt, ist gegeben durch den Vektor $\langle \alpha_1, \alpha_2, \alpha_3 \rangle$ in $\mathbb{R}^3$".

D8-17 x ist ein *Modell von KPM* ($x \in M(KPM)$) gdw gilt:
(1) $x = \langle P, T, \mathbb{R}^3, \mathbb{R}, s, m, f \rangle \in M_p(KPM)$;
(2) für alle $p \in P$ und alle $t \in T$: $m(p) \cdot \ddot{s}(p, t) = \sum_{i \in \mathbb{N}} f(p, t, i)$.

Gemäß der Bedingung (2) von D8-17 werden Modelle durch das zweite Newtonsche Axiom: „Kraft ist gleich Masse mal Beschleunigung" charakterisiert.

Diese beiden Definitionen entsprechen den drei Definitionen in II/2 auf S. 108–110. Dort wurden überdies die üblichen physikalischen Bezeichnungen eingeführt: Eine Entität, in der m und f fehlen und welche die ersten vier Bedingungen von D8-16 erfüllt, heißt *Partikelkinematik PK* (a.a.O. D1 auf S. 108); ein potentielles Modell von *KPM* heißt *Partikelmechanik PM* (a.a.O. D2 auf S. 109); und ein Modell wird eine *klassische Partikelmechanik KPM* genannt (a.a.O. D3 auf S. 110). Zwei unerhebliche Unterschiede sind die folgenden: Erstens haben wir hier die beiden Hilfsbasismengen $\mathbb{R}$ und $\mathbb{R}^3$ ausdrücklich mit aufgenommen. Zweitens haben wir diesmal darauf verzichtet, vektorielle Funktionen durch Fettdruck besonders hervorzuheben. Auf die in D8-16,(6) aufgenommene Forderung nach absoluter Konvergenz der fraglichen Folge könnte übrigens verzichtet werden.

Es folgen die beiden analogen Definitionen für *SRM*.

D8-18 x ist ein *potentielles Modell von SRM* ($x \in M_p(SRM)$) gdw es P, T, s, m, f und c gibt, so daß
(1) $x = \langle P, T, \mathbb{R}^3, \mathbb{R}, s, m, f, c \rangle$;
(2) P ist eine endliche, nicht leere Menge;
(3) T ist ein offenes Intervall $T \subseteq \mathbb{R}$;
(4) $s: P \times T \to \mathbb{R}^3$ ist im zweiten Argument zweimal stetig differenzierbar;
(5) $m: P \to \mathbb{R}$ und für alle $p \in P$ gilt: $m(p) > 0$;
(6) $f: P \times T \times \mathbb{N} \to \mathbb{R}^3$ und für alle $p \in P$ und alle $t \in T$ ist $\sum_{i \in \mathbb{N}} f(p, t, i)$ absolut konvergent;
(7) $c \in \mathbb{R}$ und $0 < c$.

D8-19 x ist ein *Modell von SRM* ($x \in M(SRM)$) gdw gilt:
(1) $x = \langle P, T, \mathbb{R}^3, \mathbb{R}, s, m, f, c \rangle \in M_p(SRM)$;
(2) für alle $p \in P$ und alle $t \in T$ gilt: $|\dot{s}(p, t)| < c$;
(3) für alle $p \in P$ und alle $t \in T$ gilt:

$$m(p) \frac{d}{dt} \left(\frac{\dot{s}(p, t)}{b} \right) = b \sum_{i \in \mathbb{N}} f(p, t, i),$$

wobei b folgendermaßen erklärt ist:

$$b := \sqrt{1 - \frac{|\dot{s}(p, t)|^2}{c^2}}.$$

Gegenüber den Strukturen der klassischen Partikelmechanik ergeben sich hier die folgenden Änderungen: Unter den Grundbegriffen tritt zusätzlich die Lichtgeschwindigkeit c auf. Für die Modelle wird gefordert, daß alle Geschwindigkeiten kleiner als c sind („*Geschwindigkeitsaxiom*" (2) von D8-19) sowie daß das Axiom (3) gilt. Letzteres könnte man als die „*relativistische Version des zweiten Newtonschen Axioms*" bezeichnen. Darin ist $m(p)$ die sog. *Ruhemasse* des Teilchens p und $m(p) \cdot \dot{s}(p, t) \cdot b^{-1}$ ist dessen *relativistischer Impuls*. Die linke Seite von (3) charakterisiert somit die Änderung des relativistischen Impulses des Teilchens nach der Zeit, d.h. die Kraft, die auf das Teilchen wirkt. Die Summe $\sum_{i \in \mathbb{N}} f(p, t, i)$, die auf der rechten Seite steht, ist die sogenannte *Minkowski-Kraft*, eine *relativistische Variante der Kraft*. Diese Variante wird vor allem wegen ihrer vorteilhaften Transformationseigenschaften benützt.

Für den Begriff der approximativen Reduktion gehen wir diesmal vom Reduktionsbegriff von ADAMS aus, der in dem Sinn schwächer ist als der Sneedsche, daß die Forderung weggelassen wird, wonach die Umkehrung der Reduktionsrelation eine Funktion sein muß. Wenn wir auf die zu Beginn von 8.4, (III) eingeführten Adäquatheitsbedingungen zurückgreifen, so bedeutet dies, daß wir die dortige Bedingung (2) einfach weglassen. Um in diesen Reduktionsbegriff den Approximationsgedanken mit einzubauen, greifen wir auf den Grundgedanken von D. MAYR zurück. Danach besteht zwischen T und T' genau dann eine approximative Reduktionsbeziehung, wenn sich T durch eine geeignete Reduktionsrelation ϱ auf die topologische Vervollständigung $T'(\mathfrak{A})$ reduzieren läßt, mit $\mathfrak{A}$ als einer vorgegebenen Uniformität auf der Menge M'_p.

Um dies genauer schildern und die Definition der approximativen Reduktion für den uns interessierenden Spezialfall explizit anschreiben zu können, müssen wir in einem vorbereitenden Schritt eine uniforme Struktur $\mathfrak{B}$ auf $M_p(SRM)$ und eine weitere uniforme Struktur $\mathfrak{B}_{SRM}$ auf $M(SRM)$ definieren.

D8-20 (A) Bestimmung der *uniformen Struktur* $\mathfrak{B}$ auf $M_p(SRM)$:
    (a) $U \in \mathfrak{B}_o$ gdw es ein $\varepsilon > 0$ gibt, so daß für alle x, y gilt: $\langle x, y \rangle \in U$ gdw
        (1) $x = \langle P, T, \mathbb{R}^3, \mathbb{R}, s, m, f, c \rangle$,
            $y = \langle P', T', \mathbb{R}^3, \mathbb{R}, s', m', f', c' \rangle$,
            $x, y \in M_p(SRM)$;
        (2) $P = P'$, $T = T'$, $m = m'$;
        (3) für alle $p \in P$ und alle $t \in T$:
            $|s(p, t) - s'(p, t)| < \varepsilon$;
        (4) für alle $p \in P$, alle $t \in T$ und alle
            $i \in \mathbb{N}$: $|f(p, t, i) - f'(p, t, i)| < \varepsilon$;
        (5) $|1/c - 1/c'| < \varepsilon$;
    (b) $U \in \mathfrak{B}$ gdw $U \subseteq M_p(SRM) \times M_p(SRM)$ und es gibt ein $U_0 \in \mathfrak{B}_0$, so daß $U_0 \subseteq U$.
(B) Bestimmung der *uniformen Struktur* $\mathfrak{B}_{SRM}$ auf $M(SRM)$: Vollkommen analog zur Definition von $\mathfrak{B}$, nur mit „$M(SRM)$" statt „$M_p(SRM)$".

Wie aus dieser Definition hervorgeht, werden die Nachbarschaften bzw. Ähnlichkeitsgrade U im wesentlichen durch reelle Zahlen $\varepsilon > 0$ gegeben. Dabei sind zwei potentielle Modelle vom Grad ε ähnlich, wenn erstens ihre Partikelmengen, Zeitintervalle und Massenfunktionen identisch sind ((A), (a)(2)), zweitens sich ihre Orts- und Kraftfunktionen höchstens um ε unterscheiden ((A),(a)(3) und (4)) und drittens die in beiden Strukturen auftretenden oberen Geschwindigkeitsschranken c und c' die Bedingung (a)(5) erfüllen.

Durch Nachrechnen[5] beweist man den folgenden Lehrsatz:

Th.8-13 $\langle M_p(SRM), \mathfrak{B} \rangle$ und $\langle M(SRM), \mathfrak{B}_{SRM} \rangle$ sind uniforme Hausdorff-Räume.

Wir definieren jetzt zunächst, im Einklang mit den Intuitionen von ADAMS und von MAYR, was es heißt, daß die klassische Partikelmechanik durch eine vorgegebene Relation auf die speziell relativistische Mechanik reduziert wird. Um die Situation bezüglich der intendierten Anwendungen zu vereinfachen, machen wir die informelle Annahme, daß die Relativitätstheorie als die ‚bessere' Theorie in dem Sinn ‚die Realität korrekter beschreibt als die klassische', daß

---

[5] Für die Bestimmung (7) in der Definition des uniformen Hausdorff-Raumes ist dabei die Dreiecksungleichung zu benützen.

Systeme mit beliebig hohen Geschwindigkeiten in der Wirklichkeit nicht anzutreffen sind, ganz im Einklang damit, daß beliebig hohe Geschwindigkeiten nach der Relativitätstheorie nicht realisierbar sind. Unter dieser Annahme können wir davon ausgehen, daß die intendierten Anwendungen der klassischen Theorie auch solche der relativistischen sind. Die die Reduktion bewirkende Relation wird, wie zu erwarten, als Teilmenge von $M_p(KPM) \times M_p^+(\mathfrak{B})$ gewählt.

D8-21 $T = \langle M_p(KPM), M(KPM), I(KPM) \rangle$ wird *durch ϱ auf $T' = \langle M_p'(SRM), M'(SRM), I'(SRM) \rangle$ approximativ reduziert*, wenn gilt:
(1) $\varrho \subseteq M_p(KPM) \times M_p^+(\mathfrak{B})$;
(2) für alle x, Z: wenn $\langle x, Z \rangle \in \varrho$ und $Z \in M^+(\mathfrak{B}_{SRM})$, dann ist $x \in M(KPM)$;
(3) $I(KPM) \subseteq I'(SRM)$.

Daß T auf T' approximativ reduzierbar ist, soll natürlich besagen, daß es eine diese Bedingung erfüllende Relation gibt.

Der entscheidende Teil dieser Definition ist offenbar die Bestimmung (2). Im Beweis des folgenden Reduzierbarkeitstheorems wird eine Relation, welche diese Bedingung erfüllt, tatsächlich definiert.

Th. 8-14 *Die klassische Partikelmechanik*
$KPM = \langle M_p(KPM), M(KPM), I(KPM) \rangle$ *ist approximativ reduzierbar auf die speziell relativistische Mechanik*
$SRM = \langle M_p(SRM), M(SRM), I(SRM) \rangle$.

Beweis: Da wir die Bedingung (3) von D8-21 als gegeben ansehen, kommt es darauf an, eine die Bedingung (1) von D8-21 erfüllende Relation ϱ^* zu definieren, welche außerdem die dortige Bestimmung (2) erfüllt. Wir definieren diese Relation wie folgt:
Für alle x, Z: $\langle x, Z \rangle \in \varrho^*$ gdw gilt:

(i) $x = \langle P, T, \mathbb{R}^3, \mathbb{R}, s, m, f \rangle \in M_p(KPM)$ und $Z \in M_p^+(\mathfrak{B})$ (mit $\mathfrak{B}$ im Sinn von D8-20);
(ii) es gibt eine Folge $(x_i)_{i \in \mathbb{N}}$ in $M_p(SRM)$ so daß
  (1) $(x_i)_{i \in \mathbb{N}}$ bestimmt Z;
  (2) für alle $i, j \in \mathbb{N}$ gilt;
    (a) wenn $x_i = \langle P_i, T_i, \mathbb{R}^3, \mathbb{R}, s_i, m_i, f_i, c_i \rangle$ und
    $x_j = \langle P_j, T_j, \mathbb{R}^3, \mathbb{R}, s_j, m_j, f_j, c_j \rangle$, dann $P_i = P_j = P$, ferner $T_i = T_j = T$ und $m_i = m_j = m$;
    (b) $c_i = i$;
    (c) für alle $p \in P$, alle $t \in T$ und alle $i \in \mathbb{N}$:
    $\lim_{i \to \infty} s_i(p, t) = s(p, t)$,
    $\lim_{i \to \infty} \dot{s}_i(p, t) = \dot{s}(p, t)$, $\lim_{i \to \infty} \ddot{s}_i(p, t) = \ddot{s}(p, t)$ und
    $\lim_{j \to \infty} f_j(p, t, i) = f(p, t, i)$.

Wir erinnern zunächst daran, daß die in (ii)(1) benützte Wendung in (I) für den Fall eingeführt worden ist, daß das Bestimmende eine Cauchy-Folge und Z die Äquivalenzklasse des durch diese Folge festgelegten Cauchy-Filters ist. Daß diese Bedingung (1) im vorliegenden Fall sinnvoll ist, ergibt sich aus (2); denn danach ist $(x_i)_{i\in\mathbb{N}}$ tatsächlich eine Cauchy-Folge, deren Glieder Elemente von $M_p(SRM)$ sind. (Die Wahl des Buchstaben „Z" für das Zweitglied der approximativen Reduktionsrelation wird damit nachträglich intuitiv verständlich; denn so hatten wir in (I) die fraglichen Äquivalenzklassen allgemein bezeichnet.)

Bevor wir den letzten Beweisschritt vollziehen, versuchen wir, uns kurz die Beziehung zwischen x und Z inhaltlich zu vergegenwärtigen: Diese beiden Entitäten stehen genau dann in der ϱ^*-Relation, wenn x, welches ein potentielles Modell von KPM ist, als ‚Grenzmodell' einer Z bestimmenden Cauchy-Folge $(x_i)_{i\in\mathbb{N}}$, mit potentiellen Modellen von SRM als Gliedern, konstruiert werden kann. (Dabei ist Z, intuitiv gesprochen, als Grenzwert einer Cauchy-Folge von speziell relativistischen Modellen zu denken, wie gleich gezeigt wird.) Der entscheidende Punkt beim Grenzübergang ist der, daß nach (ii)(2)(b) die Folge der c_i gegen ∞ geht. Nach (ii)(2)(a) sind alle Partikelmengen, Zeitintervalle und Massenfunktionen miteinander identisch und zwar auch mit denen von x. Schließlich sollen nach (ii)(2)(c) die Ortsfunktionen, Geschwindigkeiten, Beschleunigungen und Kraftfunktionen der Folge konvergieren, nämlich gegen die entsprechenden Funktionen von x. In einem gewissen Sinn kann somit sowohl das x als auch das Z in $\varrho^*(x,Z)$ als ‚Grenzmodell' der Cauchy-Folge von Modellen x_i betrachtet werden. Doch beide Male ist dieser Ausdruck „Grenzmodell" nur in einem metaphorischen Sinn zu verstehen, wenn auch jeweils aus einem ganz anderen Grund. Was die Entität x betrifft, so ist diese tatsächlich erstens ein Modell und zweitens ein Grenzwert der Folge von Modellen x_i. Der bloß metaphorische Charakter von „Grenzmodell" kommt dadurch zustande, daß es sich um Modelle *verschiedener* Theorien handelt: Während die x_i Modelle der reduzierenden Theorie T' sind, ist x ein Modell der reduzierten Theorie. (Ein Modell der zu reduzierenden Theorie wird also durch eine Modellfolge der reduzierenden Theorie approximiert.) Z wiederum, das ‚ideale Gegenstück' zu x in T', repräsentiert zwar als Äquivalenzklasse von Cauchy-Filtern intuitiv einen Grenzwert der dieses Z bestimmenden Cauchy-Folge von Gliedern x_i. Daß trotzdem auch dieses Z nur in einem metaphorischen Sinn als Grenzmodell aufgefaßt werden darf, liegt darin begründet, daß Z *überhaupt kein Modell* von T' ist, sondern erst durch topologische Vervollständigung der reduzierenden Theorie T' gewonnen wurde.

Wir haben noch nachzuweisen, daß gilt: wenn $\langle x, Z\rangle \in \varrho^*$ und $Z\in M^+(\mathfrak{B}_{SRM})$, dann ist $x\in M(KPM)$. Die beiden Bedingungen seien erfüllt. Aus der ersten Bedingung und der Definition von ϱ^* folgt, daß es eine Folge $(x_i)_{i\in\mathbb{N}}$ in $M_p(SRM)$ gibt, die Z bestimmt. Wir halten dies in der Symbolik von (I) ausdrücklich fest, nämlich: $Z=[EL(x_i)]$. Da $Z\in M^+(\mathfrak{B}_{SRM})$, sind daher alle x_i sogar Modelle, d.h. Elemente von $M(SRM)$. Dies bedeutet, daß für alle i (in abgekürzter Schreibweise) gilt:

$$m_i \cdot \frac{d}{dt}(b^{-1} \cdot \dot{s}_i) = b \cdot f_i.$$

Für i→∞ geht b wegen (ii)(2)(b) gegen 1, m_i wegen (ii)(2)(a) gegen m und $\dot{s}_i$ bzw. f_i wegen (ii)(2)(c) gegen $\dot{s}$ bzw. f. Also geht diese ganze Gleichung über in:

$$m \cdot \frac{d}{dt}\dot{s} = f, \text{ d.h. } m \cdot \ddot{s} = f.$$ Damit haben wir gezeigt, daß $x \in M(KPM)$, und der Beweis ist beendet.

Die Wahl der mathematisch weniger aufwendigen Methode für die Behandlung des ersten Beispielsfalls und der etwas aufwendigeren für den zweiten war natürlich willkürlich. Sie hätte auch umgekehrt ausfallen können. Zum gegenwärtigen Zeitpunkt ist die hier vorgeschlagene Reihenfolge, psychologisch gesehen, in einem Buch wissenschaftsphilosophischen Inhaltes vielleicht die zweckmäßigere.

(III) Bemerkung zu einer Kritik Quines am Begriff des Grenzwertes für Theorien von C. S. Peirce

QUINE kommt in [Wort], S. 54f., auf das Vorgehen von PEIRCE zu sprechen, Wahrheit mit Hilfe der idealen Theorie zu definieren, der man sich als einem Grenzwert nähert. Unter den verschiedenen Mängeln dieser Idee unterstreicht QUINE besonders die fehlerhafte Analogie zwischen Theorien und Zahlen; denn nur für Zahlen, nicht jedoch für Theorien sei der Grenzwertbegriff definiert.

Angenommen, jemand hätte unmittelbar nach Erscheinen dieses Buches von QUINE dazu folgendes gesagt: „In der Topologie ist es möglich, unter Zugrundelegung des Begriffs des Elementarfilters auch von der Konvergenz von Folgen solcher Entitäten zu sprechen, die weder Zahlen sind noch eine formale Ähnlichkeit mit Zahlen aufweisen"; und er hätte außerdem hinzugefügt: „Vielleicht wird es einmal möglich sein, diesen allgemeineren Begriff der Konvergenz auch für Theorien nutzbar zu machen." Dann hätte man ihm vermutlich entgegengehalten, daß zwar die erste Feststellung zutreffend sei, daß aber die daran geknüpfte Vermutung nicht mehr enthalte als ein phantastisches Stück spekulativer science fiction.

Inzwischen ist die Situation eine andere geworden, wie wir in (II) gesehen haben. Dafür braucht man keineswegs sämtliche Komponenten des neuen Theorienbegriffs zu akzeptieren. Falls man nur bereit ist, vom strukturalistischen Konzept die beiden Gedanken zu übernehmen, daß die für eine Theorie charakteristischen und damit wichtigsten Eigentümlichkeiten in den beiden Mengen M_p der potentiellen Modelle und M der Modelle zur Geltung kommen, kann man die soeben als Vermutung ausgesprochene Idee verwirklichen. Das Schema dieser Realisierung haben wir kennen gelernt: Man wähle diese beiden Mengen als Trägermengen eines Raumes und versehe sie mit geeigneten uniformen Strukturen $\mathfrak{A}$ und $\mathfrak{A}_M$. Dadurch erhält man uniforme Räume $\langle M_p, \mathfrak{A}\rangle$ sowie $\langle M, \mathfrak{A}_M\rangle$. Für diese Räume stehen uns die Begriffe des Cauchy-

Filters sowie der *Konvergenz* solcher Filter zur Verfügung. Falls es uns außerdem gelingt, die Strukturen auf solche Weise einzuführen, daß diese Räume überdies separierte Räume oder Hausdorff-Räume sind, so kann man das Verfahren der Einführung reeller Zahlen analogisieren, also zu den eindeutig bestimmten Vervollständigungen dieser Räume übergehen. In diesen ist dann sogar die *Eindeutigkeit* der Konvergenz garantiert.

Es könnte sich erweisen, daß eine Überlegung von dieser Art für die heutige Realismus-Debatte von Relevanz ist. Die sog. internen Realisten – so z.B. H. PUTNAM in [Vernunft], vgl. auch 10.1 – vertreten die Auffassung, die These des metaphysischen Realismus, wonach die Welt aus einer festen Gesamtheit geistesunabhängiger Objekte bestehe, sei unverständlich, also höchstens eine Metapher. Für sie selbst ergibt sich damit der Zwang zur Epistemologisierung der Wahrheit, die zu so etwas wird wie ‚begründete Behauptbarkeit'. Dabei wird zugleich zugestanden, daß man dem Relativismus nur dadurch entgeht, daß man die begründete Behauptbarkeit nicht auf die jeweiligen historischen Umstände, sondern auf ‚ideale Bedingungen' bezieht. Damit aber laufen sie Gefahr, von ihren Gegnern ihrerseits den Vorwurf zu hören, daß ihre Überlegungen in etwas einmünden, was sie dem metaphysischen Realismus zum Vorwurf machen, nämlich in eine Metapher. Denn im Grunde werde hier nichts anderes getan als mit dem Begriff der Theorie ‚an der idealen Grenze der Forschung' operiert, gegen den QUINE obigen Einwand vorbrachte.

Gestützt auf unsere Betrachtungen in (II), deren hier einschlägige Aspekte soeben nochmals hervorgehoben wurden, könnte die ‚internalistische Erwiderung' an die korrekte Übertragbarkeit des Grenzwertbegriffs auf theorienartige Entitäten anknüpfen. Dabei sollte man allerdings die Vertreter des internen Realismus vor einem vorzeitigen Frohlocken warnen. Denn von unserer Konstruktion vervollständigter uniformer Hausdorff-Räume mit Trägern M_p^+ und M^+ – zwecks Lösung des Problems der approximativen Reduktion – bis zur idealen Theorie im Sinn von PEIRCE ist noch ein sehr weiter und vielleicht überhaupt nicht beschreitbarer Weg. Zwei Schwierigkeiten seien angedeutet. Zunächst ist schon die Verwendung des bestimmten Artikels in der Rede von *der* idealen Theorie fragwürdig, nämlich angesichts der Möglichkeit von Fortschrittsgabelungen, die zumindest mit allen strukturalistischen Annahmen verträglich sind. Die einfachste Lösung dieses Problems bestünde darin, nicht mehr den bestimmten Artikel zu verwenden und statt dessen von idealen Theorien im Plural zu sprechen.

Weit größer ist ein anderes Problem: Selbst wenn es gelingen sollte, die ideale Theorie in gewissen Hinsichten zu charakterisieren, wird jedes Reden über sie trotzdem insofern einen *fiktiven* Charakter haben, als man nicht imstande sein wird, die Entitäten, welche für sie konstitutiv sein sollen, wirklich zu spezifizieren. Damit aber wird auch alles weitere Vorgehen fragwürdig. In den uns interessierenden Fällen von (II) konnten wir von *verfügbaren* Mengen M_p und M ausgehen, für sie uniforme Strukturen definieren und dann gegebenenfalls zu eindeutig bestimmten vervollständigten Räumen übergehen. Wie hingegen auch nur die erste Leistung für den Fall der ‚idealen Theorie' aussehen sollte, nämlich die Konstruktion geeigneter uniformer Strukturen, liegt gegenwärtig völlig im Dunkeln.

Wir können somit die folgende Feststellung treffen: Wenn sich die internen Realisten entschließen, weiterhin den ‚Peirceschen Weg' einzuschlagen, um den für sie unerläßlichen Idealisierungsaspekt in ihr Konzept einzubauen, dann wird durch das in 8.5 geschilderte Verfahren nur ein erster Schritt getan. Immerhin ist es ein interessanter und bemerkenswerter Schritt. Durch ihn wird das Reden von einem *Grenzwert* auch für solche Fälle sinnvoll und präzise gemacht, in denen die betrachteten Objekte keine Zahlen, sondern potentielle Modelle und Modelle von Theorien sind.

Literatur

ADAMS, E. W., *Axiomatic Foundations of Rigid Body Mechanics*, Dissertation, Stanford University 1955.

ADAMS, E. W., "The Foundations of Rigid Body Mechanics and the Derivation of its Laws from those of Particle Mechanics". in: L. HENKIN, P. SUPPES und A. TARSKI (Hrsg.), *The Axiomatic Method*, Amsterdam 1959, S. 250–265.

BALZER, W., „Zwei einfache Beispiele approximativer Reduktion", Manuskript, September 1984.

BALZER, W., D. A. PEARCE and H.-J. SCHMIDT (Hrsg.), *Reduction in Science*, Dordrecht 1984.

BOURBAKI, H. [Topologie], *Topologie Générale*, Paris 1951.

EHLERS, J., "On Limit Relations Between, and Approximative Explanations of, Physical Theories", erscheint in: Proceedings of the 7th International Congress of Logic, Methodology and Philosophy of Science, Amsterdam-London 1985.

LUDWIG, G. [Physikalische Theorie], *Die Grundstrukturen einer physikalischen Theorie*, Berlin-Heidelberg-New York 1978.

LUDWIG, G. [Grundlegung], *Deutung des Begriffs „physikalische Theorie" und axiomatische Grundlegung der Hilbertraumstruktur der Quantenmechanik durch Hauptsätze des Messens*, Berlin-Heidelberg-New York 1970.

MAYR, D. [Reduction I], "Investigations of the Concept of Reduction I", *Erkenntnis*, Bd. 10 (1976), S. 275–294.

MAYR, D. [Reduction II], "Investigations of the Concept of Reduction II", *Erkenntnis*, Bd. 16 (1981), S. 109–129.

MCKINSEY, J. C. C., A. C. SUGAR and P. SUPPES, [Classical Particle Mechanics], "Axiomatic Foundations of Classical Particle Mechanics", *Journal of Rational Mechanics and Analysis*, Bd. II (1953), S. 253–272.

MOULINES, C. U. [Approximate Application], "Approximate Application of Empirical Theories: A General Explication", *Erkenntnis*, Bd. 10 (1976), S. 201–227.

MOULINES, C. U. [Intertheoretic Approximation], "Intertheoretic Approximation: The Kepler-Newton Case", *Synthese*, Bd. 45 (1980), S. 387–412.

MOULINES, C. U. [General Scheme], "A General Scheme for Intertheoretic Approximation", in: A. HARTKÄMPER und H.-J. SCHMIDT (Hrsg.), *Structure and Approximation in Physical Theories*, S. 123–146.

PUTNAM, H. [Vernunft], *Vernunft, Wahrheit und Geschichte*, deutsche Übersetzung von *Reason, Truth and History*, Cambridge, Mass., 1981, durch J. SCHULTE, Frankfurt a.M. 1982.

QUINE, W. V. [Wort], *Wort und Gegenstand*, deutsche Übersetzung von *Word and Object*, 10. Aufl. 1976, Stuttgart 1980.

RUBIN, H. und P. SUPPES [Transformations], "Transformations of Systems of Relativistic Particle Mechanics", *Pacific Journal of Mathematics*, Bd. IV (1954), S. 563–601.

SCHEIBE, E. [Erklärung], „Die Erklärung der Keplerschen Gesetze durch Newtons Gravitationsgesetz", in: E. SCHEIBE und G. SÜSSMANN (Hrsg.), *Einheit und Vielheit, Festschrift für Carl Friedrich von Weizsäcker*, Göttingen 1973, S. 98–118.
SCHUBERT, H. *Topologie*, Stuttgart 1976.
SUPPES, P. [Data], "Models of Data", in: E. NAGEL, P. SUPPES und A. TARSKI (Hrsg.), *Logic, Methodology and Philosophy of Science*, Stanford 1962, S. 252–261.

Kapitel 9
Isolierte Theorie-Elemente und verallgemeinerte intertheoretische Verknüpfungen oder Bänder („Links")

9.1 Isolierte Theorie-Elemente

Bevor wir dazu übergehen, allgemeine intertheoretische Relationen zwischen Theorie-Elementen zu betrachten, soll nochmals das Wichtigste über einzelne oder *isolierte Theorie-Elemente*, wie wir jetzt sagen wollen, zusammengefaßt werden. Wir knüpfen dazu an die Darstellung in Kap. 5, insbesondere 5.3, an und nehmen zugleich einige Ergänzungen und Präzisierungen vor. Dagegen abstrahieren wir sowohl von den in Kap. 3 berücksichtigten pragmatischen Zusammenhängen als auch von den approximativen Aspekten, die in Kap. 8 behandelt worden sind. Wir werden hier also stets nur *reine* Theorie-Elemente zum Gegenstand haben.

Der leitende Gedanke besteht darin, vom allgemeinen Begriff des Theorie-Elementes im Sinne von D2-4 auszugehen und die Erfüllung weiterer metatheoretischer Postulate zu verlangen. Auch die explizite Definierbarkeit von M_p durch M soll dabei zur Sprache kommen.

$T = \langle\langle M_p, M, M_{pp}, C\rangle, I\rangle$ sei ein allgemeines Theorie-Element im Sinne von D2-4. Zunächst fordern wir, daß die beiden ersten Axiome von 5.4 gelten:

A1 M_p *und* M *sind Strukturspecies.*
A2 M_p *ist eine Klasse potentieller Modelle der Gestalt*
  $\langle D_1, \ldots, D_k; A_1, \ldots, A_l; R_1, \ldots, R_m\rangle.$

(Wir erinnern an den Inhalt der beiden Axiome: **A1** verlangt, daß M_p und M in der präzisen Begriffssprache von Kap. 5 formuliert sind. **A2** fordert, daß M_p als der Durchschnitt von m Charakterisierungen S_i ($1 \leq i \leq m$) der i-ten Komponente eingeführt werden kann.)

Da wir im vierten Axiom die explizite Definierbarkeit von M_p durch M fordern werden, muß das dritte Axiom von 5.4 geringfügig modifiziert werden, um den Eindruck eines Zirkels zu vermeiden. (Denn in der Fassung von 5.4 enthält M eine Bezugnahme auf M_p.) Dazu erinnern wir uns daran, daß der Sinn des dritten Axioms darin bestand, zu fordern, daß M mindestens ein echtes Verknüpfungsgesetz („cluster law') enthält. Dies erreichen wir mittels der folgenden Hilfsdefinition, von der wir sofort Gebrauch machen werden: X wird eine *Klasse echter Modelle* genannt, wenn X eine Strukturspecies ist, die nicht als Durchschnitt von Charakterisierungen der i-ten Komponente (im Sinn von D5-11) darstellbar ist.

Das dritte Axiom lautet nun:

A3 *M ist eine Klasse echter Modelle.*

Für die angekündigte Zurückführung von M_p auf M wählen wir den folgenden Kunstgriff: Wir knüpfen an das Verfahren von D5-11 an, modifizieren jedoch den Begriff der Charakterisierung der i-ten Komponente in der Weise, daß wir für jedes i von 1 bis m eine *Charakterisierung* wählen, *die M enthält*; dann definieren wir M_p als den Durchschnitt aller dieser Charakterisierungen. Im Unterschied zum Vorgehen in D5-11 müssen dabei bezüglich der Relationen mit einem von i verschiedenen Index Existenzquantoren eingeführt werden, um zu gewährleisten, daß das fragliche k+l+m-Tupel in M liegt, d.h. diese anderen Relationen dürfen nur innerhalb des ‚Spielraums' M variieren. Streng genommen definieren wir für die m Charakterisierungen m einstellige Funktionen s_i, mit Strukturspecies als Argumenten und Werten, und für die Einführung von M_p eine einstellige Funktion m_p mit demselben Argument- und Wertebereich. Da wir uns beide Male allein für den Fall interessieren, in dem das Argument M ist, schreiben wir einfachheitshalber nur diesen an.

D9-1 M sei eine typisierte Klasse von mengentheoretischen Strukturen vom Typ $\vartheta = \langle k; l; \tau_1, \ldots, \tau_m \rangle$, also von Strukturen der Gestalt $X = \langle D_1, \ldots, D_k; A_1, \ldots, A_l; R_1, \ldots, R_m \rangle$.
(a) Für $i = 1, \ldots, m$ seien die Funktionen $s_i(\cdot)$ wie folgt definiert:
$$s_i(M) := \{\langle D_1, \ldots, A_l; R_1, \ldots, R_m\rangle \mid \wedge j \leqq m(R_j \in Pot(\tau_j(D_1, \ldots, A_l)))$$
$$\wedge \vee R'_1 \ldots R'_{i-1} R'_{i+1} \ldots R'_m(\langle D_1, \ldots, A_l;$$
$$R'_1 \ldots R'_{i-1} R_i R'_{i+1}, \ldots, R'_m\rangle \in M)\}$$
(b) Es sei die Funktion $m_p(\cdot)$ definiert als
$$m_p(\cdot) := \bigcap_{i \leqq m} s_i(\cdot).$$

Dann sagen wir:
M_p ist *die von M induzierte Klasse potentieller Modelle* gdw $M_p = m_p(M) = \bigcap_{i \leqq m} s_i(M)$.

Anmerkung. Zur Erläuterung sei darauf hingewiesen, daß durch die i-te Funktion s_i in (a) die Klasse aller typisierten Strukturen vom Typ ϑ ausgezeichnet wird, deren i-te Relation auch in irgend einem echten Modell vorkommt. M_p wird dann gleichgesetzt mit dem Durchschnitt aller $s_i(M)$ für $i = 1, \ldots, m$, also mit der kleinsten Klasse dieser Art.

Es gilt:

Th.9-0 $m_p(M)$ *ist eine Klasse potentieller Modelle.*

Die eben geschilderte Weise der Zurückführung von M_p auf M werde jetzt als viertes metatheoretisches Axiom gefordert.

A4 $M_p = m_p(M)$, d.h. M_p ist die von M induzierte Klasse potentieller Modelle.

In das letzte Axiom soll schließlich das Theoretizitätskriterium Eingang finden. Wir formulieren es in allen drei Varianten und lassen es dabei offen, welcher Variante der Vorzug zu geben ist. Dabei geht es in allen Fällen um eine Auszeichnung der Klasse M_{pp}. Auch die Fassung von SNEED kann man dadurch in ein formales Kriterium transformieren, daß man eine ausdrückliche Relativierung auf die (in jedem konkreten Fall pragmatisch vorgegebene) Klasse MM der Meßmodelle vornimmt (vgl. 6.4,(II)). Wir erhalten so die drei Varianten **A5^S** (SNEED), **A5^G** (GÄHDE), **A5^{G-B}** (durch BALZER modifiziertes Kriterium von GÄHDE).

A5^S M_{pp} ist die Klasse aller partiellen potentiellen Modelle für M_p, M und irgend ein MM im Sinne von SNEED.

A5^G M_{pp} ist die Klasse aller partiellen potentiellen Modelle für M_p und M und eine vorgegebene Äquivalenzrelation $\sim$ (Invarianz) im Sinne von GÄHDE.

A5^{G-B} M_{pp} ist die Klasse aller partiellen potentiellen Modelle für M_p und M im Sinne von GÄHDE-BALZER.

Unter der Voraussetzung, daß **A4** gilt, liegt im ersten Fall nur eine Relativierung auf zwei Komponenten, nämlich M und MM, vor und in den beiden anderen Fällen nur eine Relativierung auf M.

Ein *isoliertes Theorie-Element* ist ein allgemeines Theorie-Element $T = \langle\langle M_p, M, M_{pp}, C \rangle, I \rangle$, für welches die Axiome **A1** bis **A4** gelten und welches überdies ein Axiom aus der Menge $\{$**A5^S**, **A5^G**, **A5^{G-B}**$\}$ erfüllt.

Nach dieser Präzisierung des Begriffs des *isolierten* Theorie-Elementes wenden wir uns in einem relativ abstrakten Rahmen den *möglichen Verbindungen* zwischen solchen Theorie-Elementen zu. Der dabei benützte Begriff wird so allgemein gehalten sein, daß er nicht nur alle an früheren Stellen betrachteten Formen von *inter*theoretischen Relationen einschließt, sondern daß er auch alle Arten von *inner*theoretischen Relationen umfaßt.

9.2 Bänder („Links")

Bereits in Kap. 2 sind wir auf zwei Arten von Verbindungen zwischen Theorie-Elementen gestoßen, nämlich auf die Relationen der Spezialisierung und der Theoretisierung. Im ersten Fall handelt es sich um eine Verbindung, die der Präzisierung einer im präsystematischen Sinne *inner*theoretischen Beziehung dient. Im zweiten Fall liegt eine Verknüpfung vor, welche für die Präzisierung einer auch im präsystematischen Sinne *inter*theoretischen Relation benützt wird. Dies ist insofern eine recht typische Situation, als die nicht-theoretischen Terme einer Theorie häufig aus einer (oder mehreren) anderen Theorie(n) übernommen werden. Der zentrale Begriff der Reduktion von Kap. 4, der in Kap. 8 approximativ verallgemeinert worden ist, bildet ein weiteres Beispiel für eine wichtige intertheoretische Relation.

Man kann nun versuchen, auf sehr allgemeiner Ebene und in relativ unspezifischer Weise derartige Verbindungen oder Verknüpfungen zu erfassen und zu beschreiben. Um für alle derartigen Verbindungen einen knappen Ausdruck zur Verfügung zu haben, verwenden wir je nach Kontext entweder das Substantiv „*Band*" (engl. „Link") oder das Verbum „*verbinden*".

Unser methodisches Vorgehen wird folgendes sein: Ein allgemeines Band λ wird als eine beliebige Relation zwischen den potentiellen Modellen M'_p und M_p zweier Theorie-Elemente T' und T angesetzt: $\lambda \subseteq M'_p \times M_p$ (D9-2a und 2b). Dabei lassen wir uns von den folgenden beiden intuitiven Überlegungen leiten:

(1) In fast allen wichtigen intendierten Fällen, in denen zwei potentielle Modelle x' und x durch λ verbunden werden, in denen also $\langle x', x \rangle \in \lambda$ gilt, wird man nicht von den beiden potentiellen Modellen x' und x in ihrer Gänze Gebrauch machen, sondern sich *auf bestimmte* der in x' und x vorkommenden *Glieder*, d.h. Mengen und Funktionen, beschränken.

(2) Ein Band funktioniert in der Regel in einer ganz bestimmten, *ausgezeichneten Richtung*. Denn es soll einen ‚Datenfluß' zu erfassen gestatten, der von als bekannt vorausgesetzten Daten aus anderen Theorien zu neuen Daten in der vorgegebenen Theorie führt.[1] Deshalb werden wir in der Mitteilung von vornherein eine bestimmte Richtung festhalten. Wenn $\lambda \subseteq M'_p \times M_p$, so sagen wir, daß λ ein *Band von M'_p nach M_p* ist. Dadurch soll ausgedrückt werden, daß λ einen Datenfluß charakterisiert, der von M'_p und der zugehörigen Theorie T' nach M_p und T führt. Beim Arbeiten mit der Theorie T wird dabei T' als schon bekannt und ‚gültig', d.h. als mit gültiger empirischer Behauptung versehen, vorausgesetzt.

D9-2 Es seien M'_p und M_p Klassen potentieller Modelle der Gestalt
$\langle D'_1, \ldots, D'_{k'}; A'_1, \ldots, A'_{l'}; R'_1, \ldots, R'_{m'} \rangle$ und
$\langle D_1, \ldots, D_k; A_1, \ldots, A_l; R_1, \ldots, R_m \rangle$.

(a) λ ist ein *Band von M'_p nach M_p* gdw $\lambda \subseteq M'_p \times M_p$.

(b) λ ist ein *Band von T' nach T* (oder: ein *Band zwischen T' und T*) gdw λ ein Band von M'_p nach M_p ist.

Die zweite Bestimmung dient nur dazu, für spätere Zwecke das Reden über verbundene potentielle Modelle in ein solches über verbundene Theorie-Elemente übersetzen zu können, zu denen diese potentiellen Modelle gehören.

Der Begriff des Bandes ist allgemeiner als das, was man sich selbst im allgemeinsten Fall unter einer echten intertheoretischen Relation vorstellt. In D9-2(a) wird nämlich nicht verlangt, daß M'_p von M_p verschieden ist. Ein Band, für welches diese beiden Klassen identisch sind und dessen Vorbereich überdies mit dem Nachbereich übereinstimmt, nennen wir ein *internes* Band. Dabei soll sich ein internes Band stets nur auf *eine* Komponente der potentiellen Modelle beziehen (vgl. die Bestimmung (2) von D9-3). Demgegenüber soll ein *externes* Band dazu dienen, ein potentielles Modell bzw. ein Theorie-Element mit *anderen* potentiellen Modellen bzw. Theorie-Elementen in Verbindung zu bringen.

---

[1] In diesen intuitiven Vorbetrachtungen sagen wir häufig „Theorie" statt „Theorie-Element".

Eine typische Leistung eines externen Bandes besteht in der Charakterisierung der Voraussetzungsrelation für nicht-theoretische Terme. Mit Hilfe von internen Bändern kann man dagegen z. B. diejenigen Voraussetzungsrelationen erfassen, die innerhalb eines und desselben Theorie-Elementes bei theoretischen Termen auftreten.

D9-3 Es seien dieselben Bedingungen erfüllt wie in D9-2.
λ ist ein *internes Band für M_p* gdw gilt:
(1) λ ist ein Band von M_p nach M_p;
(2) es gibt ein i $\leq$ m, so daß $D_I(\lambda) = D_{II}(\lambda)$ eine Charakterisierung der i-ten Komponente von M_p ist (im Sinne von D5-11).

D9-4 Es seien dieselben Bedingungen erfüllt wie in D9-2.
λ ist ein *äußeres Band für M_p* gdw gilt:
(1) λ ist ein Band von M_p' nach M_p;
(2) $M_p' \neq M_p$.

Als nächstes führen wir den Begriff des *i-determinierenden Bandes* ein. Ihm liegt folgende Vorstellung von einer Verallgemeinerung des Begriffs des Meßmodells (im Sinne von Kap. 6) zugrunde: Ein *i*-determinierendes Band λ bestimmt eindeutig die *i*-ten Komponenten in solchen potentiellen Modellen von M_p, die mit potentiellen Modellen einer anderen Theorie T' kraft λ verbunden sind (vgl. die Bestimmung (3) von D9-5). Genauer: Es möge angenommen werden, daß die Gesetze der vorausgesetzten Theorie T', mit Modellen M', bereits gelten. Dann bestimmt das Band λ in allen potentiellen Modellen x, für die $\langle x', x \rangle \in \lambda$, die *i*-te Komponente eindeutig unter der Voraussetzung, daß x' schon ein Modell der dafür zuständigen Theorie T' ist. Die potentiellen Modelle x, für die $\langle x', x \rangle \in \lambda$ gilt, sind also Meßmodelle für die *i*-te Komponente in einem verallgemeinerten Sinn von „Meßmodell". Die Verallgemeinerung besteht in der dreifachen Relativierung auf λ, x' und M', zu lesen etwa: „x ist ein Meßmodell für die *i*-te Komponente bezüglich λ und zwar relativ auf x' aus M'." Für den Zweck einer knappen formalen Präzisierung arbeiten wir diesmal, statt auf das in 6.3 benützte Verfahren zurückzugreifen, mit der Projektionsfunktion pr_{k+l+i}, die in Anwendung auf ein x das k+l+i-te Glied von x liefert.

D9-5 M_p' und M_p mögen dieselben Bedingungen erfüllen wie in D9-2. Ferner seien $M' \subseteq M_p'$ und $M \subseteq M_p$ Klassen von Modellen für M_p' bzw. für M_p; es sei i$\in\{1,\ldots,m\}$.
λ ist ein *i-determinierendes Band für M_p* gdw gilt:
(1) λ ist ein Band von M_p' nach M_p;
(2) $D_I(\lambda) \subseteq M'$;
(3) für alle x', y, z: wenn $\langle x', y \rangle \in \lambda$ und $\langle x', z \rangle \in \lambda$, dann $pr_{k+l+i}(y) = pr_{k+l+i}(z)$.

Wie wir später sehen werden, läßt sich das Sneedsche Theoretizitätskriterium mit Hilfe dieses Begriffs des i-determinierenden Bandes formulieren.

Während wir bisher die Bänder nach Arten unterschieden, soll jetzt noch ein Blick auf die Gesamtheiten solcher Entitäten geworfen werden, die durch Bänder verknüpft werden. Dazu gehen wir von einem festen Theorie-Element T aus und nehmen sämtliche Theorie-Elemente $T^1, \ldots, T^n$ hinzu, von denen aus Bänder nach T führen. Was wir auf diese Weise erhalten, ist ein mit $T^1, \ldots, T^n$ verbundenes Theorie-Element. Gemäß der formalen Bestimmung ist das letztere allerdings kein Theorie-Element im strengen Wortsinn, sondern ein Gebilde, das aus T durch Hinzufügung der endlichen Menge von benötigten Bändern entsteht.

D9-6 T^* ist ein *mit $T^1, \ldots, T^n$ verbundenes Theorie-Element* gdw gilt: Es gibt M_p, M, M_{pp}, Q, I und Λ, so daß
(1) $T = \langle \langle M_p, M, M_{pp}, Q \rangle, I \rangle$ ist ein isoliertes Theorie-Element;
(2) $T^* = \langle T, \Lambda \rangle$;
(3) für alle $j \leq n$ ist $T^j = \langle \langle M_p^j, M^j, M_{pp}^j, Q^j \rangle, I^j \rangle$ ein isoliertes Theorie-Element;
(4) Λ ist eine endliche Menge;
(5) für alle $\lambda \in \Lambda$ gibt es ein $M_p' \in \{M_p, M_p^1, \ldots, M_p^n\}$, so daß λ ein Band von M_p' nach M_p ist;
(6) für alle $j \leq n$ gibt es ein $\lambda \in \Lambda$, so daß $\lambda \subseteq M_p^j \times M_p$.

Für das intuitive Verständnis dieser Definition geht man zweckmäßigerweise davon aus, daß wir es mit einer Menge $\{T, T^1, \ldots, T^n\}$ von Theorie-Elementen zu tun haben, zwischen denen die zu einer endlichen Menge Λ gehörenden Bänder solche Verbindungen herstellen, die alle ‚nach T führen'. Tatsächlich wird durch (5) gefordert, daß es zu jedem λ aus Λ eine Klasse potentieller Modelle M_p' aus $\{M_p, M_p^1, \ldots, M_p^n\}$ – wozu also auch M_p selbst gehört! – gibt, so daß λ ein Band von M_p' nach M_p ist. Auf der anderen Seite fordert (6), daß jede Klasse potentieller Modelle eines der n Theorie-Elemente $T^1, \ldots, T^n$ durch ein Band aus Λ mit der Klasse potentieller Modelle M_p von T in der angegebenen Richtung verbunden sein muß. Die Klasse $\{T, T^1, \ldots, T^n\}$ muß also in Richtung auf T bezüglich Λ ‚zusammenhängen'. (Solche Elemente dieser Klasse, welche die Bedingung (6) nicht erfüllen, könnte man einfach weglassen, analog wie man Bänder, die (5) nicht erfüllen, einfach weglassen könnte.) Das zusätzliche ‚Quasi-Theorie-Element' T^* wird nur aus dem technischen Grund eingeführt, um die endliche Menge Λ von Bändern mit dem ausgezeichneten (echten) Theorie-Element T zusammenzufassen. An geeigneter späterer Stelle werden wir uns von dieser Verknüpfung von Λ mit einem bestimmten Theorie-Element wieder befreien.

9.3 Die explizite Definierbarkeit von Querverbindungen durch Bänder

Im folgenden werden wir stets davon ausgehen, daß T^* ein mit $T^1, \ldots, T^n$ verbundenes Theorie-Element sei. Der Ausdruck „M_p" ist dann so zu verstehen, daß er sich auf das Erstglied T von T^*, also auf das ‚echte' Theorie-Element, bezieht; analoges gilt für den Buchstaben „Q". Ferner sei Λ das Zweitglied von T^*, also die in D9-6 erwähnte endliche Menge von Bändern.

In der ersten der nun folgenden Definitionen führen wir eine einstellige Funktion q_1 ein, mit deren Hilfe man spezielle Querverbindungen definieren kann. In der zweiten Definition wird eine zweistellige Funktion q_2 eingeführt, die zur Definition des Gesamtconstraints oder der totalen Querverbindung geeignet ist, sofern eine bestimmte Zusatzvoraussetzung erfüllt ist, die in der dritten der nun folgenden Definitionen explizit gemacht wird.

D9-7 Falls λ ein internes Band für M_p ist, sei
$$q_1(\lambda) := \{X | X \subseteq M_p \wedge \wedge x, y \in X(\langle x, y \rangle \in \lambda \vee \langle y, x \rangle \in \lambda)\}.$$

Durch q_1 wird also dem internen Band λ diejenige Menge von Mengen potentieller Modelle (von T) zugeordnet, deren Elemente (in der einen oder anderen Richtung) durch λ verbunden sind. Durch geeignete Wahl von λ kann man auf diese Weise spezielle Querverbindungen mittels q_1 definieren.

Als Beispiel betrachten wir den Fall, daß in der Theorie *KPM* die $\langle \approx, = \rangle$-Querverbindung (im Sinne von II/2, S. 84), etwa Q_0 genannt, eingeführt werden soll. Dazu definieren wir in einem ersten Schritt λ_0 durch:

$$\langle x, x' \rangle \in \lambda_0 : \text{gdw } x, x' \in M_p(KPM) \wedge \wedge p \in P_x \cap P_{x'}(m_x(p) = m_{x'}(p)).$$

Dann ist offenbar

$$Q_0 := q_1(\lambda_0)$$

genau die übliche $\langle \approx, = \rangle$-Querverbindung für die Massenfunktion.

D9-8 $q_2(M_p, \Lambda) := \bigcap \{q_1(\lambda) | \lambda \in \Lambda \text{ und } \lambda \text{ ist ein internes Band für } M_p\} \setminus \{\emptyset\}$.

Die intuitive Motivation für diese Definition ist die folgende: Angenommen, wir haben bereits sämtliche Querverbindungen einer Theorie mittels q_1 über Bänder definiert. Dann kann man die totale Querverbindung C durch deren Konjunktion, mengentheoretisch also durch deren Durchschnitt, einführen. Dieses Verfahren wird durch D9-8 formal beschrieben. Allerdings ist dieses insofern allgemeiner, als man bei *beliebig* vorgegebener endlicher Menge Λ von Bändern durch $q_2(M_p, \Lambda)$ keine Querverbindung erhält. Um dies einzusehen, braucht man sich nur daran zu erinnern, daß keine Querverbindung ein *einzelnes* potentielles Modell eliminieren darf oder positiv ausgedrückt: daß die Einermenge eines potentiellen Modells stets in ihr liegt. Diese Voraussetzung ist jedoch sicherlich erfüllt, wenn das zur Definition dieser Querverbindung benützte interne Band reflexiv ist. Wir halten dies in einer eigenen Definierbarkeitsbedingung fest.

D9-9 In T ist die eine (evtl. die totale) Querverbindung Q *durch Λ definierbar* gdw für alle $\lambda \in \Lambda$ gilt: Wenn λ ein internes Band für M_p ist, so ist $\langle x, x \rangle \in \lambda$ für alle $x \in M_p$.

Die vorangehenden Überlegungen formulieren wir in einem Lehrsatz:

Th. 9-1 *Es sei T^* ein mit $T^1, \ldots, T^n$ verbundenes Theorie-Element. Dann ist $Q := q_2(M_p, \Lambda)$ eine Querverbindung für M_p gdw Q in T durch Λ definierbar ist.*

9.4 Eine Formulierung des Sneedschen Theoretizitätskriteriums mit Hilfe von Bändern

Wir knüpfen an die Darstellung (II) in Abschn. 6.4 an. Die Übersetzung der dortigen Fassung in die ‚Sprache der Bänder' erfolgt in der Weise, daß die Menge der Meßmodelle MM durch eine bestimmte Menge Λ von Bändern ersetzt wird und daß an die Stelle der *i*-determinierenden Modelle jetzt *i*-determinierende Bänder treten. (Vgl. nochmals die Erläuterungen zu D9-5.) Die Funktion m_{pp} dagegen übernehmen wir aus 6.4. Unter einem mit anderen Theorie-Elementen verbundenen Theorie-Element verstehen wir jetzt stets das *echte* Theorie-Element, welches das Erstglied des Paares in (2) von D9-6 bildet. Schließlich sei Λ eine Menge, welche die Bedingungen (4) bis (6) von D9-6 erfüllt.

In den nächsten beiden Definitionen sei T ein (in dem eben angegebenen Sinn) mit $T^1, \ldots, T^n$ verbundenes Theorie-Element.

D9-10 *Der i-te Term von M_p ist theoretisch bezüglich T* gdw für alle $\lambda \in \Lambda$ gilt: wenn λ ein *i*-determinierendes Band für M_p ist, dann ist $D_{II}(\lambda) \subseteq M$.

Dieser Bestimmung liegt die folgende, teilweise bereits im Zusammenhang von D9-5 erläuterte Vorstellung zugrunde: Wenn $\lambda \in \Lambda$ ein *i*-determinierendes Band ist, so sind in denjenigen potentiellen Modellen x, für die $\langle x', x \rangle \in \lambda$ gilt, die i-ten Relationen eindeutig bestimmt; dabei ist x' ein potentielles Modell eines der Theorie-Elemente $T^1, \ldots, T^n$. Man kann daher, wie bereits im Anschluß an D9-4 angedeutet, solche mengentheoretischen Strukturen x in einem erweiterten Sinn als Meßmodelle für die i-te Relation auffassen.

Das *Sneedsche Kriterium* besagt, daß $\bar{\bar{R}}_i$ theoretisch ist, sofern jede Bestimmung (Messung) der i-ten Relation (Funktion) $R_i \in \bar{\bar{R}}_i$ bereits die Theorie T voraussetzt. Wir gehen davon aus, daß eine konkrete Messung durch zwei potentielle Modelle x' und x sowie ein zwischen diesen bestehendes Band λ darstellbar ist. In der Sprechweise der Fachwissenschaftler formuliert, enthält x' ‚die bei der Messung vorausgesetzten Daten' und x ‚den zu messenden Wert'; $\langle x', x \rangle \in \lambda$ drückt aus, daß bei dieser Messung die Daten aus x' tatsächlich vorausgesetzt werden. Liegt eine Messung in diesem Sinne vor, so muß λ ein *i*-determinierendes Band sein. Die entscheidende Teilaussage von D9-10 lautet: $D_{II}(\lambda) \subseteq M$. Sie beinhaltet, daß in einem solchen Fall die mengentheoretische

Struktur x bereits ein Modell von T ist, d.h. daß $x \in M$. Dies ist tatsächlich eine präzisierte Fassung des Sneedschen Gedankens, *daß bei der Messung T als gültig vorausgesetzt wird.*

Ähnlich wie beim Vorgehen in Kap. 6 handelt es sich auch hier um eine rein formale Auszeichnung der theoretischen Terme, vorausgesetzt, daß die Menge Λ der Bänder geeignet vorgegeben ist. Dies wird allerdings, analog zum MM von 6.3 und 6.4, nur pragmatisch möglich sein.

In der folgenden Definition sei m die Zahl der Relationen von T; m_{pp} sei die in 6.3,(II) eingeführte Funktion.

D9-11 M_{pp} von T ist *durch Λ definiert* gdw es ein n gibt, so daß gilt:
(1) $n \leq m$;
(2) für alle $j \leq m$ ist $j > n$ gdw der j-te Term von M_p theoretisch bezüglich T ist;
(3) $M_{pp} := m_{pp}(n)$.

Daß sich die beiden Theoretizitätskriterien von 6.4,(II) und D9-10 entsprechen, läßt sich in einer präzisen Aussage festhalten.

Th.9-2 *Es sei T ein mit $T^1, \ldots, T^n$ verbundenes (echtes) Theorie-Element. M_{pp} sei durch Λ definiert. Ferner sei*
$MM := \bigcup \{D_{II}(\lambda) | \lambda \in \Lambda \wedge \vee i \leq m$ (λ ist ein i-determinierendes Band für M_p)$\}$.
Dann gilt:
Der i-te Term von M_p ist theoretisch bezüglich T (im Sinne von D9-10) gdw die i-te Komponente von M_p theoretisch bezüglich M und MM ist (im Sinne von 6.4, (II)).

Die Ergebnisse von 9.3 und 9.4 könnte man zum Anlaß nehmen, den Begriff eines mit $T^1, \ldots, T^n$ verbundenen (echten) Theorie-Elementes T durch zwei metatheoretische ‚Bänder-Axiome' zu verschärfen. Darin würde gefordert werden, daß Q und M_{pp} von T durch Λ definiert werden:

B1 *Für T wird C durch Λ definiert.*
B2 *Für T wird M_{pp} durch Λ definiert.*

9.5 Empirische Theorienkomplexe

Wenn T^* ein mit $T^1, \ldots, T^n$ verbundenes Theorie-Element ist, so nennen wir wiederum der Kürze halber das Erstglied T von T^* (vgl. D9-6(2)) ein mit $T^1, \ldots, T^n$ verbundenes *echtes* Theorie-Element.

Man gewinnt einen allgemeineren Ansatzpunkt für das Studium empirischer Theorien, wenn man statt von einem isolierten Theorie-Element von einem mit $T^1, \ldots, T^n$ verbundenen echten Theorie-Element ausgeht.

D9-12 𝕋 ist ein *empirischer Theorienkomplex* gdw es $T, T^1, \ldots, T^n$ gibt, so daß gilt:
(1) $\mathbb{T} = \langle T, T^1, \ldots, T^n \rangle$;
(2) T ist ein mit $T^1, \ldots, T^n$ verbundenes echtes Theorie-Element.

In einem Theorienkomplex ist das Element T als ‚Basis' ausgezeichnet. Tatsächlich werden wir gelegentlich T die *Basis von* 𝕋 nennen. Diese Terminologie ist auch dadurch gerechtfertigt, daß der in D9-12 eingeführte Begriff dem des Theoriennetzes mit eindeutiger Basis von Kap. 2 entspricht. Der gegenwärtige Begriff ist jedoch wesentlich allgemeiner als der des Theoriennetzes mit eindeutiger Basis, da der hier benützte Begriff *Band* viel allgemeiner ist als die *Spezialisierungsrelation*, die in Kap. 2 die einzige ‚Verbindung stiftende' Relation zwischen den Theorie-Elementen eines Netzes bildete.

Um die Allgemeinheit und Abstraktheit des Begriffs des Bandes zu unterstreichen, wurden hier die Bänder zunächst nur auf der ‚formalen' nichtempirischen Ebene betrachtet, zum Unterschied von früher untersuchten intertheoretischen Relationen (wie z.B. Spezialisierung, Theoretisierung, Reduktion), durch die jeweils auch die intendierten Anwendungen der beteiligten Theorie-Elemente zueinander in Beziehung gesetzt wurden. Für die Definition der *empirischen Behauptung eines Theorienkomplexes* ist es dagegen erforderlich, auch die ‚einschlägigen' Beziehungen zwischen den intendierten Anwendungen einzubauen. Dadurch tritt die Art der durch D9-12 gestifteten Verallgemeinerung deutlicher hervor und läßt sich sogar visuell veranschaulichen. Zunächst zwei Hilfsdefinitionen.

D9-13 Für ein Theorie-Element T und $Y \subseteq M_{pp}$ werde
$$e(Y) := \{X \mid X \subseteq M \wedge X \in Q \wedge r^1(X) = Y\}$$
die Klasse aller erfolgreichen Ergänzungen von Y genannt.

Die Bezeichnung wird verständlich, wenn man $Y = I$ wählt. In dieser Definition wird davon abstrahiert, ob Y eine solche Menge von intendierten Anwendungen ist oder nicht; darin liegt die größere Allgemeinheit. Die Klasse $e(Y)$ enthält als Elemente alle möglichen ‚erfolgreichen' Ergänzungen der Menge partieller Modelle Y, d.h. alle Ergänzungen der Menge Y zu Modellmengen, welche die Querverbindungen erfüllen. Zum besseren Verständnis sowie für Vergleichszwecke mit anderen Formulierungen sei darauf hingewiesen, daß die ersten beiden Konjunktionsglieder in der Definitionsbedingung statt in der gegenwärtigen Form

(a) $X \subseteq M \wedge X \in Q$

auch in den folgenden beiden Alternativfassungen angeschrieben werden könnten:

(b) $X \in Pot(M) \wedge X \in Q$
(c) $X \in Pot(M) \cap Q$.

D9-14 Für $\lambda^0 = \lambda \subseteq M'_p \times M_p$ wird $\bar{\lambda} \subseteq Pot(M') \times Pot(M_p)$ [2] definiert durch $\langle X', X \rangle \in \bar{\lambda}$ gdw es für alle $x \in X$ ein $x' \in X'$ gibt, so daß $\langle x', x \rangle \in \lambda$.

Jetzt können die Begriffe *Theoretischer Gehalt von* $\mathbb{T}$ ($TG(\mathbb{T})$) sowie *empirische Behauptung von* $\mathbb{T}$ eingeführt werden.

D9-15 Es sei $T = \langle \langle M_p, M, M_{pp}, Q \rangle, I \rangle$ ein isoliertes Theorie-Element und $\mathbb{T} = \langle T, T^1, \ldots, T^n \rangle$ ein empirischer Theorienkomplex.
(a) Der *theoretische Gehalt von* $\mathbb{T}$ ist definiert durch:
$TG(\mathbb{T}) = TG(T/T^1, \ldots, T^n) := \{X \mid X \in Pot(M) \cap Q$ und für alle Paare $\langle j, n \rangle$, so daß $j \leq n$, sowie $\lambda \in \Lambda$ mit $\lambda \subseteq M_p^j \times M_p$, gibt es ein X^j, so daß $(X^j \in e(I^j) \land \langle X^j, X \rangle \in \bar{\lambda})\}$.
(b) Die *empirische Behauptung von* $\mathbb{T}$ ist der Satz
$I \in r^2(TG(\mathbb{T}))$ (bzw. $I \subseteq r^2(TG(\mathbb{T}))$).

Für (b) haben wir wieder die beiden Alternativen angeschrieben, je nachdem, ob I als Menge *individueller* Anwendungen oder als Menge intendierter Anwendungs*arten* aufgefaßt wird.

$TG(\mathbb{T})$ könnte man ausführlicher den ‚theoretischen Gehalt von T relativ zu $T^1, \ldots, T^n$' oder den ‚durch $T^1, \ldots, T^n$ bedingten theoretischen Gehalt von T' nennen. Dabei ist folgendes zu beachten: In (a) ist von den intendierten Anwendungen noch nicht die Rede; daher die Benennung „theoretischer Gehalt". Dagegen kommen hier bereits alle intendierten Anwendungen I^j der ‚vorausgesetzten' Theorien T^j zur Sprache: Die Teilaussage „$X^j \in e(I^j)$" besagt ja genau, daß die intendierte Anwendung des j-ten Theorie-Elementes in dem durch die Operation e präzisierten Sinne erfolgreich ergänzt wurde. Die letzte konjunktive Komponente von (a) besagt, daß diese erfolgreiche Ergänzung X^j mittels $\bar{\lambda}$ ‚nach T transportiert', nämlich mit einem X in $\bar{\lambda}$-Beziehung gesetzt wird, welches, sofern es in $Pot(M) \cap Q$ liegt, zum bedingten theoretischen Gehalt von T gehört.

Während somit bereits im Schritt (a) der Erfolg für die n vorgegebenen Theorie-Elemente T^j *vorausgesetzt* wird, kommt der Erfolg des Theorie-Elementes T erst im zweiten Schritt (b), also in der empirischen Behauptung von $\mathbb{T}$, zur Sprache. Diese Behauptung besagt, daß sich die intendierten Anwendungen I von T zu einem im theoretischen Gehalt von $\mathbb{T}$ liegenden X ergänzen lassen. Umgangssprachlich könnte man die empirische Behauptung (b) daher folgendermaßen umschreiben: „Die intendierten Anwendungen von T lassen sich durch theoretische Terme so ergänzen, daß die dabei entstehende Menge X einerseits die Gesetze und Querverbindungen von T erfüllt und andererseits über die Bänder aus Λ mit anderen erfolgreichen Ergänzungen X^j (der intendierten Anwendungen I^j vorgegebener Theorie-Elemente T^j) in Verbindung steht."

---

[2] Zur Vermeidung von Konfusionen bezeichnen wir diesmal die gegenüber λ auf der nächsthöheren mengentheoretischen Stufe operierende Funktion durch einen oberen Querstrich, also durch „$\bar{\lambda}$".

Verallgemeinerte intertheoretische Verknüpfungen

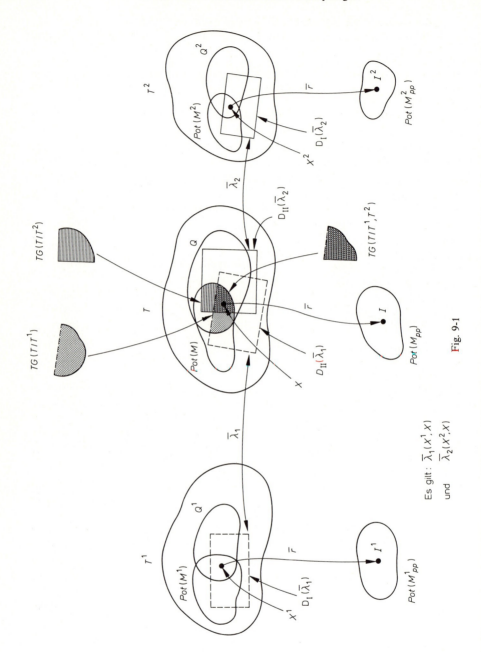

Fig. 9-1

Erläuterung: Jede der drei Figuren ist so zu interpretieren wie Fig. 2-1 in Kap. 2. Die durch λ_1 verbundenen Entitäten sind in der linken und mittleren Figur jeweils durch Rechtecke mit strichlierten Kanten angedeutet und analog die durch λ_2 verbundenen Entitäten in der rechten und mittleren Figur jeweils durch Rechtecke mit ausgezogenen Kanten. Der theoretische Gehalt von T relativ zu T^1 sowie der theoretische Gehalt von T relativ zu T^2 ist oben links bzw. rechts nochmals gesondert angegeben; ebenso wird schließlich unten der theoretische Gehalt von T relativ zu T^1 und T^2 nochmals besonders hervorgehoben. (Die zugehörigen Pfeile geben in diesen drei Fällen nur an, an welcher Stelle der mittleren Gesamtfigur diese drei Teile von relativem Gehalt zu finden sind.)

Falls man dabei vor allem an die nicht-theoretischen Terme von T denkt, so könnte man diese Paraphrase in der Weise spezifizieren, daß man das Wort „einerseits" streicht und den mit „und andererseits" beginnenden Aussageteil ersetzt durch: „ , wobei die nicht-theoretischen Funktionen in den für sie zuständigen Theorien die dortigen Gesetze und Querverbindungen erfüllen."

Wenn T etwa die Thermodynamik und die fragliche nicht-theoretische Funktion der *Druck* ist, so wird in den empirischen Behauptungen von T nicht nur vorausgesetzt, daß es *irgend eine* für den Druck zuständige Theorie gibt, in bezug auf die diese Funktion theoretisch ist, sondern daß der Druck in *der* für ihn zuständigen Theorie, nämlich in der Mechanik, *die dort geltenden Gesetze erfüllt;* sonst würde man nicht von *Druck* reden.

Bei dieser Betrachtungsweise eines empirischen Theorienkomplexes werden die n Theorien $T^1,\ldots,T^n$ als gegeben angesehen und deren empirische Behauptungen werden ihrerseits nicht weiter analysiert. Es liegt nahe, sich zu überlegen, was geschieht, wenn man die dabei benützte ‚Methode der Einbeziehung verbundener Theorie-Elemente' in dem Sinne *iteriert*, daß man zu jedem T^j die n_j mit ihm verbundenen Theorie-Elemente $T^{j,1},\ldots,T^{j,n_j}$ mit einbezieht usw.

Die Antwort hängt davon ab, wie man sich dieses „usw." vorzustellen hat. Prinzipiell gibt es zwei Möglichkeiten. Die eine logische Möglichkeit wäre die, daß dieser Prozeß *unbegrenzt oftmals iterierbar* ist, ohne also jemals abzubrechen. Dies würde eine neuartige und sicherlich *sehr starke Version des Holismus* liefern. Wenn dagegen der Prozeß nach endlich oftmaliger Wiederholung abbricht, so enthält der Begriff des empirischen Theorienkomplexes von D9-12 bereits alles Wesentliche. Endlich viele Iterationen dieses Verfahrens liefern wieder nur einen empirischen Theorienkomplex. Dies wird deutlicher, wenn man zusätzlich den Begriff des abstrakten Netzes verbundener Theorie-Elemente einführt.

Anmerkung. Wie bereits aus den inhaltlichen Erläuterungen hervorging, ist es für die in den letzten beiden Abschnitten angestellten Betrachtungen nicht wesentlich, daß ein Theorienkomplex 𝕋 im Sinne von D9-12 *als neue Entität* eingeführt wird. Verzichtet man auf die Einführung dieses neuen Begriffs, so hat man nur alle ab D9-15 definierten Begriffe, soweit sie bisher auf 𝕋 Bezug nahmen, als geeignet ‚relativierte' Begriffe über ein echtes Theorie-Element T zu deuten. Bezüglich des theoretischen Gehaltes im Sinne von D9-15 ist dies bereits in der Erläuterung im Anschluß an diese Definition geschehen. An die Stelle des Definiendums von D9-15(b) hätte z. B. der Ausdruck zu treten: „*die empirische Behauptung von T in bezug auf* $T^1,\ldots,T^n$." Analog würden dann im folgenden Abschnitt 9.6 nicht abstrakte Netze mit Theorienkomplexen, sondern erstere mit entsprechenden Relativierungen von Theorie-Elementen verglichen.

9.6 Abstrakte Netze und gerichtete Graphen

Als zusätzlichen Hilfsbegriff führen wir zunächst – ohne formale Definition – die Abkürzung „$\mathfrak{L}$" für *die Klasse aller Bänder* ein, also:

$\mathfrak{L} := \{\lambda | \vee T' \vee T(T'$ und T sind Theorie-Elemente und λ ist ein Band von T' nach $T)\}$.

Dabei wird natürlich der Begriff von D9-2(b) benützt.

D9-16 $\mathbb{Z}$ ist ein *abstraktes Netz verbundener Theorie-Elemente mit der Basis* T_0 gdw es ein N und ein L gibt, so daß:
(1) $\mathbb{Z} = \langle N, L \rangle$;
(2) $N = \{T_0, T^1, \ldots, T^n\}$ ist eine endliche Menge isolierter Theorie-Elemente;
(3) $L \subseteq N \times N \times Pot(\mathfrak{L})$ (mit $\mathfrak{L}$ als der oben eingeführten Menge aller Bänder);
(4) für alle $T', T \in N$ und alle X', X: wenn $L(T', T, X')$ und $L(T', T, X)$, dann $X' = X$;
(5) für alle $T', T \in N$, alle X und alle λ: wenn $L(T', T, X)$ und $\lambda \in X$, dann $\lambda \subseteq M_p(T') \times M_p(T)$;
(6) für alle $1 \leq i \leq n$ gibt es ein $X \neq \emptyset$, so daß $L(T^i, T_0, X)$.

L ist eine Funktion, welche die Aufgabe hat, je zwei Theorie-Elementen aus N eindeutig eine Menge von Bändern zuzuordnen: Die Bestimmung (3) beschreibt die relationale Struktur von L und (4) drückt genau die Funktionalität dieser Relation aus. Durch (5) wird gewährleistet, daß die zwei Theorie-Elementen T' und T zugeordnete Menge X von Bändern nur solche Elemente enthält, die tatsächlich *diese beiden* Theorie-Elemente verknüpfen, also Bänder von T' nach T sind; vgl. nochmals D9-2(a) und (b). (Die beiden Bestimmungen (3) und (4) allein wären ja damit verträglich, daß X *auch* oder sogar *nur* solche Bänder enthielte, die *andere* Theorie-Elemente verknüpfen; dies wird durch (5) verboten.) Die letzte Bestimmung (6) schließlich garantiert, daß jedes der n Theorie-Elemente $T^1, \ldots, T^n$ mit T_0 durch mindestens ein Band verknüpft ist. Darin liegt die Berechtigung dafür, T_0 als *Basis* des Netzes auszuzeichnen: Bei sämtlichen übrigen Theorie-Elementen T^j von N nehmen Bänder ihren Ausgang, die alle ‚in T_0 einmünden'.

Gemeinsam ist den beiden Begriffen des Theoriennetzes von Kap. 2, D2-7, und dem hier eingeführten Begriff des abstrakten Netzes, daß den Ausgangspunkt eine endliche Menge von Theorie-Elementen bildet, die in bestimmter Weise miteinander verknüpft werden sollen. Während jedoch in Kap. 2 diese Verknüpfung ausschließlich durch die Relation der Spezialisierung hergestellt wird, dürfen im gegenwärtigen Fall dafür irgend welche Bänder im Sinne von D9-2 herangezogen werden. Deshalb ist der Begriff des abstrakten Netzes verbundener Theorie-Elemente mit gegebener Basis, D9-16, viel allgemeiner als der des Theoriennetzes mit eindeutiger Basis, D2-7 und D2-8.

Auf der anderen Seite erfaßt der Begriff des abstrakten Netzes *genau* die gegen Ende von Abschn. 9.5 angesprochenen *Iterationen* der Einbeziehung verbundener Theorie-Elemente. Um dies zu erkennen, hat man bloß eine geeignet konstruierte ‚Hintereinanderschaltung' zweier Bänder als *neues Band* zu erklären. Es sei etwa in dem früheren Beispiel T^j mit T durch das Band λ von T^j nach T verknüpft. Aus den n_j Theorie-Elementen, mit denen T^j seinerseits nach Annahme verbunden ist, greifen wir das i-te heraus, also $T^{j,i}$. Dann existiert (mindestens) ein Band λ' von $T^{j,i}$ nach T^j. Wir bilden nun das *Relationsprodukt $\lambda' \circ \lambda$ und betrachten dieses als Band von $T^{j,i}$ nach T*. Daß dies ein zulässiges Verfahren ist, lehrt ein Blick auf D9-2. Die oben erwähnte ‚Hintereinanderschaltung' von Bändern wird also ganz einfach durch Konstruktion des Relationsproduktes gewonnen.

Die größere Eleganz und Durchsichtigkeit in bezug auf das Iterationsproblem, die D9-16 gegenüber D9-12 (und dem dabei vorausgesetzten D9-6) liefert, beruht darauf, daß man jetzt nicht mehr eine feste Menge Λ von Bändern mit dem Basis-Element assoziiert, sondern daß die Bänder von den Theorie-Elementen vollkommen losgelöst betrachtet werden, wobei diese Bänder mittels der Bestimmungen (3) bis (5) auch systematisch *alle* und *adäquat* durch die dreistellige Relation L erfaßt und beschrieben werden.

Daß wirklich *nur* ein Gewinn an Eleganz und Durchsichtigkeit vorliegt und daß im übrigen die Menge aller abstrakten Netze von verbundenen Theorie-Elementen mit einer Basis T_0 nicht umfassender ist als die Menge aller empirischen Theorienkomplexe, ist der Inhalt des folgenden Theorems:

Th. 9-3 *Es sei*
$\mathfrak{A} := \{\mathbb{Z} | \mathbb{Z}$ ist ein abstraktes Netz verbundener Theorie-Elemente mit der Basis $T_0\}$;
$\mathfrak{B} := \{\mathbb{T} | \mathbb{T}$ ist ein empirischer Theorienkomplex$\}$;
$\varphi \subseteq \mathfrak{A} \times \mathfrak{B}$ sei definiert durch:
$\varphi(\mathbb{Z}) = \langle T^*, T^1, \ldots, T^n \rangle$ gdw $\mathbb{Z} = \langle N, L \rangle$ und
 (1) $N = \langle T_0, T^1, \ldots, T^n \rangle$,
 (2) $T_0 = \langle K, I_0 \rangle$ mit $K = \langle M_p, M, M_{pp}, Q \rangle$,
 (3) $T^* = \langle T_0, \Lambda \rangle$,
 (4) für alle λ: $\lambda \in \Lambda$ gdw es ein $i \leq n$ und ein X gibt, so daß $L(T^i, T_0, X)$ und $\lambda \in X$.
Dann gilt:
(I) $\varphi : \mathfrak{A} \to \mathfrak{B}$ ist eine Surjektion;
(II) der Begriff des theoretischen Gehaltes von $\mathbb{Z}$, kurz: $TG(\mathbb{Z})$, kann so definiert werden, daß für alle $\mathbb{Z} \in \mathfrak{A}$:
$I_0 \in TG(\mathbb{Z})$ gdw $I_0 \in TG(\varphi(\mathbb{Z}))$.

Die Relation φ ist also eine Operation, die jedem abstrakten Netz verbundener Theorie-Elemente einen bestimmten empirischen Theorienkomplex zuordnet. (Man beachte, daß der am Schluß rechts vorkommende Begriff TG der in D9-15(a) definierte Begriff ist, da $\varphi(\mathbb{Z})$ nach Voraussetzung ein Theorienkomplex ist.) Vom intuitiven Standpunkt aus kann man die Abbildung

φ deuten als „läßt sich auffassen als". Bei dieser Deutung besagt Teil (I) der Behauptung, daß sich jedes derartige Netz als empirischer Theorienkomplex auffassen läßt, wobei ‚alle Theorienkomplexe aufgebraucht' werden, da φ surjektiv ist. (Die Umkehrung gilt nicht.) (II) besagt, daß auch die korrespondierenden empirischen Behauptungen in dem Sinn gleichwertig sind, daß sie auseinander folgen. Damit ist die eben gegebene intuitive Interpretation von φ nachträglich gerechtfertigt.

Der Begriff $TG(\mathbb{Z})$ kann in Analogie zu D9-15(a) eingeführt werden. Wir deuten das Verfahren nur an: Als Λ von D9-15(a) wähle man die Vereinigung aller Bilder unter der Funktion L von $\mathbb{Z}$. Die $n+1$ Elemente $T, T^1, \ldots, T^n$ von D9-15(a) identifiziere man mit den jetzigen Elementen $T_0, T^1, \ldots, T^n$.

Es soll nun noch kurz geschildert werden, wie der Begriff des gerichteten Graphen für den gegenwärtigen Begriffsapparat fruchtbar gemacht werden kann.

D9-17 X ist ein *endlicher gerichteter Graph* gdw es ein M und ein ϑ gibt, so daß

(1) $X = \langle M, \vartheta \rangle$;
(2) M ist eine endliche, nicht-leere Menge;
(3) $\vartheta \subseteq M \times M$.

Aus abstrakten Netzen im Sinne von D9-16 konstruieren wir nun gemäß der folgenden Vorschrift gerichtete Graphen:

D9-18 Es sei $\mathbb{Z} = \langle N, L \rangle$ ein abstraktes Netz verbundener Theorie-Elemente[3]. Ferner sei

$L^+ := \{\langle T', T \rangle | \vee X \in Pot(\mathfrak{Q}) \, L(T', T, X)\}$.

$\mathbb{Z}^+ = \langle N, L^+ \rangle$ heiße *der durch $\mathbb{Z}$ induzierte Graph*.

Ausdrücklich halten wir folgendes fest:

Th.9-4 *Der durch ein abstraktes Netz verbundener Theorie-Elemente induzierte Graph ist ein endlicher gerichteter Graph.*

Damit ist nachträglich die in D9-18 eingeführte Terminologie gerechtfertigt.

D9-19 Es sei $\mathbb{Z} = \langle N, L \rangle$ ein abstraktes Netz verbundener Theorie-Elemente mit $\mathbb{Z}^+ = \langle N, L^+ \rangle$ als durch $\mathbb{Z}$ induziertem endlichem, gerichtetem Graphen. Falls $T, T' \in N$, so heißt x ein *Weg der Länge m von T nach T'* gdw gilt:

(1) $x = \langle \langle T_1, T_2 \rangle, \langle T_2, T_3 \rangle, \ldots, \langle T_{m-1}, T_m \rangle \rangle$;
(2) $m \geq 2$;
(3) $T_1 = T$ und $T_m = T'$;
(4) für alle $1 \leq j \leq m-1$: $\langle T_j, T_{j+1} \rangle \in L^+$.

---

3 Die Basis interessiert im gegenwärtigen Zusammenhang nicht; daher lassen wir sie gleich fort. Man kann sie sich ‚existentiell wegquantifiziert' denken oder, noch einfacher, für den jetzigen Zweck die Bestimmung (6) von D9-16 weglassen.

Von den Elementen T_i sagen wir auch, daß sie *auf dem Weg von T nach T'* liegen. In dieser Definition des Begriffs des Weges braucht T nicht von T' verschieden zu sein. Wegen ihrer Wichtigkeit heben wir sowohl diese als auch die gegenteilige Möglichkeit ausdrücklich durch Definition hervor.

D9-20 $\mathbb{Z}$ ist ein *abstraktes Netz verbundener Theorie-Elemente mit Schleifen* (engl. "loops") gdw gilt:
(1) $\mathbb{Z} = \langle N, L \rangle$ ist ein Netz verbundener Theorie-Elemente;
(2) in dem Erstglied N des durch $\mathbb{Z}$ induzierten Grahen $\mathbb{Z}^+ = \langle N, L^+ \rangle$ gibt es ein T und einen Weg x der Länge m > 2 von T nach T, so daß nicht alle auf dem Weg x liegenden T_i mit T identisch sind.

D9-21 $\mathbb{Z}$ ist ein *hierarchisches Netz von Theorie-Elementen* gdw $\mathbb{Z}$ ein abstraktes Netz verbundener Theorie-Elemente ist, in dem keine Schleifen vorkommen.

D9-22 Falls $\mathbb{Z} = \langle N, L \rangle$ ein hierarchisches Netz von Theorie-Elementen ist und für $T, T' \in N$ gilt: $\langle T', T \rangle \in L^+$, so soll gesagt werden, daß *T' von T vorausgesetzt wird* oder: „*T setzt T' voraus*".

Auf der Grundlage dieses Begriffsapparates kann man nun z. B. untersuchen, *ob es wirklich Theoriennetze gibt*, die Schleifen enthalten. Jedenfalls ist damit dieses Problem zu einer durch empirische Nachprüfung entscheidbaren Frage geworden, deren Beantwortung man nicht mehr allein der philosophischen Spekulation zu überlassen braucht.

9.7 Versuch einer systematischen Klassifikation von Bändern

Es liegt nahe, die Gesamtheit aller Bänder nach zwei Gesichtspunkten zu unterteilen, nämlich einerseits danach, ob sie die in ihrem Zielbereich liegenden Relationen bzw. Funktionen *interpretieren* oder nicht, und andererseits danach, ob sie diese Relationen *eindeutig bestimmen* oder nicht. Eine solche systematische Unterteilung könnte, versehen mit gewissen Illustrationsbeispielen, den wünschenswerten Nebeneffekt haben, einige abstrakte Definitionen dieses Kapitels mit anschaulicherem Inhalt zu versehen.

Das Klassifikationsschema hat folgende Gestalt:

	interpretierend	nicht interpretierend
eindeutig bestimmend (determinierend)	(I)	(III)
nicht eindeutig bestimmend (nicht determinierend)	(II)	(IV)

Fig. 9-2

(I) ist ein idealer Grenzfall; (II) bis (IV) repräsentieren, jeder für sich, bestimmte Typen, für die sich jeweils interessante Spezialfälle anführen lassen.

Ein einfaches Beispiel für (I) bildet das Band, welches von der Kinematik zur Mechanik führt, in bezug auf die Ortsfunktion. Die Aussage, daß die Kinematik die Ortsfunktion für die Mechanik festlegt, drückt die Tatsache aus, daß dieses Band sowohl *interpretierend* als auch *determinierend* ist.

Ein Beispiel für (II) stellt die Gleichung $P = -\frac{\partial U}{\partial V}$ dar. Dabei ist P der Druck im Sinn der (Hydro-)Mechanik; U ist die thermodynamische Energie; V ist das Volumen. Für die korrekte Deutung dieser Gleichung muß man sich folgendes vor Augen halten: Die Mechanik ist zur Gänze eine Disziplin, die völlig unabhängig von der Thermodynamik entwickelt wird. Die Umkehrung gilt jedoch nicht; denn die Begriffe der Mechanik und die für sie geltenden Gesetze gehen in die Thermodynamik ein. Da ⟨Mechanik, Thermodynamik⟩ also in einer Voraussetzungsrelation stehen, ist das durch die obige Gleichung repräsentierte Band *interpretierend*. Es ist jedoch *nicht eindeutig bestimmend*, da die Energie in dieser Gleichung mit dem Druck nur durch ihre partielle Ableitung nach dem Volumen verknüpft ist.

Für die Illustrationen zu (III) und (IV) empfiehlt es sich, zum Unterschied von denen zu (I) und (II), den einschlägigen Formalismus genauer zu beschreiben, um die Zusammenhänge im Detail verfolgen zu können.

Ein eindeutig bestimmendes, nicht interpretierendes Band λ, also ein Illustrationsbeispiel für (III), besteht zwischen derjenigen Spezialisierung *KKPM* der klassischen Partikelmechanik, in der nur konservative Systeme zugelassen sind, und der Lagrangeschen Mechanik mit kartesischen Koordinaten *LAG*. Konservative Systeme sind dadurch charakterisiert, daß sich ihre Kräfte aus einem Potential ableiten lassen. Da dieses Potential für die Definition des Bandes explizit benützt wird, ist es aus Einfachheitsgründen zweckmäßig, die potentiellen Modelle von *KPM* um eine Potentialfunktion U zu erweitern. Wir verwenden die folgenden weiteren Symbole: $\mathbb{N}_h = \{1, \ldots, h\}$ bilde die Partikelmenge. (Da wir eine Ordnung auf dieser Menge benötigen, identifizieren wir die Partikel einfach mit den h ersten natürlichen Zahlen.)

$s: \mathbb{N}_h \times T \to \mathbb{R}^3$ ist die übliche kartesische Ortsfunktion.

$L: \mathbb{R}^{6h} \to \mathbb{R}$ ist die Lagrange-Funktion. m und f sind Masse und Kraft in *KPM* (also $m: \mathbb{N}_h \to \mathbb{R}^+$; $f: \mathbb{N}_h \times T \times \mathbb{N} \to \mathbb{R}^3$). $U: \mathbb{R}^3 \to \mathbb{R}$ ist das Potential, von dem sich die Gesamtkraft $\sum_{j \in \mathbb{N}} f(\cdot, -, j)$ als Gradient gewinnen läßt:

$$\wedge i \in \mathbb{N}_h \wedge t \in T \left[\sum_{j \in \mathbb{N}} f(i, t, j) = -\nabla U(s(i, t)) \right].$$

(Für genauere technische Einzelheiten vgl. BALZER und MOULINES, [Grundstruktur], insbesondere D8 von S. 604.)

Das fragliche Band λ kann nun genauer folgendermaßen charakterisiert werden:

(i) $\lambda \subseteq KKPM \times LAG$

(ii) $\langle y, z \rangle \in \lambda$ gdw gilt (1) $y = \langle \mathbb{N}_h, T, s, m, f, U \rangle$ und
$z = \langle \mathbb{N}_h, T, s, L \rangle$;
(2) für alle $x_1, \ldots, x_h, v_1, \ldots, v_h \in \mathbb{R}^3$:

(∗) $L(x_1, \ldots, x_h, v_1, \ldots, v_h) = \sum_{i \leq h} 1/2 \, m(i) v_i^2 - U(x_1, \ldots, x_h)$.

(Dabei ist y ein potentielles Modell von *KKPM* und z ein potentielles Modell von *LAG*; die x_i sind natürlich die Ortsvektoren und die v_j die Geschwindigkeitsvektoren.)

Dieses durch (∗) repräsentierte Band ist *nicht interpretierend*; denn zwischen *KKPM* und *LAG* besteht in keiner Richtung ein Voraussetzungsverhältnis. Dagegen ist dieses Band (in der üblichen Weise von links nach rechts gelesen) *eindeutig bestimmend*, wie man aus der Gleichung (∗) ablesen kann. Danach gilt nämlich:

$\wedge y, z, z' (\langle y, z \rangle \in \lambda \wedge \langle y, z' \rangle \in \lambda \to L_z = L_{z'})$.

Schließlich noch ein Beispiel für (IV), also für ein Band, das weder interpretierend noch determinierend ist! Wir können dabei an die Darstellung von SNEED in [Mathematical Physics], S. 207–209, insbesondere (D46)(4), anknüpfen. (Allerdings ist dabei zu beachten, daß SNEED an jener Stelle noch nicht intertheoretische Relationen studierte, sondern das folgende Beispiel im Kontext von Untersuchungen zur Äquivalenz von physikalischen Theorien anführte.) Es wird hier ein Band zwischen Partikelmechanik *PM* und verallgemeinerter Mechanik *GM* (für „generalized mechanics") definiert. Wir erinnern daran, daß *PM* identisch ist mit der Menge M_p der potentiellen Modelle von *KPM*. Analog ist *GM* die Menge M_p der potentiellen Modelle für die Lagrange-Mechanik. Statt die präzise formale Definition, die SNEED a.a.O. auf S. 207 in (D44) gibt, zu wiederholen, begnügen wir uns mit einer inhaltlichen Charakterisierung der einzelnen Glieder von $z \in GM$. Ein solches z hat die Gestalt:

$z = \langle P, T, s, X, h, q, Q, K \rangle$.

Dabei bildet das Tripel der ersten drei Glieder $\langle P, T, s \rangle$ eine Partikelkinematik im üblichen Sinn. $h \in \mathbb{N}$ ist die Anzahl der sog. verallgemeinerten Koordinaten, die im vorliegenden Fall betrachtet werden. $\mathbb{N}_h$ sei wieder die Menge $\{1, \ldots, h\}$ der natürlichen Zahlen von 1 bis h. (Sie wird bei SNEED a.a.O. „I_h" genannt.) Analog zu der Art und Weise, wie man in *KPM* die Kräfte zu einer einzigen Kraftfunktion f zusammenfaßt, werden hier die verallgemeinerten Koordinaten zu einer einzigen Funktion $q: \mathbb{N}_h \times T \to \mathbb{R}$ zusammengefaßt. Für jedes $i \in \{1, \ldots, h\}$ ist daher $q(i, \cdot): T \to \mathbb{R}$ eine verallgemeinerte Koordinate im üblichen Sinn. X ist eine Funktion, welche die Aufgabe erfüllt, die verallgemeinerten Koordinaten in kartesische zu transformieren: Wenn zu einem Zeitpunkt $t \in T$ die h verallgemeinerten Koordinaten die Werte $q(1, t), \ldots, q(h, t)$ annehmen, so ordnet X diesen Werten in Abhängigkeit von $p \in P$ und $t \in T$ den Ortsvektor $s(p, t)$ von p zu t im $\mathbb{R}^3$ zu, also:

$X(p, q(1, t), \ldots, q(h, t), t) = s(p, t)$.

Die Funktion $Q: \mathbb{N}_h \times \mathbb{R}^h \times T \to \mathbb{R}$ ist die verallgemeinerte Kraftfunktion. Mit jedem $i \in \mathbb{N}_h$ ist eine Dimension im Phasenraum des Systems assoziiert; die h q-Werte $q(1,t), \ldots, q(h,t)$ geben zusammen den Punkt an, in dem sich das System im Phasenraum befindet. Q liefert für ein $(h+2)$-Tupel $\langle i, q(1,t), \ldots, q(h,t), t \rangle$ die in die i-te Dimension des Phasenraumes gerichtete Kraft, sofern sich das System zu t in dem durch die h q-Werte beschriebenen Punkt im Phasenraum befindet. Die Funktion $K: \mathbb{R}^{2h} \times T \to \mathbb{R}$ schließlich liefert die kinetische Gesamtenergie des Systems, nämlich für Argumente der Gestalt: $\langle q(1,t), \ldots, q(h,t), D_t q(1,t), \ldots, D_t q(h,t), t \rangle$.

Das im gegenwärtigen Zusammenhang interessierende Band läßt sich dann folgendermaßen beschreiben:

(i) $\lambda \subseteq PM \times GM$
(ii) $\langle y, z \rangle \in \lambda$ gdw gilt:
  (1) $y = \langle P, T, s, m, f \rangle$ und $z = \langle P, T, s, X, h, q, Q, K \rangle$;
  (2) für alle $\mathfrak{x} = \langle x_1, \ldots, x_h \rangle$, $\mathfrak{y} = \langle y_1, \ldots, y_h \rangle \in \mathbb{R}^h$ und $t \in T$:

$$(**) \quad K(\mathfrak{x}, \mathfrak{y}, t) = \sum_{p \in P} \frac{m(p)}{2} \sum_{j \leq h} [D_j X(p, \mathfrak{x}, t) \cdot y_j + D_{h+1} X(p, \mathfrak{x}, t)]^2.$$

Dabei sind die eben gegebenen Erläuterungen zu beachten. Insbesondere sind in den interessierenden Anwendungen von $(**)$ die x-Werte $x_i = q(i,t)$ und die y-Werte $y_j = D_t q(j,t)$. (Sofern der mit diesem Formalismus wenig vertraute Leser die Formel für das Quadrat der Geschwindigkeit, d.h. den Ausdruck innerhalb der rechten eckigen Klammer, prima facie seltsam findet, möge er zur Verdeutlichung die ersten drei Zeilen von S. 210 in SNEED, [Mathematical Physics], heranziehen.)

Das durch die Gleichung $(**)$ definierte *Band* stellt einen *Zusammenhang* her *zwischen Massen und Geschwindigkeiten im klassischen System* einerseits und *der kinetischen Gesamtenergie im Lagrange-System* andererseits. λ ist *nicht interpretierend*; denn keine der beiden Theorien setzt die andere voraus: die beiden Theorien stehen in einem Äquivalenzverhältnis, nicht jedoch in einem Voraussetzungsverhältnis. Außerdem ist λ *nicht determinierend*; denn es gilt

nicht $\wedge y, z, z' (\langle y, z \rangle \in \lambda \wedge \langle y, z' \rangle \in \lambda \to K_z = K_{z'})$,

d.h. der Wert der Funktion K ist durch das Band λ sowie die Komponenten der Partikelmechanik y nicht eindeutig bestimmt.

9.8 Philosophische Ausblicke

Das Studium intertheoretischer Relationen mittels des Begriffs des äußeren Bandes bildet ein besonders zukunftsträchtiges und erfolgversprechendes Unternehmen im Rahmen des strukturalistischen Ansatzes. Zum Teil ist dies begründet in dem großen Nachholbedarf auf diesem enorm wichtigen Gebiet der modernen Wissenschaftstheorie. Die Existenz eines solchen Nachholbedarfes ist weniger das Ergebnis bewußter Vernachlässigung als ein Niederschlag dessen, daß die bisherige Wissenschaftstheorie hier ganz besonders drastisch an die Grenze ihrer Methoden gestoßen ist. Über fragmentarische und mehr oder weniger vage Betrachtungen zu ‚Brückenprinzipien' ('bridge principles') und ‚Entsprechungsregeln' ('correspondence rules') ist man kaum hinausgelangt.

Die eben gemachten Andeutungen über die herkömmlichen Methoden können vielleicht im folgenden Sinn radikalisiert werden: Nicht nur die formalsprachlichen Methoden versagen hier, sondern selbst die Suppes-Methode der Axiomatisierung durch mengentheoretische Prädikate stößt dabei an eine Grenze. Denn auch dieses Vorgehen ist auf die möglichst präzise Charakterisierung einzelner Theorie-Elemente und Theorien zugeschnitten, nicht jedoch auf die Charakterisierung *theorienübergreifender Zusammenhänge*. Es ist daher zweckmäßig, daß man beim Studium von Bändern rein modelltheoretisch vorgeht und Beziehungen zwischen potentiellen Modellen als Ausgangspunkt der Betrachtungen wählt.

Ein Typ von Leistung des Begriffs des Bandes ist bereits vor Augen geführt worden, vor allem in 9.3 und 9.4: die explizite Definierbarkeit von Querverbindungen (Constraints) sowie die Formulierung des Theoretizitätskriteriums und damit die Charakterisierung des Unterschiedes zwischen den M_p's und M_{pp}'s mit Hilfe von Bändern. Der in 9.7 skizzierte Überblick deutet an, wie die Zurückführung auf einige wenige Grundbegriffe noch weiter vorangetrieben werden könnte: Angenommen, es wäre uns geglückt, ein hinreichend großes Geflecht empirischer Theorien – im idealen Grenzfall: alle erfahrungswissenschaftlichen Theorien –, zusammen mit sämtlichen zwischen ihnen bestehenden intertheoretischen Verknüpfungen, zu rekonstruieren. Dann könnte man sogar *die indentierten Anwendungen* einer Theorie definitorisch einführen, nämlich *als die Bilder aller zu ihr führenden interpretierenden Bänder*. Die pragmatische Komponente, die gegenwärtig noch im Begriff der intendierten Anwendung enthalten ist, würde damit allerdings nicht etwa eliminiert, sondern nur ‚verschoben': Es ist die Senkrechte im Bildschema von 9.7, über deren Ort aufgrund von pragmatischen Kriterien entschieden werden müßte. Was als interpretierendes Band und was als nicht interpretierendes Band anzusehen ist, müßte man in jedem konkreten Einzelfall aus der *Wissenschaftspraxis* ablesen. Als Grundbegriffe würden jedenfalls nur mehr erstens die Mengen der Modelle und zweitens die Bänder auftreten.

Hier tut sich eine weitere Zukunftsperspektive auf, nämlich die Vision von der Verwirklichung eines Programms, das CARNAP und wohl auch anderen Empiristen vorschwebte: *die systematische Rekonstruktion der empirischen Wissenschaften und ihrer Zusammenhänge*. Wenn dieses Ziel auch mit völlig anderen Methoden erreicht würde als denjenigen, die CARNAP und seine Schüler benützten, so wäre damit doch eine überraschende Kontinuität zwischen den Plänen des Wiener Kreises und der strukturalistischen Wissenschaftstheorie hergestellt. Vorläufig allerdings muß, um keine falschen Erwartungen zu erzeugen, zu derartigen sich eröffnenden Perspektiven die nüchterne Feststellung hinzugefügt werden, daß vieles, ja das meiste von dem, was da hoffnungsvoll gedanklich antizipiert wird, ‚nicht mehr ist als Zukunftsmusik'.

Die hier auftretende eigentliche Gefahr besteht nicht so sehr darin, sich in ein spekulativ entworfenes Zukunftsbild zu verlieben und allmählich dieses Bild mit dem schon tatsächlich Erreichten zu verwechseln, als vielmehr in der potentiellen Neigung zur Engstirnigkeit, nämlich sich innerhalb dieser allgemein gehaltenen Gesamtvision bereits *auf ein ganz bestimmtes Bild ‚von den Zusammenhängen der Wissenschaften'* – oder in unserer mehr technischen Sprechweise: *‚von globalen Netzstrukturen'* – *festzulegen*. Dies ist noch genauer zu erläutern.

Dazu nehmen wir eine zweifache begriffliche Differenzierung vor. Erstens muß hier scharf unterschieden werden zwischen *statischer* oder *synchronischer* und *dynamischer* oder *diachronischer* Betrachtungsweise. Wie immer, muß der systematisch arbeitende Wissenschaftsphilosoph der ersten zunächst den Vorzug geben. Wenn er z. B. die Frage zu beantworten versucht, ‚ob die Wissenschaften hierarchisch aufgebaut sind', so muß er sich auf den Wissenschaftszustand zu einer ganz bestimmten historischen Zeit beziehen. Denn was sich für eine Zeit als hierarchischer Aufbau präsentiert, kann für einen späteren, ‚fortgeschritteneren' Zeitpunkt ein vollkommen anderes Bild liefern. Leider werden diese beiden Betrachtungsweisen häufig nicht auseinandergehalten. Ein äußeres Symptom dafür bildet die Neigung, zu pauschalen, über die Zeiten hinweg geltenden Feststellungen ‚über die Beziehungen der Wissenschaften untereinander' zu gelangen.

Selbst bei Beschränkung auf die statische Betrachtungsweise ergeben sich insgesamt drei Möglichkeiten, für die wir hier zunächst einprägsame Schlagworte einführen und die wir dann etwas genauer charakterisieren wollen: *Fundamentalismus*, *Anti-Fundamentalismus* und *Kohärentismus*. Man könnte, wie wir sehen werden, diese Namen als technische Bezeichnungen von drei verschiedenen *Typen globaler Netzstrukturen* auffassen.

Um ein mögliches Mißverständnis von vornherein auszuschließen, weisen wir bereits jetzt darauf hin, daß diese drei Möglichkeiten *nicht als einander ausschließende Alternativen* aufzufassen sind, von denen nur eine richtig sein kann. Vielmehr können sie prinzipiell ‚*ineinander verschachtelt*' auftreten und zwar, um dies nochmals zu betonen, selbst dann, wenn wir eine rein statische Analyse vornehmen und uns auf ein und denselben Zeitpunkt beziehen.

Der *Fundamentalismus* orientiert sich am Bild vom hierarchischen Aufbau der Wissenschaften. Für viele Philosophen scheint dies das einzig zutreffende Bild vom ‚System der Wissenschaften' zu sein. Danach müßten globale Netzstrukturen *immer* so beschaffen sein, daß man bei grafischer Veranschaulichung entweder zu einer Pyramide gelangt oder zu einem ‚Gebirge mit mehreren Gipfeln': Die weiter oben liegenden Theorie-Elemente sind danach mit endlich vielen darunter liegenden Theorie-Elementen verbunden, für die evtl. dasselbe gilt, bis man nach endlich vielen Schritten *zwangsläufig* auf eine unterste Ebene stößt, die – zumindest zum fraglichen Zeitpunkt – nicht ihrerseits wiederum den Gegenstand von erfahrungswissenschaftlichen Untersuchungen darstellt. Auf der untersten Stufe würde danach Wissenschaftstheorie vermutlich in eine Form von ‚*Analyse der Lebenswelt*' übergehen.

Nun gibt es in der Wissenschaft ohne Zweifel zumindest Teilhierarchien, wie die Beispiele von Voraussetzungsrelationen bei *Thermodynamik* und *Mechanik* oder *KPM* und *PK* zeigen. Es mag auch historische Zeiten gegeben haben, in denen man für eine präzise Rekonstruktion der globalen Netzstrukturen auf das fundamentalistische Bild zurückgegriffen hätte, während dies heute nicht mehr gilt. In der vorrelativistischen Zeit wäre man für die klassische Partikelmechanik *KPM* etwa zu folgender Hierarchie gelangt: Die Theorie *KPM* setzt *PK* voraus, diese wieder die *euklidische physikalische Geometrie* sowie die *physikalische Zeitlehre*, die ihrerseits wiederum auf einer *Topologie* beruht, welche schließlich in die *Mereologie* einmündet, nämlich in eine Theorie der (makroskopischen) Objekte unserer Umwelt auf der Grundlage der Teil-Ganzes-Beziehung.

Für den *Anti-Fundamentalismus* gilt zwar auch die Vorstellung vom hierarchischen Wissenschaftsaufbau. Doch lehnt er den Gedanken an eine unterste Basis ab. Auf diese Möglichkeit sind wir bereits im Anschluß an D9-15 zu sprechen gekommen (und nannten den Anti-Fundamentalismus dort eine besonders starke Version des Holismus).

Daß für die Gegenüberstellung von Fundamentalismus und Anti-Fundamentalismus die Unterscheidung zwischen synchronischer oder statischer und diachronischer oder dynamischer Betrachtungsweise wesentlich ist, sei am folgenden Beispiel erläutert[4]. Man kann die Auffassung vertreten, daß sowohl die Popper-Schule als auch die Erlanger Schule den Standpunkt des Fundamentalismus vertreten. Ein möglicher Protest dagegen würde vermutlich in die folgende Richtung gehen: Während LORENZEN und seine Schüler an so etwas wie ein letztes und festes Fundament der Wissenschaften glauben, ist für POPPER jede sog. ‚erfahrungswissenschaftliche Basis' etwas Provisorisches und kann bei Bedarf jederzeit zum Gegenstand des Problematisierens gemacht werden.[5] Darauf wäre zu erwidern: Dieser Gegensatz ist von unserem Standpunkt aus insofern nur ein scheinbarer, als er *bei statischer Betrachtungsweise* überhaupt nicht zur Geltung kommt. Wenn man die unterschiedlichen Einstellungen in bezug auf die dynamische Situation für so wichtig hält, daß man sie in die Bezeichnungsweise mit aufnehmen möchte, so müßte dies durch qualifizierende Zusätze geschehen. Man könnte dann z.B. im ersten Fall (Popper-Schule) von einem Fundamentalismus sprechen, der ‚potentiell nach unten geöffnet' sei, während im zweiten Fall (Erlanger Schule) ein Fundamentalismus vorliege, der ‚in seiner Tendenz nach unten geschlossen' ist.

Im Augenblick geht es darum, den Unterschied zwischen einem potentiell nach unten geöffneten Fundamentalismus und dem Anti-Fundamentalismus deutlich zu erkennen. Während der erstere nur prinzipiell bereit ist, die gegenwärtig akzeptierte Basis der empirischen Wissenschaften zu einem künftigen Zeitpunkt in Frage zu stellen, sofern ein begründetes Bedürfnis dafür entsteht, vertritt der Anti-Fundamentalist die Auffassung, daß die im Anschluß an D9-15 angeführte unbegrenzt oftmalige Iteration der Voraussetzungsbe-

---

[4] Dieses Beispiel dient ausschließlich der Illustration des gegenwärtigen Punktes und beansprucht nicht, den erwähnten Schulen gerecht zu werden. Auch wurde das Beispiel ohne jede polemische Nebenabsicht gewählt.
[5] Vgl. dazu aber auch die Bemerkung zu HUCKLENBROICH über eine Äußerung von POPPER in 1.8.

ziehung *bereits heute de facto gilt*. Für ihn gibt es, so könnte man sagen, *überhaupt keine Basis* der Erfahrungswissenschaften, weder eine endgültige noch eine provisorische.

Nach dem *Kohärentismus* gibt es keinen hierarchischen Aufbau der Wissenschaften: Bei der Untersuchung globaler Netzstrukturen stoßen wir auf Schleifen im Sinn von D9-20; d.h. in der Verfolgung theoretischer Voraussetzungsrelationen gelangen wir zu demjenigen Theorie-Element, bei dem die Betrachtung ihren Ausgang nahm, wieder zurück.

Diese Positionen sind miteinander verträglich und zwar sogar in einem doppelten Sinn. Erstens kann in einem bestimmten Wissenschaftsgebiet der eine und in einem anderen der andere Typ von Netzstruktur vorherrschen. Zweitens besteht sogar die Einbettungsmöglichkeit: Es könnte sich ergeben, daß wir zwar immer wieder auf kleinere Hierarchien stoßen, daß diese jedoch selbst stets Bestandteil größerer Schleifen sind. Es wäre vielleicht zweckmäßig, den Ausdruck „*radikaler Holismus*" für diesen letzten Fall zu reservieren.

Als Illustration könnte möglicherweise das frühere, mit *KPM* beginnende Beispiel dienen, sofern es vom heutigen Wissensstand aus betrachtet wird: In der Kette der Voraussetzungsrelationen würden wir, allerdings nur bei Zugrundelegung einer bestimmten epistemologischen Auffassung, von *KPM* (wie dort) nach einigen Zwischenschritten zur *physikalischen Geometrie* gelangen; diese führt zurück auf die *allgemeine Relativitätstheorie AR*, die ihrerseits die *klassische Mechanik* voraussetzt. Nach einer anderen Auffassung würde diese letzte Behauptung nicht gelten und nur eine Reduzierbarkeit von *KPM* auf *AR* vorliegen; in diesem Fall hätten wir es nicht mit einer expliziten Schleife zu tun. Die erste Deutung kann zugleich als Illustration dafür dienen, wie sich das Bild im Verlauf der Zeit ändern kann; im vorliegenden Fall: Ein zu einem früheren Zeitpunkt vermuteter fundamentalistischer Aufbau wird später verdrängt durch einige sich zu einer globalen Schleife verkettende Teilhierarchien.

Wir wollen versuchen, die Quintessenz dieser Überlegungen in ein paar Thesen festzuhalten:

(1) Der Fundamentalismus *als Dogma* ist abzulehnen. Insbesondere ist der fundamentalistische Vorwurf, daß der Kohärentismus logisch zirkulär sei, unbegründbar. Es mag der Fall sein, daß die vom Fundamentalisten gewöhnlich vertretene Korrespondenzauffassung von der Wahrheit mit dem Gedanken unvereinbar ist, die globalen intertheoretischen Netzstrukturen hätten den Charakter von Schleifen. Wenn dem wirklich so ist, sollte man dann daraus nicht vielleicht umgekehrt die Folgerung ziehen, daß die Korrespondenzidee der Wahrheit preiszugeben sei?

(2) POPPER und andere haben betont, daß es für ein adäquates Verständnis der modernen Naturwissenschaften unerläßlich sei, das aristotelische Wissenschaftsideal fallenzulassen, wonach Wissenschaft zu perfektem und definitivem Wissen führen müsse. Jenes Wissenschaftsideal hat aber noch *eine zweite, vielleicht ebenso fragwürdige Komponente*, nämlich die Vorstellung von einem hierarchischen Aufbau der Wissenschaften, in welchem sich eine 'Hierarchie des Seienden' erkenntnismäßig widerspiegle.

(3) Der Sneed-Formalismus scheint es erstmals möglich zu machen, auf *empirischem* Wege, genauer gesprochen: durch empirische Untersuchungen im Verein mit logischen Rekonstruktionen, eine Klärung des Verhältnisses der drei genannten Positionen und ihrer partiellen Richtigkeit herbeizuführen. Dies ist vermutlich nur für solche Philosophen bestürzend, die davon überzeugt sind, daß derartige Fragen durch Apriori-Betrachtungen entscheidbar sein müßten.

(4) Nicht nur der Fundamentalismus, auch die beiden anderen Positionen werden zu *Dogmen*, wenn sie verabsolutiert und als die einzigen möglichen Deutungen globaler Strukturen ausgegeben werden. Wie schon öfters in der Geschichte, muß der Philosoph wieder einmal dem Wunsch entsagen, eine Frage spekulativ beantworten zu können, die sich nur durch Detailuntersuchungen erforschen läßt.

(5) Die Möglichkeit, daß die fundamentalistische, die antifundamentalistische und die kohärentistische Auffassung zusammen in komplizierter Verflechtung auftreten, gilt nicht nur für den augenblicklichen Zustand der Wissenschaft und sollte daher nicht notwendig als *ein bloßes Provisorium* betrachtet werden. Auch wenn man bereit ist, mit C. S. Peirce oder H. Putnam von der Wissenschaft im Idealzustand zu reden, braucht sich die Situation nicht zu ändern. Selbst ‚an der idealen Grenze der wissenschaftlichen Forschung' könnten diese drei Typen von globalen Netzstrukturen in komplizierter Verflechtung auftreten. Nicht auszuschließen ist allerdings die Möglichkeit, daß nur der Kohärentismus übrig bleibt.

9.9 Philosophisch-historische Anmerkung

Da Bezeichnungen, wie „Fundamentalismus" und „Kohärenzauffassung", in der philosophischen Literatur häufig anders als hier verwendet werden, seien dazu einige klärende Bemerkungen angefügt, wobei wir uns aber meist mit stichwortartigen Hinweisen begnügen müssen. Der Hauptzweck dieser Andeutungen ist es, klarzustellen, daß man stärker differenzieren muß als es üblicherweise geschieht.

Einen guten Ausgangspunkt zur Gewinnung dieser Einsicht bildet die Auseinandersetzung zwischen Schlick und Neurath, über die Hempel in [Schlick und Neurath] anschaulich und doch sehr kritisch berichtet. Den Anlaß für die Diskussion bildete das Problem der Geltungsgründe oder Geltungsbedingungen empirischer Aussagen und zwar genauer die Frage, ob die direkt aufgestellten Beobachtungssätze, d.h. die Protokollierungen von direkt beobachteten Vorgängen, ein unerschütterliches Fundament der Erkenntnis bilden. Neurath leugnete dies, während Schlick glaubte, in den sog. *Konstatierungen*, d.h. den in der Gegenwart liegenden eigenen Wahrnehmungstatbeständen, derartige Aussagen entdeckt zu haben. Unter *Fundamentalismus* könnte man bei dieser Betrachtungsweise eine Auffassung von der Art der Schlickschen Überzeugung verstehen: Es wäre der Glaube an eine absolut sichere Erfahrungsbasis.

Später hat sich die Neurathsche Auffassung allgemein durchgesetzt. Denn einmal enthalten selbst elementarste Beobachtungsaussagen hypothetische Bestandteile, in bezug auf die eine Revision möglich ist; und zum anderen haftet ihnen auch ein konventioneller Zug an, da die zu akzeptierenden Beobachtungsaussagen aufgrund von intersubjektiven Entschlüssen ausgewählt werden. Der Schlicksche Begriff der Konstatierung erwies sich überdies als zweideutig. Bisweilen verstand SCHLICK darunter tatsächlich ‚aufschreibbare' Aussagen, bisweilen jedoch vorsprachliche Erlebnisse, die eine wichtige kausale Rolle bei dem Prozeß spielen, die den Beobachter zur Aufnahme eines Protokollsatzes in die von ihm akzeptierten experimentellen Befunde veranlassen. Mit anderen Worten: SCHLICK hielt den epistemologischen und den kausalen Aspekt nicht scharf auseinander.

Die Diskussion zwischen diesen beiden Denkern wendete sich bald sehr viel allgemeineren Fragen zu. SCHLICK hob hervor, daß er und NEURATH von verschiedenen Wahrheitskonzeptionen ausgingen. Seine eigene Auffassung sei die der *Korrespondenztheorie der Wahrheit*, während NEURATH eine *Kohärenztheorie der Wahrheit* vertrete. Nach der ersten Theorie besteht, schematisch gesprochen, die Wahrheit eines Satzes in der Übereinstimmung mit den Tatsachen, während sie nach der Kohärenztheorie in der Übereinstimmung mit dem System der akzeptierten Sätze besteht. Ausdrücklich vertreten wurde eine Kohärenzauffassung erstmals in der englischen idealistischen Tradition des ausgehenden 19. Jahrhunderts. Die Diskussion um sie ist neuerdings vor allem durch RESCHERS Buch [Coherence Theory] wiederaufgeflammt. Eine zusätzliche Komplikation entsteht hier dadurch, daß RESCHER bezüglich der Bedeutung von „wahr" am Korrespondenzgedanken festhält, den Kohärenzgedanken hingegen nur für die Klärung des Begriffs des Wahrheits*kriteriums* benützt.

Eine dritte Meinungsdifferenz zwischen SCHLICK und NEURATH betraf die Frage, ob man überhaupt einzelne Hypothesen mit empirischem Gehalt versehen und sie überprüfen könne oder ob dies nur für das System der wissenschaftlichen Hypothesen als Ganzes möglich sei. Bezeichnet man mit HEMPEL das erste als atomistische Auffassung von der Erkenntnis und das letzte als holistische Auffassung, so ging aus der damaligen Debatte ganz klar hervor, daß SCHLICK eine *atomistische*, NEURATH hingegen eine *holistische Auffassung* von der empirischen Erkenntnis vertrat.

In dieser berühmt gewordenen Diskussion überlagerten sich somit mindestens *drei* Problembereiche: das Problem der Sicherheit der Erfahrungsbasis, der Gegensatz zwischen der korrespondenztheoretischen und der kohärentistischen Auffassung von der Wahrheit und schließlich die Atomismus–Holismus–Kontroverse. *Keines* dieser Gebiete deckt sich mit unserem hier untersuchten Thema: den intertheoretischen Relationen und der globalen Struktur von Netzen, die durch diese Relationen erzeugt werden. Nur so viel kann man vermutlich sagen: Neuraths Hinweis darauf, daß der Widerspruch zwischen einer Theorie und direkt aufgestellten Protokollsätzen auch dadurch beseitigt werden kann, daß man die Protokollsätze verwirft – ein Gedanke, den R. HALLER in [Vienna Circle], S. 33, als „Neurath-Prinzip" betitelt hat –, bildet ein gewisses Indiz dafür, daß er auch in unserer Frage keinen Fundamentalismus, zumindest keinen Fundamentalismus als Dogma, vertreten hätte.

Vom systematischen Standpunkt aus ist es wesentlich, alle diese Problemgruppen auseinanderzuhalten. Vor allem erscheint es uns als wichtig, zu betonen, daß hier nicht behauptet werden soll, der *Kohärentismus* in unserem Wortsinn habe zwangsläufig eine Kohärenztheorie der Wahrheit im Gefolge, sei es im Definitionssinn, sei es im bloß kriteriologischen Sinn von RESCHER. Denn Untersuchungen zur Natur des Wahrheitsbegriffs haben wir hier nicht angestellt. Sollte jemand zu der Überzeugung gelangen, daß das eine das andere impliziere, so muß er sich auch der folgenden wichtigen Konsequenz dieser Auffassung bewußt sein: Wie wir gesehen haben, hängt die Beantwortung der Frage nach der Natur globaler Netzstrukturen in hohem Maße von künftigen *empirischen* Untersuchungen ab. Wer das erwähnte Implikationsverhältnis bejaht, ist daher gezwungen, auch die Frage nach der Natur der Wahrheit als ein zumindest *partiell empirisches* Problem zu interpretieren. Wer diese Konsequenz als absurd empfindet, muß die obige Implikation leugnen.

Der Vollständigkeit halber sei erwähnt, daß sich den genannten vier Problembereichen ein fünfter hinzugesellt, wie die Diskussionen der letzten Jahre ergeben haben. Es ist dabei etwas verwirrend, daß auch hier wieder z.T. dieselben Wörter auftauchen, die für die Charakterisierung von Positionen in einer der bisher genannten Problemgruppen vorkamen. Als Ausgangspunkt kann man diejenige Auffassung von der Realität oder der Welt wählen, die gewöhnlich mit der Korrespondenzidee der Wahrheit verknüpft ist. H. PUTNAM bezeichnet diese Auffassung als *metaphysischen Realismus*. Danach ist es sinnvoll, von DER WELT, unabhängig von jeder Konzeptualisierung und jeder sie beschreibenden Theorie, zu sprechen. (Der einheitliche Großdruck soll signalisieren, daß diese metaphysische Entität gemeint ist.) Viele Vertreter dieser Auffassung gehen sogar noch einen Schritt weiter und behaupten dasselbe auch von den bloß *möglichen* Welten sowie den zwischen diesen bestehenden ‚Abstandsverhältnissen'. M. DUMMETT und H. PUTNAM betrachten dies als eine unhaltbare Auffassung. Die Schwierigkeiten beginnen nach ihnen bereits mit der Semantik. Die grundlegende Semantik kann keine wahrheitsfunktionelle sein, sondern muß eine solche bilden, die auf dem Beweis- oder Begründungsbegriff beruht. Während DUMMETT seine These vor allem dafür verwendet, um die philosophische Überlegenheit der intuitionistischen Mathematik gegenüber der klassischen darzulegen, überträgt PUTNAM diesen Gedanken auch auf die empirischen Wissenschaften. Die Gegenposition zum metaphysischen Realismus, die PUTNAM vertritt, hat noch keinen allgemein verwendeten Namen bekommen. Man könnte etwa die suggestive Bezeichnung „*Begründungssemantischer Anti-Realismus*" wählen. Leider wird diese Position gelegentlich auch „Kohärentismus" genannt, da nach dieser Auffassung für die Annahme einer Hypothese als wahr die äußere und innere Kohärenz maßgebend sind (Einklang mit der Erfahrung, Einfachheit, Eleganz etc.). Den Unterschied zwischen den beiden gegensätzlichen Auffassungen kann man sich so verdeutlichen: Vom Standpunkt des metaphysischen Realisten aus müssen der semantische Begriff der Wahrheit und der epistemische Begriff des Wissens scharf auseinandergehalten werden. Selbst 'an der idealen Grenze der wissenschaftlichen Forschung' könnte beides auseinanderklaffen: Eine Theorie könnte alle epistemischen Optimalitätsmerkmale besitzen und dennoch falsch sein. Für den Begründungssemantiker ist dies ein unvollziehbarer Gedanke. Wenn oben der metaphysische Realismus als eine nach PUTNAM unhaltbare Auffassung bezeichnet worden ist, so beruht diese Unhaltbarkeit nicht auf logischer Widerlegbarkeit, sondern auf *Undenkbarkeit*. Alle Spielarten des metaphysischen Realismus – insbesondere auch diejenigen, welche versuchen, sich auf den Tarskischen Wahrheitsbegriff zu stützen – ‚zerbrechen an Unverständlichkeit'. (Für den Versuch einer verständlichen Schilderung der Position von PUTNAM vgl. STEGMÜLLER, [Gegenwartsphilosophie II], Kap. III, Abschn. 3, insbes. S. 414ff. In der Zwischenzeit hat PUTNAM seine Position ausführlicher dargelegt in dem Buch [Vernunft].)

Der Gegensatz, welcher hier ausgefochten wird, bewegt sich auf einer allgemeineren und abstrakteren Ebene als unsere Hauptthemen. Das strukturalistische Vorgehen ist daher an sich neutral in bezug auf diese Kontroverse. Höchstens indirekt können die strukturalistischen Gedanken zum Thema „Fortschrittsverzweigung" dem Anti-Realismus eine Stütze geben.

Um einen möglichst vollständigen Überblick über die vorzunehmenden Differenzierungen zu gewinnen, kehren wir nochmals zum Thema „Holismus" zurück. Während wir die beiden Verschärfungen (III) und (IV) von II/2, S. 272 und 277, unverändert übernehmen können, ist es zweckmäßig, die grundlegenden holistischen Thesen in *drei* (statt wie früher in zwei) Kernsätzen zusammenzufassen.

Der *erste*, die Theorie als solche betreffende *Kernsatz* kann von früher übernommen werden (Satz (I) von II/2, S. 271). Der *zweite Kernsatz* soll den holistischen Charakter der empirischen Behauptung hervorheben. Er würde je nach Situation besagen, daß die einem Theorie-Element bzw. einem Theorienkomplex zugeordnete empirische Behauptung eine einzige unzerlegbare Aussage, nämlich ein Ramsey-Sneed-Satz, ist. Hier wäre allerdings die in Kap. 7 erwähnte *Qualifikation* mit anzubringen: Sofern die Gesamtheit der intendierten Anwendungen in unzusammenhängende Teilbereiche zerfällt, ist nur jedem dieser Bereiche, für sich genommen, eine solche unzerlegbare Behauptung zuzuordnen. Zur Illustration könnte man das folgende astrophysikalische Bild heranziehen: Angenommen, wir hätten uns entschlossen, die klassische Partikelmechanik zur Grundlage der Erklärung der uns bekannten Phänomene im Kosmos zu machen; außerdem sei bereits die Gesamtheit aller Galaxien in die intendierten Anwendungen dieser Theorie mit einbezogen worden. Das Universum sei nun so beschaffen, daß zwischen den Galaxien keinerlei physikalische Wechselwirkungen festzustellen sind. Dann hätten wir zwar im Sinn des Kernsatzes (I) *eine einzige Theorie* für das gesamte Universum, jedoch – im Idealfall – *mehrere Milliarden empirische Behauptungen* von der Art des Ramsey-Sneed-Satzes, nämlich je eine für jede Galaxie; der Holismus der empirischen Behauptungen wäre sozusagen ‚galaxienrelativ'. In einem *dritten Kernsatz* kann man das Hauptresultat von Kap. 7 zusammenfassen, welches die möglichen

Revisionsalternativen im Fall eines Konfliktes zwischen empirischer Behauptung und Meßdaten zusammenfaßt. Er besagt: *Selbst bei scheinbar eindeutiger Lokalisation des Konfliktes gibt es stets mehrere Revisionsalternativen. Zwischen diesen Alternativen besteht für physikalische Theorien bei Berücksichtigung aller Umstände – insbesondere auch der mit einer Theorie verknüpften Invarianzen – eine scharfe Präferenzordnung.*

Unter Hinzunahme der beiden oben nochmals erwähnten Verschärfungen erhalten wir insgesamt fünf holistische Thesen, von denen allerdings viele Holisten die beiden Verschärfungen nicht annehmen würden. Der *radikale Holismus* im früher erwähnten Sinn bestünde in der Hinzunahme der kohärentistischen Auffassung im Sinne des gegenwärtigen Abschnittes 9.8 zu diesen Thesen. Ob eine solche Radikalisierung jemals begründbar sein wird, ist eine heute noch offene Frage. Die drei anderen Problembereiche, die wir durch Hinweise auf die Schlick-Neurath-Debatte und durch Putnams Kritik am metaphysischen Realismus andeuteten, wären von all dem methodisch zu trennen. Künftige Detailuntersuchungen könnten natürlich auch hier mehr oder weniger komplizierte Verzahnungen aufdecken.

Literatur

BALZER, W. und C. U. MOULINES [Grundstruktur], „Die Grundstruktur der klassischen Partikelmechanik und ihre Spezialisierungen", Z. Naturforsch., Bd. 36a (1981), S. 600–608.
BALZER, W., C. U. MOULINES und J. D. SNEED, *Basic Structure in Scientific Theories*, Kap. V: *Linked Theory Elements*, Manuskript 1982.
BALZER, W., C. U. MOULINES und J. D. SNEED, „Formale Betrachtungen über Theorie-Strukturen", Manuskript 1982.
HALLER, R. [Vienna Circle], "New Light on the Vienna Circle", *The Monist*, Bd. 65 (1982), S. 25–35.
HEMPEL, C. G. [SCHLICK und NEURATH], „SCHLICK und NEURATH: Fundierung versus Kohärenz in der wissenschaftlichen Erkenntnis", *Grazer Philosophische Studien*, Bd. 16/17 (1982), S. 1–8.
NEURATH, O. „Radikaler Physikalismus und ‚Wirkliche Welt'", *Erkenntnis*, Bd. 4 (1934), S. 346–362.
PUTNAM, H. [Vernunft], *Vernunft Wahrheit und Geschichte*, deutsche Übersetzung von *Reason, Truth and History* durch J. SCHULTE, Frankfurt a. M. 1982.
RESCHER, N. [Coherence Theory], *The Coherence Theory of Truth*, Oxford 1973.
SCHLICK, M. „Über das Fundament der Erkenntnis", *Erkenntnis*, Bd. 4 (1934), S. 79–99, abgedruckt in: M. SCHLICK, *Gesammelte Aufsätze*, Hildesheim 1969.
STEGMÜLLER, W. [Gegenwartsphilosophie II], *Hauptströmungen der Gegenwartsphilosophie*, Bd. II, 6. Aufl. Stuttgart 1979.

Kapitel 10
Inkommensurabilität, Reduktion und Übersetzung

10.1 Das Argument von D. Pearce

T. S. KUHN hat, woran hier nochmals erinnert sei, in [Revolutions] die Auffassung vertreten, daß Theorien, die durch eine wissenschaftliche Revolution getrennt sind, miteinander inkommensurabel seien. Daraus haben Kommentatoren und Kritiker den Schluß gezogen, KUHN zeichne ein Bild der wissenschaftlichen Entwicklung als eines *irrationalen* Prozesses. Denn bei Vorliegen von Inkommensurabilität gebe es *keinerlei Vergleichsmöglichkeiten*. Man könne daher auch keine Behauptung von der Art begründen, daß die neue Theorie, welche die alte im revolutionären Prozeß verdrängte, besser sei als die alte. Statt von einem wissenschaftlichen Fortschritt dürfe man in einem solchen Fall höchstens von *Theorienwandel* sprechen.

KUHN selbst hat diesen Übergang von der Inkommensurabilität zur Unvergleichbarkeit niemals vollzogen. Um zu zeigen, daß die Kuhnsche Inkommensurabilitätsthese verträglich ist mit dem Gedanken einer fortschrittlichen revolutionären Theorienverdrängung, hat der gegenwärtige Autor bereits in der ersten Auflage von II/2 versucht, die Relation der Reduktion zwischen Theorien als einen möglichen Kandidaten für ein Kriterium des ‚Besserseins' der neuen gegenüber der alten Theorie vorzustellen. Dieser Gedanke wurde später nochmals aufgenommen und zusätzlich erläutert. (Vgl. [Neue Wege] und [View].) Sollte sich dieser Weg als gangbar erweisen, so wäre damit ein Ausweg aus dem ‚Inkommensurabilitätsdilemma' aufgezeigt worden. Zugleich wäre dies ein Beitrag dazu, das übliche Verständnis des Kuhnschen Bildes von den wissenschaftlichen Revolutionen zu ‚entirrationalisieren'.

In der Abhandlung [Stegmüller on Kuhn] hat D. PEARCE zu zeigen versucht, daß dieser Weg nicht gangbar ist. In der folgenden Diskussion werden wir folgendermaßen vorgehen. Zunächst soll die strittige These – unter Weglassung von allem Beiwerk, das gegenwärtig ohne Relevanz ist – formuliert werden. Danach geben wir zunächst eine ungefähre Skizze und sodann eine detaillierte Rekonstruktion des Argumentes von PEARCE gegen diese These. In 10.2 folgt eine kritische Stellungnahme. Sowohl für die Rekonstruktion als auch für die Kritik machen wir starken Gebrauch von W. BALZER, [Incommensurability].

PEARCE nimmt Bezug auf STEGMÜLLER, [Some Reflections], und zwar auf den folgenden Gedankengang von S. 198: Eine ‚echte wissenschaftliche Revolution' im Sinne von KUHN, bei der eine Theorie T_1 durch eine Theorie T_2 verdrängt wird, manifestiert trotz Inkommensurabilität von T_1 und T_2 einen wissenschaftlichen Fortschritt, wenn zwar T_1 reduzierbar ist auf T_2, nicht jedoch umgekehrt T_2 auf T_1.

Daß es sich dabei um einen ‚revolutionären Verdrängungsprozeß' handelt, ist für das Folgende unwesentlich, ebenso, daß die Reduktion nur in der einen Richtung verläuft. Denn die Frage, um die es allein geht, ist *das Problem der Verträglichkeit der Inkommensurabilität zweier Theorien mit der Reduzierbarkeit der einen auf die andere*. Wir können daher die These so formulieren:

(SR) Es kann der Fall sein, daß zwei Theorien T_1 und T_2 inkommensurabel sind und daß dennoch T_1 auf T_2 reduzierbar ist.

Der Ausdruck „reduzierbar" ist dabei natürlich im strukturalistischen Sinn, also im Sinn der Explikationen von Kap. 4, zu verstehen.

Der Grundgedanke des Einwandes gegen (SR) ist folgender: Wenn auch das übliche strukturalistische Vorgehen dadurch charakterisiert ist, daß auf die Benützung formaler Sprachen verzichtet wird, so dürfen wir doch davon ausgehen, daß im Prinzip geeignete Sprachen eingeführt werden *könnten*. Dadurch würden dann die Modelle und potentiellen Modelle im strukturalistischen Wortsinn spezielle semantische Strukturen für diese Sprachen bilden. Unter Verwendung bestimmter plausibler Annahmen kann man dann bei Vorliegen einer Reduzierbarkeit der Theorie T_1 auf die Theorie T_2 beweisen, daß zwischen den diese beiden Theorien ausdrückenden Sprachen eine Übersetzung existiert. Wenn aber, so verläuft die Überlegung von PEARCE, zwischen den beiden Sprachen, in denen T_1 und T_2 formuliert sind, eine Übersetzungsrelation besteht, so können T_1 und T_2 nicht inkommensurabel sein. Also ist die Behauptung (SR) falsch. Daraus läßt sich weiter folgern, daß der strukturalistische Reduktionsbegriff zu eng ist, um auf ein Paar inkommensurabler Theorien angewendet zu werden.

PEARCE benützt keinen formal präzisierten Begriff der Inkommensurabilität. Dies erscheint auch nicht als notwendig, da es nur auf den Konflikt zwischen Inkommensurabilität und Übersetzung ankommt. In der späteren Analyse werden wir uns vor allem auf den Begriff der Übersetzung konzentrieren. Dabei soll gezeigt werden, daß KUHN sowie FEYERABEND, der hier ebenfalls genannt werden kann, nur an spezielle Arten von ‚bedeutungserhaltenden' Übersetzungen gedacht haben, wenn sie mit der von ihnen behaupteten Inkommensurabilität die Existenz einer Übersetzung ausschlossen; daß dagegen der Begriff der Übersetzung in dem allgemeinen, von PEARCE benützten logischen Sinn auch solche Übersetzungen einschließt, die mit Inkommensurabilität verträglich sind. Und nur Übersetzungen in diesem allgemeinen, nicht hingegen die speziellen Übersetzungen im erstgenannten Sinn, sind mit dem strukturalistischen Reduktionsbegriff notwendig verknüpft.

Es soll jetzt das Detailargument geschildert werden. Aus Einfachheitsgründen beschränken wir uns auf Sprachen erster Stufe, die keine Individuenkonstanten und keine Funktionszeichen enthalten. Das feste Alphabet, welches die logischen Zeichen enthält, soll als vorgegeben angesehen werden, so daß jeweils nur die Symbolmenge oder das variierende Alphabet anzugeben ist. (Vgl. STEGMÜLLER und v. VARGA, [Logik], Abschn. 14.1.2.) Für die beiden betrachteten Theorien T_1 und T_2 können daher die zugehörigen Sprachen τ_1 und τ_2 als geordnete n- bzw. m-Tupel von Prädikaten betrachtet werden: $\tau_1 = \langle P_1,\ldots,P_n\rangle$ und $\tau_2 = \langle Q_1,\ldots,Q_m\rangle$. Die Klassen aller zugehörigen semantischen Strukturen mögen $Str(\tau_1)$ bzw. $Str(\tau_2)$ heißen. (Vgl. a.a.O., Abschn. 14.1.3.). Die ontologischen Teilstrukturen $OStr(\tau_1)$ bzw. $OStr(\tau_2)$ für τ_1 bzw. τ_2 mögen $\langle D^1, \bar{P}_1,\ldots,\bar{P}_n\rangle$ und $\langle D^2, \bar{Q}_1,\ldots,\bar{Q}_m\rangle$ heißen; dabei ist $\bar{P}_i$ bzw. $\bar{Q}_j$ das Denotat von P_i bzw. Q_j in der betreffenden semantischen Struktur. (Die ontologischen Teilstrukturen enthalten nur die Grundbereiche und die Denotate der Prädikate, nicht jedoch die Prädikate selbst, sind also sprach- und symbolunabhängig.) Ferner seien $Form(\tau_i)$ und $Satz(\tau_i)$ die Klassen aller Formeln und aller Sätze dieser Sprachen. Die beiden Klassen von potentiellen Modellen M_p^1 und M_p^2 sind bei dieser Darstellung als Mengen von (ontologischen Teil-)Strukturen aufzufassen, d.h. es gilt:

$$M_p^1 \subseteq OStr(\tau_1) \quad M_p^2 \subseteq OStr(\tau_2).$$

Schließlich gilt für die Klassen der Modelle, wie immer, daß $M^1 \subseteq M_p^1$, $M^2 \subseteq M_p^2$. Die beiden Theorien kann man dann formal als Tripel einführen: $T_1 = \langle \tau_1, M_p^1, M^1\rangle$, $T_1 = \langle \tau_2, M_p^2, M^2\rangle$.

Als nächstes charakterisieren wir die beiden Begriffe der Reduktion und der Übersetzung so, wie dies bei PEARCE geschieht. Da sein Reduktionsbegriff nur einen Teil dessen erfaßt, was im Strukturalismus „Reduktion" heißt, wäre es eigentlich angemessener, von der in D 10-1 eingeführten Funktion nur zu sagen, daß sie die Minimalbedingungen einer Reduktionsfunktion erfüllt. Doch da dies für das Spätere ohne Relevanz ist, verwenden wir einfach das Verbum „reduziert". Unter Theorien verstehen wir stets Theorien im eben erläuterten Wortsinn.

D 10-1 $T_1 = \langle \tau_1, M_p^1, M^1\rangle$ und $T_2 = \langle \tau_2, M_p^2, M^2\rangle$ seien Theorien. Dann *reduziert F die Theorie T_1 auf T_2* gdw
(1) $F: M_p^2 \to M_p^1$ ist eine partielle und surjektive Funktion;
(2) für alle x: wenn x ein Modell von T_2 ist (d.h. $x \in M^2$) und im Argumentbereich von F liegt, dann ist $F(x)$ ein Modell von T_1, d.h. $F(x) \in M^1$.

Wie man leicht erkennt, entspricht die Funktion F der Umkehrung ϱ^{-1} der Reduktionsrelation ϱ von Kap. 4, die ja tatsächlich eine Funktion ist. Die Funktion F erzeugt eine Entsprechung zwischen den potentiellen Modellen der beiden Theorien; und zwar bildet sie gemäß (1) eine Teilklasse der Klasse aller potentiellen Modelle der reduzierenden Theorie auf eine solche Weise auf die Klasse der potentiellen Modelle der reduzierten Theorie ab, daß alle potentiellen Modelle der reduzierten Theorie F-Bilder sind. Nach der Bestimmung (2) berücksichtigt die Abbildung F, intuitiv gesprochen, die Axiome, die jeweils M_p auf die Teilklasse M einschränken. Unter Bezugnahme auf die obigen Begriffe der Sprache und der (semantischen bzw. ontologischen) Struktur könnte man sagen, daß die Reduktionsfunktion F auf der Stufe der Strukturen operiert und daß sie in dem Sinn eine ‚Relation zwischen Bedeutungen' herstellt, als sie die Denotate der nichtlogischen Zeichen, d.h. der Prädikate, zwischen (den Sprachen der) beiden Theorien verknüpft.

Den folgenden Begriff nennen wir *abstrakte Übersetzung*, da wir später auf spezielle Formen von Übersetzung zu sprechen kommen werden, wobei der gegenwärtige Begriff einen abstrakten Rahmenbegriff bilden wird.

D10-2 $T_1 = \langle \tau_1, M_p^1, M^1 \rangle$ und $T_2 = \langle \tau_2, M_p^2, M^2 \rangle$ seien Theorien und F reduziere (im Sinn von D10-1) T_1 auf T_2. Dann ist Γ eine *abstrakte Übersetzung von T_1 in T_2 bezüglich F* gdw
(1) $\Gamma: Form(\tau_1) \rightarrow Form(\tau_2)$;
(2) für alle $x \in D_1(F)$ und alle $\psi \in Satz(\tau_1)$:
    $Mod(x, \Gamma(\psi))$ gdw $Mod(F(x), \psi)$.

Dazu einige Erläuterungen: (i) Es wird nicht eine Übersetzungsfunktion schlechthin definiert, sondern nur relativ auf eine vorgegebene Reduktion F. (ii) Die Übersetzungsfunktion verläuft in der umgekehrten Richtung als die Reduktionsfunktion, nämlich von der reduzierten Theorie in die reduzierende Theorie. (iii) Zum Unterschied von der Funktion F operiert die Funktion Γ auf der sprachlichen Ebene: sie bildet die Formeln (und damit auch die Sätze) von T_1 in deren ‚Übersetzungen' ab, nämlich in Formeln von T_2. (iv) Die Bestimmung (2) verlangt, daß die Übersetzungsfunktion Γ mit der vorgegebenen Reduktionsfunktion F und damit auch mit den durch diese hergestellten ‚Bedeutungsbeziehungen' verträglich ist. Für das Verständnis dieser Verträglichkeitsbeziehung muß man sich daran erinnern, daß Argumente und Werte von F, also die potentiellen Modelle der beiden Theorien, als semantische Strukturen eingeführt worden sind. Die Bedingung besagt: Wenn ein Satz ψ der reduzierten Theorie in einem Modell $F(x)$ dieser Theorie gilt, dann muß seine Übersetzung $\Gamma(\psi)$ in einem der entsprechenden Modelle x der reduzierenden Theorie gelten und umgekehrt. (Den Plural mußten wir hier deshalb verwenden, weil das Modell $F(x)$ *verschiedene* Urbilder enthalten kann.)

Im folgenden Argument wird davon Gebrauch gemacht, daß die Funktion F algebraisch und definierbar ist, beides im Sinne von FEFERMAN, [Two Notes], verstanden. Da die genaue Natur dieser beiden Merkmale für das Folgende keine Rolle spielt, begnügen wir uns hier mit einer kurzen Erläuterung.

Vorausgesetzt wird im folgenden, daß $\tau_1 \cap \tau_2 = 0$.

Dann bedeutet die Aussage, daß F *algebraisch* ist, daß F mit der Isomorphie zwischen den ontologischen Teilstrukturen verträglich ist, d.h. für alle $x, y \in OStr(\tau_2)$ gilt: wenn $x \simeq y$, dann $F(x) \simeq F(y)$.

Für den Begriff der Definierbarkeit ist zunächst zu beachten, daß F eine Teilmenge von $M_p^2 \times M_p^1$ und damit auch von $OStr(\tau_2) \times OStr(\tau_1)$ ist. Ein Element daraus ist ein geordnetes Paar von mengentheoretischen Strukturen $\langle x_2, x_1 \rangle$. Der begriffliche Apparat ist nun bei FEFERMAN so eingeführt, daß es auf die Reihenfolge der Relationsglieder nicht ankommt, d.h. man kann die Glieder x_2 und x_1 einfach hintereinanderschreiben und ein neues Tupel z bilden. F ist eine Klasse solcher z. Wenn diese Klasse durch Axiome charakterisierbar ist, welche für die R_i^2 und R_j^1 aus x_2 und x_1 gelten, so wird F definierbar genannt.

Um das Argument von PEARCE gegen (SR) rascher überblicken zu können, führen wir zunächst 5 numerierte Aussageformen ein. Im Argument benützen wir dann nur diese Nummern.

(1) (a) F reduziert T_1 auf T_2;
    (b) T_1 und T_2 sind inkommensurable Theorien;
(2) $\tau_1 \cap \tau_2 = \emptyset$ und F ist algebraisch und definierbar;
(3) es gibt eine abstrakte Übersetzung Γ von T_1 in T_2 bezüglich F;
(4) T_1 und T_2 sind inkommensurabel und trotzdem ist T_1 in T_2 übersetzbar.

Folgendes ist zu beachten: Die Konjunktion von (1)(a) und (1)(b) ist identisch mit der zur Diskussion stehenden These (SR). (2) ist die erwähnte plausible Zusatzannahme. (3) bildet das Konsequens der folgenden Prämisse (B); diese Prämisse ist unbestreitbar, da es sich um einen logisch beweisbaren Satz handelt. (4) dagegen ist nach PEARCE unhaltbar. Hier wird deutlich, warum eine genaue Explikation des Begriffs der Inkommensurabilität – die wir daher auch erst in der Diskussion zu geben versuchen werden – nicht erforderlich ist: Für das Argument von PEARCE reicht die Feststellung aus, daß von zwei Theorien, die im Sinne von KUHN inkommensurabel sind, nicht die eine in die andere übersetzbar sein kann. Gerade dies aber, so die Überlegung von PEARCE, müßte man bei Annahme von (SR) behaupten, da (4) aus (1) bis (3) folgendermaßen erschlossen werden kann:

Prämisse (A) Es gibt T_1, T_2, F, so daß (1)(a) und (1)(b) und (2);
Prämisse (B) für alle T_1, T_2, F ((1)(a) und (2)) $\Rightarrow$ (3);
Konklusion: Es gibt T_1 und T_2, so daß (1)(b) und (3).

Die Konjunktion von (1)(b) und (3) aber ist mit (4) identisch, so daß die Konklusion lautet:

Es gibt zwei Theorien, die inkommensurabel sind und von denen trotzdem die eine in die andere übersetzbar ist.

Diese Konklusion ist nach PEARCE unhaltbar. Also muß man (durch Kontraposition) wegen der Unbestreitbarkeit der Prämisse (B) auf die Falschheit der Prämisse (A) schließen. Da die Komponente (2) von (A) nicht angefochten werden soll, bleibt nur die Verwerfung der Konjunktion von (1)(a) und (1)(b) übrig, d.h. die Verwerfung der Prämisse (SR).

10.2 Philosophische Diskussion des Argumentes von Pearce

Wir werden uns hier darauf beschränken, die Gründe von PEARCE für die Verwerfung der Aussage (4) zu diskutieren. Möglicherweise hat zu dieser Verwerfung die weitverbreitete, auch von Kuhn-Kritikern oft geäußerte Auffassung beigetragen, daß Inkommensurabilität im Sinne von KUHN Unvergleichbarkeit zur Folge hat. KUHN selbst hat diese Auffassung niemals vertreten. Es soll daher gezeigt werden, warum es durchaus vernünftig ist, die folgende Annahme zu machen:

(4*) Es ist möglich, daß zwei Theorien T_1 und T_2 inkommensurabel sind und daß trotzdem T_1 bezüglich der Reduktionsfunktion F im abstrakten Sinn übersetzbar ist in T_2.

Anmerkung 1. Die ausdrückliche Anführung der Wendung „im abstrakten Sinn" soll den Leser daran erinnern, daß hier der sehr allgemein gehaltene Übersetzungsbegriff von D 10-2 benützt wird. Man könnte die prinzipielle Frage aufwerfen, ob dieser Begriff überhaupt die Minimalbedingungen erfüllt, um im sprachphilosophisch und wissenschaftstheoretisch relevanten Sinn eine *Übersetzung* genannt zu werden. Wir werden dieses Problem nicht erörtern. Doch sollte wenigstens darauf hingewiesen werden, daß man die Deutung der Funktion Γ von D 10-9 *als einer Übersetzung* in Frage stellen könnte.

Die Beispiele, die zur Stützung der Inkommensurabilitätsthese vorgebracht werden, sind fast immer von folgender Art: Es werden zwei Theorien angegeben, welche *dieselben Wörter* (bzw. symbolischen Abkürzungen) enthalten, wobei jedoch diese Wörter *verschiedene Bedeutungen* besitzen. Beispiele: der Ausdruck „Uhr" in der klassischen und in der relativistischen Mechanik; das Wort „Bewegung" in der aristotelischen und in der Newtonschen Physik; das Wort „Zustand" in der phänomenologischen und in der statistischen Thermodynamik. In STEGMÜLLER, [Erklärung und Kausalität], Kap. XI, Abschn. 6, (F) bis (H), wird die Frage genauer erörtert, in welchem Sinn hier von Bedeutungsverschiedenheit gesprochen werden darf. Es wird dort plausibel gemacht, daß KUHN sich sogar auf die Autorität von CARNAP hätte stützen können, um seine These zu untermauern. Auch nach CARNAP wird die Bedeutung der theoretischen Begriffe teilweise durch die Gesetze festgelegt, in denen sie vorkommen. Da in der speziellen Relativitätstheorie z.B. die Masse-Energie-Gleichung $E = mc^2$ gilt, welcher in der klassischen Mechanik nichts entspricht, folgt sofort, daß die identischen Wörter „Masse" und „Energie" (bzw. die Symbole „m" und „E") in diesen Theorien verschiedene Bedeutungen haben, woraus sich die Inkommensurabilität dieser beiden Theorien ergibt.

Dies legt es nahe, die folgenden Begriffe einzuführen. Unter einer *worterhaltenden Übersetzung* einer Theorie in eine andere soll eine Abbildung der Sätze der ersten Theorie in die der zweiten Theorie verstanden werden, welche alle Wörter, die in beiden Theorien vorkommen, auf sich selbst abbildet. Wenn dabei diese Wörter auch ihre jeweiligen Bedeutungen behalten, so soll von einer *bedeutungserhaltenden Übersetzung* gesprochen werden. In bezug auf die strittige Behauptung (4*) können wir dann folgendes sagen: Nur wenn „Übersetzung" dort im Sinne von worterhaltender *und* bedeutungserhaltender Übersetzung verstanden wird, ist (4*) falsch und die Verwerfung der früheren Aussage (4) ist korrekt. Wird dagegen unter „Übersetzung" in (4*) eine solche verstanden, die zwar worterhaltend, *aber nicht bedeutungserhaltend* ist, dann braucht (4*) nicht falsch zu sein. Tatsächlich dürfte den Standardbeispielen von inkommensurablen Theorien stets die folgende Intuition zugrunde liegen: *Wenn T_1 und T_2 inkommensurabel sind, so ist es nicht möglich, T_1 auf solche Weise in T_2 zu übersetzen, daß die Bedeutungen der in beiden Theorien vorkommenden Wörter dieselben bleiben.*

Der springende Punkt bei der Verteidigung von (4*) (und damit von (4)) ist hiermit schon zur Sprache gekommen: Nicht bereits der abstrakte, in D10-2 eingeführte und in (4*) benützte Übersetzungsbegriff gerät mit dem Inkommensurabilitätsbegriff in Konflikt, sondern erst der spezielle Begriff der wort- und bedeutungerhaltenden Übersetzung.

Anmerkung 2. Wie ist, so lautet eine naheliegende Frage, die Situation zu beschreiben, wenn die Übersetzung nicht nur nicht bedeutungerhaltend, sondern nicht einmal worterhaltend ist, weil die Ausdrücke mit den neuen Bedeutungen ‚umbenannt' worden sind? Prima facie scheint man hier sagen zu müssen, daß die Inkommensurabilitätsdebatte gar nicht erst beginnen könnte. Doch dies wäre insofern eine irreführende Feststellung, als das ‚Problem der Inkommensurabilität' nicht etwa zum Verschwinden gebracht, sondern *nur in ein anderes Rätsel transformiert* worden wäre. Um dieses Rätsel zu verdeutlichen, nehmen wir an, daß beide Theorien gleich gut bestätigt sind. Dann würde die Ausgangsfrage lauten: „Wie ist es möglich, daß zwei gleich gut bestätigte Theorien mit völlig verschiedenen Termen, die ihrerseits völlig verschiedene Bedeutungen haben, vom selben ‚Weltausschnitt' handeln?" Und die Diskussion der Frage, wie man denn zwei solche Theorien miteinander vergleichen könne, würde mindestens ebenso dramatisch verlaufen wie die Inkommensurabilitätsdebatte.

Die eben angestellte Überlegung bildet die Rechtfertigung dafür, diesen Fall unten in die Inkommensurabilitätsdefinition D10-5 einzubeziehen.

In Anknüpfung an BALZER, [Incommensurability], sollen die eben angestellten informellen Betrachtungen in ein präziseres Gewand gekleidet werden. Dabei machen wir von dem in 10.1 eingeführten Begriffsapparat Gebrauch.

T_1 und T_2 seien zwei Theorien mit den zugehörigen Sprachen $\tau_1 = \langle P_1, \ldots, P_n \rangle$ und $\tau_2 = \langle Q_1, \ldots, Q_m \rangle$. In bezug auf die Zeichen „P_i" und „Q_j" müssen wir diesmal genauere Angaben machen als in 10.1. Diese Symbole dürfen nicht etwa als metasprachliche syntaktische Variable aufgefaßt werden, welche die entsprechenden nichtlogischen Zeichen der beiden Objektsprachen designieren. (In diesem Fall könnten nämlich, gleichsam im Unsichtbaren, bestimmte Prädikatkonstante beim Übergang von der einen zur anderen Sprache umbenannt werden, ohne daß wir dies zu erfassen vermöchten.) Vielmehr müssen die „P_i" (für $1 \leq i \leq n$) *selbst* die nichtlogischen Prädikate der ersten Sprache und die „Q_j" (für $1 \leq j \leq m$) *selbst* die nichtlogischen Prädikate der zweiten Sprache bilden. Die *Bedeutungen* oder *Denotate* dieser Zeichen sollen wieder mit Hilfe eines Querstriches, also durch „$\bar{P}_i$" bzw. „$\bar{Q}_j$", angegeben werden. Absichtlich haben wir die Wendung „Bedeutungen oder Denotate" benützt, um klarzustellen, daß wir von einem rein extensionalen Bedeutungsbegriff Gebrauch machen und keine Abschweifungen in intensionale Semantiken benötigen.

Innerhalb dieses formalen Rahmens liegt der typische Fall von Inkommensurabilität genau dann vor, wenn mindestens ein nichtlogisches Prädikatsymbol H in beiden Sprachen vorkommt, also $H \in \{P_1, \ldots, P_n\} \cap \{Q_1, \ldots, Q_m\}$, das in beiden Theorien verschiedene Denotate hat. Dann gibt es also ein i und ein j, so daß $H = P_i = Q_j$; dagegen gilt: $\bar{P}_i \neq \bar{Q}_j$. Die ontologischen Teilstrukturen der semantischen Strukturen dieser beiden Sprachen seien für die als vorgegeben betrachtete Reduktionsfunktion F: $x = \langle D^2, \bar{Q}_1, \ldots, \bar{Q}_m \rangle$ und $F(x) = \langle D^1, \bar{P}_1, \ldots, \bar{P}_n \rangle$.

In einem vorbereitenden Schritt definieren wir den Begriff der ein Prädikat erhaltenden Übersetzung. F sei eine vorgegebene Reduktionsfunktion von T_1 auf T_2.

D 10-3 Es sei $H \in \{P_1, \ldots, P_n\} \cap \{Q_1, \ldots, Q_m\}$. Dann ist Γ eine *H-erhaltende Übersetzung bezüglich F* gdw gilt:
(1) Γ ist eine abstrakte Übersetzung von T_1 in T_2 bezüglich F;
(2) für alle $Hz_1 \in Form(\tau_1)$ existiert ein z_2, so daß $\Gamma(Hz_1) = Hz_2$ und $Hz_2 \in Form(\tau_2)$. (Dabei seien z_1 und z_2 geeignete Folgen von Variablen.)
(3) Γ ist verträglich mit den logischen Zeichen.

Die genaue Bedeutung der Bestimmung (3) hängt davon ab, wie der Formelbegriff in den beiden Sprachen τ_1 und τ_2 eingeführt ist. Wenn z.B. die logischen Zeichen „$\neg$", „$\vee$" und „$\bigvee$" sind, so beinhaltet diese Bestimmung: $\Gamma(\neg A) = \neg \Gamma(a)$; $\Gamma(A \vee B) = \Gamma(A) \vee \Gamma(B)$; $\Gamma(\bigvee x A) = \bigvee x \Gamma(A)$ (für alle $A, B \in Form(\tau_1)$).

Der in D 10-3 eingeführte Begriff bezieht sich auf die rein syntaktische Ebene: Ein *H*-erhaltendes Γ läßt, intuitiv gesprochen, sämtliche Vorkommnisse des Prädikates „*H*" bei Übersetzungen von Formeln und Sätzen aus der ersten in die zweite Sprache unverändert. In bezug auf den semantischen Aspekt sagt D 10-3 nichts aus: „*H*" kann außerdem in beiden Theorien dasselbe Denotat besitzen; ebenso aber ist es möglich, daß „*H*" in der ersten Theorie ein anderes Denotat hat als in der zweiten. Bei Inkommensurabilität liegt gerade das letztere vor. In der folgenden Definition zeichnen wir zunächst den positiven Fall aus. Dabei erinnern wir daran, daß die Argumente und Werte der Reduktionsfunktion F potentielle Modelle (von T_2 bzw. von T_1) sind. T_1, T_2 und F seien wieder vorgegeben.

D 10-4 Es sei $H \in \{P_1, \ldots, P_n\} \cap \{Q_1, \ldots, Q_m\}$. Γ sei eine *H*-erhaltende Übersetzung bezüglich F. Dann sagen wir:
Γ *macht* T_1 *H-F-kommensurabel mit* T_2 gdw es ein $x \in D_I(F)$ gibt, so daß $\bar{H}_x = \bar{H}_{F(x)}$. (Dabei sind $\bar{H}_x$ und $\bar{H}_{F(x)}$ die Denotate des Vorkommens von „*H*" in x bzw. in $F(x)$.)

Inhaltlich gesprochen liegt diese Form von Kommensurabilität vor, wenn der Term „*H*" in zwei durch die Reduktionsrelation F miteinander verknüpften Modellen der beiden Theorien vorkommt und beide Male dasselbe Denotat besitzt. Von einer *H*-erhaltenden Übersetzung Γ von der beschriebenen Art sagen wir auch, daß sie *bedeutungskonform* oder *bedeutungerhaltend* ist. Daß diese schwache Version der Kommensurabilitätsdefinition mit „es gibt ein $x \in D_I(F)$" statt der starken mit „für alle $x \in D_I(F)$" benützt wird, hat seinen Grund darin, daß dadurch der in der nächsten Definition charakterisierte Inkommensurabilitätsfall einfach mittels Negation beschrieben werden kann.

D 10-5 T_1 und T_2 seien zwei Theorien mit den Sprachen $\tau_1 = \langle P_1, \ldots, P_n \rangle$ und $\tau_2 = \langle Q_1, \ldots, Q_m \rangle$. T_1 und T_2 sind *inkommensurabel* gdw gilt: entweder

(a) $\{P_1, \ldots, P_n\} \cap \{Q_1, \ldots, Q_m\} = \emptyset$

oder

(b) für alle Reduktionsfunktionen F von T_1 auf T_2 und alle abstrakten Übersetzungen Γ von T_1 in T_2 bezüglich F gibt es eine nichtlogische Konstante $H \in \{P_1, \ldots, P_n\} \cap \{Q_1, \ldots, Q_m\}$, so daß Γ eine H-erhaltende Übersetzung ist, die T_1 H-F-inkommensurabel mit T_2 macht. („H-F-inkommensurabel" ist dabei eine Abkürzung für „nicht H-F-kommensurabel".)

Wenn zwei Theorien inkommensurabel sind, dann ist entweder ihr nichtlogisches Vokabular disjunkt oder sie besitzen gemeinsame nichtlogische Terme, so daß mit jeder Übersetzung, welche diese Terme unverändert übernimmt, eine Bedeutungsänderung wenigstens eines dieser Terme verbunden ist. Etwas genauer formuliert: Wenn T_1 und T_2 inkommensurable Theorien sind, die gemeinsame nichtlogische Konstanten enthalten, dann muß es für alle Reduktionsfunktionen F und Übersetzungen Γ bezüglich F mindestens eine nichtlogische Konstante H geben, so daß Γ entweder keine H-erhaltende Übersetzung ist oder daß Γ die Theorien T_1 und T_2 H-F-inkommensurabel macht.

Zum Argument von PEARCE können wir jetzt folgendermaßen Stellung beziehen: Inkommensurabilität hat *nicht* bereits *Unübersetzbarkeit in dem schwachen Sinn von „Übersetzung" gemäß* D 10-2 im Gefolge. Deshalb kann man (4*) akzeptieren und braucht die Konklusion (4) des Argumentes von 10.1, ebenso wie die dortige Aussage (SR), *nicht* zu verwerfen. Die Vergleichbarkeit zweier Theorien, etwa auf der Grundlage einer Reduktionsfunktion F, kann auch dann vorliegen, wenn diese Theorien inkommensurabel im Sinn von D 10-5 sind, und dies trotz der Tatsache, daß gemäß dem von PEARCE zitierten Beweis FEFERMANS dann eine abstrakte Übersetzung Γ bezüglich F von der einen Theorie in die andere vorliegt.

Damit ist natürlich noch gar nichts darüber ausgesagt, *wie* man sich einen solchen Vergleich bei Vorliegen von Inkommensurabilität vorzustellen hat. Die folgende Abbildung, zusammen mit den dazu gegebenen Erläuterungen, soll das Verständnis erleichtern:

T_1 und T_2 seien zwei Theorien, die in üblichen Wissenschaftssprachen S_1 und S_2 abgefaßt sind. Für unsere Zwecke genügt es wieder, diese beiden Sprachen mit den nichtlogischen Prädikatmengen τ_1 und τ_2 zu identifizieren; H sei ein Element beider Mengen. F sei die Reduktionsrelation. Γ sei eine H-erhaltende Übersetzung von T_1 in T_2, die jedoch bezüglich H nicht bedeutungerhaltend ist, so daß T_1 und T_2 inkommensurabel sind. Entscheidend für das Zustandekommen dieser Inkommensurabilität ist der Term-für-Term-Vergleich zwischen den beiden Sprachen. Während das übliche Vorgehen und die dabei auftretenden Schwierigkeiten schematisch unterhalb von T_1 und T_2 aufgezeichnet sind (pauschal mit „untere Ebene" bezeichnet), wird das strukturalistische Vorgehen oberhalb von T_1 und T_2 (pauschal mit „obere Ebene" bezeichnet) angedeutet.

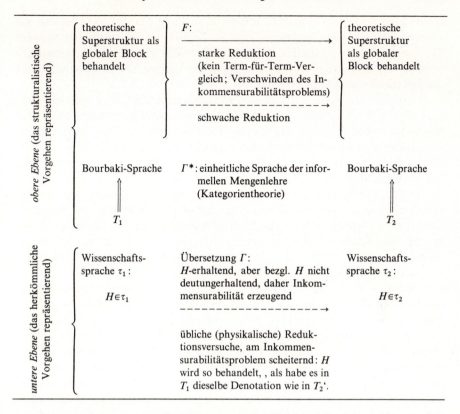

Da voraussetzungsgemäß beide Theorien hinreichend präzise formuliert sind, um mit Hilfe von mengentheoretischen Prädikaten axiomatisiert zu werden, ist die Wiedergabe beider Theorien in der ‚Sprache von BOURBAKI‘, wie wir dies nennen wollen, gewährleistet. Der syntaktische Teil der Übersetzung Γ^* degeneriert daher auf die identische Abbildung (oder die Einschlußrelation). Dieser erste Schritt liefert allerdings nicht mehr als eine Vorarbeit für die Lösung des Inkommensurabilitätsproblems. Würde es damit sein Bewenden haben, so würde das Problem dennoch sofort wiederauftreten, sobald man die Terme beider Theorien *einzeln* miteinander vergleichen würde. Denn diese Terme genügen nach Annahme verschiedenen Axiomen. (Daß diese Axiome gewissermaßen ‚verschlüsselt‘ als Definitionsbestandteile der beiden mengentheoretischen Prädikate auftreten, spielt hierbei keine Rolle. Obwohl somit die Übersetzungsfunktion Γ^* in syntaktischer Hinsicht die identische Abbildung oder die echte Einschlußrelation ist, wäre sie daher *nicht bedeutungserhaltend*.)

Entscheidend ist erst der zweite Schritt, nämlich die Konstruktion der Reduktionsrelation F. Selbst wenn dabei F gemäß D4-5 als starke Reduktion eingeführt wird und daher die beiden Strukturen auf solche Weise miteinander in Beziehung gesetzt werden, daß *alle* begrifflichen Komponenten beider Strukturen in diese Beziehung eingehen, so kommt doch bereits hier die Tatsache zur Geltung, *daß an keiner Stelle ein Term-für-Term-Vergleich stattfindet*, sondern daß die beiden theoretischen Superstrukturen *als globale Blöcke* behandelt werden. Mit dem Wegfall des Term-für-Term-Vergleiches verschwindet auch das Inkommensurabilitätsproblem.

An dieser Stelle ist es also, um dies nochmals ausdrücklich zu betonen, nicht etwa der Übergang von der ‚metamathematischen' zur ‚mathematischen' Methode (Suppes), also der Verzicht auf formalsprachliches Vorgehen, welcher die Schwierigkeit bewältigt, sondern das *‚Denken in globalen Strukturen'*, also die *makrologische* statt der herkömmlichen *mikrologischen* Betrachtungsweise, die das Problem überwinden hilft.

Gegen diese Überlegungen werden die ‚Inkommensurabilitätsleute' vermutlich den weiteren Einwand vorbringen, daß der eben angedeutete Vergleich theoretischer Superstrukturen ein *bloßes Programm* darstelle, dessen Realisierbarkeit im Einzelfall höchst fraglich, wenn nicht unmöglich sei. Konkreter gesprochen: Das Bestehen einer Reduktion im starken Sinn gemäß D4-5 wird sich nicht zeigen lassen.

Sollte es sich um sehr verschiedenartige Theorien handeln – etwa um solche, die nach Kuhn durch eine wissenschaftliche Revolution voneinander getrennt sind –, so ist dieser Einwand *möglicherweise* zutreffend. Doch der Strukturalist hat dann noch immer einen Pfeil im Köcher. Wie bereits in Kap. 4 beim Vergleich der beiden Reduktionsbegriffe D4-4 und D4-5 hervorgehoben worden ist, kann bei erheblicher Verschiedenartigkeit der verglichenen Theorien der Fall eintreten, daß die starke Reduktion nicht gelingt, sei es, daß man zwischen den theoretisch ergänzten empirischen Behauptungen beider Theorien keinen Herleitungszusammenhang herzustellen vermag, sei es, daß nicht einmal die Konstruktion einer Quasi-Reduktion zwischen den potentiellen Modellen beider Theorien glückt.

In einem solchen Fall kann man sich auf die schwache Reduktion im Sinne von D4-4 zurückziehen, die für den Vergleich der empirischen Leistungsfähigkeit der beiden Theorien völlig ausreicht. Im gegenwärtigen Zusammenhang sind zwei Aspekte dieser Relation besonders hervorzugeben: (1) Die Entsprechungsrelation, dort „Quasi-Reduktion" genannt, arbeitet hier allein auf der *nicht-theoretischen* Ebene, so daß die beiden theoretischen Superstrukturen überhaupt nicht direkt miteinander in Beziehung gesetzt werden (vgl. die Bestimmungen (1) und (3) von D4-4). (2) In den empirischen Behauptungen der beiden Theorien wiederum kommen die theoretischen Superstrukturen nur indirekt, nämlich als jeweilige Argumente der Anwendungsoperation $\mathbb{A}$, vor. Dasjenige, worauf es dort ankommt, nämlich die Funktions*werte* von der Gestalt „$\mathbb{A}(K)$", sind abermals *nicht-theoretische* Entitäten! (Außerdem sei nochmals daran erinnert, daß selbst dieser Begriff, wie in Kap. 8 gezeigt, zu einer bloß *approximativen* Relation abgeschwächt werden kann.)

Da bei der Diskussion der Inkommensurabilitätsproblematik Mißverständnisse sehr häufig sind, ist es vielleicht nicht unnütz, das zu betonen, was wir nicht zu zeigen beansprucht haben: *Keineswegs* wollten wir eine Behauptung von der

Art begründen, daß eine der Reduktionen (starke, schwache, approximative etc.) immer dann angebbar ist, wenn die ‚zuständigen' Fachleute oder Wissenschaftsphilosophen dies *wünschen*. Es kann sich natürlich ergeben, daß alle derartigen Versuche scheitern, da nicht zu bewältigende Schwierigkeiten auftreten. Im Hinblick auf solche Möglichkeiten kann das, was hier gezeigt werden sollte, so formuliert werden: *Wenn* unbehebbare Schwierigkeiten auftreten, dann können sie ihre Wurzel nicht in der ‚Inkommensurabilität der beiden Theorien' haben, sondern diese Wurzeln müssen woanders liegen.

Die Situation bezüglich der Übersetzungsbegriffe ist im Bild ebenfalls angedeutet: Auf der oberen Ebene operieren nur die Übersetzungen im schwachen Sinn, d.h. diejenigen Übersetzungen gemäß D10-2, die keine für Termvergleiche relevanten Zusatzbedingungen erfüllen. Solche Übersetzungen gibt es, wie PEARCE in Anknüpfung an FEFERMAN gezeigt hat, unter den von ihm gemachten Voraussetzungen immer. Übersetzungen dieser Art sind jedoch mit Inkommensurabilität durchaus verträglich. Auf die speziellen Arten von Übersetzungen, die worterhaltend und bedeutungskonform sind, würden wir erst auf der unteren Ebene stoßen; doch sind solche Übersetzungen im Inkommensurabilitätsfall in bezug auf diejenigen Terme, welche die Inkommensurabilität (in dem präzisen Sinn von D10-5(b)) erzeugen, nicht herstellbar.

Reduktion im strukturalistischen Sinn ist nicht ein bloßes theoretisches Programm. Der Kepler-Newton-Fall mag dabei für uns die Rolle eines Paradigmas bilden. (Die Inkommensurabilität besteht hier darin, daß in der Kepler-Theorie die Planeten Nullmasse haben, während in der Theorie NEWTONS nur positive Werte der Massenfunktion zugelassen sind.) So wie dort, wird man auch in den meisten anderen Fällen an übliche Reduktionsargumente anknüpfen können. Alles, was man zu leisten hat, um dem Inkommensurabilitätseinwand nicht mehr ausgesetzt zu sein, ist die erfolgreiche Ersetzung der mikrologischen durch die makrologische Methode. Die Wiedergabe der einschlägigen Begriffe im ‚strukturalistischen Formalismus' bildet dafür nur ein Hilfsmittel.

Sobald einige Spezialfälle in dieser Hinsicht mit Erfolg bearbeitet worden sind, wird man daher vermutlich genügend Routine gewonnen haben, um in anderen Fällen aufgrund *prinzipieller Einsicht* zu erkennen, daß hier die Dinge analog liegen. Man wird dann vielleicht häufig, ohne in mühevolle Detailanalysen einsteigen zu müssen, sagen können: „Die vorliegende Reduktion, die wegen ihres mikrologischen Term-für-Term-Vergleiches noch mit dem Inkommensurabilitätseinwand konfrontiert ist, kann routinemäßig in eine solche überführt werden, für welche dieser Einwand nicht mehr zutrifft."

Literatur

BALZER, W. [Incommensurability], "Incommensurability, Reduction and Translation", erscheint 1985 in *Erkenntnis*.
FEFERMAN, S. [Two Notes], "Two Notes on Abstract Model Theory I. Properties Invariant on the Range of Definable Relations between Structures", *Fundamenta Mathematicae*, Bd. 82 (1974), S. 153–165.

KUHN, T.S. [Revolutions], *The Structure of Scientific Revolutions*, 2. Aufl. Chicago 1970.
PEARCE, D. [Stegmüller on Kuhn], "Stegmüller on Kuhn and Incommensurability", *The British Journal for the Philosophy of Science*, Bd. 33 (1982), S. 389–396.
PEARCE, D. [Logical Properties], "Logical Properties of the Structuralist Concept of Reduction", *Erkenntnis*, Bd. 18 (1982), S. 307–333.
STEGMÜLLER, W. [Some Reflections], "Structures and Dynamics of Theories. Some Reflections on J.D. Sneed and T.S. Kuhn", *Erkenntnis*, Bd. 9 (1975), S. 75–100.
STEGMÜLLER, W. [Erklärung und Kausalität], *Erklärung-Begründung-Kausalität*, 2. Aufl. Berlin-Heidelberg-New York-Tokyo 1983.
STEGMÜLLER, W. und M. VARGA VON KIBED [Logik], *Strukturtypen der Logik*, Berlin-Heidelberg-New York-Tokyo 1984.

Kapitel 11
Wissenschaftlicher Realismus und Strukturalismus

11.1 Was hier nicht zur Diskussion stehen soll: Der ‚metaphysische Realismus' im Sinn von H. Putnam

In 9.9 haben wir den sog. metaphysischen Realismus sowie die Argumente gegen ihn kurz zu Wort kommen lassen. Dies geschah bloß nebenher und aus einem gewissen Bestreben, die verschiedenen dort erwähnten Standpunkte einigermaßen vollständig aufzulisten. Wenn wir hier nochmals kurz auf dieses Thema zu sprechen kommen, so allein aus dem negativen Grund, um zu erläutern, daß und warum es hier nicht diskutiert werden soll.

Was in 9.9 nur erwähnt blieb, war die Tatsache, daß einige metaphysische Realisten der Gegenwart davon überzeugt sind, zugunsten ihrer Auffassung ein besonders schweres Geschütz auffahren lassen zu können, nämlich die Autorität des Logikers A. TARSKI. Wie wir gesehen haben, ist diese Form des Realismus unlöslich verkettet mit einer bestimmten Wahrheitsauffassung, nämlich mit der Korrespondenztheorie der Wahrheit. Wenn man von dieser Theorie spricht, so wird argumentiert, dürfe man nicht einfach an überkommene Vorstellungen anknüpfen, sondern müsse diese Theorie in ihrer modernsten Variante präsentieren. Und diese Variante stamme von TARSKI. Wer in der Korrespondenztheorie einen überholten Aristotelismus erblicke, dem sei entgegenzuhalten, daß ARISTOTELES zwar der Begründer der Korrespondenztheorie gewesen sei, daß man als einzig philosophisch haltbare Variante der Theorie aber die ihr von TARSKI gegebene anzusehen habe und daß erst dieser als der Vollender der Korrespondenztheorie zu bezeichnen sei.

Diese Auffassung ist nicht *vollkommen* unrichtig. Es ist in der Tat ein intuitiv plausibles Vorgehen, mit einer Beschreibung des aristotelischen Konzeptes zu beginnen und zu zeigen, wie TARSKI, unter Beibehaltung der Grundidee dieses Konzeptes, die Schwierigkeiten überwand, die jenem anhafteten. (Unter diesem Gesichtspunkt wurde die Tarskische Theorie auch vom gegenwärtigen Autor in [Wahrheitsproblem] dargestellt. Vom heutigen Standpunkt wäre allerdings hinzuzufügen, daß die beiden Theorien dort insofern *zu nahe* aneinandergerückt werden, als die weiter unten zu skizzierende epistemologische Umdeutung durch PUTNAM noch nicht Berücksichtigung finden konnte.) Die Grundschwierigkeiten jener Theorie bestanden bekanntlich darin, zu explizieren, was unter der

‚Übereinstimmung' zwischen einer Aussage und der durch sie beschriebenen Tatsache verstanden werden solle und wie das Kriterium für die Überprüfung dieser Übereinstimmung lautet. Die von TARSKI gegebene ‚Lösung' bestand, wie so häufig bei der Lösung anscheinend unbehebbarer Schwierigkeiten, darin, daß er diese Schwierigkeiten als Pseudoprobleme entlarvte, die nur durch die überflüssige Verwendung des zu Konfusionen führenden Wortes „Übereinstimmung" entstehen. TARSKI splittert, woran kurz erinnert sei, die Aufgabe der Explikation des Begriffs „wahr in S" für eine vorgegebene, gewissen Präzisionsstandards genügende Sprache S in zwei Teilprobleme auf. Erstens das Problem, diese Definition zu liefern (was eine rein technische Angelegenheit der modernen Logik ist) und zweitens, ein Kriterium zu formulieren, welches es gestattet, über eine vorgelegte Definition ein Urteil über die Korrektheit und Adäquatheit dieser Definition zu fällen. Der Gedanke der ‚Übereinstimmung' kommt *nur* in diesem Kriterium zur Geltung, welches verlangt, daß aus der Definition alle Aussagen von einer bestimmten Art zu folgern sein müssen, nämlich sämtliche Aussagen, die aus Einsetzungen in ein bestimmtes Schema hervorgehen. (Für Details vgl. z. B. die Konvention A in [Wahrheitsproblem], S. 44.) Dabei wird vom Gedanken der Übereinstimmung allein mittels der nicht zu bestreitenden These Gebrauch gemacht, daß eine Aussage *p* zu behaupten vom intuitiven Standpunkt vollkommen gehaltgleich damit ist, die metatheoretische Aussage *über p* zu behaupten: „*p* ist wahr".

Soweit, so gut. Die Kehrseite der Medaille liegt jedoch darin, daß die Theorie TARSKIS nicht nur, wie bereits kurz nach ihrem Erscheinen von CARNAP und vielen anderen anerkannt wurde, ‚metaphysisch harmlos' ist, sondern daß sie auch in einem genau präzisierbaren Sinn *metaphysisch neutral* ist. Diesen präzisierbaren Sinn angegeben zu haben, ist das Verdienst von H. PUTNAM. (Vgl. für das Folgende auch die etwas ausführlichere Darstellung in STEGMÜLLER [Gegenwartsphilosophie II], S. 525ff.) TARSKIS Methode der Einführung des Begriffs der wahren Aussage erfaßt, so läßt sich behaupten, nur einen *formalen Aspekt* der Korrespondenzauffassung. Dies läßt sich in der Weise zeigen, daß man die Vereinbarkeit der Tarskischen Methode mit einer Theorie nachweist, die verschieden ist von der Korrespondenzauffassung. PUTNAM benützt für den Nachweis eine Verallgemeinerung der auf GÖDEL zurückgehenden intuitionistischen Interpretation der klassischen Logik. In der Gödelschen Überlegung werden die klassischen Junktoren teilweise neu definiert; als grundlegende Bedeutung wird jedoch die intuitionistische benützt, die begründungssemantischer Natur ist. Während nach herkömmlicher Lehrmeinung die intuitionistische Logik einen reduzierten Teil der klassischen ausmacht, werden durch dieses Verfahren die Lehrsätze der klassischen Logik in Lehrsätze der intuitionistischen verwandelt. PUTNAM verallgemeinert diesen Gedanken durch die Übertragung auf die empirischen Wissenschaften: „eine Aussage zu einer (historischen) Zeit *t* behaupten" bedeutet danach dasselbe wie „diese Aussage aus den Postulaten der zur Zeit *t* akzeptierten empirischen Wissenschaften herleiten". Der entscheidende Gedanke PUTNAMS ist dabei nicht, daß diese Verallgemeinerung möglich ist, sondern *daß das Resultat dieser Verallgemeinerung völlig verträglich ist mit der Tarskischen Methode, den Begriff der in einer Sprache wahren Aussage zu definieren.* Wahrheit erhält jedoch eine andere Bedeutung als sie für den Korrespondenztheoretiker besitzt; *sie wird identisch mit empirischer Beweisbarkeit.* Die oben behauptete Verschiedenheit der beiden Theorien beruht auf der Tatsache, daß selbst eine alle nur erdenklichen epistemologischen Optimalitätsmerkmale besitzende Theorie nach korrespondenztheoretischer Auffassung nicht richtig zu sein braucht.

Dieses Resultat hat eine einschneidende Konsequenz: Nach korrespondenztheoretischer (realistischer) Auffassung sind die Begriffe der Wahrheit und der rationalen Akzeptierbarkeit voneinander vollkommen unabhängig; eine noch so gut begründete Theorie kann nach dieser Auffassung falsch sein. Nach antirealistischer Auffassung – „realistisch" hier natürlich wieder im Sinn des metaphysischen Realismus verstanden – ist dies zu verwerfen: Wahrheit ist danach seiner Natur nach ein epistemischer Begriff. Sie ist gleichzusetzen mit rationaler Annehmbarkeit oder begründeter Behauptbarkeit („warranted assertability'), allerdings nicht durch eine beliebige Theorie, sondern eine ‚ideale Theorie', etwa im Sinne von PEIRCE. Die Begründung für diese Auffassung wurde in 9.9 bereits angedeutet: Unter der *Welt* oder der *Realität* können wir vernünftigerweise nichts anderes verstehen als die *durch eine ideale Theorie beschriebene Realität.* (Wenn jemand seine Zuflucht nimmt zu dem Bild, daß die Realität die Welt sei, wie sie ein unendlicher Geist, also Gott, ‚sieht', so unterstellt er dabei stillschweigend, daß dieses Wesen über die ideale Theorie verfügt und die Realität eben deshalb korrekt beschrieben bzw. ‚sieht'.) Die weitere Überlegung liegt dann auf der Hand: Wenn wir unter der Welt prinzipiell nichts anderes verstehen können als die *durch die wahre Theorie beschriebene* Welt, dann können wir den Wahrheitsbegriff seinerseits nicht dadurch zu erläutern versuchen, daß wir ihn auf die Entsprechung mit einer unabhängig existierenden Welt zurückführen. Vielmehr muß dann der Begriff der Wahrheit in ‚realitätsunabhängiger' Weise durch wünschbare Eigenschaften oder ‚interne' Optimalitätsmerkmale von Theorien charakterisiert werden. Und das Reden von *der Realität* wird erst dann zulässig, nachdem dieser Begriff geklärt ist. Damit ist zweierlei gezeigt worden: *Erstens,* daß der Tarskische Wahrheitsbegriff vollkommen neutral ist gegenüber diesen beiden Deutungsmöglichkeiten und daß er daher in keiner Weise zur Stützung der realistischen Auffassung herangezogen werden kann. *Zweitens,* daß es zumindest sehr ernstzunehmende Argumente dafür gibt, die epistemologische Interpretation der Wahrheit und damit den begründungssemantischen Antirealismus zu akzeptieren. Tut man dies, so ist es nur folgerichtig, noch einen Schritt weiterzugehen und wie N. GOODMAN in [World Making] für einen *Pluralismus von Welten* einzutreten. GOODMAN bringt zahlreiche verblüffende Beispiele und Argumente, die alle zeigen sollen, daß es vernünftig wäre, endlich aufzuhören, von der *einen* Welt zu reden, und stattdessen zu beginnen, von einer *Vielzahl* von Welten zu sprechen, wobei wir gleichzeitig einsehen sollen, daß wir bei all diesen vielen Welten mehr oder weniger als Konstrukteure mitbeteiligt sind.

Wir kommen jetzt auf das strukturalistische Theorienkonzept zurück. Eines dürfte hoffentlich klar geworden sein, nämlich daß es in der skizzierten Auseinandersetzung um Fragen geht, die zu einer viel allgemeineren Stufe wissenschaftstheoretischer Auseinandersetzungen gehören als die von uns hier erörterten Probleme, etwa die Frage, wie der Begriff der *Theorie* zu explizieren sei bzw. in wie viele technische Spezialbegriffe er aufzufächern sei; die Frage nach der Natur *theoretischer Größen;* die Probleme der Unterscheidung von *allgemeinen Gesetzen* und *Spezialgesetzen* oder der Unterscheidung von *Gesetzen* und *Querverbindungen;* die Frage, ob die empirische Behauptung einer Theorie *Ramsey-Charakter* haben muß. Alle diese Spezialprobleme lassen sich unabhängig davon diskutieren, welche Position man in der Debatte über den metaphysischen Realismus oder über die Korrespondenztheorie der Wahrheit einnimmt. Diese Debatte bewegt sich auf einem so hohen Abstraktionsniveau, im Vergleich zu dem alle in diesem Buch erörterten Fragen als Detailprobleme erscheinen müssen, daß man die vollkommene Neutralität der Realismusdebatte *in diesem Sinn* gegenüber den hier vorgeschlagenen Antworten auf die genannten Detailprobleme kaum wird bestreiten können.

Anmerkung. PUTNAM vetritt neben dem begründungssemantischen Antirealismus eine Variante dessen, was unter der Bezeichnung „kausale Theorie der Referenz" in die Literatur eingegangen ist, wonach die Referenz eines Ausdrucks nicht allein durch das festgelegt wird, ‚was in den Köpfen der Sprachbenützer vorgeht', sondern außerdem von der Beschaffenheit der Außenwelt als solcher. Man sollte nicht übersehen, *daß diese beiden Theorien logisch voneinander vollkommen unabhängig sind* (abgesehen davon, daß die begründungssemantische Position PUTNAMs natürlich unter anderem auch eine Deutung von „Referenz" erzwingt, die von der des metaphysischen Realismus wesentlich verschieden ist). Leider hat PUTNAM in seinen letzten Veröffentlichungen diese beiden Theorien auf solche Weise miteinander verquickt, daß der Leser große Mühe hat, ihre wechselseitige Unabhängigkeit zu erkennen. So z. B. finden – was hier nur ganz dogmatisch behauptet werden soll – bereits in den beiden ersten Kapiteln von [Vernunft] in die Argumente, soweit diese gegen den metaphysischen Realismus gerichtet sind, Prämissen Eingang, welche der kausalen Referenzauffassung entnommen sind. Nun lassen sich gegen diese letztere Theorie, ungeachtet ihrer prima-facie-Plausibilität – insbesondere im Fall von Eigennamen, wie KRIPKE gezeigt hat – schwerwiegende Bedenken vortragen. Man muß sich daher darüber klar sein, daß diese Argumente *keine Argumente gegen den Antirealismus von* PUTNAM sind. Es ist daher zweckmäßig, daß sich der Leser über die vom metaphysischen Realismus abweichende Position anhand von Arbeiten informiert, in denen auch kein noch so indirekter Gebrauch von der kausalen Referenztheorie gemacht wird. Dazu gehört neben Veröffentlichungen von M. DUMMETT insbesondere PUTNAMs Aufsatz [Modell].

11.2 Eine Sackgasse: Der Strukturalismus als angeblicher ‚Instrumentalismus'

In letzter Zeit ist in der Literatur verschiedentlich behauptet worden – so z. B. von GLYMOUR in [Evidence] und jüngst auch von NIINILUOTO in [Theories] –, die strukturalistische Position sei eine Variante des sog. *Instrumentalismus*. Diese Auffassung dürfte durch gewisse unvorsichtige Formulierungen, möglicherweise auch des gegenwärtigen Autors, begünstigt, vielleicht sogar hervorgerufen worden sein. Betrachtet man etwa das Verhältnis zwischen einem Theorie-

Element $T=\langle K,I\rangle$ und der diesem Element entsprechenden empirischen Behauptung $I\in \mathbb{A}(K)$, so liegt es nahe, zu sagen, ersteres bilde ein *Instrument* für die Formulierung des letzteren; denn im Erstglied von T ist bereits der gesamte für die Bildung der empirischen Behauptung erforderliche begriffliche Apparat (bestehend aus der theoretisch-nicht-theoretisch-Dichotomie, den Gesetzen sowie den Querverbindungen) enthalten und im Zweitglied wird der ‚Wirklichkeitsbezug' der empirischen Behauptung explizit festgelegt.

Bereits diese kurze Überlegung sollte eigentlich genügen, um klarzustellen, daß diese Verwendung des *Wortes* „Instrument" nichts mit dem zu tun haben *kann*, was in der herkömmlichen Wissenschaftsphilosophie als Instrumentalismus bezeichnet wird. Denn die Beziehung zwischen dem, was im gegenwärtigen Fall „Instrument" genannt wird, und dem, *wofür* es Instrument ist, stellt eine Relation zwischen einer der empirischen Hypothese vorgelagerten Entität, *zu der es in der herkömmlichen Wissenschaftsphilosophie überhaupt keine Entsprechung gibt*, und dieser Hypothese selbst dar. Will man einen Zusammenhang mit herkömmlichen Auffassungen herstellen, so muß man in einem ersten Schritt eine Beziehung zwischen einander entsprechenden Entitäten konstruieren. Nun ist es aber klar, daß dem, was herkömmlicherweise „Theorie" genannt wird, genau die empirische Behauptung (eines Theorie-Elementes, Theorie-Komplexes oder Theoriennetzes) entspricht. Der Vorwurf des Instrumentalismus wäre daher nur dann berechtigt, sofern die strukturalistische Auffassung eine bestimmte, als ‚instrumentalistisch' charakterisierbare Deutung von empirischen Behauptungen erzwingen würde. Davon kann jedoch keine Rede sein. Der einem Theorie-Element oder Theorie-Komplex zugeordnete Ramsey-Satz ist ‚*eine ganz normale empirische Behauptung*'. Insbesondere ist sie, wie u.a. die Fallstudie von Kap. 7 gezeigt hat, *empirisch nachprüfbar* und (potentiell) *empirisch widerlegbar*.

Selbstverständlich kann ein ‚Instrumentalist' die empirischen Behauptungen in unserem Sinn auch so interpretieren, wie ihm dies seine instrumentalistische Ideologie vorschreibt. Aber dann deutet er die empirischen Behauptungen in *unserem* Sinn nur so, wie er auch empirische Hypothesen im Rahmen *anderer* Wissenschaftsphilosophien interpretieren würde. Der Strukturalismus hätte jedenfalls keinen Anteil am Zustandekommen seiner Ideologie, sondern wäre nur einer unter vielen Kandidaten für dessen Anwendung.

Das Wort „Ideologie" soll hier nicht abwertend verstanden werden. Wir haben es nur benützt, um die grundsätzliche Verschiedenheit zwischen Realismus und Instrumentalismus zu betonen. Der Gegensatz zwischen diesen beiden Positionen ist nämlich sogar stärker, als der in 11.1 behandelte. Denn metaphysische Realisten wie semantische Antirealisten teilen die Auffassung, daß die Wissenschaften deskriptive Aussagen über die Welt machen. Sie unterscheiden sich erst in der Auffassung über Wahrheit und Realität: Während für die einen Wahrheit eine von allen epistemischen Begriffen unabhängige Entsprechungsrelation ist, bildet sie für die anderen einen epistemischen Begriff.

Demgegenüber sind sich Realisten und Instrumentalisten nicht einmal über die Aufgaben der Wissenschaft einig. Nach den ersteren geht es darum, *deskriptive Aussagen* zu formulieren, nach den letzteren darum, *Instrumente* zu entwickeln, ‚mit denen man etwas *machen* kann'. Dieser Gegensatz liegt somit auf einer noch höheren Allgemeinheitsstufe als der zwischen metaphysischen Realisten und Antirealisten. In 11.3 soll demgegenüber ein viel speziellerer Gegensatz – der sich bei genauerer Analyse möglicherweise als Pseudogegensatz erweist – beschrieben werden, da sich erstens die Opponenten von vornherein darüber einig sind, daß ihr Ziel die Aufstellung wahrer deskriptiver Aussagen ist, zweitens aber auch darüber, daß sie die Frage der korrekten Deutung des Wahrheitsbegriffs ausklammern wollen.

11.3 Sneeds Analyse zum Thema „Strukturalismus und wissenschaftlicher Realismus"

Der wissenschaftliche Realismus, der hier zur Sprache kommen soll, entspricht weitgehend dem ‚internen Realismus', den PUTNAM innerhalb seiner Gegenposition zum metaphysischen Realismus vertritt. Was man gewöhnlich als *wissenschaftlichen Realismus* bezeichnet, betrifft sowohl das Selbstverständnis der Erfahrungswissenschaftler als auch das Bild, welches sich die Wissenschaftsphilosophen von der Tätigkeit dieser Wissenschaftler machen. Für unsere Zwecke ist eine genauere Begriffserklärung aus zwei Gründen wichtig: Erstens dient sie wegen ihres Abgrenzungseffektes der zusätzlichen Klärung des strukturalistischen Standpunktes. Und zweitens kann sie dazu beitragen, einige psychologische Wurzeln dafür aufzudecken, daß die strukturalistische Auffassung bei vielen Philosophen noch nicht Anklang findet.

SNEED hat in [Scientific Realism] auf der Grundlage einer sorgfältigen Analyse dessen, was man unter naturwissenschaftlichem Realismus versteht, die beiden Positionen Realismus und Strukturalismus miteinander verglichen, scheinbare Konflikte geschildert und Wege zu ihrer Behebung aufgezeigt. Im folgenden knüpfen wir an diese Untersuchung an.

I. Wissenschaftlicher Realismus

Da die Proponenten des wissenschaftlichen Realismus nicht eine einzige, genaue angebbare Auffassung vertreten, geht es zunächst darum, den wissenschaftlichen Realismus in einer *Minimalgestalt* zu präsentieren und davon abzusehen, daß viele Vertreter dieser Auffassung geneigt sein dürften, zusätzliche Annahmen in das Realismus-Konzept mit einzubeziehen.

Die grundlegendste Überzeugung des Realisten dürfte darin bestehen, daß bezüglich der Interpretation dessen, was die Erfahrungswissenschaftler sagen, wenn sie über ihren Forschungsgegenstand sprechen, keine Meinungsverschiedenheiten auftreten können. Sicherlich: In vielen Fällen ist für dieses Verständnis eine mehr oder weniger aufwendige Vorbildung erforderlich, insbesondere, wenn sich die Wissenschaftler mathematischer Methoden bedienen. Hat man sich aber einmal dieses Rüstzeug angeeignet, so ist alles klar; denn ‚*die*

Wissenschaftler meinen genau das, was sie sagen'. Was die Richtigkeit ihrer Aussagen betrifft, so besteht heute zwar Einmütigkeit darüber, daß die Wissenschaftler nicht unfehlbar sind und daß sie ihre Annahmen nicht nur nicht beweisen können, sondern daß sie immer wieder Neues entdeckt zu haben glauben, was sich später als Irrtum erweist. Doch haben wir meist gute Gründe dafür, anzunehmen, daß die Objekte und Eigenschaften, über welche die Wissenschaftler sprechen, ‚wirklich vorhanden sind', und zwar in eben demselben Sinn, in dem alltägliche Dinge für uns existieren, wie grüne Wiesen und rote Hausdächer.

Der Bestand an bekannten Dingen und Eigenschaften wird durch die Wissenschaften um bislang unbekannte Objekte und deren Merkmale ständig erweitert; und entsprechend wächst auch unser empirisch-hypothetisches Wissen. Zu den Dingen des Alltags kommen sukzessive neue und neue Objekte und Eigenschaften hinzu, wie Gene, DNS, Viren, Moleküle, Elektronen, Quarks, Kraftfelder, Spins, Seltsamkeit und Charm. Realisten anerkennen zwar, daß es sinnvoll ist, zu fragen, *was* in den empirischen Wissenschaften über die Welt ausgesagt wird, und daß zur Beantwortung dieser Frage ‚eine gewisse philosophische Interpretation' der erfahrungswissenschaftlichen Behauptungen erforderlich ist. Doch sind sie zugleich davon überzeugt, daß diese Interpretation relativ einfach ist. Für denjenigen, der sich in den einschlägigen Begriffsapparat einer Fachwissenschaft eingearbeitet hat, ist eine solche Interpretation in der Regel sogar überflüssig. Insbesondere haben diejenigen, welche die wissenschaftlichen Texte verstehen, *keinen Bedarf an einer ‚logischen Rekonstruktion'*.

Den Grund dafür kann man in einer etwas präziseren logischen Sprechweise formulieren. Wir setzen dazu voraus, daß zwischen den logischen und deskriptiven Ausdrücken einer Sprache eine exakte Grenze gezogen werden kann. Einfachheitshalber nehmen wir überdies an, daß die deskriptiven Zeichen nur aus Prädikaten und singulären Termen bestehen. Dann bestimmen die logischen Zeichen und die für sie geltenden Regeln, zusammen mit den Stellenzahlen und Typen der Prädikate, die Struktur der Sätze, die wir deren *logische Form* nennen. Nach realistischer Auffassung muß jede logische Rekonstruktion einer wissenschaftlichen Theorie genau dieselben Prädikate und singulären Terme verwenden, die in der verfügbaren, noch nicht ‚rekonstruierten' Literatur vorzufinden sind, und muß diese zu Sätzen von derselben logischen Form wie dort zusammenfügen. Über diese logische Form selbst kann es keinen Streit geben.

Damit können wir die erste realistische These, welche ganz allgemein *die logische Form der empirischen Aussagen* in den Naturwissenschaften betrifft, so formulieren:

R1 *Die Fachliteratur, die mit empirischen Theorien verbunden ist, enthält (ausdrücklich oder implizit) deskriptive Aussagen über die von den Theorien behandelten Gegenstände. Die logische Form dieser Aussagen liegt auf der Hand.*

Dieses ‚Auf-der-Hand-liegen' ist im Sinn der vorangehenden Erläuterung zu verstehen: Was immer auch eine philosophische Interpretation leisten soll und leisten mag, sie darf die logische Form der wissenschaftlichen Aussagen im Prinzip nicht antasten, und zwar deshalb nicht, weil die ‚korrekte logische Form' von derjenigen, die man in der Fachliteratur antrifft, nicht oder nicht ernsthaft abweicht. Will jemand z. B. wissen, was in der Newtonschen Partikelmechanik für empirische Annahmen stecken, so muß er die Fachliteratur befragen, wo er, sofern er diese mit Verständnis zu lesen vermag, auch eine relativ einfache Antwort finden wird. Es kann zwar durchaus der Fall sein, daß er sich trotzdem plagen muß, um die korrekte Antwort zu finden. Aber dies liegt dann allein darin, daß er bei seinem Bemühen um eine korrekte Deutung immer wieder etwas explizit formulieren muß, was vom Fachmann als selbstverständlich oder ‚implizit vorausgesetzt' angenommen worden ist.

Das Adjektiv „deskriptiv" ist oben eingeschoben worden, um diese Form des wissenschaftlichen Realismus klar abzugrenzen von gewissen Varianten des Instrumentalismus. Nach deren Auffassungen gibt es, wie in 11.2 angedeutet, keinen Sinn, in den Naturwissenschaften nach ‚deskriptiven Aussagen über die Welt' zu suchen, da es hier vielmehr darauf ankomme, Aussagen darüber zu formulieren, ‚wie man gewisse Dinge *tun* könne'. **R1** schließt solche Interpretationen eindeutig aus.

Die zweite realistische These betrifft das, was heute gewöhnlich der *ontologische Bezug* (engl. „ontological commitment") einer Theorie genannt wird. Diese zweite These hängt unmittelbar mit der ersten zusammen; denn danach kann aus den empirischen Behauptungen, sofern diese in hinreichend präziser Fassung formuliert worden sind, der ontologische Bezug entnommen werden. Man kann ihn sozusagen ‚aus der logischen Form der empirischen Aussagen ablesen'.

Auf jeden Fall muß eine Theorie die Existenz dessen voraussetzen, was ihre singulären Terme denotieren oder was ihre Referenz ausmacht. Hinzukommt die Annahme der Existenz der Denotate der in der Theorie vorkommenden Prädikate. (Falls der Realist ein Nominalist ist, würde er dies selbstverständlich anders formulieren. Aber da die Platonismus-Nominalismus-Kontroverse im gegenwärtigen Zusammenhang nicht zur Debatte steht, können wir uns hier einfachheitshalber der ‚platonistischen' Sprechweise bedienen, und es einem etwaigen Nominalisten anheimstellen, unsere Formulierungen als stenographische Abkürzungen korrekterer, aber längerer Fassungen zu deuten, die mit seinen Auffassungen darüber, was sinnvollerweise real sein kann, im Einklang steht.) Wenn die rekonstruierte empirische Aussage sich auf elliptische Galaxien oder auf *u*-Quarks bezieht, so wird darin die Existenz dieser beiden Arten von Individuen vorausgesetzt. Sofern diese Aussage komparative Prädikate enthält, wie „ist länger als" oder „hat eine größere Ruhemasse als", dann haben auch Länge und Ruhemasse denselben ontologischen Status.

Wir können *die realistische Auffassung über den ontologischen Bezug empirischer Behauptungen* so zusammenfassen:

R2 *Alle in präzise formulierten deskriptiven Aussagen empirischer Theorien erwähnten Individuen und Eigenschaften haben denselben ontologischen Status.*

Unter diesen ‚präzise formulierten' Aussagen sind diejenigen zu verstehen, die der Fachliteratur entnommen und mit dem für den Realisten annehmbaren, im Zusammenhang mit der These **R1** diskutierten Minimum an Rekonstruktion versehen wurden.

Bisher kamen *logische Form* und *Ontologie* zur Sprache, nicht jedoch *Wahrheit*. Da die meisten Realisten die Auffassung vertreten, daß gewisse empirische Behauptungen von Theorien *wahr* oder ‚approximativ wahr' sind, scheint es, daß man diesen Punkt zur Sprache bringen müsse. Doch der Schein trügt. Insoweit als die Betonung auf dem approximativen Aspekt liegt, ist die Problematik unter den Themenkreis von Kap. 8 zu subsumieren. Und sofern man keine weiteren Untersuchungen über den Wahrheitsbegriff anstellt, dürfte die Frage bereits durch **R2** abgedeckt sein. Denn es ist, wie Sneed betont, nicht klar, was der mit einer empirischen Aussage verbundene Anspruch, daß sich die in dieser Aussage vorkommenden denotierenden Terme auf *existierende* Entitäten beziehen, zu dem Anspruch wahr zu sein, hinzufügt. Zwar könnte man diese Feststellung zum Anlaß nehmen, um über das vom wissenschaftlichen Realisten vorausgesetzte Wahrheitsverständnis zu diskutieren. Doch damit würde man sich unweigerlich auf die viel höhere, in 11.1 angesprochene Abstraktionsebene begeben. Wir hatten aus den dort angegebenen Zweckmäßigkeitsgründen den Beschluß gefaßt, bei der Gegenüberstellung von realistischer und strukturalistischer Auffassung auf eine Erörterung der schwierigen und über die uns gegenwärtig interessierende Problematik weit hinausführende Frage zu verzichten, ob einem ‚korrespondenztheoretischen' oder einem ‚begründungssemantischen' Wahrheitskonzept der Vorzug gegeben werden solle. Und an diesen Beschluß wollen wir uns halten.

Sneed vermutet allerdings, daß hinter der ‚Existenzforderung' in bezug auf diejenigen Entitäten, welche die Denotate von referierenden Termen in empirischen Aussagen bilden, tatsächlich eine *zusätzliche Annahme* steckt, daß diese aber nicht die Wahrheit betrifft, sondern etwas ganz anderes, nämlich die *historische Entwicklung* empirischer Theorien. Was der Realist bezüglich der Entitäten, über welche die empirischen Behauptungen sprechen, sagen möchte, ist nicht nur, daß sie ‚wirklich existieren', sondern daß sie auch dann weiter existieren, wenn wir auf wissenschaftlichem Wege mehr und mehr über sie erfahren. Unter ausdrücklicher Bezugnahme auf H. Putnam drückt Sneed dies etwa folgendermaßen aus: Die Denotate des deskriptiven Vokabulars einer Theorie ändern sich nicht, während sich das, was wir über die Denotate dieses Vokabulars aussagen, mit der historischen Entwicklung der Theorie ändert. Wir machen immer mehr neue Aussagen über dieselben alten Dinge.

Man könnte die *realistische Auffassung über Referenz bzw. Extension* daher in der folgenden dritten These festhalten:

> **R3** *Die Referenz bestimmter Terme, die in empirischen Wissenschaften verwendet werden, bleibt unverändert, während sich die Behauptungen, die empirische Theorien mit Hilfe dieser Terme formulieren, ständig ändern.*

Diese drei Thesen bilden zusammen die *Minimalfassung* des wissenschaftlichen Realismus. Eine stärkere Version würde man mittels folgender Überlegung erhalten: Jemand könnte in diesem Minimalsinn ein Realist sein – also ein Realist in bezug auf die logische Form, die Ontologie und die Bedeutung – und dennoch *kein* Realist in bezug auf die empirischen Gesetzmäßigkeiten. Eine solche Auffassung hat J. Hacking in [Experimentation] geschildert: Danach wäre es denkbar, daß mehrere extensional verschiedene Gesetze, die mittels desselben Vokabulars formuliert wurden, in gleicher Weise mit allen empirischen Befunden verträglich sind. Die *realistische Auffassung in bezug auf empirische Gesetzmäßigkeit* bestünde in der *Leugnung* dieser Möglichkeit und wäre daher so zu formulieren:

> **R4** *Es wird stets empirische Befunde geben, welche es gestatten, zwischen extensional verschiedenen Gesetzen, die in demselben Vokabular formuliert sind, zu unterscheiden.*

Die dieser Auffassung zugrundeliegende ‚intuitiv-metaphysische Vorstellung' ist die folgende: Wenn Vokabular und Ontologie einer Theorie gegeben sind, dann gibt es einen eindeutig festliegenden Bestand an empirischen Gesetzen, ‚die darauf warten, entdeckt zu werden'. Nach der um diese These **R4** verstärkten realistischen Ansicht haben die empirischen Gesetzmäßigkeiten ebenso wie die Dinge, von denen diese Gesetze handeln, eine platonische Existenz, die vollkommen unabhängig ist vom Einfallsreichtum und Glück der Naturwissenschaftler.

Die durch die vier metawissenschaftlichen Annahmen **R1** bis **R4** festgelegte Auffassung soll *das um die These* **R4** *verstärkte (Minimal-) Konzept* des wissenschaftlichen Realismus heißen.

II. Strukturalismus

Wir brauchen hier die neuen Aspekte, die durch die strukturalistische Theorienauffassung eingeführt worden sind, nicht nochmals zu wiederholen. Vielmehr beschränken wir uns darauf, vier strukturalistische Parallelthesen zu **R1** bis **R4** zu formulieren und sie jeweils mit kurzen Kommentaren zu versehen.

> **S1** *Die Fachliteratur, die mit empirischen Theorien verbunden ist, enthält (ausdrücklich oder implizit) deskriptive Aussagen über die von den Theorien behandelten Gegenstände. Die logische Form dieser Aussagen liegt jedoch* **keineswegs** *auf der Hand.*

Die erste Hälfte wurde wörtlich von **R1** übernommen. Die strukturalistische Auffassung grenzt sich danach ebenso klar gegen die früher erwähnte Variante des Instrumentalismus ab wie das der Realismus tut. Dies bedeutet insbesondere: Auch nach strukturalistischer Auffassung werden mit Hilfe von empirischen Theorien falsifizierbare Aussagen über den Gegenstandsbereich dieser Theorien gemacht. Der Strukturalismus darf also, wie SNEED sagt, nicht als eine neue Version des Instrumentalismus angesehen werden, ‚die sich hinter einer Wolke von mengentheoretischen Bezeichnungen und Formeln verbirgt'. Der entscheidende Unterschied tritt im zweiten Satz von **S1** zutage.

Die zwei Hauptgründe für das Auseinanderklaffen der Auffassungen sind die folgenden: Erstens legt der wissenschaftliche Realismus kein sonderliches Gewicht auf den Unterschied zwischen dem von einer Theorie benützten mathematischen Apparat und den empirischen Aussagen, die unter Verwendung dieses Apparates zustande kommen. Und da sowohl die Prüfungen als auch die Anwendungen (z. B. Erklärungen und Prognosen) über die empirischen Aussagen zustande kommen, werden Theorien einfach mit empirischen Hypothesen oder mit Systemen solcher Hypothesen identifiziert. Demgegenüber legt der Strukturalismus nicht nur großen Wert auf die Unterscheidung zwischen den mit einer Theorie verbundenen mathematischen Strukturen und den empirischen Behauptungen, sondern erblickt in jenen Strukturen etwas, das in einem viel wesentlicheren Sinn zu einer Theorie gehört als die Behauptungen, welche man mit der Theorie aufstellt. Es sind nämlich jene Strukturen und *nicht* die empirischen Aussagen, die *als Kriterien für die Identifizierung von Theorien* verwendet werden. Dies wiederum lehrt die Betrachtung der historischen Entwicklung einer Theorie: Während dieser Entwicklung bleibt der mathematische Grundapparat derselbe, während sich die empirischen Behauptungen ständig ändern. In den letzteren spiegelt sich jede Veränderung ‚an der Peripherie der Wissenschaft' wider. Dies steht auch mit dem Sprachgebrauch im besten Einklang: Wir sprechen von der Entwicklung *der* Newtonschen Theorie, *der* Relativitätstheorie, *der* Quantenphysik.

Hinzu kommt, daß dieser mathematische Apparat *alle wichtigen Informationen* enthält, die wir bezüglich der Theorie benötigen: die theoretisch-nichttheoretisch-Dichotomie, die in der Theorie geltenden Fundamentalgesetze sowie die Unterscheidung zwischen Gesetzen und Constraints.

Zweitens besteht ein fundamentaler Unterschied in bezug auf die Interpretation der empirischen Behauptungen selbst. Während nach realistischer Auffassung zu jedem historischen Zeitpunkt mit einer Theorie *zahllose* empirische Hypothesen verknüpft sind, handelt es sich nach strukturalistischer Auffassung um *eine einzige, umfassende und unzerlegbare Behauptung*. (Sie ist zumindest dann unzerlegbar, wenn sich, wie in Kap. 7 angedeutet worden ist, die intendierten Anwendungen nicht in ‚beziehungslose Teile' aufsplittern lassen, was wir hier annehmen wollen; denn im Prinzip würde sich dadurch nichts ändern. Auch der dort erwähnte ‚auf eine Galaxie relativierte' Ramsey-Sneed-Satz würde ja noch eine riesige unzerlegbare Aussage bilden.)

Hierin dürfte eine Quelle, möglicherweise *die* Quelle für die Verständnislosigkeit zu erblicken sein, auf welche vorläufig die strukturalistische Auffassung immer wieder stößt. Es ist die vermeintliche *‚rekonstruktive Arroganz' gegenüber den empirischen Wissenschaften und der wissenschaftlichen Literatur*, die man dem Strukturalismus zumindest implizit zum Vorwurf macht.

Da ist es zunächst vor allem wichtig, genau zu erkennen, *wo* die Meinungsdifferenz lokalisiert werden muß. Nach strukturalistischer Auffassung ist nämlich der eben geäußerte Vorwurf ganz unberechtigt. Beide, Realisten und Strukturalisten, sind der Überzeugung, daß in den empirischen Wissenschaften deskriptive Hypothesen aufgestellt werden. Sie sind jedoch ganz verschiedener Meinung in bezug darauf, ‚daß die Wissenschaftler das meinen, was sie sagen'. Während die Realisten diese Aussage in einem mehr oder weniger wörtlichen Sinn für richtig halten, vertritt der Strukturalist die Auffassung, *daß die Wissenschaftler etwas anderes meinen als sie zu meinen vorgeben.*

Wie die Begründung dafür auszusehen hat, ist dem Leser längst klar: Es ist das Problem der *T*-theoretischen Terme und die Lösung dieses Problems der theorieabhängigen Messung durch Übergang zum modifizierten Ramsey-Satz oder Ramsey-Sneed-Satz, der diese Deutung erzwingt. Statt diesen bereits ausführlich geschilderten und diskutierten Sachverhalt nochmals zu wiederholen, sei hier zum besseren Verständnis die Vorgeschichte dazu kurz eingeblendet.[1]

SNEED wurde nach beendetem Physikstudium Schüler von SUPPES und hat dort die Methode der Axiomatisierung physikalischer Theorien durch Einführung mengentheoretischer Prädikate kennen gelernt. Er fand dies zwar alles höchst interessant und präzise; doch wurde ihm lange Zeit hindurch nicht klar, ‚auf welche Weise die *Physik* in diesen Apparat Eingang findet'. SNEED machte die naheliegende Annahme, daß sich dies an den *empirischen Aussagen* zeigen müsse, die man mit Hilfe dieser Prädikate formulieren kann, wobei zweckmäßigerweise – nämlich zur Ausschaltung irrelevanter Details – möglichst einfache Aussagen gewählt werden sollen. Wenn als Suppes-Prädikat „S" das Prädikat „ist eine klassische Partikelmechanik" gewählt wird, so wäre eine elementare physikalische Aussage die folgende: „das Planetensystem ist eine klassische Partikelmechanik". Mit „a" als Bezeichnung für das Planetensystem ist dies eine Aussage von der Gestalt: „a ist ein S". Hier machte nun SNEED die entscheidende Beobachtung, die man in abgekürzter Form so wiedergeben kann: „Wenn dem so ist, *dann wird alles, was die Physiker sagen und tun, vollkommen unverständlich und unbegreiflich.*" Warum? Nun: „Die Physiker erheben doch den Anspruch, mit solchen Behauptungen *empirische Annahmen*, und zwar im Sinn von *empirisch nachprüfbaren* Annahmen, zu machen. Da die Physik mit *Größen* arbeitet, müßte die Nachprüfung in *Messungen* bestehen. In jeder wie immer gearteten Messung, die zur Nachprüfung von ‚a ist ein S' vorgenommen wird, stößt man auf eine Aussage von der Gestalt ‚b ist ein S' mit genau demselben Prädikat ‚S', wobei diese letztere Aussage *als richtig vorausgesetzt werden muß*, um die Nachprüfung der ersten zu Ende führen zu können."

Der Schluß erscheint als unausweichlich: *Diejenigen Sätze, welche die Physiker als elementare empirische Aussagen zu machen intendieren, sind*

---

[1] SNEED hat darüber anläßlich der Diskussion zu seinem Symposium-Vortrag beim internationalen wissenschaftstheoretischen Kongreß in Salzburg 1983 berichtet.

überhaupt keine empirischen Aussagen. Denn bei ihrer Nachprüfung gerät man entweder in einen Zirkel oder in einen unendlichen Regress. Insbesondere ist der Satz „unser Planetensystem ist eine klassische Partikelmechanik" sicherlich keine empirische Aussage, *sofern* sie so wörtlich genommen wird, wie sie hier steht.

Einige Kritiker von SNEED haben gemeint, die Schwierigkeit entstehe nur dadurch, daß er an die empirische Nachprüfbarkeit zu hohe Ansprüche stellt. Doch davon kann keine Rede sein. Es spielt für seine Überlegungen *überhaupt keine* Rolle, welche speziellen Gedanken man sich über die empirische Nachprüfung macht. Entscheidend ist nur, daß als *notwendige Bedingung* dafür, um einen Meßprozeß als Teil einer empirischen Nachprüfung bezeichnen zu können, anerkannt wird, daß dieser Meßprozeß weder in einen unendlichen Regress noch in einen Zirkel hineinführen darf.

Trotz allem ist natürlich der obige, als scheinbar unvermeidlich bezeichnete Schluß nach der Auffassung von SNEED *bloßer* Schein. Auch diesen Schritt zu vollziehen, ist keine Selbstverständlichkeit. Vertreter anderer philosophischer Richtungen, wie z.B. des deutschen Konstruktivismus der Erlanger Schule, würden hier vielleicht tatsächlich den Verdacht zu kultivieren suchen, ‚daß die Physiker Unsinniges sagen oder meinen'. So etwas auch nur in Erwägung zu ziehen, verbietet SNEED seine *grundsätzliche* Einstellung zur Naturwissenschaft (wodurch er sich übrigens weder von der Popper-Schule noch von den früheren Empiristen unterscheidet). Von vornherein wird, zumindest als ‚Arbeitshypothese', den Naturwissenschaften das *Rationalitätszugeständnis* gemacht, daß es sich bei ihnen um rationale Unternehmungen handelt, deren Annahmen mittels empirischer Daten überprüft werden können.

Wir müssen also nach einer positiven Lösung suchen, welche trotz gegenteiligen Anscheines den empirischen Charakter elementarer physikalischer Aussagen wiederherstellt. Dazu ist zunächst die Wurzel für die Schwierigkeit aufzudecken, welche zu diesem gegenteiligen Anschein den Anlaß gab. Diese Wurzel ist uns bekannt: Es ist das Problem der theoretischen Terme. Und auch die Behebung der Schwierigkeit ist uns bekannt: Es ist die Ramsey-Lösung.

Den früheren Überlegungen über diese Themen können wir allerdings jetzt eine wichtige Ergänzung hinzufügen: Dieses Problem und seine Lösung ist keine rein philosophische Angelegenheit. Der Ramsey-Sneed-Satz ist in dem grundlegenden Sinn *als Rekonstruktion* physikalischer Aussagen zu verstehen, *daß er allein dasjenige wiedergibt,* ‚was die Physiker eigentlich meinen'.

Der wissenschaftliche Realist, der diesem Gedankengang mit Verständnis folgte, wird zugeben müssen, daß sich das Bild völlig gewandelt hat. Was zunächst wie ‚rekonstruktive Arroganz' der Strukturalisten aussah, hat sich bei genauerem Zusehen als *hermeneutische Hartnäckigkeit in der Auslegung empirischer physikalischer Aussagen* erwiesen. Jetzt dürfte auch die enigmatische Erwiderung SNEEDS auf einen Philosophen, der Einwände gegen den Ramsey-Satz-Gedanken vorbrachte, verständlich werden, nämlich: Wer die Ramsey-Satz-Methode aus irgendwelchen Gründen für epistemologisch suspekt halte, müsse sich an die Physiker und nicht an ihn wenden!

Daß das Ziel praktisch nur über solche Hartnäckigkeit erreichbar ist, haben Diskussionen von SNEED mit philosophisch interessierten Physikern immer wieder gezeigt. Die Gespräche verlaufen häufig nach folgendem Schema: Die Methode der mengentheoretischen Prädikate kann relativ rasch erläutert werden. Das beschriebene Problem, daß die als empirische Aussagen intendierten Sätze keine empirischen Aussagen sein können, wird dagegen zunächst meist bestritten. Am Ende, nach langen und mühseligen Detailerläuterungen, wird es dann aber meist als ‚trivial‘ oder als ‚fast trivial‘ bezeichnet.

> Zu den vielen vorgebrachten Einwendungen gehört auch die, daß der Physiker die fragliche Überprüfung an einem bestimmten Punkt *kraft Beschluß* abbrechen könne, also von irgendeinem von ihm gewählten *y* einfach sagen könne, daß *y* ein *S* sei. Ich kann mich entsinnen, daß ein diese Überlegungen vorbringender Opponent erst dann überzeugt wurde, als man ihm folgendes entgegenhielt: „Angenommen, Sie haben einen Freund, der Gemüsehändler ist. Sie wissen, daß er eine Kartoffelwaage besitzt. Sie fassen nun den Beschluß, diese Kartoffelwaage auszuborgen, um die Newtonsche Theorie zu überprüfen. Die erzielten Meßwerte entsprechen nicht den vorausgesagten. Also schließen Sie, daß die Newtonsche Theorie falsch sei. Dieses Ergebnis ist auch nicht etwa ‚zufällig‘; denn *mit dieser Kartoffelwaage* läßt es sich beliebig oft reproduzieren. Trotzdem wird natürlich kein vernünftiger Physiker diese Art von Widerlegung akzeptieren."

Ähnlich verhält es sich dann mit dem Ramsey-Satz. Daß die physikalischen Hypothesen einer Theorie diese Gestalt haben, wird zunächst häufig bestritten. Sobald jedoch zur Einsicht gebracht worden ist, daß diese Gestalt angenommen werden muß, um die fraglichen Hypothesen *als empirische Aussagen* deuten zu können, wird auch dies häufig für trivial erachtet. *Am Ende* wird nämlich zugestanden, daß dies genau dasjenige sei, ‚was der Physiker eigentlich sagen wollte‘.

Daß ein derartiges Zugeständnis einem Naturwissenschaftler am Anfang kaum möglich ist, liegt wegen der zahlreichen Gefahren von Mißverständnissen auf der Hand. Wenn ein Physiker gerade ein mehrere hundert Seiten umfassendes Lehrbuch über ein bestimmtes Teilgebiet der Physik verfaßt hat, wird er zunächst selbstverständlich davon überzeugt sein, tausende von Sätzen – zum Teil explizit, zum Teil nur implizit – angegeben zu haben, deren jeder eine mit dieser Theorie verknüpfte empirische Behauptung darstellt. Eine These wie die, daß er nur *eine einzige*, *unzerlegbare* empirische Behauptung gemeint haben könne, wird er zunächst nicht nur als absurd ablehnen, sondern überdies als eine wertmäßige Abqualifikation seiner wissenschaftlichen Arbeit empfinden. Es muß ihm auf einem der durch die systematische Problematik vorgezeichneten Wege klar gemacht werden, daß das erste dennoch zutrifft, daß seine Beunruhigung hingegen unbegründet ist. Es ist ja umgekehrt *eine außerordentliche wissenschaftliche Leistung,* auf einigen wenigen hunderten von Seiten alles gesagt zu haben, was bei präziser Rekonstruktion durch einen einzigen Satz wiederzugeben wäre, *den kein menschliches Wesen jemals aufschreiben könnte.* Denn selbst wenn wir, um ein letztes Mal auf die klassische Mechanik zurückzukommen, die früher erwähnte Fiktion machten, wir dürften uns mit diesem Satz allein auf unsere Galaxie beziehen, und wenn wir außerdem nur die Probleme der Himmelsmechanik im Rahmen dieser Theorie zur Sprache brächten, so würde der fragliche Ramsey-Sneed-Satz viele Trillionen Konjunktionsglieder enthalten.

Alle diese Überlegungen sollten im Grunde nur dazu dienen, nochmals die zweite Teilthese von **S1** zu erhärten. Das Argument für die folgende ist darin bereits mit enthalten.

S2 *Um die logische Form der empirischen Behauptungen einer Theorie aufzuzeigen, kann es sich als notwendig erweisen, zwischen den* **theoretischen** *und den* **nicht-theoretischen** *Strukturen dieser Theorie zu unterscheiden.*

Auch zum Verhältnis von Referenz und Theorienwandel läßt sich ein strukturalistisches Analogon formulieren:

S3 *Die Bedeutungen derjenigen Terme einer Theorie, die sich auf theoretische Entitäten beziehen, hängen von den mit der Theorie verbundenen empirischen Behauptungen ab und* **können** *sich im Verlauf der (normalen) Entwicklung der Theorie* **ändern.**

Das „normal" ist hierbei im Sinne von KUHN zu verstehen. Es wurde eingeschoben, um klarzustellen, daß nicht erst für den Fall ‚revolutionärer Änderungen' referentielle Bedeutungsänderungen behauptet werden, sondern bereits bei normalwissenschaftlichem Verlauf. Dies ist nun allerdings eine ziemlich radikale Abweichung von herkömmlichen Denkweisen und zwar nicht nur von solchen, die mit dem Realismus assoziiert sind. Sie scheint auch über das Gebiet der Wissenschaftstheorie hinauszuführen. Denn die Frage der *Festlegung und der möglichen Änderung der Referenz* wird heute als ein grundlegendes sprachphilosophisches Problem angesehen. Es dürfte daher zweckmäßig sein, sich die Sache an einem als Beispiel gewählten theoretischen Term genauer anzusehen.

Dies sei der Term „Masse". Damit die Aufmerksamkeit nicht auf technische Nebensächlichkeiten abgelenkt wird, sollen zwei an anderer Stelle gebührend erörterte Fakten unberücksichtigt bleiben: erstens, daß die Zuordnung von Massenwerten zu Partikeln nur bis auf Skaleninvarianz eindeutig ist; und zweitens, daß die intendierten Anwendungen nur bis auf ‚äquivalente' kinematische Beschreibungen eindeutig sind. Dann kann die Denotation (= Extension = Referenz) von „Masse" am einfachsten in der Sprechweise der mengentheoretischen Charakterisierung von Funktionen angegeben werden: Es ist *eine Menge von geordneten Paaren*, mit Partikeln als Erstgliedern und reellen Zahlen als Zweitgliedern. Zu berücksichtigen sind dabei nicht nur die effektiv vorgenommenen Zuordnungen, sondern auch diejenigen, welche bislang nicht geprüfte Elemente der Menge der intendierten Anwendungen der Newtonschen Partikelmechanik betreffen. Hier wie auch im folgenden verwenden wir gelegentlich Ausdrücke, für deren genaue Explikation man an den strukturalistischen Gesamtkontext denken muß. Dies gilt insbesondere für die soeben benutzte Rede von den ‚Zordnungen'. Daß Massenwerte ‚zugeordnet' worden sind, heißt, grob gesprochen: „Es ist gezeigt worden, daß sie zusammen mit geeigneten

Kraftfunktionen die nicht-theoretischen, also kinematischen Strukturen zu ‚geeigneten' theoretischen Strukturen ergänzen, d. h. zu solchen, welche die entsprechenden Gesetze und Constraints erfüllen (unter Berücksichtigung der beiden eingangs gemachten Einschränkungen)."

Wir müssen uns jetzt von der in dieser Kurzschilderung stillschweigend vorausgesetzten Fiktion befreien, daß die Menge der intendierten Anwendungen der Newtonschen Partikelmechanik ein für allemal festgelegt ist und während der Entwicklung dieser Theorie unverändert bleibt. Dann ergibt sich sofort die *erste Feststellung über Bedeutungsänderung*: Mit jeder Änderung der Menge I der intendierten Anwendungen ändert sich die Extension des theoretischen Terms „Masse". Sie erweitert oder verkleinert sich, je nachdem, ob neue Anwendungen hinzugenommen oder bisherige Anwendungen ausgeschlossen werden. Und zwar gilt dies auch unter der von uns früher stets vorausgesetzten Annahme, daß die ‚paradigmatische Urmenge' I_0 der intendierten Anwendungen als Teilmenge von I festgehalten, hier also nichts weggenommen oder erweitert wird.

Eine *zweite Feststellung über Bedeutungsänderung* ergibt sich, wenn man die Querverbindungen mitberücksichtigt. Hinzufügung oder Preisgabe von Constraints ändert ebenfalls die Extension von „Masse". Und zwar betrifft *diese* Art von Referenzwandel sogar die paradigmatische Menge selbst. Die Hinzufügung eines Constraints ändert die Extension eines theoretischen Terms auch in dieser Menge. (Man verdeutliche sich dies etwa an dem einfachen Beispiel, daß der Extensivitätsconstraint erst nachträglich hinzugefügt wird. Mengen von geordneten Paaren ⟨Partikel, reelle Zahl⟩, die vorher als zulässig anerkannt waren und in der Extension lagen, werden jetzt für unzulässig erklärt, so daß die Extension entsprechend verkleinert wird.)

Am wichtigsten ist vielleicht die *dritte Feststellung über Bedeutungsänderung*: Mit dem Ausbau des Theoriennetzes, also mit der ständigen Hinzufügung neuer Spezialgesetze, werden ebenfalls ständig neue Anforderungen an die Massenfunktion hinzugefügt und damit sukzessive geordnete Paare ausgeschlossen, die ursprünglich zur Massenfunktion gehörten. Also wird auch aus diesem Grunde die Extension des theoretischen Terms „Masse" laufend geändert.

Der Leser, der dadurch verwirrt worden ist, daß wir teils von Änderung, teils von Verkleinerung der Extension sprachen, möge bedenken, daß wir bisweilen allgemeinere, bisweilen speziellere Beispiele benützten. Solange man nur von Theorien*wandel* in einer dieser drei Hinsichten spricht, kann auch nur allgemein von *Änderung* der Extension theoretischer Terme als Folge dieses Wandels die Rede sein. Wenn man dagegen, wie in den beiden letzten Beispielen, Fälle von ‚theoretischem Fortschritt', wie wir dies früher nannten, vor Augen hat, nämlich Hinzufügung neuer Querverbindungen und neuer Gesetze ohne die Wegnahme von alten, sind wir berechtigt, von einem Bedeutungswandel im spezielleren Sinn einer ständig fortschreitenden Einengung der Extension zu sprechen.

Wir haben den ‚normalwissenschaftlichen' Fall von Bedeutungsänderungen auch deshalb so stark hervorgekehrt, weil er zeigt, *daß die Gültigkeit der These* **S3** *ganz unabhängig davon ist, ob man die Existenz von wissenschaftlichen*

Revolutionen im Sinne von KUHN *überhaupt anzunehmen bereit ist.* Insbesondere kann man FEYERABEND, der die Kuhnsche Unterscheidung in normale Wissenschaft und außerordentliche Forschung nicht akzeptiert, beipflichten, daß die herkömmliche Wissenschaftsphilosophie – wir können jetzt hinzufügen: die ihr zugrundeliegende realistische Denkweise – den tatsächlich stattfindenden Bedeutungswandel wissenschaftlicher Terme zu leugnen versucht. Wir dürfen ihm zumindest dann beipflichten, wenn wir den Bedeutungswandel auf die im Sneedschen Sinn T-theoretischen Terme beziehen.

Trotzdem sei jetzt noch ein Wort zu den ‚revolutionären Änderungen' im Sinne von KUHN hinzugefügt. Das strukturalistische Theorienkonzept als solches ist natürlich neutral in bezug auf die Frage, ob revolutionäre wissenschaftliche Änderungen stattgefunden haben. Es kann jedoch, falls solche Prozesse stattfanden, die durch eine Revolution getrennten wissenschaftlichen Theorien und die mit ihnen arbeitenden Traditionen zu rekonstruieren sowie den ‚Verdrängungsprozeß', wie er von KUHN beschrieben worden ist, zu ‚entirrationalisieren' helfen. Wissenschaftliche Revolutionen werden, wie SNEED sagt, ‚epistemologisch achtbar'. Sie bleiben zwar verschieden von normalwissenschaftlichen Änderungen; doch sind sie in keiner Weise irrationale Vorgänge.

Was uns im gegenwärtigen Zusammenhang wissenschaftstheoretisch interessiert, ist der spezielle Fall, wo zwei durch einen derartigen revolutionären Verdrängungsprozeß einander ablösende Theorien dieselben nicht-theoretischen Strukturen, jedoch ganz verschiedene theoretische Strukturen besitzen. Die hierfür geltende strukturalistische These kann unter gänzlicher Abstraktion vom Phänomen der Revolution formuliert werden. Sie lautet:

S4 *Im Verlauf der wissenschaftlichen Entwicklung können zwei aufeinanderfolgende Theorien hervorgebracht werden, welche* **dieselben nicht-theoretischen** *Strukturen aufweisen, jedoch ganz* **verschiedene theoretische** *Strukturen haben.*

Ein besonders drastischer Fall wäre der, wo zwar das theoretische Vokabular (d.h. die Klasse der potentiellen Modelle) identisch ist, jedoch in beiden Theorien verschiedene Grundgesetze angenommen würden. Auch dann müßten wir sagen, daß die theoretischen Terme in den beiden Theorien verschiedene Bedeutung (Referenz) haben. Zur Stützung dieser Behauptung sind keine neuen Überlegungen erforderlich. Was für den normalwissenschaftlichen Fall gesagt wurde, gilt hier genauso.

11.4 Echter oder scheinbarer Konflikt?

Die vorangehenden Überlegungen haben deutlich gemacht, daß sich die Meinungsdifferenz zwischen Realisten und Strukturalisten im wesentlichen auf den Unterschied in den jeweiligen zweiten Hälften der beiden Thesen **R1** und **S1** zurückführen läßt, also *auf unterschiedliche Auffassungen darüber, wie stark die Eingriffe sein müssen, um die empirischen Wissenschaften so zu rekonstruieren,* *daß sie sinnvoll und verständlich werden.* Dieser Gegensatz soll zunächst nicht heruntergespielt, sondern in der ersten der folgenden ‚Konfliktthesen' möglichst scharf akzentuiert werden.

K 1 *Die strukturalistische Rekonstruktion empirischer Theorien ist so geartet, daß die empirischen Behauptungen dieser Theorien eine logische Form erhalten, die von der logischen Form der in der Fachliteratur anzutreffenden Behauptungen erheblich abweichen. Der Grad dieser Abweichung wird von den Realisten als so hoch empfunden, daß sie die strukturalistischen Rekonstruktionen als unannehmbar betrachten.*

Daraus allein kann man bereits entnehmen, daß diese Meinungsdifferenz einen ganz anderen Charakter hat als die beiden früher erörterten Gegensätze. Bei der Instrumentalismus-Debatte von 11.2 geht es darum, ‚wozu die Wissenschaft überhaupt da ist'. Bei dem Gegensatz zwischen metaphysischem Realismus und semantischem Antirealismus geht es um grundlegende Unterschiede in der Realitätsauffassung sowie in der Interpretation des Wahrheitsbegriffs. Im gegenwärtigen Streitfall handelt es sich dagegen um nichts anderes als um unterschiedliche Auffassungen in ‚technischen Detailfragen'.

Zur Begründung dieser Behauptung wollen wir die *hypothetische Annahme* machen, daß der Strukturalismus die zutreffende Auffassung verkörpert. Dann handelt es sich bei dem ‚Fehler' des wissenschaftlichen Realisten um nichts anderes, als daß er das Opfer eines falschen prima-facie-Eindrucks geworden ist: Da es den *Anschein* hat, als liege die logische Form empirischer Hypothesen von Theorien auf der Hand, schließt er, dies sei auch *tatsächlich* so. Der Strukturalist bringt Argumente gegen diesen ‚Schluß vom Anschein auf das Sein' vor. Um dessen Argumente zu entkräften, müßte der Realist entweder zeigen, daß in entwickelten empirischen Theorien keine *T*-theoretischen Terme vorkommen oder daß sie zwar vorkommen, daß sich aber das Problem der theoretischen Terme umgehen läßt. (Zu dem letzteren würde auch ein Nachweis dafür genügen, daß man dieses Problem, im Gegensatz zur Ramsey-Lösung, ohne Eingriff auf die logische Form der Aussagen bewältigen kann.) Die logische Form der in der Literatur anzutreffenden empirischen Behauptungen müßte dann nicht angetastet werden. Wie beim heutigen Stand der Dinge die strukturalistische Erwiderung aussieht, ist klar, nämlich: „Solche Argumente sind weit und breit nicht in Sicht. Der wissenschaftliche Realismus kann also bestenfalls als ein *Programm* betrachtet werden, allerdings als ein Programm, welches nach strukturalistischer Auffassung nicht nur bislang de facto nicht verwirklicht worden ist, sondern vermutlich überhaupt unrealisierbar ist."

Der ‚Detailcharakter' der Auseinandersetzung wird noch deutlicher, wenn man in Ergänzung zu **K 1** die entsprechenden Konfliktthesen in bezug auf die theoretisch – nicht-theoretisch – Dichotomie sowie in bezug auf Bedeutungsänderung bei Theorienwandel formuliert.

K 2 *Die strukturalistische Unterscheidung zwischen theoretischen und nicht-theoretischen Elementen (der Modelle einer Theorie) beinhaltet eine* *ontologische Unterscheidung der Individuen oder der Eigenschaften (Größen), über welche die Theorie spricht. Der Realismus verwirft den Gedanken einer solchen Unterscheidung.*

K3 *Nach strukturalistischer Auffassung kann sich die Bedeutung der theoretischen Terme sowohl bei der ‚normalen‘ als auch bei der ‚revolutionären‘ Entwicklung der Wissenschaft ändern. Der Realismus verwirft diese Auffassung.*

Die zweite Konfliktthese ist zugestandenermaßen unpräzise, da nicht expliziert worden ist, worin ein ontologischer Unterschied besteht. Die intuitive Basis für den Gegensatz ist aber doch relativ klar: Während für den Realisten theoretische Entitäten einfach ‚unbeobachtbare Realitäten‘ sind, handelt es sich bei den theoretischen Gebilden im Rahmen der strukturalistischen Rekonstruktion um ‚begriffliche Kunstgriffe‘, die dazu dienen, Aussagen über nicht-theoretische Strukturen zu machen. Dies wird zusätzlich gestützt einerseits durch die Tatsache, daß im Fall der Ramsey-Eliminierbarkeit dasselbe *ohne* Hilfe solcher theoretischer Gebilde ausgesagt werden kann, sowie andererseits dadurch, daß man in gewissen Fällen, wie SNEED in [Conventionalism] nachgewiesen hat, genau dieselben Aussagen unter Benützung *verschiedener* theoretischer Strukturen gewinnen kann. In dieser zweiten Klasse von Fällen kommt somit eine *konventionelle Komponente* bei der Wahl theoretischer Strukturen zur Geltung, welche jede wörtlich genommene ‚Realitätsauffassung theoretischer Entitäten‘ erschüttern dürfte.

Den Inhalt der dritten Konfliktthese könnte man anschaulich so formulieren: Nach der Auffassung des Realisten wird die Referenz von Prädikaten sowie von singulären Termen bereits *zu Beginn* der Entwicklung einer Theorie, nachdem ein paar ‚Ausgangswahrheiten‘ über die Referenten gewonnen worden sind, festgelegt. Der Strukturalist findet diese Denkweise nicht recht verständlich. Die davon verschiedene Auffassung des Strukturalisten könnte man einen ‚auf den jeweiligen Status der Theorie bezogenen Kontextualismus‘ nennen, nach dem sich die Extension von Ausdrücken, die sich auf theoretische Elemente beziehen, so lange ändert, als sich die Theorie wandelt, im optimalen Fall also: solange die Theorie ‚fortschreitet‘ oder ‚wächst‘. Festgelegt wird die Referenz erst *am Ende*, wenn die Forschung als im Prinzip abgeschlossen betrachtet wird, wie dies heute bei den etablierten physikalischen Teildisziplinen der Fall zu sein scheint.

11.5 Theoretische Individuen und theoretische Eigenschaften

Nach strukturalistischer Auffassung betrifft die theoretisch – nicht-theoretisch – Dichotomie nur Eigenschaften und Größen, also das, was wir in den mehr technischen früheren Teilen (z.B. in Kap. 5) als Relationen bezeichneten. Der Realist wird demgegenüber auf Standardbeispiele von ‚theoretischen Individuen‘ hinweisen, wie Moleküle, Elektronen, Quarks, Gene, und den Strukturalisten fragen, wie er mit diesen Beispielen fertig wird.

Zunächst wäre darauf zu erwidern, daß der Begriff des theoretischen Individuums nicht klar ist. Zweckmäßigerweise wird daher die Frage dahingehend präzisiert, *wie vom strukturalistischen Standpunkt aus solche Fälle zu interpretieren sind, bei denen es sich nach herkömmlicher Auffassung um theoretische Individuen handelt* (wobei man es zunächst offenläßt, ob „*T*-theoretisches Individuum" nur ein metaphorischer Ausdruck ist oder ob es einmal möglich sein wird, das Kriterium für *T*-Theoretizität auch auf Individuen auszudehnen).

SNEED hat zwei mögliche Behandlungsweisen dieser Fälle vorgeschlagen. Die erste Methode geht davon aus, daß die vorliegenden Darstellungen der fraglichen Theorie insofern irreführend sind, als darin die theoretischen Elemente *wie Individuen behandelt werden*. Natürlicher und problemloser ist nach dieser Methode eine solche Deutung der empirischen Behauptungen der Theorie, welche die theoretischen Elemente *als theoretische Eigenschaften nicht-theoretischer Individuen behandelt*. Der Vorteil dieser Methode liegt auf der Hand: Das angeblich theoretische Individuum wird als etwas interpretiert, von dem wir bereits wissen, wie man damit umzugehen hat, nämlich als eine theoretische Eigenschaft.

Der potentielle Einwand, daß hier schon wieder, ähnlich wie bei der Ramsey-Satz-Deutung, ein ‚radikaler rekonstruktiver strukturalistischer Eingriff' vorgenommen wird, wäre diesmal als von vornherein unberechtigt zurückzuweisen. Denn in der wissenschaftlichen Fachliteratur wird gewöhnlich kein Gebrauch von der theoretisch – nicht-theoretisch – Dichotomie gemacht. Wenn daher soeben davon die Rede war, daß in den vorliegenden Darstellungen die fraglichen theoretischen Elemente wie Individuen behandelt werden, so war dies eine zusammenfassende Formulierung, die etwa durch die folgende, ausführlichere zu ersetzen wäre: „Die fraglichen Elemente werden in den vorliegenden Darstellungen wie Individuen behandelt und *nach herkömmlicher wissenschaftsphilosophischer Interpretation* sind diese Individuen als theoretisch aufzufassen."

Als Beispiel führt SNEED die klassische Populationsgenetik an. Statt dort von Genen als theoretischen Individuen zu reden, erscheint es als natürlicher, Gene als theoretische Merkmale, nämlich ‚Genotypen', nicht-theoretischer ‚Populationen' aufzufassen. Für Details vgl. SNEED, [Scientific Realism], S. 359.

In anderen Fällen, z. B. bei Molekülen, Elektronen, Quarks, dürfte eine andere, etwas kompliziertere Methode besser funktionieren. Die ‚theoretischen' Individuen sind hier typischerweise ‚mikroskopische' Objekte, die als Individuen einer Theorie *T* eingeführt werden. Man behandelt dann zweckmäßigerweise die der Theorie *T* vorgelagerte Beschreibung der Anwendungen dieser Theorie als eine andere Theorie *T'*, *welche nur von ‚nicht-theoretischen makroskopischen' Objekten spricht und die auf T reduzierbar ist*. Die etwas vage Wendung „die der Theorie *T* vorgelagerte Beschreibung der Anwendungen" wurde hierbei benützt, um zwei Klassen von Fällen zu decken: In einigen Fällen wird die fragliche Theorie *T'* als eine ausgearbeitete erfahrungswissenschaftliche Theorie bereits vorhanden sein, so daß die strukturalistische Rekonstruktionsmethode unmittelbar darauf angewendet werden kann. In anderen Fällen wird eine derartige *wissenschaftliche* Theorie überhaupt nicht vorliegen, so daß die strukturalistische Rekonstruktion bei vortheoretischen, alltagssprachlich formulierten Beschreibungen ansetzen muß.

Zum besseren Verständnis dieser Methode kann man ein relativ vertrautes Beispiel heranziehen, sofern man dieses mit einer irrealen Zusatzhypothese versieht. T sei die Newtonsche Partikelmechanik und T' die Mechanik der starren Körper. Die Zusatzannahme lautet, daß T' historisch vor T aufgebaut worden sei. T' ist hier auf T reduzierbar. Wenn ϱ die Reduktionsrelation ist, so entsprechen mittels ϱ^{-1} die starren Körper, also die Individuen von T', Mengen von Individuen der Theorie T, nämlich Mengen von Partikeln.

Dies ist zweifellos eine ganz unübliche Deutung des Verhältnisses von Newtonscher Mechanik und Mechanik der starren Körper; denn herkömmlicherweise werden die Newtonschen Partikel, ‚aus denen sich ein starrer Körper zusammensetzt', nicht als theoretische Individuen aufgefaßt. Nach SNEEDs Vermutung beruht dies aber nur darauf, daß wir das, was wir oben als ‚irreale Zusatzhypothese' bezeichneten, gewöhnlich nicht hinzudenken, da wir wissen, daß der historische Verlauf anders war. Sobald wir diese Zusatzannahme akzeptieren, hört diese Deutung auf, unnatürlich zu sein. Wäre die Geschichte so verlaufen, wie in dieser Annahme beschrieben, dann wäre die Newtonsche Partikelmechanik, zusammen mit der Reduktionsrelation ϱ, als eine die Mechanik der starren Körper ‚erklärende Theorie' anerkannt worden; denn die Newtonschen Partikel wären dann ernsthaft als neu entdeckte ‚Objekte' aufgefaßt worden, aus denen sich die starren Körper ‚zusammensetzen'.

Diese Form von ‚Neukonzeptualisierung' alter Dinge als neuer Objekte – in unserem fiktiven Beispiel: der starren Körper als bestimmter Arten von Newtonschen Partikelsystemen – kann man nach SNEED als Bild zugrunde legen, um andere, komplizierter gelagerte Fälle analog zu behandeln. Die sogenannten theoretischen Individuen sind auch in diesen anderen Fällen jeweils ‚mikroskopische' Individuen einer reduzierenden Theorie. SNEED hat in [Scientific Realism] für eine Reihe derartiger Fälle die technischen Details einer solchen Analogierekonstruktion skizziert. Der daran interessierte Leser findet sie in diesem Aufsatz auf S. 361–369.

Literatur

DUMMETT, M., "Realism", *Synthese*, Bd. 52 (1982), S. 55–112.
FEYERABEND, P. "Against Method", in: RADNER, N., und S. WINOKUR (Hrsg.), *Minnesota Studies in the Philosophy of Science*, Bd. 4 (1970), S. 17–130.
FEYERABEND, P. *Der wissenschaftstheoretische Realismus und die Autorität der Wissenschaften*, Braunschweig 1978.
FEYERABEND, P. *Erkenntnis für freie Menschen*, Frankfurt 1979.
FEYERABEND, P. *Probleme des Empirismus*, Braunschweig 1981.
GLYMOUR, C. [Evidence], *Theory and Evidence*, Princeton 1980.
GOODMAN, N. [Worldmaking], *Ways of Worldmaking*, Hassocks 1978.

HACKING, I. [Experimentation], "Experimentation and Scientific Realism", *Philosophical Topics*, Bd. 2, 1982.

NINILUOTO, I. "The Growth of Theories: Comments on the Structuralist Approach", in HINTIKKA, J., D. GRUENDER und E. AGAZZI (Hrsg.) *Pisa Conference Proceedings 1980*, Dordrecht 1981, S. 4–47.

NIINILUOTO, I. [Theories], "Theories, Approximations, and Idealizations", erscheint in den Kongreßberichten zum 7. Internationalen Kongreß für Logik, Methodologie und Philosophie der Wissenschaften, Salzburg 1983.

PUTNAM, H. [Vernunft], *Vernunft, Wahrheit und Geschichte*, deutsche Übersetzung von *Reason, Truth and History* durch J. SCHULTE, Frankfurt 1982.

PUTNAM, H. [Modell], "Models and Reality", *The Journal of Symbolic Logic*, Bd. 45 (1980), S. 464–482; deutsche Übersetzung „Modell und Wirklichkeit" in: *Conceptus*, Bd. 16 (1982), S.9–30.

SNEED, J.D. [Scientific Realism], "Structuralism and Scientific Realism", *Erkenntnis*, Bd. 19 (1983), S. 345–370.

SNEED, J.D. [Conventionalism], "Conventionalism in Kinematic Theory", erscheint in: *Proceedings: Second Annual International Symposium in Philosophy*, Autonomous National University of Mexico, 1981.

STEGMÜLLER, W. [Wahrheitsproblem], *Das Wahrheitsproblem und die Idee der Semantik*, 2. Aufl. Wien 1968.

STEGMÜLLER, W. [Gegenwartsphilosophie II], *Hauptströmungen der Gegenwartsphilosophie*, Bd. II, 6. Aufl. Stuttgart 1979.

Kapitel 12
Überlegungsgleichgewicht („reflective equilibrium"). Reflexionen über das Verhältnis von Kuhns Ideen über Paradigmen und Paradigmenwechsel und dem Theorienkonzept von J. D. Sneed

12.1 Bemühungen um ein Überlegungsgleichgewicht in Ethik, Logik, Philosophie der Mathematik, Theorie des induktiven Räsonierens und Methodologie der empirischen Wissenschaften

Der Begriff des Überlegungs-Gleichgewichtes wurde vermutlich erstmals von J. RAWLS in seiner Theorie der Gerechtigkeit als Mittel zur Formulierung eines methodologischen Prinzips vorgeschlagen. Allerdings beruft er sich dabei auf ähnliche Gedanken bei N. GOODMAN in [Forecast], S. 62–66, die dort noch keine eigene zusammenfassende Bezeichnung erhalten hatten. GOODMAN war in diesem Buch bei der Diskussion der Frage, wie man induktive Schlüsse rechtfertigen könne, auf eine analoge Situation in der deduktiven Logik zu sprechen gekommen, nämlich: Wie rechtfertigt man deduktive Schlüsse? In einem ersten Schritt könnte man geneigt sein, die Antwort zu geben: Die Gültigkeit eines deduktiven Schlusses beruht darauf, daß er mit allgemeinen Regeln des deduktiven Schließens im Einklang steht. Hier kann man sofort nachbohren und weiterfragen: Und worin besteht die Gültigkeit dieser allgemeinen Regeln? Nach GOODMANS Auffassung liegt die korrekte Antwort hierauf – ganz im Widerspruch zur Auffassung von Philosophen, die eine solche durch tiefsinnige Spekulationen über die Natur des menschlichen Geistes zu geben versuchen – viel mehr ‚auf der Oberfläche', als es zunächst den Anschein hat, und zwar: Deduktive Schlußprinzipien werden dadurch gerechtfertigt, daß sie mit einer akzeptierten deduktiven Praxis im Einklang stehen. Prima facie klingt dies zirkulär. Doch handelt es sich nach GOODMAN nicht um einen fehlerhaften, sondern um einen *fruchtbaren Zirkel*. Tatsächlich verwendet er den Ausdruck „Zirkel" hier nur metaphorisch. Denn das, worum es sich handelt, ist eine wechselseitige Anpassung des einen an das andere: „Eine Regel wird verbessert, wenn sie einen Schluß liefert, den zu akzeptieren wir nicht bereit sind; und ein Schluß wird verworfen, wenn er eine Regel verletzt, die wir nicht zu ändern gewillt sind" (a.a.O. S. 64). Auch im Fall des induktiven Räsonierens nehmen wir wechselseitige Berichtigungen und Angleichungen zwischen Regeln und akzeptierten Schlüssen vor: „Voraussagen sind gerechtfertigt, wenn sie mit gültigen Prinzipien (‚canons') der Induktion im Einklang stehen; und die Prinzipien sind gültig, wenn sie die akzeptierte induktive Praxis genau kodifizieren" (a.a.O. S. 64).

RAWLS überträgt in [Gerechtigkeit], S. 38 und S. 68–70, diese Betrachtungsweise auf das Problem der moralischen Rechtfertigung. Auch er beschreibt das methodische Vorgehen so, daß wir hin- und hergehen, um einmal die moralischen Einzelurteile den Grundsätzen anzupassen und das andere Mal die Grundsätze im Lichte konkreter Einzelurteile zu revidieren. Wenn dann am Ende dieses Prozesses Grundsätze und Einzelurteile übereinstimmen, so sagt RAWLS, daß ein Zustand des *Überlegungs-Gleichgewichtes* erreicht worden sei.

Zwischen den beiden Falltypen besteht allerdings der folgende Unterschied. Bei GOODMANS Überlegung bildet jeweils eine bestimmte Regel oder ein bestimmter Schluß den Ausgangspunkt. Insofern könnte man hier von einem Problem des *lokalen* und damit vorläufigen Überlegungsgleichgewichtes sprechen. Bei RAWLS hingegen bleibt es zu Beginn noch ganz offen, welche Grundsätze zur Diskussion stehen. Das ‚Hin- und Hergehen' soll bei seinem Vorgehen erst dazu dienen, das Verfahren zur Wahl der Prinzipien selbst zu präzisieren. Die Grundidee von RAWLS besteht bekanntlich darin, daß diese Prinzipien von rationalen, hinter einem ‚Schleier des Nichtwissens' stehenden und auf diese Weise zur Unparteilichkeit gezwungenen Personen in einem Urzustand in Gestalt einer vertraglichen Übereinkunft gewählt würden. Der Prozeß des Überlegens führt dabei zu einem zunächst nicht unbedingt stabilen Gleichgewicht. Doch die Intention geht dahin, schließlich zu einer solchen Konkretisierung des Urzustandes zu gelangen, daß die endgültigen Prinzipien des idealen Moralkodex gewählt werden. Man könnte dies so ausdrücken, daß es darum geht, ein *globales* und damit endgültiges Gleichgewicht zwischen den im Urzustand gewählten Grundsätzen und unseren ‚wohlüberlegten' Einzelurteilen herzustellen.

Das ungeachtet dieses Unterschiedes von lokaler und globaler Betrachtungsweise Gemeinsame in den Erörterungen von N. GOODMAN und J. RAWLS könnte man etwa so ausdrücken: Beim Vergleich von *Theorie* und *Praxis* soll keines von beiden ein Übergewicht erhalten; vielmehr sollen sich beide wechselseitig stützen.

Auch in anderen philosophischen Bereichen kann man versuchen, den philosophischen Klärungsprozeß mittels des Rawlsschen Bildes zu erfassen. Ein modernes und besonders aktuelles Beispiel betrifft den Zusammenhang von *intuitionistischer Mathematik* und *Bedeutungstheorie*. Die vor allem von M. DUMMETT sowie D. PRAWITZ angestellten Untersuchungen führten in einem ersten Schritt zu einer Infragestellung der traditionellen wahrheitsfunktionellen Semantik als Mittel zur Festlegung der Bedeutungen logischer Zeichen. Den Ausgangspunkt bildet das Wittgensteinsche Prinzip: „Die Bedeutung ist durch den Gebrauch bestimmt". Dieses wird von den beiden Autoren nicht als ein rudimentärer Ansatz zu einer Bedeutungstheorie aufgefaßt, sondern bloß als eine Rahmenbedingung für eine derartige Bedeutungstheorie, in der die These festgehalten wird, daß sich die Bedeutung eines Satzes in irgend einer Weise in seinem Gebrauch manifestieren müsse. Insbesondere folgt aus dieser These, daß zwei Sätze (oder allgemein: zwei Ausdrücke) dieselbe Bedeutung haben, wenn sie in genau derselben Weise gebraucht werden, und daß man daher, falls zwei Personen über den Gebrauch eines Ausdruckes völlig übereinstimmen, darauf schließen darf, daß sie auch in bezug auf die Bedeutung eines Ausdruckes übereinstimmen.

Vermutlich um die Behauptung zu erhärten, daß sich die Annahme dieser These nicht darauf stützt, daß bestimmte Besonderheiten der Wittgensteinschen Sprachphilosophie vorausgesetzt werden, bringt DUMMETT drei unabhängige Argumente zugunsten der These vor. Das erste könnte man als das *Kommunizierbarkeitsargument* bezeichnen. Es besagt, daß Bedeutungen stets auf empirisch nachweisbarem Wege mitteilbar sein müssen. Negativ formuliert: Wollte man annehmen, daß es Bestandteile in der Bedeutung eines Satzes gibt, die sich nicht in dem Gebrauch, den man von dem Satz macht, manifestieren, so könnten diese Bedeutungsbestandteile nicht mitgeteilt werden. Für die Mathematik als soziales Unternehmen müßten derartige Bedeutungskomponenten als irrelevant betrachtet werden; denn nach Voraussetzung bleiben die fraglichen Komponenten von der Kommunikation ausgeschlossen. Die zweite Begründung soll das *Spracherlernargument* heißen. Es läuft auf die Feststellung hinaus, daß eine Sprache letzten Endes – d.h. nach Ausschaltung aller indirekten Lernverfahren, wie der Übersetzungen in eine bereits bekannte Sprache – nur in der Weise gelernt werden kann, daß man den Gebrauch dieser Ausdrücke lernt. Auch die Beurteilung dessen, ob jemand die Bedeutungen der Sätze einer Sprache erfaßt hat, erfolgt in der Weise, daß man überprüft, ob er von diesen Sätzen einen korrekten Gebrauch macht. Als drittes kann man das *Sprachverhaltensargument* anführen. Den Ausgangspunkt bildet hier der vermutlich wichtigste unter allen Kontexten, in denen das Wort „Bedeutung" vorkommt, nämlich „Wissen der Bedeutung" („Wissen um die Bedeutung") oder „Kennen der Bedeutung", häufig auch „Bedeutungsverstehen" genannt. Dieses Bedeutungswissen kann bisweilen in explizitem, verbalisiertem Wissen bestehen, nämlich in der Fähigkeit, einen synonymen Ausdruck anzugeben. Um einen unendlichen Regreß zu vermeiden, muß man annehmen, daß dieses Wissen im Normalfall ein implizites Wissen ist, welches sich im Verhalten manifestieren muß. Das zweite und dritte dieser Argumente stellt nicht nur eine Verbindung zwischen Bedeutung und Gebrauch her, sondern überdies eine Verknüpfung zwischen dem *Wissen um* die Bedeutung eines Satzes und dem *impliziten Wissen um seinen Gebrauch*.

Ist unter der Voraussetzung, daß die Sprachgebrauchsthese sowie die drei genannten Argumente zugunsten dieser These gelten, die Annahme sinnvoll, daß *die Wahrheitsbedingung eines mathematischen Satzes* ein Bedeutung bestimmendes Merkmal dieses Satzes ist? DUMMETT verneint diese Frage. Nur wenn es sich um einen Satz handelt, der zu einer Klasse gehört, für die wir ein effektives Entscheidungsverfahren besitzen, ließe sich diese Auffassung vertreten; denn dann könnte man sagen, daß sich das Wissen um die Wahrheitsbedingungen eines Satzes in der Beherrschung dieses Entscheidungsverfahrens manifestiere. Wenn die fragliche Klasse dagegen effektiv unentscheidbar ist, so bleibt es ganz dunkel, worin das (als vollständig vorausgesetzte) Wissen um die Wahrheitsbedingungen bestehen sollte. Falls der fragliche Satz mit einem Allquantor beginnt, so müßte das Wissen um die Wahrheitsbedingungen in einem Wissen um unendlich viele Fakten bestehen, was unmöglich ist. Und selbst wenn man annehmen wollte, daß jemand über eine Art ‚mystischer' Fähigkeit zur Erfassung dieser Wahrheitsbedingungen verfüge, würde man noch immer mit dem Kommunizierbarkeitsargument in Konflikt geraten, da ein derartiges Wissen entweder überhaupt nicht oder jedenfalls nicht durch den Gebrauch von Sätzen mitgeteilt werden könnte.

Die Annahme des Sprachgebrauchkonzeptes als einer Rahmenbedingung für eine mögliche Bedeutungstheorie schließt es daher nach diesen Autoren aus, den Wahrheitsbegriff zum grundlegenden Begriff für eine Theorie der Bedeutung mathematischer Aussagen zu machen. Die eben angedeuteten Schwierigkeiten verschwinden, wenn man den Begriff der Wahrheit durch den des Wahrheitsnachweises ersetzt. Dann erhält allerdings auch die Semantik einen ganz anderen Charakter: Die wahrheitsfunktionelle Semantik wird ersetzt durch eine *epistemische Semantik*, für welche der Begründungs- oder Beweisbegriff grundlegend ist.

Zu derselben Konsequenz gelangt man selbstverständlich auch dann, wenn man zwar am Wahrheitsbegriff als grundlegendem Begriff festhält, aber die für viele Philosophen selbstverständliche scharfe Trennung zwischen Wahrheit und Wissen preisgibt, also *‚den Wahrheitsbegriff epistemologisiert'*, wie dies jüngst z. B. H. PUTNAM getan hat. Wahrheit selbst wird dann identisch mit so etwas wie begründeter Behauptbarkeit (wenn auch nicht mit begründeter Behauptbarkeit unter jeweiligen *historischen* Bedingungen, sondern unter noch zu präzisierenden *idealen* Bedingungen).

Damit aber muß man, zumindest prima facie, eine einschneidende Folgerung ziehen. Denn die epistemische Semantik führt, wie sich zeigen läßt, zur Verwerfung der klassischen Logik und zur Annahme der intuitionistischen. Hier kommt nun, worauf PRAWITZ hingewiesen hat, wieder das Rawlssche Problem des Überlegungsgleichgewichtes ins Spiel. Wenn man nämlich die klassische Logik *als eine Beschreibung der tatsächlichen deduktiven Praxis* auffaßt, so haben wir es mit einem speziellen Fall von ‚Konflikt zwischen Theorie und Praxis' zu tun. Daher steht uns nicht nur die eine Möglichkeit offen, diese Praxis zu revidieren, sondern ebenso die andere, die Theorie wegen ihrer Unfähigkeit zur Erklärung dieser Praxis zu verwerfen. In dieser Situation ein *befriedigendes* Überlegungsgleichgewicht herzustellen, wäre eine der Aufgaben einer künftigen Philosophie der Mathematik. Vielleicht sollte man, um diese Aufgabe nicht unnötig zu erschweren, die heutige Lage in der Weise diagnostizieren, daß es innerhalb der gegenwärtigen Bemühungen um eine Theorie der Bedeutung mathematischer Aussagen bisher nicht geglückt sei, die tatsächliche deduktive Praxis verständlich zu machen.

Als letztes bringen wir ein paar Beispiele aus der Wissenschaftstheorie, bei denen es jeweils darum geht, ein normatives Prinzip mit einem deskriptiven Befund zu konfrontieren oder umgekehrt und bei Auftreten eines Konfliktes eine Lösung zu finden. Im ersten Fall handelt es sich um eine Neuinterpretation einer Diskussion, die seinerzeit anläßlich der Suche nach einem adäquaten ‚Kriterium der empirischen Signifikanz' geführt wurde. Bekanntlich war man zunächst aufgrund von prinzipiellen philosophischen Überlegungen zu der Auffassung gelangt, daß nur empirisch verifizierbare Sätze erfahrungswissenschaftlich signifikant sein können. Dies kann man so ausdrücken, daß die folgende *Norm* aufgestellt wurde: „Eine wissenschaftliche Hypothese ist nur dann als empirisch gehaltvoll zu betrachten, wenn sie durch Beobachtungssätze streng verifizierbar ist." Diese Norm wurde preisgegeben wegen des von POPPER, aber auch von anderen hervorgehobenen *deskriptiven Befundes*, daß in den Naturwissenschaften Gesetzeshypothesen, also unbeschränkte Allsätze, akzeptiert werden, die keiner strengen Verifikation zugänglich sind. (Für eine anschauliche Beschreibung des historischen Kontextes sowie eine knappe und illustrative Schilderung des Verhältnisses von normativen und deskriptiven Gesichtspunkten in der Methodologie der empirischen Wissenschaften vgl. C. G. HEMPEL, [Schlick und Neurath], insbesondere Abschn. 4, S. 14–16.)

Die vollständige *Begründung* für diese ‚Revision einer Norm im Hinblick auf die wissenschaftliche Praxis' (HEMPEL) beruht allerdings auf einer zusätzlichen Prämisse von der Art des in Kap. 11 betonten *Rationalitätszugeständnisses* an die empirischen Wissenschaften, nämlich daß diese bis zum Beweis des Gegenteiles als vernünftige oder rationale Unternehmungen betrachtet werden. Streng genommen muß natürlich noch etwas mehr vorausgesetzt werden, nämlich daß insbesondere die an zahllosen Beispielen zu beobachtenden Aufstellungen und (zumindest provisorischen) Annahmen von Gesetzeshypothesen Bestandteil der als rational vorausgesetzten Tätigkeiten von Wissenschaftlern sind.

Trotz dieser einmütigen Reaktionsweise haben alle Empiristen aus dem analytischen Lager z. B. den Neovitalismus verworfen, und zwar nicht deshalb, weil sie ihn für eine empirisch unhaltbare Theorie hielten, sondern weil sie ihm den Status einer wissenschaftlichen Theorie aberkannten; denn er verletzt sogar viel liberalere Bedingungen der empirischen Nachprüfbarkeit als die oben erwähnte. An diesem Beispiel können wir somit einen Vorgang von der umgekehrten Art beobachten als den soeben beschriebenen: Eine in der wissenschaftlichen Praxis anzutreffende Denkweise wurde wegen der Verletzung einer Norm, an der man festhalten wollte, verworfen. HEMPEL schließt daraus (a.a.O. S. 16): „Die Prinzipien einer Methodologie der Erfahrungswissenschaft sind also weder ausschließlich als deskriptive Aussagen über wissenschaftliches Forschungsverhalten aufzufassen noch ausschließlich als reine Normen für rationales wissenschaftliches Forschungsvorgehen."

Auch dieses Bemühen um eine wechselseitige Anpassung von Normen für rationale wissenschaftliche Forschungsanstrengungen und deskriptiven Feststellungen über tatsächliches Forschungsverhalten fügt sich zwanglos ein in das Rawlssche Muster vom Versuch, ein Überlegungsgleichgewicht zwischen Theorie und Praxis herzustellen. Sollte jemand dagegen einwenden, daß die meisten empiristisch eingestellten Philosophen schließlich die Suche nach einem solchen Kriterium als ein hoffnungsloses Unterfangen einstellten, so wäre darauf zu erwidern, daß dies unserer Behauptung nicht widerspricht: Es kann sich prinzipiell immer ereignen, daß Bemühungen um Herstellung eines Überlegungsgleichgewichtes am Ende scheitern und daß dieses Scheitern von den an diesem Prozeß Beteiligten überdies eingesehen wird. Im übrigen bestand im vorliegenden Fall die Schlußfolgerung, welche man aus der am Ende erfolglosen Debatte zog, nicht darin, die Forderung nach empirischer Nachprüfbarkeit überhaupt fallenzulassen, sondern darin, die dabei gemachte Voraussetzung preiszugeben, diese Forderung könne in einer knapp formulierbaren *formalen* Regel oder in einem *formalen* Kriterium festgehalten werden.

Daß es bei der geschilderten Diskussion um ein fundamentales philosophisches Anliegen geht, zeigt sich darin, daß in jüngster Zeit eine ganz ähnliche Diskussion auf allgemeinerer und höherer Ebene stattgefunden hat, nämlich anläßlich des Wiederauflebens der alten philosophischen Frage, ob es eine *wissenschaftliche Methode* gebe und wie diese zu charakterisieren sei. Da es doch wohl nicht eine reine Glückssache sein kann, daß sich die Wissenschaft nun bereits seit Jahrhunderten als eine sehr erfolgreiche Institution erweist, liegt die Vermutung nahe, dieser Erfolg sei dadurch erklärbar, daß die Wissenschaft bestimmten *methodologischen Maximen* folge. Nachdem sich die induktivistischen Methodologien als fragwürdig herausstellten, charakterisierte POPPER die wissenschaftliche Methode in nicht-induktiver Weise. Danach werden ‚Theorien' mit möglichst hohem Falsifizierbarkeitsgrad aufgestellt und in der Folgezeit so lange strengen Prüfungen unterworfen, bis nur eine übrig bleibt. (Diese eine wird dann vorläufig akzeptiert, und das ganze Verfahren wird wiederholt.) Es ist dies die ‚Methode der kühnen Vermutungen und der versuchten strengen Widerlegungen dieser Vermutungen'. Angenommen, wir akzeptieren diese Methode. Dann würde es, wie PUTNAM in [Vernunft], S. 262, bemerkt, dazu kommen, daß wir eine Theorie nicht akzeptieren, die unter allen wissenschaftlichen Theorien zu den erfolgreichsten und am meisten bewunderten gehört, nämlich DARWINS Theorie der Evolution durch natürliche Auslese. Diese Theorie ist nicht hoch falsifizierbar. Denn sie hat keine Vorhersagen *von solcher Bestimmtheit* zur Folge, daß sie als widerlegt gelten kann, wenn sich die Vorhersagen als falsch erweisen. Wenn diese Theorie dennoch akzeptiert wird, so nicht deshalb, weil sie den Test von POPPER bestanden hat, sondern weil sie für viele Daten sehr plausible Erklärungen liefert und sich überdies als äußerst fruchtbar erwiesen hat für die Entwicklung anderer Theorien und Verknüpfungen mit ihnen (z.B. Genetik, Molekularbiologie).

<small>Vollständigkeitshalber sei erwähnt, daß die Frage der Voraussagefähigkeit und damit der Falsifizierbarkeit der Evolutionstheorie zum Teil Gegenstand heftiger Kontroversen war und noch ist. Vermutlich beruht dies darauf, daß die Bezeichnung „Theorie der Evolution" ebenso mehrdeutig ist wie „Theorie Newtons" und daß sie sich zum Teil auf eine (oder vielleicht sogar mehrere) nicht falsifizierbare Rahmentheorien bezieht, zum Teil jedoch auf speziellere Prinzipien, in unserer Sprechweise: auf Spezialisierungen dieser Rahmentheorie(n). Möglicherweise würde eine detaillierte</small>

Rekonstruktion sogar ergeben, daß es sich um einen Theorienkomplex handelt, dessen Glieder durch bestimmte intertheoretische Relationen miteinander verknüpft sind. Auf die Falsifizierbarkeitsfrage würde man dann eine andere Antwort erhalten, je nachdem, auf welches Glied bzw. auf welche Stufe an Allgemeinheit man sich beziehen würde. Für einen guten Einblick in die heutige Situation, allerdings unter Bezugnahme auf begriffliche Hilfsmittel der herkömmlichen Wissenschaftsphilosophie, vgl. den Aufsatz [Theory of Natural Selection] von J. TUOMI und E. HAUKIOJA.

Was PUTNAM an diesem Beispiel illustriert, ist eine bestimmte Phase in der Diskussion um die methodologischen Maximen der Wissenschaft. Bei der eben skizzierten Sachlage wird man – analog zum früheren Verifikationsbeispiel – geneigt sein, in diesem Konflikt eher das Grundprinzip der Popperschen Methodologie als die Evolutionstheorie preiszugeben. Eine Möglichkeit, trotz solcher immer wieder auftretenden frappierenden Konflikte doch eine Art von Überlegungsgleichgewicht herzustellen, bestünde darin, erstens den Begriff der Verhaltensmaxime in dem Sinne zu liberalisieren, daß darunter nicht nur strikte Verhaltensnormen, sondern auch *strategische Empfehlungen* subsumiert werden, und zweitens den Methodenmonismus durch einen *Pluralismus* derartiger Empfehlungen zu ersetzen.

12.2 Überlegungsgleichgewicht zwischen historischen und systematischen Betrachtungen der Wissenschaften, illustriert am Beispiel von T. S. Kuhn und J. D. Sneed

Das methodologische Prinzip von RAWLS kann auch auf das Verhältnis von Geschichte und Theorie angewendet werden, sofern beide von demselben Gegenstand handeln. Es wäre dann zwar kein Gleichgewicht zwischen Praxis und Theorie, sondern ein von Fall zu Fall herzustellendes Gleichgewicht zwischen historischem Wissen über eine Praxis und systematischen Kenntnissen über die in dieser Praxis angewandte Theorie. Doch ein solches Gleichgewicht blieb aus. Zunächst mochte es den Anschein haben, als sei dies bloß der ungewollte Effekt ausbleibender Bemühungen: Die Vertreter der Wissenschaftsgeschichte auf der einen Seite und die Vertreter einer systematisch orientierten Wissenschaftsphilosophie auf der anderen waren von so verschiedenartigen Zielsetzungen und theoretischen Interessen beherrscht und traten an ihre Untersuchungen mittels so unterschiedlicher Vorkenntnisse und Methoden heran, daß ein ‚Auseinanderdriften' der beiden Arten von Forschungsvorhaben zwar bedauerlich, aber nicht überraschend war. Spätestens nach dem Erscheinen von KUHNS Buch [Revolutions] wurde es klar, daß die beiden Betrachtungsweisen Auffassungen von schroffer Gegensätzlichkeit zu erzeugen schienen.

Die ersten Bemühungen um einen Diskussionskontakt zwischen den beiden Lagern trugen nicht nur in keiner Weise zu einer Milderung der Gegensätze bei, vielmehr verschärften, ja radikalisierten sie diese noch. Hatte KUHN z. B. in seinem Buch auf die empiristischen wie auch Popperschen Vorstellungen über empirische Nachprüfungen mit der lakonischen Feststellung reagiert, daß historische Studien *kein einziges* Beispiel für die Verwerfung eines Paradigmas (lies: einer Theorie) aufgrund von Naturbeobachtungen geliefert hätten, so bildeten nun in der umgekehrten Richtung sowohl Kuhns Äußerungen über die normale Wissenschaft als auch über wissenschaftliche Revolutionen das Objekt heftigster Kritik. Die Leugnung empirischer Tests für diejenigen Phasen, die Kuhn als normalwissenschaftlich bezeichnete, erweckte bei vielen Kritikern den Eindruck, als handle es sich dabei bestenfalls um wissenschaftlich sterile, meist jedoch um unmittelbar wissenschaftshemmende Vorgänge im sogenannten wissenschaftlichen Alltag. Und die Art und Weise, wie Kuhn das plötzliche Auftreten und die nachfolgende Verbreitung eines ‚neuen Paradigmas' schilderte, bestärkte wiederum die meisten Systematiker in der Vermutung, daß Kuhn durch eine stark überpointierte Parallelisierung von wissenschaftlichen Umwälzungen mit Revolutionen im religiös-kirchlichen Bereich sowie mit politischen Umstürzen auch der ‚außerordentlichen' Forschung jede Spur von Rationalität zu nehmen suche.

Einem Interessenten, der sich dadurch ein rasches Bild von Kuhns Ideen verschaffen möchte, daß er statt das Kuhnsche Original die Darstellungen bei vier bis fünf der schärfsten Kritiker Kuhns liest, dem muß sich geradezu die Vorstellung aufdrängen, daß im Verlauf der wissenschaftlichen Entwicklung nach Kuhns Auffassung abwechselnd zwei Arten von *epistemischen Monstern* dominieren: Der normalwissenschaftliche Alltag wird beherrscht von *borniertem Dogmatikern*, die ihre Schüler mit der von ihnen akzeptierten Theorie im buchstäblichen Sinne indoktrinieren, da sie ihnen diese auf solche Weise einbläuen, daß den Studenten meist bereits der Gedanke an, in jedem Falle aber der Mut zu einer Kritik an der Theorie von vornherein ausgetrieben wird. Und bei wissenschaftlichen Revolutionen wird die Führung übernommen von *quasireligiösen Fanatikern*, die ihre ‚inneren Erleuchtungen' durch Überredung und Propaganda in der Gestalt von Bekehrungserlebnissen auf andere zu übertragen suchen und die auch schließlich den Sieg davontragen, sofern sie eine hinreichend lange Zeit auf das Ableben ihrer unbekehrbaren Gegner gelauert haben.

Ein guter Teil der Bemühungen in II/2, Kap. IX, war der Aufgabe gewidmet, unter Zugrundelegung des strukturalistischen Ansatzes die Überwindung dieses Zerrbildes zu beschleunigen, einige der Kuhn unterstellte Annahmen zurückzuweisen und so einen kleinen Beitrag zur Herstellung des Überlegungsgleichgewichtes zwischen historischer und systematischer Wissenschaftsforschung zu leisten. Dies hat nun einen merkwürdigen, kaum vorhersehbaren Effekt gehabt, nämlich daß einige Leser und Kritiker zu der offensichtlich unrichtigen Auffassung gelangten, der strukturalistische Ansatz sei überhaupt nur *zu dem Zweck* einer Kuhn-Interpretation geschaffen worden. Daß die Möglichkeit der Benützung für eine derartige Rekonstruktion und Neuinterpretation höchstens ein Nebeneffekt dieses Ansatzes sein kann, müßte eigentlich für alle ernsthaften Leser auf der Hand liegen. Denn jede einzelne der vielen Abweichungen vom herkömmlichen Theorienkonzept wird systematisch und nicht mit der größeren Eignung für eine bestimmte Textinterpretation begründet.

Es hätte der Fall sein können, daß SNEEDS Buch zeitlich vor dem Buch KUHNS erschienen wäre. Die erwähnten Fehldeutungen hätten dann gar nicht erst auftreten können. Eine positive Rezeption der systematischen Gedanken SNEEDS vorausgesetzt, hätte dies dem KUHN gegenüber so oft erhobenen Einwand, er unterstelle sowohl den ‚normalen' als auch den ‚außerordentliche Forschung betreibenden' Naturwissenschaftlern irrationale Einstellungen, von vornherein das Wasser abgegraben. Man hätte dann vielleicht freundlichere Äußerungen, etwa von der Art gehört, daß KUHN ‚das formale Gerüst von SNEED mit Blut und Inhalt erfüllt' habe.

Es lohnt sich, noch einen Augenblick bei der gedanklichen Möglichkeit einer Vertauschung der Veröffentlichungszeiten der beiden Werke zu verweilen. Denn dadurch läßt sich verdeutlichen, in welchem Grade die beiden gedanklichen Systeme voneinander unabhängig sind. Insbesondere existiert innerhalb des strukturalistischen Konzeptes nichts, wonach es so etwas wie eine normale Wissenschaft geben *muß*, auch nichts, was *zwingend* auf wissenschaftliche Revolutionen hinweist. Denn der formale Apparat ist vollkommen verträglich mit einem Verlauf des Wissenschaftsgeschehens ‚in außermenschlichen Kulturen'. So etwa wäre es denkbar, daß die Arbeit an der Verfeinerung eines Theoriennetzes mittels einer sich über den Planeten erstreckenden, straff organisierten Aufgabenverteilung unter die Wissenschaftler erfolgt. Oder daß der Übergang zu Versuchen mit neuartigen Theorien bei Erreichung eines bestimmten Problemgrades des ‚alten' Netzes kraft internationalen Kongreßbeschlusses an einige, vorher gemäß strengen Kriterien ausgewählte Glieder der Wissenschaftsgemeinschaft in Gestalt einer Empfehlung oder Aufforderung stattfände. Alles, was das Sneedsche Konzept – insbesondere die Unterscheidung zwischen Fundamentalgesetzen und Spezialgesetzen sowie die theorienrelative Dichotomie zwischen theoretischen und nicht-theoretischen Größen – in dieser Hinsicht zu erzeugen vermöchte, wäre eine bestimmte *Erwartungseinstellung gegenüber dem historischen Ablauf*, nämlich daß sich die erstmaligen erfolgreichen Einführungen neuer Theorien sowie die Ersetzungen von Rahmentheorien durch neue – *sofern* so etwas stattfindet – historisch andersartig manifestieren sollten als die erfolgreichen Arbeiten an Verfeinerungen bereits vorhandener Theoriennetze. KUHNS Ausführungen über wissenschaftliche Revolutionen und über den Verlauf der normalen Wissenschaft erfüllen diese Erwartungen, aber in einer ganz bestimmten, rein logisch natürlich nicht vorauszusehenden und nicht voraussagbaren Weise. In KUHNS Schilderungen erhält der Wissenschaftsablauf auf unserer Erde gegenüber den erwähnten Verläufen in außerirdischen Kulturen, für die es zahllose weitere Möglichkeiten gäbe, *ein spezifisch menschliches Antlitz*.

Die Kritiker von KUHNS Beschreibungen und Analysen vertreten allerdings die Auffassung, daß KUHN weit über dieses Ziel hinausgeschossen sei und daß er sowohl dem von ihm als ‚normal' bezeichneten Wissenschaftsablauf als auch dem Theorienwandel *irrationale* und darüber hinzu *subjektiv-relativistische* Züge aufgeprägt habe. Hier kann nun der strukturalistische Ansatz für den ‚negativen' Zweck herangezogen werden, gewisse dieser Kritiken zu entschärfen, sowie für den *‚positiven'* Zweck, bestimmte von KUHN benützte Begriffe zu präzisieren. Die wichtigste positive Leistung ist vielleicht die in Kap. 3 beschriebene Explikation des Begriffs des Paradigmas als geordnetes Paar $\langle K_0, I_0 \rangle$, zusammen mit all den dort angegebenen Qualifikationen, sowie die prozessuale Interpretation des Begriffs der normalen Wissenschaft als ‚Theorienevolution, für die ein Paradigma existiert'.

Was für die Zurückweisung unberechtigter Kritiken von Wichtigkeit ist, wurde an anderen Stellen bereits ausführlich erörtert, so daß hier eine kurze Erinnerung daran genügt. Daß das *Festhalten am Paradigma*, dieser scheinbar ‚bornierte Dogmatismus der Normalwissenschaftler', durchaus nichts Irrationales ist, wird sofort klar, wenn man bedenkt, daß das Paradigma nur die Fundamentalgesetze enthält und daß empirische Widerlegungen spezieller Gesetze ‚nach oben hin nicht durchschlagen', d. h. keine Verwerfung derjenigen Prinzipien erzwingen, deren Spezialisierungen sie sind. In der Sprechweise der mengentheoretischen Prädikate wird dies noch unmittelbarer evident: Die Preisgabe eines speziellen Prädikates als unanwendbar impliziert nicht die Preisgabe eines allgemeineren. Verstärkt wird dies durch die Offenheit der Menge der intendierten Anwendungen und die dadurch bedingte relative Theorienimmunität.

Daß auch der Übergang von der Beschreibung revolutionärer Veränderungen in den Kategorien des herkömmlichen Drei-Stufen-Schemas: „Aufstellung einer Theorie – Prüfung und Falsifikation – Suche nach einer neuen Theorie" zu der Kuhnschen Variante *„Verdrängung einer Theorie durch eine andere ohne dazwischengeschaltete Falsifikation"* kein Übergang von der Beschreibung eines rational verständlichen Vorganges zu einem rational nicht mehr verständlichen ist – sondern die Ersetzung von etwas Unmöglichem durch etwas Mögliches und faktisch Wirkliches –, wird ebenso klar, wenn man sich zwei Dinge vor Augen hält: Erstens daß es sich hierbei stets nur um die *Rahmen*theorie handelt, in die allein das Fundamentalgesetz Eingang findet. Und zweitens daß dieses Fundamentalgesetz der Rahmentheorie T wegen der darin vorkommenden T-theoretischen Begriffe nicht empirisch falsifizierbar ist, da diese Begriffe in wesentlich T-abhängiger Weise gemessen werden. Im Fall der Rahmentheorie *KPM* z.B. würde die Widerlegung in einer empirischen Falsifikation des zweiten Axioms von NEWTON bestehen. Eine solche ist jedoch ausgeschlossen, da dieses Axiom die beiden *KPM*-theoretischen Begriffe *Masse* und *Kraft* enthält, deren Messungen die Gültigkeit eben dieses Axioms bereits voraussetzen. Wenn somit eine derartige Rahmentheorie – ein ‚Paradigma' im Sinne von KUHN – überhaupt fallengelassen wird, so deshalb, weil einige seiner Proponenten die Hoffnung aufgegeben haben, an bestimmten Stellen das Netz über der Basis dieser Theorie geeignet verfeinern zu können, und daher nach einer neuen Basis Umschau halten oder bereits an einer solchen arbeiten, was dann seinen Niederschlag in dem von KUHN so anschaulich beschriebenen Verdrängungsprozeß findet.

Vollständigkeitshalber sei nochmals daran erinnert, daß sich die Situation in der uns interessierenden Hinsicht nicht wesentlich ändert, wenn man statt des zweiten Axioms von NEWTON (in wörtlicher Wiedergabe, wie soeben vorausgesetzt) die dieser Rahmentheorie entsprechende Behauptung im Sinn von Kap. 2 wählt, also den Ramsey-Sneed-Satz des Basiselementes von *KPM*. Denn diese Aussage ist, wie in Kap. 7 gezeigt worden ist, ein mathematisch beweisbarer Satz und daher empirisch gehaltleer. Für die ‚Urfassung' der fraglichen Aussage gilt also, daß sie wegen des Vorkommens zweier *KPM*-theoretischer Begriffe *nicht empirisch geprüft werden kann;* und für die modifizierte Ramsey-Fassung gilt, daß sie *nicht empirisch geprüft zu werden braucht*.

Auch die *subjektive* Komponente bei der Theorienwahl wird damit verständlich; denn diese Wahl ist eine holistische alles-oder-nichts-Entscheidung. Die ‚Revolutionäre', die eine solche Wahl vornehmen, können sich zu Beginn ihrer Tätigkeit nur auf Teilerfolge und im übrigen bloß auf Spekulationen und Hoffnungen stützen. Die erfolgreichen revolutionären Neuerer unterscheiden sich von den nicht erfolgreichen gewöhnlich *nur* dadurch, daß sich ihre Hoffnungen, eine leistungsfähigere Theorie zu schaffen, später tatsächlich erfüllen, nicht aber dadurch, daß sie in irgend einem definierbaren Sinne ‚rationaler' wären als die nicht erfolgreichen, insbesondere *nicht* dadurch, daß sie bestimmten ‚methodologischen Regeln' gehorchen, welche jene verletzen. Diese einfache und brutale Tatsache ist die bittere Pille, die ein Wissenschaftsphilosoph schlucken muß, der an so etwas wie feste, streng zu befolgende methodologische Regeln geglaubt hat. Innerhalb der Normalwissenschaft besteht die subjektive Komponente einmal in Entscheidungen, welche die Erweiterungen oder Einengungen der intendierten Anwendungen betreffen, und zum anderen in den offen stehenden Wahlmöglichkeiten zwischen verschiedenen Revisionsalternativen im Fall des Konfliktes zwischen empirischer Behauptung (Ramsey-Sneed-Satz) und Meßresultaten. In Kap. 7 wurde allerdings gezeigt, daß die subjektive Komponente keineswegs *so* stark ist, wie Gegner des Holismus behaupten.

Bleibt noch der *Relativismus-Einwand*. Wie bereits anderswo betont (z. B. in: [Neue Wege], S. 129), setzt er eine ganz bestimmte Auslegung einer Stelle bei KUHN voraus: Wenn KUHN dort die aus einem Paradigmenkampf siegreich Hervorgehenden als diejenigen charakterisiert, die sich selbst als die Fortschrittlichen bezeichnen, so wird dies von einigen Interpreten anscheinend als *KUHNS implizite Definition des wissenschaftlichen Fortschrittes* verstanden. Doch dies war von KUHN sicherlich nicht intendiert und kann auch nicht ernsthaft gemeint sein. Die aus einem derartigen Konflikt ‚siegreich hervorgehende' Forschergruppe wird sich zwar selbst als die fortschrittliche *bezeichnen*, unabhängig davon, ob ihre Überzeugungen einen wirklichen oder einen bloß vorgetäuschten Fortschritt hervorrufen. Um herauszufinden, welches von beiden der Fall ist, muß ein *unabhängiges Fortschrittskriterium* zur Verfügung stehen.

Allerdings war es etwas irreführend, wenn in II/2, Kap. IX, im Zusammenhang mit dem Relativismus-Einwand von einer ‚Rationalitätslücke' gesprochen wurde. Diese Bezeichnung suggeriert die implizite Kritik, daß KUHN hier eine Lücke offen ließ, die er hätte schließen sollen. Doch so war dies nicht gedacht. Aus den oben genannten Gründen besteht tatsächlich eine Lücke, die eine Schließung erheischt. Aber diese Lücke kann nicht mit historischen, psychologischen oder soziologischen Mitteln geschlossen werden und zwar aus dem einfachen Grunde, weil die Explikation des Begriffs des wissenschaftlichen Fortschrittes im Fall der ‚revolutionären Theorienverdrängung' eine Herausforderung an die *systematische* Wissenschaftstheorie bildet und keine Aufgabe darstellt, die von der Wissenschafts*geschichte* zu bewältigen wäre. Die Kuhnschen Ausführungen über spezielle Punkte, etwa über Inkommensurabilität und Gestaltwandel, machen bloß deutlich, *wie schwierig* diese Aufgabe ist. Zu ihrer befriedigenden Bewältigung scheint sich bislang nur der strukturalistische Ansatz zu eignen. Und zwar benötigt man den ganzen Begriffsapparat; insbesondere müssen die in den Kapiteln 4, 8, 9 und 10 skizzierten Hilfsmittel und Lösungsvorschläge herangezogen und in Zukunft weitergeführt werden. (Einige zusätzliche Betrachtungen zu diesem Thema sollen in Kap. 13 angestellt werden.)

Damit können wir zum Grundthema dieses Kapitels zurückkehren. Denn alle hier in 12.2 angestellten Überlegungen bildeten keinen Selbstzweck, sondern dienten allein der Aufgabe, am Beispiel des Verhältnisses des ‚Sneed-Formalismus' zu den ‚Kuhnschen Thesen' zu zeigen, wie das erheblich gestörte Überlegungsgleichgewicht zwischen Wissenschaftsgeschichte und systematischer Wissenschaftstheorie wenn schon nicht vollkommen wiederhergestellt, so doch erheblich verbessert werden kann. Auch in den in 12.1 geschilderten Fällen bildete ein derartiges Überlegungsgleichgewicht das unausgesprochene oder ausgesprochene Ziel der Diskussionspartner, dem man sich zwar angenähert hat, welches jedoch in keinem dieser Fälle wirklich erreicht worden ist.

Das Bemühen um ein Überlegungsgleichgewicht ist stets mit Vorgängen wie Präzisierungen und Modifikationen verbunden, im vorliegenden Fall auch mit der Schließung offen gebliebener Lücken, wie sich eben gezeigt hat. Daß es u.U. auch mit *Korrekturen* verbunden ist – übrigens mit Korrekturen, die zur Schlichtung einer offenen Kontroverse führen kann –, sei an einem letzten Beispiel erläutert. (Vgl. dazu auch [Erklärung], S. 1060.) In Kuhns Schilderungen treten Hypothesenprüfungen überhaupt nicht auf. Darin kommt eine gewisse Einseitigkeit in der Darstellung der normalwissenschaftlichen Tätigkeit zur Geltung. Legt man die Begriffe aus Kap. 2 und 3 zugrunde, so wird klar, daß zu den wichtigsten Tätigkeiten der normalen Wissenschaftler die Netzverfeinerungen gehören und damit das ständige Voerschlagen neuer Spezialgesetze, deren Prüfung und provisorische Annahme bei Bewährung sowie Verwerfung bei empirischer Falsifikation. Gleichzeitig erzwingt dies die Revision einer gängigen Auffassung über das Verhältnis von Popper und Kuhn. Danach habe sich Popper stets nur für diejenigen Vorgänge interessiert, die zur außerordentlichen Forschung gehören, niemals hingegen für das, was Kuhn als normale Wissenschaft bezeichnet. Die eben skizzenhaft vorgenommene Ergänzung zu den Kuhnschen Schilderungen, zusammen mit den früheren Betrachtungen über Theorienverdrängung, zeigen, daß es sich genau umgekehrt verhalten muß: Da es ‚strenge Nachprüfungen' von Gesetzeshypothesen nur innerhalb der normalen Wissenschaft gibt, beziehen sich die Gedanken Poppers über Nachprüfung, Falsifikation und Bewährung ausschließlich auf die normale Wissenschaft im Sinne von KUHN, jedoch niemals auf die außerordentliche Forschung.

Wenn man die obige Korrektur und diese Ergänzung zusammennimmt, so zeigt sich, wie der strukturalistische Rahmen relativ mühelos dafür verwendet werden kann, *scheinbar* so gegensätzliche Positionen wie die von POPPER und KUHN miteinander zu versöhnen.

Sind die erforderlichen Präzisierungen, Modifikationen, Schließungen von Lücken und Korrekturen erfolgt, so findet im vorliegenden Fall das erstrebte Überlegungsgleichgewicht seinen wichtigsten Niederschlag in einer *wechselseitigen Stützung* der beiden miteinander in Beziehung gesetzten Auffassungen. Von einer solchen Stützung kann freilich nur soweit gesprochen werden, als es *unabhängige* Gründe für die jeweilige andere Ansicht gibt.

Setzen wir im vorliegenden Fall solche Gründe für beide der miteinander in Beziehung gesetzten Glieder voraus, also sowohl für die Auffassungen von KUHN als auch für die von SNEED, dann kann man sich immer noch überlegen, ob die Stützung in der einen Richtung stärker ist als in der anderen. Dies scheint in der Tat der Fall zu sein. Und zwar ist – ganz im Widerspruch zur Meinung der eingangs erwähnten Kritiker – die Stützung, die das Sneed-Konzept durch das Kuhnsche erfährt, stärker als die Stützung des letzteren .durch das erstere. Einmal deshalb, weil die anderen systematischen Wissenschaftsphilosophien gar nicht oder kaum mit KUHNS Auffassungen in Einklang zu bringen sind, was eine eindeutige Auszeichnung des Konzeptes von SNEED durch das von KUHN impliziert. Ferner aus dem Grunde, weil der Sneed-Formalismus, wie angedeutet, mit zahllosen anderen ‚geschichtlichen Möglichkeiten' verträglich wäre. Schließlich ist nicht zu übersehen, daß der Sneedsche Begriffsapparat für eine Kuhn-Rekonstruktion bislang nur in bezug auf solche Theorien verwendbar ist, von denen man weiß, daß sie durch den Sneedschen Ansatz gedeckt sind. Unter denjenigen Theorien, auf die sich KUHN bezieht, sind dies vorläufig nur Theorien der mathematischen Physik. FEYERABENDS Wendung aus [Changing Patterns]: „KUHN Sneedified" begünstigt somit ein einseitiges Situationsbild.

Angesichts der in Kap. 4, 8 und 10 beschriebenen Leistungen für das Studium intertheoretischer Reduktionen, insbesondere für die ‚Umschiffung' der Inkommensurabilitätsklippe mittels Ersetzung des Denkens in Term-für-Term-Vergleichen durch ein makrologisches Denken in umfassenden Strukturen, erschiene es als angemessener und zutreffender, die erwähnte Feyerabendsche Wendung durch die folgende zu ersetzen: „*Reduction of Theories Sneedified*".

Eingangs haben wir innerhalb des Begriffs des Überlegungsgleichgewichtes weiter zu differenzieren versucht. Die Anwendung einer geeigneten Spezifikation auf den gegenwärtigen Fall liegt auf der Hand. Es gibt so viele Nahtstellen von Wissenschaftsgeschichte und systematisch vorgehender Wissenschaftstheorie, an denen es zu potentiellen Konflikten zwischen diesen beiden Forschungsbereichen kommen kann und aufgrund von KUHNS Schriften auch zu effektiven Konflikten gekommen ist, an denen jedoch der strukturalistische Ansatz einen Einklang zwischen den Aussagen von Vertretern beider Lager und damit eine Versöhnung herbeiführt, daß mit Recht behauptet werden darf: Der Sneed-

Formalismus trägt in einer ganz entscheidenden Weise zu einem *globalen* Überlegungsgleichgewicht zwischen Wissenschaftsgeschichte und Wissenschaftstheorie bei.

Literatur

DUMMETT, M, "The Philosophical Basis of Intuitionistic Logic", in: ROSE, H.E. und J.C. SHEPHERDSON (Hrsg.), *Studies in Logic and The Foundations of Mathematics*, Bd. 80, Amsterdam 1975, S. 5–40.

DUMMETT, M., *Elements of Intuitionism*, Oxford 1977.

FEYERABEND, P. [Changing Patterns], "Changing Patterns of Reconstruction", *The British Journal for the Philosophy of Science*, Bd. 28 (1977), S. 351–369.

GOODMAN, N. [Forecast], *Fact, Fiction and Forecast*, 3. Aufl. New York 1978.

HEMPEL, C.G. [Schlick und Neurath], „Schlick und Neurath: Fundierung vs. Kohärenz in der Wissenschaftlichen Erkenntnis", in: *Grazer Philosophische Studien*, Bd. 16/17 (1982), S. 1–18.

KUHN, T.S. [Revolutions], *The Structure of Scientific Revolutions*, 2. Aufl. Chicago 1970. Deutsche Übersetzung durch H. VETTER: *Die Struktur wissenschaftlicher Revolutionen*, 5. Aufl. Frankfurt 1981.

PRAWITZ, D., "Meaning and Proofs: On the Conflict between Classical and Intuitionistic Logic", *Theoria*, Bd. 43 (1977), S. 2–39.

PRAWITZ, D., "Intuitionistic Logic: A Philosophical Challenge", in: VON WRIGHT, G.H. (Hrsg.), *Logic and Philosophy*, The Hague 1980, S. 1–10.

PUTNAM, H. [Vernunft], *Vernunft, Wahrheit und Geschichte*, Frankfurt a. M. 1982, deutsche Übersetzung von *Reason, Truth and History*, Cambridge 1981, durch J. SCHULTE.

RAWLS, J. [Gerechtigkeit], *Eine Theorie der Gerechtigkeit*, Frankfurt a. M. 1975, deutsche Übersetzung von *A Theory of Justice*, Harvard 1971, durch H. VETTER.

SNEED, J.D., *The Logical Structure of Mathematical Physics*, 2. Aufl. Dordrecht 1979.

STEGMÜLLER, W., "Structures and Dynamics of Theories. Some Reflections on J.D. SNEED and T.S. KUHN", *Erkenntnis*, Bd. 9 (1975), S. 75–100.

STEGMÜLLER, W. [Neue Wege], *Neue Wege der Wissenschaftsphilosophie*, Berlin-Heidelberg-New York 1980.

STEGMÜLLER, W. [Erklärung], *Erklärung-Begründung-Kausalität*, Berlin-Heidelberg-New York 1983.

STEGMÜLLER, W., „Die Bedeutung der Methode in den modernen Wissenschaften", erscheint in: *Staatslexikon*, 7. Aufl., Freiburg 1986.

TUOMI, J. und E. HANKOIJA [Theory of Natural Selection], "Predictability of the Theory of Natural Selection: An Analysis of the Structure of the Darwinian Theory", in: *Savonia*, Bd. 3 (1979), S. 1–8.

Kapitel 13
Kuhns dritte epistemologische Herausforderung[1]

Alle in diesem Band bislang unternommenen Bemühungen, eine Teilrekonstruktion Kuhnscher Gedanken zu geben, als inadäquat erscheinende Kritiken dieser Ideen zurückzuweisen, dabei aber zugleich den Raum für angemessenere Kritiken freizumachen, stützten sich im wesentlichen auf das strukturalistische Theorienkonzept sowie auf Folgerungen, die sich aus dem Arbeiten mit diesem für die systematische Wissenschaftstheorie neuartigen Begriffsapparat ergaben. Dazu gehören insbesondere die Einsichten in die verschiedenen Weisen von ‚Theorienimmunität gegenüber widerspenstigen Erfahrungen‘. Denn scheinbar fehlende Einsichten dieser Art waren es ja, die zumindest in der Hauptsache die Vorwürfe von der Art motivierten, daß KUHN den Naturforschern eine irrationale Grundhaltung unterstelle oder daß seine Wissenschaftsauffassung unweigerlich in radikale Formen des Subjektivismus und Relativismus einmünde.

„Empirische Falsifikationen spielen in den modernen Naturwissenschaften, insbesondere in der modernen Physik, eine weitaus geringere Rolle, als in der Wissenschaftsphilosophie gemeinhin angenommen wird." Nennen wir diese These, die er durch historische Untersuchungen untermauerte, KUHNS *erste epistemologische Herausforderung*. Alle erwähnten Versuche, diese Theorieimmunität nicht bloß in ihren psychologischen und soziologischen Auswirkungen zu beschreiben, sondern ihre verschiedenen logischen und epistemologischen Wurzeln aufzudecken und diese einsichtig zu machen, können als Bemühungen darum gedeutet werden, innerhalb des strukturalistischen Rahmens mit dieser ersten Kuhnschen Herausforderung fertig zu werden.

Die These, daß bei wissenschaftlichen Revolutionen verdrängte und verdrängende Theorie miteinander inkommensurabel sind, soll KUHNS *zweite epistemologische Herausforderung* genannt werden. Diese Bezeichnung ist insofern berechtigt, als die Inkommensurabilitätsbehauptung keine zwingende Folgerung der verschiedenen Formen von Theorienimmunität bildet. Die letzteren könnten alle bestehen, ohne daß Inkommensurabilität vorliegt. In philosophischer Hinsicht ist diese zweite Herausforderung noch gewichtiger als die erste und geht noch mehr in die Tiefe als jene, da sie nicht nur einer von vielen

---

[1] Der Inhalt dieses Kapitels ist ausführlicher dargestellt und in einen größeren systematisch-historischen Zusammenhang eingebettet in W. STEGMÜLLER, [Rationale Theorienwahl].

Wissenschaftsphilosophen gehegten Überzeugung zu widersprechen scheint, sondern darüber hinaus für die entscheidensten und dramatischsten Vorgänge in der Wissenschaftsgeschichte die Rede vom wissenschaftlichen Fortschritt in Frage stellt. Damit wird auch die Rationalität des Theorienwandels zumindest fragwürdig. In Kap. 10 haben wir versucht, zu zeigen, wie man, gestützt auf geeignete intertheoretische Relationen, auch mit dieser zweiten Herausforderung dadurch fertig werden kann, daß man zu einem Vergleichsurteil über Theorien trotz Vorliegen einer Inkommensurabilität im Sinne von KUHN gelangen kann.

Auf den eigentlichen Kern der Frage: „Ist die Naturwissenschaft ein rationales Unternehmen?" stoßen wir aber erst, wenn wir uns einer *dritten epistemologischen Herausforderung* durch KUHN zuwenden, welche das Thema „Induktion" betrifft. Um diese Herausforderung in ihrer Eigenart charakterisieren zu können und zugleich verständlich zu machen, wie sie sich in die heutige Diskussion zur Induktionsproblematik einfügt, beginnen wir zweckmäßigerweise mit einer bestimmten Art von Kritik an der strukturalistischen Beschäftigung mit der Kuhnschen Wissenschaftsphilosophie. Es ist nämlich immer wieder betont worden, daß der strukturalistische Ansatz KUHN schon deshalb nicht völlig gerecht werden könne, weil dessen Aussagen über das Zustandekommen und die Verbreitung von Paradigmen sowie über den Paradigmenwechsel bei wissenschaftlichen Revolutionen ganz wesentlich *menschliche Überzeugungen*, deren Entstehung, deren Verbreitung sowie deren Wandel betreffen. Kein noch so weit gefaßter Begriff der Theorie aber vermöge alle wichtigen Aspekte wissenschaftlicher Überzeugungsbildung sowie Überzeugungsänderung zu erfassen.

Eine solche Feststellung ist durchaus zutreffend. Als Kritik am strukturalistischen Ansatz oder an den einschlägigen Ausführungen innerhalb des vorliegenden Bandes wäre sie allerdings fehl am Platz; zum einen wegen der in Kap. 12 nochmals ausdrücklich betonten Tatsache, daß das strukturalistische Theorienkonzept nicht deshalb entworfen worden ist, um eine neuartige Rekonstruktion der Kuhnschen Wissenschaftsphilosophie zu liefern, und daher in dieser Hinsicht gar keinen Vollständigkeitsanspruch erhebt; und zum anderen wegen der schlichten Tatsache, daß der vorliegende Gesamtband wissenschaftliche Begriffs- und Theorienbildungen zum Thema hat, nicht jedoch die Induktionsproblematik.

In der Tat könnte der in der obigen Feststellung implizit enthaltenen Aufforderung nur dadurch Rechnung getragen werden, daß man sich darum bemüht, KUHNS wissenschaftsphilosophische Gedanken in einen Kontext einzuordnen, der sich schematisch durch das Rahmenthema „Induktion, Bewährung, methodologische Regeln" bezeichnen ließe. In [Rationale Theorienwahl] ist, angeregt durch HEMPELS interessanten Aufsatz [Evolution], ein in diese Richtung gehender Versuch unternommen worden. Die substantielle Neuartigkeit der Kuhnschen Stellungnahme zum Induktionsproblem – für deren Rekonstruktion man sich noch viel mehr als beim Thema „Theorienbildung" angewöhnen muß, in KUHNS Schriften gewissermaßen ‚zwischen den

Zeilen zu lesen' – wird dort als ein entscheidender neuer Akt in dem mehrere Akte umfassenden modernen Drama „Induktion" gedeutet. Da es nicht möglich ist, diesen Gesamtzusammenhang hier nochmals zu reproduzieren, müssen wir uns, was die Vorgeschichte betrifft, auf ein paar stichwortartige Andeutungen beschränken.

Das fragliche Drama ist charakterisiert durch sukzessive Transformationen des Induktionsproblems. Die verbreitetste moderne Variante ist die *probabilistische*, die selbst wieder ein breites Spektrum von Möglichkeiten umfaßt, angefangen von Präzisierungsversuchen qualitativer Bestätigungsbegriffe, über Verbesserungen eliminativer Induktionstheorien sowie über die induktive Logik bis hin zu nichtformalisierten Spielarten des Bayesianismus. Zahlreiche Detailprobleme haben, zusammen mit grundlegenden Schwierigkeiten dieser Variante, das anti-induktivistische Konkurrenzunternehmen in den Vordergrund treten lassen, welches in der Einführung eines *deduktivistischen Bewährungsbegriffs* gipfeln sollte. Doch die Schwierigkeiten, mit denen dieses Projekt konfrontiert ist, sind nicht minder groß als die der probabilistischen Variante. Für die weitere Entwicklung waren drei logisch voneinander unabhängige Entdeckungen maßgebend: Erstens, daß das Problem der *Annahme* oder des *Akzeptierens* von Hypothesen und Theorien ein Problem sui generis bildet, welches weder auf die Bestätigungsproblematik noch auf die Bewährungsproblematik reduzierbar ist (Lotterieparadoxon). Zweitens daß dieses Problem überdies mit der Frage nach geeigneten Kriterien für moralische und nichtmoralische *Werturteile* belastet ist (Diskussion der These von R. RUDNER, daß der Naturwissenschaftler qua Naturwissenschaftler Werturteile fällt.) Und drittens, daß nicht einmal die Hoffnung besteht, rein formale Regeln der Bestätigung oder der Bewährung *als konsistente Regeln* formulieren zu können (Goodman-Paradoxon).

Die Frage, ob diese Stadien samt den dazu gehörigen Erörterungen als weitere moderne Transformationen des Induktionsproblems anzusehen sind oder zweckmäßigerweise als bloße Gabelungen innerhalb vorgegebener Diskussionstrends, kann hier offen bleiben. Tatsache ist, daß sich das philosophische Räsonieren, nachdem es alle diese Stadien durchlaufen hatte, in seinem Charakter änderte: Es ist vorsichtiger und zurückhaltender geworden, aber auch mit größeren Vagheiten behaftet geblieben. Den einzigen, diese neueren Überlegungen durchdringenden Grundzug könnte man schlagwortartig als „Übergang vom Monismus zum Pluralismus" zu charakterisieren versuchen.

Die vorherrschende Leitidee ist dabei keineswegs neu, sondern im Grunde noch immer dieselbe wie in den ältesten Zeiten des Induktivismus, nämlich: „Der Erfolg der Naturwissenschaften muß sich doch irgendwie erklären lassen. Und wo anders sollte diese Erklärung zu suchen sein als darin, daß diese Wissenschaft eine bestimmte Methode oder bestimmte Methoden befolgt?" Es liegt dann nahe, die Wurzel für das Scheitern der älteren Versuche darin zu erblicken, daß die erste dieser Alternativen falsch ist: *Die* wissenschaftliche Methode gibt es nicht, weder in der Gestalt einer noch genauer beschreibbaren ‚induktiven Methode' noch in der Gestalt einer ‚Methode der kühnen Vermutungen und versuchten ernstzunehmenden Widerlegungen'. Übrig bleibt dann nur mehr die andere Alternative, nämlich daß *das Zusammenspiel verschiedener Methoden* für den Erfolg der Wissenschaften verantwortlich ist. Genau dies war oben mit dem Schlagwort „Übergang vom Monismus zum Pluralismus" gemeint. Auch für die Leser ohne nähere Detailkenntnisse der mit den angedeuteten Stadien beginnenden speziellen Auseinandersetzungen dürfte es jetzt verständlich werden, daß und warum man in neueren Diskussionen so häufig auf die Pluralwendung *„Methodologische Regeln"* stößt. Dies ist zwar eine sehr unglücklich gewählte Bezeichnung. Doch wollen wir für den Augenblick die Bedenken gegen sie zurückstellen, da wir nun einen Punkt erreicht haben, an dem sich die Position von T. S. KUHN innerhalb dieses Themenkreises festmachen läßt.

Wie wir noch sehen werden, ist KUHNS Einstellung *von philosophisch unüberbietbarer Radikalität*. Nichtphilosophen, insbesondere Naturforschern, wird sie hingegen ebenso überzeugend wie verblüffend einfach erscheinen.

Zunächst müssen wir Klarheit darüber zu bekommen versuchen, in welche Fragen sich das Induktionsproblem transformiert, wenn man die historisch-pragmatische Deutung und Rekonstruktion der wissenschaftlichen Forschung zugrunde legt, als deren bedeutendster gegenwärtiger Proponent KUHN gilt. Zweckmäßigerweise spaltet man die Suche gemäß den beiden Wissenschaftsformen auf, die KUHN unterscheidet: Normalwissenschaft und außerordentliche Forschung. Richten wir dabei unser Augenmerk sogleich auf das, was bei KUHN im Vordergrund steht und was auch die meisten seiner Leser besonders faszinierte, nämlich das Phänomen der wissenschaftlichen Revolutionen oder der Theorienverdrängung. Dann wird das Induktionsproblem zum *Problem der Rationalitätskriterien für Theorienwahl*. Es transformiert sich also in die Frage, ob es präzise Regeln für die Bevorzugung von Theorien gegenüber anderen gibt und wie diese Kriterien lauten.

Genauer gesprochen müßte das Induktionsproblem in dieser Fassung in zwei Teile untergegliedert werden: erstens in die Frage, wie diese Regeln zu formulieren sind, und zweitens in die Aufgabe, eine Rechtfertigung für diese Regeln zu liefern. Man begeht wohl kaum eine Übertreibung, wenn man KUHNS Position in bezug auf die erste Frage so wiedergibt: „Nicht nur wir sind heute noch weit entfernt davon, solche Regeln oder Kriterien anzugeben. Wir werden auch in Zukunft niemals dazu imstande sein." Die zweite Aufgabe entfällt dann von selbst.

Es ist wichtig, über dieser radikalen Skepsis KUHNS, die sich auf die Rolle der Philosophen bezieht, nicht den positiven Aspekt zu übersehen, bei dem es um die Rolle des Fachmannes geht. Was jeweils, in einer ganz bestimmten geschichtlichen Situation, zur Diskussion steht, ist die Wahl einer konkreten Theorie. Und diese liegt ausschließlich in den Händen von Spezialisten. Wer die Lösung des Problems verstehen will, warum die Spezialisten *diese* Theorie wählten, der muß die Tätigkeit der Spezialisten *verstehen* lernen. Dies ist kein umfassendes Verstehen ‚der' Lösung des Induktionsproblems, sondern ein von Fall zu Fall neues, je nach der Theorie und deren Alternativen, um welche es geht, und nach dem historischen Augenblick und den Umständen, unter denen die Wahl erfolgt.

Dies also ist die Art und Weise, *wie bei* KUHN *ein fachspezifischer Optimismus die totale philosophische Skepsis in bezug auf Induktion überragt*. Es ist eben nicht bloß so, daß dasjenige, was der Philosoph hier eigentlich tun sollte, unterbleibt, sondern daß es auf einer nicht-philosophischen Ebene von anderen Leuten als Philosophen tatsächlich bewerkstelligt wird.

Für die philosophischen Tätigkeiten, d.h. für alles, was man bislang für eine philosophische Aufgabe hielt, bleiben nur negative Feststellungen übrig. Nicht nur wird für KUHN das Induktionsproblem als eine Frage nach Regeln und nach der Rechtfertigung dieser Regeln sinnlos. Seine Antwort impliziert überdies etwas, das man *die These von der totalen Inkompetenz jeglicher Art von Philosophie, eingeschlossen sämtliche Spielarten von Wissenschaftsphilosophie, irgend etwas zur Lösung des Induktionsproblems beizutragen*, nennen könnte.

Möglicherweise war es gar nicht so sehr das von KUHN beobachtete Phänomen der Theorienverdrängung, sondern diese in seinen Äußerungen implizit enthaltene *Auffassung von der philosophischen Gegenstandslosigkeit des Induktionsproblems*, was Philosophen sprachlos machte. Denn man würde doch erwarten, daß folgendes gelten muß: *Entweder* ist das Induktionsproblem falsch gestellt oder konfus oder unsinnig. Dann muß man es umformulieren oder zurückweisen. *Oder* es ist präzise formulierbar. Dann müßte es doch auch eine präzise Antwort darauf geben. Nun *ist* es nach KUHN präzise formulierbar, wenn auch neugefaßt als Frage nach Rationalitätskriterien für Theorienwahl. Dennoch ist es gegenstandslos. Denn eine Frage löst sich *qua philosophische Frage* in nichts auf, wenn man sie der Kompetenz des Philosophen entzieht und allein der Kompetenz des Fachmannes anheimstellt.

Die Verschiebung vom Bereich der Philosophie in die Fachwissenschaft erfolgt innerhalb des Kuhnschen Denkrahmens zwangsläufig. Denn da es keine präzisen Regeln für korrekte Theorienwahl gibt, findet der Philosoph auch nichts vor, was er zunächst genauer formulieren und dann rechtfertigen könnte. Was natürlich nicht heißt, daß die Wahl durch diejenigen, denen sie nun anheimgestellt ist, reibungslos vonstatten ginge. Doch kann auch hier der Philosoph nichts anderes tun als, sozusagen ganz passiv, eine auf empirisch-historischen Beobachtungen beruhende, erstaunliche Feststellung treffen, nämlich: daß aus einer langen und heftigen Kontroverse über die Verdienste und Nachteile miteinander konkurrierender Theorien schließlich ein Konsens unter den Fachleuten hervorwächst, der zur Annahme einer dieser Theorien führt.

Nachdem wir uns bislang ausschließlich mit der Transformation des Induktionsproblems innerhalb der außerordentlichen Forschung beschäftigten, werfen wir nun noch einen Seitenblick auf die normale Wissenschaft. Hier stoßen wir auf einen begrenzten Bereich induktiver Probleme, für den sich, wie HEMPEL hervorhebt, in Gestalt *regelgeleiteter Tätigkeiten* tatsächlich so etwas wie eine *vage Analogie zur deduktiven Logik* ausmachen läßt. Es handelt sich dabei um solche induktive Probleme, wie Größenmessung, Schätzung, Prüfung statistischer Hypothesen. Um hier auch nur von einer vagen Analogie sprechen zu können, müssen wir im augenblicklichen Kontext unterstellen, daß sich für diese Aktivitäten präzise Regeln formulieren lassen, die in der wissenschaftlichen Alltagspraxis befolgt werden.

Interessanterweise läßt sich trotzdem die oben formulierte These KUHNS zum Induktionsproblem auch für diesen normalwissenschaftlichen Fall parallelisieren. Wir wollen diese Parallelisierung vollziehen, einerseits weil sie die Kuhnsche Position zusätzlich verdeutlicht, und andererseits weil dadurch zugleich ein möglicher kritischer Ansatzpunkt sichtbar wird.

KUHN könnte darauf hinweisen, daß die soeben exemplarisch angeführten Untersuchungen alle unter den Begriff „*Statistisches Schließen*" zu subsumieren sind. Daraus ergibt sich zwar keine Analogie zur obigen Auffassung der ‚Gegenstandslosigkeit des Induktionsproblems'. Dagegen folgt sehr wohl auch hier wiederum eine *These* von der ‚*Inkompetenz der Philosophen in Sachen Induktion*'. Denn wenn es richtig ist, daß die normalwissenschaftliche Form der Bewältigung des Induktionsproblems – nach dieser (vorläufig oder endgültig) letzten Transformation des Induktionsproblems – *identisch ist* mit der Theorie des statistischen Schließens, dann braucht man nichts weiter zu tun als auf folgende einfache Tatsache hinzuweisen: Ähnlich wie im ersten Fall geht es auch hier nicht um die Lösung eines bestimmten philosophischen Problems, sondern um die sukzessive Bewältigung neuer und neuer, allerdings zu einer bestimmten Familie gehörender Probleme, die nicht von irgendwelchen Philosophen, sondern von hunderten über die Welt verteilten *Spezialisten für statistisches Schließen*, nämlich Vertretern der mathematischen Statistik und ihrer Anwendungen, bearbeitet werden.

Da diese normalwissenschaftlichen Formen des Induktionsproblems im Unterschied zu den Aufgaben der außerordentlichen Forschung stets dieselben sind, *bleiben auch die Spezialisten und ihre Aufgabe dieselben*, wobei natürlich hier der normalwissenschaftliche Fortschritt der Theorie des statistischen Schließens selbst in Rechnung zu stellen ist. Ein Verfechter der Kuhnschen Auffassung könnte daher die zynische Feststellung treffen: „Während sich noch immer einige philosophische Spintisierer damit beschäftigen, das hoffnungslose Unterfangen ‚Lösung des Induktionsproblems' weiter zu verfolgen, sind gleichzeitig, aber unsichtbar für die Augen jener Philosophen, zahllose Leute am Werk, um die in jeder Form von Normalwissenschaft auftretenden Induktionsprobleme einer *effektiven Lösung* zuzuführen."

Selbst für das Induktionsproblem in seiner normalwissenschaftlichen Gestalt gilt somit die Forderung, daß dieses Problem der Kompetenz der Philosophen zu entziehen und der Kompetenz eigens dafür ausgebildeter Fachleute zu überantworten ist bzw. längst schon überantwortet wurde.

An diesem Punkt könnte man mit einer Kritik einsetzen. Vorausgeschickt sei das Zugeständnis, daß ein hinreichend weit konzipierter Begriff des statistischen Schließens als Grenzfälle die Bestätigungs- und Testproblematik deterministischer Hypothesen einschließt. Dann gibt es einen großen und wichtigen philosophischen Aufgabenbereich, den man, analog zur Bezeichnung des Fachgebietes selbst, pauschal „*Philosophische Klärung der Grundlagen des statistischen Schließens*" betiteln könnte. Und dabei handelt es sich, ganz analog zu den früheren Problemstellungen vor der ‚Kuhnschen Transformation', wirklich um eine *spezifisch philosophische* Aufgabe. (Detailliertere Ausführungen über die Notwendigkeit und Wichtigkeit einer solchen philosophischen Grundlagendisziplin finden sich im zweiten Halbband des Bandes IV dieser Reihe. Seine Thematik besteht, in der gegenwärtig benützten Kuhnschen Sprechweise ausgedrückt, in den logischen Grundlagen der ‚normalwissenschaftlichen Form des Induktionsproblems'.)

Damit aber stellt sich sofort die grundlegende Frage, ob hier nicht die Analogie zur Situation in der außerordentlichen Forschung im Sinne KUHNS zusammenbricht, so daß eine entsprechende, auf die letztere bezogene Kritik automatisch wegfallen müsse. Prima facie scheint dies der Fall zu sein. Denn, so könnte man argumentieren, philosophische Grundlagenprobleme gebe es im Bereich des statistischen Schließens nur deshalb, weil alle einschlägigen Tätigkeiten regelgeleitet sind. Was man hier zu begründen habe, seien *Regeln* für die Beurteilung von Hypothesen, Annahme- und Verwerfungs*regeln* für statistische Hypothesen, *Regeln* für Punkt- und Intervallschätzungen u. dgl.

Demgegenüber wäre es, wie wir gesehen haben, nach KUHN völlig verfehlt, in dem philosophisch interessanteren globalen Kontext der *Theorienwahl* das Verhalten der Forscher als eine regelgeleitete Tätigkeit zu interpretieren und nach einer Begründung solcher Regeln zu suchen. Deshalb kann man nach KUHN den Naturwissenschaftlern auch *keine Sollensvorschriften* in Gestalt normativer methodologischer Regeln machen. Um den Wissenschaftlern sagen zu können, sie sollten sich nicht so, sondern so verhalten, müßten wir, wie HEMPEL hervorhebt, ein *alternatives Verhaltensmodell* besitzen, welches demselben Ziel: der Verbesserung der wissenschaftlichen Erkenntnis, dient. Infolge völliger Abwesenheit eines derartigen Alternativmodells bleibt für den Philosophen, ganz im Einklang mit KUHNS Denkweise, nur die das Verhalten von Wissenschaftlern selbstrechtfertigende Feststellung übrig: „Scientists should behave essentially as they do if their concern is to improve scientific knowledge."

HEMPEL ist unter dem Eindruck der Kuhnschen Analysen in der Frage, ob die Naturwissenschaften rationale Unternehmungen seien, zeitweilig zu einem drastischen Resultat gelangt. Da das nichtdeduktive Räsonieren in den Naturwissenschaften nur zu einem äußerst geringen Teil so deutbar ist, daß es explizit formulierbaren Regeln folgt, und da insbesondere alle wichtigen und interessanten Änderungen in der Naturwissenschaft nicht regelgeleitet sind, tritt eine Frage von der Art der ‚Rechtfertigung der Induktion' überhaupt nicht auf. Die Verfahren der Naturwissenschaften können daher in ihrer überwältigenden Mehrheit *nicht* als *rational* bezeichnet werden, allerdings auch *nicht* als *irrational*, da in Ermangelung von Regeln auch kein Regelverstoß vorliegt. Wir müßten uns danach zu einer Einsicht durchringen, die wir in einer eigenen These festhalten wollen:

(*KH*) *Die naturwissenschaftlichen Verfahren sind in ihrer überwiegenden Zahl arational.*[2]

Für jeden, der an die Rationalität der Wissenschaften glaubt, muß diese Feststellung überaus skeptisch klingen (und sogar eine Hyperskepsis beinhalten, wenn man sie mit der Inkommensurabilitätsthese und der Auffassung verknüpft, daß das Inkommensurabilitätsproblem unlösbar ist). Trotzdem scheint diese skeptische Konsequenz unausweichlich zu sein, wenn man von den beiden ursprünglichen Grundthemen der Logik: Klärung der Natur des *deduktiven Räsonierens* und Klärung der Natur des *induktiven Räsonierens*, überhaupt nur das erste beibehält, während sich das zweite in nichts auflöst, ausgenommen den oben kurz umrissenen engen Bereich der ‚normalwissenschaftlichen Behandlung des Induktionsproblems' in Gestalt des statistischen Schließens.

Hier stellt sich für uns die Frage: Kann die in der These (*KH*) festgehaltene radikale Antwort wirklich der Weisheit letzter Schluß sein? *Dagegen* ließe sich folgender prima-facie-Einwand vorbringen: Auch die Vertreter der historisch-pragmatischen Richtung kommen nicht umhin, Wendungen zu gebrauchen, in denen vom *wissenschaftlichen Fortschritt* die Rede ist. Dies deckt sich mit der Art und Weise, wie die Forscher selbst ihre Tätigkeit im Erfolgsfall beschreiben. Und auch nach KUHN hat dasjenige wissenschaftliche Forschungsverhalten, welches sich in der Theorienwahl niederschlägt, die Aufgabe, die wissenschaftliche Erkenntnis *zu verbessern*. Falls diese Formulierungen *nicht ausnahmslos auf einer philosophischen Illusion* beruhen, kann man einfach nicht bei der These (*KH*) stehen bleiben.

Die in bestimmten Wissenschaften benützten Verfahren mögen in dem oben beschriebenen Sinn tatsächlich ‚arational' sein. Die Beantwortung der Frage: „Ist die Naturwissenschaft rational?" hängt dann eben nicht mehr von der Charakterisierung der Natur dieser Verfahren ab, sondern einzig und allein davon, ob sich für den wissenschaftlichen Fortschritt oder für die durch die Naturwissenschaften geleisteten Erkenntnisverbesserungen eine befriedigende Explikation geben läßt, und zwar natürlich nicht nur für den in Kap. 3 beschriebenen normalwissenschaftlichen Fall, sondern *auch und gerade* für den Fall revolutionärer Umwälzungen im Sinne von KUHN.

Es soll jetzt, allerdings nur ganz grob und schematisch, skizziert werden, in welche Fragen sich das Induktionsproblem nach seiner letzten Transformation verwandelt und welchen Charakter die Forschungsprojekte haben, die zu seiner Lösung führen. Wir werden dafür eine zweifache Differenzierung vornehmen

---

[2] Vgl. etwa den Schlußsatz von HEMPEL, [Scientific Rationality], S. 300. Theorienwahl wird dort als ein Verhalten von Forschergruppen charakterisiert, welches zwar *adaptiv*, aber sicherlich *nicht rational* ist, da es nicht das Ergebnis eines zielgerichteten Räsonierens darstellt.

In späteren Aufsätzen, so z. B. in [Evolution], ist HEMPEL von dieser radikalen These der Arationalität des Unternehmens *Naturwissenschaft* wieder abgerückt. Doch darin dürfte sich eher ein Wandel im Rationalitätskonzept selbst ankündigen. Denn so lange man an der Vorstellung rationalen Forscherverhaltens als einer *regelgeleiteten* Tätigkeit festhält, machen die oben angestellten Überlegungen die Annahme der radikalen These unausweichlich.

müssen. Unter dem *Gesichtspunkt der Anwendung* soll zwischen dem *prospektiven* („zukunftsgerichteten") und dem *retrospektiven* („vergangenheitsorientierten") Aspekt des Induktionsproblems unterschieden werden. Daneben wird sich hier erstmals die strukturalistische Unterscheidung zwischen *Theorien* und *empirischen Hypothesen* als wichtig erweisen.

Die Aufgabe, welche den prospektiven Aspekt betrifft, läuft unter verschiedenen Bezeichnungen. Einige, wie POPPER und seine Schule, sprechen davon, *methodologische Regeln* zu formulieren. H. PUTNAM spricht von *methodologischen Maximen*. Der Gedanke ist dabei der, daß die Befolgung dieser Regeln oder Maximen eine adäquate Theorienwahl begünstigen (aber natürlich nicht: sie garantieren) soll, gegebenenfalls auch für die Beibehaltung einer einmal gewählten Theorie sprechen kann.

Zunächst eine Bemerkung zur Terminologie. Das Wort „Regel" sollte möglichst vermieden werden. Denn so wie dieses Wort in der Logik gebraucht wird – und dies ist jedenfalls der primäre Gebrauch –, stellt eine Regelverletzung einen Fehler dar. Um einen solchen handelt es sich jedoch im vorliegenden Fall niemals; die Wahl der besseren Theorie kann sogar durch ausdrücklichen Verstoß gegen methodologische Prinzipien zustande kommen. Daher ist die Bezeichnung „Maxime", vielleicht sogar nur „Empfehlung", vorzuziehen. Aber auch das Wort „methodologisch" ist nicht allzu illustrativ, und sei es auch nur aus dem historischen Grund, daß die beiden Philosophen CARNAP und POPPER, die der modernen Wissenschaftsphilosophie so viele Denkanstöße gegeben haben, einen inkommensurablen Gebrauch von diesem Wort machen. (Bei CARNAP steht die Anwendungsorientierung im Vordergrund, bei POPPER der normative Gesichtspunkt.) Da es sich bei den hypothetischen Entwürfen um eine Aktivität handelt, die bisweilen eine „induktive Strategie" genannt wird, könnte man z.B. auch von *strategischen Maximen* oder *strategischen Empfehlungen* reden.

Es seien noch zwei weitere in diesem Kontext gebrauchte Ausdrücke erwähnt. KUHN und HEMPEL wählen wohl mit Absicht den möglichst neutralen Term *Desiderata* von Theorien. Und ähnlich äußern sich QUINE und ULLIAN in [Belief] im Kap. VI, *Hypothesis*, wo von *wünschenswerten Eigenschaften* („*virtues*") von Hypothesen die Rede ist.

Den Zusammenhang zwischen den beiden Arten von Redeweisen kann man folgendermaßen formulieren: Bei der Hypothesenwahl geht es darum, Hypothesen zu finden, welche die wünschenswerten Eigenschaften oder Desiderata besitzen, so daß die Suche nach (Hypothesen mit) solchen Eigenschaften eine strategische Empfehlung bildet. Als selbstverständliche Rahmenempfehlungen treten die Forderungen nach *empirischer Prüfbarkeit* und dem *Einklang mit den empirischen Befunden* auf.

Interessanterweise führen QUINE und ULLIAN im oben zitierten Buch zunächst zwei Gütemerkmale von Hypothesen an (S. 66f. und S. 68f.), von denen man sagen könnte, daß sie die beiden Haupttugenden des Normalwissenschaftlers im Sinne von KUHN widerspiegeln, nämlich *Konservativität* und *Bescheidenheit*. Wenn hingegen der Einklang mit dem Althergebrachten nicht mehr herstellbar ist, weil sich die noch offenen Probleme der Lösung mittels der herkömmlichen Methoden hartnäckig widersetzen, treten andere Desiderata in den Vordergrund, wie größtmögliche *Einfachheit* und möglichst große *Generalität* oder Anwendungsbreite, womit sich meist bereits ein revolutionärer Umschwung ankündigt.

Es ist hier nicht der Ort, diese Desiderata oder strategischen Maximen und ihr Zusammenspiel genauer zu untersuchen. Wir begnügen uns mit einigen Bemerkungen, welche auf die engen Grenzen hinweisen, die allen derartigen Maximen gezogen sind. In erster Linie ist zu beachten, daß die Befolgung solcher Maximen die Theorienwahl bestenfalls *begünstigen* und für uns *im nachhinein verständlich machen* kann. Dagegen können und sollen sie diejenigen Imponderabilien nicht ersetzen, die für den wissenschaftlichen Erfolg entscheidend sind: die *Intuition* und das *Fingerspitzengefühl* des Fachmannes sowie die *gute Portion Glück*, auf die er angewiesen ist. Meist tritt dann noch eine *unendlich mühsame Kleinarbeit* hinzu, die das darauf folgende normalwissenschaftliche Stadium prägt und von deren Erfolg im Rückblick auch die Beurteilung des zunächst Gewählten entscheidend abhängt.

HEMPEL weist in [Valuation], S. 565, darauf hin, daß die *rationale Rechtfertigung* der Wahl einer Theorie in nichts weiter besteht als in der Feststellung, daß die gewählte Theorie die Desiderata besser erfülle als ihr Konkurrent. Und er scheint über die *Beinahe-Trivialität* dieser Rechtfertigung etwas unglücklich zu sein, KUHN hingegen weniger, der sich in [Theory Choice] im übrigen der Hempelschen Auffassung weitgehend anschließt, insbesondere auch dem Hempelschen Grundgedanken, daß der moderne Abkömmling des klassischen Induktionsproblems im Problem der Formulierung von Normen für die kritische Theorienwahl bestehe. Die verständliche Neigung zur Resignation hat ihre Wurzel in der *enormen Trivialisierung des Induktionsproblems*, die sich in den folgenden drei Sätzen knapp zusammenfassen läßt:

(1) Die (rationale) Wahl einer Theorie zu treffen, muß den *Wissenschaftlern* überlassen bleiben. Der Philosoph kann sie qua Philosoph nicht einmal kommentieren; er kann sie nur zur Kenntnis nehmen.

(2) Daß die Wahl eine *rationale* Wahl ist, muß er den Wissenschaftlern von vornherein zugestehen.

(3) Erst im nachhinein kann er ein paar Kommentare dazu geben, *warum* die Wahl rational war. Aber diese ‚begründenden Kommentare' sind mehr oder weniger trivial und laufen alle auf Feststellungen von der Art hinaus, daß die gewählte Theorie gewisse Desiderata besser erfüllt als die nicht gewählte oder die nicht gewählten.

Würde es mit diesem prospektiven Aspekt sein Bewenden haben, so wäre tatsächlich vom ursprünglichen Induktionsproblem kaum mehr übrig geblieben als ein gespensterhafter Schatten. Glücklicherweise erschöpft sich die Neufassung des Induktionsproblemes nicht im prospektiven Aspekt. Nicht-trivial in einem grundlegenden Sinn wird dieses Problem erst unter dem *retrospektiven* Aspekt. Um Klarheit darüber zu gewinnen, muß man, erstmals innerhalb des gegenwärtigen Kontextes, eine fundamentale Äquivokation im Ausdruck „Theorienwahl" erkennen. Wenn man Theorien mit Hypothesen gleichsetzt, wie dies in den bisherigen Diskussionen stets geschehen ist, so scheint die Theorienwahl die Wahl von etwas zu sein, das fix und fertig ist. Wenn man dagegen das strukturalistische Konzept zugrunde legt, so ist die ‚Wahl einer Theorie' *die Wahl einer Basis oder die Wahl eines Rahmens und nicht mehr*. Insbesondere ist das, was im Augenblick der ersten Wahl gewählt wird, nicht dasselbe, sondern wesentlich weniger als das ungemein komplexe Gebilde, welches nach hinreichend starker und erfolgreicher Netzverfeinerung – *falls* sich dieser künftige Erfolg einstellt – später zustande gekommen sein wird und nun im Rückblick mit der alten Theorie verglichen werden kann, wobei unter der alten Theorie jetzt zweckmäßigerweise *das alte Netz zur Zeit seiner Hochblüte* zu verstehen ist.

Im nachhinein wird es nun verständlich, warum unter dem prospektiven Aspekt die Unterscheidung zwischen Theorie und Hypothese keine allzu große Rolle spielte. Sowohl bei der ersten Wahl, der Wahl einer Basis, als auch bei den späteren Wahlen spezieller Gesetze und Querverbindungen, die sich in sukzessiven Verfeinerungen *dieser einen* Theorie manifestieren, geht es um Aktivitäten, die der genannten Trivialisierung ausgesetzt sind, wenn man sie vom Standpunkt des kommentierenden Philosophen aus betrachtet. Aber dies ist in keiner Weise ein epistemologischer Nachteil. Denn der *Gesamt*prozeß, um den es sich hierbei handelt, ist der relativ unproblematische Fall des normalwissenschaftlichen Fortschrittes, der bereits in Kap. 3 unter dem Aspekt der Theorienevolution erörtert worden ist.

Dennoch sollte man nicht übersehen, daß die Wahl der Basis insofern als ein Sonderfall herausragt, als dadurch der Rahmen für die nun folgende Evolution – falls diese überhaupt stattfindet – festgelegt wird. Bei der Beurteilung dieser Wahl ist folgendes zu beachten: Die einzigen Maßstäbe zur Beurteilung der Rationalität *im Augenblick der Wahl selbst* sind die erwähnten Desiderata oder Maximen. Denn man kann vom Wissenschaftler nicht verlangen, daß er den ganzen künftigen Verlauf im Augenblick der Wahl überblickt. Insbesondere darf ein späteres Scheitern des neuen Ansatzes, sprich: der neu gewählten Rahmentheorie, nicht nachträglich als ein *irrationales* Wahlverhalten ausgelegt werden. Wie in der Moralphilosophie ist das, was im Moment der Wahl zählt, die Gesinnung und nicht der Erfolg. Ebensowenig, wie der tatsächliche Mißerfolg des in bester Absicht Handelnden diesem im nachhinein als Unmoralität seines Verhaltens vorzuwerfen ist, bildet die spätere Preisgabe des von einem Theoretiker entworfenen Rahmens nachträglich ein Symptom für die Irrationalität seines Wahlverhaltens.

Verschiedenartige philosophische Reaktionen auf das Phänomen der Theorienwahl werden von hier aus verständlich. Mehr *historisch* orientierte Philosophen werden sich damit zufrieden geben, eine solche Wahl unter alleiniger Berücksichtigung des prospektiven Aspektes des Induktionsproblems begründet zu sehen. Denn für das geschichtliche Verständnis ist es vollkommen ausreichend, zu wissen, in welchem Sinn die Wahl *als rationale Wahl intendiert* war. Dem Philosophen mit überwiegend *systematischen* Interessen wird dies nicht genügen. Er möchte darüber hinaus erfahren, ob die von ihren Proponenten *für besser gehaltene und daher gewählte* Rahmentheorie auch tatsächlich ‚das gehalten hat, was sich die Proponenten von ihr versprochen haben', nämlich zum *wirklichen* Fortschritt zu führen. Dies ist eine viel anspruchsvollere Aufgabe, die mit der Beantwortung der ersten Frage noch keineswegs mitgelöst ist. Im moralphilosophischen Bild gesprochen: Der Wissenschaftshistoriker ist bei seiner Beurteilung einer Theorienwahl als fortschrittlich bereits dann zufrieden, wenn denjenigen Ansprüchen genügt worden ist, die das Analogon zur Gesinnung darstellen. Der Systematiker hingegen, der über die Fortschrittlichkeit eines revolutionären Theorienwandels urteilen soll, hat sein Ziel erst dann erreicht, wenn er einen tatsächlichen Erfolg festzustellen vermag, wenn sich also die Hoffnung und Überzeugung der Wählenden, eine *bessere* Theorie zu schaffen, tatsächlich erfüllte.

Aus all dem Gesagten folgt, daß der eigentlich wichtige philosophische Aspekt des Induktionsproblems nach der betrachteten letzten Transformation der *retrospektive* ist. Bei seiner Behandlung darf, zum Unterschied vom Fall der Desiderata oder Maximen, nichts im Vagen bleiben. Denn hier geht es um *objektive* Kriterien für das Bessersein des Späteren gegenüber dem Vorangehenden. Allerdings sind diese objektiven Kriterien erst dann anwendbar, wenn die erwähnten Netzvergleiche möglich werden.

Damit schließt sich nun für uns der Kreis. Über die verschiedenen Transformationen des Induktionsproblems sind wir zuletzt wieder bei der grundlegenden Frage angelangt, wie die *Kriterien für wissenschaftlichen Fortschritt* im Fall der Theorienverdrängung lauten oder was mit dem *Bessersein von Theorien gegenüber anderen* gemeint sein kann. Auf den anspruchsvolleren retrospektiven Aspekt des Induktionsproblems gibt es somit weder eine einfache noch eine beinahe triviale Antwort. Vielmehr mündet das Induktionsproblem in dieser Gestalt in das soeben nochmals kurz charakterisierte *riesige Forschungsprojekt* der ‚Fortschrittskriterien bei revolutionärer Theorienverdrängung' ein, bei dessen befriedigender Bewältigung sowohl das Studium der intertheoretischen Relationen oder Bänder als auch weitere Untersuchungen zum Gesamtthema „Intertheoretische Approximation und Einbettung" eine Schlüsselstellung einnehmen werden.

Literatur

HEMPEL, C.G. [Scientific Rationality], "Scientific Rationality: Normative vs. Descriptive Construals", in: *WITTGENSTEIN, der Wiener Kreis und der kritische Rationalismus. Akten des 3. Internationalen Wittgenstein Symposiums, Kirchberg 1978*, Wien 1979, S. 291–301.

HEMPEL, C.G. [Evolution], "Turns in the Evolution of the Problem of Induction", *Synthese*, Bd. 46 (1981), S. 389–404.

HEMPEL, C.G. [Schlick und Neurath], „Schlick und Neurath: Fundierung vs. Kohärenz in der wissenschaftlichen Erkenntnis", *Grazer Philosophische Studien*, Bd. 16/17 (1982), S. 1–18.

HEMPEL, C.G. [Valuation], "Valuation and Objectivity in Science", in: COHEN, R.S. und L. LAUDAN (Hrsg.), *Physics, Philosophy and Psychoanalysis*, Dordrecht 1983, S. 73–100.

HEMPEL, C.G., "KUHN and SALMON on Rationality and Theory Choice", *The Journal of Philosophy. Symposium: The Philosophy of CARL G. HEMPEL*, Bd. 80 (1983), S. 570–572.

KUHN, T.S. [Theory Choice], "Rationality and Theory Choice", *Symposium: The Philosophy of CARL G. HEMPEL, The Journal of Philosophy*, Bd. 80 (1983), S. 563–570.

QUINE, W.V. und ULLIAN, J.S. [Belief], *The Web of Belief*, New York 1978.

SALMON, W.C., "CARL G. HEMPEL on the Rationality of Science", *Symposium: The Philosophy of CARL G. HEMPEL, The Journal of Philosophy*, Bd. 80 (1983), S. 555–562.

STEGMÜLLER, W. [Rationale Theorienwahl], „Induktion, Bewährung, Hypothesenbewertung und rationale Theorienwahl", in Vorbereitung.

Kapitel 14
Anwendungsbeispiele außerhalb der Physik

Wie Titel und Inhalt von SNEEDs Buch [Mathematical Physics], bei dem der strukturalistische Ansatz seinen Ausgang nahm, zeigen, ist das neue Theorienkonzept zunächst nur für den Zweck der rationalen Rekonstruktion physikalischer Theorien entwickelt worden. Der Wissenschaftsphilosoph, der sich vom Erfolg dieses Konzeptes auf diesem speziellen Wissenschaftssektor überzeugt hat, ist mit der Frage konfrontiert, ob es sich auch auf andere Disziplinen, oder noch schärfer formuliert: auf nicht-naturwissenschaftliche Disziplinen, mit Erfolg übertragen lasse.

Es gibt eine Reihe von Apriori-Überlegungen, welche zum Teil *für* und zum Teil *gegen* die Vermutung einer solchen Übertragbarkeit sprechen. Wer etwa davon überzeugt ist, daß eine prinzipielle Kluft bestehe zwischen den sogenannten Naturwissenschaften auf der einen Seite und den sogenannten Geisteswissenschaften wie Sozialwissenschaften auf der anderen Seite, wird jedem derartigen Versuch mit Skepsis begegnen. Wer dagegen an eine Variante der These von der Einheitswissenschaft glaubt, wird als mehr oder weniger selbstverständlich unterstellen, daß eine derartige Übertragung möglich sein müsse; und er wird vielleicht sogar sein endgültiges Urteil über die Leistungsfähigkeit des neuen Konzeptes davon abhängig machen, ob diese Übertragung gelingt.

Wir stellen uns hier auf den Standpunkt, daß alle derartigen ‚externen' Betrachtungen für unseren Zweck eher hinderlich als förderlich sind. Entscheidend sollen für uns allein *interne* Gründe sein. Sie betreffen den strukturalistischen Begriffsapparat als solchen und die Frage, ob und inwieweit dieser Apparat flexibel genug ist, um Theoretisierungen im nicht-naturwissenschaftlichen Bereich zu erfassen. Es gibt zwei Arten von Gründen, die *für* eine solche Übertragungsmöglichkeit sprechen.

Der erste Grund stützt sich auf *Plausibilitätsbetrachtungen*, in denen die in Kap. 1 unterschiedenen Aspekte im Licht dieser neuen Fragestellung untersucht werden. Hier lehrt bereits eine kurze Betrachtung, daß keiner dieser Aspekte Gesichtspunkte einschließt, die nur für naturwissenschaftliche Theorien Geltung haben sollten. So ist es z.B. naheliegend, zu erwarten, daß auch andere Theoretiker ‚zweigeleisig' verfahren und daher die intendierten Anwendungen ihrer Theorie nicht mit der Spezifikation der Theorie selbst mitliefern, sondern unabhängig davon festlegen, sei es unter Heranziehung der paradigmatischen

Beispielsmethode, sei es auf andere Weise. Analog kann man erwarten, daß sich auch in anderen Wissenschaften eine klare Grenze zwischen Gesetzen und Querverbindungen ziehen läßt. Am ehesten könnte man noch vermuten, daß das Sneedsche Kriterium für T-Theoretizität ‚etwas für physikalische Theorien Spezifisches' sei, etwa deshalb, weil nur in diesen Theorien ausschließlich Größenterme verwendet werden. Doch selbst diese spezielle Vermutung läßt sich nicht weiter erhärten. Das neue Theoretizitätskonzept wurde ganz unabhängig davon diskutiert und gerechtfertigt, ob es sich bei den theoretischen Termen um Begriffe handelt, die Größen bezeichnen, oder um solche, die bloß qualitative oder komparative Begriffe im Sinne von II/1 designieren. Auch im Rahmen der formalen Präzisierung des Begriffs der Strukturspezies in Kap. 5 ist an keiner Stelle vorausgesetzt worden, die in mengentheoretischen Strukturen vorkommenden Relationen seien metrische Funktionen.

Ein Skeptiker würde vielleicht den ersten Aspekt heranziehen, um Bedenken gegen die zur Diskussion stehende Übertragung vorzubringen. Nur physikalische Theorien, so könnte er argumentieren, hätten ein solches Stadium an Reife und Präzision erlangt, um in einer modernen logischen Standards entsprechenden Weise axiomatisiert zu werden. Aber selbst wenn die Prämisse dieser Überlegung zuträfe, sollte man darin nicht mehr erblicken als eine Tatsachenfeststellung über eine kulturgeschichtliche Zufälligkeit. Und diese sollte einen nicht davon abhalten, wenigstens den Versuch zu unternehmen, Theorien anderer Art einzubeziehen.

Tatsächlich ist jedoch diese Prämisse falsch, mag sie auch vielleicht einmal in der Vergangenheit richtig gewesen sein. Es gibt heute eine ganze Reihe von empirischen Theorien außerhalb der Physik, die entweder bereits axiomatisiert worden sind oder die zumindest den für eine Axiomatisierung erforderlichen Genauigkeitsgrad besitzen. Damit können wir den angekündigten zweiten Grund für eine Ausweitung auf außerphysikalische Bereiche angeben. Er ist realisiert, sobald wir *eine Probe aufs Exempel* gemacht und dabei *Erfolg gehabt* haben.

Verschiedene solche Proben sind in den letzten Jahren versucht worden. Fünf davon sollen in diesem Kapitel behandelt werden. Die Auswahl erfolgte unter zwei Gesichtspunkten. Erstens wurden solche Theorien gewählt, die der Physik sehr fern stehen. Und zweitens wurden solche Theorien bevorzugt, bei denen der technische Aufwand relativ gering ist und die sich überdies ohne allzu lange Präliminarien möglichst einfach und übersichtlich darstellen lassen. Dabei mußte in allen Fällen ein Preis bezahlt werden, ohne den so etwas wie eine logische Rekonstruktion auf diesen Gebieten vorläufig kaum möglich sein dürfte: Es mußten Vereinfachungen und Idealisierungen vorgenommen und Auslassungen in Kauf genommen werden in der Hoffnung, daß die dadurch erzeugten Mängel in einem späteren Stadium behoben werden können. Und dies bedeutet, daß wir die in allen Fällen stets wiederkehrende Frage: „Ist denn nun die betreffende Theorie auch adäquat wiedergegeben worden?" an den wissenschaftstheoretisch interessierten kompetenten Fachmann zurückgeben und damit die Aufforderung verbinden, die erforderlichen Verbesserungen und

Ergänzungen vorzunehmen oder zumindest die Richtungen anzudeuten, in denen Modifikationen erwünscht sind.

Im übrigen wird der Präzisionsgrad der fünf gewählten Beispiele bereits in der gegenwärtigen Darstellung sehr unterschiedlich sein. Beim zweiten und dritten Beispiel, der *tauschwirtschaftlichen Theorie* und der *Entscheidungstheorie nach* JEFFREY, ist der Exaktheitsgrad überraschenderweise sogar so groß, daß die Beantwortung der Frage, welche Terme theoretisch sind, mit Hilfe eines formalen Kriteriums erfolgen kann, ohne dabei, wie in den übrigen drei Fällen, auf die ursprüngliche Sneed-Intuition zurückgreifen zu müssen. Die Theorie von JEFFREY ist dabei zusätzlich insofern interessant, als sie zwar *auch* als eine *empirische* Theorie gedeutet werden kann, ihre bevorzugte Interpretation aber die *normative* ist. In diesem Fall darf man dann natürlich nur von der *Behauptung* der Theorie sprechen, nicht jedoch von deren *empirischer* Behauptung.

Eine eindeutige Entscheidung darüber, welcher Term bzw. welche Terme theoretisch ist bzw. sind, kann aber auch in den drei anderen Fällen, der *Literaturtheorie von* JAKOBSON, der *Neurosentheorie* FREUDS sowie der *Kapital- und Mehrwerttheorie von* MARX gefällt werden. Dabei ist allerdings zu berücksichtigen, daß die beiden letzten Beispiele nicht vollständig ausformuliert sind. Was die Theorie von FREUD betrifft, so mußte z.B. vorläufig der kultursoziologische Rahmen ebenso außer Betracht bleiben wie der (mutmaßlich) probabilistische Charakter des Fundamentalgesetzes sowie des Gesetzes der einschlägigen Spezialisierung. Um anzudeuten, daß wir es bei diesem Rekonstruktionsversuch nur mit dem Grundskelett der Theorie von FREUD zu tun haben, sprechen wir von einer bloßen *Skizze*. Im Fall der Theorie von MARX wiederum sind wir gegenwärtig nicht in der Lage, die grundlegenden Gesetze explizit anzuschreiben, sondern müssen uns mit einer bloß ‚schematischen' Formulierung begnügen. Wir drücken diesen Rückzug auf eine bescheidenere Aufgabenstellung dadurch aus, daß wir den Gegenstand der Rekonstruktion ein *Schema* der Kapital- und Wertlehre von MARX nennen.

14.1 Die Literaturtheorie nach R. Jakobson

14.1.0 Der inhaltliche Rahmen. In [Literaturtheorie] haben W. BALZER und H. GÖTTNER den Versuch unternommen, die Literaturtheorie nach R. JAKOBSON im strukturalistischen Rahmen zu rekonstruieren. Ziel der Theorie von JAKOBSON, abgekürzt mit „*LT*" bezeichnet, ist es, ein Abgrenzungskriterium dafür anzugeben, ob ein vorgelegter sprachlicher Text als poetisch zu charakterisieren ist oder nicht.

JAKOBSON geht von der Annahme aus, daß alles Sprachverhalten von zwei grundlegenden Operationen beherrscht wird, der *Selektion* und der *Kombination*. Die Wirksamkeit dieser beiden Operationen kann man sich etwa so veranschaulichen: Ein Sprecher S möchte einen Sachverhalt beschreiben. Dazu benötigt er einen Satz. Dieser muß erstens syntaktisch korrekt und zweitens in dem Sinn semantisch adäquat sein, daß der durch diesen Satz ausgedrückte Gedanke genau den fraglichen Sachverhalt trifft oder erfaßt. Um dieses Ziel zu erreichen, hat S gewöhnlich zahlreiche Wahlmöglichkeiten. Sobald er einmal einen derartigen Satz gewonnen hat, kann er einen anderen Satz, der dasselbe leistet, dadurch finden, daß er eines der gebrauchten Wörter durch ein anderes ersetzt, welches mit ihm bedeutungsgleich oder bedeutungsähnlich ist, welches also, wie wir auch sagen wollen, zu derselben semantischen Äquivalenzklasse gehört. Die *Selektion* ist die Operation der Wortwahl (evtl. sogar die Auswahl von Untereinheiten, wie Silben). Die *Kombination* ist die Erzeugung von grammatikalisch korrekten Folgen, wie Sätzen, mit Hilfe der selektierten Teile. Im Fall unseres Sprechers S müssen alle diese Folgen außerdem die Bedingung der semantischen Äquivalenz erfüllen.

Beispiel: S will den Sachverhalt, daß sich ein vier- bis sechsjähriges menschliches männliches Individuum fortbewegt, mittels eines einfachen Satzes ausdrücken, der aus Subjekt und Verbum besteht. Er kann dazu aus den folgenden (unvollständigen) Äquivalenzklassen Elemente auswählen und dann kombinieren:

$$\left\{\begin{array}{l}\text{Kind}\\ \text{Junge}\\ \text{Bub}\\ \text{Knirps}\\ \text{kleiner Mann}\\ \text{Dreikäsehoch}\\ \vdots\end{array}\right\} \quad \left\{\begin{array}{l}\text{geht}\\ \text{latscht}\\ \text{läuft}\\ \text{rennt}\\ \text{hastet}\\ \text{schreitet}\\ \vdots\end{array}\right\}$$

Dies illustriert zugleich, daß man für den vorliegenden Zweck den Begriff der Bedeutungsähnlichkeit, der die Bildung dieser Äquivalenzklassen beherrscht, nicht zu eng wählen darf.

Während in der normalen Sprache die Selektion relativ willkürlich erfolgt, wird die Auswahl in poetischen Texten durch *spezielle Kombinationsprinzipien* eingeschränkt, welche die gewünschten poetischen Effekte hervorrufen. Diese Prinzipien werden weder allgemein definiert noch durch eine Liste effektiv angegeben, sondern beispielshaft erläutert: Alliteration, Reim, Metapher, Metrik, Refrain, Vers usw.

Wenn S z.B. aus den beiden Äquivalenzklassen

$$\left\{\begin{array}{l}\text{Sturm}\\ \text{Wetter}\\ \text{Jupiter Pluvius}\\ \text{Donner}\\ \text{Gewitter}\\ \vdots\end{array}\right\} \quad \left\{\begin{array}{l}\text{rast}\\ \text{heult}\\ \text{tobt}\\ \text{stürmt}\\ \text{röhrt}\\ \text{wütet}\\ \vdots\end{array}\right\}$$

eine solche Auswahl vornehmen möchte, daß das Prinzip der Alliteration erfüllt ist und ein teutonischer Kopfreim entsteht, so wird die ursprüngliche Beliebigkeit in der Auswahl stark eingeschränkt. Denn S kann jetzt nur mehr Kombinationen bilden von der Art „der *S*turm *s*türmt", „das *W*etter *w*ütet" usw.

Wie dieses Beispiel zeigt, werden in poetischen Texten Ausdrücke nicht nur nach ihrer Bedeutung, sondern darüber hinaus auch nach poetischen Regeln ausgewählt oder selektiert. JAKOBSON faßt dies in seinem grundlegenden Axiom zusammen, welches besagt, *daß in poetischen Texten die Äquivalenz von der Achse der Selektion auf die Achse der Kombination übertragen wird.* Diese Übertragung oder Projektion bedeutet eine Einschränkung des die Selektion generell beherrschenden Äquivalenzprinzips, d.h. der Auswahl von Ausdrücken aus ein und derselben semantischen Äquivalenzklasse. Um zufällige Effekte dieser Art auszuschließen, verlangt JAKOBSON außerdem, daß diese Projektion *stilistisch intendiert* sein muß. Erst dann erfüllt ein gegebener Text sein Abgrenzungskriterium für Poetizität.

JAKOBSON verschärft sein Axiom noch dadurch, daß er für poetische Texte eine *Dominanz* der erwähnten Projektion fordert. BALZER und GÖTTNER schlagen die folgende Präzisierung dieses Gedankens vor: Die Übertragung der Äquivalenz von der Achse der Selektion auf die Achse der Kombination soll dann *dominant* heißen, wenn nicht nur *ein* Kombinationsprinzip, sondern eine *spezielle Konjunktion* von poetischen Kombinationsprinzipien realisiert wird, nämlich eine solche Konjunktion, die man auch *literarische Gattung* nennt. Die Begründung für diese Präzisierung liegt darin, daß man einen Text nicht bereits dann als poetisch bezeichnet, wenn nur ein einziges Kombinationsprinzip, z.B. das des Reimes, realisiert wird. Allein solchen Texten, die simultan *mehrere* poetische Prinzipien erfüllen, wird Poetizität zugeschrieben. Die Zusammenfügung verschiedener poetischer Kombinationsprinzipien darf allerdings nicht der Willkür überlassen bleiben, sondern muß nach speziellen Regeln erfolgen, die sich in den meisten Fällen angeben lassen. Genügen die Zusammenfügungen verschiedener Kombinationsprinzipien solchen speziellen Regeln, so spricht man von einer literarischen Gattung. Legt man diese Deutung zugrunde, so hat man eine Interpretation der Dominanz als Abgrenzungskriterium für Poetizität gewonnen.

Wir gehen jetzt dazu über, den Präzisierungsversuch der Jakobsonschen Theorie durch BALZER und GÖTTNER zu schildern.

14.1.1 Potentielle Modelle und Modelle von LT.
Im Unterschied zum intuitiven Vorspann werden wir hier nicht semantische Äquivalenzklassen von Wörtern, sondern von ganzen Sätzen betrachten. Als Grundmenge wählen wir daher eine Menge S von Sätzen. $\sim$ sei eine Ähnlichkeitsrelation zwischen Sätzen. Für $s_1, s_2 \in S$ besage $s_1 \sim s_2$, daß die beiden Sätze s_1 und s_2 *bedeutungsähnlich* sind. Die Frage, ob und wie dieser Begriff zu explizieren ist, können wir hier offen lassen. (Eine Möglichkeit wäre z.B. die, N. GOODMANS Abschwächung des von Philosophen intendierten Begriffs der Bedeutungsgleichheit

zu dem der Bedeutungsähnlichkeit zu wählen, worin vom Begriff der sekundären Extension Gebrauch gemacht wird; vgl. dazu seinen Aufsatz [Likeness].) Wie üblich werden Satzpaare $\langle s, s'\rangle$, für deren Glieder $s \sim s'$ gilt, zu einer Menge zusammengefaßt, so daß $\sim$ als Teilmenge des kartesischen Produktes $S \times S$ interpretiert werden kann. Wir begnügen uns mit zwei Minimalbedingungen für Bedeutungsähnlichkeit, nämlich Reflexivität und Symmetrie.

P sei die Projektionsrelation. Zur Erläuterung ihrer Funktionsweise machen wir Gebrauch vom Begriff der möglichen Variation einer Teilmenge X von S. (Diese Erläuterung enthält, wie so oft die vorläufige Klärung dessen, was CARNAP „Explikandum" nennt, eine scheinbare Zirkularität. Im formalen Aufbau verschwindet dieser Zirkel, allerdings zugunsten einer Relativierung auf einen pragmatischen Kontext. Der Begriff der möglichen Variation eines Textes wird an späterer Stelle durch Rückgriff auf die Relation P explizit definiert.) Eine mögliche Variation von X ist eine Satzmenge, die man dadurch aus X gewinnt, daß man Elemente von X mittels bestimmter Prinzipien variiert, etwa mit Hilfe von poetischen Kombinationsprinzipien. Es soll nicht vorausgesetzt werden, daß man allen $X \subseteq S$ durch P Variationsmengen zuordnen kann. Ebensowenig machen wir die Annahme, daß es zu einer gegebenen Teilmenge X von S höchstens eine Variationsmenge gibt. In der Terminologie von JAKOBSON entspricht P der Projektion der Selektion auf die Achse der Kombination.

Ein literarisches Werk wird durch eine endliche Satzmenge S_0 gegeben. Sie ist stets eingebettet in ein bestimmtes kulturelles Umfeld, im gegenwärtigen Zusammenhang auch „pragmatischer Kontext" genannt. In der letzten der folgenden Bestimmungen wird die Endlichkeitsforderung für alles erhoben, was in LT von Relevanz ist, nämlich für alle betrachteten Texte sowie für alle Variationen solcher Texte.

D 14.1-1 $x \in M_p(LT)$ (x ist ein *potentielles Modell* von LT) gdw es ein S, $\sim$, S_0 und P gibt, so daß
(1) $x = \langle S, \sim, S_0, P \rangle$;
(2) S ist eine abzählbar unendliche Menge;
(3) $\sim \; \subseteq S \times S$;
(4) für alle $s, s' \in S$ gilt: (*a*) $s \sim s$;
                            (*b*) wenn $s \sim s'$, dann $s' \sim s$;
(5) für alle endlichen $X \subseteq S$ gibt es ein $s_1 \in S$, so daß für alle $s \in X$: nicht $s \sim s_1$;
(6) $S_0 \subseteq S$ ist eine endliche und nicht-leere Menge;
(7) $P \subseteq Pot(S) \times Pot(S)$;
(8) für alle X, Y: wenn $\langle X, Y \rangle \in P$, dann sind X und Y endlich und nicht leer.

Zwei Komponenten dieser Definition bedürfen vielleicht noch einer gewissen Erläuterung: Von jedem literarischen Text nehmen wir an, daß er in einer natürlichen Sprache formuliert ist. Für die Auszeichnung der potentiellen Modelle von LT genügt es, die Menge der Sätze dieser Sprache zu betrachten; sie ist zwar als unendlich, jedoch stets als abzählbar vorausgesetzt. Alles, was über diese dürre formale Bestimmung (2) hinaus ‚an Fleisch und Blut' einer natürlichen Sprache benötigt wird, soll erst später aufgenommen werden und zwar in den Begriff der intendierten Anwendungen.

Der zweite Punkt ist die Bestimmung (5). Darin wird der Relation $\sim$ eine äußerst schwache Bedingung auferlegt, nämlich daß es zu jeder endlichen Satzmenge X mindestens einen Satz aus S geben muß, der mit keinem Satz aus X bedeutungsähnlich ist. Inhaltlich bedeutet dies, daß sich die Menge der Sätze unserer Sprache bedeutungsmäßig nicht auf eine endliche Teilmenge reduzieren läßt.

Das Arbeiten eines Dichters kann in einer sehr groben Annäherung mittels der Relation P folgendermaßen beschrieben werden: Zunächst versucht er es mit einem von ihm ausgewählten Text X. Wenn ihn dieser, wie vermutlich in sehr vielen Fällen, noch nicht befriedigt, wird er zu Varianten von X greifen, welche nach seiner Überzeugung zwar ‚im wesentlichen dasselbe', aber besser und poetischer ausdrücken. Diese Varianten bilden in unserer gegenwärtigen Terminologie Texte Y_i, die zu X in der Relation P stehen, also: XPY_i. Als ‚Adäquatheitskriterien' dienen dem Dichter die beiden oben hervorgehobenen Gesichtspunkte, nämlich einerseits die Bedeutungsähnlichkeit mit dem Original X und andererseits die Erfüllung poetischer Kombinationsprinzipien.

Um einen Überblick über das mögliche Zusammenspiel der beiden Relationen P und $\sim$ zu gewinnen, führen wir zweckmäßigerweise zwei Hilfsbegriffe ein, nämlich die Vereinigung aller Ähnlichkeitsklassen von Sätzen aus X, abgekürzt $\tilde{X}$, sowie die Menge $V(X)$ aller Varianten einer gegebenen Menge X. Dabei ist V, genauer eigentlich V_P, eine Funktion $D_I(P) \to Pot(S)$. (Es sei daran erinnert, daß $D_I(P)$ dasselbe ist wie $\{X | \vee Y(XPY)\}$.)

D14.1-2 Es sei $x = \langle S, \sim, S_0, P \rangle$ und $X \subseteq S$. Dann soll gelten:
(a) $\tilde{X} := \{s | \vee s'(s' \in X \wedge s \sim s')\}$;
(b) $V(X)(= V_P(X)) := \{Y | Y \subseteq S \wedge XPY\}$.

An späterer Stelle werden wir $V(X)$ auch als *Variationsbereich des Textes X* bezeichnen.

$\tilde{S}_0$ ist eine S_0 umfassende Menge. Gegeben eine mögliche Variante Y von S_0, also $S_0 P Y$, so können für das mengentheoretisch erfaßbare Verhältnis von Y zu S_0 drei mögliche Fälle eintreten (vgl. auch die Veranschaulichung durch Diagramme in BALZER und GÖTTNER, [Literaturtheorie], S. 313):

(1) $Y \subseteq \tilde{S}_o$;
(2) $Y \subseteq \overline{\tilde{S}_0}$, d.h. Y ist im Komplement von $\tilde{S}_0$ eingeschlossen, also zu $\tilde{S}_0$ disjunkt;
(3) keiner der beiden Fälle (1) oder (2) liegt vor.

In der Terminologie von JAKOBSON ausgedrückt, müßte man im Fall (1) sagen, daß die Projektion völlig auf der Achse der Selektion verbleibt. Denn es werden nur solche poetische Kombinationsprinzipien zugelassen, die keinen Verstoß gegen das Prinzip der Bedeutungsähnlichkeit bewirken. Im Fall (2) hingegen liegt eine totale Projektion auf die Achse der Kombination vor; denn die poetischen Kombinationsprinzipien sind so stark dominant, daß keine Bedeutung (Bedeutungsähnlichkeit) erhalten bleibt. Durch die folgenden Axiome sollen diese beiden Möglichkeiten ausgeschlossen werden; die erste deshalb, weil die Kombination hier nicht dominant ist, sondern der Bedeutungsähnlichkeit gänzlich untergeordnet wird; die zweite deshalb, weil die Kombination hier in so extremem Maße dominiert, daß praktisch alle existierenden literarischen Werke ausgeschlossen würden. Somit bleibt nur die dritte Möglichkeit übrig. Sie erschöpft zwar keineswegs den Gedanken, daß P dominant ist, drückt aber doch eine wenn auch schwache Minimalbedingung dafür aus. Nur diese schwache Bedingung soll in den Basiskern aufgenommen werden.

D 14.1-3 $x \in M(LT)$ (x ist ein *Modell* von LT) gdw es ein S, $\sim$, S_0 und P gibt, so daß:
(1) $x = \langle S, \sim, S_0, P \rangle$;
(2) $x \in M_p$;
(3) für alle X und alle Y mit XPY gilt:
 (a) $Y \cap \tilde{X} \neq \emptyset$;
 (b) $Y \cap \bar{\tilde{X}} \neq \emptyset$;
(4) $\wedge X, X', Y, Y' [(XPY \wedge X'PY') \rightarrow (\vee s, s' (s \in X \wedge s' \in X' \wedge s \sim s') \rightarrow$
 $\rightarrow \vee s_1, s_1' (s_1 \in Y \wedge s_1' \in Y' \wedge s_1 \sim s_1'))]$;
(5) es gibt ein X_0, so daß $X_0 P S_0$.

Die beiden Teilbestimmungen von (3) drücken die oben formulierte Minimalbedingung für eine Dominanz von P aus: einerseits soll gemäß (3)(a) die Projektion nicht ganz aus der Bedeutungsähnlichkeit herausführen, andererseits aber soll sie gemäß (3)(b) doch in der Lage sein, die Bedeutungsähnlichkeit zu durchbrechen. (4) drückt den folgenden Zusammenhang zwischen $\sim$ und P aus: Falls die beiden Ausgangstexte X und X' zwei bedeutungsähnliche Sätze enthalten, so soll das gleiche von Varianten Y und Y' dieser Ausgangstexte gelten. Man könnte dies die Forderung der Homogenität der Projektion in bezug auf Bedeutungsähnlichkeit nennen.

Die letzte Bedingung (5) garantiert, daß der vorgesehene Text S_0 als Variante eines anderen Textes gewinnbar ist. Erst dadurch wird ein Zusammenhang hergestellt zwischen dem speziellen Text S_0 und anderen Teilen des Modells. Ohne die Bestimmung (5) könnte man auf die Erwähnung von S_0 ganz verzichten. Damit aber würde man den Begriff der Poetizität allein mit Hilfe von allgemeinen Strukturen charakterisieren, ohne sich überhaupt auf spezielle Texte zu beziehen. BALZER und GÖTTNER vertreten die Auffassung, daß dies der Intention von JAKOBSON widerspräche. Denn trotz der Tatsache, daß sich seine Überlegungen hauptsächlich auf allgemeiner Ebene bewegen, könne man seiner Behandlung von Beispielen entnehmen, daß für ihn die Anwendung des allgemeinen Begriffsapparates auf spezielle Texte wesentlich ist.

14.1.2 Theoretizität und partielle Modelle von LT. Da die Theorie LT nicht mit demselben Grad an Präzision formuliert werden kann wie eine physikalische Theorie oder wie z. B. die Theorie der Tauschwirtschaft, dürfte es kaum möglich sein, im vorliegenden Fall ein formales Theoretizitätskriterium anzuwenden. Wir knüpfen daher an die ursprüngliche Sneedsche Fassung an. Wenn t ein Term einer Theorie T ist, der eine Funktion bezeichnet, so ist danach t bekanntlich genau dann T-theoretisch, wenn jede Methode zur Bestimmung der Werte von t die Gültigkeit der Theorie voraussetzt. In die Modellsprechweise übersetzt besagt dies: Jede Methode zur Bestimmung der Werte von t setzt voraus, d. h. hat logisch zur Folge, daß mindestens ein potentielles Modell von T bereits ein Modell von T ist.

LT enthält keine Terme für Funktionen und damit insbesondere keine Terme für metrische Funktionen. Ein Blick auf die möglichen Kandidaten für Theoretizität in LT lehrt, daß das Kriterium auf zweistellige Relationsausdrücke spezialisiert werden muß. t sei ein derartiges Prädikat. Dann beinhaltet das Kriterium die folgende Aussage: *Jede Methode, die dazu dient, herauszufinden, ob irgend welche Objekte x und y in der durch t designierten Relation zueinander stehen, setzt voraus, daß ein potentielles Modell von LT bereits ein Modell von LT ist.*

Sicherlich wird LT nicht benötigt, um herauszufinden, ob ein Satz zu S gehört. Falls man sich hierbei nicht allein auf das intuitive Verständnis stützen möchte, so benötigt man zur Beantwortung dieser Frage doch höchstens eine ‚zugrunde liegende *linguistische* Theorie‘, sicherlich jedoch keine *Literatur*theorie. Analoges gilt für die Ermittlung der Zugehörigkeit zu S_0. Folgendes darf dabei nicht übersehen werden: Um S_0 *als Komponente eines potentiellen Modells von LT* zu untersuchen, braucht man noch keine Entscheidung darüber zu treffen, ob es ‚literarischen Charakter‘ hat, sondern wegen der Bestimmung (6) von D14.1-1 lediglich darüber, ob S_0 eine endliche und nicht-leere Teilmenge von S ist.

Auch bezüglich des Zeichens „~" für Bedeutungsähnlichkeit ist das Resultat negativ. Die hier allenfalls auftretende Komplikation betrifft die Streitfrage, ob es *überhaupt* möglich sei, für eine natürliche Sprache Kriterien für Bedeutungsgleichheit oder Bedeutungsähnlichkeit zu entwickeln. Einige werden diese Frage, etwa durch Hinweis auf die Arbeiten von R. MONTAGUE, bejahen; andere werden sie verneinen. Doch ist dies eine innerlinguistische Streitfrage, deren Beantwortung nicht davon abhängen kann, ob man eine bestimmte Literaturtheorie akzeptiert oder nicht. Für unsere Zwecke, d.h. um überhaupt fortfahren zu können, müssen wir uns auf die Seite derjenigen schlagen, die an solche Kriterien glauben. Man mag dies eine Voreingenommenheit nennen. Es ist jedoch höchstens eine linguistische, nicht jedoch eine literaturtheoretische Voreingenommenheit.

Als letzter Kandidat bleibt noch der Term „P" übrig. Eine Bestimmungsmethode für diesen Relationsausdruck müßte eine Regel beinhalten, die für zwei beliebige Texte S_1 und S_2 mit $S_1, S_2 \subseteq S$ eine Entscheidung darüber liefert, ob $\langle S_1, S_2 \rangle \in P$ gilt oder nicht. Syntaktische und semantische Regeln, die man wohl alle als zur Linguistik und nicht zur Literaturwissenschaft gehörig rechnen muß, reichen dafür sicherlich nicht aus. Denn das Vorliegen oder Nichtvorliegen von syntaktischen oder semantischen Merkmalen liefert noch keine Entscheidung darüber, ob S_2 überdies eine *poetische* Variante von S_1 ist. Wie die genauere Untersuchung zeigt (vgl. dazu auch BALZER und GÖTTNER, a.a.O. S. 320f.), dürfte es nur zwei Möglichkeiten geben. Entweder man kommt zu dem Resultat, daß es überhaupt keine spezifische Bestimmungsmethode für „P" gibt. *Dann ist* SNEEDS *Kriterium in leerer und damit in trivialer Weise erfüllt.* Oder es wird davon Gebrauch gemacht, daß für das Vorliegen der P-Relation die Kombinationsmethoden gegenüber der Bedeutungsähnlichkeit überwiegen. *Dann wird für diese Bestimmung die Jakobsche Literaturtheorie bereits vorausgesetzt.*

Es liegt daher nahe, den folgenden Beschluß als vernünftig anzusehen: „S", „S_0" und „$\sim$" sind LT – nicht-theoretisch, „P" hingegen ist LT-theoretisch.

Nach dieser Zwischenbetrachtung können wir unmittelbar zur Charakterisierung der partiellen Modelle übergehen.

D14.1-4 $y \in M_{pp}(LT)$ (y ist ein *partielles potentielles Modell* von LT) gdw es ein S, $\sim$, S_0 und P gibt, so daß
(1) $y = \langle S, \sim, S_0 \rangle$;
(2) $\langle S, \sim, S_0, P \rangle \in M_p(LT)$.

Wiederum ist also das auszeichnende Merkmal partieller Modelle die *Ergänzbarkeit* mittels Hinzufügung geeigneter theoretischer Terme (diesmal: *eines* geeigneten theoretischen Terms) zu *potentiellen* Modellen.

14.1.3 Querverbindungen, Kerne und intendierte Anwendungen. Wie wir von früher her wissen, tragen Querverbindungen (Constraints) häufig wesentlich dazu bei, die einem Theorie-Element zugeordnete empirische Behauptung zu verschärfen oder ihr überhaupt erst einen empirischen Gehalt zu verschaffen. Wir haben uns dies einerseits auf abstrakter Ebene klargemacht (und zwar bereits auch in II/2, Kap. VIII, 5.d–5.f) und andererseits in Kap. 7 am Beispiel einer realistischen Miniaturtheorie verdeutlicht.

Wir erinnern nur kurz nochmals daran, daß Querverbindungen ‚Gesetze höherer Ordnung' sind, die angeben, welche Arten von sich überschneidenden Anwendungen einer Theorie zuzulassen sind. Die Möglichkeiten, solche Anwendungen miteinander zu kombinieren, werden dadurch eingeschränkt, so daß man zu Ergebnissen gelangt, die man über die Erforschung einzelner isolierter Anwendungen nicht hätte gewinnen können.

Zur Vereinfachung der weiter unten gegebenen Erläuterungen erweist es sich als zweckmäßig, einen möglichst umfassenden Begriff des *Kontextes* verfügbar zu haben. Darunter kann im allgemeinen zweierlei verstanden werden. Im engeren, rein sprachlichen Sinn wird der Begriff dann verwendet, wenn ein kleinerer Text in einen größeren integriert wird. Dies ist *eine* Bedeutung der Wendung „der erste Text wurde in einen größeren Kontext eingeordnet". Der größere Kontext kann aber auch etwas Nichtsprachliches bezeichnen, nämlich ein allgemeines kulturelles Umfeld des vorgegebenen Textes, bestehend aus Menschen mit bestimmten Überzeugungen und Gewohnheiten in einer Gesellschaft von bestimmter Beschaffenheit usw. Wir werden das Wort „Kontext" sowohl in dem engeren als auch in dem weiteren Sinn gebrauchen.

Für die im folgenden zu konstruierende Querverbindung gehen wir davon aus, daß ein Dichter einen kleineren Text seines Werkes in einen größeren einbaut, d.h. den ersteren in den letzteren integriert. Man denke etwa an die Aufnahme eines früheren Gedichtes S_1 in ein bislang nur in gewissen Teilen vorliegendes Drama S_2. Zu den beiden Texten gehören die beiden Variationsbereiche $V(S_1)$ sowie $V(S_2)$ (vgl. D14.1-2(b)). Diese Bereiche enthalten alle Möglichkeiten der Projektion der beiden Texte. Können wir etwas genaueres über das Verhältnis dieser beiden Projektionsmöglichkeiten aussagen? Zunächst dürfte es klar sein, daß diese beiden Möglichkeiten voneinander verschieden sein müssen. Denn Gedicht und Drama haben verschiedene Kontexte (dieses Wort im engeren wie im weiteren Sinn verstanden). Und mit der Verschiedenheit der Kontexte ergeben sich auch verschiedene Projektionsmöglichkeiten: Eine geglückte Projektion im einen Kontext kann im anderen mißglückt sein. Trotz dieser Verschiedenheit dürfte es auch einen *Zusammenhang* geben. Eine plausible Annahme über einen derartigen Zusammenhang kann man mittels des folgenden Gedankens aussprechen: Die Projektionsmöglichkeiten, die zu dem kleineren Text – wegen Benützung der mengentheoretischen Symbolik unten auch „Teil" genannt – gehören, werden durch dessen Integration in einen größeren Text nicht eingeschränkt. Die Begründung für diese Plausibilitätsannahme lautet: Ein größerer Text wird gewöhnlich einen umfangreicheren Kontext (zumindest keinen von kleinerem Umfang) haben als ein kleinerer Text. Ein umfangreicherer Kontext aber schließt keine Projektionsmöglichkeiten aus, die in einem kleineren erlaubt waren.

Damit die beiden obigen Texte S_1 und S_2 von der Theorie LT erfaßt werden können, müssen die Sprachen sowie die Ähnlichkeitsrelation dieselben sein. Die beiden partiellen Modelle lauten also: $\langle S, \sim, S_1 \rangle$ und $\langle S, \sim, S_2 \rangle$, wobei $S_1 \subseteq S_2$. Diese beiden Strukturen sollen nun durch die beiden theoretischen Ausdrücke „P_1" und „P_2" ergänzt werden. Die eben angestellte Plausibilitätsbetrachtung lehrt, daß gilt: $V_{P_1}(S_1) \subseteq V_{P_2}(S_2)$; der Variationsspielraum in bezug auf den Kontext des kleineren Textes darf nicht größer sein als der Variationsspielraum in bezug auf den Kontext des größeren Textes. Wir nennen dies die Querverbindung der Erhaltung des Variationsspielraums.

D14.1-5 $X \in Q(LT)$ (X erfüllt die *Querverbindung der Erhaltung des Variationsspielraums*) gdw gilt:
(1) $X \subseteq M_p(LT)$;
(2) $X \neq \emptyset$;
(3) für alle $x_1, x_2 \in X$ sowie für alle $S, \sim, S_1, S_2, P_1, P_2$: wenn $x_1 = \langle S, \sim, S_1, P_1 \rangle$ und $x_2 = \langle S, \sim, S_2, P_2 \rangle$ und außerdem $S_1 \subseteq S_2$, dann $V_{P_1}(S_1) \subseteq V_{P_2}(S_2)$.

Vollständigkeitshalber geben wir noch eine umgangssprachliche Formulierung der entscheidenden Bedingung (3). Sie besagt: „Gegeben seien zwei potentielle Modelle x_1 und x_2 der Theorie LT mit identischen Satzmengen und identischen Ähnlichkeitsrelationen. Wenn dann der Text S_1 von x_1 in den Text S_2 von x_2 integriert wird, so ist der Variationsbereich des Textes S_1 (bezüglich der in x_1 vorkommenden Projektionsrelation P_1) enthalten im Variationsbereich des Textes S_2 (bezüglich der in x_2 vorkommenden Projektionsrelation P_2)."

Vielleicht könnte man diese Bestimmung (3) durch zweimalige Ersetzung des „$\subseteq$" durch die echte Einschlußrelation verschärfen.

Wir haben nun alles beisammen, was in den Kern desjenigen Theorie-Elementes einzubeziehen ist, das die Basis von LT ausmacht.

D 14.1-6 $K(LT)$ ist der *Kern* (des Basiselementes) von LT gdw es ein M_p, M, M_{pp} und Q gibt, so daß
(1) $K = \langle M_p, M, M_{pp}, Q \rangle$;
(2) M_p ist die Klasse aller potentiellen Modelle von LT, d.h. $M_p := M_p(LT)$;
(3) M ist die Klasse aller Modelle von LT, d.h. $M := M(LT)$;
(4) M_{pp} ist die Klasse aller partiellen potentiellen Modelle von LT, d.h. $M_{pp} := M_{pp}(LT)$;
(5) Q ist die Querverbindung der Erhaltung des Variationsspielraums, d.h. $Q := Q(LT)$.

Damit wir tatsächlich eine *empirische* Theorie erhalten, ist unabhängig vom Kern die Menge der intendierten Anwendungen I zu charakterisieren. Diese Beschreibung muß zunächst die formale Minimalbedingung erfüllen, daß I eine Teilmenge von M_{pp} ist. Im gegenwärtigen Fall ist es zweckmäßig, eine weitere formale Bedingung hinzuzunehmen, und zwar deshalb, weil wir von Anbeginn an mit einer Menge S operierten, die bei inhaltlicher Deutung eine Satzmenge repräsentieren soll. Da die Elemente von I literarische Werke sind, müssen sie in einer Sprache abgefaßt sein. Um uns nicht mit der Übersetzungsproblematik zu belasten, erscheint es als sinnvoll, dafür diejenige Sprache zu wählen, zu der auch die Sätze von S gehören, wir kürzen sie durch „*Sprache(S)*" ab.

Im übrigen stellen wir uns auch diesmal wieder auf den Standpunkt, daß *die Methode der paradigmatischen Beispiele* den Ausgangspunkt bildet, so daß I_0 durch explizite Aufzählung gewonnen wird. Diese Aufzählung wird im vorliegenden Fall allerdings sehr viele Elemente umfassen, angefangen von mittelalterlichen Dichtungen bis zur Gegenwartsliteratur. I sei wieder als eine I_0 einschließende offene Menge konzipiert, deren Elemente in einer formal nicht weiter präzisierbaren Ähnlichkeitsrelation zu den Elementen von I_0 stehen.

Auch JAKOBSON benützt die Methode der paradigmatischen Beispiele, nämlich in der Weise, daß er Gedichte vom 14. bis zum 20. Jahrhundert interpretiert und dadurch demonstriert, auf welche literarischen Werke seine Theorie anwendbar ist. Wenn man in Analogie zu anderen behandelten Fällen beschließt, I_0 als *Menge der vom Schöpfer der Theorie explizit genannten Beispiele* zu wählen, würden wir statt der obigen Menge diese *viel kleinere* Beispielsmenge als I_0 zu nehmen haben. Im Effekt würde dies kaum etwas ausmachen, da die intendierten Anwendungen alles umfassen sollen, ‚was allgemein als literarisch angesehen wird'. Dies ist natürlich ein Begriff mit stark pragmatischem Einschlag und behebt nicht die erwähnte Vagheit. Man kann diese höchstens dadurch verkleinern, daß man beschließt, zweifelhafte Grenzfälle nicht einzubeziehen. Wie diese Andeutungen zeigen, kommt darin zugleich der *historische*

Aspekt von *LT* zur Geltung, da die Auszeichnung als literarisch auch durch alle traditionellen Literaturtheorien *vor* der Jakobsonschen mitbestimmt wird.

Vorsorglich halten wir noch ausdrücklich fest, daß die Elemente von *I von Menschen produziert* worden sind, um Imitationen durch Papageien, Computer-Gedichte und die berühmt-berüchtigten Zufallstreffer von auf Schreibmaschinen herumhämmernden Schimpansen auszuschließen.

Insgesamt erhalten wir eine hinreichend klare Umgrenzung von *I* durch die folgende Feststellung: Zu *I* soll jedes partielle Modell $x = \langle S, \sim, S_0 \rangle$ von *LT* gehören, dessen drittes Glied S_0 von Menschen produziert worden ist, dem Bereich der *Sprache*(*S*) angehört und allgemein als literarisch angesehen wird.

Diese etwas ausführliche Formulierung ist zugleich als eine Erinnerung daran gedacht, daß die Elemente von *I qua* partielle potentielle Modelle niemals ‚unstrukturierte Objekte des Individuenbereiches' sind, sondern solche Objekte, versehen mit der nicht-theoretisch beschreibbaren Struktur.

D14.1-7 $\langle K, I \rangle$ ist (das *Basiselement* von) JAKOBSONS Literaturtheorie gdw gilt:
(1) *K* ist der Kern von *LT* (im Sinn von D14.1-6);
(2) *I* ist die Menge der intendierten Anwendungen für *LT* (im Sinn der eben getroffenen Feststellung).

Unser bisheriges Vorgehen illustriert den praktischen Umgang mit spezieller Materie. Hat man sich einmal über eine Theorie soweit Klarheit verschafft, daß man imstande ist, sie in derjenigen übersichtlichen Form anzuschreiben, die man „Axiomatisierung der Theorie" nennt, und besteht weiterhin Klarheit darüber, was die ‚eigentlichen Axiome' sind und was bloß Bestandteil der Schilderung des begrifflichen Apparates ist, so kann man nach Übersetzung in die mengentheoretische Sprechweise direkt dazu übergehen, die Begriffe des potentiellen Modells sowie des Modells der fraglichen Theorie zu definieren. Dies haben wir in 14.1.1 getan. Danach muß eine Zwischenbetrachtung eingeschoben werden, um herauszubekommen, welche Terme *T*-theoretisch sind. Diese Untersuchung wird in vielen Fällen viel mühsamer und aufwendiger sein als im gegenwärtigen Beispiel, insbesondere dann, wenn ein formales Kriterium für Theoretizität angewendet wird. Sobald diese Aufgabe gelöst ist, kann der Begriff des partiellen (potentiellen) Modells eingeführt werden. Hier geschah dies in 14.1.2. In einem nächsten Schritt erfolgt die Suche nach eventuellen Querverbindungen, möglicherweise simultan mit der Klärung des Verfahrens zur Bestimmung der intendierten Anwendungen, da Querverbindungen nur dort ihre Wirksamkeit entfalten können, wo sich diese Anwendungen überlappen. Die hierher gehörenden Überlegungen haben wir im gegenwärtigen Unterabschnitt 14.1.3 angestellt. In einem vorläufig letzten Schritt wird es darauf ankommen, Klarheit über die Natur der empirischen Behauptung zu gewinnen. Vor einer bloß vorläufigen Klärung sprechen wir deshalb, weil sich alle diese Schritte nur auf das Basiselement von *T* beziehen. Normalerweise wird die Untersuchung weitergehen und mögliche Spezialisierungen sowie deren empirische Behauptungen betreffen. Die noch folgenden Überlegungen entsprechen den beiden letzten Schritten dieses Schemas.

Was wir soeben skizzierten, war natürlich nur *eine* mögliche, wenn auch typische Verlaufsform der intuitiven Betrachtungen zur Rekonstruktion einer empirischen Theorie. Wie die Diskussion weiterer Beispiele zeigen wird, brauchen diese inhaltlichen Überlegungen *nicht* nach diesem Schema zu verlaufen.

14.1.4 Die empirische Behauptung. Da wir den Begriff des Basiselementes bereits explizit eingeführt haben, können wir sofort die diesem grundlegenden Theorie-Element zugeordnete empirische Behauptung anschreiben, nämlich:

(E_{LT}) Es gibt ein X, so daß
    (a) $X \subseteq M(LT)$;
    (b) $X \in Q(LT)$;
    (c) $r^1(X) = I$.

Dabei ist r^1 wieder die auf der Stufe 1 arbeitende Restriktionsfunktion, welche die theoretischen Terme eliminiert. Inhaltlich besagt diese Aussage: „Es gibt eine Menge von Modellen von LT, welche die Querverbindung der Erhaltung des Variationsspielraums erfüllt und die außerdem so beschaffen ist, daß nach Entfernung der theoretischen Komponenten aus ihr – also nach Einschränkung auf die nicht-theoretische Ebene – eine Menge entsteht, die identisch ist mit I." Wir haben dabei die wörtliche Übersetzung von (E_{LT}) in die Umgangssprache, also im Sinn der Abbildung Fig. 2-1 von Kap. 2 die ‚Leseweise von oben nach unten', benützt. Nimmt man umgekehrt den Ausgangspunkt bei I, benützt also die ‚Leseweise von unten nach oben', so lautet die empirische Behauptung wie folgt: „Jede intendierte Anwendung, bestehend aus einem S, einem $\sim$ und einem S_0, läßt sich durch eine Projektionsrelation P so ergänzen, daß die auf diese Weise entstehenden 4-gliedrigen Strukturen allen fünf Axiomen (1) bis (5) von D14.1-3 genügen und daß die Menge dieser Strukturen die Querverbindung der Erhaltung des Variationsspielraums erfüllt."

Um einen empirischen Gehalt zu besitzen, müßte (E_{LT}) potentiell widerlegbar sein, d.h. diese Aussage müßte falsch werden, sofern bestimmte Möglichkeiten realisiert würden. Stellen wir die umgekehrte Frage, in welchem Fall (E_{LT}) keinen empirischen Gehalt hat, so können wir sofort eine *formale* Bedingung dafür angeben: Kein empirischer Gehalt liegt sicherlich dann vor, wenn für sämtliche Teilmengen Y von M_{pp} – also für alle möglichen Kandidatenmengen intendierter Anwendungen – ein X existiert, so daß $X \subseteq M$ und ferner $X \in Q$ sowie $r^1(X) = Y$. Im übrigen dürfte eine präzise Beantwortung der Frage kaum möglich sein. Sicher ist nur folgendes: (i) Läßt man $Q(LT)$ fort, so hat die dem Basiselement von LT zugeordnete Behauptung keinen empirischen Gehalt. (ii) Bezieht man $Q(LT)$ ein, so hat diese Behauptung trotzdem höchstens einen sehr geringen empirischen Gehalt.

Dies beruht zum einen darauf, daß der Begriff der Kombination selbst keinen Beschränkungen unterworfen wird, und zum anderen darauf, daß der einzige Ort, wo er ins Spiel kommt, nämlich an der zweiten Argumentstelle der Projektionsrelation *P*, nur der sehr schwachen Minimalbedingung unterliegt, die der Relation *P* auferlegt worden ist. Aber selbst wenn man zu dem Ergebnis gelangen sollte, daß auch insgesamt kein empirischer Gehalt vorliegt, dürfte diese Tatsache allein keinen Grund zur Beunruhigung bilden. Wir würden dann nämlich in der gegenwärtig betrachteten Theorie nur denjenigen Zug wiederfinden, den wir an der klassischen Partikelmechanik beobachten konnten und der vermutlich den meisten interessanten Theorien zukommt. So wie in diesen anderen Fällen wird durch die Theorie zunächst nicht mehr geliefert als ein allgemeiner Rahmen, der im nachhinein durch geeignete Spezialisierungen auszufüllen ist und der erst auf diesem indirekten Weg einen, oder zumindest einen stärkeren, empirischen Gehalt bekommt; wobei der Reichtum an Gehalt vom Umfang der Spezialisierungen abhängt. Der Rahmen, den JAKOBSON mit *LT* liefern wollte, soll dazu dienen, verschiedene Arten von literarischen Gattungen zu behandeln. Beim Übergang von einer Gattung zur anderen variieren aber die Kombinationsprinzipien, weshalb der ihnen allen gemeinsame Rahmen keine interessanten Charakterisierungen solcher Prinzipien enthalten kann. Jeder in diese Richtung gehende Versuch würde nur den Effekt haben, den Rahmen zu eng zu ziehen und damit Kombinationsprinzipien und poetische Variationen auszuschließen, auf die man später gerade zurückgreifen möchte, da sie für die Auszeichnung einer bestimmten literarischen Gattung unerläßlich sind.

14.1.5 Spezialisierungen und empirischer Gehalt. Die zuletzt angestellten Betrachtungen geben eine anschauliche Illustration dafür, daß es auch in nichtnaturwissenschaftlichen Fällen sinnvoll ist, das grundlegende Theorie-Element, d. h. das Basiselement, zusammen mit der ihm zugeordneten Behauptung als *Basistheorie* oder als *Rahmentheorie* aufzufassen und gegebenenfalls auch so zu bezeichnen. Denn hier wird tatsächlich nur der Rahmen für spätere Untersuchungen abgesteckt, die in geeigneten Spezialisierungen des Basiselementes ihren Niederschlag finden. Die Beantwortung der logisch-epistemologischen Frage, ob diese Rahmentheorie *überhaupt keinen* oder bloß *fast keinen* empirischen Gehalt besitzt, ist unter diesen Umständen nicht sehr wichtig. Viel wichtiger ist es, daß die Überzeugung der Fachleute, eine *empirische* Theorie entworfen zu haben und mit einer *empirischen* Theorie zu arbeiten, ihre nachträgliche Rechtfertigung darin findet, daß dieser Rahmen im weiteren Entwicklungsgang der Theorie in zunehmendem Maße durch immer schärfere Spezialisierungen sukzessive ausgefüllt wird und damit Behauptungen liefert, die empirisch gehaltvoll, also sicherlich nicht empirisch trivial sind.

In der Regel wäre es, psychologisch gesehen, zu wenig, wenn die Begründer einer neuen Theorie deren Attraktivität nur darauf zu stützen suchten, daß sich bereits zu Beginn spätere brauchbare Spezialisierungen *erhoffen* oder *erahnen* lassen. Gewöhnlich liefern sie derartige Spezialisierungen mit, die zu richtigen empirischen Behauptungen führen, oder sie skizzieren solche zumindest und erhöhen dadurch die Plausibilität und die anfängliche Anziehungskraft des von ihnen geschaffenen Rahmens. Dies gilt insbesondere auch von der Literaturtheorie JAKOBSONS. Diese erschöpft sich nicht in der hier rekonstruierten Rahmentheorie, sondern enthält zusätzlich eine Reihe von Spezialisierungen. Ähnlich wie bei anderen Theorien stößt man dabei schrittweise auf immer mehr fachwissenschaftliche Details, auf deren genaue Darstellung man sich nur dann einlassen wird, wenn man spezielle Gründe für eine bis in die kleinsten Einzelheiten gehende Analyse der vorgegebenen Theorie hat. Da wir keine solchen Gründe anführen können, möge die Beschreibung des allgemeinen Schemas, zusammen mit ein paar zusätzlichen Hinweisen, genügen. In BALZER und GÖTTNER, [Literaturtheorie], werden diese Einzelheiten auf S. 324ff. mit größerer Ausführlichkeit geschildert.

Das allgemeine Schema ist im Grunde bereits in Kap. 2 beschrieben worden. Das dort Gesagte läßt sich intuitiv so zusammenfassen: In einer Spezialisierung T' eines gegebenen Theorie-Elementes T wird durch zusätzliche Axiome die ursprüngliche Modellmenge M zu einer kleineren Teilmenge M' eingeengt. Eine analoge Einschränkung kann von der ursprünglichen Querverbindung Q zu einer kleineren Menge Q' führen. Und in der Regel wird der in dieser Weise verschärfte Kern nur mehr auf eine echte Teilmenge I' der ursprünglichen Menge I der intendierten Anwendungen erfolgreich applizierbar sein. Um Verwechslungen mit inhaltlichen Betrachtungen zu vermeiden, bezeichnen wir das Resultat eines derartigen Prozesses als *formale* Spezialisierung, im vorliegenden Fall als formale Spezialisierung von LT.

Innerhalb einer Rekonstruktion der Theorie LT kommt es vor allem darauf an, mit Hilfe der Methode der formalen Spezialisierungen eine Theorie der literarischen Gattungen zu entwerfen. Als paradigmatisches Beispiel einer literarischen Gattung kann ein *Sonett* dienen. Wie die Detailuntersuchung zeigt, muß man ganz verschiedene Züge eines Sonetts unterscheiden, jeden einzelnen dieser Züge durch eine eigene formale Spezialisierung von LT zu erfassen suchen und am Ende das Ganze konjunktiv zusammenfassen bzw. in mengentheoretischer Darstellung: man muß den Durchschnitt der entsprechenden Komponenten bilden. Einer der erwähnten Züge betrifft das *syntaktische Hauptkriterium* eines Sonetts. Ein Sonett besteht aus vier Strophen (zwei davon zu 4 Zeilen und zwei zu 3 Zeilen), wobei die Strophen ein bestimmtes *Reimschema* erfüllen müssen. Diese Idee kann dazu benützt werden, um die Projektionsrelation P bezüglich ihres zweiten Argumentes auf solche Satzmengen zu beschränken, die das Reimschema eines Sonetts erfüllen. Da durch diese Forderung die Relation P wesentlich stärker eingeschränkt wird als in den Modellen von LT, entsteht auf diese Weise eine Menge M', die tatsächlich viel kleiner ist als M; und für die entsprechende Teiltheorie von LT besteht kein Zweifel mehr, daß sie empirischen Gehalt besitzt.

Dies gilt bereits, wenn man nur den syntaktischen Aspekt eines Sonetts berücksichtigt. Doch dieser genügt bei weitem nicht, um ein Sonett zu charakterisieren. Ein ganz anderer Zug ist die *antithetische Konstruktion*, welche sich in den Strophen eines Sonetts widerspiegeln muß. (Die erste Strophe enthält die These, die zweite die Antithese und die dritte die Lösung in Gestalt einer Synthese, worin ein Gedanke von ‚besonderer Tiefe', ‚Weisheit' oder ‚Brillianz' zum Ausdruck kommt.) Sofern wir unterstellen, daß es geglückt sei, auch diesen Zug eines Sonetts mit Hilfe einer formalen Spezialisierung von LT zu erfassen, so gewinnen wir eine Vorstellung davon, wie man diese spezielle literarische Gattung durch die oben geschilderte konjunktive Zusammenfassung mehrerer formaler Spezialisierungen erhalten kann. Und wenn wir bereit sind, diese Methode, die hier am Beispiel des Sonetts skizzenhaft vorexerziert wurde, als paradigmatisch für alle literarischen Gattungen anzusehen, gewinnen wir am Ende eine Definition von „*Literarische Gattung*".

Diese letzte Feststellung darf nicht mißverstanden werden. Keine wirklich interessante und wichtige Begriffsexplikation mündet in so etwas wie eine bloße Nominaldefinition ein. So auch im gegenwärtigen Fall. Eine literarische Gattung im skizzierten Sinn ist eine *Theorie*, genauer: ein Theorie-Element, das als Durchschnitt endlich vieler formaler Spezialisierungen der Rahmentheorie LT eingeführt wird und das daher selbst eine solche Spezialisierung bildet. Die einzelnen literarischen Gattungen repräsentieren somit *spezielle Literaturtheorien*, deren wissenschaftliche sowie wissenschaftstheoretische Bedeutung sich daraus ableitet, daß für jede dieser Theorien ‚das, was sie zu sagen hat' in einem Ramsey-Sneed-Satz mit empirisch nicht-trivialem Gehalt auszudrücken ist.

Literatur

BALZER, W. und H. GÖTTNER [Literaturtheorie], „Eine logisch rekonstruierte Literaturtheorie: Roman Jakobson", in: W. BALZER und M. HEIDELBERGER (Hrsg.), *Zur Logik empirischer Theorien*, Berlin 1982, S. 304–331. Eine englische Fassung dieses Aufsatzes ist erschienen in: *Poetics* 12 (1983), S. 489–510.

GOODMAN, N. [Likeness], "On Likeness of Meaning", in: L. LINSKY (Hrsg.), *Semantics and the Philosophy of Language*, Urbana, Ill., 1952, S. 67–73.

JAKOBSON, R. „Linguistik und Poetik", in: J. IHWE (Hrsg.), *Literaturwissenschaft und Linguistik I*, Frankfurt 1972, S. 142–178.

14.2 Die Theorie der Tauschwirtschaft

14.2.0 Das Thema. Die sogenannte Mikroökonomie setzt sich zur Aufgabe, solche menschlichen Handlungen zu beschreiben und zu erklären, die mit der Produktion, dem Handel und dem Tausch von Gütern zu tun haben. Wir beschränken uns hier auf einen dieser Aspekte, nämlich die Analyse der Tauschvorgänge. Eine Reihe von elementaren Beispielen in ausführlicher und anschaulicher Schilderung findet der daran interessierte Leser in W. BALZER, [Empirische Theorien], S. 68–77.

Gegeben sei eine endliche Menge von *Personen*, den handelnden Wirtschaftssubjekten, ferner eine endliche Anzahl von *Güterarten* sowie von jeder dieser

Arten eine *feste, endliche Menge*. (Reichlich vorhandene Güter können von vornherein außer Betracht bleiben, da sie nicht zum Gegenstand menschlichen Wirtschaftens werden. Nur bei knapp vorhandenen Gütern kommt es zu kooperativer Erzeugung, Handel und Tausch.) Die betrachtete Ausgangssituation besteht darin, daß diese Gütermengen in bestimmter Weise auf die verschiedenen Personen *verteilt* sind. Die Frage, wie die Güter erzeugt oder herbeigeschafft worden sind und in den Besitz der Personen gelangten, wird im gegenwärtigen Kontext nicht angeschnitten; sie bildet den Gegenstand anderer (Teil)-Theorien des menschlichen Wirtschaftens. Alle Güter haben bestimmte *Preise*. Diese können in Geld ausgedrückt sein; aber dies ist nicht unbedingt notwendig. Es genügt, wenn für jede Güterart eine Einheit existiert und die Tauschverhältnisse der Einheiten dieser verschiedenen Güterarten festgelegt sind. Jedes Gut hat dann, wie man auch sagt, einen festen *Tauschwert*. Weiter wird vorausgesetzt, daß die Güter der verschiedenen Arten für jede Person einen *Nutzen* haben. Häufig wird es sich so verhalten, daß die Wirtschaftssubjekte ihre anfängliche Lage in bezug auf den Nutzen dadurch verbessern können, daß sie gewisse der in ihrem Besitz befindlichen Güter zu den gegebenen Tauschwerten gegen solche tauschen, die sich im Besitz anderer Personen befinden. Wenn es sich um *rationale* Wirtschaftssubjekte handelt, werden sie den Tauschprozeß solange fortsetzen, bis jede von ihnen aus den in ihrem Besitz befindlichen Gütermengen einen *maximalen Nutzen* zieht. Damit wäre dann der Endzustand dieses Wirtschaftsprozesses erreicht. Die Frage ist die, wie sich dieser Gedanke präzise fassen läßt.

Die gegebene inhaltliche Skizze könnte die Vermutung nahelegen, daß es sich um eine dynamische Theorie handle. Doch dies ist nicht der Fall. Zwar liegt tatsächlich ein Zwei-Phasen-Modell mit Anfangs- und Endzustand vor. Aber die Theorie selbst ist rein statisch. Es ist daher darauf zu achten, daß in den systematischen Begriffsapparat keine unzulässigen dynamischen Vorstellungen hineingeschmuggelt werden.

14.2.1 Potentielle Modelle und Modelle von ÖKO. Die zu rekonstruierende tauschwirtschaftliche Theorie kürzen wir mit „*ÖKO*" ab. Wir versuchen zunächst, uns einen systematischen Überblick über diejenigen Begriffe bzw. Begriffsarten zu verschaffen, die in ein potentielles Modell einzubeziehen sind.

Wir nehmen an, daß wir es in unserer Tauschwirtschaft mit n Personen zu tun haben, deren Gesamtheit wir mit $\mathfrak{P} = \{i_1, \ldots, i_n\}$ identifizieren. Ferner sollen m *Güterarten* zur Verfügung stehen. Um diese sogleich als eine *linear geordnete* Menge einführen zu können, identifizieren wir sie mit den ersten m natürlichen Zahlen: $G = \{1, \ldots, m\}$. Als nächstes benötigen wir den Begriff der Gütermenge. (Das Wort „Menge" hat hier keine mengentheoretische Bedeutung, sondern heißt so viel wie „Quantität".) Dabei setzen wir voraus, daß für jede einzelne Güterart eine Quantisierung vorgenommen worden ist. Dazu gehört insbesondere die Wahl einer Einheit sowie einer Skala mit reellen Zahlen aus $\mathbb{R}_0^+$ als Werten. Wo natürliche Einheiten vorliegen – wie bei Kühen, Geflügel, Eiern –, werden nur nichtnegative ganze Zahlen gebraucht. Wir möchten aber außerdem in der Lage sein, zu sagen, wie die Gütermengen auf die n Personen verteilt sind und zwar in bezug auf jede der m Güterarten. Dies geschieht mit Hilfe von Funktionen der folgenden Art, die wir auch *globale Verteilungsfunktionen* nennen (diejenigen Leser, welche diese „Funktionssprechweise" als störend oder zumindest als ungewöhnlich empfinden, seien auf die technische Anmerkung am Schluß dieses Unterabschnittes verwiesen):

$q: \mathfrak{P} \times G \to \mathbb{R}_0^+$.

Eine Funktion q liefert für eine Person i_j (j=1,...,n) und eine Güterart k (k=1,...,m) als Wert $q(i_j, k)$ diejenige reelle Zahl, welche angibt, wie groß die Quantität der Güterart k ist, über welche die Person i_j verfügt. Da die vorliegende Theorie eine statische Theorie ist, hat man stets die Relativierung auf einen Zeitpunkt hinzuzudenken. Auf die Frage, ob wir für unsere Zwecke mehrere, auf *verschiedene* Zeitpunkte bezogene Verteilungen zu betrachten haben, kommen wir gleich zurück.

Hält man das erste Argument von q fest, wählt also *eine bestimmte Person* aus, so gelangt man zu n verschiedenen *individuellen Verteilungsfunktionen*. Sie können formal nach dem folgenden Schema definiert werden:

$q_j(k) := q(j, k)$ ($j \in \mathfrak{P}, k \in G$).

q_j ordnet also jeder Güterart k die Quantität oder, wie wir stets sagen werden, die Menge $q_j(k)$ dieser Güterart zu, die sich im Besitz der Person j befindet. Läßt man k alle m Güterarten durchlaufen und berechnet den Wert q_j für alle diese Argumente, so erhält man die *individuelle (Güter-) Austattung* der Person j. Variiert man außerdem auch noch den Index j, so erhält man die individuellen Güterausstattungen für sämtliche Personen. Wir nennen dieses Resultat auch die *globale (Güter-) Ausstattung*, da sie eine genaue Angabe darüber enthält, wie viele Mengen jede Person von jeder Güterart tatsächlich besitzt.

Die tauschwirtschaftliche Theorie bezieht sich im einfachsten Fall, auf den wir uns beschränken, auf ein sog. *Zwei-Phasen-Modell* mit einem Anfangszustand und einem Endzustand. Man hat es dann mit zwei Güterverteilungen zu tun. Die zu Beginn vorhandene heiße *Anfangsverteilung* q^a, die am Ende vorliegende heiße *Endverteilung* q^e. Die Tauschwirtschaft kann, qua statische Theorie, nicht den Prozeß beschreiben, der vom Anfangszustand in den Endzustand führt. Sie kann aber diese beiden Zustände miteinander vergleichen und insbesondere denjenigen Endzustand charakterisieren, den ein bestimmtes rationales Verhalten der Wirtschaftssubjekte herbeiführt. Daß wir zwei Verteilungen unterscheiden müssen, bedeutet übrigens nicht, daß wir sowohl q^a als auch q^e in den Apparat der Grundbegriffe einzubeziehen haben. Nur die Anfangsverteilung werden wir als Grundbegriff wählen; denn q^e läßt sich mittels der weiter unten eingeführten Nachfragefunktion definieren.

Ferner benötigen wir die Preise, die wir mittels der Funktion p wiedergeben:

$p: G \to \mathbb{R}^+$.

Diese Funktion ist so zu interpretieren, daß sie jeder Güterart als positive reelle Zahl den *Preis einer Einheit dieser Güterart* zuordnet. Die Beschränkung auf positive Preise beinhaltet lediglich, daß Güter, die nichts kosten, also im Übermaß vorhandene, ‚freie' Güter, in den tauschwirtschaftlichen Prozeß nicht einbezogen werden.

Ein weiterer wichtiger Begriff ist die Nutzenfunktion. Wir beschreiben zunächst die individuellen Nutzenfunktionen. i sei eine beliebige Person, also $i \in \mathfrak{P}$. $\langle r_1, \ldots, r_m \rangle$ sei ein m-Tupel möglicher Gütermengen, die i besitzen könnte. (Alle r_l müssen dann nichtnegative Zahlen sein.) $U_i(r_1, \ldots, r_m)$ ordnet einem solchen möglichen Besitz als reelle Zahl *die Größe des Nutzens* zu, den die Person i aus diesem Besitz ziehen würde. Daß wir für diese Formulierung den grammatikalischen Konjunktiv gewählt haben, hat seinen Grund darin, daß der Nutzen, d.h. die Nutzengröße, ein dispositioneller Begriff ist, der nicht nur für den tatsächlichen Besitz, sondern *für alle erdenklichen individuellen Ausstattungen* erklärt ist. Durch Zusammenfassung der individuellen Nutzenfunktionen könnten wir die globale Nutzenfunktion gewinnen. Für das formale Vorgehen empfiehlt sich auch hier wieder das umgekehrte Verfahren. Danach ist in einem ersten Schritt die *globale Nutzenfunktion*

$$U: \mathfrak{P} \times (\mathbb{R}_0^+)^m \to \mathbb{R}\ ^1$$

einzuführen, die einem (m+1)-Tupel, bestehend aus einer Person i und einem möglichen Besitz von m Mengen der m Güterarten, als reelle Zahl den Nutzen dieses Güterbesitzes zuordnet. Die *individuellen Nutzenfunktionen* erhält man daraus durch Wahl sowie Festhalten des ersten Argumentes:

$$U_i(r_1, \ldots, r_m) := U(i, r_1, \ldots, r_m).$$

In den konkreten Anwendungen werden die Zahlen r_j meist die Komponenten einer individuellen Ausstattung bilden. Ein Ausdruck von der Gestalt „$U_i(q_i(1), \ldots, q_i(m))$" ist so zu lesen: „der Nutzen (= die Größe des Nutzens), der (die) sich für die Person i aus der individuellen Ausstattung $\langle q_i(1), \ldots, q_i(m) \rangle$ ergibt." (Man beachte, daß ein solcher Ausdruck nur dann einen Sinn hat, wenn der Index von „U", der eine bestimmte Person bezeichnet, mit dem Index von „q" identisch ist; denn jede Person zieht nur aus ihrer eigenen Güterausstattung einen Nutzen.)

Um den Begriffsapparat der modernen Nationalökonomie anwendbar zu machen, setzen wir voraus, daß die Funktion U unendlich oft differenzierbar ist; technisch gesprochen: U sei ein Element von C^∞. Eine grundlegende weitere Einschränkung für diese Funktion U erfolgt erst bei Einführung des Modellbegriffs. Zusätzliche Annahmen über die genaue Gestalt der Nutzenfunktion – z.B. Nutzenfunktion von Normalform oder Nutzenfunktion, die dem Gesetz vom abnehmenden Grenznutzen genügt – erfolgen erst im Rahmen der Spezialisierungen.

---

1 $(\mathbb{R}_0^+)^m$ ist natürlich nichts anderes als die Menge der m-Tupel von nichtnegativen reellen Zahlen.

Die relativ komplizierteste Funktion, die wir benötigen, ist die *Nachfragefunktion d*. (Der Buchstabe „*d*" ist der Anfangsbuchstabe von „demand", dem englischen Synonym für „Nachfrage".)

Die intuitive Vorstellung, die sich mit dem Begriff der Nachfragefunktion d_i einer Person i verbindet, ist die folgende: Gegeben seien die Preise der Güter sowie eine globale Anfangsausstattung. Es wird angenommen, daß i ein *rational Handelnder* im folgenden Sinn ist: i wählt unter allen durch diese beiden Ausgangsbedingungen zugelassenen Tauschvorgängen denjenigen aus, der zu einer individuellen Güterausstattung von i führt, welche für i den Nutzen maximiert.

Wir werden diese Funktion in zwei Schritten einführen. Die beiden grundlegenden Einschränkungen, nämlich die Erfüllung der Tauschwertbedingung sowie der Bedingung der Nutzenmaximierung, werden in die formale Definition noch nicht einbezogen, sondern erst bei der Einführung des Modellbegriffs axiomatisch gefordert. (Diese beiden Bestimmungen werden sogar *die einzigen* echten Grundaxiome bilden, welche in die Definition von $M(ÖKO)$ eingehen.) Vorläufig geht es nur um die Charakterisierung der formalen Struktur von d_i bzw. d. Da wir die Preise von Gütern sowie die Ausstattungen mittels der beiden *Funktionen p* und q erhalten, die als Argumente in d eingehen, muß d als ein *Funktional*, d.h. als Funktion von Funktionen, eingeführt werden. Nennen wir die Gesamtheit aller möglichen Preisfunktionen P und die Gesamtheit der möglichen Verteilungsfunktionen Q, also $P := \{p \mid p: G \to \mathbb{R}^+\}$ und $Q := \{q \mid q: \mathfrak{P} \times G \to \mathbb{R}_0^+\}$. Dann ist d ein Funktional von folgender Art:

$$d: P \times Q \to Q$$
$$\langle p, q \rangle \to d(p, q)$$

$d(p, q)$ ist also eine globale Verteilungsfunktion. Von den beiden Argumentstellen dieser Funktion, nämlich einer mit Variablen für Personen und einer mit Variablen für Güterarten, ziehen wir die erste nach vorn und schreiben für festes $j \in \mathfrak{P}$ für die entstehende individuelle Verteilungsfunktion $d(j, p, q)$ auch $d_j(p, q)$ oder einfach q_j^*. Diese (einstellige) Funktion fassen wir ihrerseits rein extensional auf, identifizieren sie also mit ihrem Wertverlauf. In dieser Interpretation ist $d(j, p, q)$ identisch mit $\langle q_j^*(1), \ldots, q_j^*(m) \rangle$. (Bei Variation von j über alle Elemente von $\mathfrak{P}$ entsteht natürlich eine extensional gedeutete globale Verteilungsfunktion q^*.) Da wir uns nicht nur für solche m-Tupel, sondern auch für die einzelnen dieser m Werte interessieren, müssen wir diese noch mittels der Projektionsfunktion π_i herausisolieren (vgl. unten).

Erst bei Einführung des Modellbegriffs soll die Funktion d solchen Einschränkungen unterworfen werden, welche die Bezeichnung „Nachfragefunktion" im nachhinein verständlich machen. Bereits jetzt sei darauf hingewiesen, daß als dritte Argumentstelle die Anfangsverteilung q^a gewählt werden soll und daß dabei intendiert ist, daß als Wert die Endverteilung q^e herauskommt.

Jetzt können wir den Begriff des potentiellen Modells einführen.

D14.2-1 $x \in M_p(\ddot{O}KO)$ (x ist ein *potentielles Modell von ÖKO* oder *der Tauschwirtschaft*) gdw es ein $\mathfrak{P}$, G, q^a, U, p, d gibt so daß gilt:
(1) $x = \langle \mathfrak{P}, G, q^a, U, p, d \rangle$;
(2) $\mathfrak{P} = \{i_1, \ldots, i_n\}$;
(3) $G = \{1, \ldots, m\}$;
(4) $p: G \to \mathbb{R}^+$;
(5) $q^a: \mathfrak{P} \times G \to \mathbb{R}_0^+$;
(6) $d: P \times Q \to Q$ mit $P := \{p \mid p: G \to \mathbb{R}^+\}$ und $Q := \{q \mid q: \mathfrak{P} \times G \to \mathbb{R}_0^+\}$;
(7) $U: \mathfrak{P} \times (\mathbb{R}_0^+)^m \to \mathbb{R}$ ist C^∞.

Als nächstes Hilfsbegriff führen wir den Begriff des *Tauschwertes* einer individuellen Ausstattung ein. Für eine Person i ist der Tauschwert dessen, was i an Gut k besitzt, gleich dem Produkt aus dem Preis von k und der Menge von k, über die i verfügt. Der Tauschwert der Ausstattung von i ist dann gleich der Summe dieser Produkte für sämtliche Güterarten. Am einfachsten läßt sich der Tauschwert w als ein dreistelliges Funktional einführen, das für eine bestimmte Person, eine Preisfunktion sowie eine globale Verteilungsfunktion als Argumente die eben beschriebene Summe liefert.

D14.2-2 Der *Tauschwert* der Ausstattung von Person j zu Preisen p bei gegebener globaler Verteilung q sei definiert durch:

$$w(j, p, q) = \sum_{k=1}^{m} p(k) \cdot q_j(k).$$

Bei fest vorgegebenen Preisen kann man alle diejenigen Änderungen der globalen Anfangsausstattung q^a betrachten, die zum selben Tauschwert führen. Derartige Änderungen können u. a. dadurch zustande kommen, daß einige oder alle am Wirtschaftsprozeß beteiligten Personen Güter tauschen. Im folgenden werden uns nur solche Tauschvorgänge interessieren, bei denen jede der daran beteiligten Personen nach dem Tausch eine Güterausstattung besitzt, die denselben Tauschwert hat wie die Güterausstattung, die sie vor dem Tausch besaß. Wir nennen diese Bedingung *Tauschwertbedingung* und kürzen sie ab durch *TWB*. (In W. BALZER, [Empirische Theorien], wird diese Bedingung auf S. 85 als Einkommensbeschränkung bezeichnet.) Bei Tauschprozessen, welche diese Bedingung erfüllen, macht keine Person einen objektiven Gewinn; auch erleidet keine einen objektiven Verlust. Ebenso wird dabei ausgeschlossen, daß eine Person einen Kredit gibt oder einen solchen aufnimmt.

Wenn aber niemand etwas gewinnt oder etwas verliert, warum tauschen die Personen dann überhaupt? Die Antwort nimmt Bezug auf die Unterscheidung zwischen dem objektiven und dem subjektiven Aspekt von Tauschvorgängen. Nur die oben definierten Tauschwerte oder objektiven Werte der Ausstattungen müssen vorher und nachher dieselben sein. Dagegen versucht jede der an diesem Prozeß beteiligten Personen, ihren subjektiven Wert oder Nutzen zu maximieren, also einen möglichst hohen Gewinn im *subjektiven* Sinn zu machen. Dies ist verträglich mit dem Nichtvorliegen *objektiver* Gewinne und Verluste, wie dies im vorigen Absatz verlangt worden ist.

In der nächsten Definition soll die Tauschwertbedingung präzisiert werden und zwar als eine den globalen Verteilungen auferlegte Einschränkung: Nur solche Umverteilungen durch Tauschvorgänge werden zugelassen, bei denen der Tauschwert der Anfangsverteilung erhalten bleibt. Diese Bedingung kann, ohne zusätzliche Begriffe heranzuziehen, rein extensional als eine Menge von Verteilungen eingeführt werden. Sie soll dabei ausdrücklich auf eine potentielle Tauschwirtschaft relativiert werden.

D14.2-3 x sei ein potentielles Modell von $ÖKO$, d.h. $x \in M_p(ÖKO)$.
Die *Tauschwertbedingung für* x ist dann definiert durch
$$TWB_x := \{q \mid q : \mathfrak{P} \times G \to \mathbb{R}_0^+ \text{ und für alle } i \in \mathfrak{P}:$$

$$\sum_{k=1}^{m} p(k) \cdot [q_i^a(k) - q_i(k)] = 0\}.$$

Da diese Bedingung ohne explizite Benützung des Begriffs des Tauschwertes formuliert wurde, ist dieser Begriff im Prinzip entbehrlich. Er kann allerdings zur Vereinfachung der Definition benützt werden. Bringt man die negativen Glieder zunächst auf die andere Seite, so erhält man:

$$\sum_{k=1}^{m} p(k) \cdot q_i(k) = \sum_{k=1}^{m} p(k) \cdot q_i^a(k)$$

oder unter Benützung des Tauschwertbegriffs:

$$w(i, p, q) = w(i, p, q^a),$$

also tatsächlich, wie beabsichtigt, eine Gleichheit von Tauschwerten, nämlich für alle Personen eine Gleichheit der Tauschwerte ihrer Ausstattungen zu Preisen p bei der Verteilung q und bei der Anfangsverteilung q^a. Erst dann, wenn eine Verteilung q für alle Personen diese Bedingung erfüllt gehört q zu TWB_x. Man könnte daher die Tauschwertbedingung umgangssprachlich auch so formulieren: „Eine Verteilung q erfüllt die Tauschwertbedingung für das potentielle Modell x ($q \in TWB_x$) gdw für alle Personen $i \in \mathfrak{P}$ (von x) der Tauschwert der individuellen Ausstattung von i zu Preisen p (von x) bei der Verteilung q derselbe ist wie der Tauschwert der individuellen Ausstattung von i zu Preisen p (von x) bei der Anfangsverteilung q^a (von x)."

Damit die Länge der Formeln in der Definition des Modellbegriffs nicht zu stark anwächst, führen wir einige Abkürzungen ein. Die erste macht von dem Gedanken Gebrauch, daß die Tauschwertbedingung, obzwar relativ auf ein ganzes potentielles Modell x definiert, von diesem x wesentlich nur die beiden Funktionen p und q^a benützt. Um dies explizit zu machen, wählen wir die suggestivere Bezeichnung „$TWB(p, q^a)$".

(a) $TWB(p, q^a)$ besage dasselbe wie $\{q \mid q : \mathfrak{P} \times G \to \mathbb{R}_0^+ \text{ und für alle}$

$$i \in \mathfrak{P}: \sum_{k=1}^{m} p(k) \cdot q(i, k) = \sum_{k=1}^{m} p(k) \cdot q^a(i, k)\}.$$

Ferner erinnern wir nochmals an die obige Vereinbarung

(b) $q_j^* := d(j, p', q^a)$ für festes p'.

Dabei handelt es sich um eine einstellige Funktion, die wir, wie schon erwähnt, wegen der endlichen Anzahl ihrer Argumente mit ihrem Werte-m-Tupel identifizieren, also mit $\langle q^*(j, 1), \ldots, q^*(j, m)\rangle$. Dies ist nichts anderes als eine individuelle Ausstattung der Person j. (Allgemein ist eine extensional gedeutete individuelle Verteilung eine individuelle Ausstattung; analoges gilt für das Verhältnis von globalen Verteilungen und Ausstattungen.) Die m Glieder dieser Ausstattung kann man dadurch zurückgewinnen, daß man m sog. Projektionsfunktionen π_i anwendet. π_i ist für ein m-Tupel $\langle \alpha_1, \ldots, \alpha_m \rangle$ definiert durch $\pi_i(\langle \alpha_1, \ldots, \alpha_m \rangle) = \alpha_i$. Wir erhalten somit die m Glieder: $\pi_1(d(j, p', q^a)), \ldots, \pi_m(d(j, p', q^a))$.

Es folgen noch zwei Abkürzungen, die Ausdrücke betreffen, welche mittels der Nutzenfunktion gebildet werden. Diese Funktion hat $m+1$ Argumente. In vielen Fällen genügt es, nur zwei Komponenten des Argumentes anzugeben:

(c) $U(j, q')$ stehe für $U(j, q'(j, 1), \ldots, q'(j, m))$

und

(d) $U(j, d(j, p', q^a))$ stehe für $U(j, \pi_1(d(j, p', q^a)), \ldots, \pi_m(d(j, p', q^a)))$.

D14.2-4 $x \in M(\ddot{O}KO)$ (x ist ein *Modell von ÖKO* oder *der Tauschwirtschaft*) gdw es ein $\mathfrak{P}, G, q^a, U, p, d$ gibt, so daß
(1) $x = \langle \mathfrak{P}, G, q^a, U, p, d \rangle$;
(2) $x \in M_p(\ddot{O}KO)$;
(3) für alle $p': G \to \mathbb{R}^+$ und alle $j \in \mathfrak{P}$:
  (a) $d(j, p', q^a) \in TWB(p', q^a)$
  (b) für alle $q': \mathfrak{P} \times G \to \mathbb{R}_0^+$ gilt: (wenn $q' \in TWB(p', q^a)$, dann $U(j, q') \leq U(j, d(j, p', q^a))$).

Das eigentliche Axiom ist die Bestimmung (3). Sie enthält zwei Komponenten, in denen zusammen die beiden an früherer Stelle erwähnten und gewünschten Eigenschaften der Nachfragefunktion d zur Geltung kommen. (3)(a) verlangt, daß für jede Preisfunktion p' und jede Person j die durch $d(j, p', q^a)$ resultierende Verteilung die Tauschwertbedingung erfüllt, m.a.W. daß die auf diese Weise durch Tausch zustande kommende Endausstattung für jede der beteiligten Personen denselben Tauschwert hat wie ihre Anfangsausstattung. Und (3)(b) verlangt zusätzlich, daß die Nachfragefunktion zur Nutzenmaximierung führt, da jede Verteilung q', die ebenfalls die Tauschwertbedingung erfüllt, eine Ausstattung erzeugt, die keinen größeren Nutzen stiftet.

Die soeben gegebene Definition unterscheidet sich von DII-4 in W. BALZER, [Empirische Theorien], S. 87, dadurch, daß dort auf die Nachfragefunktion verzichtet wird und die beiden Bestimmungen (3)(a) und (b) mutatis mutandis für die Endverteilung q^e verlangt werden. Der Zusammenhang mit dem dortigen Symbolismus ist folgender: Die durch q^e festgelegte Endausstattung der Person j ist dasselbe wie $\langle q^e(j, 1), \ldots, q^e(j, m) \rangle$, und dieses m-Tupel können wir mit der extensional gedeuteten Funktion $d(j, p, q^e)$ identifizieren.

Der Umstand, daß BALZER in [Empirische Theorien] die Nachfragefunktion überhaupt nicht benützte und die eigentlichen Axiome für die Endverteilung formulierte, hat zu einer Diskussion geführt, bei der wir für einen Augenblick verweilen. F. HASLINGER hat in [Alternative View] neben anderen Kritikpunkten darauf hingewiesen, daß nach Auffassung aller Fachleute die Nachfragefunktion von grundlegender Bedeutung sei und daher in den Apparat der Grundbegriffe mit aufgenommen werden sollte. Er schlägt danach eine andere Art der Rekonstruktion der tauschwirtschaftlichen Theorie im strukturalistischen Rahmen vor (Definition 1 bis 3, a.a.O. S. 125/126), worin ein wesentlicher Gebrauch von der Nachfragefunktion gemacht wird. BALZER hat in seiner Erwiderung in [Proper Reconstruction] darauf hingewiesen, daß im Rahmen der von HASLINGER gewählten Axiomatisierung die Nachfragefunktion d im modelltheoretischen Sinn mittels der übrigen Begriffe nachweislich definierbar ist. Diese Tatsache ist zwar nicht unmittelbar einsichtig, da die Definierbarkeitsbehauptung auf einem tiefliegenden Theorem beruht. Doch ändert das nichts daran, daß d nicht als Grundbegriff eingeführt zu werden braucht.

Die Feststellung von BALZER ist zwar korrekt. Sie hat aber sozusagen nur lokale Gültigkeit, nämlich im Kontext der betreffenden Auseinandersetzung. Denn HASLINGER arbeitet von vornherein mit einem wesentlich stärkeren Modellbegriff als wir, da er z.B. die Forderung der Markträumung sowie eine zusätzliche Annahme über die Gestalt der Nutzenfunktion einbezieht. Aus Gründen, die weiter unten kurz erörtert werden, nehmen wir diese Zusatzforderungen *nicht* in die Grundaxiome auf, sondern verlagern sie auf Spezialisierungen verschiedener Art. Mit der dadurch bewirkten Abschwächung der Grundaxiome entfällt die Möglichkeit, die Nachfragefunktion zu definieren. Wir haben daher die von HASLINGER vorgetragenen fachwissenschaftlichen Bedenken akzeptiert und die Nachfragefunktion als Grundbegriff eingeführt. Die Definitionsmöglichkeit dieser Funktion ist dann ‚nach unten verschoben', nämlich auf geeignete Spezialisierungen des Modellbegriffs. (Durch diese Verschiebung erhält die Definierbarkeitsfrage ein mehr logisches als wissenschaftsphilosophisches Gewicht.)

14.2.2 Erste Form der Spezialisierung: Die Markträumungsforderung. Für die gegenwärtig behandelte Theorie weichen wir von dem in 14.1 skizzierten Schema ab. Und zwar sollen verschiedene Fälle von Spezialisierungen behandelt werden, bevor wir noch auf das Theoretizitätsproblem, die intendierten Anwendungen und die empirische Behauptung zu sprechen kommen. Dafür sind allein praktische Erwägungen ausschlaggebend. Erstens nämlich läßt sich auf diese Weise vermutlich am besten *ein* Aspekt der Diskussionen durchschauen, die mit der Veröffentlichung der beiden ersten Arbeiten von BALZER zu diesem Thema begannen. Zweitens läßt sich, wie in 14.2.3 gezeigt werden soll, auf diese Weise eine sehr interessante *Analogie* herstellen zwischen der Newtonschen Mechanik und der Theorie der Tauschwirtschaft, eine Analogie, die sich vielleicht auch für andere Fälle von Theorienvergleich befruchtend auswirken wird.

Eine ihrer Hauptaufgaben erblickt die Theorie der Tauschwirtschaft darin, den Begriff des wirtschaftlichen Gleichgewichtes bei vorausgesetztem rationalen Handeln aller Wirtschaftssubjekte zu explizieren. In die Grundaxiome hatten wir nur *eine erste* notwendige Bedingung für das Bestehen eines Gleichgewichtes einbezogen, nämlich daß alle Beteiligten ihren Nutzen maximieren. In der Fachliteratur wird allgemein *eine zweite* notwendige Bedingung dafür angegeben, nämlich daß generell ‚alle Märkte geräumt' sind (im Englischen durch die Wendung „clearing of markets" wiedergegeben).

Inhaltlich läßt sich der Begriff der Markträumung am einfachsten mittels der Anfangsverteilung q^a und der Endverteilung q^e erläutern: Für jede Güterart k soll die Menge vor und nach dem Tausch, also die in q^a sowie die in q^e enthaltene Menge, dieselbe sein. Da diese Mengen aber identisch sind mit den im Besitz sämtlicher Personen befindlichen Mengen dieser Güterart k, sind die beiden Mengen gegeben durch die Summen $\sum_{i\in\mathfrak{P}} q^a(i,k)$ und $\sum_{i\in\mathfrak{P}} q^e(i,k)$. Die fragliche Forderung verlangt somit die Gleichheit dieser beiden Summen und zwar für *jede* Güterart.

Gegeben ein $x\in M(\ddot{O}KO)$, so erhalten wir die folgende erste Fassung des gesuchten Prinzips (die zweite Fassung in unserer Terminologie schreiben wir unmittelbar darunter an):

D14.2-5 x erfüllt die *Bedingung der Markträumung* gdw
(*1. Fassung*) für alle $k\in G$: $\sum q^a(i,k) = \sum q^e(i,k)$;
(*2. Fassung*) für alle $k\in G$ und für alle $p': G\to\mathbb{R}^+$:

$$\sum_{i\in\mathfrak{P}} q^a(i,k) = \sum_{i\in\mathfrak{P}} d(i, p', q^a).$$

Damit können wir die erste Spezialisierung einführen. Zwecks Unterscheidung der einzelnen Spezialisierungen voneinander verwenden wir obere Zahlenindizes, die mit 1 beginnen.

D14.2-6 $x\in M^1(\ddot{O}KO)$ (x ist ein *Modell der Tauschwirtschaft mit Markträumung*) gdw gilt:
(1) $x\in M(\ddot{O}KO)$;
(2) x erfüllt die Bedingung der Markträumung.

14.2.3 Markträumung und Gleichgewicht. Die vorangehende Darstellung weicht inhaltlich von den meisten fachwissenschaftlichen Behandlungsweisen der Tauschwirtschaft in zweifacher Hinsicht ab. Erstens wurde das Prinzip der Markträumung nicht in die Grundaxiome einbezogen, sondern als Spezialgesetz eingeführt. Zweitens wurde der Begriff des Gleichgewichtes nicht benützt und damit auch nicht der Anspruch erhoben, daß die Endverteilung q^e einer Tauschwirtschaft mit einer Gleichgewichtsverteilung identifiziert werden könne.

Dies scheint der üblichen nationalökonomischen Auffassung zu widersprechen, die sich etwa wie folgt charakterisieren läßt: „Der Begriff des Marktgleichgewichtes ist ein zentraler tauschwirtschaftlicher Begriff. Die beiden oben in die Definition des Begriffs der Tauschwirtschaft aufgenommenen Gesetze, nämlich die Tauschwertbedingung und die Nutzenmaximierung, liefern zwar notwendige Bedingungen für das Bestehen eines Gleichgewichtes. Sie bilden jedoch auch miteinander noch keine hinreichende Bedingung für ein solches, sondern erst zusammen mit einer dritten notwendigen Gleichgewichtsbedingung, eben der Markträumung. Aus diesem Grund sollte das Markträumungsprinzip als Grundaxiom in den Begriff der Tauschwirtschaft einbezogen werden. Und die Endverteilung q^e ließe sich dann mit der Gleichgewichtsverteilung identifizieren."

Worum es bei diesem potentiellen Konflikt zwischen fachwissenschaftlicher Sicht und wissenschaftstheoretischer Betrachtungsweise geht, wollen wir durch ein physikalisches Analogiebeispiel zu illustrieren versuchen. Wir erinnern zunächst daran, daß wir zwei Kriterien benützen, um herauszubekommen, ob ein Gesetz als ein in den Kern des Basiselementes einzubeziehendes Fundamentalgesetz einer Theorie aufzufassen ist. Nach dem ersten Kriterium muß es sich um ein *Verknüpfungsgesetz* handeln, welches eine Verbindung stiftet zwischen möglichst vielen theoretischen und nicht-theoretischen Begriffen. (In Kap. 5 wurde dieser Gesichtspunkt für eine scharfe Abgrenzung der Mengen M_p und M benützt.) Unser Axiom (3)(b) von D14.2-4, also das Prinzip der Nutzenmaximierung bei Erfüllung der Tauschwertbedingung, kann als das grundlegende Verknüpfungsgesetz der Theorie der Tauschwirtschaft angesehen werden. Das Prinzip der Markträumung erbringt demgegenüber eine viel geringere Verknüpfungsleistung.

Das Analogiebeispiel sei die klassische Partikelmechanik. Wir können darin dem Prinzip der Nutzenmaximierung das zweite Axiom von NEWTON entsprechen lassen, welches alle theoretischen und nicht-theoretischen Begriffe dieser Theorie zueinander in Beziehung setzt. Dem Markträumungsprinzip korrespondiere in diesem Analogiebild das dritte Axiom von NEWTON. Im einen wie im anderen Fall bildet die viel geringere Verknüpfungsleistung *ein* Motiv für den Beschluß, das fragliche Prinzip bloß als Spezialgesetz aufzufassen. Wir werden dabei von der metawissenschaftlichen Hypothese geleitet, daß die Fundamentalgesetze von Theorien stets Verknüpfungsgesetze sind.

Doch daneben ist noch das zweite Kriterium zu berücksichtigen. Nicht jedes Verknüpfungsgesetz ist in den Basiskern einzubeziehen, nämlich dann nicht, wenn das fragliche Gesetz *nicht in sämtlichen intendierten Anwendungen* gilt. Wie verhalten sich unsere Beispiele unter diesem Aspekt? Überraschenderweise gelangen wir auch diesmal zu einer Parallele. Wir beginnen mit dem physikalischen Fall. Das dritte Axiom von NEWTON gilt nur dort, wo nach außen hin abgeschlossene physikalische Systems vorliegen. Da im Rahmen der klassischen Partikelmechanik jedoch auch nicht-abgeschlossene Systeme untersucht werden können und tatsächlich studiert werden, wäre es, wissenschaftstheoretisch betrachtet, inkorrekt, das dritte Axiom dem Basiskern der Theorie einzuverleiben. Analog gibt es Anwendungen der Tauschwirtschaft, in denen die Markträumungsbedingung nicht erfüllt ist, weil *kein Gleichgewichtszustand* vorliegt. In

Theorien des Marktungleichgewichtes werden derartige Fälle sogar systematisch studiert.

Jetzt können wir die Wurzel des angedeuteten Konfliktes lokalisieren und zugleich schildern, wie er am zweckmäßigsten zu beheben ist. Wenn ein Physiker zu einer Forschergruppe gehört, die sich niemals mit nicht-abgeschlossenen Systemen beschäftigt, so kann er sich bei seinen Untersuchungen so verhalten, als sei das dritte Axiom ein Bestandteil des Fundamentalgesetzes seiner Theorie. Und in ähnlicher Weise kann sich ein Nationalökonom, der ausschließlich Gleichgewichtszustände studiert, für seine Zwecke von der Arbeitshypothese leiten lassen, das Prinzip der Markträumung sei ein Grundaxiom seiner Theorie.

Eine solche Position kann man tolerieren, obwohl sie wissenschaftstheoretisch nicht ganz korrekt ist. Der Wissenschaftsphilosoph muß nämlich unterscheiden zwischen den Aufgabenstellungen einer wissenschaftlichen Disziplin als solcher und den evtl. viel spezielleren Zielsetzungen einzelner Wissenschaftler und Forschergruppen. Die ersteren, nicht jedoch die letzteren legen den Bereich der intendierten Anwendungen fest. Daß man das erwähnte Vorgehen trotzdem tolerieren kann, beruht darauf, daß es als vereinfachende Als-Ob-Konstruktion deutbar ist. In einem solchen Fall deutet nämlich der Fachmann ein rudimentäres Theoriennetz, bestehend aus einem Theorie-Element und einer Spezialisierung davon, so, als bestünde es nur aus einem einzigen Theorie-Element, nämlich dem durch Spezialisierung hervorgegangenen. Diese Behandlung eines Theoriennetzes, als sei es ein Theorie-Element, kann die praktische Arbeit vereinfachen. Wenn die Umstände es verlangen, kann man die Vereinfachung rückgängig machen, indem man das ad hoc zurechtgelegte Theorie-Element wieder ‚auseinanderzieht' und in das zweigliedrige Netz zurückübersetzt.

Im wirtschaftswissenschaftlichen Fall ergibt sich dabei eine zusätzliche Komplikation, auf die BALZER in [Proper Reconstruction] auf S. 189 hinweist. Nationalökonomen haben, wie viele andere Fachwissenschaftler auch, die Neigung, *realistisch* zu denken und zu sprechen. Wenn sie den Ausdruck „Gleichgewicht" verwenden, dann meinen sie damit häufig gar nicht den innerhalb einer Theorie konzipierten Begriff, sondern einen Gleichgewichtszustand ‚in der wirtschaftlichen Realität', der allen Konzeptualisierungen gegenüber primär ist und die empirische Basis für die Prüfung theoretischer Gleichgewichtszustände bildet. Für das Bestehen eines derartigen wirklichen Gleichgewichtszustandes gibt es (mindestens) drei notwendige Bedingungen: erstens daß alle beteiligten Wirtschaftssubjekte ihren Nutzen maximieren; zweitens daß alle Märkte geräumt sind; und drittens daß während einer gewissen Mindestzeitspanne die Preise, Nutzenbewertungen und verfügbaren Güter konstant bleiben. Die letzte dieser Bedingungen zeigt, daß innerhalb dieser realistischen Betrachtung die *dynamische* Denkweise überwiegt, bei der die Zeit eine Rolle spielt. Es muß daher von vornherein bezweifelt werden, ob *eine rein statische Theorie*, wie die Theorie ÖKO, in der von der Zeit völlig abstrahiert wird, überhaupt dafür geeignet ist, reale Gleichgewichtszustände zu erfassen. (Dazu die folgende gedankliche Gegenprobe: Kaum ein in der skizzierten Weise ‚realistisch' denkender Nationalökonom wird von einem System, dessen Preise,

Nutzenbewertungen und Nachfragefunktionen sich ständig ändern, sagen wollen, daß es sich im Gleichgewichtszustand befindet, selbst wenn die beiden erstgenannten Bedingungen: Nutzenmaximierung und Markträumung, zu jedem Zeitpunkt erfüllt sind.) Um den durch die realistische Denkneigung hervorgerufenen Gefahren zu begegnen, wäre es vielleicht zweckmäßig, den prätheoretischen Begriff mit „*Gleichgewicht$_{real}$*" abzukürzen, den auf die Tauschwirtschaft bezogenen mit „*Gleichgewicht$_{ÖKO}$*" und hinzuzufügen, daß diese beiden Begriffe in einem gewissen Sinn inkommensurabel sind. Denn der erste dieser Begriffe dient der Bezeichnung eines dynamischen Sachverhaltes, zu dessen Erfassung eine statische Theorie wie *ÖKO*, zu welcher der zweite Begriff gehört, prinzipiell außerstande ist.

14.2.4 Grenznutzen und Formen der Nutzenfunktion.

Im folgenden setzen wir stets eine bestimmte Tauschwirtschaft x als gegeben voraus mit $x = \langle \mathfrak{P}, G, q^a, U, p, d \rangle$ sowie $\mathfrak{P} = \{i_1, \ldots, i_n\}$ und $G = \{1, \ldots, m\}$. Wir betrachten eine Person $i \in \mathfrak{P}$, eine Güterart $k \in G$ und außerdem eine Verteilung q, welche die Tauschwertbedingung für x erfüllt, also $q \in TWB_x$. Relativ zu der tatsächlichen Ausstattung von i bei der individuellen Güterverteilung q_i kann man den Begriff des Grenznutzens des Gutes (der Art) k einführen als diejenige Änderung des Nutzens, die sich für die Person i dadurch ergibt, daß ihr eine Einheit des Gutes k mehr zur Verfügung steht als in der tatsächlichen Ausstattung. Genauer erhalten wir, wenn wir die fragliche Nutzenänderung als die Differenz des Nutzens definieren, den die Person i aus der größeren und kleineren Gütermenge zieht:

D 14.2-7 (a) Es sei $i \in \mathfrak{P}$; $k \in G$; $q \in TWB_x$. Der *Grenznutzen* $\Delta_k U_i(q_i(1), \ldots, q_i(m))$ *des Gutes k für die Person i bei der individuellen Verteilung q_i* ist definiert durch:

$\Delta_k U_i(q_i(1), \ldots, q_i(m)) := U_i(q_i(1), \ldots, q_i(k-1), q_i(k) + 1, q_i(k+1), \ldots, q_i(m)) - U_i(q_i(1), \ldots, q_i(m))$.

(b) es sei $i \in \mathfrak{P}$; $k, j \in G$; $q \in TWB_x$. Die *Substitutionsrate der Person i für die Güter k und j bei der Verteilung q* ist definiert durch:

$$SubstR(i, k, j, q) := \frac{\Delta_k U_i(q_i(1), \ldots, q_i(m))}{\Delta_j U_i(q_i(1), \ldots, q_i(m))}.$$

Die Substitutionsrate (von i bei q) ist also nichts anderes als das Verhältnis der Grenznutzen der beiden fraglichen Güter k und j.

Wenn der Nutzen für eine Person mit größer werdender Gütermenge wächst, so sagt man, die Nutzenfunktion dieser Person sei eine *normale* Nutzenfunktion oder sie habe die *Normalform*. Dieser Begriff kann gleich für die in x vorkommende globale Nutzenfunktion definiert werden:

D 14.2-8 U hat *Normalform* (oder ist eine *normale Nutzenfunktion*) gdw für alle $i \in \mathfrak{P}$ und $k \in G$ sowie für alle $r_1, \ldots, r_m \in \mathbb{R}_0^+$:
$\Delta_k U_i(r_1, \ldots, r_m) \geqq 0$.

Die Einsetzung in die vorangehende Definition zeigt, daß diese Bestimmung genau das liefert, was intendiert ist: Die Person i zieht aus derjenigen der beiden Ausstattungen, bei der vom k-ten Gut eine Einheit mehr verfügbar ist, während in bezug auf die Mengen der übrigen Güterarten alles gleich bleibt, einen größeren Nutzen als aus der anderen Ausstattung. (Vgl. bei BALZER, [Empirische Theorien], die Veranschaulichung des Sachverhaltes auf S. 96 sowie die Diskussion auf S. 97. Eine analoge Veranschaulichung zur folgenden Definition findet sich dort auf S. 99).

Für viele Zwecke ist es nützlich, den Begriff der Tauschwirtschaft mit normaler Nutzenfunktion zur Verfügung zu haben.

D 14.2-9 $x \in M^2(\ddot{O}KO)$ (x ist eine *Tauschwirtschaft mit normaler Nutzenfunktion* gdw es ein $\mathfrak{P}, G, q^a, U, p, d$ gibt, so daß
(1) $x = \langle \mathfrak{P}, G, q^a, U, p, d \rangle$;
(2) $x \in M(\ddot{O}KO)$, d.h. x ist eine Tauschwirtschaft;
(3) U hat Normalform.

Analog wie im Fall der Markträumung handelt es sich auch hier um eine Spezialisierung der Theorie der Tauschwirtschaft, da gilt: $M^2(\ddot{O}KO) \subseteq M(\ddot{O}KO)$.

Als nächstes führen wir das Gesetz vom abnehmenden Grenznutzen ein, zunächst auf eine bestimmte Person und dann auf eine Tauschwirtschaft bezogen. Die leitende Grundidee ist dabei die folgende: Der Nutzenzuwachs, den eine Person aus einer zusätzlichen Einheit eines Gutes *bei gegebener Anfangsausstattung* zieht, ist größer als der Nutzen, den sie aus einer zusätzlichen Einheit dieses Gutes *bei größerer Anfangsausstattung* zieht. Genauer sagen wir:

Für die Person $i \in \mathfrak{P}$ gilt bezüglich des Gutes $k \in G$ das *Gesetz vom abnehmenden Grenznutzen* gdw für alle $r_1, \ldots, r_m \in \mathbb{R}_0^+$ gilt:

$$\Delta_k U_i(r_1, \ldots, r_{k-1}, r_k+1, \ldots, r_m) \leq \Delta_k U_i(r_1, \ldots, r_m).$$

D 14.2-10 $x \in M^3(\ddot{O}KO)$ (x ist eine *Tauschwirtschaft, in der das Gesetz vom abnehmenden Grenznutzen gilt*) gdw es ein $\mathfrak{P}, G, q^a, U, p, d$ gibt, so daß
(1) $x = \langle \mathfrak{P}, G, q^a, U, p, d \rangle$;
(2) $x \in M(\ddot{O}KO)$, d.h. x ist eine Tauschwirtschaft;
(3) für sämtliche Personen $i \in \mathfrak{P}$ gilt bezüglich jedes Gutes $k \in G$ das Gesetz vom abnehmenden Grenznutzen.

Es gilt: $M^3(\ddot{O}KO) \subseteq M^2(\ddot{O}KO)$.

In der heutigen Fachliteratur wird häufig eine andere Formulierung benützt, die mit dem Gesetz vom abnehmenden Grenznutzen äquivalent ist. Dafür benötigt man den mathematischen Begriff der strengen Konvexität. Eine Funktion $\varphi : \mathbb{R}^n \to \mathbb{R}$ heißt *streng konvex* gdw für alle $\mathfrak{x}_1, \mathfrak{x}_2 \in \mathbb{R}^n$ mit $\mathfrak{x}_1 \neq \mathfrak{x}_2$ sowie für alle $\alpha \in \mathbb{R}$ mit $0 < \alpha < 1$ gilt: $\alpha \varphi(\mathfrak{x}_1) + (1-\alpha)\varphi(\mathfrak{x}_2) < \varphi(\alpha \mathfrak{x}_1 + (1-\alpha)\mathfrak{x}_2)$. Wenn wir, wie üblich, das Argument rechts eine konvexe Kombination der Vektoren $\mathfrak{x}_1$ und $\mathfrak{x}_2$ nennen und analog den linken Wert als eine konvexe Kombination der beiden Funktionswerte bezeichnen, so besagt die Ungleichung: Die konvexe

Kombination zweier Funktionswerte ist kleiner als der Funktionswert der entsprechenden konvexen Kombination der Argumente, das Wort „entsprechend" in dem Sinn verstanden, daß beide Male dieselbe reelle Zahl α gewählt wird.

Unter Verwendung dieses Begriffs kann eine Tauschwirtschaft, für die das Gesetz vom abnehmenden Grenznutzen gilt, in der Weise definiert werden, daß die Bestimmung (1) der letzten Definition übernommen wird, während (2) und (3) durch die folgenden Aussagen ersetzt werden:

(2′) $x \in M^2(\ddot{O}KO)$, d.h. x ist eine Tauschwirtschaft mit normaler Nutzenfunktion;

(3′) U ist streng konvex.

Am Ende von 14.2.1 sind wir auf die Definitionsmöglichkeiten von d bei geeigneten Spezialisierungen zu sprechen gekommen. Wir haben hier getrennt die Spezialisierungen durch verschiedene besondere Annahmen über die Nutzenfunktion einerseits und durch die Markträumung andererseits betrachtet. Wenn man diejenige wählt, die HASLINGER in [Alternative View] für seine Darstellung benützt und auf die sich das fragliche Theorem von BALZER bezieht, so muß man in unserer Symbolik den Durchschnitt $M^1 \cap M^3$ bilden. Dann gilt also in der Tat:

Th. 14.2-1 Wählt man q^e statt d als Grundbegriff, so ist d in $M^1(\ddot{O}KO) \cap M^3(\ddot{O}KO)$ definierbar.

Für den Beweis vgl. BALZER, [Exchange Economics] und [Proper Reconstruction].

Bisweilen wird die mathematische Form der Nutzenfunktion noch wesentlich genauer beschrieben. Ein Beispiel bildet die Stone-Geary-Nutzenfunktion. (Vgl. dazu auch BALZER, [Empirische Theorien], S. 100f.) i sei eine beliebige Person. $g_1, \ldots, g_m$ seien reelle Konstante, die angeben, wieviele Einheiten von den jeweiligen Gütern $1, \ldots, m$ die Person zur Verfügung haben muß, um leben zu können. Die Zahlen $r_1, \ldots, r_m$ sollen die tatsächliche individuelle Ausstattung von i angeben. Weiter werde angenommen, daß die m verschiedenen Güterarten mit verschiedenen Wichtigkeitskoeffizienten oder Gewichten in die Nutzenfunktion eingehen; $\beta_1, \ldots, \beta_m$ seien diese Gewichte.

Für die Tauschwirtschaft x und die Person $i \in \mathfrak{P}$ heißt die individuelle Nutzenfunktion U_i eine *Stone-Geary-Nutzenfunktion* gdw es $\beta_1, \ldots, \beta_m$, $g_1, \ldots, g_m \in \mathbb{R}^+$ gibt, so daß für alle $r_1, \ldots, r_m \in \mathbb{R}$:

$$U_i(r_1, \ldots, r_m) = \sum_{i=1}^{m} \beta_i \cdot \log(r_i - g_i).$$

Wenn in D14.2-9 die Bestimmung (3) ersetzt wird durch:

(3) für alle $i \in \mathfrak{P}$ ist U_i eine Stone-Geary-Nutzenfunktion,

so erhalten wir das Definiens für das Prädikat „x ist eine Stone-Geary-Tauschwirtschaft" oder abgekürzt: „$x \in M^4(\ddot{O}KO)$".

Nachweislich ist in einer Stone-Geary-Tauschwirtschaft das Gesetz vom abnehmenden Grenznutzen erfüllt, d.h. es gilt:

$M^4(\ddot{O}KO) \subseteq M^3(\ddot{O}KO)$.

14.2.5 Theoretizität, partielle Tauschwirtschaften, Querverbindungen und Kerne.

Potentielle Modelle und Modelle der Theorie $\ddot{O}KO$ sind Strukturen von der Gestalt $x = \langle \mathfrak{P}, G, q^a, U, p, d \rangle$. In der Frage der Theoretizität ergaben sich im Verlauf der Diskussion, die darüber stattgefunden hat, Änderungen, die einerseits durch die Kritik von fachwissenschaftlicher Seite, andererseits durch die Entwicklung der vorliegenden Metatheorie bedingt waren. Ursprünglich hatte BALZER das intuitive Kriterium aus BALZER und MOULINES, [Theoreticity], zugrunde gelegt und war zu dem Ergebnis gelangt, daß der Begriff bzw. der Term $\bar{U}$, also der die Nutzenfunktion ausdrückende Term, theoretisch sei. (Die Ausdrücke „Begriff" bzw. „Term" wurden hier so verwendet wie in Kap. 5; vgl. insbesondere D 5-7.) Dies entspricht nicht den Auffassungen der Wirtschaftswissenschaftler. Den Grund dafür hat HASLINGER in [Alternative View] auf S. 121 klar formuliert. Der Nutzenfunktion liegt, wie dies auch BALZER in [Empirische Theorien] auf S. 107ff. ausführlich schildert, jeweils eine Präferenzordnung zugrunde. Diese Präferenzstruktur kann zumindest approximativ auf rein empirische Weise, und damit unabhängig von der Theorie, ermittelt werden, indem man das fragliche Wirtschaftssubjekt mit einer großen Anzahl von Güterbündeln konfrontiert und seine Reaktion darauf registriert. Dadurch gewinnt man eine Ordnung zwischen diesen Güterkombinationen.

Die Hauptquelle für die Gewinnung eines unrichtigen Resultates dürfte, wie BALZER in [Messung], S. 209 hervorhebt, darin zu erblicken sein, daß in jenem älteren Kriterium auch rein mathematische Bestimmungmethoden als Meßmodelle zugelassen worden sind. Zum Unterschied davon gelangt man aufgrund des neuen, in Kap. 6 geschilderten Kriteriums von BALZER zu folgendem Resultat:

Th. 14.2-2 *Die Terme q^a und U sind $\ddot{O}KO$-nicht-theoretisch. Dagegen sind die beiden Terme p und d, bzw. p und q^e, $\ddot{O}KO$-theoretisch.*

Der Nachweis hierfür findet sich bei BALZER, [Messung], auf S. 207/208, unter Benützung von Lemma 4 bis 6 auf S. 205/206. Der dortige Beweis bezieht sich zwar nur auf den Begriff q^e und nicht auf den damals noch nicht verwendeten Begriff d. Er überträgt sich jedoch auf diesen komplexeren Begriff, durch den q^e in der früher angegebenen Weise definiert werden kann.

Dieser Lehrsatz ist nicht nur deshalb bemerkenswert, weil er den Einklang mit der Auffassung der Fachleute wiederherstellt, sondern auch deshalb, weil er zeigt, daß hier die Diskussion über die Natur der Theoretizität in einem Resultat einmündete, welches mit der *Änderung der Metatheorie* übereinstimmt. Anders ausgedrückt: Die beiden formalen Kriterien von GÄHDE und von BALZER liefern nicht bloß eine *Präzisierung* des Kriteriums, sondern *ändern* es auch inhaltlich. Den hier erzielten Einklang mit den fachwissenschaftlichen Vorstellungen kann man als ein empirisches Symptom für die Überlegenheit des formalen Kriteriums gegenüber dem intuitiven Kriterium betrachten.

D 14.2-11 $y \in M_{pp}(\ddot{O}KO)$ (y ist ein *partielles potentielles Modell von ÖKO*) gdw es ein $\mathfrak{P}, G, q^a, U$ gibt, so daß gilt:
(1) $y = \langle \mathfrak{P}, G, q^a, U \rangle$;
(2) $\mathfrak{P} = \{i_1, \ldots, i_m\}$ ist eine endliche Menge von Personen;
(3) $G = \{1, \ldots, m\}$ ($= \mathbb{N}_m$) ist eine endliche Menge von Güterarten;
(4) q^a ist eine globale Anfangsverteilung der Güter, d.h. $q^a: \mathfrak{P} \times G \to \mathbb{R}_0^+$;
(5) U ist eine globale Nutzenfunktion, die beliebig oft differenzierbar ist, d.h. $U: \mathfrak{P} \times (\mathbb{R}_0^+)^m \to \mathbb{R}$ und U ist C^∞.

Hinsichtlich der Frage der Querverbindungen beschränken wir uns auf die Wahl eines einzigen solchen Gesetzes höherer Ordnung, nämlich des Analogons zum Identitätsconstraint für die Massenfunktion in der klassischen Partikelmechanik. Wir nennen sie die *Querverbindung der Konstanz* (oder, wie einige es vorziehen würden zu sagen: *der Stabilität*) *der Nutzenfunktion*.

D 14.2-12 $X \in Q(\ddot{O}KO)$ (X erfüllt die *Querverbindung der Stabilität der Nutzenfunktion*) gdw gilt:
(1) $X \subseteq M_p(\ddot{O}KO)$;
(2) $X \neq \emptyset$;
(3) für alle $x, y \in X$ sowie für alle Personen i: wenn $i \in \mathfrak{P}^x \cap \mathfrak{P}^y$, dann $U_i^x = U_i^y$.

(Dabei sind $\mathfrak{P}^x$ und $\mathfrak{P}^y$ die Mengen der Personen der Strukturen x und y und analog U^x und U^y die Nutzenfunktionen der beiden Strukturen.)

Die erwähnte Analogie zur Mechanik beschränkt sich auf den rein formalen Aspekt. Denn inhaltlich betrachtet haben die beiden Querverbindungen in diesen beiden Disziplinen einen sehr verschiedenen Status. In der Mechanik ist die Identitätsquerverbindung für die Masse fast eine Selbstverständlichkeit. In der Tauschwirtschaft ist die eben definierte Querverbindung hingegen *das Produkt einer sehr starken Idealisierung*. Sie beinhaltet ja die Behauptung, daß die Nutzenfunktion einer Person sich nicht ändert, wenn diese Person von einem Modell in ein anderes überwechselt. Denn nur im Fall eines solchen ‚Überwechselns' überschneiden sich die Modelle in dieser Person. Tatsächlich dürfte diese Bedingung recht selten erfüllt sein, da die Menschen sich ändern und zwar gerade auch in den Eigenschaften, die für die Tauschwirtschaft von Relevanz sind. Darin liegt vermutlich einer der Gründe für die begrenzte Anwendbarkeit tauschwirtschaftlicher Theorien, ebenso wie anderer ökonomischer Theorien.

Der Kern des Basiselementes kann analog eingeführt werden wie in den übrigen Fällen.

D 14.2-13 $K(\ddot{O}KO)$ ist der *Kern* des Basiselementes von ÖKO gdw es ein M_p, M, M_{pp} und Q gibt, so daß
(1) $K = \langle M_p, M, M_{pp}, Q \rangle$;

(2) M_p ist die Klasse aller potentiellen Modelle von $\ddot{O}KO$
   $(M_p := M_p(\ddot{O}KO))$;
(3) M ist die Klasse aller Modelle von $\ddot{O}KO$ $(M := M(\ddot{O}KO))$;
(4) M_{pp} ist die Klasse aller partiellen potentiellen Modelle von $\ddot{O}KO$
   $(M_{pp} := M_{pp}(\ddot{O}KO))$;
(5) Q ist die Querverbindung der Stabilität der Nutzenfunktion.

14.2.6 Intendierte Anwendungen und empirische Behauptung. Wie immer muß die Menge I der intendierten Anwendungen die formale Minimalbedingung erfüllen:

$$I \subseteq M_{pp}(\ddot{O}KO).$$

Als paradigmatische Beispiele aus I_0 kann man bestimmte kleine Gesellschaften wählen, welche die Bedingungen von D 14.2-11 erfüllen. Diese Gesellschaften bestehen aus endlich vielen Personen, denen allen je eine Nutzenfunktion (oder ein zugrunde liegendes Präferenzsystem) zugeschrieben werden kann und auf die Mengen endlich vieler Güterarten anfänglich verteilt sind. Die in BALZER, [Empirische Theorien], auf S. 68ff. geschilderten Fälle können als derartige Beispiele angesehen werden.

Lassen wir für einen Moment die Querverbindungen außer Betracht, so können wir die empirische Behauptung in einer der beiden folgenden Fassungen formulieren:

(a) Zu jedem $y \in I$ gibt es eine Funktion p sowie eine Funktion (ein Funktional) d, so daß $\langle y, p, d \rangle \in M(\ddot{O}KO)$;
(b) zu jedem $y \in I$ gibt es ein $x \in M(\ddot{O}KO)$, so daß $y = r^0(x)$, oder noch kürzer: $I \subseteq r^1(M)$.

Das Problem der theoretischen Terme ist hier, woran nochmals erinnert sei, in der üblichen Weise zum Verschwinden gebracht worden. Da die Sätze (a) und (b) Ramsey-Gestalt haben, brauchen bei ihrer empirischen Überprüfung die beiden nur theorienabhängig meßbaren Größen nicht ermittelt zu werden; denn die Annahme, daß sie meßbar seien, wird hier abgeschwächt zu der Annahme ihrer bloßen Existenz. Die Beantwortung dieser Frage aber ist, nach erfolgter Ermittlung der relevanten nicht-theoretischen Daten, eine logisch-mathematische, also keine empirische Aufgabe.

Je nachdem, ob man derartige Funktionen stets finden kann oder nicht, ist diese abgeschwächte Behauptung empirisch gehaltleer oder empirisch gehaltvoll. Was uns jedoch im ersten Schritt wirklich zu interessieren hat, ist die Frage, ob die dem *Basiselement* $\langle K, I \rangle$, mit K aus D 14.2-13, zugeordnete empirische Aussage gehaltvoll ist oder nicht. Hier muß natürlich auch die Querverbindung Q verwendet werden. In diesem Fall ist die Antwort eindeutig bejahend, da die in verschiedenen intendierten Anwendungen vorkommenden Personen nicht die Stabilität der Nutzenfunktion zu erfüllen brauchen. Personen sind, wie wir bereits früher betonten, keine unveränderlichen Entitäten; insbesondere sind ihre Präferenzen meist einem Wandel unterworfen.

Gerade diese ‚Wirklichkeitsferne' in der Annahme der Stabilität der Nutzenfunktion könnte einen dazu veranlassen, anders zu reagieren, nämlich zu sagen: Nationalökonomische Theorien von der hier betrachteten Art beanspruchen überhaupt nicht, empirische Theorien zu sein, die bestimmte *reale Anwendungen* beschreiben und das, was darin vorkommt, erklären. Vielmehr handle es sich dabei um *reine Theorien*, die einerseits so starke Idealisierungen enthalten, daß jeder echte Wirklichkeitsbezug wegfällt, die aber andererseits doch dazu beitragen, eine prinzipielle Einsicht in gewisse Aspekte eines Bereiches von Phänomenen dadurch zu liefern, daß sie diesen Bereich in bestimmter Weise strukturieren. Nimmt man diese Position ein, so fallen alle Fragen fort, die mit intendierten Anwendungen und auf diese bezogenen empirischen Behauptungen zu tun haben. (Zum Begriff der *reinen Theorie* vgl. auch BALZER, [Empirische Theorien], S. 127f.)

Stellt man sich hingegen nicht auf diesen Standpunkt, sondern hält die empirische Anwendung für prinzipiell möglich, so kann die analoge Frage für die Spezialisierungen aufgeworfen werden. Und da muß dann die Antwort analog lauten wie in bezug auf Q: Ebenso wie die Aussage der Stabilität der Nutzenfunktion im Prinzip empirisch widerlegbar ist, so sind auch solche Prinzipien wie das der Markträumung oder der Normalität der Nutzenfunktion potentiell falsifizierbar: die Märkte *müssen nicht* nach Beendigung der Tauschprozesse geräumt sein; und die Nutzenfunktion *muß nicht* normale Gestalt haben (und sei letzteres auch nur wegen Übersättigung einiger Konsumenten). In allen diesen Fällen ist also der empirische Gehalt sicherlich gegeben.

Wenn die Theorie der Tauschwirtschaft und ähnliche ökonomische Theorien für interessante Fälle *empirisch erfolgreich* angewendet werden können, so nur dadurch, daß der Apparat entsprechend verfeinert wird und daß man Verfahren der sukzessiven Annäherung oder Approximation an die ökonomische Realität einführt. Ob man einen solchen Weg einschlagen oder sich auf die Position der reinen Theorie zurückziehen soll, ist eine Frage, die nicht der Wissenschaftsphilosoph zu beantworten hat, sondern allein der dafür zuständige Fachmann.

Technische Anmerkung. In der nationalökonomischen Fachliteratur werden Preise und Verteilungen gewöhnlich nicht als Funktionen p und q, sondern als *Vektoren* eingeführt. Wegen des endlichen Argumentbereiches von p und q ist diese Behandlungsweise stets im Prinzip möglich. Statt mit der Funktion wird bei diesem Alternativmodell mit dem endlichen Werte-Tupel dieser Funktion für alle Argumente gearbeitet. Der Vorteil dieses Verfahrens zeigt sich vor allem bei der Nachfragefunktion; denn diese kann dort als Funktion von Vektoren in Vektoren eingeführt werden, während wir sie als Funktional behandeln mußten. Dieser prima-facie-Vorteil wird jedoch kompensiert durch den Zwang, viele Indizes verwenden zu müssen. Wir haben uns hier für die Funtionenschreibweise entschieden, da diese bei physikalischen Theorien unvermeidlich ist und daher sowohl in den allgemeinen Teilen dieses Buches als auch für andere Beispiele verwendet wurde. Diejenigen Leser, welche sich für die mehrfach erwähnte Diskussion genauer interessieren, seien darauf aufmerksam gemacht, daß sich HASLINGER in [Alternative View] der Vektorenschreibweise bedient.

Historische Anmerkung. Die drei kritischen Problempunkte in der Diskussion zwischen BALZER und HASLINGER seien nochmals zusammenfassend hervorgehoben:

(1) Der erste Einwand von HASLINGER betraf die Auslassung der Nachfragefunktion. Diesen Punkt haben wir unmittelbar im Anschluß an D14.2-4 zur Sprache gebracht.

(2) Die zweite Kritik bezog sich auf das Fehlen der Markträumungsbedingung in den Grundaxiomen. Diese Frage wurde in 14.2.3 erörtert.

(3) In seinem dritten Einwand führte HASLINGER Gründe dafür an, warum die ursprüngliche Vermutung BALZERs, die Nutzenfunktion sei theoretisch, nicht zutreffend sei. Wie in 14.2.5 hervorgehoben wurde, ist diese Kritik berechtigt und steht im Einklang mit dem von BALZER in [Messung] benützten formalen Theoretizitätskriterium. Damit ist zugleich an einem konkreten Beispiel demonstriert wroden, daß der Übergang vom ursprünglichen intuitiven zum formalen Kriterium einen Wandel der metatheoretischen Auffassungen widerspiegelt und nicht bloß eine Präzisierung dieser Auffassungen darstellt. Zugleich darf man darin wohl einen wenn auch nur partiellen und indirekten Hinweis darauf erblicken, daß das neue Kriterium adäquat ist. Denn wenn die Fachleute der gemeinsamen Überzeugung sind, daß der Nutzen eine unabhängig von der tauschwirtschaftlichen Theorie meßbare Funktion ist, so sollte ein adäquates Kriterium diese Überzeugung respektieren, d.h. mit ihr im Einklang stehen. Und dies ist hier der Fall.

Literatur

BALZER, W. [Empirische Theorien], *Empirische Theorien: Modelle-Strukturen-Beispiele*, Braunschweig 1982.
BALZER, W. [Exchange Economics], "A Logical Reconstruction of Pure Exchange Economics", *Erkenntnis* 17 (1982), S. 23–46.
BALZER, W. [Messung], *Messung im strukturalistischen Theorienkonzept*, Habilitationsschrift, München 1982 (erscheint unter dem Titel *Theorie und Messung* bei Springer).
BALZER, W. [Proper Reconstruction], "The Proper Reconstruction of Exchange Economics", *Erkenntnis* 23 (1985), S. 185–200.
BALZER, W. und C.U. MOULINES [Theoreticity], "On Theoreticity", *Synthese* 44 (1980), S. 467–494.
HASLINGER, F. [Alternative View], "A Logical Reconstruction of Pure Exchange Economics: An Alternative View", *Erkenntnis* 20 (1983), S. 115–129.

14.3 Die Bayessche Entscheidungstheorie nach R. Jeffrey

14.3.0 Das Thema. SNEED hat in [Decision Theory] eine besonders elegante Fassung der Entscheidungstheorie, die auf R. JEFFREY zurückgeht, im strukturalistischen Rahmen rekonstruiert und diskutiert. Es kann als ein glücklicher Zufall betrachtet werden, daß eben diese Jeffreysche Variante der Entscheidungstheorie bereits viel früher im Kap. I des vierten Bandes dieser Reihe systematisch und ausführlich behandelt worden ist. (Vgl. [Rationale Entscheidung], S. 287–385, insbesondere Abschn. 7: *Die einheitliche Theorie von Jeffrey*, S. 323ff.) Wir können an dieser Stelle daher sowohl darauf verzichten, allgemeine Betrachtungen über die Entscheidungslogik anzustellen, als auch darauf, die Eigentümlichkeiten der Theorie von JEFFREY im einzelnen hervorzuheben. Der daran näher interessierte Leser findet diese Informationen a.a.O. auf S. 287ff. und S. 323ff.

Die gegenwärtige Behandlung dieser Variante der Entscheidungstheorie ist jedoch für sich abgeschlossen und von den Erörterungen in jenem Band unabhängig. Lediglich für gewisse beweistechnische Details werden wir auf dortige Resultate verweisen. Zwecks besserer Anpassung an die Formulierungen von SNEED sollen einige terminologische Änderungen vorgenommen werden.

Wo immer die dadurch entstehenden Unterschiede beim Vergleich mit der Darstellung in [Rationale Entscheidung] zu einer Konfusion führen könnten, machen wir ausdrücklich darauf aufmerksam. Zum Unterschied von der Behandlung bei SNEED werden wir jedoch die bisherige mengentheoretische Methode beibehalten. SNEED selbst benützt im zitierten Aufsatz bereits den abstrakteren kategorientheoretischen Formalismus.

Zunächst sei daran erinnert, daß die Entscheidungstheorie verschieden interpretiert werden kann. Nach *einer* möglichen Deutung handelt es sich um eine *deskriptive* Theorie, deren Aufgabe darin besteht, Erklärungen dafür zu liefern, wie Menschen tatsächlich Entscheidungen treffen. Gemäß einer *anderen* Deutung ist es eine *normative* Theorie, die Empfehlungen darüber ausspricht, wie Entscheidungen getroffen werden sollen. Vermutlich gibt es weitere Interpretationen, die zwischen diesen beiden Extremen liegen. Wir werden hier von der Frage, welche Deutung angemessen ist, vollkommen abstrahieren. Dazu sind wir aufgrund der folgenden Überlegung berechtigt: Worum es uns hier geht, ist die *logische Struktur* der Entscheidungstheorie in der Fassung von JEFFREY sowie die *logische Struktur* der dieser Theorie zugeordneten Behauptung. Die eben angedeuteten Unterschiede betreffen dagegen etwas anderes, nämlich den *Modus* dieser Behauptung. Den letzteren können wir vollkommen offen lassen. Wir sehen also einfach davon ab, ob diese Behauptung im deklarativen Modus, im imperativen Modus oder in einem von diesen beiden Modi verschiedenen Modus aufzufassen ist. Bei Vor- und Zwischenbetrachtungen, die allein der Erläuterung dienen, werden wir allerdings so tun, *als ob* die Theorie im deskriptiven Modus abgefaßt sei. Dies geschieht nur aus Gründen der Einfachheit. Die gewöhnlich benützte Deutung ist demgegenüber die normative. Legt man diese zugrunde, so erhält man erstmals eine im strukturalistischen Rahmen dargestellte normative Theorie. Die dieser Theorie zugeordnete Behauptung darf man dann natürlich *nicht* als *empirische* Behauptung der Theorie bezeichnen, wie wir dies in allen übrigen Fällen getan haben und noch tun werden.

14.3.1 Die nicht-theoretischen Strukturen und intendierten Anwendungen.

Wir nehmen an, daß den Gegenstand der Theorie von JEFFREY das Verhalten einer einzigen Person bildet, die wir als *den Handelnden* bezeichnen. Unter Zugrundelegung der oben erwähnten ‚deskriptiven Fiktion' beschreibt die Theorie das Verhalten dieser Person mittels der Präferenzen, die diese Person besitzt, und zwar sowohl mit Hilfe der Präferenzen bezüglich dessen, was sich ereignen könnte, als auch mit Hilfe der Präferenzen in bezug auf das, was die Person tun könnte.

Üblicherweise wird in der Entscheidungstheorie zwischen drei Arten von Entitäten unterschieden, nämlich den jeweiligen *Umständen*, den *Handlungen* und den *Resultaten* dieser Handlungen. Die Theorie von JEFFREY ist in dem Sinn eine *einheitliche* Theorie, als sie diese drei Arten von Entitäten auf eine einzige reduziert, nämlich auf *Propositionen*, welche dazu verwendet werden, um alle diese Dinge: Umstände, Handlungen und Handlungsresultate, zu beschreiben.

Dementsprechend können wir annehmen, daß eine einheitliche qualitative Präferenzordnung für Propositionen vorliegt, die für je zwei vorgegebene Propositionen angibt, welche davon der Handelnde subjektiv für wünschbarer hält. (Für Details vgl. [Rationale Entscheidung], S. 326.)

Das handelnde Verhalten unserer Person kommt in der Theorie selbst nicht vor. Daß die Person dasjenige tut, was sie für das Wünschenswerteste hält, wird innerhalb der gegenwärtigen Rekonstruktion Bestandteil *der informellen Beschreibung der intendierten Anwendungen* der Theorie.

Wir gehen jetzt zu einer präziseren Charakterisierung über. Die Präferenzen des Handelnden werden durch eine zweistellige Relation über einer Menge von Propositionen angegeben. Die Propositionen dienen dazu, sowohl dasjenige zu beschreiben, was sich ereignen könnte, als auch dasjenige, was die Person tun könnte. Die Gesamtheit der Propositionen soll die Struktur einer Booleschen Algebra haben mit „$\wedge$" für die Konjunktion, „$\vee$" für die Adjunktion, „$\neg$" für die Negation, „t" für die Tautologie (*Verum*) und „f" für die Kontradiktion (*Falsum*). (Im Unterschied zum Vorgehen von JEFFREY soll hier f in die Algebra der Propositionen eingeschlossen werden.)

Vollständigkeitshalber erinnern wir an die Definition des Begriffs der Booleschen Algebra (des Booleschen Verbandes). $\mathfrak{B}$ ist eine *Boolesche Algebra* gdw es eine Menge B, zwei zweistellige Operationen $\wedge$ und $\vee$ auf B, eine einstellige Operation $\neg$ auf B sowie zwei Elemente $t, f \in B$ gibt, so daß $\mathfrak{B} = \langle B, \wedge, \vee, \neg, t, f \rangle$ und alle $x, y, z \in B$ die folgenden Gesetze erfüllen:

1. *Idempotenz:*   (a) $x \wedge x = x$;
                        (b) $x \vee x = x$.
2. *Kommutativität:* (a) $x \wedge y = y \wedge x$;
                        (b) $x \vee y = y \vee x$.
3. *Assoziativität:*   (a) $x \wedge (y \wedge z) = (x \wedge y) \wedge z$;
                        (b) $x \vee (y \vee z) = (x \vee y) \vee z$.
4. *Verschmelzung:* (a) $x \wedge (x \vee y) = x$;
                        (b) $x \vee (x \wedge y) = x$.
5. *Distributivität:*   (a) $x \wedge (y \vee z) = (x \wedge y) \vee (x \wedge z)$;
                        (b) $x \vee (y \wedge z) = (x \vee y) \wedge (x \vee z)$.
6. *Komplementarität:* (a) $x \wedge \neg x = f$;
                           (b) $x \vee \neg x = t$;
                           (c) $f \wedge x = f$;
                           (d) $t \vee x = t$.

Wenn die Elemente der Booleschen Algebra so wie im folgenden als Propositionen aufgefaßt werden, ist „$=$" als Zeichen für logische Äquivalenz zu lesen.

Die Theorie von JEFFREY werde mit „*Jeff*" abgekürzt. Jede der nichttheoretischen Strukturen dieser Theorie, also die Elemente von $M_{pp}(Jeff)$, auch *Präferenzstrukturen* genannt, haben die Gestalt einer Booleschen Algebra, zusammen mit einer zweistelligen Relation $\leq$, die als Präferenzrelation verstanden wird. Sie soll die formalen Merkmale der Reflexivität, Konnexität und Transitivität besitzen. (Die Reflexivität wäre prinzipiell entbehrlich, da sie eine Folgerung des Ramsey-Sneed-Satzes der Theorie bildet.)

D14.3-1 $X \in M_{pp}(Jeff)$ (X ist ein *partielles potentielles Modell* von *Jeff* oder X ist eine *Präferenzstruktur*) gdw es ein $\mathfrak{B}$ und ein $\leq$ gibt, so daß

(1) $X = \langle \mathfrak{B}, \leqq \rangle$;
(2) $\mathfrak{B} = \langle B, \wedge, \vee, \neg, t, f \rangle$ ist eine Boolesche Algebra;
(3) $\leqq$ ist eine zweistellige Relation auf B, so daß für alle $x, y, z \in B$:
  (a) $x \leqq x$ (Reflexivität);
  (b) $x \leqq y$ oder $y \leqq x$ (Konnexität);
  (c) wenn $x \leqq y$ und $y \leqq z$, dann $x \leqq z$.

Anmerkung. Falls man sich von vornherein auf die Theorie beschränkt, die mittels des Modellbegriffs von D14.3-3 eingeführt wird, so kann man die Transitivitätsforderung (c) weglassen, da sie mittels (5) von D14.3-3 beweisbar ist.

Bevor wir dazu übergehen, die Präferenzstrukturen durch theoretische Funktionen zu ergänzen und dadurch potentielle Modelle sowie Modelle der Theorie zu erzeugen, betrachten wir kurz die intendierten Anwendungen. Deren Menge I ist als Menge von Präferenzstrukturen zu rekonstruieren. Die Elemente dieser Menge erhalten wir über Beschreibungen der Präferenzen des Handelnden bezüglich einer kleinen Anzahl von Propositionen, die zusammen eine Boolesche Struktur ausmachen. Als Beispiel könnte etwa die Boolesche Algebra $\mathfrak{B}$ dienen, die aus der Menge $\{a, h\}$ der beiden Aussagen a und h mit

a := heute ist es stark bewölkt
h := der Handelnde macht heute im nahen Wald einen Spaziergang

erzeugt wird. Wir erhalten:

$B = \{h \vee a, h \vee \neg a, \neg h \vee a, \neg h \vee \neg a, a, \neg a, h, \neg h, (h \wedge a) \vee (\neg h \wedge \neg a),$
$(\neg h \wedge a) \vee (h \wedge \neg a), h \wedge a, h \wedge \neg a, \neg h \wedge a, \neg h \wedge \neg a, f, t\}$.

Die Präferenzrelation $\leqq$ auf $\mathfrak{B}$ werde in der Weise veranschaulicht, daß $x \leqq y$ genau dann gilt, wenn x in der folgenden Tabelle unterhalb von y steht:

$$h \wedge \neg a$$
$$\neg a$$
$$\neg h \wedge \neg a, (\neg h \wedge a) \vee (h \wedge \neg a)$$
$$h \vee \neg a$$
$$h$$
$$h \vee a$$
$$f, t$$
$$\neg h \vee \neg a$$
$$\neg h$$
$$\neg h \vee a$$
$$\neg h \wedge a, (h \wedge a) \vee (\neg h \wedge \neg a)$$
$$a$$
$$h \wedge a$$

Die auf diese Weise erhaltene Präferenzstruktur $\langle \mathfrak{B}, \leqq \rangle$ möge ein Element von I sein.

Man kann sich die Elemente von I als Resultate von Experimenten gewonnen denken. Das Experiment bestehe in einem Frage-Antwort-Spiel, wobei der Befrager die Rolle des Beobachters oder Experimentators übernimmt und die Experimente in der Befragung des Handelnden über dessen Präferenzen bestehen, die sich auf bestimmte Entscheidungssituationen beziehen. Dabei kann dieselbe Situation in verschiedenen Elementen von *I* auftreten und mit verschiedener Genauigkeit oder auch mit derselben Genauigkeit beschrieben werden. Dies ist die Art und Weise, wie diesmal intendierte Anwendungen andere einschließen oder wie sie sich wechselseitig überlappen können. In mehr technischer Sprechweise: Gewisse Elemente von *I* enthalten Boolesche Algebren, die sich als Teilalgebren von Algebren erweisen, die Glieder anderer Elemente von *I* sind. Die zur Teilalgebra gehörenden Propositionen sind dann diejenigen, die in der eben benützten intuitiven Sprechweise weniger genaue Beschreibungen derselben Situation enthalten (erster Fall). Oder: Verschiedene Elemente von *I* überschneiden sich in der Weise, daß die Booleschen Algebren, die in ihnen als Glieder vorkommen, eine gemeinsame, nicht-leere Boolesche Teilalgebra enthalten (zweiter Fall). Die soeben gewählte, etwas komplizierte Ausdrucksweise ist erforderlich, um dieses ‚Überlappen' angemessen zu charakterisieren. Mit anderen Worten könnte es etwa so beschrieben werden: Wenn man zwei Elemente von *I* herausgreift, so können die beiden darin (als Erstglieder) vorkommenden Booleschen Algebren in bezug auf ihre Erstglieder (Propositionenmengen) einen nicht-leeren Durchschnitt haben; dieser Durchschnitt muß abgeschlossen sein bezüglich der Booleschen Operationen.

Falls man zwar die Relativierung der Theorie von JEFFREY auf ein und dieselbe Person beibehält, jedoch verschiedene Zeiten betrachtet, also den Zeitablauf mitberücksichtigt, so kann in zwei Elementen von *I* sogar ein und dieselbe Boolesche Algebra in Verbindung mit verschiedenen Präferenzrelationen vorkommen. Inhaltlich würde dies bedeuten, daß hier zu zwei verschiedenen Zeiten verschiedene Präferenzen des Handelnden bezüglich derselben Situation beschrieben werden.

Jedenfalls erscheint es als sinnvoll und zweckmäßig, analog zu anderen Beispielen, insbesondere denen aus der Physik, die intendierten Anwendungen der Entscheidungstheorie von JEFFREY *als eine Menge I von Präferenzstrukturen* aufzufassen, *die einander überschneiden*, nicht jedoch als Anwendung *eine einzige* ‚riesige' *Präferenzstruktur* zu fingieren (analog der riesigen ‚kosmischen' Anwendung einer physikalischen Theorie in vielen herkömmlichen wissenschaftstheoretischen Konzepten). SNEED drückt dies in der Weise aus, daß er sagt: *Im einen wie im anderen Fall sind die intendierten Anwendungen vom Typus ‚kleine Welt'*. Auch jeder Versuch, die Theorie von JEFFREY deskriptiv oder normativ anzuwenden, würde zwangsläufig dazu führen, sich auf sehr begrenzte und fragmentarische Strukturen zu beschränken. Die Behauptung der Theorie muß dann entsprechend als eine Behauptung über Präferenzstrukturen von diesem kleinen-Welt-Typus rekonstruiert werden.

14.3.2 Potentielle Modelle als Wahrscheinlichkeits-Nutzen-Strukturen. Wer noch nichts vom strukturalistischen Vorgehen gehört hat, wird vermuten, daß alles Theoretisieren über Präferenzstrukturen in der folgenden Weise verläuft: Durch Hinzufügung weiterer Axiome zu den Bestimmungen der Definition D 14.3-1 wird der Begriff der Präferenzstruktur eingeengt, z. B. durch eine Forderung von der Art, daß die Präferenzrelation ≦ weitere Merkmale besitzen muß. Dadurch würde eine Teilmenge aus der Menge der Präferenzstrukturen ausgesondert. Die – sei es empirische, sei es normative – Behauptung der Theorie würde dann besagen, daß die Präferenzen unseres Handelnden stets diese Zusatzeigenschaften besitzen. Obwohl sich diese Methode aufgrund ihrer Unmittelbarkeit und Einfachheit geradezu aufzudrängen scheint, wird sie, wie wir bereits wissen, in den reiferen empirischen Wissenschaften wenig verwendet. Auch die Theorie von JEFFREY verfährt nicht in dieser Weise, sondern so, daß mit Hilfe von zwei theoretischen Begriffen eine Teilmenge aus der Menge aller Präferenzstrukturen *auf indirekte Weise* festgelegt wird. (Die Querverbindungen lassen wir für den Augenblick außer Betracht, um nicht bereits hier über Mengen reden zu müssen, die ‚um eine Stufe höher' liegen.)

Dazu machen wir die folgende Theoretizitätsannahme: Die theoretischen Begriffe von JEFFREY sind zwei numerische Funktionen, eine Wahrscheinlichkeitsfunktion und eine Nutzenfunktion. Wenn wir das, was JEFFREY damit zu erfassen versucht, vorwegnehmen, so spiegelt die Wahrscheinlichkeit den Grad des Glaubens unseres Handelnden an Propositionen wider; und der Nutzen gibt an, wie sehr der Handelnde wünscht, daß eine Proposition wahr sei. Im Augenblick abstrahieren wir von dieser Deutung und pfropfen bloß die beiden Strukturen den Präferenzstrukturen auf. Das Ergebnis soll Wahrscheinlichkeits-Nutzen-Struktur genannt werden.

D 14.3-2 $X \in M_p(\textit{Jeff})$ (X ist ein *potentielles Modell* von *Jeff* oder X ist eine *Wahrscheinlichkeits-Nutzen-Struktur*) gdw es ein $\mathfrak{B}$, ein ≦, ein P und ein Nu gibt, so daß
(1) $X = \langle \mathfrak{B}, \leqq, P, Nu \rangle$;
(2) $\langle \mathfrak{B}, \leqq \rangle$ ist eine Präferenzstruktur;
(3) $P: B \to \mathbb{R}$;
(4) $Nu: B \to \mathbb{R}$.

Dadurch, daß wir oben in bezug auf P und Nu von einer Theoretizitätsannahme sprachen, könnte der Eindruck vermittelt worden sein, daß die Theoretizität dieser beiden Funktionen dogmatisch behauptet werden sollte. Doch so war diese Äußerung nicht gemeint. Denn die Annahme ist nur eine *vorläufige*; sie soll in 14.3.8 durch einen Beweis mit Hilfe eines formalen Theoretizitätskriteriums ersetzt werden.

14.3.3 Fundamentalgesetze, Modelle und zugeordnete Behauptung. Da nun der ganze Begriffsapparat bereitgestellt worden ist, können die theoretischen Gesetze formuliert werden. Von der Funktion P wird verlangt, daß sie die formalen Bedingungen einer Wahrscheinlichkeit erfüllt. Und die Funktion Nu muß erstens das Prinzip des erwarteten Nutzens erfüllen und zweitens die Präferenzordnung widerspiegeln. (In [Rationale Entscheidung] entsprechen diesen fünf Forderungen, mit geringfügigen Modifikationen in der Formulierung, die vier Postulate auf S. 301 und S. 305 sowie die rationale Präferenzbedingung auf S. 332.) In Anknüpfung an SNEED sollen Wahrscheinlichkeitsstrukturen, welche diesen zusätzlichen Bedingungen genügen, Jeffrey-Strukturen genannt werden.

D 14.3-3 $X \in M(\text{Jeff})$ (X ist ein *Modell* von *Jeff* oder X ist eine *Jeffrey-Struktur*) gdw es ein $\mathfrak{B}$, $\leq$, P und Nu gibt, so daß
(1) $X = \langle \mathfrak{B}, \leq, P, Nu \rangle$;
(2) $X \in M_p(\text{Jeff} \rangle$;
für alle $x, y \in B$:
(3) (a) $P(t) = 1$;
 (b) $P(x) \geq 0$;
 (c) wenn $x \wedge y = f$, dann $P(x \vee y) = P(x) + P(y)$;
(4) wenn $x \wedge y = f$, dann $Nu(x \vee y) \cdot P(x \vee y) =$
  $= Nu(x) \cdot P(x) + Nu(y) \cdot P(y)$;
(5) $Nu(x) \leq Nu(y)$ gdw $x \leq y$.

Wer mit den Gedanken von JEFFREY bereits anderweitig vertraut ist, wird unmittelbar erkennen, daß es sich bei dieser Theorie um den *rationalen Entscheidungskalkül* in der Fassung von JEFFREY handelt.

Die dieser Theorie zugeordnete *Behauptung* kommt nicht auf die zu Beginn von 14.3.2 angedeutete Weise zustande, sondern folgt dem uns bekannten strukturalistischen Muster: Die Theorie behauptet, daß jede Präferenzstruktur unseres Handelnden – also jede Präferenzstruktur, die zu I gehört – mindestens auf eine Weise durch Hinzufügung einer Wahrscheinlichkeitsfunktion sowie einer Nutzenfunktion zu einer Wahrscheinlichkeits-Nutzen-Struktur ergänzt werden kann, die sich als eine Jeffrey-Struktur erweist. Dabei haben wir allein aus dem früher angegebenen Einfachheitsgrund die Wendung „die Theorie behauptet, daß ..." gebraucht. Denn nach der üblichen Deutung von „rational" im gegenwärtigen Kontext hat die der Theorie zugeordnete Aussage *normativen* Charakter. Unter Zugrundelegung dieser normativen Deutung müßte es heißen: „Die Theorie *fordert*, daß ...".

Ist diese Behauptung nicht-trivial? Sie wäre trivial, wenn sich jede Präferenzstruktur zu einer Jeffrey-Struktur ergänzen ließe. Diese Möglichkeit wäre jedoch ausgeschlossen, falls sich zeigen ließe, daß Präferenzstrukturen *zusätzliche*, in ihrem Definiens nicht vorkommende *notwendige Bedingungen* erfüllen müssen, um durch Hinzufügung zweier theoretischer Funktionen zu Jeffrey-Strukturen ergänzbar zu sein. Der folgende Lehrsatz gibt uns darüber genauer Auskunft. (Ebenso wie in [Rationale Entscheidung] verwenden wir hier „$\sim$" als Zeichen für Gleichrangigkeit bezüglich Präferenz, d.h. $x \sim y$ besagt dasselbe wie die Konjunktion von $x \leq y$ und $y \leq x$.)

Th. 14.3-1 *Es sei* $\langle \mathfrak{B}, \leq, P, Nu \rangle \in M(\text{Jeff})$. *Dann gilt*:
(1) $\leq$ *ist transitiv*;
(2) *für alle* $x, y \in B$: *wenn* $x \wedge y = f$ *und* $x \leq y$, *dann*
 (a) $x \leq x \vee y$ *und* $x \vee y \leq y$;
 (b) *es gilt weder* $y \leq x$ *noch* $x \vee y \leq x$ *noch* $y \leq x \vee y$;
(3) *für alle* $x \in B$: *entweder* $x \leq t \leq \neg x$ *oder* $\neg x \leq t \leq x$.

Bezüglich (1) ist die Anmerkung im Anschluß an die Definition von M_{pp} zu beachten. Wir verzichten hier auf die Wiedergabe des zwar elementaren, aber etwas umständlichen Beweises dieses Theorems.

Die drei notwendigen Bedingungen (1)–(3), die erfüllt sein müssen, damit die Präferenzstruktur zu einer Jeffrey-Struktur ergänzbar ist, enthalten nur Aussagen über die Glieder der Präferenzstruktur. Sie beinhalten somit eine eindeutige, nämlich eine *eindeutig negative* Antwort auf die obige Frage: Die der Theorie *Jeff* zugeordnete Behauptung ist in dem Sinn nicht-trivial, daß nicht jede Präferenzstruktur zu einer Jeffrey-Struktur ergänzt werden kann.

Man könnte noch einen Schritt weiter gehen und fragen, ob man nicht zusätzliche Merkmale der Präferenzrelation angeben kann, die zusammen mit den im obigen Theorem angeführten Eigenschaften notwendige *und hinreichende* Bedingungen für die Ergänzbarkeit von Präferenzstrukturen zu Jeffrey-Strukturen liefern. Diese Frage ist gleichwertig mit der Frage nach der Ramsey-Eliminierbarkeit der beiden theoretischen Funktionen. Für die vorliegende Theorie scheint diese Frage bisher unbeantwortet zu sein. (Dabei muß man sich allerdings vor Augen halten, daß die Fragestellung in der eben gegebenen Formulierung nicht völlig klar ist und daß ihre präzise Behandlung ein formalsprachliches Vorgehen erforderlich machen dürfte.)

14.3.4 Querverbindungen. Bei den Constraints oder Querverbindungen handelt es sich, wie wir wissen, um zusätzliche einschränkende Bedingungen, die den in verschiedenen Anwendungen der Theorie vorkommenden theoretischen Strukturen auferlegt werden. Die Querverbindungen informieren uns darüber, in welcher Weise die in verschiedenen Anwendungen vorkommenden theoretischen Strukturen aufeinander bezogen sein müssen. In vielen Fällen werden Querverbindungen erst dann wirksam, wenn sich verschiedene Anwendungen der Theorie in der Weise überschneiden, daß sie dieselben Objekte enthalten. Im vorletzten Absatz von 14.3.1 ist bereits darauf hingewiesen worden, daß sich die Präferenzstrukturen des Handelnden in dieser Weise überlappen können, sofern man davon ausgeht, daß diese verschiedenen Anwendungen die Präferenzen des Handelnden in derselben Situation zu verschiedenen Zeiten beschreiben. Was nach den dortigen Überlegungen im mengentheoretischen Durchschnitt vorkommt, sind stets Gebilde von der Art Boolescher Algebren. (Ob es auch Anwendungen gibt, die einen nicht-leeren Durchschnitt von Propositionen haben, der in bezug auf die Booleschen Operationen nicht abgeschlossen ist, kann offen bleiben.)

Wenn es möglich sein sollte, das bereits mehrfach mit Erfolg angewendete Schema für die Einführung von Querverbindungen auch hier zu benützen, so würde dies folgendes beinhalten: Es kann nicht bloß jedes *isolierte*, für sich allein betrachtete Element von I auf solche Weise durch Funktionen P und Nu ergänzt werden, daß eine Jeffrey-Struktur entsteht. Vielmehr gelingt eine solche Ergänzung selbst dann, wenn man ganze *Scharen von* Querverbindungen erfüllende P- und Nu-Funktionen verwendet. In ihrer Gesamtheit zeichnen diese

Querverbindungen in der bekannten indirekten Weise eine Teilmenge Q der Potenzmenge von $M_{pp}(Jeff)$ aus.

In physikalischen Theorien besteht die elementarste und grundlegendste Querverbindung darin, für gewisse theoretische Funktionen zu verlangen, daß ein und dasselbe, in mehreren Anwendungen vorkommende Objekt stets denselben Funktionswert liefert. Im gegenwärtigen Fall liegt es nahe, sowohl für P als auch für Nu eine Analogiekonstruktion dazu vorzunehmen. Intuitiv gesprochen handelt es sich darum, daß sich die Präferenzen unseres Handelnden im Verlauf der Zeit nicht ändern. Wir wollen diesen Fall formal präzisieren.

D14.3-4 Q_{konst} ist die *Querverbindung der Konstanz der Präferenzen* gdw gilt:
(1) Q_{konst} ist eine Teilmenge von $Pot(M_p(Jeff))$;
(2) für alle $Y \in Q_{konst}$ sowie für alle $\langle \mathfrak{B}_i \leqq_i, P_i, Nu_i \rangle, \langle \mathfrak{B}_j, \leqq_j, P_j, Nu_j \rangle \in Y$:
wenn es ein $\mathfrak{B}$ gibt, welches eine Teilalgebra sowohl von $\mathfrak{B}_i$ als auch von $\mathfrak{B}_j$ ist, dann gilt für alle $x \in B$: $P_i(x) = P_j(x)$ und $Nu_i(x) = Nu_j(x)$.

Vermutlich ist dies keine allzu interessante Querverbindung. Denn für eine größere Menge von Präferenzstrukturen unseres Handelnden aus I wird unter Verwendung von Q_{konst} kaum eine wahre Behauptung der Theorie zu gewinnen sein.

Eine interessante Querverbindung $Q_{konst\,P}$, die Querverbindung der *Wahrscheinlichkeitskonstanz*, erhalten wir, wenn wir bloß die schwächere Annahme machen, daß ein und dieselbe Proposition in allen Anwendungen der Theorie dieselbe Wahrscheinlichkeit besitzt, ohne eine analoge Annahme bezüglich des Nutzens hinzuzufügen. $Q_{konst\,P}$ würde es gestatten, alle diejenigen, vermutlich wesentlich häufigeren Fälle adäquat zu erfassen, in denen die Überzeugungen des Handelnden konstant bleiben, während sich sein Geschmack („sein Wertsystem') im Verlauf der Zeit ändert.

<small>Eine analoge ‚duale' Annahme der Konstanz der Nutzenfunktion allein wäre dagegen nicht zweckmäßig; denn in der Theorie von JEFFREY ist die Wahrscheinlichkeitsfunktion durch die Nutzenfunktion eindeutig festgelegt, während die Umkehrung nicht gilt. Dies *scheint* übrigens nur mit der plausiblen Forderung im Widerspruch zu stehen, daß Werte konstant bleiben können, auch wenn sich die Überzeugungen ändern. In der Theorie von JEFFREY gilt letzteres tatsächlich unter der Voraussetzung, daß man unter den Werten die ‚letzten' Werte versteht, d.h. wenn man die Präferenzen des Handelnden bezüglich solcher Propositionen betrachtet, die maximal detaillierte Weltbeschreibungen liefern.</small>

SNEED weist überdies darauf hin, daß man JEFFREYS Begriff des *lokalen Überzeugungswandels* durch eine spezielle Querverbindung Q_{lok} wiedergeben könnte, welche die Wahrscheinlichkeitsfunktion betrifft. Gegeben sei eine Zerlegung der Booleschen Algebra, d.h. eine Menge von Propositionen, die miteinander logisch unverträglich sind und deren Adjunktion die Tautologie ist. In den erwähnten lokalen Überzeugungsänderungen bleiben dann die *bedingten* Wahrscheinlichkeiten aller Propositionen in bezug auf Glieder dieser Zerlegung konstant. Für Einzelheiten vgl. SNEED, [Decision Theory], D8.

14.3.5 Kern und Basiselement.
Entschließt man sich dazu, keine allgemeinen Querverbindungen zu postulieren, so hat der Kern des grundlegenden Theorie-Elementes die folgende Gestalt:

$$K(Jeff) = \langle M_p(Jeff), M(Jeff), M_{pp}(Jeff), Pot(M_p(Jeff)) \rangle,$$

und das Basiselement wäre dann unter Heranziehung der in 14.3.1 geschilderten Menge I wiederzugeben durch

$$T(Jeff) = \langle K(Jeff), I \rangle.$$

Das vierte Glied im Kern K ist dabei als ‚Leerstelle' für Querverbindungen aufzufassen. Technisch geschieht dies dadurch, daß wir diejenige Menge anschreiben, die Obermenge aller Querverbindungen ist. Konkrete Querverbindungen werden dann möglicherweise erst in Spezialisierungen eingeführt.

Aus denselben Gründen, die in 14.2 angegeben wurden, kann es sich ergeben, daß die Dinge anders darzustellen sind, je nachdem, ob wissenschaftstheoretische oder fachwissenschaftliche Gesichtspunkte im Vordergrund stehen. So etwa kann es vom philosophischen Standpunkt aus als ratsam erscheinen, das Netz möglichst weit ‚auseinanderzuziehen' und dafür das oben angeschriebene $K(Jeff)$ als Basiskern zu wählen, während es für spezielle Forschungszwecke aus Einfachheitsgründen zweckmäßig ist, bereits für den Basiskern als viertes Glied eine der benützten Querverbindungen, etwa $Q_{konst P}$, zu wählen.

14.3.6 Das Eindeutigkeitsproblem. Gödel-Bolker-Transformationen.
Gegeben sei eine Präferenzstruktur $\langle \mathfrak{B}, \leqq \rangle$. Wenn es zwei Funktionen P und Nu gibt, welche die Präferenzstruktur zu einer Jeffrey-Struktur ergänzen, so liegen diese beiden Funktionen niemals eindeutig fest. Vielmehr kann die Ergänzung auf verschiedene Weise vorgenommen werden. Läßt sich angeben, bis auf welche Transformationen Eindeutigkeit vorliegt? Diese Aufgabe ist von GÖDEL und BOLKER gelöst worden. In [Rationale Entscheidung] wird darüber auf S. 353ff. ausführlich berichtet. Wir wiederholen das Wesentliche, soweit es für die Einführung in den gegenwärtigen Rahmen erforderlich ist.

Gegeben sei $\langle \mathfrak{B}, \leqq, P, Nu \rangle \in M_p(Jeff)$. Wir übernehmen zunächst die beiden Transformationsregeln aus [Rationale Entscheidung], S. 356, die für vier vorgegebene reelle Zahlen α, β, γ und δ aus zwei vorgegebenen Funktionen P und Nu zwei neue Funktionen p und nu erzeugen:

(TR₁) $\quad p(x) = P(x) \cdot (\gamma Nu(x) + \delta);$

(TR₂) $\quad nu(x) = \dfrac{\alpha Nu(x) + \beta}{\gamma Nu(x) + \delta}.$

Dabei sei in beiden Fällen x ein Element von B.

Eine Abbildung Φ, die einem Paar von Funktionen $\langle P, Nu \rangle$ ein Paar neuer Funktionen $\langle p, nu \rangle$ zuordnet, so daß die beiden Regeln **(TR₁)** und **(TR₂)** erfüllt sind, heißt *Gödel-Bolker-Transformation bezüglich* α, β, γ und δ, sofern außerdem gilt:

(a) $\alpha\delta - \beta\gamma > 0$;
(b) für alle $x \in B$: $\gamma Nu(x) + \delta > 0$.

(Diejenigen Leser, die bisher hauptsächlich mit physikalischen Theorien vertraut geworden sind, seien darauf aufmerksam gemacht, daß die Gödel-Bolker-Transformation im Fall unserer gegenwärtigen Theorie der Galilei-Transformation im Fall der klassischen Mechanik entspricht.)

Jetzt können wir den folgenden Lehrsatz formulieren:

Th. 14.3-2 *Die folgenden vier Bedingungen seien erfüllt:*
(1) $\langle \mathfrak{B}, \leqq, P, Nu \rangle \in M(\textit{Jeff})$;
(2) $\langle \mathfrak{B}, \leqq, P', Nu' \rangle \in M_p(\textit{Jeff})$;
(3) $\langle P', Nu' \rangle$ *geht aus* $\langle P, Nu \rangle$ *durch eine Gödel-Bolker-Transformation bezüglich* $\alpha, \beta, \gamma, \delta$ *hervor*;
(4) $\gamma Nu(t) + \delta = 1$.
Dann gilt: $\langle \mathfrak{B}, \leqq, P', Nu' \rangle \in M(\textit{Jeff})$.

Dies ist genau die erste Hälfte des Eindeutigkeitstheorems, die in [Rationale Entscheidung] auf S. 356–358 bewiesen wird. Inhaltlich besagt sie: Wenn eine Jeffrey-Struktur $\langle \mathfrak{B}, \leqq, P, Nu \rangle$ gegeben ist, so können wir vier Zahlen $\alpha, \beta, \gamma, \delta$ wählen, welche die obigen Bedingungen (a) und (b) erfüllen und deren zwei letzte außerdem der Forderung $\gamma Nu(t) + \delta = 1$ genügen, die jedoch im übrigen ganz beliebig sind, um mit diesen vier Zahlen eine Gödel-Bolker-Transformation Φ zu konstruieren. Sofern wir dann diese Transformation auf das dritte und vierte Glied P und Nu unserer vorgegebenen Jeffrey-Struktur anwenden, so gewinnen wir eine neue Jeffrey-Struktur, welche denselben nicht-theoretischen Teil enthält wie die vorgegebene Jeffrey-Struktur, nämlich die Präferenzstruktur $\langle \mathfrak{B}, \leqq \rangle$. Damit ist die eingangs gestellte Frage beantwortet: Die beiden theoretischen Funktionen *P* und *Nu*, durch die eine gegebene Präferenzstruktur zu einer Jeffrey-Struktur ergänzt wird, sind *eindeutig nur bis auf Gödel-Bolker-Transformationen*.

In der Sprechweise der Theorie metrischer Skalen könnten wir sagen, daß diese Transformationen nichts anderes bewirken als die Wahl einer neuen Skala, in welcher die Einheiten zur Messung der Wahrscheinlichkeit und des Nutzens geändert worden sind. Φ kann also im Sinn der Metrisierungstheorie als eine Skalentransformation aufgefaßt werden. Und das obige Theorem liefert uns die Information, daß die empirischen Daten über die Präferenzen einer Person die numerischen Wahrscheinlichkeiten und Nützlichkeiten höchstens bis auf die Wahl der Einheiten, in denen sie gemessen werden, festlegen.

Man kann die interessante Frage aufwerfen, ob es möglich ist, Bedingungen zu formulieren, welche nur Präferenzstrukturen, also nur ‚Nicht-Theoretisches', betreffen und bei deren Erfüllung auch die Umkehrung von Th. 14.3-2 gilt. Dies ist in der Tat der Fall. Aus Gründen der Zweckmäßigkeit verfolgen wir dieses Problem im Augenblick nicht weiter, sondern kommen erst bei der Diskussion der Spezialisierungen unseres Basiselementes darauf genauer zu sprechen.

Abschließend noch eine Bemerkung zum Vorkommen des Namens „BAYES". Die vorliegende Theorie dient dazu, die theoretischen Größen P und Nu auf der Grundlage anderer Größen einzuführen. Dadurch wird es möglich, den Begriff des *erwarteten Nutzens* zu definieren. Sodann kann die im Formalismus gar nicht explizit vorkommende *Regel von BAYES* angewendet werden, wonach der erwartete Nutzen zu maximieren ist.

14.3.7 Spezialisierungen. Zum Unterschied von den meisten anderen Theorien ist im vorliegenden Fall das Spezialisierungsverfahren nicht klar vorgezeichnet. Dies ist nicht weiter verwunderlich, da diese anderen Theorien empirische Theorien sind, während die bevorzugte Interpretation der Theorie von JEFFREY die normative Deutung ist und kein Grund für die Annahme besteht, daß empirische und normative Theorien parallel verlaufende formale Detailspezialisierungen besitzen.

Die bisher angestellten Betrachtungen legen es nahe, zwei ‚Spezialisierungsketten' zu betrachten, die voneinander unabhängig sind, obwohl sie kombiniert auftreten können. Zunächst stoßen wir vermutlich erstmals auf so etwas wie auf eine Folge von Kernspezialisierungen, für deren Zustandekommen nur die Querverbindungen verantwortlich sind. Diese Möglichkeit ist bereits in 14.3.4 angedeutet worden. Das vierte Glied unseres Kernes, nämlich die eine Leerstelle vertretende Menge $Pot(M_p(Jeff))$, würde dann durch immer schärfer werdende Bedingungen ersetzt, etwa durch die drei dort genannten: Q_{lok} (lokaler Überzeugungswandel), $Q_{konst\,P}$ (Wahrscheinlichkeitskonstanz), Q_{konst} (Konstanz der Präferenzen). Die *Leistung* dieser Spezialisierungen wäre ganz analog zu charakterisieren wie bei empirischen, z.B. physikalischen Theorien: Das Ergebnis der Ermittlung der Wahrscheinlichkeiten bzw. der Wahrscheinlichkeiten und des Nutzens, in speziellen Modellen der Theorie *Jeff* könnte auf andere Modelle übertragen werden, und zwar mit Hilfe der jeweils einschlägigen Querverbindungen, welche die ersteren Modelle mit den letzteren verknüpfen.

Für die zweite Spezialisierungskette greifen wir auf 14.3.6 zurück. Die dortigen Ausführungen legen es nahe, durch Gödel-Bolker-Transformationen verbundene Jeffrey-Strukturen als äquivalent aufzufassen und dementsprechend die dadurch erzeugten Äquivalenzklassen als die eigentlichen theoretischen Strukturen der Entscheidungstheorie von JEFFREY zu deuten. Leider aber liegen die Dinge nicht so einfach. (Daß sie auch in der Physik meist nicht so einfach liegen, hat SNEED in [Invariance Principles] gezeigt.) Im allgemeinen Fall sind nämlich die P- und Nu-Funktionen nicht einmal bis auf Gödel-Bolker-Transformationen eindeutig bestimmt. Für die Gewinnung eines adäquaten Bildes, das auch für den allgemeinen Fall zutrifft, muß man noch eine mengentheoretische Stufe ‚höher' steigen. Die Totalität aller Jeffrey-Strukturen über einer gegebenen Präferenzstruktur hat man sich dann als eine Klasse vorzustellen, die ihrerseits in Gödel-Bolker-Äquivalenzklassen unterteilt ist. Die verfügbaren Daten über die Präferenzen unseres Handelnden sind, so könnte man sagen, nicht reichhaltig genug, um eine bis auf die Wahl der Einheiten eindeutige Bestimmung der Wahrscheinlichkeit und des Nutzens zu liefern.

Interessanterweise ist es möglich, in *nicht-theoretischer* Weise Bedingungen für die *Reichhaltigkeit* von Präferenzstrukturen zu beschreiben, die dafür hinreichend sind zu gewährleisten, daß die *P*- und *Nu*-Funktionen, welche diese Präferenzstrukturen zu Jeffrey-Strukturen ergänzen, durch Gödel-Bolker-Transformationen ineinander überführbar sind.

Als Hilfsbegriff führen wir dazu den Begriff der Nullproposition von JEFFREY ein (vgl. auch [Rationale Entscheidung], S. 344). Für eine gegebene Präferenzstruktur $\langle \mathfrak{B}, \leqq \rangle$ sei eine *Nullproposition* ein $x \in B$, welches von f verschieden ist und zu dem es ein $z \in B$ gibt, welches die folgenden drei Bedingungen erfüllt.

(a) x und z sind miteinander logisch unverträglich, d.h. $x \wedge z = f$;
(b) $x \vee z$ ist gleichrangig mit z, d.h. $x \vee z \sim z$;
(c) x ist nicht gleichrangig mit z, d.h. nicht-($x \sim z$).

Die Rechtfertigung für die Bezeichnung „Nullproposition" liegt in dem unten angeführten Lehrsatz Th. 14.3-3.

Unter Verwendung dieses Hilfsbegriffs definieren wir den Begriff der *reichhaltigen Präferenzstruktur*. Danach beweisen wir, daß alle *P*- und *Nu*-Funktionen, welche diese speziellen Präferenzstrukturen zu Jeffrey-Strukturen ergänzen, durch Gödel-Bolker-Transformationen miteinander verknüpft sind. Die Abkürzung „M_{pp}^{reich}" dafür verwenden wir wegen ihrer Suggestivität. Es soll dadurch zum Ausdruck gebracht werden, daß in den definitorischen Bestimmungen dieses Begriffs nur solche Entitäten erwähnt werden, die sich später als nicht-theoretisch erweisen.

D 14.3-5 $X \in M_{pp}^{reich}$ (X ist eine *reichhaltige Präferenzstruktur*) gdw es ein $\mathfrak{B}$ und ein $\leqq$ gibt, so daß
(1) $X = \langle \mathfrak{B}, \leqq \rangle$;
(2) $X \in M_{pp}(\textit{Jeff})$ (d.h. X ist eine Präferenzstruktur);
(3) für kein $x \in B$ ist x eine Nullproposition;
(4) es gibt eine Proposition $g \in B$ (eine ‚gute' Proposition), die gemäß $\leqq$ höherrangig ist als t und deren Negation $\neg g$ gemäß $\leqq$ einen niedrigeren Rang hat als t;
(5) für alle $x \in B$, welche die Bedingung (4), eine gute Proposition zu sein, erfüllen, gibt es ein y_1 und ein y_2, so daß gilt:
(a) x, y_1 und y_2 sind wechselseitig verschieden voneinander;
(b) y_1 und y_2 sind logisch unverträglich, d.h. $y_1 \wedge y_2 = f$;
(c) $y_1 \vee y_2$ ist logisch äquivalent mit x;
(d) $y_1 \sim y_2$, d.h. y_1 und y_2 sind gleichrangig;
(e) $\neg y_1 \sim \neg y_2$, d.h. $\neg y_1$ und $\neg y_2$ sind gleichrangig.

Zunächst führen wir den bereits angekündigten Lehrsatz an:

Th. 14.3-3 *Es sei* $\langle \mathfrak{B}, \leqq, P, Nu \rangle \in M(\textit{Jeff})$ *und* $\langle \mathfrak{B}, \leqq \rangle \in M_{pp}^{reich}$. *Dann gilt für alle* $x \in B$ *mit* $x \neq f$: $P(x) = 0$ *gdw* x *eine Nullproposition ist.*

Allen Nullpropositionen, die aus einer reichhaltigen Präferenzstruktur stammen, muß also in den ‚darüber aufgebauten' Jeffrey-Strukturen die Wahrscheinlichkeit 0 zugeordnet werden.

<small>Dieses Theorem ist dem Inhalt nach identisch mit dem in [Rationale Entscheidung] auf S. 344 bewiesenen Hilfssatz 8. Es ist lediglich die Tatsache zu berücksichtigen, daß wir hier, im Unterschied zum Vorgehen von JEFFREY, f nicht aus dem Definitionsbereich der Präferenzrelation ausgeschlossen haben.</small>

Th. 14.3-4 *Es seien sowohl* $\langle \mathfrak{B}, \leqq, P, Nu \rangle$ *als auch* $\langle \mathfrak{B}, \leqq, P', Nu' \rangle$ *Elemente von* $M(Jeff)$ *und für die gemeinsame Präferenzstruktur gelte:* $\langle \mathfrak{B}, \leqq \rangle \in M_{pp}^{reich}$. *Dann existiert eine Gödel-Bolker-Transformation* Φ *bezüglich vier geeigneter Zahlen* α, β, γ, δ, *so daß* $\langle P', Nu' \rangle$ *durch die Transformation* Φ *aus* $\langle P, Nu \rangle$ *hervorgeht.*

Inhaltlich besagt dieses Theorem folgendes: Wenn die einer Jeffrey-Struktur zugrunde liegende nicht-theoretische Präferenzstruktur reichhaltig im Sinne von D14.3-5 ist, dann sind die Funktionen P und Nu der Jeffrey-Struktur bereits eindeutig festgelegt, nämlich eindeutig bis auf Gödel-Bolker-Transformationen. Es ist dies genau die zweite Hälfte des Eindeutigkeitstheorems von [Rationale Entscheidung] auf S. 356, dessen ausführlicher Beweis dort auf S. 358–370 geliefert wird. (Für den Zweck einer rascheren Orientierung sei erwähnt, daß die vier ‚Fundamentalbedingungen', die dort benützt werden, a.a.O. zwischen S. 332 und 334 definiert sind. Außerdem sei nochmals daran erinnert, daß wir hier f in die Präferenzrelation $\leqq$ einbeziehen, während dort diese Proposition auf S. 328 davon ausgeschlossen worden ist.)

Nachdem wir damit einen tieferen Einblick in die für Jeffrey-Strukturen geltenden Skaleninvarianzen bekommen haben, müssen wir nochmals kurz zum Thema „Spezialisierung" zurückkehren. Falls wir D14.3-5 so auffassen, daß darin ein *Spezialgesetz* formuliert wird, so haben wir es – in einer gewissen formalen Analogie zur früher erwähnten ersten Art von Spezialisierung – wieder mit einem ziemlich ungewöhnlichen Fall zu tun. Denn das neue ‚Gesetz' wurde ja *auf der rein nicht-theoretischen Ebene* formuliert. Wir haben diese Tatsache auch symbolisch dadurch zum Ausdruck gebracht, daß wir die Menge der reichhaltigen Präferenzstrukturen durch ein mit oberem Index versehenes „M_{pp}" bezeichneten.

Der früher erwähnte potentielle Widerstreit zwischen fachwissenschaftlicher und philosophischer Betrachtungsweise von Theorie-Elementen und Theoriennetzen ist auch hier denkbar. Und die Kluft zwischen den beiden Auffassungen ist diesmal vielleicht noch größer. Es wäre z. B. durchaus möglich, daß sich ein Entscheidungstheoretiker von vornherein auf reichhaltige Präferenzstrukturen beschränkt, und sei es auch nur aus dem ‚akademischen' Grund, die durch Gödel-Bolker-Transformationen erzeugten Äquivalenzklassen von Jeffrey-Strukturen als die theoretischen Strukturen der Theorie *Jeff* auffassen zu können. Im Kern *seines* Basiselementes wäre dann „$M_{pp}(Jeff)$" durch „M_{pp}^{reich}" zu ersetzen. Der Philosoph dagegen wird sich weder durch solche noch durch andere, selbst überzeugendere Argumente des Fachmannes davon abbringen lassen, D14.3-5 höchstens als Einführung eines *Spezial*gesetzes aufzufassen. Sein Argument lautet: „*Nur Verknüpfungsgesetze* sind in den Kern des Basiselementes einzubeziehen. Ein Gesetz, welches überhaupt keinen theoretischen Begriff der zuständigen Theorie enthält, kommt daher für den Zweck einer adäquaten Rekonstruktion der fraglichen Theorie nicht einmal als Kandidat für ein Fundamentalgesetz in Frage."

Die unterschiedlichen Einstellungen müssen nicht zu einem Konflikt führen. Wir wissen, wie ein solcher vermieden werden kann: Was der Fachwissenschaftler aufgrund seiner speziellen Interessen in ein einziges Theorien- oder Kernelement ‚zusammenbündelt', das kann der Wissenschaftstheoretiker, wenn seine logischen Erwägungen dies erforderlich machen, wieder zu einem Theorien- oder Kernnetz ‚auseinanderziehen'.

14.3.8 Die Theoretizität der Funktionen P und Nu. Bisher haben wir die Theoretizität von P sowie von Nu ohne weitere Rechtfertigung angenommen. Es soll jetzt gezeigt werden, daß sich diese Annahme mit Hilfe eines formalen Theoretizitätskriteriums präzise beweisen läßt.

Zunächst wiederholen wir BALZERS Theoretizitätsdefinition D6-14 in einer etwas anschaulicheren Form. Es sei T eine Theorie mit den Mengen M_p und M der potentiellen Modelle und der Modelle, wobei die potentiellen Modelle Strukturen $x = \langle D_1, \ldots, D_k; R_1, \ldots, R_m \rangle$ mit Mengen $D_1, \ldots, D_k$ und Relationen $R_1, \ldots, R_m$ über $D_1, \ldots, D_k$ sind. Der i-te Term von T sei definiert durch

$$\bar{\bar{R}}_i := \{\pi_{k+i}(x) \mid x \in M_p\}$$

mit der Projektionsfunktion π. Ferner sei $\sim_i \subseteq \bar{\bar{R}}_i \times \bar{\bar{R}}_i$ für $i \leq m$ *eine Äquivalenzrelation, die eine Skaleninvarianz von $\bar{\bar{R}}_i$ darstellt.*

Um im Einklang mit den Bestimmungen von D6-6 zu bleiben, müssen wir für das Vorliegen von $R \sim_i R'$ eine Fallunterscheidung vornehmen. Und zwar soll $R \sim_i R'$ gelten gdw entweder R und R' reelle Funktionen, also Funktionen eines Bereiches D in $\mathbb{R}$, sind und für alle $a \in D$ der R-Wert von a mit dem R'-Wert von a im Sinn der Skala gleichwertig ist, oder R und R' keine reelle Funktionen sind und R mit R' identisch ist. Die vage Formulierung „gleichwertig im Sinn der Skala" haben wir deshalb benützt, weil die beiden in D6-6 vorkommenden Skalenformen in der gegenwärtigen Anwendung keine Rolle spielen und deshalb weiter unten die Äquivalenzrelation auf solche Weise zu spezifizieren ist, daß sie genau die durch eine Gödel-Bolker-Transformation festgelegte Skala charakterisiert.

$x_{-i}[R]$ sei, analog dem Vorgehen in Kap. 6, das Resultat der Ersetzung von R_i durch R in x. Dann können wir die Theoretizitätsdefinition wie folgt formulieren:

$\bar{\bar{R}}_i$ ist *T-theoretisch* gdw es ein Spezialgesetz $G \subseteq M$ gibt, so daß
(1) für alle R und R': wenn $x_{-i}[R] \in G$ und $x_{-i}[R'] \in G$, dann $R \sim_i R'$;
(2) für alle x und alle R^*: wenn $x \in G$ und $x_{-i}[R^*] \in M$, dann $x_{-i}[R^*] \in G$.

Die Bestimmung (1) beinhaltet, daß die Relation R_i im Gesetz G bis auf Skalenäquivalenz $\sim_i$ eindeutig bestimmt ist. Und die Bestimmung (2) entspricht der früheren Forderung der M-i-Invarianz, d. h. (2) besagt: wenn man in einem das Spezialgesetz G erfüllenden x die i-te Relation R_i durch R^* ersetzt und dabei ein Modell der Theorie herauskommt, so muß das Resultat dieser Ersetzung sogar das Spezialgesetz erfüllen. Wir erinnern an die frühere Erläuterung, wonach diese Bestimmung besagt, daß G den Spielraum von R_i in x nicht stärker einschränkt als M selbst. Die Klasse der hierdurch zugelassenen Spezialgesetze hingegen *wird* natürlich durch diese Bestimmung (2) mehr oder weniger stark eingeschränkt, da nur solche G's zugelassen sind, die denselben Spielraum für R_i haben wie M selbst.

Zwecks Übertragung auf die Theorie von JEFFREY sind drei Modifikationen erforderlich:

(i) Die Skaleninvarianzen müssen statt für einzelne Terme simultan für Termpaare, nämlich für Paare der Gestalt $\langle P, Nu \rangle$, definiert werden. Als Symbol verwenden wir „ $\approx$ ".

(ii) Es ist erforderlich, kompliziertere Typen von Skaleninvarianzen zuzulassen, wie z.B. solche aufgrund von Gödel-Bolker-Transformationen. In diesem letzten Fall werden wir statt $R \sim_i R'$ schreiben:

$$\langle P, Nu \rangle \approx \langle P', Nu' \rangle.$$

Diese Formel, welche die Gleichwertigkeit von $\langle P, Nu \rangle$ und $\langle P', Nu' \rangle$ im Sinn der Skala ausdrückt, soll beinhalten, daß erstens die Definitionsbereiche der vier Funktionen P, Nu, P', Nu' identisch sind und daß zweitens eine Gödel-Bolker-Transformation ψ existiert, so daß für alle Elemente a aus dem Definitionsbereich die folgende Gleichung gilt

$$\langle P'(a), Nu'(a) \rangle = \psi(\langle P(a), Nu(a) \rangle).$$

(iii) Auch in der Theoretizitätsdefinition muß die simultane Ersetzung von zwei Termen zugelassen werden. Da die jetzt zu unseren Modellen gehörenden Strukturen Quadrupel von der Gestalt $x = \langle \mathfrak{B}, \leq, P, Nu \rangle$ sind, erhalten wir in sinngemäßer Verallgemeinerung der obigen Notation $x_{-\langle 3,4 \rangle}[P^*, Nu^*]$ als das Resultat der Ersetzung von P durch P^* und von Nu durch Nu^* in x.

Schließlich soll die Wendung „T-theoretisch" durch „M_p, M-theoretisch" ersetzt werden, da die Ermittlung der Theoretizität von Termen möglich ist, sobald die beiden Mengen M_p und M gegeben sind. Und zwar sollen diese beiden Mengenbezeichnungen in den folgenden Anwendungen stets Abkürzungen sein für „$M_p(Jeff)$" und „$M(Jeff)$". Der Kürze halber beziehen wir die im geschilderten Sinn modifizierte Theoretizitätsdefinition gleich in das nächste Theorem ein.

Th. 14.3-5 *Das Termpaar* $\langle \bar{P}, \overline{Nu} \rangle$ *ist* M_p, *M-theoretisch, d.h. es gibt ein* $G \subseteq M$, *so daß*
  (1) $\wedge x, P, Nu, P', Nu' (x_{-\langle 3,4 \rangle}[P, Nu] \in G \wedge x_{-\langle 3,4 \rangle}[P', Nu'] \in G \to \langle P, Nu \rangle \approx \langle P', Nu' \rangle)$;

(2) $\wedge x, P, Nu, P', Nu'(x_{-\langle 3,4\rangle}[P, Nu]\in G \wedge x_{-\langle 3,4\rangle}[P', Nu']\in M$
$\rightarrow x_{-\langle 3,4\rangle}[P', Nu']\in G)$.

Die Bestimmung (1) enthält gerade die erste Komponente der obigen Theoretizitätsdefinition mit der Spezialisierung der Eindeutigkeitsforderung zur Forderung der Eindeutigkeit bis auf Gödel-Bolker-Transformationen. Und die Bestimmung (2) ist die gegenwärtige Fassung der Forderung der M-i-Invarianz des Gesetzes G.

Beweis: Wir führen die Behauptung dadurch auf frühere Resultate zurück, daß wir für G eine geeignete Definition geben, die nur bereits eingeführte Begriffe benützt. Dabei sei nochmals daran erinnert, daß in der Definition von M_{pp}^{reich} kein Gebrauch von der theoretisch – nicht-theoretisch – Dichotomie gemacht worden ist, so daß der Rückgriff auf diesen Begriff keinen Zirkel enthält. (Man kann sich davon sofort dadurch überzeugen, daß man D14.3-5 als Definition eines Spezialgesetzes M^* von M deutet, in welchem den jeweiligen dritten und vierten Gliedern P und Nu keine Beschränkungen auferlegt werden.)

Es sei „$x\in G$" definiert durch: „$x=\langle \mathfrak{B}, \leqq, P, Nu\rangle\in M(Jeff)$
und $\langle \mathfrak{B}, \leqq\rangle\in M_{pp}^{reich}$".

Dann folgt die Bestimmung (2) unmittelbar aus der Definition von M_{pp}^{reich}, da die beiden gemäß (2) zu ersetzenden Terme im Begriff M_{pp}^{reich} keine Rolle spielen. Und die Bestimmung (1) folgt aus Th. 14.3-4. Tatsächlich ist diese Bestimmung sogar mit diesem Theorem *identisch*, wenn man die Definitionen von „G" und „$\approx$" einsetzt.

Damit haben wir abermals für eine neue Anwendung, und zwar sogar für eine Theorie, deren bevorzugte Deutung die *normative Interpretation* ist, einen präzisen Nachweis dafür gewonnen, daß die intuitiv als ‚theoretischer Überbau' konzipierte Superstruktur, welche durch Wahrscheinlichkeits- und Nutzenfunktion repräsentiert wird, *theoretisch im Sinne dieser Theorie* ist. Eine Besonderheit des gegenwärtigen Falles besteht darin, daß das benützte Spezialgesetz nur den nicht-theoretischen Gliedern von Modellen einschränkende Bedingungen auferlegt.

Im nachhinein können wir jetzt auch die intuitiv bereits vorweggenommene Menge M_{pp} in präziser Weise einführen, nämlich:

$M_{pp}(Jeff):=\{\langle \mathfrak{B}, \leqq\rangle | \vee P \vee Nu(\langle \mathfrak{B}, \leqq, P, Nu\rangle\in M_p(Jeff))\}$.

Das zuletzt gewonnene Theorem Th. 14.3-5 enthält die zusätzliche Information, daß M_{pp} identisch ist mit der Klasse der M_p, M-nicht-theoretischen Strukturen.

Vollständigkeitshalber führen wir noch die Restriktionsfunktion für die 0-te und erste Stufe an:

(a) $r^0: M_p \rightarrow M_{pp}$
$r^0(\langle \mathfrak{B}, \leqq, P, Nu\rangle) = \langle \mathfrak{B}, \leqq\rangle$;
(b) $r^1: Pot(M_p) \rightarrow Pot(M_{pp})$
$r^1(X):=$ das r^0-Bild von X, d.h. die Menge der r^0-Bilder von Elementen aus X.

14.3.9 Übergang zur Tauschwirtschaft. Es existiert eine dritte mögliche Weise der Bildung von Spezialisierungsnetzen, die darauf hinausläuft, einen intertheoretischen Zusammenhang herzustellen. Darin wird die Theorie von JEFFREY mit der klassischen Mikroökonomie in Verbindung gesetzt. Die Leitidee ist die folgende: Die Theorie von JEFFREY liefert die zugrundeliegenden Wahrscheinlichkeits- und Präferenzstrukturen; und die Tauschwirtschaft wird auf dieser Basis aufgebaut.

Das Konstruktionsverfahren werde kurz angedeutet. Die mikroökonomische Theorie muß dazu etwas umgeformt und mit Hilfe des Begriffs des Gütervektors, manchmal auch „Warenkorb" genannt, formuliert werden, während umgekehrt der Begriff der Jeffrey-Struktur auf Gütervektoren übertragen wird. (Ein Gütervektor repräsentiert eine individuelle Ausstattung im Sinn von 14.2.) Die mikroökonomische Theorie kann man dann als ein *Teilnetz* auffassen, wobei das Basiselement, also die „Spitze' dieses Netzes, eine „Jeffrey-Struktur von Gütervektoren' bildet. Das letztere ist eine Jeffrey-Struktur von solcher Art, daß ein Erstglied eines Elementes $\langle \mathfrak{B}, \leq, P, Nu \rangle$ dieser Struktur eine Boolesche Algebra bildet, die isomorph ist zu der Algebra von Teilmengen einer Menge von Gütervektoren. Jeder Gütervektor wird dabei formal einfach als ein n-Tupel von natürlichen Zahlen eingeführt. Inhaltlich ist diese Zuordnung folgendermaßen zu interpretieren: Eine Proposition aus B besagt, daß unser Handelnder eine individuelle Güterausstattung besitzt, welche durch eines der n-Tupel aus derjenigen Menge von n-Tupeln angegeben wird, die der Proposition entspricht. Schließlich wird noch verlangt, daß der Nutzen einer atomaren Proposition aus B eine Funktion der Menge der dieser Proposition entsprechenden Gütervektoren ist. Diese Funktion werde mit δ bezeichnet, während C für den oben erwähnten Isomorphismus stehen möge. (Für eine Proposition a ist $C(a)$ eine Menge von Gütervektoren, die der Handelnde besitzen *könnte*, z.B. die Menge derjenigen Gütervektoren, welche die Tauschwertbedingung im Sinn von 14.2 erfüllen.)

D14.3-6 $X \in M^{GV}(Jeff)$ (X ist eine *Jeffrey-Struktur von Gütervektoren*) gdw
(I) $X \in M(Jeff)$;
(II) zu jedem $\langle \mathfrak{B}, \leq, P, Nu \rangle \in M^{GV}(Jeff)$ existiert eine Zahl n, so daß gilt:
   (1) es existiert ein Isomorphismus C zwischen B und der Booleschen Algebra von Teilmengen aus $\mathbb{R}^n_+$ (mit $\mathbb{R}^n_+ := \{\langle x_1, \ldots, x_n \rangle \in \mathbb{R}^n | x_i > 0$ für $1 \leq i \leq n\}$);
   (2) es gibt eine Funktion $\delta: Pot(\mathbb{R}^n_+) \to \mathbb{R}$, so daß für alle atomaren Propositionen a aus B: $Nu(a) = \delta(C(a))$.

Der Kern des neuen Basiselementes unterscheidet sich vom früheren nur durch das zweite Glied, d.h. dieser Kern hat die Gestalt:

$\langle M_p(Jeff), M^{GV}(Jeff), M_{pp}(Jeff), Pot(M_p(Jeff)) \rangle$.

Außer den bereits früher angeführten Spezialisierungen treten hier noch solche hinzu, welche der Funktion δ besondere Einschränkungen auferlegen, wie z.B. die, daß es sich um eine monoton wachsende oder um eine konvexe Funktion handeln soll.

Literatur

JEFFREY, R.C., *The Logic of Decision*, 2. Aufl. Chicago und London 1983.
SNEED, J.D. [Invariance Principles], "Invariance Principles and Theoretization", in: I. NIINILUOTO und R. TUOMELA (Hrsg.), *The Logic and Epistemology of Scientific Change* (Acta Philosophica Fennica 30, Nr. 2–4), Amsterdam 1979, S. 130–178.
SNEED, J.D. [Decision Theory], "The Logical Structure of Bayesian Decision Theory", Manuskript 1984, im Erscheinen.
STEGMÜLLER, W. [Rationale Entscheidung], *Personelle und Statistische Wahrscheinlichkeit*, Erster Halbband: *Personelle Wahrscheinlichkeit und Rationale Entscheidung*, Berlin-Heidelberg-New York 1973.

14.4 Die Theorie der Neurose von S. Freud. Eine Skizze

14.4.0 Die Aufgabenstellung. Bei allen an früheren Stellen sowie im bisherigen Verlauf dieses Kapitels analysierten Beispielen handelte es sich um Theorien, deren Wissenschaftlichkeit außer Frage stand und die entweder zu einer früheren Zeit als wohletablierte Theorien galten oder die auch heute noch ein ähnliches Ansehen genießen, mag ihr Anwendungsbereich vielleicht auch sehr begrenzt sein. In bezug auf die hier zu diskutierende Theorie stehen wir erstmals vor einer andersartigen Situation. Dazu erinnern wir daran, daß K. POPPER sein Falsifizierbarkeitskriterium, im Gegensatz zu Ergebnissen analoger Bemühungen im Wiener Kreis, nicht dazu benützte, um aus der Wissenschaft ‚sinnlose Metaphysik' auszuschließen, sondern um echte Wissenschaft von Pseudowissenschaft abzugrenzen. Und als drei typische Beispiele von Pseudowissenschaften werden dabei angeführt: die Astrologie, die Psychoanalyse und der Marxismus. Während diese Pauschalbeurteilung in bezug auf die Astrologie eine opinio communis unter den Fachleuten bilden dürfte, sind die beiden anderen Disziplinen auch heute noch nicht nur in dem Sinn umstritten, daß ihre Haltbarkeit in Frage gestellt wird, sondern daß bereits erhebliche Bedenken bestehen, hier überhaupt von Disziplinen zu reden, die mit wissenschaftlichem Erkenntnisanspruch auftreten.

Es dürfte kaum möglich sein, eine derartige Streitfrage auf präsystematischer Ebene zu entscheiden. Die Vertreter der Unwissenschaftlichkeitsthese werden auf zahlreiche Unklarheiten, Mehrdeutigkeiten, ‚metaphysische' Annahmen, ja sogar auf logische Widersprüche in den Formulierungen des Urhebers der Theorie hinweisen. Aber in bezug auf welche Theorie könnte man nicht ähnlich verfahren und zwar mit Erfolg? Nach unserer Auffassung besteht die einzige aussichtsreiche Bewältigung dieser Aufgabe darin, den Versuch zu unternehmen, die fragliche Theorie so weit zu rekonstruieren, um im positiven Fall die Einsicht zu gewinnen, daß es sich zumindest um eine *mögliche* empirische Theorie handelt. Wenn sie dann dennoch von vielen verworfen wird, so deshalb, weil nach der Auffassung dieser Kritiker einige der in sie eingehenden hypothetischen Annahmen sich als unhaltbar erweisen. Das Problem der Wissenschaftlichkeit wird damit im positiven Fall auf die Frage der empirischen Haltbarkeit abgeschoben. Und darin erblicken wir eher einen Gewinn als einen Verlust. Denn im negativen Fall braucht man überhaupt kein Urteil abzugeben, sondern kann abwarten, ob in Zukunft eine Rekonstruktion als empirische Theorie gelingen wird, während man im positiven Fall nun weiß, worum der Streit geht.

Ein solches Wissen fehlt in der Regel, wenn keine logische Rekonstruktion versucht worden ist. Als deutliches Symptom dafür mag die zu beobachtende Reaktion der Opponenten im Disput um die Wissenschaftlichkeit einer Theorie dienen. Diese Opponenten vermögen in der Regel z.B. auf die Frage: „Worin besteht denn nun die Neurosentheorie von Freud?" keine Antwort zu geben, sondern setzen nur ihren Streit fort, allerdings mit Änderung des Streitobjektes: An die Stelle der Diskussion über die bloß angebliche oder tatsächliche Wissenschaftlichkeit dieser Theorie tritt eine Diskussion über textexegetische Detailfragen.

All dies sollte man sich vor Augen halten, bevor man dem folgenden Rekonstruktionsversuch skeptische Einwendungen entgegenhält. Je umstrittener eine Theorie ist, die es zu rekonstruieren gilt, desto leichter wird es sein, solche Einwendungen zu finden. Doch sollte man sich durch solche Zweifel nicht daran hindern lassen, den Versuch trotzdem zu unternehmen. *Denn eine in vielen Hinsichten unvollständige und in gewissen Hinsichten sogar inadäquate Rekonstruktion ist noch immer besser als eine verschwommene Darstellung*. Dies gilt um so mehr, als man damit die Hoffnung verbinden kann, daß Wissenschaftsphilosophen, die in das betreffende Fachgebiet besser eingearbeitet sind, dazu angeregt werden, vollständigere und adäquatere Rekonstruktionen zu liefern.

Zugleich sind wir hier mit einer Herausforderung an das strukturalistische Theorienkonzept konfrontiert. Obwohl dieses nicht von vornherein auf physikalische Theorien zugeschnitten war, bildeten solche Theorien doch an allen wichtigen logischen Gabelungsstellen die entscheidenden Orientierungspunkte. Daß sich der Begriffsapparat, der sich dabei herausbildete, dafür eignete, um auch Theorien ganz anderer Art zu präzisieren, kann als ein Zeichen für die große Flexibilität des strukturalistischen Konzeptes betrachtet werden. Wenn es darüber hinaus gelingen sollte, mit Hilfe eben dieses Begriffsapparates sogar Theorien zu rekonstruieren, deren Wissenschaftscharakter bis heute umstritten blieb, so hätte der strukturalistische Ansatz damit eine weitere Bewährungsprobe bestanden.

Was nun das Anliegen von FREUD betrifft, so ist zu beachten, daß er nicht *eine* Theorie, sondern *zwei* Theorien anstrebte. Wie jedem sowohl theoretisch forschenden als auch praktisch tätigen Arzt war es ihm nicht nur darum zu tun, für bestimmte bislang nicht oder nur unzulänglich erklärte Phänomene eine adäquate Erklärung zu liefern, sondern außerdem darum, seinen von bestimmten Erkrankungen befallenen Patienten zu helfen. Beim ersten geht es um eine deskriptive Aussagen formulierende explanatorische oder erklärende Theorie; beim zweiten geht es um eine therapeutische Theorie, deren Aufgaben technologischer Art sind, ähnlich wie die der Erzeihungswissenschaft, und deren Sätze die Struktur hypothetischer Imperative haben.[2] Hier soll allein FREUDS deskriptiverklärende Theorie den Gegenstand der Betrachtung bilden. Diese Beschränkung ist zulässig, da wir von allen Fragen empirischer Bewährung abstrahieren. Würden wir auch diesen Fragenkomplex einbeziehen, so wäre es vermutlich nicht statthaft, die therapeutische Theorie außer Betracht zu lassen, da ein empirischer Mißerfolg der letzteren auch ein negatives Verdikt über die explanatorische Theorie begründen könnte.

Diese deskriptiv-erklärende Theorie wird von W. BALZER in [Empirische Theorien] als erste Theorie auf S. 6–67 behandelt. Wenn wir dieses Thema trotzdem hier nochmals aufgreifen, so hat dies vor allem die folgenden vier Gründe: Erstens benützt BALZER a.a.O. dieses Beispiel dazu, um den Leser mit dem Begriffsapparat des neuen Theorienkonzeptes vertraut zu machen. Dadurch nimmt die Darstellung einen viel breiteren Raum ein, als es für Leser, die mit dem Begriffsgerüst bereits vetraut sind, nötig wäre. Dadurch könnte bei manchen der Eindruck entstehen, die Grundstruktur dieser Theorie sei komplizierter als es tatsächlich der Fall ist. Zweitens erschien es als ratsam, einige allgemeine Betrachtungen voranzustellen, um der potentiellen Gefahr zu begegnen, wegen der hier von der philosophischen Tradition zum Teil stark abweichenden Terminologie keine künstlichen Schwierigkeiten aufzubauen. So sind z.B. Philosophen, die von der Aktpsychologie oder Aktphänomenologie herkommen, geneigt, psychoanalytische Theorien für begrifflich inkonsistent zu halten. Drittens haben sich in die eben zitierten Ausführungen von BALZER leider sinnstörende Druckfehler eingeschlichen, die bei manchen Lesern das Verständnis erschweren dürften. Schließlich werden sich auch einige inhaltliche Abweichungen ergeben, und zwar sowohl beim begrifflichen Aufbau als auch bei der Präsentation der Freudschen Theorie.

14.4.1 Inhaltliche und terminologische Vorbemerkungen. Die Theorie von S. FREUD ist eine psychologische Theorie, welche die Lebensabschnitte einzelner Personen und deren Verlauf zu beschreiben und darüber hinaus in gewissen Hinsichten zu erklären versucht. Wie für alle psychologischen Theorien kommt es auch hier in erster Linie darauf an, den psychischen Ablauf im Leben von ‚normalen' oder ‚gesunden' Menschen zu erfassen. Daneben aber geht es dieser Theorie vor allem um die Erfassung der Neurosen, also bestimmter Arten von seelischen Erkrankungen.

---

2   In bezug auf die Erziehungswissenschaften vgl. W. BREZINKA, [Gegenstandsbereich], insbes. S. 149ff. Unter „Technik" ist dabei ein Verfahren zu verstehen, von dem angenommen wird, daß man mit seiner Hilfe bestimmte Zwecke erreichen kann. „Technologie" ist eine Theorie der Technik, deren Sätze von der Gestalt sind: „Wenn du das Ziel z erreichen willst, dann handle so und so!"

Zwei Beispiele von solchen Erkrankungen seien kurz angedeutet. Im einen Fall handelt es sich um eine 38-jährige Dame. Sie hatte mit 17 Jahren an einem Ball teilnehmen wollen und dafür einige Besorgungen gemacht. Dabei ging sie damals durch eine Straße, in der vor einigen Tagen ihre Freundin gestorben war. Wegen ihrer gedanklichen Konzentration auf den Ball war von ihr die Erinnerung an den Tod ihrer Freundin zurückgedrängt worden. Am selben Tag hatte sie ihre einzige Periode in diesem ganzen Jahr. Bereits ein kurzes Stück hinter dem Haus ihrer Freundin bekam sie einen Schwindelanfall, der mit Angst und Ohnmachtsgefühlen verbunden war. Seither leidet sie unter Agoraphobie und Anfällen von Todesangst. Im zweiten Fall geht es um ein Bauernmädchen, das bei seinem Onkel lebte und in dessen Hof mithelfen mußte. Mehrmals war es vom Onkel bedroht worden, ohne daß ihm der Charakter der Drohung klar wurde. Zwischendurch hatte es zweimal den Onkel, ohne ihm nachspioniert zu haben, beim Geschlechtsakt mit einer Magd gesehen. Seither leidet das Mädchen unter Depressionen und bekommt vor allem auf dem längeren Weg ins Dorf häufig Angstzustände.

Das Freudsche Erklärungsschema ist in beiden Fällen dasselbe: In allen Menschen vollziehen sich laufend unbewußte psychische Akte, die nach Realisierung in Form von Handlungen und bewußten Erlebnissen drängen. Im ersten Fall z.B. sind dies Vorstellungen über den in Kürze stattfindenden Ball und die Teilnahme an diesem Ball. Ist nun die Realisierung eines unbewußten Aktes mit sehr unangenehmen Erlebnissen assoziiert, wie z.B. mit der Erinnerung an den Tod der Freundin und der Periode, so kann es passieren, daß in Zukunft jede Realisierung dieses Aktes bereits im Keim unterdrückt wird und die Krankheitssymptome entstehen.

Es ist nicht von vornherein ersichtlich, wie man die beiden oben genannten Zielsetzungen, die theoretische Erfassung gesunder und psychisch kranker Menschen, überhaupt unter einen Hut bringen kann. Dies macht man sich am besten durch einen Vergleich mit anderen, bekannten Krankheitstypen klar. Bei Krankheiten, mit denen sich Menschen durch äußere Einwirkung infizieren, ist man für ihre adäquate Deutung genötigt, über den menschlichen Bereich hinauszugreifen und die Krankheitsträger, wie Bakterien und Viren, mit einzubeziehen. Bei spontan auftretenden Erkrankungen ohne äußeren Erreger ist zwar ein solcher Rückgriff nicht erforderlich. Doch muß man auch hier, je nach Beschaffenheit der zugrunde liegenden erklärenden Hypothese, über das bewußte Erleben hinausgehen, selbst dann, wenn es sich um rein seelische Erkrankungen handelt, wie etwa im Fall einer endogenen Depression. Wer die letztere für eine Gehirnerkrankung hält, ist genötigt, entsprechende neurophysiologische Prozesse in den Gegenstandsbereich seiner Theorie einzubeziehen. Wer die Auffassung vertritt, es handle sich um eine Stoffwechselerkrankung, muß den begrifflichen Apparat so erweitern, daß Stoffwechselvorgänge in Teilen des menschlichen Organismus beschrieben werden können.

Neurotische Erkrankungen jedoch sind weder Infektionskrankheiten noch spontan auftretende Erkrankungen von der Art der endogenen Depression, zumindest nicht nach der Hypothese von FREUD. Gemäß dieser Hypothese geht der Neurose stets ein normaler, also gesunder Lebenslauf voran. Ein Mensch *ist* nicht von vornherein neurotisch; vielmehr *wird* er nach vorausgegangener seelischer Gesundheit zu einer bestimmten Zeit neurotisch, und zwar trotz fehlender äußerer Infektion und (mutmaßlich) fehlender organischer Erkrankung. Die prinzipielle Vereinbarkeit der beiden eingangs erwähnten Ziele kann dadurch erreicht werden, daß man den Begriff der Neurose zeitlich relativiert, also den Begriff „neurotisch ab Zeitpunkt t" einführt.

Die Theorie von FREUD ist keine bloß beschreibende Theorie, sondern zumindest ihrem Anspruch nach geradezu der Prototyp einer *erklärenden* Theorie. Und zwar will sie Neurosen ‚gesetzmäßig' erklären mit Hilfe von bestimmten Arten von Vorgängen im Verlauf des gesunden Lebensabschnittes, welcher dem Auftreten der Neurose voranging. Unsere erste Aufgabe wird darin bestehen, FREUDS begrifflichen Apparat innerhalb des strukturalistischen Ansatzes so weit aufzubereiten, daß sich die Grundzüge der Theorie von FREUD in diesem Rahmen rekonstruieren lassen.

In einer formalen Hinsicht, so könnte man sagen, ähnelt auch die Theorie von FREUD den beiden genannten andersartigen Krankheitstheorien, nämlich in der Hinsicht, daß auch in ihr neue Entitäten hinzugenommen werden; ‚neu' zumindest in dem Sinn, daß diese Entitäten in den damals vorliegenden psychologischen Theorien nicht erwähnt wurden. Allerdings gehören diese Entitäten weder zur außermenschlichen Natur noch sind sie Bestandteil der physischen Konstitution des Menschen. Vielmehr beinhaltet FREUDS Annahme eine Erweiterung des Psychischen um die unbewußten seelischen Akte. Beim Reden über diese Prozesse werden wir uns in diesen einleitenden Betrachtungen einer Sprechweise bedienen, die gewöhnlich als „naiv-realistisch" bezeichnet wird. Wir werden also über die unbewußten Akte einer Person ebenso reden wie über deren bewußte Erlebnisse. Dies bedeutet nicht, daß wir FREUDS Realismus bezüglich des Unbewußten – falls FREUD einen solchen wirklich vertreten hat – unkritisch übernehmen. Für uns ist diese Sprechweise ein bloßes Provisorium; und die Rechtfertigung für sie liegt allein darin, daß sie es gestattet, diese einleitenden Überlegungen knapp und einfach zu formulieren. Erst nachdem der begriffliche Apparat feststeht, müssen wir uns überlegen, welche darin vorkommenden Terme nicht-theoretisch sind und welche theoretisch.

Um überflüssige philosophische Pseudodiskussionen zu vermeiden, ist es zweckmäßig, zwei vorbereitende begriffliche Klärungen vorzunehmen. Die erste betrifft den Begriff des *unbewußten psychischen Aktes* oder kürzer: des *unbewußten Aktes*. Dieser Begriff ist damals auf große Verständnisschwierigkeiten gestoßen und gibt auch heute noch oft Anlaß für Verwirrungen. Zu der Zeit, als FREUD mit seinen Arbeiten über Neurose an die Öffentlichkeit heranzutreten begann, waren die Aktpsychologie (BRENTANO) und Aktphänomenologie (HUSSERL) bereits etablierte philosophische Richtungen. Und innerhalb dieser Richtungen wird der Begriff des psychischen Aktes mit dem des Bewußtseinsvorganges, Bewußtseinsprozesses oder Bewußtseinsphänomens gleichgesetzt. Ausdrücke wie „Akt" oder „psychischer Akt" wurden als synonym mit irgendwelchen Sammelbezeichnungen für alle Bewußtseinsvorgänge verwendet.

Ein unbewußter psychischer Akt war für Vertreter dieser Richtungen so etwas wie ein hölzernes Eisen, nämlich ein Bewußtseinsvorgang, der doch kein Bewußtseinsvorgang ist.

In der Tat: Wenn man „psychischer Akt" als synonym betrachtet mit „Bewußtseinsvorgang", dann ergibt die Rede von unbewußten seelischen Akten keinen Sinn. Und es ist zwar richtig, daß sich in den genannten, aber auch in anderen Denkrichtungen eine Terminologie herausgebildet hatte, gemäß welcher nur bewußte Prozesse „Akte" genannt werden dürfen. Doch man kann FREUD, der sich keiner dieser Traditionen angeschlossen hat, nicht daraus einen Vorwurf machen, daß er die innerhalb dieser Traditionen geltenden *Sprachregelungen* nicht übernimmt. Es ist sein gutes Recht, für den Zweck der von ihm zu errichtenden erklärenden Theorie den Bereich des Psychischen um die unbewußten Akte zu erweitern. Wenn jemand sich dazu entschlossen hat, nur Bewußtseinsvorgänge als Akte zu bezeichnen, so muß er für diese unbewußten Vorgänge einen neuen Namen prägen. Eine Diskussion darüber, ob wir *berechtigt* seien, derartige Vorgänge „Akte" zu nennen, würde in einen reinen Wortstreit entarten. Jedenfalls werden wir uns im folgenden der Rede von unbewußten Akten ohne Bedenken bedienen. Und zur Vermeidung von begrifflichen Konfusionen werden wir, genau umgekehrt als die Aktpsychologen, dieses Wort „Akt" niemals zur Bezeichnung von Bewußtseinsvorgängen benützen. Meist werden wir hier einfach von Erlebnissen sprechen.

Ein zweiter Punkt betrifft die spätere formale Charakterisierung des *Bewußten* und *Unbewußten*. Wir beginnen mit den bewußten Erlebnissen. Darunter verstehen wir nicht bloß die von einer bestimmten Person (zu einem Zeitpunkt) tatsächlich gehabten Erlebnisse, sondern alle Erlebnisse, die diese Person haben könnte. Unter „Erlebnis" verstehen wir daher stets eine Erlebnis*art*, unabhängig davon, ob sie zu dem jeweils betrachteten Zeitpunkt *verwirklicht* ist (von der Person ‚gehabt' wird) oder nicht. Die Totalität der so verstandenen Erlebnisse werde „E" genannt. Den Begriff des Bewußtseins B führen wir demgegenüber als eine Funktion ein mit Zeitpunkten als Argumenten und Werten aus der Potenzmenge von E. Darin darf keinesfalls so etwas erblickt werden wie eine begriffliche Vergewaltigung dessen, was FREUD oder auch andere Psychologen meinen, wenn sie von Bewußtsein sprechen. Vielmehr wird hier bloß von einer Methode Gebrauch gemacht, die in anderen Disziplinen, wie z. B. der Physik, als völlig selbstverständlich vorausgesetzt wird, nämlich daß man Entitäten, die von der Zeit abhängen, als Funktionen mit Zeitpunkten als Argumenten definiert. Die Temperatur ist z. B. eine derartige Funktion. (Daß die Temperaturfunktion als Werte Größen annimmt, während das als Funktion konstruierte Bewußtsein dagegen nur qualitativ beschriebene Erlebnisse als Werte annimmt, ist in diesem Zusammenhang irrelevant.)

Ein Vorteil dieses Verfahrens besteht darin, daß man dadurch den Begriff des ‚Erlebnisstromes' (einer Person während einer gegebenen Zeitspanne) mühelos präzisieren kann. Dieser Erlebnisstrom wird formal erfaßt durch die (auf diese Person relativierte) Funktion B zwischen den Zeitpunkten, die den Anfang und das Ende der fraglichen Zeitspanne auszeichnen: Für jeden einzelnen Zeitpunkt

t aus diesem Zeitraum liefert die Funktion B als Wert $B(t)$ die Menge derjenigen Erlebnisse aus E, welche die Person zu t ‚hat'. (Daß dabei als Wertebereich von B nicht die Menge E, sondern deren Potenzmenge $Pot(E)$ gwählt wird, hat seinen Grund darin, daß eine Person zu ein und derselben Zeit mehrere Erlebnisse haben kann, z.B. Zahnschmerzen und gleichzeitig ein Erinnerungsbild eines verstorbenen Freundes.)

Mit dem Begriff des Unbewußten werden wir ähnlich verfahren. A sei die Gesamtheit der irgendwie artmäßig charakterisierten, möglichen unbewußten psychischen Akte. Dann soll das Unbewußte als eine Funktion U eingeführt werden, welche für jeden Zeitpunkt aus einer vorgegebenen Zeitspanne als Wert die zu diesem Zeitpunkt realisierten Akte liefert. Aus dem analogen Grund wie bei B muß daher der Wertebereich von U als $Pot(A)$ gewählt werden.

14.4.2 Die Grundbegriffe.

Mit den vorangehenden Betrachtungen wurde nur einiges über die Grundbegriffe ausgesagt, das hauptsächlich dazu dienen sollte, Mißverständnissen vorzubeugen. Welche Begriffe man insgesamt benötigt, hängt davon ab, wie die Theorie formuliert wird. Wenn wir somit diese Grundbegriffe bereits jetzt vollständig auflisten, so geschieht dies im Vorblick auf die Theorie, für die wir später den Begriff des potentiellen Modells und des Modells einführen werden.

Bei der Formulierung dieser Theorie werden wir einige Vereinfachungen vornehmen. Zwei davon seien hier ausdrücklich angeführt. Wie die Beispiele von FREUD zeigen, treten die Krankheitssymptome nur innerhalb eines bestimmten soziokulturellen Umfeldes auf. Es soll hier kein Versuch unternommen werden, die von FREUD offenbar intendierte Relativierung der einschlägigen Gesetzmäßigkeit auf ein derartiges Umfeld explizit zu machen. Ferner zeigen die Erläuterungen zu den Beispielen, daß selbst bei Annahme einer präzisen Beschreibung dieses Umfeldes die fragliche Gesetzmäßigkeit kaum eine streng deterministische, sondern eine statistische sein dürfte. Wir werden dennoch so tun, als hätten wir es mit einem strikten Gesetz zu tun, um die technischen Komplikationen zu vermeiden, die mit der Einführung des statistischen Wahrscheinlichkeitsbegriffs in unseren Begriffsapparat zwangsläufig verbunden wären.

Insgesamt werden wir zehn Begriffe benötigen. T sei die als Menge von Zeitpunkten aufgefaßte *Zeitspanne*, in welche die Lebensabschnitte der betrachteten Person hineinfallen. Eine Zeitmetrik wird für diese Menge nicht vorausgesetzt, wohl aber eine *Ordnung der Zeitpunkte* in bezug auf früher und später. Diese Ordnung wird beschrieben durch eine zweistellige Relation $\leq$, die inhaltlich das „nicht später als" ausdrückt. E sei die Menge der im obigen Sinn zu verstehenden *möglichen Erlebnisse* unserer Person. Das *Bewußtsein B* werde, wie ebenfalls bereits geschildert, als Funktion $B: T \rightarrow Pot(E)$ eingeführt. Für $W \subseteq E$ und $t \in T$ besage $B(t) = W$, daß die Person zur Zeit t genau die Erlebnisse aus W hat, daß also alle und nur die Elemente von W verwirklicht sind. Dieses Verbum „verwirklichen" werden wir neben dem Hilfszeitwort „haben" nicht nur bei

Erlebnissen verwenden, sondern auch bei den unbewußten Akten, also den Elementen aus A.

Eine für die Formulierung der Theorie benötigte Relation zwischen möglichen Erlebnissen ist die *Assoziationsrelation* $Ass \subseteq E \times E$. Sind die beiden Erlebnisse e und e' miteinander verbunden oder assoziiert, so schreiben wir wie üblich $\langle e, e' \rangle \in Ass$. Würde es uns darum gehen, die Theorie von FREUD als einen möglichst vollständigen Theorienkomplex im Sinn von Kap. 9 zu behandeln, so müßte insbesondere auch die dieser Theorie ‚zugrunde liegende' Theorie der Assoziation rekonstruiert werden. Für unsere Zwecke ist dies aber nicht erforderlich, da alle Zusammenhänge, in welche die Assoziationsrelation innerhalb der Theorie von FREUD Eingang findet, explizit angegeben werden und andere Zusammenhänge hier nicht interessieren. Streng genommen müßte eigentlich eine Relativierung auf einen Zeitpunkt vorgenommen werden, da zwei Erlebnisse stets *ab einem bestimmten Zeitpunkt* miteinander assoziiert sind. Trotzdem brauchen wir diesen Aspekt nicht in die Definition mit einzubeziehen; denn die jeweils relevanten Zeitpunkte werden in den einschlägigen Bestimmungen in anderer Weise zur Geltung gebracht.

Die Begriffe „(unbewußter psychischer) Akt" und „Unbewußtes" sollen, wie angekündigt, völlig analog zu den Begriffen „Erlebnis" und „Bewußtsein" eingeführt werden. A sei die Menge der möglichen unbewußten psychischen Akte. U werde definiert als Funktion $U: T \to Pot(A)$. Für $R \subseteq A$ und $t \in T$ besagt $U(t) = R$, daß in der Person zur Zeit t genau die unbewußten Akte aus R verwirklicht sind.

Bevor wir die Liste der Grundbegriffe vervollständigen, sei eine Bemerkung zum Begriff des Psychischen eingefügt. Man könnte den Begriff P des Psychischen, vermutlich im Einklang mit FREUDs Intuition, einführen als die Vereinigung von E und A, also $P := E \cup A$, versehen mit der Zusatzbestimmung $E \cap A = \emptyset$. Was hätte man dann unter einer gegnerischen Theorie zu verstehen, welche ‚die Existenz des Unbewußten leugnet'? Es müßte dies nicht unbedingt eine Theorie sein, die $A = \emptyset$ behauptet, für die also die Elemente von A überhaupt nicht existieren. Vielmehr könnte es sich dabei um eine Theorie handeln, deren Vertreter nur leugnen, daß A *Psychisches* enthalte, da die Elemente von A im Rahmen dieser Theorie als *physische* Zustände und Prozesse, etwa als neurologische Prozesse bestimmter Art, gedeutet werden. Wenn es uns darum ginge, FREUDs Auffassung von derartigen anderen Theorien abzugrenzen, würde man vermutlich diesen Begriff P benötigen. Da wir eine solche Abgrenzung aber gar nicht anstreben, brauchen wir diesen Begriff nicht einzuführen und können es somit offen lassen, wie der allgemeine Begriff des Psychischen im Rahmen der Freudschen Auffassung zu charakterisieren sei und ob für einen derartigen Begriff dort überhaupt Platz ist.

Auch in bezug auf den nächsten Begriff, den des negativen Erlebnisses, versuchen wir es mit einer Parallelisierung des Bewußtseinsbegriffs. Dazu führen wir zunächst die echte Teilmenge L von E ein: $L \subsetneq E$, welche genau diejenigen möglichen Erlebnisse enthält, die bei ihrer Verwirklichung von der Person *als leidvoll empfunden* werden. Wir verwenden dieses Wort deshalb, weil z.B. nicht nur Schmerzen leidvolle Erlebnisse sind. Andere leidvolle Erlebnisse sind z. B. starker Juckreiz, Angstzustände, Depressionen. Den Begriff *negatives Erlebnis* konstruieren wir in Analogie zu den Begriffen *B* und *U* als Funktion $N: T \to Pot(L)$. Auch die Begründung dafür, als Wertebereich von *N* die Potenzmenge von *L* und nicht *L* selbst zu wählen, ist dieselbe wie früher: Nur durch diese Wahl wird dem Umstand Rechnung getragen, daß in unserer Person zu ein und demselben Zeitpunkt mehrere Arten von leidvollen Erlebnissen verwirklicht sein können.

Der letzte benötigte Grundbegriff ist wieder eine Relation, nämlich die Relation der *Realisierung*, die Elemente aus *A* und aus *E* zueinander in Beziehung setzt. Darin kommt erstmals sowohl das Neuartige als auch das spezifisch Hypothetische an der Freudschen Theorie zur Geltung. Nach dieser Theorie wird jeder unbewußte Akt *a* gleichzeitig oder später durch ein Erlebnis *e* realisiert. Da diesmal die Einbeziehung der Zeit wesentlich ist, soll die Realisierungsrelation *Real* formal als dreistellige Relation eingeführt werden: $Real \subseteq T \times A \times E$. $\langle t, a, e \rangle \in Real$ kann man umgangssprachlich durch die Aussage wiedergeben, daß *t*, *a* und *e* (in dieser Reihenfolge) in der Realisierungsrelation stehen. Dabei wird hier bloß verlangt, daß *a* bzw. *e* *mögliche* unbewußte Akte bzw. Erlebnisse sind. Zu beachten ist, daß es sich hier um einen technischen Begriff der zu konstruierenden Theorie handelt, der natürlich nicht mit unserer umgangssprachlichen Verwendung des Wortes „verwirklichen" verwechselt werden darf. Dieses letztere verwenden wir stets für Akte und Erlebnisse *allein*, so daß es sinnvoll ist, sowohl von der Verwirklichung von Akten als auch von Erlebnissen zu bestimmten Zeiten zu reden.

Wer mit der Theorie von FREUD anderweitig vertraut ist, wird vermutlich den Begriff der *Verdrängung*, der doch ein zentraler Begriff bei FREUD zu sein scheint, vermissen. Zweckmäßigerweise beantworten wir die Frage, warum dieser Begriff nicht unter den Grundbegriffen vorkommt, unmittelbar im Anschluß an die Definition des Modellbegriffs.

14.4.3 Potentielle Modelle und Modelle. Wir können jetzt unmittelbar dazu übergehen, den Begriff des potentiellen Modells zu definieren. Dabei erweist es sich als überflüssig, die jeweils betrachtete Person explizit anzuführen. Denn die zu skizzierende Theorie bezieht sich ohnehin stets nur auf eine einzelne Person bzw. auf die Lebensabschnitte dieser Person. Und alles, was es dabei an relevanten Aspekten zu erfassen gilt, läßt sich mit dem angeführten Begriffsapparat bewältigen. Begriffe für einzelne Personen müßten nur dann eingeführt werden, wenn es Fälle gäbe, in denen die Theorie gleichzeitig mehrere Personen sowie die Interaktionen zwischen ihnen beschriebe. Aber solche Fälle gibt es nicht. Jedes potentielle Modell ist nur auf eine ganz bestimmte Person bezogen. Insbesondere sind die intendierten Anwendungen stets einzelne Personen.

Die Theorie soll den Namen *Freud* bekommen, was aber nicht als Abkürzung für „die Neurosentheorie von FREUD" zu verstehen ist; denn der Modellbegriff wird sich, wie erwähnt, auf die gesunden Fälle beziehen, während die neurotischen Erkrankungen erst durch eine geeignete Spezialisierung erfaßt werden.

D 14.4-1 $x \in M_p(Freud)$ (x ist ein *potentielles Modell* der Theorie *Freud*) gdw es ein $T, E, L, \leq, Ass, B, N, A, U, Real$ gibt, so daß:
(1) $x = \langle T, E, L, \leq, Ass, B, N, A, U, Real \rangle$;
(2) (a) T ist eine nicht-leere Menge (von Zeitpunkten);
 (b) E ist eine nicht-leere Menge (von möglichen Erlebnissen);
 (c) A ist eine nicht-leere Menge (von möglichen unbewußten Akten);
 (d) L ist eine echte Teilmenge von E, d.h. $L \subsetneq E$;
(3) die Durchschnitte von je zwei der drei Mengen T, A und E sind leer;
(4) $\leq$ ist eine schwache Ordnung auf T, d.h. $\leq$ ist reflexiv, transitiv und konnex;
(5) (a) $B: T \to Pot(E)$;
 (b) $N: T \to Pot(L)$;
 (c) $U: T \to Pot(A)$;
(6) für alle $t \in T: U(t) \neq \emptyset$ und $B(t) \neq \emptyset$;
(7) $Ass \subseteq E \times E$;
(8) $Real \subseteq T \times A \times E$.

Die inhaltlichen Erläuterungen zu diesen Begriffen sind größtenteils bereits in 14.4.2 gegeben worden. In (6) wird verlangt, daß zu jeder der betrachteten Zeiten sowohl unbewußte Akte als auch bewußte Erlebnisse verwirklicht worden sind. Während in die erste dieser Annahmen bereits so etwas wie eine Freudsche Hypothese Eingang findet, ist die zweite Annahme unproblematisch, da man Zeiten, zu denen in unserer Person keine bewußten Erlebnisse stattfinden (z. B. wegen Bewußtlosigkeit oder traumlosen Schlafes), aus der Menge T entfernen kann. Eine Alternative bestünde darin, diese beiden Bestimmungen erst in den Modellbegriff mit aufzunehmen.

Den Modellbegriff führen wir jetzt sofort ein und stellen die Erläuterungen nach. Die zeitliche Gleichheit sowie die früher-Relation seien wie üblich mittels $\leq$ definiert, d.h. $t = t'$ ist eine Abkürzung für $t \leq t' \wedge t' \leq t$; und $t < t'$ ist eine Abkürzung für $t \leq t' \wedge \neg t = t'$.

D 14.4-2 $x \in M(Freud)$ (x ist ein *Modell* der Theorie *Freud*) gdw es ein $T, E, L, \leq, Ass, B, N, A, U, Real$ gibt, so daß
(1) $x = \langle T, E, L, \leq, Ass, B, N, A, U, Real \rangle$;
(2) $x \in M_p(Freud)$;
(3) für alle t, a und e: wenn $Real(t, a, e)$, dann $a \in U(t)$ und $e \in B(t)$;
(4) für alle t und alle e:
 (a) $N(t) \subseteq B(t)$;
 (b) $Ass(e, e)$;
(5) für alle e, e', t, t': wenn $e \in N(t)$ und $Ass(e, e')$ und $t < t'$, dann $e' \notin B(t')$;
(6) es gibt t, a, e, so daß gilt: $a \in U(t)$ und $e \in B(t)$ und nicht $Real(t, a, e)$;
(7) für alle e, e', a, t, t': wenn $Real(t, a, e)$ und $Real(t', a, e')$, dann $Ass(e, e')$;

(8) für alle t, a: wenn $a \in U(t)$, dann gibt es ein t' und ein e, so daß $t \leq t'$ und $Real(t', a, e)$.

Die Bestimmung (3) verlangt, daß im Fall der Realisierung von a durch e zu t, also bei Vorliegen von $Real(t, a, e)$, a ein zu t verwirklichter unbewußter Akt und e ein zu t verwirklichtes Erlebnis ist. Dies geht offenbar über die definitorische Einführung von $Real$ in M_p weit hinaus; denn darin werden der zweite und dritte Bereich dieser Relation bloß als *mögliche* unbewußte Akte und *mögliche* Erlebnisse festgelegt, während von Verwirklichung dort keine Rede ist.

Nach (4)(a) ist jedes zu t verwirklichte leidvolle Erlebnis zu diesem Zeitpunkt auch bewußt. Und (4)(b) formuliert für die Assoziationsrelation die Minimalbedingung, daß jedes Erlebnis mit sich selbst assoziiert sein soll.

(5) ist ein wichtiges inhaltliches Axiom. Es besagt: Wenn zur Zeit t das negative (leidvolle) Erlebnis e bewußt wird, so tritt ab diesem Zeitpunkt kein mit e assoziiertes Erlebnis mehr ins Bewußtsein. Man könnte diese Bestimmung das *Verdrängungsaxiom* nennen. Denn daß das mit e assoziierte e' ab dem Zeitpunkt t nicht mehr bewußt wird, bedeutet per definitionem nichts anderes, als daß e' ab t verdrängt wird. Jetzt erkennen wir, warum es nicht erforderlich war, den Begriff der Verdrängung in die Grundbegriffe mit aufzunehmen: in der Bestimmung (5) kommt eine Wendung vor, welche als explizite Definition dieses Begriffs dienen kann. Umgangssprachlich wird das Verdrängungsaxiom am einfachsten mit Hilfe dieses Begriffs formuliert: Negative Erlebnisse werden, ebenso wie alle mit ihnen assoziierten Erlebnisse, für alle späteren Zeitpunkte verdrängt.

(6) drückt eine sehr schwache – vielleicht *zu* schwache – negative Minimalbedingung für die Realisierungsrelation aus. Danach müssen zu mindestens einem Zeitpunkt sowohl ein unbewußter psychischer Akt a als auch ein Erlebnis e verwirklicht sein, ohne daß e eine Realisierung von a ist. Würde man auf diese Forderung verzichten, so wäre möglicherweise zu jedem Zeitpunkt jedes bewußte Erlebnis eine Realisierung jedes zu diesem Zeitpunkt gerade verwirklichten unbewußten Aktes. Dies war von FREUD natürlich nicht intendiert.

In (7) wird die Assoziationsrelation mit der Realisierungsrelation verknüpft: Wenn ein und derselbe unbewußte Akt a einmal durch das Erlebnis e und ein anderes Mal (oder zur selben Zeit) durch das Erlebnis e' realisiert wird, so sind die beiden Erlebnisse e und e' miteinander assoziiert. Es ist dies eine vielleicht bedenklich starke Annahme, die weit über die zu FREUDS Zeiten vorliegenden Assoziationshypothesen hinausgeht, die man aber entweder in dieser oder vielleicht in einer abgeschwächten Form machen muß, um FREUDS Theorie formulieren zu können.

Die Bestimmung (8) enthält das entscheidende Axiom über die Wirksamkeit des Unbewußten. Man kann es auf eine Weise aussprechen, welche seine metaphorische Analogie zu physikalischen Prozessen, etwa in einem Dampfkessel, nahelegt: Das Unbewußte übt in der Gestalt der unbewußten Akte auf die Person einen ‚Druck' aus, der dadurch ‚abgelassen' wird, daß sich die fraglichen Akte gleichzeitig oder später durch bewußte Erlebnisse realisieren.

14.4.4 Spezialisierungen. Neurose und Sublimierung. Die bisher geschilderte Theorie von FREUD ist eine Theorie des zunächst Gesunden. Die durch den Modellbegriff erfaßten Merkmale von Lebensabschnitten sind Merkmale gesunder Personen. Die intuitive Grundidee, welche das Auftreten von neurotischen Erkrankungen erklären soll, ist in dem Gedanken enthalten, daß der Prozeß der späteren Realisierung unbewußter psychischer Akte durch Erlebnisse gestoppt wird, die besonders leidvolle Erlebnisse sind.

In der uns zur Verfügung stehenden Terminologie können wir diesen Gedanken folgendermaßen ausdrücken: Zu einem bestimmten Zeitpunkt t_1 tritt in der Person ein unbewußter Akt a_1 auf, der durch ein stark negatives Erlebnis e_1 realisiert wird, kurz: $Real(t_1, a_1, e_1) \land e_1 \in N(t_1)$. Sofern ein Modell diese Zusatzbestimmung erfüllt, sagen wir, daß x ein Modell der Neurosentheorie von FREUD ist, abgekürzt: $x \in M^1(Freud)$.

D 14.4-3 $x \in M^1(Freud)$ (x ist ein *Modell der Neurosentheorie von Freud*) gdw
(1) $x \in M(Freud)$;
(2) es gibt ein $t_1 \in T$, ein $e_1 \in E$ sowie ein $a_1 \in A$, so daß gilt: $Real(t_1, a_1, e_1) \land e_1 \in N(t_1)$.

Wenn wir auf die Person, die durch diese Modellspezialisierung erfaßt wird, bezug nehmen, so können wir sagen, daß diese Person *ab t_1 neurotisch* ist, während sie vorher psychisch gesund war. Da es beim Umgang mit dieser Spezialisierung gewöhnlich nicht darauf ankommt, zu erfahren, welches negative Erlebnis verwirklicht war, während es von Wichtigkeit werden kann, zu wissen, *welcher Akt* verwirklicht war, ist es vermutlich zweckmäßiger, den Begriff der Neurose zweifach zu relativieren und im vorliegenden Fall zu sagen, daß die Person *ab t_1 neurotisch bezüglich a_1* ist. Tatsächlich wird gemäß der Theorie von FREUD nicht nur *dieses* Erlebnis e_1 von der erkrankten Person künftig verdrängt, sondern der unbewußte Akt a_1 wird überhaupt nie mehr erlebnismäßig realisiert. Wir halten dies in einem eigenen Lehrsatz fest.

Th. 14.4-1 *Es sei* $x \in M^1 \land Real(t, a, e) \land e \in N(t)$.[3] *Dann gilt für alle $t' \in T$: Wenn $t < t'$, dann gibt es kein $e' \in E$, so daß $Real(t', a, e')$.*

Beweis: Angenommen, es gäbe ein t' mit $t < t'$ sowie ein e', so daß $Real(t', a, e')$. Dann müßte nach D 14.4-2,(3) gelten: $e' \in B(t')$. Da andererseits außer $Real(t', a, e')$ nach Voraussetzung auch $Real(t, a, e)$ gilt, erhalten wir gemäß Bestimmung (7) dieser Definition: $Ass(e, e')$. Daraus sowie aus den beiden Voraussetzungen $e \in N(t)$ und $t < t'$ gewinnen wir nach Bestimmung (5) dieser Definition: $e' \notin B(t')$. Dies ist ein Widerspruch.

Man könnte, im Einklang mit FREUDS Intention, die folgende Verfeinerung der Theorie anstreben: Nach FREUD führt nicht jedes negative Erlebnis zu einer krankhaften Verdrängung und im Verein mit unbewußten Akten zu einer

---

3   Es wird hier stillschweigend vorausgesetzt, daß N bzw. *Real* das siebente bzw. zehnte Glied von x ist.

Neurosenbildung. Bisweilen haben nämlich die negativen Erlebnisse keinen ‚negativen' Effekt, sondern führen zur *Sublimierung*, die in einer Ersatzrealisation von unbewußten Akten besteht. Zwecks Präzisierung dieses Gedankens müßte man zunächst leidvolle oder negative Erlebnisse in zwei Klassen unterteilen: die stark negativen N_{st} und die schwach negativen N_{sch} mit den entsprechenden disjunkten, zusammen L erschöpfenden Klassen L_{st} und L_{sch}. Die Neurosentheorie wäre dann auf den ‚starken' Fall zu beschränken. Der ‚schwache' Fall hingegen würde die Sublimierungstheorie liefern, sofern noch ein geeignetes Gesetz über den Zusammenhang des Auftretens schwach negativer Erlebnisse und späterer, als positiv empfundener erlebnismäßiger Ersatzrealisationen hinzugefügt würde. Falls man unterstellt, daß dieser Gedanke erfolgreich zu Ende geführt ist, hätte man mit der Neurosentheorie und der Sublimierungstheorie *zwei verschiedene Spezialisierungen* der Basistheorie von FREUD erhalten. Ob die mit diesen Spezialisierungen versehene Theorie auch prognostisch verwendbar wäre, hinge zum Teil von der hier nicht erörterten Frage ab, ob N (bzw. N_{st} und N_{sch}) nicht-theoretisch oder theoretisch relativ zur Theorie von FREUD sind. Denn nur wenn diese Begriffe nicht-theoretisch sind, hätten wir in konkret vorliegenden Fällen die Möglichkeit, vorauszusagen, ob eine krankhafte Verdrängung oder eine Sublimierung eintreten wird.

14.4.5 Theoretizität. Wegen des skizzenhaften Charakters dieser Rekonstruktion der Freudschen Theorie ist es nicht möglich, die Entscheidung darüber, welche Terme relativ zur Theorie *Freud* nicht-theoretisch und welche theoretisch sind, einem *formalen* Kriterium zu überlassen. Vielmehr müssen wir uns mit intuitiven Plausibilitätsüberlegungen begnügen. Diese reichen allerdings, vielleicht mit Ausnahme eines etwas strittigen Grenzfalles, für eine eindeutige Entscheidung aus.

Am zweckmäßigsten beginnen wir mit denjenigen Termen, die rasch als nicht-theoretisch erkennbar sind. Es sind dies: T, $\leq$, E, Ass und B. (Wir verzichten hier einfachheitshalber stets auf die beiden oberen Querstriche, die streng genommen erst jeweils den einem dieser Begriffe entsprechenden Term anzeigen.) Bezüglich der Zeit und ihrer Ordnung ist dies selbstverständlich. Für die drei anderen Begriffe gilt das, was bereits für *Ass* angedeutet worden ist: Soweit diese Begriffe nicht einfach dem nichtwissenschaftlichen Alltag entnommen, sondern teilweise durch eine Theorie bestimmt sind, ist dies sicherlich nicht die Theorie *Freud*, sondern eine davon verschiedene, möglicherweise der ersteren ‚zugrunde liegende' Theorie (im Sinn der Sprechweise der Theorienkomplexe von Kap. 9).

Den potentiellen Einwand, daß doch zumindest der Begriff des Psychischen wegen der Einführung unbewußter psychischer Prozesse durch die Theorie von FREUD eine entscheidende Änderung erfahren habe, können wir sofort beantworten: Diese Feststellung gilt nur, wenn man, wie wir dies andeuteten, den Begriff des Psychischen als einen Begriff von Entitäten einführt, der sowohl die Elemente aus E als auch die Elemente aus A umfaßt. Einen derartigen Begriff benötigt man jedoch für die Rekonstruktion der Theorie von FREUD nicht, wie in 14.4.2 ausgeführt worden ist.

Wenn wir für den Augenblick unterstellen daß sich auch der Begriff N als nicht-theoretisch erweist, so verbleiben noch die drei Terme $\bar{A}$, $\bar{U}$ und $\overline{Real}$. Zweckmäßigerweise betrachten wir sie nicht isoliert, sondern zusammen. Denn einerseits erfolgte die Aufsplittterung des Begriffs des Unbewußten in A und U nur aus technischen Gründen, nämlich um einen dem Begriff des zeitlichen Erlebnisstromes ähnlichen Begriff der zeitlichen Abfolge von verwirklichten unbewußten Akten einer Person zu bekommen. Und andererseits geht der Begriff A als wesentliche Komponente, nämlich als zweiter Bereich, in die Charakterisierung der dreistelligen Realisierungsrelation ein, so daß man erwarten kann, daß sich ein eventueller Theoretizitätsstatus von A auch auf *Real* überträgt.

Tatsächlich spricht alles dafür, daß *jede* Bestimmungsmethode für A und U wesentlich von der Freudschen Theorie abhängt. Denn weder in der deutschen Umgangssprache noch in den vor FREUD errichteten psychologischen Theorien konnte man über das Unbewußte irgend eine vernünftige Aussage machen. Solche Aussagen über eine Person werden erst möglich, *wenn man voraussetzt, daß alle relevanten Aspekte dieser Person durch ein Modell der Theorie Freud erfaßt werden*, oder knapper formuliert: wenn man voraussetzt, daß diese Person ein Modell von *Freud* ist.

Ein Experte könnte vielleicht auf die Idee kommen, an speziellere Bestimmungsmethoden zu denken, etwa an solche mit Hilfe der sogenannten *Traumdeutung*. Aber selbst wenn wir für diesen Zweck voraussetzen wollten, der ideale Fall einer ‚Theorie der Auslegung von Träumen' mit strengen Regeln sei verwirklicht, so würde uns dies im gegenwärtigen Kontext nicht weiterführen. Denn wie immer auch die Details einer solchen Theorie aussehen mögen, sie wäre jedenfalls sicherlich nicht von der Freudschen Theorie unabhängig, sondern würde selbst eine Spezialisierung der Theorie *Freud* bilden. Der theoretische Status des Unbewußten würde dadurch eher untermauert als in Frage gestellt werden. (Vgl. zum Thema „Traumdeutung" auch die Ausführungen bei BALZER, [Empirische Theorien], auf S. 39 und 40.) Wir wollen daher im folgenden voraussetzen, daß die Terme $\bar{A}$, $\bar{U}$ und $\overline{Real}$ als *Freud-theoretisch* im Sinn von SNEED aufzufassen sind.

Für einen etwas problematischen Grenzfall könnte man N halten. Innerhalb unseres Rekonstruktionsverfahrens, in welchem die ‚Negativität' von Erlebnissen aufgespalten wird in die Menge L und die Funktion N, wird allerdings von vornherein die Auffassung nahegelegt, daß dieser Begriff als nicht-theoretisch zu behandeln ist. Denn darüber, ob ein Erlebnis leidvoll ist oder nicht, müßte die Person eine klare Entscheidung treffen können. Doch die gegenwärtige Form der Rekonstruktion kann zwar, muß aber nicht unbedingt gewählt werden. BALZER führt z. B. in [Empirische Theorien] auf S. 19 nur die Funktion N ein, ohne Analogon zu unserem L. Das Motiv dafür dürfte aus einer Bemerkung auf S. 37 hervorgehen: Nicht jedes als schrecklich empfundene Erlebnis ist für die Freudsche Theorie von Relevanz, etwa bestimmte Schockerlebnisse oder, um ein ganz anderes Beispiel zu nennen, extremer Juckreiz, der subjektiv als ebenso schlimm empfunden werden kann wie die größten Schmerzen. In Weiterverfolgung dieses Gedankens ließe sich die Meinung vertreten, daß erst die Freudsche Theorie selbst darüber entscheidet, was als ‚negatives Erlebnis' zu gelten habe, so daß also $\bar{\bar{N}}$ den Status eines theoretischen Terms erhielte. Doch uns erscheint eine solche Interpretation von FREUDs Theorie, die dieser eine wesentlich abstraktere Natur verleihen würde, als gemeinhin angenommen wird, doch als zu weit hergeholt. Solange keine zwingenden Argumente dagegen vorgebracht werden, sollte man es daher mit der naheliegenderen Annahme versuchen, außer N auch den Begriff L einzuführen und beide als nicht-theoretisch aufzufassen.

Jetzt kann der Begriff des partiellen Modells in der üblichen Weise eingeführt werden.

D14.4-4 $M_{pp}(Freud) := \{\langle T, E, L, \leq, Ass, B, N\rangle | \vee A \vee U \vee Real$
$(\langle T, E, L, \leq, Ass, B, N, A, U, Real\rangle \in M_p(Freud))\}.$

14.4.6 Zur Frage der Querverbindungen. Bei den Querverbindungen geraten wir prima facie in eine verwirrende Situation hinein. Wie wir wissen, können solche Constraints nur dort wirksam werden, wo sich die Anwendungen teilweise überschneiden. Da sich jedes Modell der Theorie *Freud* aber auf eine einzige Person bezieht, scheint es hier keine Querverbindungen geben zu können. Denn Personen überlappen sich nicht (außer im Grenzfall siamesischer Zwillinge, denen sicherlich nicht das Interesse von FREUD galt).

Doch ein solcher Schluß wäre voreilig. Es ist zwar richtig, daß sich die zur Diskussion stehende Theorie stets auf eine einzige, individuelle Person bezieht. Aber ein Begriff für diese Person kommt in der Theorie nicht vor. Wenn wir nach den möglichen Überschneidungen in bezug auf die Gegenstände der Theorie fragen, müssen wir uns ganz auf den formalen Standpunkt zurückziehen und die in den potentiellen Modellen tatsächlich vorkommenden Grundmengen und Grundrelationen betrachten. Und hier sind, wie wir sogleich sehen werden, Querverbindungen ohne weiteres formulierbar. Dabei muß man sich nur daran erinnern, daß die beiden Mengen E und A nicht individuelle Vorkommnisse, sondern Arten – Erlebnis- bzw. Aktarten – enthalten.

So z.B. liegt es in bezug auf die Assoziationsrelation nahe, die folgende Hypothese zugrunde zu legen: Zwei Erlebnisse, die von zwei verschiedenen Personen gemacht werden, sind in der einen Person genau dann miteinander assoziiert, wenn sie auch in der anderen Person miteinander assoziiert sind. Wir nennen dies die Querverbindung der Assoziationsgleichheit und definieren sie formal in der üblichen Weise.

D14.4-5 $X \in Q(Freud)$ (X erfüllt die *Querverbindung der Assoziationsgleichheit*) gdw für alle x und $x' \in X$ mit
$x = \langle T, E, L, \leq, Ass, B, N, A, U, Real \rangle \in M_p$,
$x' = \langle T', E', L', \leq', Ass', B', N', A', U', Real' \rangle \in M_p$
sowie für alle e_i, e_k gilt: wenn $e_i, e_k \in E \cap E'$, dann
$Ass(e_i, e_k) \leftrightarrow Ass'(e_i, e_k)$.

Dabei sind, wie erwähnt, e_i und e_k keine individuellen Erlebnisse, sondern gemäß unserer früheren Festsetzung Erlebnisarten. Individuelle Erlebnisse sind dagegen Verwirklichungen von Erlebnisarten in bestimmten Personen zu bestimmten Zeiten.

Gegen diese Formulierung kann der Einwand vorgebracht werden, daß ihr eine zu primitive Vorstellung vom Assoziationsmechanismus zugrunde liegt. Denn die Assoziationen finden stets in einem sprachlich-kulturellen Umfeld statt und müssen daher auf dieses relativiert werden. Dieser Einwand ist im Kern zutreffend. Ihm kann nur durch Erinnerung daran begegnet werden, daß es sich hier um eine versuchsweise, approximative und zugestandenermaßen rohe Skizze einer Rekonstruktion handelt sowie daß der Einwand in einer genau angebbaren Weise nichts Wesentliches beinhaltet. Er beinhaltet in dem Sinn nichts Wesentliches, als er sich nicht gegen die Deutung der Assoziationsgleichheit *als Querverbindung* richtet, sondern nur eine differenziertere Formulierung dieser Querverbindung verlangt, welche das erwähnte Umfeld mitberücksichtigt.

Eines ist allerdings zuzugeben: Bei dieser Querverbindung fällt auch in logischer Hinsicht eine Merkwürdigkeit auf, die man als „Grenzverwischung zwischen Gesetzen und Querverbindungen" bezeichnen könnte. Dabei ist nicht die Tatsache als solche merkwürdig, daß diese Querverbindung ‚wie ein Gesetz aussieht'; denn Constraints sind ja stets, wie wir wissen, nichts anderes als ‚Gesetze höherer Ordnung'. Was seltsam erscheint, ist vielmehr die Tatsache, daß hier ein ganz normales Gesetz als Querverbindung eingeführt wird. Dies ist jedoch eine Konsequenz zweier Entscheidungen, die zur vorliegenden Rekonstruktion führten, nämlich erstens des zwingend motivierten Beschlusses, daß jedes Modell, und damit auch alle Komponenten dieses Modells, sich *auf eine einzige Person* beziehen, und zweitens der ebenfalls an früherer Stelle begründeten Entscheidung, über Erlebnisse nur im Sinne von Erlebnis*arten* zu reden. Es würde ja offenbar keinen Sinn ergeben, zu sagen, daß zwei individuelle Erlebnisse in einer bestimmten Person genau dann miteinander assoziiert sind, wenn dies auch für eine andere, von der ersten räumlich getrennten Person gilt. Denn diese individuellen Erlebnisse können nach Voraussetzung in der zweiten Person überhaupt nicht stattgefunden haben. Als *individuelle* Erlebnisse sind sie gerade dadurch ausgezeichnet, daß sie in der ersten Person verwirklicht sind und eben deshalb in der zweiten nicht vorkommen können.

Für den, der sich dieser Überlegung anschließt, eröffnen sich zahlreiche Möglichkeiten, weitere Querverbindungen einzuführen trotz der räumlichen Trennung der Personen, welche deren Einführung zu blockieren schien. Auf der anderen Seite kann man zumindest die prinzipielle Frage aufwerfen, ob nicht ein andersartiges Vorgehen die Einführung von Querverbindungen im bisher üblichen Sinn gestatten würde. Eine Möglichkeit bestünde darin, den Begriff des *Lebensabschnittes* in den Vordergrund zu rücken und, statt eine Relativierung der Modellbegriffe auf einzelne Personen, deren Relativierung auf Lebensabschnitte solcher Personen zu fordern. Die Lebensabschnitte ein und derselben Person sind nicht unbedingt voneinander getrennt. Sie können sich überschneiden, so daß damit die Voraussetzung für die Einführung von Querverbindungen im früheren Sinn, z. B. des Identitätsconstraints, gegeben wären. Wir werden uns jedoch auf diese gedankliche Möglichkeit nicht weiter einlassen und überlassen es dem Leser, diesen Faden weiterzuspinnen.

Anmerkung. Der Haupteinwand gegen das geschilderte Vorgehen dürfte darin bestehen, daß die Deutung der Elemente von *E* und *A* als Arten statt als konkreter Vorkommnisse künstlich sei und nicht den üblichen Vorstellungen entspreche. Dieser Einwand läßt sich mit dem Gegenargument kontern, daß die vorliegende Interpretation *die logisch einzig mögliche* ist. Statt ein kompliziertes Argument dafür vorzutragen, soll eine Begründung dafür angedeutet werden, daß die hier vorgetragene Auffassung mit dem übereinstimmt, was WITTGENSTEIN im Rahmen seines sogenannten Privatsprachenargumentes über die Identität von Schmerzen vorbringt.

Beginnen wir statt mit Schmerzen mit Farben. Wenn jemand auf eine Blüte zeigt und von *dieser* Farbe spricht, so bezieht er sich mit dem „diese" weder auf die angezeigte Raum-Zeit-Stelle noch auf das Vorkommnis der Farbe an dieser Stelle, sondern auf die *Art* der Farbe, die vielleicht so speziell ist, daß es dafür in unserer Sprache keine Bezeichnung gibt. Analog verhält es sich, wenn jemand auf seine Brust zeigt und von *diesem* Schmerz redet. Er meint nicht die Stelle oder das Vorkommnis, sondern die Art; und er verwendet das „diese" vielleicht wieder aus dem Grund, daß er für diese spezielle Art von Schmerzen keine Bezeichnungsweise kennt. WITTGENSTEINS Bemerkung, die für manche Ohren rätselvoll klingt, daß die Wendung „dieser Schmerz" in dem erwähnten Beispiel nur so weit sinnvoll ist, als auch jeder andere *diese* Schmerzen haben kann, wird von daher nicht nur verständlich, sondern beinhaltet danach eine *offenbar zutreffende* Feststellung.

14.4.7 Intendierte Anwendungen, empirischer Gehalt und empirische Behauptung. Wie in allen übrigen Fällen empirischer Theorien enthält auch diesmal die Menge *I* der intendierten Anwendungen reale Fälle, die sich mit Hilfe des nicht-theoretischen Vokabulars der Theorie beschreiben lassen. Als Ausgangsmenge kann wiederum eine Menge I_0 von *paradigmatischen Beispielen* dienen, die von FREUD selbst angegeben worden sind, insbesondere also die Patientinnen mit Agoraphobie, neurotischen Depressionen und Angstzuständen. (Dabei spielt es keine Rolle, daß diese Beispiele teilweise aus einer Zeit stammen, da FREUD seine neue Theorie noch gar nicht entwickelt hatte, da er sich damals erst langsam von der ursprünglich benützten Hypnosetechnik loslöste.) Die Erweiterung über diesen engen Bereich hinaus erfolgt ebenfalls mittels des – mit einer unbehebbaren Vagheit versehenen – Begriffs der ‚hinreichenden Ähnlichkeit' zu den Fällen aus dieser paradigmatischen Urmenge. Kürzer formuliert: Zu *I* gehören zunächst alle von FREUD beschriebenen realen Fälle, auf die er seine Theorie anwendete, sowie alle damit hinreichend ähnlichen Fälle. Ebenso wie in allen anderen Fällen von Theorien, die den Anspruch erheben, *empirische* Theorien zu sein, besteht somit auch im gegenwärtigen Fall eine relative Unabhängigkeit des begrifflichen Apparates der

Theorie von den intendierten Anwendungen. Von einer bloß *relativen* Unabhängigkeit sprechen wir deshalb, weil bei zweifelhaften Fällen, die den paradigmatischen Beispielen nur in einigen, nicht aber in allen Hinsichten gleichen, die endgültige Entscheidung dem Verfahren der *Autodetermination* überlassen bleibt. Intuitiv gesprochen, überläßt man in solchen Fällen *der Theorie selbst* die Entscheidung darüber, ob eine weitere Anwendung vorliegt oder nicht. Korrekter gesprochen: Man bezieht derartige Zweifelsfälle erst dann in den Bereich der intendierten Anwendungen ein, wenn sich die Theorie in dem Sinn *erfolgreich* auf sie anwenden läßt, daß man die nicht-theoretischen Beschreibungen auf solche Weise durch theoretische Terme ergänzen kann, daß die Ergänzungen Modelle der Theorie bilden, die überdies die grundlegenden Querverbindungen erfüllen.

Wie diese Andeutungen zeigen, ist es wegen des primären Interesses am Krankheits- und nicht am Gesundheitsfall in der gegenwärtigen Theorie sinnvoll und ratsam, die intendierten Anwendungen nicht schon für die Rahmentheorie, sondern von vornherein erst relativ auf die Spezialisierung M^1 festzulegen.

Wenn wir uns nun der Frage des empirischen Gehaltes zuwenden, so finden wir diesmal eine Situation vor, die verschieden ist von allen Fällen, mit denen wir es bisher zu tun hatten. Die letzteren waren dadurch charakterisiert, daß alle eigentlichen Axiome theoretische Terme enthielten. In solchen Fällen reduziert sich die Frage, ob die dem Basiselement zugeordnete Behauptung einen empirischen Gehalt besitzt, auf das Problem, ob nur einige oder sämtliche partiellen Modelle zu Modellen ergänzbar sind.

Demgegenüber müssen wir im gegenwärtigen Fall bereits die Frage nach dem empirischen Gehalt als solche in *zwei* Fragen zerlegen, die zu zwei verschiedenen Stufen gehören. Der Grund dafür liegt darin, daß wir es diesmal auch mit nicht-theoretischen eigentlichen Axiomen zu tun haben, nämlich den beiden Bestimmungen (4) und (5) von D 14.4-2. Die Frage erster Stufe bezieht sich somit auf den nicht-theoretischen Gehalt, den wir in Anknüpfung an die Terminologie von BALZER auch den *absoluten empirischen Gehalt* nennen: Erfüllt jedes Element von M_{pp} auch die beiden Bestimmungen (4) und (5)? Dies ist offenbar nicht der Fall. Die Theorie *Freud* besitzt also einen absoluten empirischen Gehalt.

Um eine analoge Frage in bezug auf die übrigen Axiome zu stellen, müssen wir zunächst genau sagen, worum es dabei eigentlich geht. Was uns interessiert, ist allein die Frage, ob die Axiome, in denen theoretische Terme vorkommen, zu diesem absoluten Gehalt einen ‚zusätzlichen' Beitrag liefern. Zwecks präziser Formulierung bezeichnen wir die Klasse der partiellen Modelle, welche außerdem die beiden genannten Bedingungen (4) und (5) erfüllen, mit M_{pp}^*. Dann lautet die Frage:

Lassen sich alle Elemente aus M_{pp}^* zu Modellen der Theorie *Freud* ergänzen?

Nur dann, wenn dies nicht der Fall ist, wollen wir sagen, daß diese Theorie auch einen *relativen empirischen Gehalt* besitzt. Denn nur in diesem Fall würden durch die ‚theoretischen' Axiome (3), (6), (7) und (8) von D 14.4-2 in der bekannten indirekten Weise zusätzliche partielle Modelle ausgeschlossen, so daß wir eine echte Teilmenge nicht nur von M_{pp}, sondern sogar von M_{pp}^* erhielten. Tatsächlich ist, wie unten gezeigt wird, auch diese zweite Frage verneinend zu beantworten. Wir halten das Resultat in einem eigenen Lehrsatz fest, wobei wir für den zweiten Fall der Prägnanz und Kürze halber eine Fassung benützen, welche sich der Restriktionsfunktion bedient.

Th. 14.4-2 *Die Theorie Freud hat sowohl einen absoluten als auch einen relativen empirischen Gehalt, d.h. es gilt:*
  (a) $M_{pp}^* \subsetneq M_{pp}$;
  (b) *nicht für alle* $Y \subseteq M_{pp}^*$ *ist* $Y \subseteq r^1(M(Freud))$.

Beweis: Nur die Richtigkeit von (b) ist noch zu zeigen. Für je ein festes t_0 und e_0 definieren wir:
$T := \{t_0\}$; $E := \{e_0\}$; $L := \emptyset$; $\leq := \{\langle t_0, t_0 \rangle\}$; $Ass := \{\langle e_0, e_0 \rangle\}$; $B(t_0) := \{\emptyset, e_0\}$; $N(t_0) := \{\emptyset\}$.
Bezugnehmend auf diese 7 Definitionen führen wir das partielle Modell y wie folgt ein:

$y = \langle T, E, L, \leq, Ass, B, N \rangle$.

Dieses y ist nicht nur ein Element von M_{pp}, sondern genügt überdies den beiden Bedingungen (4) und (5) von D14.4-2. Also gilt:

$y \in M_{pp}^*$.

Um zu zeigen, daß die Theorie *Freud* einen relativen empirischen Gehalt besitzt, genügt es somit, nachzuweisen, daß es kein $x \in M(Freud)$ gibt, so daß $r(x) = y$ für *dieses y*.

Wir beweisen dies indirekt. Angenommen, es gibt ein derartiges x. Dann existiert also ein A, U und *Real*, so daß

$x = \langle T, E, L, \leq, Ass, B, N, A, U, Real \rangle \in M$.

Wegen (6) von D14.4-2 gilt dann:

$\lor t_1 \lor a_1 \lor e_1 (a_1 \in U(t) \land e_1 \in B(t_1) \land \neg Real(t_1, a_1, e_1))$.

Aufgrund der Definition von y folgt daraus: $t_1 = t_0$ und $e_1 = e_0$, weshalb wir für ein geeignetes a_1 erhalten:

(1) $a_1 \in U(t_0) \land \neg Real(t_0, a_1, e_0)$.

Nach Bestimmung (8) von D14.4-2 gilt:

(2) $\land t \land a [a \in U(t) \to \lor t' \lor e' (t \leq t' \land Real(t', a, e))$.

Wir spezialisieren (2) durch Wahl von $t = t_0$ und $a = a_1$. Wegen des ersten Konjunktionsgliedes von (1) ist dann das Vorderglied $a_1 \in U(t_0)$ richtig und wir erhalten:

(3) $\lor t' \lor e (t_0 \leq t' \land Real(t', a_1, e))$.

Wiederum gehen wir auf die Definition von y zurück und gewinnen: $t' = t = t_0$ und $e = e_0$, so daß aus (3) folgt:

(4) $Real(t_0, a_1, e_0)$.

Diese Aussage (4) widerspricht dem zweiten Konjunktionsglied von (1). Der indirekte Beweis dafür, daß es kein x mit den angegebenen Eigenschaften gibt, ist damit beendet.

Dieser Lehrsatz liefert uns eine etwas überraschende Einsicht. Sie zeigt, daß selbst die hier gegebene rudimentäre Skizze der Theorie von FREUD in der Frage des empirischen Gehaltes ‚besser dasteht' als die klassische Partikelmechanik. Sie steht sogar dann besser da als die letztere, wenn man für sie alle Querverbindungen unberücksichtigt läßt, während man für die klassische Partikelmechanik die grundlegenden Querverbindungen (Konservativität und

Extensivität der Massenfunktion) einbezieht. Um dies zu erkennen, hat man nur das soeben bewiesene Theorem mit dem folgenden Resultat aus Kap. 8 zu vergleichen: „Jede Teilmenge Y von $M_{pp}(KPM)$ läßt sich theoretisch zu einer Teilmenge von $M(KPM)$ ergänzen, in der überdies die grundlegenden Querverbindungen $Q(KPM)$ erfüllt sind."

Selbst die vorliegende vereinfachende Skizze genügt also, um den Vorwurf, es handle sich bei der Theorie von Freud um ein pseudowissenschaftliches Unterfangen, in Frage zu stellen. Wollte man den Einwand dennoch aufrecht erhalten, so müßte man sich dabei auf detaillierte Betrachtungen über mangelnde Bestätigungsfähigkeit oder Nichtbewährbarkeit Freudscher Hypothesen stützen. Aber selbst in dieser Hinsicht dürften die hier gewonnenen Informationen ausreichen, um einem derartigen Vorhaben keine allzu großen Erfolgschancen einzuräumen.

Literatur

Balzer, W. [Empirische Theorien], *Empirische Theorien: Modelle-Strukturen-Beispiele*, Braunschweig 1982.
Brezinka, W. [Gegenstandsbereich], „Über den Gegenstandsbereich der Erziehungswissenschaft und die technologischen Aufgaben der erziehungswissenschaftlichen Forschung", in: *Jahrbuch für Jugendsozialarbeit IV*, 1983, S. 137–155.
Freud, S. *Gesammelte Werke*, 18 Bände, 5. Aufl. Frankfurt/Main 1967.
Grünbaum, A. „Logical Foundations of Psychoanalytic Theory", *Erkenntnis* Bd. 19 (1983), S. 109–152.
Grünbaum, A. *The Foundations of Psychoanalysis*, *A Philosophical Critique*, Berkeley-Los Angeles-London 1984.

14.5 Die Kapital- und Mehrwerttheorie von K. Marx. Ein Schema

14.5.0 Vorbemerkungen zur Problemstellung. Ähnlich wie im Fall der Theorie von Freud stoßen wir auch in bezug auf die Theorie von Marx auf eine doppelte Kontroverse. Die Meinungen gehen nicht nur darüber auseinander, *wie* die einzelnen Marxschen Theorien genau zu formulieren sind. Vielmehr besteht bis heute keine Einmütigkeit darüber, *ob* diese Theorien überhaupt ganz oder teilweise modernen Ansprüchen an Wissenschaftlichkeit genügen. Nach der hier vertretenen Auffassung sind diese beiden Fragenkomplexe nicht trennbar voneinander. Denn auch bei der zweiten, grundlegenderen Frage kann der Versuch, zu einer überzeugenden Antwort zu gelangen, zumindest in seinen ersten Schritten in nichts anderem bestehen als in einem Bemühen darum, die Theorien von Marx präzise zu rekonstruieren.

Allerdings stoßen wir hier auf eine weitere Schwierigkeit, zu der es in dem bislang einzigen, prinzipiell umstrittenen Fall des vorigen Unterabschnittes kein Analogon gab. Man kann entweder die Auffassung vertreten, daß beide Fragen für spezielle Theorien von Marx gesondert gestellt werden müssen und daß dementsprechend die jeweiligen Antworten verschieden ausfallen können. Oder man nimmt die Position ein, daß das Werk von MARX überhaupt nur ‚holistisch' angegangen werden darf und daß spezielle Marxsche Theorien, sofern man davon überhaupt sprechen kann, nur im Kontext seines Gesamtsystems rekonstruiert und analysiert werden dürfen.

Obwohl man gewichtige Gründe, systematische wie historische, zugunsten der zweiten These vortragen kann, soll hier versuchsweise der erste Standpunkt akzeptiert werden, um zum Kern der ökonomischen Theorien von MARX vordringen zu können. Dabei knüpfen wir an die Arbeiten von W. DIEDERICH und F. FULDA an, worin erstmals Aspekte der Theorien von MARX unter Zugrundelegung des Sneedschen Begriffsapparates analysiert worden sind.

Die Übernahme der ersten These beansprucht nicht, zwingend motiviert zu sein. Daher kann dieses Vorgehen natürlich auch nicht mit einem Anspruch auf Endgültigkeit auftreten. Es ist vielmehr rein praktisch vorgezeichnet: Es erscheint als zweckmäßig, bei einem Rekonstruktionsversuch der Kapital- und Werttheorie von MARX ‚so zu tun, als handle es sich um das Werk eines Nationalökonomen', also eine Haltung einzunehmen, die gegenüber jedem anderen als selbstverständlich gilt, der beansprucht, ein Experte auf diesem Gebiet zu sein. Denn dort fragen wir ja auch nicht, ob der betreffende Nationalökonom außerdem bestimmte philosophische Ansichten vertreten habe und wie diese lauten. Von der genannten Hypothese auszugehen, hat somit u.a. auch *den* Vorteil, daß sie es gestattet, von den spekulativ-metaphysischen und mystischen Zügen, die nach der Ansicht vieler Marxforscher in dessen Werk vorzufinden sind, zu abstrahieren.

Doch diese Annahme aussprechen, und sei es auch nur als Arbeitshypothese, schließt unmittelbar die Gefahr ein, dem folgenden Einwand ausgesetzt zu sein: „MARX war nicht nur einerseits Nationalökonom und andererseits Philosoph. Er war darüber hinaus, und zwar ganz unabhängig von diesen beiden Seiten seines Interesses, Soziologe." Wir halten einen derartigen Einwand für zutreffend, da man in der Tat wesentliche Aspekte seiner ökonomischen Theorie weder richtig zu deuten noch richtig zu beurteilen vermag, ohne bestimmte zugrunde liegende soziologische Theorien wenigstens in Umrissen skizziert zu haben. Es wird sich daher als notwendig erweisen, an gegebener Stelle die Aufmerksamkeit auch auf gewisse soziologische Hintergrundannahmen bei MARX zu richten. Darin wird zugleich der erwähnte holistische Aspekt eine wenigstens bruchstückhafte Berücksichtigung finden.

Im übrigen dürfte durch diese Hinweise von vornherein klargestellt sein, daß die folgende Marx-Rekonstruktion wesentlich unvollständig sein wird. Diese Unvollständigkeit ist allerdings eine andere als im Falle der Neurosentheorie von FREUD. Während wir uns dort, um zum Ziel zu gelangen, über die mutmaßlich recht komplexe Gestalt der Grundprinzipien hinwegsetzen mußten und stark vereinfachte Gesetzmäßigkeiten zu postulieren genötigt waren, wird es im vorliegenden Fall gar nicht möglich sein, derartige Gesetze explizit anzugeben. Wir werden uns damit begnügen müssen, deren *allgemeine Form* oder *Struktur* zu beschreiben. Wir nennen daher das Resultat der Rekonstruktion ein *bloßes*

Schema der Marxschen Theorie, analog wie wir im Fall von FREUD aus den angegebenen Gründen von einer bloßen Skizze sprachen.

Ungeachtet dieses Zugeständnisses, das den Wert der angestrebten Rekonstruktion stark einschränkt, wird auch diesmal der strukturalistische Ansatz einige interessante Resultate zutage fördern. Nicht das unwichtigste darunter bildet vielleicht die Tatsache, daß das Verständnis der Theorien von MARX wesentlich gefördert wird, wenn man, ähnlich wie im Fall von NEWTON, ein *zweistufiges Verfahren* unterstellt, nämlich neben dem Arbeiten auf der *theoretischen* Ebene eine davon relativ unabhängige Forschung auf der *nichttheoretischen* Ebene zugrunde legt.

Anmerkung. Damit, daß hier ein bloßes Schema der Theorie von MARX zu geben beansprucht wird, soll nicht die implizite Behauptung ausgesprochen werden, daß auch andere Darstellungen über eine bloß schematische Behandlungsweise nicht hinausgelangt sind. Insbesondere die im Literaturverzeichnis angeführte Arbeit von DE LA SIENRA geht viel mehr ins Einzelne, und es könnte sich sehr wohl erweisen, daß auf dieser Basis eine Detailrekonstruktion der Marxschen Theorie möglich ist.

14.5.1 Die Grundbegriffe. MARX unterscheidet zwischen Gebrauchswerten und objektiven Werten. Beide Ausdrücke sind dabei nicht, wie heute meist üblich, in einem abstrakten Sinn, sondern in einem sehr konkreten Sinn zu verstehen, nämlich im Sinn von *Trägern* entsprechender abstrakter Werte. Unter einem Gebrauchswert versteht MARX gewöhnlich ein individuelles Gut. Die Menge G der Güter ist daher gemäß seiner Terminologie dasselbe wie die Menge der Gebrauchswerte. Die Menge V der objektiven Werte ist identisch mit der Menge der Träger objektiver Werte.

Um im Fall des objektiven Wertes eine Konfusion zu vermeiden, müssen wir drei Begriffe unterscheiden. Dabei ist beim dritten Begriff die Gefahr einer Äquivokation besonders groß, da hier zwei völlig heterogene Bedeutungen des Ausdrucks „Wert" miteinander verschmelzen, nämlich eine ökonomische Verwendung und eine Verwendung im Sinne der Theorie der Funktionen, wonach „Wert" das Ergebnis der Anwendung einer vorgegebenen Funktion auf ein bestimmtes Argument bedeutet.

V: die Menge der *Wertträger* $a, b, c, \ldots$

v: die *Wertzuordnung* oder *Wertfunktion* $v: V \to \mathbb{R}^+$

die *(ökonomischen) Werte*: die Zahlen $v(a), v(b), \ldots$, welche die Funktion v für die Wertträger annimmt, also die ‚Werte' (im Sinn der Funktionensprechweise) der Funktion v für die als Argumente gewählten Objekte $a, b, \ldots$

Reichlich (noch) vorhandene, nicht knappe Güter sind *keine* Träger objektiver Werte, wie z. B. Luft oder wildwachsendes Holz. Also gilt:

$V \subsetneq G$.

Eine wichtige Teilmenge der Güter sind die durch menschliche Mitwirkung erzeugten oder produzierten Güter.

P: produzierte Güter

Nur einige Güter sind produziert. Keineswegs jede produzierende Tätigkeit schafft Werte. Also gilt:

$V \subsetneq P \subsetneq G$.

Die folgenden Begriffe beziehen sich auf die einschlägigen menschlichen Tätigkeiten.

L: die Menge aller konkreten, Güter produzierenden Verrichtungen (der Buchstabe „L" kommt vom lateinischen Wort „labores")

f: die Produktionsfunktion, die jedem Element von L (also jeder konkreten, Güter produzierenden Verrichtung) das Produkt dieser Tätigkeit zuordnet:

$f: L \to G$

$f(L) = P$ (d.h. P ist genau das f-Bild der Menge L)

A: die Menge der Güter produzierenden Verrichtungen, die ‚unter den Bedingungen abstrakter Arbeit' stattfinden

Die Wendung „abstrakte Arbeit" hat dabei einen fiktiven Begriff zum Inhalt, d.h. abstrakte Arbeit ist ebensowenig eine Arbeit wie eine angebliche Entdeckung eine Entdeckung ist. Dieser Begriff A ist so eingeführt zu denken, *daß die f-Bilder von A genau die Wertträger sind*:

$f(A) = V$.

Insgesamt ergibt sich daraus das folgende *Grundschema* für das Zusammenspiel der sechs Begriffe V, G, P, A, L sowie f:

$$\begin{array}{c} A \subsetneq L \\ f \downarrow \quad f \downarrow \\ V \subsetneq P \subsetneq G \end{array}$$

Bei MARX wird die Teilmenge A von L nicht durch definitorische Merkmale ausgezeichnet; dasselbe gilt für V in bezug auf P. Es liegt daher nahe, V und A als *theoretisch bezüglich der Theorie Marx* auszuzeichnen. (Zur Diskussion des Theoretizitätsproblems bei MARX vgl. auch DIEDERICH und FULDA, [MARX], insbesondere S. 63 unten.) Formal würde es genügen, wegen der Gültigkeit von $V = D_1(v)$ die Funktion v statt der Menge V als theoretischen Begriff zu wählen. Man könnte übrigens auch auf P verzichten, da gilt: $P = f(L)$.

Zusätzlich werden noch zwei weitere Begriffe benötigt. Erstens die nichttheoretische Funktion d, die für L definiert ist und jedem $l \in L$ die *zeitliche Dauer* $d(l)$ dieser Verrichtung zuordnet. Zweitens die auf G definierte *Tauschrelation* T mit xTy, $x, y \in G$, für potentiellen Tausch.

Bei Vorliegen eines Geldgutes läßt sich die Relation T mittels einer Preisfunktion p darstellen, die den Gütern $x, y, \ldots$ deren *Preise* $p(x), p(y), \ldots$, d.h. auf eine Geldeinheit bezogene Zahlen, zuordnet. Es gilt für alle $x, y \in G$:

xTy gdw $p(x) = p(y)$.

Tatsächlich werden wir jedoch zu Beginn noch nicht mit dem Geldgut arbeiten, sondern seine Einführung auf eine der später betrachteten Spezialisierungen verschieben.

14.5.2 Potentielle Modelle, partielle Modelle und Modelle. Bezüglich der Terminologie verfahren wir in gewisser Analogie zum Fall der Theorie von FREUD und bezeichnen die (präexplikative) Theorie selbst als *Marx*. Daneben sollen diesmal, um im Einklang mit der Terminologie von DIEDERICH und FULDA zu bleiben, drei Prädikate eingeführt werden, deren Extensionen die Mengen M_p, M_{pp} und M der Theorie *Marx* bilden.

Die potentiellen Modelle sollen *Waren produzierende Systeme (WS)* heißen.

D 14.5-1 $x \in M_p(Marx)$ bzw. x ist ein *WS* (x ist ein *potentielles Modell* der Theorie *Marx* bzw. x ist ein *Waren produzierendes System*) gdw es ein G, T, L, f, d, A, v gibt, so daß
(1) $x = \langle G, T, L, f, d, A, v \rangle$;
(2) $G \neq \emptyset$;
(3) $T \subseteq G \times G$ und $T \neq \emptyset$;
(4) $P \subsetneq G$;
(5) $f: L \to G$, $P := f(L) \neq \emptyset$,
(6) $d: L \to \mathbb{R}^+$;
(7) $A \subsetneq L$ und $A \neq \emptyset$;
(8) $V := f(A) \subsetneq P$;
(9) $v: V \to \mathbb{R}^+$.

Unsere partiellen potentiellen Modelle sind die *Tauschsysteme TS*.

D 14.5-2 $y \in M_{pp}(Marx)$ bzw. y ist ein *TS* (y ist ein *partielles potentielles Modell* der Theorie *Marx* bzw. y ist ein *Tauschsystem*) gdw es ein G, T, L, f, d gibt, so daß
(1) $y = \langle G, T, L, f, d \rangle$;
(2) $G \neq \emptyset$;
(3) $T \subseteq G \times G$ und $T \neq \emptyset$;
(4) $P \subsetneq G$;
(5) $f: L \to G$, $P := f(L) \neq \emptyset$,
(6) $d: L \to \mathbb{R}^+$.

Alternativ könnte diese Menge M_{pp} in Analogie zum früheren Vorgehen definiert werden durch:

$$M_{pp}(Marx) := \{\langle G, T, L, f, d \rangle \mid \vee A \vee v (\langle G, T, L, f, d, A, v \rangle \in M_p(Marx))\}.$$

Modelle entstehen diesmal aus potentiellen Modellen durch Hinzufügung der Forderung, daß das *Arbeitswertgesetz* erfüllt sein muß. Dieses bildet die Konjunktion von Arbeitswertlehre und Wertgesetz. Die *Arbeitswertlehre* besagt, daß die Arbeitszeiten die objektiven Werte bestimmen. Und das *Wertgesetz* beinhaltet die Behauptung, daß die Tauschbeziehungen durch die objektiven Werte festgelegt sind. Für beide Prinzipien wird nur die allgemeine Form angegeben, was durch das Symbol „↝" zum Ausdruck gebracht werden soll:

$d \leadsto v$ (allgemeine Form der Arbeitswertlehre)
$v \leadsto T$ (allgemeine Form des Wertgesetzes)

Von Gesetzen im eigentlichen Sinn des Wortes dürfte in beiden Fällen erst dann gesprochen werden, wenn es geglückt wäre, das *schematische* Symbol „↝" durch *genaue funktionelle Beziehungen* zu ersetzen, die angeben, *auf welche Weise* Arbeitszeiten Werte bestimmen (Arbeitswertlehre) und *auf welche Weise* die Werte die Tauschbeziehungen festlegen (Wertgesetz).

Als allgemeine Form des Arbeitswertgesetzes *AWG* erhalten wir folgendes:

$d \leadsto v \wedge v \leadsto T$, abgekürzt: $d \leadsto v \leadsto T$.

Angenommen, die erwähnten Funktionen stünden zur Verfügung. Dann würden sich die Werte aus den Arbeitszeiten mittels einer Funktion Φ und evtl. endlich vieler Parameter $\varphi_1, \varphi_2, \ldots$ berechnen lassen. Ein wichtiger derartiger Parameter hätte z.B. anzugeben, wie man qualifizierte Arbeit auf einfache, ungelernte Arbeit reduzieren kann, indem man die erstere als entsprechend länger dauernde einfache Arbeit deutet. (Vermutlich bildet dies nicht nur eines der zentralen Probleme der Theorie von MARX, sondern von *jeder* Variante eines ‚Sozialismus der Leistungsgerechtigkeit', der objektive Wertschöpfung mit leistungsgerechter Beurteilung der die Wertschöpfung bewirkenden menschlichen Tätigkeiten gleichsetzt.) Angenommen, diese Funktion sowie die fraglichen Parameter stünden zur Verfügung. Erst dann könnte das Schema $d \leadsto v$ durch eine Funktionalgleichung von folgender Gestalt ersetzt werden:

$v = \Phi(d, \varphi_1, \varphi_2, \ldots)$.

Analog würden sich die Tauschrelationen mit Hilfe einer Funktion Ψ aus den Werten sowie endlich vielen Parametern $\psi_1, \psi_2, \ldots$ berechnen lassen:

$T = \Psi(v, \psi_1, \psi_2, \ldots)$.

Das *AWG* hätte dann die Gestalt der folgenden komplexen Funktionalgleichung:

$T = \Psi(\Phi(d, \varphi_1, \varphi_2, \ldots), \psi_1, \psi_2, \ldots)$,

in welcher der Wertbegriff überhaupt nicht mehr explizit auftritt.

Für die Modelle der Theorie *Marx*, die *Marxsche Waren produzierende Systeme*, abgekürzt: *MWS*, heißen sollen, benützen wir nur die allgemeine Form des Arbeitswertgesetzes. Wegen des Vorkommens des schematischen Zeichens „↝" ist die folgende Begriffsbestimmung nur als ein *Definitionsschema* zu betrachten.

D 14.5-3 $x \in M$ (*Marx*) bzw. x ist ein *MWS* (x ist ein *Modell* der Theorie *Marx* bzw. x ist ein *Marxsches Waren produzierendes System*) gdw gilt:
(1) x ist ein *WS*;
(2) $d \leadsto v \leadsto T$ (*AWG*).

Anmerkung: Für das *AWG* könnte man die folgende komplexere Formulierung geben, sofern man vorher in der Definition von *WS* die dortigen Teilbestimmungen wegließe, die dem jetzigen (2)(a) entsprechen:

neues AWG $\begin{cases} (2)(a) & f(A) = V \wedge V \subsetneq P; \\ (b) & d \rightsquigarrow v \rightsquigarrow T. \end{cases}$

14.5.3 Querverbindungen. Um den Kern des Basiselementes anzugeben, benötigen wir noch die aus drei Teilen bestehende Querverbindung. Die ersten beiden Teile erinnern an entsprechende Bestimmungen in der klassischen Partikelmechanik, nämlich an die Konservativität und Extensivität der Massenfunktion.

(1) *Identitätsconstraint* Q_1: Gegeben seien zwei Tauschsysteme mit sich überschneidenden Gütermengen G_1 und G_2: $G_1 \cap G_2 \neq \emptyset$. Die in den entsprechenden *WS*'s hinzutretenden ergänzenden Wertfunktionen v_1: $G_1 \to \mathbb{R}^+$ und v_2: $G_2 \to \mathbb{R}^+$ sollen den G_1 und G_2 gemeinsamen Gütern dieselben Werte zuordnen:

$\wedge g(g \in G_1 \cap G_2 \to v_1(g) = v_2(g))$.

Diese Bestimmung fordert also, daß $v_1 \cup v_2$ auf $G_1 \cup G_2$ eine Funktion ist.

(2) *Extensivitätsconstraint* Q_2: Es seien g_1, g_2, g_3 Güter, die aus den Gütermengen G_1, G_2 und G_3 dreier Tauschsysteme stammen; dabei sei g_3 – effektiv oder ‚bloß gedanklich' – aus g_1 und g_2 zusammengesetzt: $g_3 = g_1 \circ g_2$. Dann soll gelten:

$v_3(g_3) = v_2(g_2) + v_1(g_1)$.

(3) *Mehrstufigkeitsconstraint* Q_3: Es sei g_n das Endprodukt einer mehrstufigen Produktion mit den Zwischenprodukten $g_1, g_2, \ldots, g_{n-1}$. Für $i = 1, \ldots, n$ gehe g_i mittels der Arbeit l_i aus g_{i-1} hervor:

$\xrightarrow{l_1} g_1 \xrightarrow{l_2} g_2 \xrightarrow{l_3} \ldots \xrightarrow{l_{n-1}} g_{n-1} \xrightarrow{l_n} g_n$.

Die Wertdifferenz von je zwei Gütern g_{i-1}, g_i soll durch die zugesetzte Arbeit l_i bestimmt sein, im Schema:

$d(l_i) \rightsquigarrow (v_i(g_i) - v_{i-1}(g_{i-1}))$.

Durch Summierung über sämtliche Glieder heben sich rechts alle Werte außer dem Wert des Endproduktes fort und wir erhalten als Endschema:

$\sum_{i=1}^{n} d(l_i) \rightsquigarrow v_n(g_n)$,

d.h. der Wert des Endproduktes ist bestimmt durch die Summe der Produktionszeiten der Zwischenprodukte. (Vermutlich kann man auch an dieser Stelle die Feststellung treffen, daß die genaue Formulierung von Q_3 eines der systematischen Hauptprobleme der Theorie von MARX ist.)

Mit $Q := Q_1 \cap Q_2 \cap Q_3$ erhalten wir die gesamte Querverbindung und können den Kern K in der üblichen Weise anschreiben (die Verweise auf die Theorie *Marx* lassen wir einfachheitshalber stets fort):

$K = \langle M_p, M, M_{pp}, Q \rangle$.

14.5.4 Intendierte Anwendungen und empirische Behauptung.

Potentielle Kandidaten für intendierte Anwendungen des Kerns sind solche Tauschsysteme, d.h. solche Elemente von M_{pp}, von denen sich vermuten läßt, daß sie durch Ergänzung um theoretische Komponenten A und v als Elemente von MWS, d.h. als Marxsche Waren produzierende Systeme, gedeutet werden können.

Ähnlich wie NEWTON scheint sich auch MARX darum bemüht zu haben, *weitgehend unabhängig vom begrifflichen und gesetzmäßigen Aufbau seiner Theorie* diejenige Teilmenge von M_{pp} genauer zu umreißen, die zu I gehören soll. Dieses mutmaßliche Faktum bildet übrigens ein zusätzliches Motiv dafür, eine Rekonstruktion der Marxschen Theorie innerhalb des strukturalistischen Rahmens zu versuchen. Allerdings besteht zwischen diesen beiden Denkern auch ein wesentlicher Unterschied im Vorgehen zur Bestimmung von I. NEWTON benützte, wie wir festgestellt haben, die Methode der paradigmatischen Beispiele; MARX dagegen verwendete diese Methode sicherlich *nicht*.

DIEDERICH und FULDA schildern auf S. 61/62 von [Marx] eine durch anschauliche Beispiele illustrierte, interessante Strategie, um aus Texten von MARX herauszubekommen, ob es sich um (Teil-)Charakterisierungen der intendierten Anwendungen handelt. Es geht dabei um solche Passagen bei MARX, in denen Ausdrücke für Begriffe *in viel eingeschränkterer Bedeutung* genommen werden als dort, wo es um die Formulierung der Theorie selbst oder ihrer Bestandteile geht. Als schematische Kurzformel zur Beschreibung des Verfahrens von MARX ließe sich vielleicht die folgende verwenden: Für die Zugehörigkeit eines TS zu I ist maßgebend der Charakter der Tauschbeziehungen zwischen den Gütern sowie die Art und Weise der die Güter produzierenden Tätigkeiten.

Im folgenden soll jedenfalls vorausgesetzt werden, daß mit Hilfe von *geeigneten pragmatischen Bestimmungen* die Zugehörigkeit eines Elementes von TS zu I ermittelt werden kann. Abermals gilt, daß derartige Bestimmungen keine scharfen Umgrenzungen liefern, wie dies bei einer Definition der Fall wäre, so daß auch diesmal die prinzipielle Offenheit der Menge I stets erhalten bleibt.

Jetzt können wir auch das *Basiselement*

$T = \langle K, I \rangle$

in der bekannten Weise angeben sowie die *grundlegende empirische Behauptung* formulieren:

(E) $I \in \mathbb{A}(K)$ (bzw. $I \subseteq \mathbb{A}(K)$ bei Wahl von I als Menge von
               Anwendungs*arten*)
   mit $\mathbb{A}(K) := r^2(Pot(M) \cap Q)$.

Diese empirische Fundamentalbehauptung besagt im vorliegenden Fall:
„Die zu I gehörenden Tauschsysteme werden nach Ergänzung um theoretische Komponenten A und v zu Marxschen Waren produzierenden Systemen, welche zusammen die Querverbindungen der Identität, der Extensivität und der mehrstufigen Produktion erfüllen."

Die Theorie von MARX macht dann nicht mehr, wie in den meisten herkömmlichen Interpretationen, Aussagen über *metaphysische* Wesenheiten, die innerhalb der Theorie konstante Bezeichnungen, wie „abstrakte Arbeit" und „Wert", erhalten, sondern über *empirisch vorfindbare ökonomische Systeme* der Art TS, die als in bestimmter Weise theoretisch ergänzbar und nach erfolgter Ergänzung deutbar – nämlich als das Arbeitswertgesetz und die drei Querverbindungen erfüllend – aufgefaßt werden. *Aus einer prima facie metaphysischen Behauptung wird eine empirische Hypothese.*

Genauer müßte auch hier bloß vom *Schema* einer empirischen Hypothese gesprochen werden. Denn das Gesetz AWG und die Querverbindung Q wurden nicht genau formuliert; vielmehr wurde jeweils im früher angegebenen Sinn nur das *Schema für* ihre Formulierung hingeschrieben.

14.5.5 Erste Spezialisierung: Einführung der Ware Geld.

Geld wird bei MARX als spezielle Ware eingeführt. Dafür gilt als *Spezialgesetz* ein Prinzip, welches man „*Geldaxiom*" taufen könnte, nämlich:

(S_1) $\vee G'[G' \subsetneq G \wedge \wedge y(y \in G \rightarrow \vee g'(g' \in G' \wedge v(g) = v(g')))]$
mit G' für Geld.

Danach existiert also eine Menge G' von Gütern, die sog. *Geldgüter*, so daß es zu jedem Gut ein wertgleiches Geldgut gibt.

Da in (S_1) die theoretische Funktion v vorkommt, liefert die Hinzufügung von (S_1) zu den Bestimmungen im Definiens von MWS eine Einschränkung M der Modellmenge M:

$M^1 \subsetneq M$.

Dagegen kann man festsetzen: $M_p^1 = M_p$ und $M_{pp}^1 = M_{pp}$.

Wir haben es also mit einem typischen Fall einer Kernspezialisierung zu tun:

$K^1 \sigma K$.

Intendierte Anwendungen, in denen Geld vorkommt, mögen I^1 heißen. Hier gilt analog zum Fall von M: $I^1 \subsetneq I$.

Wir erhalten also eine Spezialisierung T^1 von T:

$T^1 \sigma T$.

Die Einfügung einer naheliegenden Hypothese über die Entstehung des Geldes macht das Geld zu einem *produzierten* Gut, dessen Wert durch die Produktion bestimmt wird und das daher seinerseits für die Güterpreise, d.h. für die Tauschbeziehungen von Geld und anderen Gütern, bestimmend ist.

14.5.6 Zweite Spezialisierung: Einführung der Ware Arbeitskraft.

Analog zu G' ist die Arbeitskraft eine Ware G'', die auf einem Markt, dem Arbeitsmarkt, gehandelt wird. Auch jedes $g'' \in G''$ erhält einen Wert, der dem Aufwand bei der Produktion von g'' entspricht, also der Zeit der unter den Bedingungen abstrakter Arbeit stattfindenden Verrichtungen bei der Produktion von g''.

Der Sinn dieses letzten Satzes is zunächst *dunkel*. Er wird deutlicher durch den Hinweis, daß Produktion hier als *Reproduktion R* zu verstehen ist. R ist eine zweistellige Relation zwischen (üblichen) Gütern und Arbeitskräften.

gRg'' besagt: *die Arbeitskraft g'' reproduziert sich durch das Gut g*. Dabei ist g eine Zusammenfassung vieler Einzelgüter: Lebensmittel; Kleidung; Unterkunft u.dgl. Die leitende intuitive Vorstellung ist hier die, daß der Genuß der Güter g durch denjenigen Arbeiter, der seine Arbeitskraft g'' für die Produktion zur Verfügung stellt, bewirkt, daß eben diese Arbeitskraft g'' vollständig wiederhergestellt wird.

G'' sei die Menge der Arbeitskräfte. Damit solche Arbeitskräfte mit anderen Gütern wertgleich getauscht werden können, muß es zu jeder Arbeitskraft $g'' \in G''$ ein reproduzierendes, wertgleiches Gut $g \in G$ geben, das selbst keine Arbeitskraft ist. Dabei müssen noch die beiden Quantoren $\vee G''$ und $\vee R$ vorangestellt werden: ersterer, um G'' als Gütermenge einführen zu können; und letzterer, da R theoretisch ist. Das auf diese Weise gewonnene Spezialgesetz kann man „*Axiom über die Reproduktion der Ware Arbeit*" nennen:

(S_2) $\quad \vee G'' \vee R [G'' \subsetneq G \wedge R \subseteq G \times G'' \wedge \wedge g'' (g'' \in G'' \to \vee g (g \in G \setminus G'' \wedge gRg'' \wedge v(g) = v(g'')))]$.

Nach MARX muß man sich die Einführung der Ware Arbeitskraft als abhängig von der vorherigen Einführung des Geldes denken. Wegen der Forderung nach Gültigkeit des nichttrivialen Prinzips (S_2) ist die durch diese zweite Spezialisierung gewonnene Modellmenge M^2 daher eine echte Teilmenge von M^1. Allgemein erhalten wir die Kernspezialisierung:

$K^2 \sigma K^1$.

Damit geht gleichzeitig einher eine Einschränkung von I^1 auf I^2, wo Arbeitskräfte als Waren vorkommen. Mittelalterliche Tauschsysteme würden demgegenüber häufig zu $I^1 \setminus I^2$ zu rechnen sein; sie waren vorkapitalistisch und kannten daher noch keine Arbeitsmärkte im modernen Sinn.

Vermutlich müßten in beiden Spezialisierungen weitere Querverbindungen berücksichtigt werden, insbesondere in der zu K^2 führenden Spezialisierung, da die der Reproduktion der Arbeitskraft dienenden Warenkörbe Interdependenzen zwischen Tauschsystemen stiften.

Anmerkung. DIEDERICH erwähnt auf S. 156ff. von [Rekonstruktionen] einen Alternativ-Aufbau, in welchem Geld und Arbeitskraft nicht erst durch Spezialisierungen eingeführt, sondern von vornherein in den Basiskern aufgenommen werden. Er gibt keine Gründe dafür an, warum bei diesem Vorgehen diese beiden Entitäten als *theoretische* Komponenten einzuführen sind. Vermutlich würde es bei solchem Vorgehen genügen, die Relation R, die dann ebenfalls in die Grundbegriffe einzubeziehen wäre, als theoretisch aufzufassen.

14.5.7 Grundzüge der Kapital- und Mehrwerttheorie. Unter einem Kapitalisten versteht MARX die damals zu beobachtende *dreifache Personalunion* von Geldbesitzer (Finanzier), Besitzer der Produktionsmittel und Unternehmer.

Der Kapitalist kauft Waren und verkauft sie wieder, um seinen Geldbesitz zu vermehren. Der *Mehrwert* ist definiert als die Differenz zwischen der beim Verkauf erzielten und der beim Kauf ausgegebenen Geldmenge.

Eine Erklärung der Mehrwertbildung durch die Prozesse innerhalb der Zirkulationssphäre allein würde voraussetzen, daß einige Warenbesitzer ständig andere beim Tausch übervorteilen, d.h. entweder ‚unter dem Wert kaufen' oder ‚über dem Wert verkaufen'. Das nicht nur lokale, sondern *generelle* Auftreten von Mehrwert bliebe damit unverständlich.

Das gewissermaßen Raffinierte an der Marxschen Theorie des Zustandekommens des Mehrwertes liegt darin, daß sie gerade *nicht* von einer Hypothese der Art Gebrauch macht, eine Partei übervorteile eine andere, sondern davon ausgeht, daß durchaus ‚alles mit rechten Dingen zugeht'.

Um dies zu verstehen, muß man von der Zirkulationssphäre in die Produktionssphäre hinuntersteigen. *Nach MARX werden stets nur wertgleiche Güter getauscht*. Der Kauf und Wiederverkauf kann daher nur dann zur Mehrwertbildung führen, wenn sich unter den gekauften Waren mindestens eine befindet, die *wertschöpfend* ist. Diese eine Ware ist die *Arbeitskraft*. Die mehrwertschaffende ‚produktive Konsumption' dieser Ware sieht genauer so aus: Der Unternehmer entlohnt den Arbeiter marktgerecht, da er ihm den Wert seiner Arbeitskraft bezahlt. Die erworbene Arbeitskraft wird im Produktionsprozeß in der Weise ‚angewendet', daß der Unternehmer den Arbeiter mit Hilfe von Maschinen und Werkzeugen Rohstoffe bearbeiten und dadurch Güter produzieren läßt. Diese Güter eignet er sich zu Recht an, da er alles bei ihrer Produktion Benötigte: Rohstoffe, Arbeitsmittel und Arbeitskraft, zuvor erworben hat. Durch Verkauf des Produzierten erhält er das für diesen Erwerb benötigte ‚vorgeschossene Kapital' zurück und darüber hinaus einen *Profit* oder *Mehrwert*.

Dieser kapitalistische Elementarprozeß läßt sich knapp folgendermaßen beschreiben: Als neue nicht-theoretische Begriffe benötigt man zwei Klassen von ökonomischen Subjekten, nämlich *Kapitalisten*, repräsentiert durch den ‚Gesamtkapitalisten' b', und *Arbeiter*, repräsentiert durch den ‚Gesamtarbeiter' b''.

b' besitzt zu Beginn des Prozesses das Geldgut g'_a vom Betrag $|g'_a|$. Dabei ist $|\ |: G' \to \mathbb{R}^+$ eine Funktion, welche Geldmengen in festen Einheiten mißt. b'' besitzt die zu veräußernde Arbeitskraft g''_a. Am Ende des Prozesses besitzt b' das Geldgut g'_e vom Betrag $|g'_e|$, während b'' die Arbeitskraft g''_e besitzt. Da g''_e die Reproduktion von g''_a darstellt, ist $|g''_e| = |g''_a|$. Hingegen gilt $|g'_e| > |g'_a|$ mit $m' := |g'_e| - |g'_a|$ als Mehrwert.

b' kauft für den Teil g'_{av} von g'_a, das sog. *variable* Kapital, das Gut g''_a. Und für den Teil g'_{ac} von g'_a, nämlich für den Rest $g'_{ac} := g'_a - g_{av}$, auch *konstantes* Kapital genannt, kauft b' das Gut g_a, d. h. Rohstoffe und Arbeitsmittel (Maschinen plus Werkzeuge). Der Zusammenhang von Zirkulations- und Produktionssphäre läßt sich dann mittels des Schemas von Fig. 14-1 anschaulich wiedergeben.

Zirkulationssphäre: $\quad |g'_a| = |g'_{av}| + |g'_{ac}| < |g'_e|$

$\qquad\qquad\qquad\qquad\quad \downarrow \qquad \downarrow \qquad \uparrow$

Produktionssphäre: $\qquad\quad g''_a \;\oplus\; g_a \;=\; g_e$

Fig. 14-1

Dabei ist $\oplus$ der *Produktionsoperator*: Die Anwendung von g''_a auf g_a liefert als Ergebnis das produzierte Gut g_e. Da b' sowohl g''_a als auch g_a besitzt, ist b' auch Eigentümer dieses durch Wertschöpfung entstandenen Gutes g_e. Die Pfeile nach unten und nach oben symbolisieren Kauf bzw. Verkauf.

g_e ist ‚mehr wert' als die dafür benützte Arbeitskraft g''_a, die verbrauchten Rohstoffe und Abnutzung der Arbeitsmittel zusammengenommen: Mit dem Verkauf von g_e erzielt b' den Erlös $|g'_e|$, also das Anfangskapital plus den Mehrwert oder Profit.

Daß nirgends eine Übervorteilung stattfindet, entnimmt man in Fig. 14-1 der Tatsache, daß stets Wertgleichheit zwischen Ausgangspunkt und Endpunkt jedes Pfeiles besteht. Das Gleichheitszeichen auf der unteren Ebene der Produktionssphäre symbolisiert dagegen *keine* Wertgleichheit! Vielmehr steht es für die Wendung: „liefert als Ergebnis".

Man kann das obige Diagramm verfeinern durch Einfügung von zusätzlichen Wertgleichheiten und -ungleichheiten; vgl. DIEDERICH, a.a.O. S. 169; um diese Verfeinerungen vornehmen zu können, müssen die dort auf S. 166f. definierten vierstelligen Relationen benützt werden.

Anmerkung. DIEDERICH vertritt a.a.O. auf S. 171ff. die Auffassung, daß auch dieser Teil der Marxschen Theorie in den allgemeinen Rahmen, den wir in 14.5.2 bis 14.5.4 schilderten, einbezogen werden könnte. Wie dies genau erfolgen sollte, ist nicht ganz klar. Vermutlich müßte man wegen des jetzt benötigten größeren begrifflichen Apparates diesen von vornherein in die Basistheorie einbeziehen. Ebenso müßte man dann wohl auch von der angedeuteten Alternativrekonstruktion Gebrauch machen, in der die beiden Spezialisierungen von 14.5.5 und 14.5.6 als Bestandteile der Basistheorie aufzufassen wären. Einige Begriffe könnten dabei auf einfachere zurückgeführt werden. Dazu nur ein Beispiel: Die bei der Anwendung der Arbeitskeraft g'' auf g konkret verrichtete Arbeit sei $\lambda(g'', g) \in L$. Dann ist der Produktionsoperator auf die Produktionsfunktion f von 14.5.1 zurückführbar.

$$g'' \oplus g := f(\lambda(g'', g)).$$

14.5.8 Zur kritischen Diskussion der Kapital- und Mehrwerttheorie. Wie immer man auch weitere Details einfügen mag, man stößt in jedem Fall bei der skizzierten Theorie auf Schwierigkeiten, deren erste sich in der Form eines *prima-facie-Widerspruches* formulieren läßt: Wenn einerseits ‚alles mit rechten Dingen zugeht' und keine Partei eine andere übervorteilt, wie kann es da zu Mehrwert und Ausbeutung kommen? Wenn andererseits der Mehrwert ein vom Arbeiter erzeugter Wert ist, um den er vom Kapitalisten ausgebeutet wird, und wenn Kapital definiert wird als ‚Mehrwert heckender Wert' – mit „hecken" im Sinne von „aushecken" – oder auch als die Gesamtheit der Güter und Geldmengen, die sich in den Händen einer Besitzerklasse befindet und dazu dient, die Arbeiterklasse auszubeuten, muß man dann nicht zwangsläufig zu dem Schluß kommen, daß der Arbeiter *übervorteilt* worden ist, so daß also *nicht* ‚alles mit rechten Dingen zugegangen ist'? Wie ist dieser Widerspruch zu beheben?

Eine weitere Schwierigkeit ist die folgende: Die skizzierte Theorie von MARX *erklärt* insofern *nicht* das Zustandekommen des Mehrwertes, als sie vom marktwirtschaftlichen Gegenargument getroffen würde, daß der freie Zugang zu den Märkten zu verstärktem Wettbewerb und damit zum Absinken der Güterpreise auf die Kosten – die ‚angemessene' Entlohnung von unternehmerischer Leistung und Risikowagnis sowie normale Verzinsung des eingesetzten Geldkapitals eingeschlossen –, also zur Elimination des Mehrwertes führen würde.

Selbst bei wohlwollender Grundeinstellung zu MARX müßte man aus diesem letzten Einwand den Schluß ziehen, daß seine Theorie bestenfalls das Phänomen des Mehrwertes *beschreibt* und in einer bestimmten Weise *deutet*, dagegen weder die Existenz noch die Höhe des Mehrwertes erklärt. Dasjenige, was MARX *das Geheimnis der Plusmacherei* nennt, wird somit höchstens lokalisiert, aber nicht als Paradoxie zum Verschwinden gebracht.

Im Prinzip sind sogar zwei Formen der Mehrwertelimination zugunsten der arbeitenden Gesamtbevölkerung denkbar:

Erste Möglichkeit: Die Löhne steigen so stark, daß der Mehrwert in sie Eingang findet und daher auf die Arbeiter verteilt wird.

Zweite Möglichkeit: Die Endpreise der Güter sinken auf die Produktionskosten des jeweiligen Grenzproduzenten und der (absolute) Mehrwert verschwindet zugunsten eines Mehrkonsums aller Lohn- und Einkommenbezieher.

Daß *beides nicht* eintrifft, kann man im Marxschen Denkrahmen nicht mehr durch ausschließliche Bezugnahme auf ökonomische Gesetzmäßigkeiten erklären. Man muß vielmehr einen Teil der *soziologischen* Theorien von MARX, insbesondere seine *soziologische Theorie des Privateigentums*, mit heranziehen.

Die Vertreter der Marktwirtschaft gehen von der nach MARX irrigen Annahme aus, daß alle an diesem Wirtschaftsprozeß beteiligten Personen dieselben Startbedingungen haben. Dies ist nicht richtig, da die Kapitalbesitzer eindeutig privilegiert, die Arbeiter hingegen eindeutig benachteiligt sind. Der Grundgedanke des hier einschlägigen Aspektes der soziologischen Theorie von MARX lautet: Das Eigentum an produzierten Produktionsmitteln, also das Recht auf unbeschränkte Verfügung über diese Mittel, verleiht dem Unternehmer eine *ökonomische Machtposition,* aufgrund deren er sowohl auf dem Arbeitsmarkt als auch auf dem Markt der von seinen Arbeitern produzierten Güter eine monopolartige Stellung einnimmt. Dies ist sozusagen eine ‚unsichtbare Form von Macht'; Der Druck, der auf die Arbeiter ausgeübt wird, geht nicht auf spezielle Intentionen einzelner Kapitalisten zurück, sondern auf eine Eigentümlichkeit dieses Wirtschaftssystems. Deshalb ist die sich an die deskriptive Theorie anschließende Kritik von MARX eine *System*kritik und nicht eine Kritik am ‚unmoralischen Verhalten einzelner kapitalistischer Individuen'.

Die tatsächliche Situation in bezug auf die erste obige Möglichkeit sieht so aus: Unbestritten ist, daß die Entscheidungen des Kapitalisten, ebenso wie die jedes anderen Teilnehmers an der Marktwirtschaft, nicht von Sympathie, sondern von *Eigennutz* geleitet sind. Deshalb braucht er keinen Lohn zu bezahlen, der über dem Tauschwert der Ware Arbeitskraft liegt. Und da der Arbeiter einerseits auf produzierte Produktionsmittel (Maschinen) angewiesen ist, um mit seiner Arbeitskraft überhaupt etwas anfangen zu können, andererseits über keine solchen Mittel verfügt, muß er, wenn er nicht verhungern will, ‚seine Haut zu Markte tragen' und sich mit denjenigen Gütern als Lohn zufrieden geben, die ihm in *diesem* Entwicklungsstadium innerhalb *dieser* Gesellschaft als Reproduktionsgüter zuerkannt sind.

Während diese Erklärung immerhin noch aus einem *gemischten* Appell an ökonomische und soziologische Gesetze besteht, verhindert die Machtsituation *allein* die Realisierung der oben erwähnten zweiten Möglichkeit: Da sich die produzierten Produktionsmittel *in der Verfügungsgewalt einiger weniger* befinden, ist durch diese künstliche Knappheit der Zugang zu unternehmerischen Positionen stark eingeschränkt, so daß die Marktpreise erheblich über denjenigen Preisen liegen, die ausreichen, um die Kosten nebst unternehmerischer Leistung des Grenzproduzenten zu decken. (Hier drängt sich ein Vergleich mit der Differentialrententheorie von D. RICARDO geradezu auf.)

Diese Andeutungen sollten nur zeigen, daß der ökonomische Teil der Mehrwerttheorie von MARX nicht, wie manche meinen, ‚von vornherein wertlos' ist, sondern nur *wesentlich unvollständig.* Die einfachste Vervollständigung dürfte im Rückgriff auf die geschilderte soziologische These bestehen, wonach das Eigentum an produzierten Produktionsmitteln eine vorher unbekannte Form von gesellschaftlicher Macht erzeugt.

Streng zu unterscheiden von dieser Vervollständigung ist die *Bewertung* der Erzielung von Mehrwert *als Ausbeutung.* Hier setzt MARX – ungeachtet seiner heftigen und ironischen Polemik gegen die utopischen Sozialisten – eine *normative Theorie der distributiven Gerechtigkeit* voraus, wonach der Arbeiter leistungsgerecht entlohnt werden *sollte,* so daß insbesondere der gesamte Mehrwert nur auf die arbeitende Bevölkerung verteilt wird.

Der Übergang zur Revolutionstheorie beruht auf einer zweiten soziologischen Einsicht von MARX: Ökonomische Gesetze sind keine Naturgesetze, sondern Gesetzmäßigkeiten, die *nur innerhalb einer vom Menschen gewählten Wirtschaftsverfassung,* also bei Geltung bestimmter menschlich konstruierter

Konventionen, auftreten und somit stets auf eine derartige Verfassung zu relativieren sind. Die Verfassung der Natur ist vorgegeben; daher können die Naturgesetze vom Menschen auch nicht außer Kraft gesetzt werden. Ökonomische Gesetze lassen sich dagegen ändern und sogar ganz außer Kraft setzen, indem die zugrunde liegende Wirtschaftsverfassung mehr oder weniger radikal variiert wird.

14.5.9 Zur Frage der prognostischen Leistungsfähigkeit der Theorie von Marx. Ob der Theorie von MARX in dem Sinn Wissenschaftlichkeit zugesprochen werden kann, daß sie sich prinzipiell für Voraussagezwecke eignet, gehört zu den umstrittensten Fragen der Marx-Interpretation. Mit Sicherheit können wir hier nur folgendes behaupten: Um Prognosen von der Art machen zu können, wie sie MARX selbst mit großer innerer Überzeugung vertrat, reicht der hier skizzierte ökonomische Teil seiner Theorie in keinem Fall aus. Für *seine* Voraussagen mußte er ein kompliziertes Zusammenspiel von ökonomischen und soziologischen Theorien sowie von zusätzlichen philosophischen Hypothesen als gültig unterstellen. Insgesamt werden dabei mindestens die folgenden fünf Klassen von Annahmen benötigt, zwischen denen man klar unterscheiden sollte und die hier *nur aus diesem Grunde* kurz angedeutet seien:

(1) Die Mehrwert- und Kapitaltheorie, angereichert um die oben angedeutete Theorie der ökonomischen Macht.

(2) Dasjenige, was am Ende von 14.5.8 die zweite soziologische Einsicht von MARX genannt worden ist.

(3) Die ebenfalls dort angeführte normative Theorie der distributiven Gerechtigkeit.

Der stillschweigende Rückgriff auf eine solche ist schon äußerlich daran erkennbar, daß MARX den kommunistischen Endzustand nicht wie ein ‚interesseloser' Naturforscher einfach prognostiziert, sondern daß er dieses Stadium der menschlichen Geschichte als ein *moralisches Drama* auffaßt, in welchem er eindeutig *Partei* ergreift. Die revolutionäre Praxis *ist* seine Form der Teilnahme an diesem Weltdrama.

Ganz unabhängig von dieser persönlichen Haltung von MARX läßt sich leicht zeigen, daß *jedes* Konzept von *Ausbeutung* nur relativ auf ein Prinzip der distributiven Gerechtigkeit explizierbar ist. Dieser Aspekt der Theorie von MARX ist daher sicherlich nicht *rein* deskriptiv, sondern besteht zumindest in einer *deskriptiv-normativen* Teiltheorie.

(4) Seine Überzeugung von der Unzulänglichkeit aller ‚systemimmanenten' Verbesserungen, etwa bestehend in der Stärkung der Position der Arbeiter durch Schaffung von Gewerkschaften oder in der Schwächung der Stellung der Kapitalisten mittels Bildung von Kapitalgesellschaften, d.h. Trennung von Unternehmer einerseits, Eigentümer und Financier andererseits.

(5) Seine spekulativ-metaphysische Selbstentfremdungstheorie.

Hier einige Andeutungen zu dieser letzteren:

Ausgangspunkt war die *Hegelsche Dialektik* als das bestimmende Grundprinzip der Selbstentwicklung des göttlichen Geistes bei seinem Gang durch die

Welt. Ein für das Verständnis von MARX wichtiges Zwischenglied bildet die neue Interpretation der Hegelschen Philosophie durch FEUERBACH. Nach dessen Auffassung ist die Philosophie HEGELS in einer Geheimsprache formuliert, die zuerst entchiffriert werden muß. HEGEL hat, ihm selbst unbewußt, in einem mythischen Bild die Geschichte beschrieben, die der *Mensch* durchmacht: Der selbstentfremdete Hegelsche Gott ist nichts anderes als *ein mystifiziertes Porträt des Menschen, der die Entfremdung von seinem eigenen wahren Wesen erleidet.* (Nach FEUERBACH besteht die Selbstentfremdung bekanntlich darin, daß der Mensch ein Idealbild von sich entwirft, es als Gott verherrlicht und darunter leidet, daß er diesem Ideal gegenüber ein nichtiges Wesen ist.)

Der gemeinsame Fehler von HEGEL und FEUERBACH besteht nach MARX darin, daß für beide der Prozeß der Selbstentfremdung eine *rein geistige* Angelegenheit ist. Der Unterschied besteht bloß darin, daß sich bei HEGEL dieser Vorgang im Denken Gottes vollzieht und positiv-optimistisch eingeschätzt wird, während er bei FEUERBACH im menschlichen Denken stattfindet und negativ-pessimistisch beurteilt wird. Die von FEUERBACH beschriebene Selbstentfremdung ist für MARX bloßes Symptom tieferliegender, ‚realer' Entfremdungsvorgänge.

Um hier klarer zu sehen, muß man nach MARX die ‚auf dem Kopf gehende' Hegelsche Theorie um 180° herumdrehen. Die Dialektik wird dadurch zum Grundprinzip des *dialektischen Materialismus.* Und der individualpsychologisch beschriebene innere Konflikt des selbstentfremdeten Menschen wird zu einem nur mehr soziologisch erfaßbaren Konflikt innerhalb der antagonistischen Gesellschaft, die in *Klassen* aufgespalten ist: zum Konflikt zwischen *Arbeit* und *Kapital.*

Die in den drei letzten Absätzen skizzierte Selbstentfremdungstheorie von MARX wird ausführlich beschrieben in dem unten zitierten Werk von R. TUCKER.

Vom logischen Standpunkt aus müßte man in dieser gesellschaftlichen Variante der Lehre von der Selbstentfremdung zweierlei unterscheiden:

(*a*) eine Art von Zwangsneurose, die nach der Erfindung des Geldes die Menschen in Gestalt der *Geldanbetung* mit dem Geld als neuem Weltgott befiel und an der heute die *Kapitalisten* und nicht die Arbeiter leiden;

(*b*) die Entwürdigung des ausgebeuteten *Arbeiters*, der sich an eine fremde Macht verkauft hat und unter dem dadurch erzeugten Verlust der persönlichen Identität leidet.

Gegen all das liegt der Einwand nahe, daß eine derartige spekulativ-metaphysische Theorie keiner rationalen Rekonstruktion fähig ist. Darauf wäre zu erwidern: Hier ist zu differenzieren. ‚Spekulativ' ist die Theorie nur deshalb, weil MARX, in diesem Punkt ganz HEGEL folgend, absolute Sicherheit und perfektes Wissen, in seinem Fall zum Unterschied von HEGEL: perfektes Zukunftswissen, beansprucht; und dieses wiederum, weil er ein solches Zukunftswissen für seine *Erlösungsreligion* benötigte, nämlich für das mit der kommunistischen Weltrevolution endende teleologische Heilsgeschehen.

Den Begriff der Erlösungsreligion sollte man nicht auf solche Religionen beschränken, nach denen *der Glaubende selbst* in den Zustand der Erlösung gelangen wird, sondern auch auf solche ausdehnen, nach denen die Erlösung *künftiger Generationen* geweissagt wird und für die überdies die Erlösung keine unvorstellbare jenseitige, sondern eine mit Sicherheit zu erwartende und wenigstens in Umrissen klar vorstellbare künftige Wirklichkeit der *diesseitigen* Welt ist.

Die Frage nach der *formalen Struktur der Theorie* kann jedoch von diesem Stück Mystik vollkommen losgelöst werden. Für deren Präzisierung wären vor allem folgende Aspekte zu rekonstruieren:

(i) Die Umkehrung der Hegelschen Philosophie in Gestalt der *materialistischen Geschichtsauffassung*, der gemäß die technologische Struktur der Produktion die Wirtschaft, die Rechtsordnung, die politische Ordnung und die weltanschaulich-religiöse Landschaft bestimmt: die Theorie des Geistigen als eines *Überbaus*, der sich auf den ‚materiellen Lebensverhältnissen' als seiner letzten Grundlage erhebt.

(ii) Das *Prinzip der Dialektik* mit seinem Dreiklang These-Antithese-Synthese.

(iii) Die Spezialisierung der Dialektik zur geschichtstheoretischen *Klassenkampflehre*, wonach alle Geschichte eine Geschichte von Klassenkämpfen ist.

Außer Betracht bleiben könnte dagegen die von all diesen theoretischen Aspekten zu trennende *praktisch-religiöse* Komponente, nämlich der *Humanismus* von MARX. Immerhin könnte man versuchen, diesen mittels einer modernen Moralauffassung zu charakterisieren und dadurch dem Verständnis näherzubringen: Nach G. J. WARNOCK hat die Moral die Aufgabe, den Beschränkungen der menschlichen Sympathie entgegenzuwirken. Nach MARX verschwinden diese Beschränkungen nach der kommunistischen Revolution im Verlauf der ‚Menschwerdung des Menschen'. (Auch in diesem Punkt knüpft MARX unmittelbar an FEUERBACH an: Der von der Religion emanzipierte und damit von der Selbstentfremdung befreite Mensch wird nach FEUERBACH seine Bewunderung nicht mehr auf Gott richten, sondern auf den Mitmenschen, an den er seine Liebe verschwenden wird. Diesen das höchste Menschenideal verwirklichenden Menschen bezeichnet bereits FEUERBACH als den *Gemeinmenschen* oder *Kommunist*.) Ebenso wird in der nachrevolutionären, klassenlosen Gesellschaft jeder Sanktionsmechanismus zur Aufrechterhaltung einer Minimalmoral, d.h. jede Rechts- und Staatsordnung, überflüssig.

14.5.10 Rekonstruktionsalternativen. Selbst nach Abspaltung der Humanismus-Philosophie sind bei MARX drei Theorie-Schichten zu unterscheiden:

(1) die *rein ökonomischen* Theorien, wie z.B. vermutlich die Wertlehre, die Lehre vom tendenziellen Fall der Profitrate oder die Krisentheorie;

(2) die *soziologischen* Annahmen, die zusammen mit (1) zusätzliche Folgerungen ermöglichen, darunter die Mehrwert- und Kapitaltheorie;

(3) die in 14.5.9, (i) bis (iii) angedeutete *Globaltheorie*, welche beansprucht, Erklärungsmodelle für alle Vorgänge in der menschlich-geschichtlichen Welt zu liefern.

Nach der von uns oben vertretenen Auffassung ist es zwar – im Unterschied zu DIEDERICH und FULDA – nicht möglich, (2) vollkommen von (1) zu trennen. Dagegen kann (3) von (1) und (2) abgespalten werden.

Von vielen Marx-Interpreten scheint demgegenüber die Auffassung vertreten zu werden, daß man (3) nicht von (1) und (2) loslösen könne, da dies die fehlerhafte Auffassung impliziere, (3) bilde nichts weiter als einen ‚theoretischen Überbau', der nachträglich zu den soziologisch-ökonomischen Theorien hinzugefügt werde. Vielmehr bilde (3) eine *globale Rahmentheorie*, die allen speziellen Theorien (1) und (2) zugrunde liege. Eine Begründung für diese nach unserer Auffassung wenig plausible Annahme, wonach eine Teilrekonstruktion Marxscher Theorien gar nicht möglich ist – da zumindest für *seine* Theorie der Hegelsche Ausspruch Gültigkeit besitzt: „die Wahrheit ist das Ganze" –, müßte in einer Rekonstruktion von (3) plus dem Nachweis bestehen, daß diese wesentlichen Eingang findet in die ebenfalls rekonstruierten (1)–(2)-Theorien.

Literatur

DIEDERICH, W. [Rekonstruktionen] *Strukturalistische Rekonstruktionen*, Wiesbaden 1981.

DIEDERICH, W. "A Structuralist Reconstruction of Marx's Economics", in: STEGMÜLLER, W. et al. (Hrsg.), *Philosophy of Economics*, Berlin-Heidelberg-New York 1982, S. 145–160.

DIEDERICH, W. und FULDA, H.F. [Marx] „Sneed'sche Strukturen in Marx' ‚Kapital'", *Neue Hefte für Philosophie*, Nr. 12 (1978), S. 47–79.

HOOK, S. *Revolution, Reform and Social Justice. Studies in the Theory and Practice of Marxism*, Oxford 1975.

MARX, K. *Das Kapital. Kritik der Politischen Ökonomie*, 3 Bde., Berlin 1970/1971.

MORISHIMA, M. *Marx's Economics*, Cambridge 1974.

SCHUMPETER, J.A. *Kapitalismus, Sozialismus und Demokratie*, 2. Aufl. Bern 1950.

DE LA SIENRA, A.G. "The Basic Core of the Marxian Economic Theory", in: STEGMÜLLER, W. et al. (Hrsg.), *Philosophy of Economics*, Berlin-Heidelberg-New York 1982, S. 118–144.

TUCKER, R. [Marx] *Philosophy and Myth in Karl Marx*, 2. Aufl. Cambridge 1972.

WARNOCK, G.J. *The Object of Morality*, London 1971.

WOLFSON, M. *A Reappraisal of Marxian Economics*, New York-London 1966.

Autorenregister

Adams, E.W. 261, 262 ff., 267
Aristoteles 311

Balzer, W. 6, 7, 9, 12, 15–17, 39, 41, 70–72, 87, 89, 95, 106, 108, 131, 136, 154, 158, 160, 163, 166, 168, 177–181, 188, 189, 267, 286, 297, 298, 304, 309, 362, 376–395, 413–432
Balzer, W. und Göttner, H. 362–376
Bourbaki, N. 6, 21, 138, 154, 229, 267, 307
Brentano, F. 417
Brezinka, W. 415, 432

Carnap, R. 80, 109, 289, 303, 365

de La Sienra, A.G. 449
Diederich, W. 13, 15, 16, 449
Diederich, W. und Fulda, H.F. 432–449
Dieudonné, J. 21
Dummett, M. 295, 314, 331, 334, 335, 346

Erné, M. 102

Feferman, S. 306, 309
Feuerbach, L. 447, 448
Feyerabend, P. 16, 81, 96, 122, 123, 126, 191, 299, 327, 331, 345, 346
Freud, S. 13, 413–432
Fulda, H.F. 13

Gähde, U. 7, 15, 55, 96, 158, 164–177, 181, 188, 189, 192–226
Glymour, C. 16, 314, 331
Gödel, K. 312
Goodman, N. 313, 331, 333, 334, 346, 364, 376
Göttner, H. 12, 362, 376
Grünbaum, A. 432

Hacking, I. 332
Haller, R. 294, 297
Händler, E.W. 13, 16
Hankoija, E. 346
Haslinger, F. 12, 384, 390, 391, 394, 395
Hatcher, W.S. 154
Haukioja, E. 339

Hegel, G.W.F. 447
Hempel, C.G. 81, 123, 293, 297, 337, 346, 348, 351, 353–356, 358
Hilbert, D. 14, 140
Hook, S. 449
Hübner, K. 82–96, 124–126
Hucklenbroich, P. 16, 88–91, 96, 291
Husserl, E. 417

Jakobson, R. 12, 362–376
Jeffrey, R. 12, 395–413

Kamlah, A. 166, 189
Kepler 75, 247
Kuhn, T.S. 2, 5, 11, 16, 79–81, 94, 95, 111, 115, 116, 118–121, 123, 126, 134, 191, 207, 298, 299, 302, 308, 310, 327, 339–359

Lakatos, I. 5, 96, 115, 120–123, 126, 190, 215, 226
Lang, S. 163, 189
Lorenzen, P. 291
Ludwig, G. 8, 14, 17, 227, 229, 267
Lukasiewicz, J. 84

Marx, K. 432–449
Mayr, D. 8, 227, 253–265, 267
McKinsey 260
McKinsey et al. 69
Morishima, M. 449
Morris, C. 109
Moulines, C.-U. 5, 6, 8, 9, 15, 16, 95, 109, 127, 136, 154, 158, 166, 168, 227–253, 267, 286, 297, 391

v. Neumann-Bernays-Gödel 141
Neurath, O. 293, 294, 297
Newton, I. 27, 67–70, 75, 193, 201, 247, 386, 434
Niiniluoto, I. 17, 137, 154, 314, 332

Pearce, D. 10, 14, 17, 81, 123, 137, 154, 189, 298–310
Peirce, C.S. 9, 265–267, 313
Popper, K.R. 90, 96, 118, 120, 122, 127, 291, 292, 337, 344, 345, 413

Prawitz, D.   334, 336, 346
Putnam, H.   32, 86, 187, 266, 267, 295–297, 312, 314, 316, 319, 332, 336, 338, 339, 346, 355

Quine, W.V.   3, 9, 71, 120, 127, 141, 154, 213, 215, 226, 265–267, 355, 359

Ramsey, F.P.   43
Rantala, V.   14, 17, 137, 154
Rawls, J.   11, 79, 333, 334, 346
Rescher, N.   294, 297
Ricardo, D.   445
Rubin, H.   260, 267
Rudner, R.   349

Scheibe, E.   15, 18, 137, 154, 246, 247, 250, 268
Schlick, M.   293, 294, 297
Schubert, H.   259, 268
Schumpeter, J.A.   449
Shoenfield, J.R.   21
Sneed, J.D.   1, 6, 7, 9, 11, 15, 27, 32, 34–42, 53–55, 70–72, 79, 82–86, 89, 91, 94, 95, 105, 106, 108, 118, 131, 136, 154, 155, 157, 164, 165, 169, 171, 173, 287, 297, 311–332, 339–346, 360, 395–413
Stegmüller, W.   15, 96, 105, 106, 108, 127, 136, 141, 154, 226, 296–298, 303, 310, 312, 332, 346, 348, 359, 395, 400, 413
Suppes, P.   20, 82, 140, 228, 260, 267, 268, 322

Tarski, A.   311
Tucker, R.   447, 449
Tuomela, R.   17, 137, 154, 166, 189
Tuomi, J.   339, 346

Ullian, J.S.   120, 127, 355, 359

Varga von Kibéd, M.   141, 154

Warnock, G.J.   448, 449
Wittgenstein, L.   2, 27, 94, 115, 334f., 429
Wolfson, M.   449

Zandvoort, H.   5, 106–108
Zermelo-Fränkel   141

Sachverzeichnis

A.-Theorie-Element 235, 239, 249
Abschwächung einer speziellen Querverbindung 205 f.
Absoluter empirischer Gehalt 430–432
Abstrakte Arbeit 435
Abstrakte Netze als endliche gerichtete Graphen 284
Abstrakte Netze und empirische Theorienkomplexe 283
Abstrakte Netze von Theorie-Elementen, hierarchische 285
–, mit Schleifen 285
Abstrakte Übersetzung 301
Abstraktes Netz verbundener Theorie-Elemente 282
Actio-reactio-Prinzip 68, 196
Adäquatheit von Kriterien für T-Theoretizität 181 ff.
Akt 420
–, unbewußter 417–419
Anfangsverteilung 378
Anti-Fundamentalismus 291 f.
Antinomie 84
Antinomie von Russell 87
Antisymmetrisch 103
Antithetische Konstruktion 375
Anwendungen, Arten von 30, 47
–, einer Theorie 26–30
– –, als partielle Modelle 47 f.
–, gesicherte 111
–, homogene 116
–, individuelle 30, 47
–, intendierte 2, 26–30
Anwendungsoperation 64 f.
Anwendungsrelation α^* 196
Approximation 8
–, auf der nicht-theoretischen Ebene 232
–, auf der theoretischen Ebene 232
–, beliebig verschärfbare 243
–, innertheoretische 233 ff.
– –, erstes Grundproblem der 233, 235
– –, zweites Grundproblem der 236–239
–, intertheoretische 239 ff.
–, vier Typen von 228
Approximative Reduktion 244 ff.

Approximative ϱ_2^1-Reduktion 245
Äquivalenzklasse bezüglich Bedeutungsähnlichkeit 363 f.
Arationalität der naturwissenschaftlichen Verfahren 353 f.
Arbeiter 442
Arbeitskraft 441
Arbeitswertgesetz 436
Arbeitswertlehre 436
Archimedische Gleichgewichtstheorie 22 ff.
Archimedische Statik 22 ff.
AS, Modell von 22
–, partielles Modell von 44
–, potentielles Modell von 22
AS_p 23
AS_{pp} 44
Assoziationsrelation 420
Ausbeutung 445
Ausstattung, globale 378
–, individuelle 378
Äußeres Band 273
Außerordentliche Forschung 119
Autodetermination 430
–, Regel der 29
Axiom über die Reproduktion der Ware Arbeit 441
Axiome, metatheoretische 151 ff., 269 ff.

Band 271–274
–, äußeres 273
–, eindeutig bestimmendes 285 ff.
–, i-determinierendes 273
–, internes 273
–, interpretierendes 285 ff.
Band von M_p' nach M_p 272
Band von T' nach T 272
Band (Link) 9, 271 ff.
Bänder-Axiome 277
Basis, eindeutige 103
–, zusammenhängende 103
Basiselement der Miniaturtheorie T^* 195, 197
Basiselement von LT 372
Basiselement von $Marx$ 439

Basistheorie 78, 374
Bedeutungsänderungen bei Theorienwandel 326
Begriff 146
Begriffe, theoretische 27, 31 ff.
Behauptung, empirische 4
Behauptung einer Theorie, empirische 57, 60
Beinahe exakt 243
–, beiderseitig 243
–, linksseitig 243
–, rechtsseitig 243
Beispiele, paradigmatische 27 f., 116
Bewußtsein 419
Bewußtseinsvorgang 417 f.
Boolesche Algebra 397

Cauchy-Filter 257
–, äquivalente 257
Charakterisierung des i-ten Terms 151
Constraint 3, 98

Desiderata von Theorien 355
Deskriptiv versus normativ 111
Deskriptive versus normative Betrachtungsweise 121
Diagonale 230
Dialektik 448
Dichotomie, korrekte 56, 169, 174–177
Differenzenskala 163
Direkte Axiomatisierung 48
Dritte epistemologische Herausforderung von Kuhn 348 ff.
Druck 281
Duhem-Quine-These 190

Eichtransformationskardinalität 170
Eigenschaften, von Hypothesen 355
–, wünschenswerte 355
Eindeutigkeitsforderung 162
Eindeutigkeitsproblem für die Theorie *Jeff* 404–406, 408
Einheitliche Theorie von R. Jeffrey 396 ff.
Elementarfilter 256
Elementarfilterbasis 256
Empfehlungen, strategische 355
Empirisch gleichwertig 234
Empirisch nachprüfbar 315
Empirisch widerlegbar 315
Empirische Aussagen, logische Form der 317, 320, 323
Empirische Behauptung von T 4, 100
Empirischer Fortschritt 114
Empirische Gesetze, realistische Auffassung 320

–, strukturalistische Auffassung 327
Empirische Nachprüfung 35 f.
Empirischer Rückschritt 115
Empirische Struktur 44
Empirische Uniformität auf M_p 235
Empirische Widerlegung einer Theorie 217
–, Vagheit des Begriffs der 217
Empirischer Theorienkomplex 278
Endverteilung 378
Entfremdung 447
Entscheidungskalkül, rationaler 401
Entscheidungstheorie, rationale 12, 395 ff.
Entsprechung von Theorie und empirischer Behauptung 65 f.
Epistemischer Fortschritt 114
Ergänzung 159
Ergänzungsoperation 168
–, zulässige 167
Erhaltungssätze einer Theorie 215
Erlanger Schule 291
Erlebnis 418, 420
–, negatives 420 f.
Erlebnisse, mögliche 419
Erlösungsreligion 447 f.
Erste epistemologische Herausforderung von Kuhn 347
Erweiterter Strukturkern der Miniaturtheorie T^* 197
Evolution einer Theorie 113
Experimentum crucis mit negativem Ausgang 216
–, Nichtexistenz eines 216 f.
Extensivitätsconstraint der Theorie *Marx* 438

f-Transport 148 f.
Falsifizierbarkeit und Immunität 217
Filter 256
Filterbasis 256
Forschungsprogramm, fortschrittliches 5, 115
Fortschritt, empirischer 114
–, epistemischer 114
–, theoretischer 114
Freud 421 ff.
–, empirische Behauptung von 429 f.
–, empirischer Gehalt von 430 f.
–, intendierte Anwendungen von 429 f.
–, Modell von 422
–, partielles Modell von 427
–, potentielles Modell von 422
–, Querverbindung von 427–429
–, Spezialisierungen von 424 f.
Freud-theoretisch 425 ff.
Fundamentalgesetz 3

Fundamentaldogma des wissenschaftlichen Realismus 91
Fundamentalismus 290f.
Funktional 380

Galilei-Invarianz 169, 170
Gebrauchstheorie der Bedeutung 334f.
Geldanbetung 447
Geldaxiom 440
Gemeinschaft von Forschern 110
Geschichtsauffassung, materialistische 448
Geschwindigkeitsaxiom 261
Gesetz vom abnehmenden Grenznutzen 389
Gesetze der Miniaturtheorie T^* 196
Gesetzesconstraint 196
Gleichgewichtsverteilung 385–388
Globale Ausstattung 378
Globale η-Meßmethode mit Skaleninvarianz 175
Globale Meßmethode 161
Globale Meßmethode mit Skaleninvarianz 164
Globale Nutzenfunktion 379
Globale Strukturen, Denken in 51, 75, 306–308
Globale Verteilungsfunktion 378
Globales Meßmodell 161
Globales Meßmodell mit Skaleninvarianz 164
Gödel-Bolker-Transformation 404f.
Graph, endlicher gerichteter 284
Gravitationssystem, Newtonsches 248
Grenzmodell 264
Grenznutzen 388
Grenzwert von potentiellen Modellen und von Modellen einer Theorie 265ff.
Gründe, harte 120, 122
–, weiche 120, 122

Halbordnung 103
Handlungen 396
Harmonische Oszillatoren 196
Hauptbasismenge 144, 146
Hausdorff-Raum 255
Hegelsche Dialektik 446
Hilfsbasismenge 144, 146
Historische Ordnung 112
Holismus 190–226, 292, 294
–, sehr starke Version des 281
Holistische Kernsätze 296f.
Hookesches Gesetz 196

i-determinierendes Band 273
i-determinierendes potentielles Modell 172

Identitätsconstraint der Theorie *Marx* 438
Immunisierung, vernünftige 231
Immunisierungssprechweise 231
Immunitäten der Miniaturtheorie T^* 200–204
Indirekte Axiomatisierung 51
Individuelle Ausstattung 378
Individuelle Nutzenfunktion 379
Induktion 80, 348
–, philosophische Skepsis Kuhns in bezug auf 350ff.
Induktionsproblem 11, 81
–, prospektiver Aspekt des 355f.
–, retrospektiver Aspekt des 356–358
–, Transformationen des 349ff.
–, Trivialisierung des 356
Induktionstheorem, für empirische Uniformitäten 235
–, für Reduktion 133
–, für zulässige Unschärfemengen 238
Inelastische Stoßprozesse 196
Informelle Formalisierung 21
Informelles mengentheoretisches Prädikat 25
Inkommensurabel 134
Inkommensurabilität 298–309
–, Definition von 306
–, verträglich mit Reduzierbarkeit 299, 306ff.
Inkommensurabilitätsproblem 10, 81
Instrumentalismus 314–316
Internes Band 273
Intuitionistische Mathematik und Bedeutungstheorie 334f.
Invarianz, zwei Arten von 158
Invarianz unter kanonischen Transformationen 150
Invarianzen einer Theorie 215

Jeff 397
–, empirische Behauptung von 401, 403
–, intendierte Anwendungen von 397, 399
–, Modell von 401
–, partielles Modell von 397f.
–, potentielles Modell von 400
–, Querverbindung von 403
–, Spezialisierungen von 407–409, 411, 412
Jeff-theoretisch 409–411
Jeffrey-Struktur 401

k-Form 142
–, Deutung als Konstruktionsregel 142
Kapital- und Mehrwerttheorie 13
Kapitalist 442
Kardinalzahloperator 168

Kausale Theorie der Referenz 314
Keplersystem 247
Kern der Miniaturtheorie T^* 195
Kern des Basiselementes von *Jeff* 404
Kern des Basiselementes von *Marx* 439
Kern des Basiselementes von ÖKO 392
Kern einer Theorie, erweiterter 70
Kern für ein Theorie-Element 99
Kern für eine Theorie, verallgemeinerter 159
Kern K einer Theorie 62
Kern von LT 371
Kernspezialisierung 101
Klasse aller partiellen potentiellen Modelle für K 160
Klasse echter Modelle für M_p 152
Klasse partieller potentieller Modelle 98
Klasse potentieller Modelle für eine Theorie 152
Klasse von Modellen 98
Klassenkampflehre 448
Klassische Partikelmechanik 260
Klein von der Ordnung U 257
Kleines Einmaleins des Strukturalismus 63, 101
Kohärentismus 292, 295
Kohärenz, äußere 135
–, innere 135
Kohärenztheorie der Wahrheit 294
Kombination 363
Kombinationsprinzipien, poetische 363 f.
Kommunist 448
Kommunizierbarkeitsargument 335
Konfliktthesen 328 f.
Konnex 103
Konvergenz von Filtern 258
Konvergenzbegriff 258
Korrespondenztheorie der Wahrheit 294
KPM, Modell von 260
–, potentielles Modell von 260
Kraft, als KPM-theoretische Funktion 92, 171
Kuhn-Loss-Eigenschaft 207

Lebensabschnitt 428
Leitermenge 6, 138
Leitermenge einer k-Form 142
Link 271
Literarische Gattung 364, 376
Literaturtheorie 12
Logik der Approximation 238
LT 362 ff.
–, empirische Behauptung von 373 f.
–, intendierte Anwendungen von 371 f.
–, Modell von 367

–, partielles Modell von 369
–, potentielles Modell von 365
–, Querverbindung von 370
–, Spezialisierungen von 374 ff.
LT-theoretisch 368 f.

M-i-Äquivalenz 179
M-i-Invarianz 180
Machtposition, ökonomische 445
Makrologisch 73, 229
Markträumung 385
Marx 435
–, empirische Behauptung von 439 f.
–, intendierte Anwendungen von 439
–, Modell von 437
–, partielles Modell von 436
–, potentielles Modell von 436
–, Querverbindungen von 438
–, Spezialisierungen von 440 ff.
Marx-theoretisch 435
Marxsches Waren produzierendes System 437
Masse, als KPM-theoretische Funktion 92, 171
Materialistische Geschichtsauffassung 448
Mathematik, informelle 1
Matrix 98
Maximen, methodologische 338, 355
Mehrstufigkeitsconstraint 438
Mehrwert 442
Menge der intendierten Anwendungen der Miniaturtheorie T^* 195
Menge intendierter Anwendungen für K 99
Mengentheoretische Struktur 144
Mengentheoretische Struktur mit Relationstypen 143
Messung, theoriegeleitete 2, 31 ff., 161 ff.
Meßmethode 180
–, globale 161
Meßmodell 40, 87, 156, 168 f.
–, globales 161
Methode der paradigmatischen Beispiele 94
Methoden, der informellen Mathematik 20 ff.
–, metamathematische 20 ff.
Methodenmonismus 349, 338 f.
Methodenpluralismus 350, 338 f.
Mikrologisch 73, 229
Mikroökonomie 376, 412
Miniaturcharakter von T^* 195
Miniaturtheorie AS 22
Miniaturtheorie T^*, realistische 192
– –, genaue Beschreibung 195–197

– –, Ramsey-Sneed-Satz der 198
Minkowski-Kraft 261
Modell, partielles (potentielles) 4, 98
–, potentielles 4, 98
Modelltheoretische Sprechweise 24

Nachbarschaft 255, 258
Nachfragefunktion 380
Nachkonstruktion, rationale 19 f.
Netz, im abstrakten Sinn 103
Neurosentheorie 13
Neurosentheorie von Freud 424
Newtonsche Mechanik 249
Newtonsches Gravitationssystem 248
Nichtdefinierbarkeitsforderung 183–187
–, als negatives Kriterium 186
–, exakte Definition der 184
–, schwache Fassung 183
–, starke Fassung 183
Norm und Praxis 336, 337 f.
Normale Nutzenfunktion 388
Normalwissenschaft 95, 111
Normalwissenschaft als Theorienevolution 117
Normalwissenschaftler 119
Normative Behauptung der Theorie *Jeff* 401
Nullproposition 407
Nutzenfunktion, globale 379
–, individuelle 379
Nutzenmaximierung 383

ÖKO 377
–, empirische Behauptung von 393 f.
–, intendierte Anwendungen von 393
–, Modell von 383
–, partielles Modell von 392
–, potentielles Modell von 381
–, Querverbindung von 392
–, Spezialisierungen von 384–391
ÖKO-theoretisch 391
Ontologischer Bezug 325, 318 f.
Ordnung der Zeitpunkte 419

P-Theorie-Element 110, 112
P-Theoriennetz 110, 112
Paradigma, Festhalten am 342
Paradigma im Sinne von Kuhn 116 f.
Paradigmatische Beispiele von LT 371 f.
Partielle Modelle, Kandidaten für 174, 167 f.
Partielle Ordnung 103
η-partielle Strukturen 174
Partielles potentielles Modell 4, 98
Partikelkinematik 260

Partikelmechanik 260
Physikalische Aussagen, Auslegung 323
Popper-Schule 291
Potentielle Modelle, definitorisch zurückführbar auf Modelle 270
Potentielles Modell 4, 98
Potenzfunktion 100
Prädikat, eine Theorie ausdrückendes 2, 21, 24
Prädikatverschärfung, zulässige 169
Präferenzordnung der Revisionsalternativen 213
Präferenzrelation 397, 398
Präferenzstruktur 397, 398
Pragmatisch 109
Praxis und Norm 336, 337 f.
Preisfunktion 435, 378 f.
Preisgabe einer allgemeinen Querverbindung 207 ff.
Preisgabe eines speziellen Gesetzes 208–212
Problem der theoretischen Terme 84
Produktionsfunktion 435
Profit 442
Projektionsfunktionen 383
Projektionsrelation von LT 365
Propositionen 396 f.
Pseudodiagonale 235
Psychisches 420
Putnams Herausforderung 32, 53, 165

Quasi-linguistische Sprechweise 24
Quasi-Reduktion 131, 245
Quasiordnung 103
Querverbindung 3, 98
–, explizit definierbar durch Bänder 275
–, spezielle der Miniaturtheorie T* 196
–, transitiv 99, 153
Querverbindung der Assoziationsgleichheit 427
Querverbindung der Konstanz der Präferenzen 403
Querverbindung der Stabilität der Nutzenfunktion 392
Querverbindung der Wahrscheinlichkeitskonstanz 403
Querverbindung von LT 370
Querverbindungen 56–66
–, Veranschaulichung der spezifischen Leistungen von 58–61

Rahmentheorie 3, 78, 342, 374
Ramsey-Form einer Aussage 46
Ramsey-Lösung des Problems der theoretischen Terme 43 ff.

Ramsey-Satz 2, 3, 45, 105
Ramsey-Sneed-Satz der Miniaturtheorie
　T^* 198
–, Falsifikation des 2002
Rationale Nachkonstruktion 20
Rationale Rekonstruktion 20
Rationalitätszugeständnis 323
Realisierung 146, 421–423
Realismus, begründungssemantischer 295, 313
–, metaphysischer 295, 311–313, 295 f.
–, wissenschaftlicher 10, 316–320
– –, Minimalkonzept des 317–320
Realistische Miniaturtheorie 7
Redukt 49
Reduktion, approximative 244
–, exakte und approximative 129
–, Induktionstheorem für 133
–, minimale Adäquatheitsbedingungen 129 f.
–, schwache 132, 134
–, starke 134, 132 f.
–, strenge 6
–, zwischen Theorie-Elementen 132 f.
–, zwischen Theorien 300
–, zwischen Theoriennetzen 134
Referenz, realistische Auffassung der 319 f.
–, strukturalistische Auffassung der 325
Reflective equilibrium, siehe Überlegungs-Gleichgewicht
Reichhaltige Präferenzstruktur 407
Rekonstruktion, logische 317, 320 ff.
–, rationale 19 f.
Relation 146
Relationstyp 143
Relativer empirischer Gehalt 430–432
Relativismus-Einwand 343
Relativistische Variante der Kraft 261
Relativistische Version des zweiten Newtonschen Axioms 261
Reproduktion 441
Restriktion einer Unschärfemenge 234
Restriktionsfunktion 49, 194
Restriktionsoperationen, mögliche 167
Resultate 396
Revisionsalternativen für die Miniaturtheorie T^* 205–212
Rückschritt, normalwissenschaftlicher 119
Ruhemasse 261

Scheitern an der Erfahrung 218
Selbstentfremdung 447
Selektion 363
Semantik, epistemische 336
–, wahrheitsfunktionelle 336, 311 ff.

Separierter Raum 255
Separierter uniformer Raum 256
Signifikanzkriterium, empiristisches 337 f.
Sneed-Intuition 182
Sneedification 345
Sneeds informelle Semantik 82
Sonett 375
Soziologische Theorie des Privateigentums 444
Spezialgesetz 3, 67 ff.
–, zulässiges 169, 176
Spezialgesetze, Erfassung durch Prädikatverschärfungen 67–72
Spezialgesetze als Hilfsmittel für die Theoretizitätsdefinition 187–190
Spezialisierung 71, 101
Spezialisierungsketten 406
Speziell relativistische Mechanik 261
Spezielle Wissenschaftstheorie 82
Sprache, formale 20, 24 f.
Spracherlernargument 335
Sprachverhaltensargument 335
SRM, Modell von 261
–, potentielles Modell von 261
Statistisches Schließen 352
Stone-Geary-Nutzenfunktion 390
Streng konvex 389 f.
Struktur, uniforme 229
Strukturalismus 320–327
Strukturen, ontologische 300
–, η-partielle 174
–, semantische 300
Strukturspecies 6, 139, 150
Strukturtyp 145
Sublimierung 425
Substitutionsrate 388
Systemmengen, geschichtliche 124

T-theoretisch 2
T-theoretisch im Sinn der Entscheidungstheorie 409 ff.
–, im Sinn der Kapital- und Mehrwerttheorie von Marx 435
–, im Sinn der Literaturtheorie 368 f.
–, im Sinn der Neurosentheorie von Freud 425 ff.
–, im Sinn der tauschwirtschaftlichen Theorie 391
T-theoretische Terme 2, 31 ff., 84, 176, 181
T-Theoretizität 31–56
Tauschrelation 435
Tauschsystem 436
Tauschwert 381
Tauschwertbedingung 382
Tauschwirtschaft 376 ff.

Tauschwirtschaft mit Markträumung 385
Tauschwirtschaft mit normaler Nutzenfunktion 389
Tauschwirtschaftliche Theorie 377 ff.
Teilstruktur 159
Term 146
Terme, T-theoretische 2, 31 ff., 84, 176, 181
Theoretische Eigenschaften 330 f.
Theoretische Ergänzung 45
Theoretischer Fortschritt 114
Theoretische Individuen 330 f.
Theoretische Terme, Problem der 34–43, 83–92
Theoretisierung 85, 102
Theoretizität, auf eine Theorie zu relativierender Begriff von 36 ff.
–, empiristisches Konzept von 31 f.
–, neues Konzept von 31–56
Theoretizitätskriterium, rein formales von U. Gähde 167–171, 173–177
Theoretizitätskriterium von Balzer 181
Theoretizitätskriterium von Gähde 176
Theoretizitätskriterium von Sneed 32 f., 172 f.
–, Formulierung mit Hilfe von Bändern 276 f.
–, hypothetischer Charakter des 54 f.
–, in der Sprache der Meßmodelle 173
Theorie, Identitätskriterien für eine 92 f.
–, mißratene 52 f.
–, neues Paradigma von 72 ff.
–, präsystematisch vorgegebene 23
–, tauschwirtschaftliche 12
–, vorläufige Explikation 46–53
Theorie von Kepler 249
Theorie-Element 4, 100
–, zulässiger theoretischer Bereich eines 105
Theorie-Elemente, Netz von 71
Theorie-Schichten bei Marx 448
Theoriegeleitete Messung 169
Theorienartige Entitäten, außersprachliche 76 f.
– –, sprachliche 76 f.
Theorienbegriff, systematische Entsprechungen 74–79
Theoriendurchtränktheit der Beobachtungen 40
Theorienevolution 5, 113, 342
–, fortschrittliche 114
Theorienevolution im Sinne von Kuhn 117
Theorienimmunität, Quellen der 80, 81
Theorienkomplex 4
–, empirische Behauptung eines 279

–, empirischer 278
–, theoretischer Gehalt eines 279
Theoriennetz 4, 71, 102
–, empirische Behauptung eines 106
–, Erweiterung eines 104
–, Verfeinerung eines 104
Theorienproposition der Miniaturtheorie T^* 197
Theorienveränderung 113
Theorienverdrängung 119
Theorienwahl 357 f.
–, Rationalitätskriterien für 350 ff.
–, subjektive Komponente bei der 343
Theorienwandel 5, 113
Total 103
Totale Halbordnung 103
Transformationen, kanonische 150
Transport, siehe f-Transport
Trivialisierung des Induktionsproblems 356
Typ einer mengentheoretischen Struktur 144
Typen globaler Netzstrukturen 290
Typisierte Klasse 145
Typisierte Klassen von mengentheoretischen Strukturen 138

U-Nachbarschaft 240
Überbau 448
Überlegungs-Gleichgewicht 333 ff.
Übersetzung, abstrakte 301
–, H-erhaltende 305
– –, bedeutungskonforme 305
– –, H-F-Kommensurabilität erzeugende 305
Umgebung 258
Umgebungsfilter 256
Umstände 396
Unbewußtes 420
Uniformer Hausdorff-Raum 256
Uniformer Raum 255
–, Vervollständigung eines 259
–, vollständiger 258
Uniformität 229
–, empirische 235
Uniformität auf M_p 230
Unschärfemenge 229
–, zulässige 237

V-Nachbarschaft 240
Variationsbereich eines Textes 366
Verallgemeinertes empirisches Theorie-Element 160
Verbundene Theorie-Elemente 274

Verdrängung einer Theorie durch eine andere 342
Verdrängungsaxiom 423
Verhältnisskala 163
Verknüpfungsgesetz 23, 93, 151, 152, 386
Vernünftige Immunisierung 231
Verschmierte intertheoretische Relation,
–, Approximation, intertheoretische Verschmierung 238 f.
–, linke 242
–, rechte 242
Verteilungsfunktion, individuelle 378
Vervollständigung von Räumen 254
Verwirklichen 419
Voraussetzung im streng logischen Sinn 33, 89

Wahrheitsantinomie 87
Wahrheitsbegriff 311–313
–, epistemologisierter 336
–, realistischer 311 ff.
Wahrscheinlichkeits-Nutzen-Struktur 400
Ware Arbeit 441
Waren produzierendes System 436
Weg 284

–, Länge eines 284
Werte, ökonomische 434
Wertfunktion 434
Wertgesetz 436
Wertträger 434
Wertzuordnung 434
Wirtschaftsverfassung 445
Wissenschaftliche Gemeinschaft 113
Wissenschaftliche Rationalität 126
Wissenschaftstheorie, allgemeine 82

Zeitspanne 419
Zirkel, epistemologischer 36, 87
Zirkulations- und Produktionssphäre, Zusammenhang von 443
Zulässige Ergänzungsoperationen 167
Zulässiges Spezialgesetz 176
Zweite epistemologische Herausforderung von Kuhn 347
Zweites Axiom von Newton 212
–, empirische Unwiderlegbarkeit des 212
–, mathematische Wahrheit des Ramsey-Sneed-Satzes des 212

Probleme und Resultate der Wissenschaftstheorie und Analytischen Philosophie
Von Wolfgang Stegmüller

Band 1
Erklärung – Begründung – Kausalität

2., verbesserte und erweiterte Auflage. 1983.
XX, 1116 Seiten
Gebunden DM 268,–. ISBN 3-540-11804-7
(Studienausgabe Teile A–G lieferbar)

Aus den Besprechungen zur 1. Auflage:
"...In the present work Stegmüller not only functions as an expert reporter and interpreter, but also provides quite a number of important new insights, partly based on penetrating critical analyses of previous contributions to the logic of scientific explanation and related problems of *Begründung* (justification)... This reviewer has found a great number of suggestive and valuable insights in this book, whose clarity, precision, pertinency and timeliness, can hardly be overestimated."
The Journal of Philosophy

Band 3
W. Stegmüller, M. Varga von Kibéd
Strukturtypen der Logik

1984. XV, 524 Seiten
Gebunden DM 155,–. ISBN 3-540-12210-9
(Studienausgabe Teile A–C lieferbar)

Band 4
Personelle und Statistische Wahrscheinlichkeit

"... Stegmüller has presented a remarkably rich collection of material in a field where it has become increasingly difficult to keep an overview.... one need not fight through the book, it can be read continuously despite its difficult subject.... All this recommends Stegmüller's volume as a textbook, but... it goes far beyond the scope of a mere textbook."
Philosophia

1. Halbband
Personelle Wahrscheinlichkeit und Rationale Entscheidung

1973. Neuauflage in Vorbereitung
(Studienausgabe Teile A–C lieferbar)

"...This volume is a remarkably clear, highly scholarly, and masterfully written work, equally valuable for introducing the beginner to its field and for raising and clarifying important problems for advanced philosophical discussion..."
The Journal of Philosophy

2. Halbband
Statistisches Schließen – Statistische Begründung – Statistische Analyse

1973. vergriffen.
(Studienausgabe Teile D–E lieferbar)

"...In Stegmüller's very lucid and systematic exposition almost all the relevant literature has been assimilated. Both working statisticians and philosophers of science will get new insights and stimulation for further research when reading it."
Theory and Decision

Springer-Verlag Berlin Heidelberg New York Tokyo

W. Stegmüller
Neue Wege der Wissenschaftsphilosophie
1980. VI, 198 Seiten
DM 54,-. ISBN 3-540-09668-X

W. Stegmüller
The Structuralist View of Theories
A Possible Analogue of the Bourbaki Programme in Physical Science
1979. V, 101 pages
DM 29,50. ISBN 3-540-09460-1

"These two ... books of Wolfgang Stegmüller give an impressive account of the strength and vividness of the so-called structuralist approach in the philosophy of science. ... Structuralism ... provides us ... with **tools** for reconstruction which are widely applicable, penetrative, and flexible enough to lead us eventually to a deeper understanding not only of a number of concrete theories and their interrelations, but also of what theories and their dynamics consist of on a more general level."
Erkenntnis

W. Stegmüller
The Structure and Dynamics of Theories
Translated from the German by W. Wohlhüter
1976. 4 figures. XVII, 284 pages
Cloth DM 82,-. ISBN 3-540-07493-7

"...the second volume of Stegmüller's *Theorie und Erfahrung* is one of the most important contributions to philosophy of science since the appearance of Kuhn's *The Structure of Scientific Revolutions*."
Philos. of Science

Philosophy of Economics
Proceedings, Munich, July 1981
Editors: **W. Stegmüller, W. Balzer, W. Spohn**
1982. VIII, 306 pages
(Studies in Contemporary Economics, Volume 2)
DM 48,-. ISBN 3-540-11927-2

Contents: Neoclassical Theory Structure and Theory Development: The Ohlin Samuelson Programme in the Theory of International Trade. Empirical Claims in Exchange Economics. Ramsey-Elimination of Utility in Utility Maximizing Regression Approaches. Structure and Problems of Equilibrium and Disequilibrium Theory. A General Net Structure for Theoretical Economics. General Equilibrium Theory – An Empirical Theory? – The Basic Core of the Marxian Economic Theory. A Structuralist Reconstruction of Marx's Economics. 'Value': A Problem for the Philosopher of Science. The Economics of Property Rights – A New Paradigm in Social Science? – Subjunctive Conditionals in Decision and Game Theory. The Logical Structure of Bayesian Decision Theory. Computational Costs and Bounded Rationality. How to Make Sense of Game Theory. On the Economics of Organization. How to Reconcile Individual Rights with Collective Action. – List of Contributors and Participants.

Springer-Verlag
Berlin
Heidelberg
New York
Tokyo